Christian Graf von Krockow

# Porträts berühmter deutscher Frauen

*Von Königin Luise bis zur Gegenwart*

Christian Graf von Krockow

# PORTRÄTS BERÜHMTER DEUTSCHER FRAUEN

*Von Königin Luise bis zur Gegenwart*

List

2. Auflage 2002

Der List Verlag ist ein Unternehmen der
Econ Ullstein List Verlag GmbH & Co. KG

ISBN 3-471-79447-6


Gesetzt aus der Aldus
Satz: hanseatenSatz-bremen, Bremen
Druck und Bindearbeiten: Bercker, Kevelaer

# Inhalt

# Vorwort

Frauen sind auch Menschen«, hat Angela Merkel einmal gesagt, zum Erstaunen der Männer, die das kaum glauben mochten. Frauen kommen in der neueren preußisch-deutschen Geschichte nicht vor, jedenfalls nicht in dem Sinne wie Männer als Könige, Feldherren oder Staatsmänner. Es finden sich keine Königinnen, nach denen Epochen benannt worden sind, wie das elisabethanische und das viktorianische in England, keine Katharina die Große wie in Rußland, keine Maria Theresia wie im habsburgischen Kaiserhaus. Auch Philosophinnen oder Erfinderinnen des ersten Ranges lassen sich schwerlich vorweisen.

Und doch hat es große Frauenfiguren gegeben, sehr viele sogar, sodass es dem Autor schwer fiel, eine halbwegs gerechte Auswahl zu treffen. Ihr Rang war nur von anderer Art als der, von dem gewöhnlich die – in der Regel von Männern geschriebenen – Geschichtsbücher handeln. Ihr Wirken war stiller und nicht selten sogar nachhaltiger, weil es nicht mit den Augenblickserfolgen gleich wieder zerfiel. Sie gaben Beispiele und vermittelten Einsichten, die zwar überdeckt, aber auch immer neu entdeckt werden können und dann ganz gegenwärtig sind.

Oder vielleicht sollte man von Vorbildern sprechen, an denen es angeblich unserer Zeit so sehr fehlt. Viele, die meisten der Frauen, von denen in diesem Buch die Rede ist, mussten sich ihren Platz erst erkämpfen, gegen Benachteiligungen und Widerstände aller Art, gegen das Unwissen ihres eigenen Geschlechts, gegen die Übermacht oder den Hohn der Männer. Sie zeigen uns, was man mit Klugheit, Standfestigkeit und Mut erreichen kann. Darum lohnt es sich, sie kennen zu lernen und von ihnen zu lernen. Im Einzelnen werden vorgestellt:

*Königin Luise.* Im Gegensatz zu manchen Legenden, die sich um sie ranken, hat sie nie einen politischen Einfluss geübt, der ins Gewicht fiel. Aber sie hat die Menschen verzaubert und veredelt, die ihr begegneten. Und in einer Zeit, als ihr eigener Mann, der König von Preußen, als weithin überhaupt die Männer im Sturm der Zeit versagten, hat sie Courage bewiesen; eben damit ist sie zum Vorbild geworden.

*Rahel Varnhagen.* Sie lebte in einer Zeit des gesellschaftlichen Umbruchs und Übergangs, zwischen dem aristokratischen und dem bürgerlichen Zeitalter. Und sie war eine Jüdin. Sie vermittelte zwischen Männern und Frauen, entwickelte eine Gesprächskultur, wie es sie vorher nicht gab und nachher nicht mehr gegeben hat. Nicht zuletzt ist sie mit der Sprache ihrer Briefe zu einer beispielhaften Schriftstellerin geworden.

*Bettina von Arnim.* Sie war die Schwester von Clemens Brentano und die Frau von Achim von Arnim, den beiden romantischen Dichtern. Aber nach dem Tod ihres Mannes hat sie zu ihrem eigenen Leben gefunden, als eine Frau, die sich streitbar und unbeirrt von alten Anfeindungen für die Gerechtigkeit, für die Schwachen und Benachteiligten einsetzte.

*Hedwig Courths-Mahler.* Sie wurde unehelich geboren, und ihre Mutter arbeitete als Prostituierte. Dennoch hat sie sich emporgeschrieben zur Bestsellerautorin, freilich als Königin des Kitsches, des Trivialromans. Die Träume indessen, mit denen sie die Menschen, besonders die Frauen versorgte – und bis heute versorgt –, sollten uns den Spott verbieten, weil sie im Gegenlicht eine Wirklichkeit zeigen, in der die Bitterkeit, die Verstümmelung menschlicher Möglichkeiten alltäglich ist.

*Ricarda Huch.* Sie gehört zu den größten Schriftstellerinnen deutscher Sprache – und nicht nur unter den Frauen, sondern auch im Vergleich mit den Männern. Mit ihren Geschichtserzählungen hat sie eine literarische Form entwickelt, die ihresgleichen sucht und nicht findet. Dabei stellt sich ihr Leben selbst wie ein Roman dar. Und als die Stunde gekommen war, um Charakterstärke zu zeigen – angesichts der Zerstörung deutschen Geistes unter Hitlers Gewaltherrschaft –, hat sie dies getan wie kaum jemand neben ihr.

*Leni Riefenstahl.* Sie war die einzige Frau, die im »Dritten

Reich« nicht nur mitlief und mitjubelte, sondern etwas Eigenes leistete. Was man »die faschistische Ästhetik« genannt hat, ist jedenfalls im Bereich des Films ihr Werk. Darum ist sie 1945 auch exemplarisch verketzert worden, weil es sonst keine Frauen gab, an die man sich halten konnte. Aber staunenswert genug ist ihr trotz aller Widerstände eine zweite Karriere gelungen.

*Anna Seghers.* Noch einmal kommt eine Jüdin ins Bild, eine Kommunistin dazu und in ihrem Alter eine Vorzeigefigur der Deutschen Demokratischen Republik. Doch nichts lässt sich davon abhandeln, dass sie eine Schriftstellerin von Rang war. Wenn es jemals einen Roman gab, der das Leben der kleinen Leute im »Dritten Reich«, den Schrecken der Konzentrationslager und die Kraft zum Widerstand gültig dargestellt hat, dann ist es »Das siebte Kreuz« von Anna Seghers.

*Marion Gräfin Dönhoff.* Die Tochter aus einer der großen Familien Ostpreußens, die Güterverwalterin, die Frau im Widerstand gegen Hitler, die liebevolle Bewahrerin ihrer verlorenen Heimat, die streitbare Journalistin, die Chefredakteurin und Herausgeberin der ZEIT, die Vorkämpferin der Versöhnung mit unseren Nachbarn im Osten: Es gibt viele Stichworte, die Marion Dönhoff kennzeichnen. Doch vielleicht kann man die Vielfalt in einem Begriff zusammenfassen: Sie ist die exemplarische Preußin.

*Alice Schwarzer.* Wahrscheinlich hat in den letzten Jahrzehnten keine andere Frau die Menschen – und nicht bloß Männer – derart erregt wie sie; niemand sonst ist so verunglimpft worden wie diese streitbare Feministin und Vorkämpferin für die Gleichheit der Frauen. Sie hat sich nicht beirren lassen, weder durch Verdächtigungen noch durch ihre Erfolge. Und fast nebenher ist sie zu einer bedeutenden Journalistin, ja Literatin geworden.

*Angela Merkel.* In diesem Falle handelt es um eine zur Zukunft hin noch offene Biographie. Aber dass eine Ostdeutsche, noch dazu eine protestantische Pastorentochter, zur Vorsitzenden der CDU, der im rheinisch-katholischen Boden verwurzelten Partei Konrad Adenauers und Helmut Kohls, aufrückte, ist bereits der Bewunderung und der Nachfrage wert. Und schon heute taugt sie zum Symbol dafür, was Frauen erreichen können, wenn sie sich etwas zutrauen.

Eine sehr persönliche Bemerkung sei noch angefügt. Ich habe mich mit den Porträts deutscher Männer ebenso beschäftigt wie mit denen deutscher Frauen, und ich habe sie nebeneinander entworfen. Zu meiner eigenen Überraschung haben mich dabei die Frauen mindestens ebenso fasziniert wie die Männer – oder noch mehr. Vielleicht hängt das damit zusammen, dass ich hier tiefer ins Unbekannte geriet als jemals zuvor bei meinen schriftstellerischen Expeditionen. Und ich hoffe, dass es den Lesern – und Leserinnen – dieses Buches ähnlich ergehen wird.

# KÖNIGIN LUISE

Luise Auguste Wilhelmine Amalie, Prinzessin von Mecklenburg-Strelitz, wird am 10. März 1776 in Hannover geboren. Ihr Vater, Prinz Karl, residiert dort als eine Art von Statthalter der Welfen, die seit 1714 auf dem englischen Königsthron sitzen. Karls Schwester Charlotte Sophia ist die Gemahlin der britischen Majestät, Georgs III.; daher das Amt. Dank dieser Verbindung wird Karl schon in jungen Jahren zum General, schließlich sogar zum Feldmarschall befördert.

Ernsthafte Anforderungen sind mit alledem nicht verbunden. Im Heiligen Römischen Reich Deutscher Nation herrscht die Ruhe vor dem Untergangssturm, und das Kurfürstentum Hannover erlebt seit dem Ende des Siebenjährigen Krieges Jahrzehnte des Friedens. Der militärische Einsatz des Herrn Generals beschränkt sich darauf, die Truppen zu besichtigen und mit guten Worten zu verabschieden, die in englischen Diensten zum Kampf gegen die abtrünnigen Kolonien in Amerika über den Atlantik geschickt werden. Mit anderen Worten: Dieser mecklenburgische Prinz macht es sich bequem; er reist für sein Leben gern, und im Sommer hält er sich zur »Kur« in Bad Pyrmont auf. Leider befindet er sich immerfort in Geldverlegenheiten.

Aus seiner Ehe mit Friederike von Hessen-Darmstadt gehen fünf Kinder, vier Töchter und ein Sohn hervor: Charlotte, Therese, Luise, Friederike und Georg. Vielmehr, genauer: Es werden zehn Kinder geboren, aber die Hälfte von ihnen stirbt schon sehr früh – eine damals übliche Quote. Die Mutter folgt 1782 den kleinen Toten, zwei Tage nach ihrer letzten Entbindung, noch keine 30 Jahre alt.

Auch das ist üblich oder jedenfalls nicht ungewöhnlich. Die

Frauen erschöpfen sich an ihren immer währenden Schwangerschaften, und mit jeder gehen sie ein hohes Risiko ein. Daher gibt es mehr Witwer als Witwen; um wieder eine Frau im Haus und im Bett zu haben, schließen viele Männer eine zweite oder dritte Ehe, aber nicht, wie heute, nach Scheidungen, sondern nach dem Tod der Partnerin. Eine andere Folge ist, dass man die Mädchen so früh wie möglich verheiratet, wenn sie noch bei Kräften sind, oft mit 17, 16, 15 Jahren. »Frische Fische, gute Fische«, wie der König von Preußen, Friedrich Wilhelm II., es angesichts seiner blutjungen Schwiegertöchter drastisch formuliert. Je eher daher Töchter »unter die Haube« kommen, desto besser; dann muss man sich um sie keine Sorgen mehr machen.

Allerdings entscheidet über die Eheschließung weniger die Herzensneigung als – womöglich weitaus solider – die Versorgung und die Mitgift. »Es ist nicht um den Vogel, sondern ums Nest«, wie eine alte pommersche Weisheit besagt. Land zu Land und Acker zu Acker: Das sieht an Fürstenhöfen nicht anders aus als bei den Bauern. Doch zusätzlich kommt es bei vornehmen Leuten noch auf die Ebenbürtigkeit an: Adel zu Adel und Krone zu Krone. Nach dem persönlichen Glück oder Unglück wird kaum gefragt; die Liebe mag sich einstellen oder auch nicht. Wenn nicht, dann gibt es Liebhaber und Mätressen, die vom aufgestauten Gefühlsdruck entlasten.

Prinz Karl unternimmt einen zweiten Anlauf und heiratet die Schwester seiner verstorbenen Frau. Doch auch sie bleibt ihm nicht und stirbt schon nach der Geburt ihres ersten Kindes im Dezember 1785. Daraufhin resigniert der doppelte Witwer; er möchte es jetzt bloß noch bequem haben. Nachdem er seine älteste Tochter Charlotte, knapp 16 Jahre alt, bereits mit dem Herzog Friedrich von Sachsen-Hildburghausen verheiratet hat, vertraut er die anderen drei Töchter der Großmutter an, die nach ihrem vor kurzem zu Grabe getragenen Mann die »Prinzessin George« genannt wird und das »Alte Palais« in Darmstadt bewohnt. Die ist eine Frau von Herz und Verstand und freut sich, weil mit den wirbelwindigen Enkelinnen wieder Leben ins Haus kommt. Eine steife Hofetikette gibt es nicht; der regierende Landgraf von Hessen-Darmstadt, ein etwas sonderbarer Herr, der sich vor den eingesessenen Schlossgespenstern fürchtet und wohl darum immerfort und so laut wie möglich trommeln lässt, hat seine Residenz nach Pirmasens verlegt. Die eigentliche Heimat der mecklenburgischen Prinzessinnen liegt damit südlich des Mains, und lebenslang wird Luise, wenn sie Deutsch redet, es mit rheinhessisch-pfälzischem Beiklang tun.

Die Ausbildung der drei Schwestern beschränkt sich auf den Konfirmandenunterricht durch den Darmstädter Stadtpfarrer und das Fräulein Suzanne de Gélieu, die aus dem schweizerischen, damals preußischen Neuchâtel stammt. Sie ist fürs Französische zuständig, das man beherrschen muss, wenn man sich in deutschen und europäischen Hofkreisen bewegen will. Die pädagogische Autorität dieser Dame und der Bildungseifer der Prinzessinnen scheinen freilich gering gewesen zu sein; von den Ausnahmen abgesehen, die die Regel bestätigen, wird Luise ihre Briefe zwar immer französisch schreiben, aber stets fehlerhaft: »cayez« statt »cahier« oder »oberge« statt »auberge« und so fort.

Auch sonst kann man von gediegener Bildung schwerlich reden, eher von dem Motto, das bis ins 20. Jahrhundert hinein dem Ehrgeiz der Töchter einen Riegel vorschiebt: »Du heiratest ja doch ...« Und Luise fügt sich nur zu gern. Ihr Lieblingsautor ist August Lafontaine (1758–1831) – nicht zu verwechseln mit dem berühmten Fabeldichter Jean La Fontaine –, als Schriftsteller ein Vorläufer der Hedwig Courths-Mahler, der Unmengen von sentimentalen Liebes- und Familienromanen schreibt und mit seinem Verkaufserfolg weit vor Goethe rangiert. Um eine Leseprobe zu bieten: »Die schlanke Gestalt, blühend in der Fülle schöner Jugend, so reizend dahingegossen, als wäre sie für den Künstler das Modell einer schlafenden Liebesgöttin ... Da schlug sie die Augen auf, als blitzte ein Donnerstrahl erschütternd durch die Natur, und mit süß klingender Stimme sagte sie: Wie hat der Schlaf mich erquickt!«

Immerhin: Wenn Lafontaine auch schlechte Literatur liefert, dann predigt er doch im Geiste der Aufklärung Freiheit und Natürlichkeit. Sogar das Fräulein de Gélieu schwärmt für Rousseau. Aber unverkennbar fehlt Luise die Tiefe der Bildung; sie springt sozusagen leichtfüßig und obenhin von einem zum anderen, um von ihrer – höchst unpreußischen – Neigung zur Unordnung, Langschläferei und Unpünktlichkeit nicht erst zu reden. Kaum von ungefähr wird sie schon früh die »Jungfer Husch« oder »Louise l'étourdie« genannt. Ungleich wichtiger bleibt jedoch die bei Fürstenkindern alles andere als selbstverständliche Mitgift einer unbeschwerten Kindheit im Kreis der Schwestern, umhegt von der Nachsicht und Liebe der Großmutter.

Im Jahre 1787 kommt auf der Durchreise der siebzehnjährige Erbprinz Karl Alexander von Thurn und Taxis nach Darmstadt. Er verliebt sich Hals über Kopf in die gerade vierzehnjährige Therese und besteht darauf, sie zu heiraten. Bei den beteiligten Familien beginnt ein Kopfschütteln und Naserümpfen. In den Häusern Mecklenburg und Hessen heißt es: Die Thurn und Taxis, die in Regensburg residieren, sind zwar durch das kaiserliche Postmonopol, das ihnen seit Generationen gehört, sehr wohlhabend geworden, weitaus wohlhabender, als fast alle irgendwo regierenden deutschen Kleinfürsten. Aber wirklich ebenbürtig sind sie nicht, eben bloße »Post-Prinzen«. In Regensburg wiederum weiß man zu rechnen und stellt fest, dass anderswo, etwa in Oberitalien, sich eine bedeutende Mitgift erheiraten ließe, während diese Therese eine arme Kirchenmaus ist, obendrein noch evangelisch statt gut katholisch, wie es sich für die kaiserlichen Postmeister gehört. Aber Karl Alexander bleibt hartnäckig: die oder keine. Am Ende erkennen beide Seiten ihre Vorteile: hier den Reichtum, dort die Rangerhöhung, und so feiert man denn im Mai 1789 eine prunkvolle Hochzeit. Therese wird ihrem Mann durchaus nicht immer treu bleiben, aber die Einzige der Geschwister sein, die niemals in Geldsorgen gerät.

Im Jahre 1790 findet in Frankfurt die Kaiserkrönung Leopolds II. statt. Die Großmutter fährt mit den Enkelkindern Luise, Friederike und deren inzwischen auch in Darmstadt lebendem Bruder Georg dorthin. Zwar sind die Kinder noch zu klein, um in die »Gesellschaft« eingeführt zu werden, aber man will das Schauspiel genießen und bezieht Quartier bei »Frau Aja«, der Mutter Goethes. Viele Jahre später hat die alte Frau ihrem berühmten Sohn in höchst eigenwilligem Deutsch davon berichtet: »Das Zusammentreffen mit der Prinzeßin von Mecklenburg hat mich auserordentlich gefreut – Sie – die Königin von Preußen – der Erbprintz werden die Jugendliche Freuden genoßen nie vergeßen – von einer steifen Hofetikette waren Sie da in voller Freyheit – Tantzend – sangen und sprangen den gantzen Tag – alle Mittag kamen sie mit 3 Gablen bewaffnet an meinen kleinen Tisch – gabelten alles, was Ihnen vorkam – es schmeckte herrlich – nach Tisch spielte die jetzige Königin auf dem piano forte und der Printz und ich waltzten – hernach mußte ich Ihnen von den vorherigen Krönungen erzählen auch Mährgen u.s.w.«

Leopold II. stirbt nur anderthalb Jahre später, und im Sommer 1792 findet schon wieder eine Kaiserkrönung statt, jetzt für seinen Sohn Franz II., die letzte überhaupt des untergehenden Reiches. Ein schönes Paar, das alle Blicke auf sich lenkt, eröffnet den Krönungsball mit einem Walzer: Klemens Reichsgraf von Metternich, 19 Jahre alt, später der Fürstkanzler, der für fast ein halbes Jahrhundert die Geschicke Österreichs, Deutschlands und Europas lenken wird, mit der Prinzessin Luise von Mecklenburg-Strelitz, um drei Jahre jünger, die in einer Zaubermischung aus halb noch kindlicher Naivität und halb schon sehr bewusster Weiblichkeit zur unumstrittenen Ballkönigin aufrückt.

Aber im Westen türmen sich bereits die Sturmwolken; die Französische Revolution von 1789 hat ein Vierteljahrhundert der Erschütterungen, Umbrüche, Einstürze, der beinahe immer währenden Kriege eröffnet, das erst 1815 mit der Schlacht bei Waterloo und dem Wiener Kongress ans Ende kommt. Auch das ehrwürdige und morsche Heilige Römische Reich Deutscher Nation fällt dem geschichtlichen Sturm zum Opfer. Mit Frankreich auf der einen, Preußen und Österreich auf der anderen Seite beginnt 1792 der Erste Koalitionskrieg. Noch glauben die Alliierten leichtes Spiel zu haben und das französische Feuer mit wenig Mühe austreten zu können; in diesem Sinne erlässt ihr Oberbefehlshaber, der Herzog von Braunschweig, ein höchst törichtes Manifest, das in Paris zu einer Radikalisierung der Revolution führt. Der Vormarsch bleibt im herbstlichen Schlamm stecken; nach der Kanonade von Valmy am 20. September 1792 tritt man den Rückzug an. Hunger und Krankheiten führen bei anhaltendem Herbstregen zur Katastrophe. Im Gegenzug stoßen die Franzosen vor; sie besetzen Speyer, Worms, Mainz und zeitweise auch Frankfurt. In Darmstadt fühlt man sich nicht mehr sicher und flüchtet nach Hildburghausen.

Indessen erobern die Preußen Frankfurt zurück; bald darauf

belagern sie Mainz. Es wird Zeit, sich wieder den Dingen zuzuwenden, die wirklich wichtig sind. Der König von Preußen, Friedrich Wilhelm II., hält sich in Frankfurt auf, begleitet von seinen Söhnen, dem Kronprinzen Friedrich Wilhelm und dem Prinzen Louis. Es ist ein offenes Geheimnis, dass er diese Söhne – geboren 1770 und 1773 – verheiraten will. Könnte man da nicht Luise und Friederike präsentieren?

Freilich heißt es vom preußischen Hof, dass er ein Sündensumpf sei; der König gilt als ein Weiberheld, er lebt mit seinen Mätressen und noch mit unzähligen Liebschaften nebenher. Dagegen hat er seine (zweite) Gemahlin Friederike Luise ins Abseits gestellt; man weiß das aus erster Hand, denn sie stammt aus Hessen-Darmstadt. Andererseits kann gerade jetzt der Kleinstaat am Rhein den Schutz einer Großmacht dringend gebrauchen, und Preußen erscheint seit den Tagen Friedrichs des Großen als ein unüberwindbares Bollwerk, an dem alle Stürme sich brechen.

Wie auch immer: Kurz entschlossen reist die Prinzessin George mit ihren Enkelinnen nach Frankfurt, quartiert sich im »Weißen Schwan« ein und lässt ihre Schutzbefohlenen – natürlich ganz zufällig – die Wege Seiner Majestät kreuzen. Der Schwerenöter ist hingerissen und schreibt nach Berlin: »Wie ich die beiden Engel zum ersten Mal sah, es war am Eingang der Komödie, so war ich frappiert von ihrer Schönheit, daß ich ganz außer mir war, als die Großmutter sie mir präsentierte. Ich wünschte sehr, daß sie meine Söhne sehen möchten und sich in sie verliebten.«

Luise und Friederike sind jetzt 17 und 15 Jahre alt: Knospen, die sich eben zur Blüte öffnen. Wenn wir verstehen wollen, was den König frappierte, sollten wir auf der Berliner Museumsinsel die Marmorgruppe anschauen, die Gottfried Schadow zwischen 1795 und 1797 schuf. Zärtlich, Schutz suchend und kokett halten die Schwestern sich zueinander und blicken doch voller Erwartung in das Leben hinaus, das vor ihnen liegt. Ihr Miteinander macht sie doppelt attraktiv.

Der Wunsch, dass die Söhne sich verlieben, geht nur halb in Erfüllung. Prinz Louis bleibt kühl und lässt seinem Bruder den Vortritt, um nicht zu sagen die Qual der Wahl. Luise oder Friederike? Der Kronprinz, seinerseits ein attraktiver junger Mann, schlank, groß gewachsen und gut aussehend, aber von Hause aus scheu, vor allem auch entscheidungsscheu, zögert. Am Ende gibt für ihn wohl den Ausschlag, dass Luise sich vor ihrer Schwester durch eine Form von Zurückhaltung oder Verschämtheit auszeichnet, die die Neugierde weckt, das Dahinter zu entdecken. Allerdings braucht der Zauderer noch zusätzlichen Rat, und in seinem Rückblick heißt es eher prosaisch: »Auch damals schon fielen alle Erkundungen, die ich über den Charakter und die Eigenschaften beider Prinzessinnen anstellen ließ, einstimmig insbesondere zugunsten der älteren aus, und somit war der entscheidende Schritt in meinem Herzen getan.«

Zu seinem Heiratsantrag hat Friedrich Wilhelm notiert: »So froh ich war, so verlegen war ich dennoch, und nach vielem Stottern und unzusammenhängenden Phrasen faßte ich endlich Mut und trug ohne viel Umstände mein Anliegen vor. Wir standen am Fenster, meine Frau mit dem Rücken an die Fensterwand gelehnt. Mit jungfräulicher Bescheidenheit aber herzlichem Ausdruck willigte sie ein, ich frug, ob ich dürfte, und ein Kuß besiegelte diesen feierlichen Augenblick.«

Die Doppelverlobung der preußischen Prinzen mit den mecklenburgischen Prinzessinnen findet am 24. April 1793 statt.

Gegensätze ziehen sich an. Der Kronprinz und König Friedrich Wilhelm III. ist von seiner Natur mit wenig Selbstvertrauen gerüstet, ein empfindsamer, schwieriger, in sich verriegelter Mensch, im Blick auf die Zukunft von Versagensängsten geplagt. Er ahnt, er weiß, dass er dem Amt und den Aufgaben kaum gewachsen ist, in die seine Geburt ihn beruft. Wahrscheinlich hätte er ein vortrefflicher Regimentskommandeur, Landrat oder Güterverwalter sein können. Aber ein König in der Nachfolge Friedrichs des Großen und im Zeitalter Napoleons? Seine Unsicherheit, durch eine liebeleere Kindheit noch verstärkt, prägt ihn zur konservativen, um nicht zu sagen pedantischen Wesensart. Unwillkürlich klammert er sich ans Gewohnte, Geordnete, Übersichtliche, auch an die Gesichter seiner Ratgeber, Minister und Generale, selbst dann noch, wenn kritischen Beobachtern längst klar ist, dass sie nichts taugen und ausgetauscht werden müssen. Alles Neue, zur Zukunft hin Offene versetzt ihn in Panik. Ähnlich ergeht es ihm mit Männern von Rang, die ihn zu großen und kühnen Entschlüssen hinreißen wollen. »Mir fatal«, lautet eine stets wiederkehrende Wendung seiner seltsam abgehackten, im Grunde kontaktscheuen Sprache, die wenn irgend möglich sogar die direkte Anrede des Partners vermeidet. »Mir Zeit lassen«, sagt dieser König, wenn es eigentlich heißen müsste: »Lassen Sie mir Zeit.«

Luise wendet sich der Welt zu, mit allen ihren Sinnen und niemals nachlassender Neugier. Sie liebt das Leben und die Menschen, und diese Liebe strahlt vervielfacht auf sie zurück. Je mehr sie sich im Übrigen ihrer Wirkung bewusst wird, desto höher wächst ihr Selbstvertrauen. Ein scharfäugiger Beobachter, Friedrich August Ludwig von der Marwitz, hat Luise einmal so geschildert:

»Von da ab« – nämlich seit ihrer Ankunft in Berlin und ihrer Vermählung – »bis zu ihrem Tode zeigte sich an der Kronprinzessin der nie dagewesene Triumph der Schönheit und Anmut. Sie ward und blieb der Abgott des ganzen Volkes, ungeachtet sie nie in den Fall gekommen ist, Taten zu verrichten, die ihr eine so überschwengliche Liebe und Verehrung hätten zuwenden können, ja, indem sie durch das Leben, welches sie zu leben gezwungen war, eigentlich mit keinem Teile des Volkes jemals in Berührung gekommen ist, anders als durch ihren bloßen Anblick, und vielleicht durch einzelne Worte, die man von ihr hörte – und diese waren keineswegs geistreich, am wenigsten heroisch, wie man hat fabeln wollen. Es war die Güte, die aus ihren Augen strahlte, und die unbeschreibliche Huld und Anmut ihres ganzen Wesens, die ihr alle Herzen gewannen.«

Vorab natürlich das Herz Friedrich Wilhelms. Doch der Einfluss, den Luise ausübt, stellt sich nicht als Einmischung in die Staatsgeschäfte dar, in die sie kaum eingeweiht wird und von denen ihr Gemahl sie eifersüchtig oder wenn nötig sogar preußisch-barsch zurückhält. Aber immer versucht sie, ihm Seelenstärke zu vermitteln. Als sich schon drohend der Konflikt, der Krieg mit Napoleon abzeichnet, der zum preußischen Zusammenbruch führt, schreibt sie: »Überhaupt ist mehr Selbstvertrauen das einzige, was Dir fehlt; hast du es einmal gewonnen, wirst Du viel schneller einen Entschluß fassen, und hast Du einen Entschluß gefaßt, so wirst Du viel strenger darauf halten, daß man Deine Befehle befolgt. Gott hat Dir alles gegeben, richtigen Blick und eine einzigartige Überlegung, denn die wird immer von Kaltblütigkeit beherrscht, und Deine Leidenschaften verblenden Dich nicht oder doch selten, welch ein Vorzug! Benutze ihn und laß Deine Diener Deine Überlegenheit fühlen!« Oder etwas später, nach dem Eintritt der Katastrophe: »Du hast noch Truppen, das Volk verehrt Dich und ist bereit, alles zu tun ... Der Augenblick ist kostbar, handle, wirke, schaffe, überall wirst Du im Lande guten Willen und Unterstützung finden ... Willst Du mich haben, sprich, ich fliege zu Dir! Gott, Du allein, das ist ein schrecklicher Gedanke!«

Am Wesen Friedrich Wilhelms lässt sich freilich nichts ändern. Darum konzentriert sich Luises Einflussnahme vor allem darauf, zur Berufung der Männer zu raten, die fähig sind, im Namen des Königs das Ruder in die Hand zu nehmen und Preußen zu retten. Noch auf dem Totenbett beschwört sie ihren Mann, sich an Hardenberg zu halten.

Den Gegensatz der beiden höchst ungleichen Lebenspartner hat wieder Marwitz bezeichnet, wenn er nach einigen sehr kritischen Bemerkungen über Luise und ihre Schwächen sagt: »Bei allem dem stand die Königin doch wieder hoch über ihrem Gemahl. Sie hatte ein wahres preußisches Herz und wahre Regentenehre. Alles, was groß und edel war, zog sie an. Ihn aber stieß es ab, alles, womit er ohne Widerwillen zu tun haben mochte, mußte etwas Mediocres an sich haben. Es fehlte ihm keineswegs am Gefühl seiner persönlichen Ehre – seiner Person hat er nie das mindeste bieten lassen; aber die wahren Regententugenden, das Gefühl dessen, was er als Landesherr tun und meiden mußte, diese hat er nie gehabt.«

Es fehlte Friedrich Wilhelm auch nicht am persönlichen Mut, aber an der Courage, die auf dem Selbstvertrauen beruht. Weil Luise diese Courage gleichsam stellvertretend bewies, ist sie zur Legende geworden.

Wir sind weit vorausgeeilt und wenden uns wieder der Brautzeit zu. Nach der Verlobung kehren Luise und Friederike nach Darmstadt zurück, während der Kronprinz militärische Erfahrungen sammeln soll und zur Belagerung erst von Mainz, dann von Landau kommandiert wird. Da schleichen die Wochen und Monate freilich ereignislos dahin, und so oft wie möglich reitet Friedrich Wilhelm nach Darmstadt hinüber, um Luise zu sehen. Die Trennungen werden mit einem eifrigen Briefwechsel überbrückt, der von kindlicher Verspieltheit und den Neckereien der Verliebten zeugt. Sogar Lieder fliegen über den Rhein, aber keines von Goethe, kein hier so nahe liegendes »Es schlug mein Herz, geschwind zu Pferde!«, sondern zum Beispiel dieses:

»Unsere Katz hat Junge
sieben an der Zahl,
sechs davon sind Hunde,
es ist ein Skandal,
und der Kater spricht,
die ernähr ich nicht!«

Friedrich Wilhelm antwortet: »Ich habe gestern mehrmals dieses köstliche Lied von der Katze mit den sieben Jungen gesungen, jedesmal zum Erstaunen der Zuhörer, niemand konnte erraten, woher ich dieses nette kleine Lied hatte.« Ein andermal beendet Luise ihren Brief so: »Leben Sie wohl, Friederike umarmt Sie, und ich begrüße Sie von meinem Bette aus, denn dort bin ich noch, obwohl es ein Uhr vorbei ist; aber ich versuche auf alle Weise, meine Schmerzen loszuwerden, damit ich nicht der Lust der anderen erliege, mir die Zähne, die Ihrer Luise gehören, ausziehen zu lassen. Schlechte Zähne sind ein wertvoller Schatz, nicht wahr? Luise.«

Zahnweh wird die junge Frau immer wieder plagen, und dagegen gibt es neben dem Ausreißen noch kein Mittel; heute machen wir uns kaum noch klar, wie hilflos die Menschen einst Krankheiten und Schmerzen ausgeliefert waren. Überhaupt verfügt Luise über keine robuste Gesundheit; oft leidet sie unter fiebrigen Erkältungen oder unter Migräneanfällen.

Allmählich rücken der Hochzeitstermin und der Umzug von Darmstadt nach Berlin näher. In die Erwartungen der Schwestern mischen sich mehr und mehr die Ängste, und als Luise sie einmal andeutet, weist Friedrich Wilhelm sie ironisch zurecht: »Da Sie schon jetzt anfangen, Tränen beim Gedanken an den Abschied von Darmstadt zu vergießen, während es doch noch recht lange ist bis dahin, möchte ich Ihnen raten, sich im voraus ein großes Taschentuch zurechtzumachen, bestehend aus einem Dutzend Ihrer alten … Man muß sie zusammennähen, es ist nicht sehr schade darum, Sie werden in Ihrer Aussteuer neue bekommen.« Oder auf die sehr weibliche Klage, nichts anzuziehen zu haben – zumal die Handelsverbindungen nach Frankreich gestört sind –: »Ich bin nur so die Nebensache, meine Werteste? Papperlapapp!«

Am 13. Dezember 1793 erfolgt der Aufbruch nach Berlin. Während die Schwestern nach Herzenslust heulen und Ströme von Tränen vergießen, wütet in der Altstadt von Darmstadt ein Feuer, das sich immer weiter ausbreitet, weil es am Löschwasser fehlt. Doch die Tränen trocknen sehr bald: Die Reise über Aschaffenburg, Würzburg, Hildburghausen, Erfurt und Weimar gleicht bereits vor der preußischen Grenze einem Triumphzug, überall Hüteschwenken und Vivat-Rufe, Glockengeläut, Böllerschüsse und Blumen; die hübschen Prinzessinnen, die ihrer Doppelhochzeit entgegenfahren, erinnern die Menschen an ein Märchen, das wahr wird.

Gar nicht märchenhaft, sondern höchst resolut tritt eine Dame auf, die von nun an Luise bis an Ende begleiten wird: die Gräfin Marie Luise von Voß, kurz »die Voß«. Unter Eingeweihten heißt sie »der Feldwebel«, bei Luise bald »der Voto« und beim Kronprinzen »die Gottseibeiuns«. Jetzt ist sie 64 Jahre alt und soeben verwitwet. Der König hat sie zur Oberhofmeisterin seiner künftigen Schwiegertochter ernannt, und er hätte keine bessere Wahl treffen können. Beinahe ihr ganzes Leben hat sie bei Hofe verbracht und kennt sich in den Regeln der Etikette, aber auch mit dem Klatsch und den gesellschaftlichen Fallstricken wie keine Zweite aus.

Dass mit ihr nicht zu spaßen ist, hat schon die Elfjährige bewiesen: Der grimmige, allgemein gefürchtete »Soldatenkönig«, Friedrich Wilhelm I., will dem Kind einen Kuss geben und erntet dafür eine schallende Ohrfeige. Später verweigert sich die junge Dame standhaft allen Eheangeboten, auch den attraktivsten. Dafür nimmt sie an Reitjagden teil, komponiert und schreibt Gedichte. Als sie schließlich doch heiratet, notiert sie, dies sei ein entsetzlicher Tag. Noch entsetzlicher scheint er für Abgewiesene gewesen zu sein, wie den Prinzen August Wilhelm – den Bruder Friedrichs des Großen und Vater Friedrich Wilhelms II.; der fällt als Trauzeuge in Ohnmacht. Kurzum: Unzählige Anekdoten ranken sich um die Voß. Sie stirbt hochbetagt am 31. Dezember 1814, nachdem ein Schlaganfall sie beim Kartenspiel getroffen hat. Ihre letzten Worte sind: »Beschummelt mich nicht!«

Zwischen Luise und der Voß gibt es zunächst einmal viele Konflikte, denn die Prinzessin weiß nichts von der höfischen Etikette und tritt in viele Fettnäpfchen. Schon vom Einzug in Berlin am 22. Dezember 1793 erzählt der inzwischen vergessene Dichter und preußische Geheime Regierungsrat Adolf Streckfuß eine bezeichnende Geschichte:

»Dort, wo heute am Eingang der Linden das Denkmal Friedrichs des Großen steht, hatten die Berliner eine prächtige Ehrenpforte erbaut. Hier empfing eine Deputation die junge Fürstin und begrüßte sie im Namen der Stadt. – Eine Schar junger Mädchen nahte ihr, eins der Mädchen überreichte der Prinzessin eine blühende Myrthenkrone und ein einfaches Bewillkommungsgedicht. Luise nahm freudig erregt die Blütenkrone an, sie umarmte und küßte die Geberin. – So was hatte man am königlichen preußischen Hofe noch nie erlebt! Die Oberhofmeisterin Gräfin von Voß, die Bewahrerin strenger Etikette, war vor Schrecken ganz außer sich, sie wollte die Prinzessin zurückziehen, aber das Unerhörte war nun einmal geschehen. – ›Mein Gott‹, rief die Dame in tiefem Entsetzen, ›was haben Eure Königliche Hoheit gemacht, das ist ja gegen allen Anstand und Sitte!‹ – Da schaute die Prinzessin mit ihrem freundlich lächelnden Gesicht sich um, heiter und unbefangen fragte sie: ›Wie, darf ich das nicht mehr tun?‹ – Das einfache naive Wort, welches noch am selben Tage von Mund zu Mund ging, in allen Bürgerhäusern wiedererzählt wurde, hatte der schönen jungen Prinzessin alle Herzen gewonnen.«

So glimpflich ging es nicht immer ab. Oft, wenn sie wieder einmal zurechtgewiesen worden war, geriet Luise in Tränen. Schwierig genug waren die Verhältnisse am preußischen Hof ohnehin. Es gab da gleich zwei Königinnen, die, vom Leben enttäuscht, von ihren Männern ins Abseits gestoßen, umso eifersüchtiger über die Vorrechte wachten, die das Protokoll ihnen einräumte: Elisabeth Christine, die Witwe Friedrichs des Großen, und Friederike

Luise, die Gemahlin Friedrich Wilhelms II. Bloß als Beispiel: Luise wird zu einem Empfang der amtierenden Königin geladen und tauscht ganz natürlich Grüße mit den Personen oder Paaren, die vorüberziehen. Daraufhin zischt die Schwiegermutter ihr wütend zu: »Wenn ich Cour abhalte, gilt sie mir allein, und ich bin die einzige, die man grüßt!« Der König seinerseits mahnt auf seine unnachahmlich einfühlsame Art den Kronprinzen, dass es sich um ein junges, ungebärdiges Pferd handle, das man gehörig zureiten und das man wenn nötig die Sporen oder die Peitsche fühlen lassen müsse. Was allerdings die Voß angeht, so wandelt sie sich langsam, aber stetig von der gestrengen Erzieherin zu einer Art von wölfischer Ersatzmutter, die ihr über alles geliebtes Kind durch dick und dünn mit Zähnen und Krallen verteidigt.

Die Doppelhochzeit wird am Heiligen Abend mit allem gehörigen, das heißt höchst umständlichem Aufwand inszeniert. »Ich stand sechs Stunden lang auf meinen Füßen, ohne mich zu setzen und war todmüde, als ich endlich um ein Uhr nachts nach Hause kam«, notiert eine Teilnehmerin. Die frisch gebackenen Eheleute aber verstoßen bereits in der Brautnacht schon wieder gegen Anstand und Sitte; sie gehen vom »Sie« zum »Du« über. Tags darauf beziehen sie das Kronprinzenpalais Unter den Linden, eine eher bescheidene und überaus schlicht eingerichtete Residenz. Doch ein Glück beginnt, das im Laufe der Zeit sich gewiss verwandelt, aber nicht versandet, sondern eher noch vertieft. Dazu gehört neben anderem, dass Luise sexuell erweckt und offenbar vollkommen befriedigt wird. Die Zauberwirkung der Ausstrahlung, über die erst die Kronprinzessin, dann die Königin über viele Jahre und alle Wechselfälle des Schicksals hinweg ungebrochen verfügt, lässt sich ohne diese Grundlage im persönlichen Glück schwerlich erklären.

Im Frühjahr beginnt die Exerzierzeit der Armee, und Luise entkommt zumindest vorübergehend den Fallstricken des Berliner Hoflebens bei einem Aufenthalt in Potsdam. »Ein Soldatenweib muß ihrem Berufe nachgehen, und das tat ich«, schreibt sie im April 1794. »Ich gehe zu Bett mit den Hühnern, Küken und Kikerikis und stehe mit höchstdenselben wieder auf.« Dieses ungewohnte Leben bekommt ihr durchaus, und ein paar Wochen später heißt es in einem Brief an den Bruder: »Ganz ohne Gêne [Zwang] und Etikette, so ganz nach seinem Willen habe ich gelebt, und ich fühlte das Glück, solch ein Leben zu führen, nie lebhafter, als wenn ich von Berlin Nachricht bekam: heute ist großer Ball oder heut ist groß Konzert und Souper. Ach, da war ich vergnügt, mich an der Seite meines Mannes zu finden, in einer Linonchemise [Leinenhemd] und ausgekämmte [unfrisierte] Haare, und ihm recht vorschwatzen zu können, wie sehr ich ihn liebte und schätzte, und dann so gegen 7 Uhr, wo die Tanzenden sich fürchterlich zerhabten und zersprangen, um warm zu bekommen, setzte ich im Wisky [einem einspännigen Wagen] mit ihm, um Gottes schöne Luft zu genießen, mich dadurch gesund und frisch zu machen und ihm, unserm guten Vater, recht herzlich und inbrünstig zu danken, mich an die Seite meines Gatten gebracht zu haben.«

Nebenher bemerkt: Luise tanzt sehr gern, halbe oder auch ganze Nächte hindurch; in Berlin führt sie den bis dahin verpönten Walzer ein und schwebt leichthin von einem Arm zum anderen. Umso bemerkenswerter ist die Hinwendung zum einfachen Leben, weil mit ihm sich eine sonst kaum erreichbare Privatheit verbinden lässt. Später werden König und Königin ihre schönsten Wochen des Jahres wie Gutsleute in Paretz (an der Havel nordwestlich von Potsdam) oder auf der verwunschenen Pfaueninsel verbringen. Und die Berliner sind höchst erstaunt (und begeistert), wenn sie dem Kronprinzen und der Kronprinzessin und auch noch dem König und der Königin begegnen, wie sie Arm in Arm ohne jedes Gefolge auf der Straße Unter den Linden oder im angrenzenden Tiergarten spazieren gehen. Eine Zeitströmung, ein Hauch von Rousseauismus wird hier spürbar, der Übergang von der höfischen Zier oder Verzopftheit des Rokoko zu beinahe bürgerlichen Lebensformen – von der Spitze der Hofgesellschaft her inszeniert. Um noch einmal den erzkonservativen und stets kritischen Marwitz zu zitieren:

»Seine Gemahlin behandelte er (Friedrich Wilhelm) eigentlich ziemlich schlecht ... Sie durfte nichts tun, als jeden Augenblick zu seiner Unterhaltung bereit sein. Wenn er krank war, was glücklicherweise nicht oft der Fall war, wich sie nicht einen Augenblick von seinem Bett. Dagegen beförderte er eben das, was an ihr zu tadeln war, nämlich ihre Eitelkeit. Sie war sich ihrer Schönheit bewußt, war nichts weniger als gleichgültig gegen Bewunderung und liebte den Putz mehr als nötig war. Die Mode war aber damals die während der Revolution aufgekommene so genannte ›griechische Kleidung‹. Die Frauenzimmer hatten nur ein Hemde und ein möglichst dünnes Kleid an, in welchem alle ihre Formen sichtbar waren. Wenige trugen noch einen engen und dünnen Rock darunter, und nur diese waren es, die von Brust und Armen nicht alles zeigten, was nur irgend zu zeigen möglich war.« Luise »ging, wie man weiß, in dieser Mode voran. Doch muß man zur Steuer der Wahrheit sagen, daß ... die Kleidung gesunder und schöner war als die jetzige [um 1835]. Ohne alle Schnürleiber waren die Frauenzimmer der Zeit so gerade gewachsen wie ein Licht und zugleich gesund; trotz des ganz leichten Anzuges waren Erkältungen weniger häufig als jetzt, und was sie von ihrer Person unverhüllt oder wenig verhüllt zeigten, war wenigstens das, was bei Weibern angenehm zu schauen ist.«

Warum also nicht? Im Übrigen war die leicht fließende, beinahe durchsichtige »griechische« Mode für Luise wie gemacht, denn immer blieb sie so lieblich gerundet wie mädchenhaft schlank – von der praktischen Vernunft mangelnder Einschnürung während der Schwangerschaften ganz abgesehen. Es versteht sich, dass dennoch manche die Nase rümpften, wie 1799 eine Gräfin Brühl: »Ich begreife nicht, wie dieser liebe König seiner koketten Frau erlauben kann, sich so anzuziehen, wie sie es tut. Das ist nicht mehr der elegante Anzug eines eleganten Hofes, sondern der einer sehr niedlichen Schauspielerin ...« Was aber den von Marwitz gerügten Putz betrifft, war Luise bewusst, dass jeder übertriebene Aufwand von ihrem natürlichen Leuchten ablenkte. Ein Halsband oder eine Perlenkette, ein Diadem im Haar: das genügte. Einzig die, die es nötig haben, müssen als »Klirrziegen« auftreten; nur die verwelkte Schönheit drängt dazu, sich unmäßig zu behängen.

Eine sinnlich befriedigte junge Frau: Wie es anders sein kann, zeigt das Schicksal der Schwester Friederike. Ihr Mann, Prinz Louis, macht ihr zwar in drei Ehejahren pflichtschuldigst drei Kinder, aber sonst behandelt er sie mit abweisender Kälte, weil er sein Herz anderweitig verschenkt hat. Der Prinz stirbt 1796 an der »Bräune«, der Diphtherie, und die keineswegs trauernde junge Witwe hält sich mit einer ganzen Serie von Liebschaften schadlos. Im Jahre 1798 kommt es zum Skandal: Friederike erwartet ein uneheliches Kind. Das Lotterleben Friedrich Wilhelms II. ist vorüber, und sein sittenstrenger Nachfolger ordnet an: sofortige Heirat mit dem (mutmaßlichen) Kindsvater, dem Prinzen Friedrich von Solms-Braunfels, Verbannung des Paares ins Abseits von Ansbach bei Trennung von den legitimen Kindern aus der ersten Ehe, die in Berlin bleiben, Verzicht auf den Titel Königliche Hoheit und auf jede Form von Hofstaat. Der Prinz von Solms-Braunfels stirbt im Jahre 1814, und 1815 heiratet Friederike in dritter Ehe den Herzog von Braunschweig-Lüneburg und Herzog von Cumberland, der 1837 als Ernst August II. König von Hannover wird. So bringt es Friederike auf ihre späten Tage nach einem bewegten Leben doch noch selbst zur Königin. Sie stirbt 1841.

Was Luise empfindet, machen Briefe deutlich, die sie ihrem Mann schreibt, als sie 1794 für einige Monate von ihm getrennt wird, weil Preußen einen Feldzug in Polen führt: »Du bist der Quell so vielen Glücks für mich, Du bist aber auch der Quell so vieler Tränen. Ich hänge so ganz mit Leib und Seele an Dir, es ist mir nichts so teuer und lieb wie Du, desfalls muß ich aber auch recht leiden, da ich all mein Glück in Dir sehe, aber Du so weit weg bist.«

Das Echo bleibt nicht aus: »Eigentlich kann ich Dir versichern, liebste Luise, daß, seitdem ich Dich verlassen habe, ich noch keinen wirklich fröhlichen und zufriedenen Augenblick genossen habe. Sollte man nicht bald sagen, daß es töricht wäre, sich eine Frau zu nehmen, der man so mit Leib und Seele zugetan ist, daß einem alles übrige gleich bleibt?« Als Friedrich Wilhelm seine Heimkehr ankündigt, meldet Luise, sie sei »rasend toll vor Freude, kaum fähig die Feder zu führen«. Und ihrem Bruder Georg vertraut sie nach der Rückkehr an: »Mein Mann grüßt Dich ... Er macht mich zum glücklichsten Weibe der Erde. Er ist ein seltener Mann.«

Schon zu Lebzeiten haben sich Dichter mit Luise beschäftigt. Novalis, eigentlich Friedrich Freiherr von Hardenberg (1772–1801), der etwas vom Unglück verstand, sagte von ihr: »Die Königin hat zwar keinen politischen, aber einen häuslichen Wirkungskreis im Großen ... Ihr Beispiel wird unendlich wirken. Die glücklichen Ehen werden häufiger und die Häuslichkeit mehr als Mode werden. Sie wird zugleich echtes Muster weiblicher Einfachheit im Anzug sein. Jede gebildete Frau und jede sorgfältige Mutter sollte das Bild der Königin in ihrem oder in ihrer Töchter Wohnzimmer hängen haben. Verwandelt sich nicht ein Hof in eine Familie, ein Thron in ein Heiligtum, eine königliche Vermählung in einen ewigen Herzensbund?«

Wir mögen das für abwegig, für romantische Schwärmerei halten. Doch es ist etwas daran. Woher denn kommt es, dass Prinzessinnen in den Märchen ebenso hartnäckig ihren Platz behaupten wie die Prinzen, die das Dornröschen aus seinem Schlaf erwecken? Und woher stammten in unserer angeblich so nüchternen Zeit die überbordenden Gefühle beim Tod der englischen Prinzessin Diana? Gibt es in den Herzen nicht eine hartnäckige Sehnsucht nach dem Dreiklang von Jugend, Schönheit und Glück, der als Sinnbild, am herausgehobnen Ort, als Wirklichkeit dargestellt sein will? Ein Hauptteil der tatsächlich un- oder vorpolitischen Wirkung Luises dürfte darin begründet sein, dass sie diesen Dreiklang verkörperte.

Noch etwas kam hinzu: Jeder Umbruch der Verhaltensformen und moralischen Maßstäbe verlangte nach seiner Symbolfigur. Die Französische Revolution von 1789 bedeutete ja nicht nur politisch eine Zeitenwende, sondern sie setzte bis ins Alltagsleben hinein für Männer und Frauen, Ehe und Familie neue Maßstäbe der Tugend und Untugend, der Sitte und Unsitte, des Rechts und des Unrechts. Zwar hat Talleyrand als Lebemann und Kavalier alter Schule gesagt, dass nicht wisse, was das Leben sein könne, wer nicht vor 1789 gelebt habe. Aber das war eben der Standpunkt der höfischen Rokoko-Gesellschaft, deren edle Damen und und Herren man aufs Schafott führte – und vom bürgerlichen Standpunkt aus, in der Empörung über die Verworfenheit des Ancien Régime, durchaus begründet. Der Scharfrichter der Revolution, Maximilien Robespierre, hat gesagt: »Wir wollen in unserem Lande den Egoismus durch die Moral ersetzen, die Ehre durch die Rechtschaffenheit, die Gewohnheiten durch Prinzipien, die Schicklichkeit durch die Pflicht, den Zwang der Tradition durch die Herrschaft der Vernunft, die Geringschätzung des Unglücks durch die Verurteilung des Lasters, die Frechheit durch das Selbstgefühl, die Eitelkeit durch die Seelengröße, die Geldgier durch die edle Ruhmsucht, die so genannte gute Gesellschaft durch gute Menschen, den Schöngeist durch die Genialität, den falschen Flitter durch Wahrheit, die Eintönigkeit der Wollust durch den Zauber des wahren Glücks, die Kleinheit der großen Leute durch die Größe des Menschen, ein artiges, leichtfertiges, klägliches Volk durch ein großmütiges, mächtiges, glückliches Volk, das heißt alle Laster und alle Lächerlichkeiten der Monarchie durch alle Tugenden und alle Wunderwerke der Republik.« Nicht von ungefähr ließ man Auszüge aus den Schriften Rousseaus in den Straßen von Paris verlesen: Fort mit allem Verkünstelten und Entarteten, hin zu neuer, romantisch gedeuteter Natürlichkeit!

In Preußen vollzog sich die Revolution der Maßstäbe nicht im Aufruhr von »unten«, sondern als Änderung von »oben«, ordentlich wie es sich gehört von der Spitze des Staates her mit einem Thronwechsel. Friedrich Wilhelm II. hatte noch einmal allen Glanz oder wie es bald schien alle Laster des Ancien Régime verkörpert. In den Worten Gottfried Schadows, der dem Schwesternpaar Luise und Friedrike das Denkmal setzte:

»Zur Zeit Friedrich Wilhelms II. herrschte die größte Liederlichkeit, alles besoff sich in Champagner, fraß die größten Leckereien, frönte allen Lüsten. Ganz Potsdam war ein Bordell; alle Familien dort suchten nur mit dem Könige, mit dem Hof zu tun zu haben, Frauen und Töchter bot man um die Wette an, die größten Adligen waren die Eifrigsten. Die Leute, die das wüste Leben mitgemacht haben, sind alle früh gestorben, zum Teil elendiglich, der König an der Spitze.«

Sodom und Gomorrha, von Gott verurteilt und vertilgt! Ähnlich haben uns später die borussischen Historiker belehrt: Die Schicksalsstrafe folgte mit dem preußischen Zusammenbruch im Jahre 1806. Doch es handelt sich eher um einen moralischen als den politisch begründeten Schuldspruch. In seinem Buch »Preußen ohne Legende« hat Sebastian Haffner über Friedrich Wilhelm II. gesagt: »Man hat ihm seine Mätressen und Nebenfrauen nicht verziehen. In Wirklichkeit war er so übel nicht; es läßt sich sogar die These vertreten, daß er einer der erfolgreichsten Hohenzollernkönige gewesen ist.« Schließlich hat er Preußen mit der zweiten und dritten polnischen Teilung von 1793 und 1795 wesentlich vergrößert.

Der König ist tot, es lebe der König: Friedrich Wilhelm II. stirbt am 16. November 1797. Seine Hauptmätresse, Wilhelmine Enke, die Tochter eines Trompeters, die ihm fünf Kinder schenkte und die er 1794 zur Gräfin von Lichtenau erhob, hatte ihn in seinem langen und schweren Siechtum aufopferungsvoll gepflegt. Doch die erste Amtshandlung des Thronerben besteht darin, dass er das Haus der Lichtenau umstellen und ihr Vermögen beschlagnahmen lässt. Dann wird sie ins schlesische Glogau verbannt, mit der Auflage, das dortige Festungsgelände nicht zu verlassen. Man könnte vom Racheakt eines Sohnes sprechen, der vom Vater zugunsten seiner Halbgeschwister immer vernachlässigt wurde. Wichtiger aber ist der symbolische Akt, das moralische Großreinemachen, das darum auch mit viel Beifall bedacht wird, gewissermaßen als die preußische – und vergleichsweise noch humane – Parallelaktion zur Hinrichtung der Königin Marie Antoinette in Frankreich. Fortan sollen wieder Anstand und Sitte herrschen, und dafür gewinnt das Eheleben Vorbildcharakter, das Friedrich Wilhelm III. und Luise miteinander führen.

Die Trompeterstochter lässt sich indessen nicht einschüchtern. Sie klagt beim Berliner Kammergericht, und in einem langwierigen Prozess bekommt sie ihr Recht; alle gegen sie erhobenen Vorwürfe stellen sich als haltlos heraus. Sie bekommt schließlich zurück, was ihr genommen wurde, und lebt seitdem in Berlin. Als immer noch stattliche (und jetzt wieder vermögende) Frau erhält sie zahlreiche Heiratsanträge – angeblich 23 –, die sie sämtlich zurückweist. Sie stirbt im Jahre 1820, 66 Jahre alt.

Zu den hergebrachten Amtspflichten jedes neuen Königs und seiner Königin gehört es, die Provinzen zu bereisen, um die Huldigung der Stände entgegenzunehmen. Diese Reisen geraten zu Triumphzügen: Beinahe von Dorf zu Dorf und auf alle Fälle von Stadt zu Stadt gibt es Ehrenpforten, Girlanden und Blumen, singende Schulkinder und herbeidrängende, jubelnde Menschenmassen. »Ein ideales Paar – besonders sie«, heißt es überall. Luise genießt in vollen Zügen, was ihr geboten wird, auch als sie hochschwanger ist, und dafür nimmt sie das Dahinholpern in Hitze und Staub auf meist miserablen Straßen gerne in Kauf. Einmal kippt das königliche Gefährt auf die Seite, und sie schreibt:

»Allerdings bin ich gestürzt, und das tüchtig, denn das Wagenverdeck lag viel tiefer als die Räder; aber dabei habe ich doch Glück gehabt, denn die Sache ging so langsam vor sich, daß ich Zeit hatte zu denken: Wir werden fallen, wir fallen, wir sind gefallen. Die göttliche Vorsehung und die Sorgfalt, mit der man mich so umsichtig wie möglich aus der Karosse zog, bewirkten, daß ich bei meinem Zustand keine verderblichen Folgen verspürt habe; aber ich muß gestehen, ich habe viel Glück, und der liebe Gott beschützt mich sichtbar.« Erleichtert notiert auch die Voß am folgenden Tat: »Die Königin war heute wieder ganz erholt, und wir reisten um 9 Uhr weiter.«

Zahlreiche Anekdoten ranken sich um Luise, die bis in die patriotischen Erbauungsbücher für Jung und Alt (besonders für höhere Töchter) vorgedrungen sind, etwa diese: »Gelegentlich einer Parade auf dem Exerzierplatz bei Stargard im Mai des Jahres 1798 wurde die Königin, wie dies auf ihren Reisen öfter der Fall war, von einer großen Menge Volkes umdrängt. Da gewahrte sie einen alten pommerschen Landmann, der vergeblich versuchte, sich durch den dichten Menschenknäuel hindurchzuarbeiten; sie gibt dem Diener den Befehl, den Alten näher an den Wagen heranzuführen. ›Gelt, Ihr möchtet wohl auch gern die Königin sehen?‹ redet ihn der Diener an und führt den Hochbeglückten dicht vor den Wagenschlag der Königin. Hier stand der Greis, lange Zeit mit entblößtem Haupte und mit strahlenden Augen in das holde Antlitz der jungen Landesmutter schauend, als wollte er sich die edlen Züge für immer tief ins Herz prägen.«

Eine andere Geschichte erzählt nicht von der Huldigungsreise, sondern vom Spaziergang in der Hauptstadt: »Die Königin pflegte mit ihrem Gemahl in jedem Jahr auch den Berliner Weihnachtsmarkt zu besuchen. Eines Tages bemerkte sie, an einen Tisch herantretend, wie eine Bürgersfrau, die Ankunft der hohen Herrschaften bemerkend, ehrerbietig von demselben zurücktreten will. ›Stehen bleiben, liebe Frau!‹ rief ihr die Königin freundlich zu, ›was würden die Verkäufer sagen, wollte ich ihnen die

Käufer verscheuchen?‹ Dann, als die Frau sich mit mütterlichem Stolze eines Sohnes rühmte, der mit dem Kronprinzen in einem Alter sei, kaufte die Königin mehrere Spielsachen für den Knaben und legte dieselben mit den Worten in den Korb der jungen Mutter: ›Nehmen Sie, liebe Frau, und bescheren Sie das Spielzeug Ihrem Kronprinzen im Namen des meinigen.‹«

Im Ablauf der Jahre wächst stetig die Zahl der Kinder. Zwar beginnt die Reihe 1794 mit einer Totgeburt, und Luise schreibt an ihren Bruder: »Ach, lieber Georg, wer besser als Du könnte meine Freude, meine Wonne, mein Glück teilen, wenn ich Dir von meinem Kinde schreiben könnte? So aber kann ich leider nur sagen, er war schön! Meine Tränen ersticken mich. Ich murre nicht. Ich trage mit Ergebung den Willen Gottes, der in allen seinen Fügungen unser Glück und unser Bestes vor Augen hat, auch sind Tränen kein Murren, sondern Empfindungen der Wehmut, deren ein mütterliches Herz nicht entbehren kann.«

Aber 1795 wird der Thronerbe geboren und gebührend begrüßt: Friedrich Wilhelm IV., nach dem Tod seines Vaters im Jahre 1840 König von Preußen. Ihm folgt 1797 Wilhelm I., ab 1858 Prinzregent an der Stelle seines erkrankten Bruders, seit 1861 König und seit 1871 deutscher Kaiser. Ein Jahr später wird Charlotte geboren, die 1817 Nikolaus I. heiratet und 1825 als Alexandra Feodorowna Zarin von Russland wird. Weitere sechs Kinder schließen sich von 1799 bis 1809 an, von denen zwei bald sterben. Zehn Geburten insgesamt, darunter drei frühe Tote, aber sieben Kinder, die das Erwachsenenalter und einige sogar ein hohes Alter erreichen: Unter den damaligen Umständen ist das eine gnädige Quote.

Dass Luise über ihre Mutterrolle hinaus auch eine Erzieherin ihrer Kinder gewesen ist, kann man kaum behaupten; dafür fehlte es ihr an Bildung und an Stetigkeit. Der kantige Freiherr vom Stein, einer der wenigen, der sich von ihrem Charme nicht umnebeln ließ, hat sich über ihre pädagogischen Talente höchst kritisch geäußert. Aber gab es nicht das passende Personal? Zum Erzieher der ältesten Söhne wurde zunächst einmal Johann Delbrück (1768–1830) bestimmt, ein gelehrter Theologe. Im Familienkreis ging es zwanglos zu, und der Kronprinz spielte den Clown. »Ärgerliche Balgerei ... im Zimmer der Königin«, notierte Delbrück in seinem Tagebuch. Oder: »Die Kinder tobten.« Es kam sogar vor, dass sie während einer Teegesellschaft höchst unpassend auf einem Kissenberg herumsprangen. Verziehen statt Erziehung: Darauf lief es bei Luise hinaus. Doch auf Vorhaltungen Delbrücks reagierte sie mit Abwehr: Sie könne die Kinder nicht entbehren.

Schwieriger gestaltete sich das Verhältnis zum König. Er wusste, so behauptete Karoline von Rochow, »überhaupt nicht so recht mit seinen Kindern zu leben. Die Töchter mußten wohl immer um ihn sein; ob es aber je zu seinem recht vertraulichen Wesen zwischen ihnen kam, weiß ich nicht und möchte es bezweifeln. Mit den Söhnen verkehrte er aber noch weniger, und je erwachsener und selbständiger sie wurden, je geringer blieb der innere Zusammenhang ihres Lebens.« Besonders der vielseitig begabte, aber zugleich empfindsame und schwierige Kronprinz schloss sich viel enger an Delbrück als an den Vater an. Als der Erzieher im Jahre 1809 abgelöst werden sollte, reagierte er mit einem heftigen Fieberanfall und schrieb einen verzweifelten Brief: »Liebster, liebster Vater, wenn Sie mich und meinen einzigen, würdigsten Delbrück lieben, wenn Sie wünschen, daß ich wieder soll gesund werden, so trennen Sie mich nicht von ihm. Ich kann wirklich nicht ohne ihn glücklich sein.«

Der Vater antwortete: »Die Gesinnungen der Dankbarkeit, die Du Herrn Delbrück schuldig bist, machen Deinem Gefühl Ehre, da er sich allerdings Deiner Liebe und Achtung wert erwiesen hat. Da indessen im Lauf Deiner und einer jeden Erziehung ein Zeitpunkt eintritt, wo man sich von seinen ersten Erziehern trennen muß, ... erwarte ich, daß Du Dich als ein gehorsamer Sohn mit Vernunft in Dein neues Verhältnis wirst zu schicken wissen. Lebe wohl, ich hoffe, daß Deine Unpäßlichkeit nicht von Dauer sein wird.« Mit einiger Verzögerung, letztlich aber wie geplant wurde Delbrück durch Friedrich Ancillon (1767–1837) ersetzt, ursprünglich hugenottischer Prediger, später im Staatsdienst und seit 1832 preußischer Außenminister.

Wie immer es jedoch im Einzelnen gewesen sein mag, nach außen hin stellte sich mit Luise als dem Mittelpunkt das Königshaus als das Vorbild einer glücklichen Familie dar, als das Muster, dem jedenfalls der Idee nach die entstehende Bürgergesellschaft des 19. Jahrhunderts weithin gefolgt ist. Man kann sogar sagen, dass der König eine bis dahin durchaus unkönigliche Lebensart geprägt hat: Wie ein Beamter oder ein Kaufmann aus seinem Kontor kehrte er am Nachmittag aus seinem Dienst zurück, oft müde und missmutig, um dann im Kreis seiner Lieben Ruhe zu finden, Mensch zu sein und sich von seiner Frau Gemahlin etwas vorschwatzen zu lassen. Zur Sache gehört dann auch, was noch gar keinen Namen hat: die Sommerfrische als private Erholung in Paretz oder auf der Pfaueninsel, nach und neben der Kur in Karlsbad oder Pyrmont sozusagen der Vorläufer bürgerlicher Ferienwochen auf Norderney oder in Ahlbeck.

Wie ein politisches Vermächtnis hatte Friedrich Wilhelm II. seinem Thronerben den Frieden von Basel vom 5. April 1795 hinterlassen. Mit ihm schied Preußen aus dem Krieg gegen Frankreich aus; das linke Rheinufer wurde preisgegeben und das nördliche Deutschland, vom südlichen durch eine Demarkationslinie getrennt, für neutral erklärt. Mochte anderswo die Kriegsfackel lodern, Preußen schien das nichts mehr anzugehen. Man kann endlos darum streiten, ob es sich um einen schmählichen Verrat am Reich und am österreichischen Verbündeten oder um einen Akt der Staatsklugheit handelte. Von dem hätte man ohne Vorbehalt freilich nur sprechen können, wenn die gewonnenen Friedensjahre für grundlegende Reformen in Staat, Gesellschaft und Armee genutzt worden wären. Doch die blieben aus oder wurden allenfalls halbherzig versucht, und Friedrich Wilhelm III. war nicht der Mann, um daran etwas zu ändern. Im Rückblick hat man von den »stillen Jahren« gesprochen, die der Katastrophe vorausgingen.

Als Kronprinz hatte Friedrich Wilhelm einiges vom Krieg gesehen, vor allem seine Schattenseiten. Beim Feldzug in Frankreich und beim Rückzug im Herbst 1792 notierte er in seinem Tagebuch: »Da lagen drei Musketiere und ein Tambour mit zerschmetterten Schenkeln und wimmerten jämmerlich. Ich leugne nicht, daß mich der Anblick heftig erschütterte und daß mir anfing, etwas wunderlich ums Herz zu werden. – Höchst traurig war der Anblick der zurückgeschleppten Blessierten, die nachher meist alle aus Mangel an Anstalten und Pflege gestorben sind.« Oder etwas später: »Beim Schlosse Grandpré wurden die Kranken, die dort gelegen, alle aufgeladen. Ein erbarmungsvoller Anblick. – Überhaupt sind keine Worte hinreichend, um den Jammer und das Elend zu schildern, welches in diesen Lazaretten herrschte. – Es regnete immerfort. – Unterwegs überall Bilder des Jammers und des Todes.« Diese Bilder wirkten weiter; sie machten Friedrich Wilhelm auch als König von Preußen zu einem Herzenspazifisten. Als sich freilich Napoleon immer drohender an das neutrale Norddeutschland heranschob, schrieb er ahnungsvoll: »Mehr als ein König ist untergegangen, weil er den Krieg liebte, ich, ich werde untergehen, weil ich den Frieden liebe.«

Zur Abwehr der Gefahr bot sich das Zusammengehen mit Russland an. Dort regierte seit der Ermordung Pauls I. im Jahre 1801 der 1777 geborene Alexander I., und am 10. Juni 1802 begann in der Grenzstadt Memel eine einwöchige Begegnung des preußischen Königspaares mit dem Zaren, die weniger durch ihre politischen Ergebnisse als durch die aufgerührten Gefühle denkwürdig geworden ist: Luise verliebte sich Hals über Kopf in den jungen, kraftstrotzenden und gut aussehenden Alexander. In ihren Aufzeichnungen heißt es: »Der Kaiser ist einer der seltenen Menschen, die alle liebenswürdigen Eigenschaften mit allen echten Vorzügen vereinigen ... Zwanglose Höflichkeit, große Liebenswürdigkeit, viel Geist (vor allem Rechtssinn) und Festigkeit, vereint mit seltener Volkstümlichkeit, die indessen niemals gewöhnlich wird, denn er bewahrt immer viel Würde – das ist eine leichte, unvollkommene Skizze seines Charakters und seiner Wesensart. Er hat eine Engelsgüte, die sich in allen seinen Handlungen ausprägt, und der Eindruck davon verbreitet sich über seine ganze Erscheinung.« Doch davon ganz abgesehen: »Er ist wunderbar gut gebaut und von sehr stattlicher Erscheinung. Er sieht aus wie ein junger Herkules.« Umgekehrt – so scheint es jedenfalls – ist auch Alexander vom Anblick Luises hingerissen.

Nicht als König, aber als Ehemann war Friedrich Wilhelm seiner Sache sicher. Daher reagierte er nicht mit Eifersucht, sondern mit Stolz, wenn sie gefiel: »Überall war sie la reine de la fête ... und wie günstig wirkte nicht ihr passendes Benehmen und ihre sinnliche Erscheinung auf Fremde und Einheimische. Sie wußte aber, daß sie allgemein gefiel und daß man sich ihr gern nähern mögte.« Wenig war da einzuwenden, auch wenn sie »schäkerte und kälberte« und keineswegs »unempfänglich« blieb für »Männerschönheit und Würde«; sie kannte die Grenzen, bis zu denen sie gehen durfte. Allerdings: »Von einer Person nur könnte vielleicht gesagt werden, daß sie einen mehr als gewöhnlichen Eindruck machte.« Und diese Person war der Zar.

Haben nun Luise und Alexander etwas miteinander gehabt oder haben sie nicht? Die Frage ist hitzig erörtert worden, aber die Antwort heißt – wie Kriminalisten zu sagen pflegen: mit an Sicherheit grenzender Wahrscheinlichkeit – nein. Erstens war Luise viel zu sehr an ihren Mann gebunden und inzwischen zur Königin erzogen, um für einen kurzen kopflosen Augenblick alles aufs Spiel zu setzen. Zweitens ist schwer zu sehen, wie es im Gedränge des kleinen Memel einen Zeitpunkt und Ort für die ungestörte Zweisamkeit hätte geben sollen. Drittens war Alexander zwar ein Diplomat und ein Schauspieler von Rang, der Frauen das Gefühl gab, dass er sie begehrte, der aber vor dem Ernstfall umso mehr zurückschreckte. Weder seine eigene Frau, die Prinzessin Luise Marie von Baden, noch Mätressen haben in seinem Leben eine Rolle gespielt. Nur eine einzige Dame, Barbara Juliane von Krüdener, gewann für ihn eine – eher fatale – Bedeutung, doch nicht als Geschlechtswesen, sondern als religiöses Medium.

Wir übergehen den Wirrwarr der nachfolgenden Jahre. Stein hat von einer »schwankenden, zaudernden, allein auf momentane Erhaltung äußerer Ruhe berechnete Staatsklugheit« gesprochen, von der Dummheit kaum zu unterscheiden. Im Jahre 1805 schließen Österreich und Russland ein Kriegsbündnis gegen Napoleon, und der Zar erscheint persönlich in Potsdam, um Preußen einzubeziehen. Bei nächtlichem Fackelschein kommt es sogar zu einer theatralischen Verbrüderungsszene am Sarge Friedrichs des Großen. Doch Friedrich Wilhelm III. zögert noch immer. Er befiehlt zwar die Mobilmachung, aber zugleich schickt er seinen Außenminister Graf Haugwitz ins französische Hauptquartier, um dort ein Ultimatum zu stellen. Napoleon hält Haugwitz hin, bis am 2. Dezember 1805 in der Dreikaiserschlacht von Austerlitz die Kriegsentscheidung gefallen ist. Die Russen treten einen eiligen Rückzug an, Österreich bittet um Frieden, Haugwitz behält sein Ultimatum in der Tasche und lässt sich stattdessen von Napoleon einen demütigenden Bündnisvertrag diktieren.

Bald überschlagen sich in Deutschland die Ereignisse. Am 12. Juli 1806 wird in Paris der Vertrag über den Rheinbund geschlossen, mit dem 16 süddeutsche Fürsten sich dem Protektorat Napoleons unterstellen und ihren Austritt aus dem Reichsverband erklären. Daraufhin legt Franz II. – der sich 1804 sozusagen schon vorsorglich zum Kaiser Franz I. von Österreich gemacht hat – die Kaiserkrone nieder; das Ende des Heiligen Römischen Reiches Deutscher Nation ist gekommen.

In Preußen gibt es einen Sturm der Entrüstung, teils über das eigene schmähliche Verhalten, teils über die Behandlung durch den korsischen Kaiser. Luise schreibt und spricht von dem »Ungeheuer« Napoleon, und es ist von einer »Partei der Königin« die Rede, die es in Wahrheit nie gegeben hat, nur die sehr persönliche Empörung. Dem König aber ergeht es wie so manchem Zauderer: Nachdem er den richtigen Zeitpunkt zum Handeln verpasst hat, stürmt er plötzlich und kopflos vorwärts, ins Verderben hinein. Er befiehlt wieder die Mobilmachung, und fordert den Rückzug aller französischen Truppen aus Süddeutschland. Die Armeen marschieren in Thüringen auf, und der Krieg beginnt.

Gleich das erste Vorgefecht bei Saalfeld endet unglücklich. In ihm fällt Prinz Louis Ferdinand (geboren 1772), ein Sohn Ferdinands, des jüngsten Bruders Friedrichs des Großen. Er sah blendend aus, war vielseitig begabt, ein Fraueneroberer, unter anderem von Luises Schwester Friederike, und immerfort von Schulden geplagt. Vor allem aber war er der Abgott der Armee, und sein Tod erschien als ein schlimmes Vorzeichen.

Am 14. Oktober 1806 werden die beiden voneinander getrennt operierenden preußischen Armeen vernichtend geschlagen, die eine von Napoleon bei Jena und die andere von Marschall Davout bei Auerstedt. Was folgte, schildert Georg Webers »Lehrbuch der Weltgeschichte« (14. Auflage Leipzig 1870) mit der gehörigen Dramatik:

»Jetzt schlug der frühere Übermut plötzlich in Kleinmut um, und die größte Plan- und Ratlosigkeit bemächtigte sich der zwieträchtigen Führer. Wagen, Geschütze, Fußgänger und Reiter, alles schob sich in Wirrwarr weiter, die einzelnen waren in Dörfern und Häusern zerstreut, um Hunger und Durst zu stillen, die Haufen hemmten und durchkreuzten sich gegenseitig, ungangbare Wege und die einbrechende Dunkelheit mehrten die Verwirrung ins Unbeschreibliche. Da keine Vorkehrungen zu einem Rückzug getroffen waren, so trennten sich die Heere in mehrere Abteilungen und wurden einzeln die Beute des rasch vordringenden Siegers. Am 17. Oktober erlitt Herzog Eugen von Württemberg bei Halle eine Niederlage, welche die unter seinem Kommando stehende Reservearmee gänzlich zersprengte; der alte Fürst von Hohenlohe, der nach tapferem Kampfe mit der Hauptarmee auf Umwegen nach Magdeburg zog, mußte, als er sich bei der herrschenden Verwirrung in dieser Stadt nicht halten konnte und den Weg weiter nach Stettin verfolgte, getäuscht durch falsche Vorspiegelungen und irrgeleitet durch Massenbachs kleinmütige Ratschläge, bei Prenzlau mit 12000 Mann die Waffen strecken und die ermatteten und hungernden Truppen in Kriegsgefangenschaft liefern. Die Festungen, die fast sämtlich unter dem Kommando alter, körperlich und geistig abgestumpfter Leute standen, ergaben sich mit solcher Eile, daß man bei vielen Befehlshabern Verrat argwöhnte, weil die Mutlosigkeit und der gänzliche Mangel an Selbstvertrauen unbegreiflich waren.«

Im weiteren Verlauf des Krieges sind nur zwei kleinere, im Grunde weniger wichtige Festungen hartnäckig verteidigt worden: das hinterpommersche Kolberg durch Gneisenau und das westpreußische Graudenz durch Courbière. In Berlin lasen die Menschen auf Maueranschlägen: »Der König hat eine Bataille verlohren. Jetzt ist *Ruhe* die erste Bürgerpflicht. Ich fordere die Einwohner Berlins dazu auf. Der König und seine Brüder leben! Berlin, den 17. October 1806. Graf v. d. Schulenburg.« Diese Aufforderung ist sprichwörtlich geworden, als ein Sinnbild des einstürzenden Staates, der nur Untertanen, aber keine Bürger kannte. Napoleon hielt am 27. Oktober seinen Einzug in der preußischen Hauptstadt, von den Behördenvertretern und der Bevölkerung gehorsamst empfangen. Einer der wenigen, die im allgemeinen Durcheinander nicht den Kopf verloren, war als Finanzminister der Freiherr vom Stein; er rettete die Staatskasse.

Bei Durchsuchungen wurden die Notizen oder Briefe gefunden, in denen die Königin vom »Ungeheuer« sprach, gegen das man kämpfen müsse. Mit Behagen, aber mit ungewolltem Ergebnis ließ der Kaiser diese Texte veröffentlichen, um die »Kriegstreiberin« bloßzustellen; rachebegeisterten Preußen und späteren Geschichtsschreibern wurden die Belege zugespielt, die sie brauchten, um die Königin als Vorbild, als leidenschaftliche Patriotin zu feiern. Manchmal wurde ihr sogar angedichtet, sie sei eine der Ersten gewesen, die den »Erbfeind« Frankreich als Widersacher des deutschen Wesens entdeckten. Davon kann keine Rede sein; sie war antinapoleonisch, aber nicht und nicht einmal im Ansatz antifranzösisch eingestellt.

Friedrich Wilhelm hatte sich zunächst von Luise ins Feld begleiten lassen, und unter höchst schwierigen Umständen retteten sich beide, inzwischen auf getrennten Wegen, aus dem Zusammenbruch der Armee. Am 18. Oktober erklärte die verzweifelte Königin ihrem Leibarzt Christoph Wilhelm Hufeland (1762–1836), dass alles verloren sei. »Ich muß fliehen mit meinen Kindern.« Dabei bewährte sich einmal mehr die Gräfin Voß, inzwischen statt »der Feldwebel« mit Respekt »Hauptmann Voß« genannt; über etliche Zwischenstationen gelangte man schließlich ins ostpreußische Königsberg.

Aber bald schien es auch dort nicht mehr sicher zu sein; Napoleon war ein Meister der schnellen Verfolgung. Bloß noch ein Fluchtort in Preußens äußerstem Nordosten blieb: die kleine Hafenstadt Memel. Aber Luise war schwer erkrankt, am »Nervenfieber«, wie man damals sagte, das heißt am Typhus. Im melodramatischen Bericht Dr. Hufelands heißt es: »Sie lag sehr gefährlich danieder, und nie werde ich die Nacht des 22. Dezember vergessen, wo sie in Todesgefahr lag, ich bei ihr wachte und zugleich ein so fürchterlicher Sturm wütete, daß er einen Giebel des alten Schlosses herabriß.«

Am Jahresende verdichten sich die Nachrichten vom feindlichen Vormarsch. Luise ist noch immer sehr schwach und kaum transportfähig. Hufeland bietet an, mit ihr in Königsberg zu bleiben; Napoleon werde sich an einer kranken Königin gewiss nicht vergreifen. Aber sie lehnt ab: »Ich will lieber in die Hände Gottes fallen als dieses Menschen.« So wird sie in den Wagen gehoben, und die Fahrt beginnt, bei Eiseskälte und Schneetreiben über die beinahe weglose und im Winter kaum passierbare Kurische Nehrung hinweg, die das Haff von der Ostsee trennt.

Wieder Hufeland: »Wir brachten drei Tage und drei Nächte, die Tage teils in den Sturmwellen des Meeres, teils im Eise fahrend, die Nächte in elendesten Nachtquartieren zu – die erste Nacht lag die Königin in einer Bauernstube, wo die Fenster zerbrochen waren und der Schnee ihr auf das Bett geweht wurde, ohne erquickende Nahrung ... So hat noch keine Königin die Not empfunden ... Und dennoch erhielt sie ihren Mut, ihr himmlisches Vertrauen auf Gott aufrecht, und sie belebte uns alle.« Einer, der nicht dabei war, Luises Biograph Paul Balleu, schmückt die Empfindungen noch dramengerechter aus: »Im Heulen des Sturmes, im Brausen des Meeres dachte einer der Flüchtlinge an die Nacht, in der König Lear seinen Töchtern fluchte, und fand sie ruhiger als diese Nächte der Kurischen Nehrung.« Außerdem kam man »an einem Wrack vorbei, über dem die Wellen zusammenschlugen: es erschien wie ein Bild des preußischen Staates«. Oder, im Nachhinein, als der Stoff, aus dem die Legenden gemacht sind.

Zur guten Geschichte gehört indessen der gute Ausgang. Noch einmal der Leibarzt: »Selbst die freie Luft wirkte wohltätig; statt zu verschlimmern, besserte sie [Luise] sich auf der bösen Reise. Wir erblickten endlich Memel am jenseitigen Ufer, zum ersten Mal brach die Sonne durch und beleuchtete mild und schön die Stadt, die unser Ruhe- und Wendepunkt werden sollte.«

In Memel trifft übrigens auch eine britische Regierungsdelegation ein. Bei ihr befindet sich ein junger Offizier, Robert Thomas Wilson, der sich sofort und unsterblich in Luise verliebt. Er schreibt nach Hause: »Ich würde den Preußen verachten, der nicht freudig sein Leben für solch eine Königin hingeben würde.« Luise wiederum, für Schmeicheleien immer empfänglich, notiert: »Er hat mir ein Buch geschickt, wo englische Verse darin waren, die sehr hübsch sind; sie sprechen von der Macht der Liebe im allgemeinen und hören auf mit den Worten: ›Denn die Liebe ist der Himmel, und der Himmel ist die Liebe.‹ Er kömmt alle Abend ... Ich sage, es ist ein einziges [einmaliges] Verhältnis.« Oder jedenfalls ist es eine hübsche Anekdote, nur für die Geschichts- und Schulbücher weniger geeignet.

War nun Memel wirklich ein Wendepunkt? Das Königspaar und der Zar Alexander halten hier Kriegsrat und beschwören einmal mehr ihre Freundschaft, das unauflösbare Bündnis; eine russische Armee unter Führung des deutschstämmigen Generals Bennigsen rückt in Ostpreußen ein. Am 8. Februar 1807 kommt es zur Schlacht bei Preußisch-Eylau, »wo der Kriegsmut der Franzosen und Russen und die tapfere Haltung der Preußen unter dem braven, entschlossenen Lestocq einen Kampf erzeugten, der an Menschenverlust den blutigsten Ereignissen der Weltgeschichte gleichkommt. Gegen 60 000 Tote und Verwundete deckten die weite Schneefläche der Wahlstatt; beide Teile sprachen den Sieg an und die Anstrengung und Erschöpfung war so groß, daß der Krieg eine viermonatige Unterbrechung erlitt.« So abermals Georg Weber in seinem »Lehrbuch der Weltgeschichte«. Doch der leidende Krieg erholt sich bald wieder; nach dem unentschiedenen Kampf bei Heilsberg gelingt Napoleon am 14. Juni 1807 bei Friedland ein glänzender, alles entscheidender Sieg. Die Zeit für Friedensverhandlungen ist gekommen.

In Tilsit treffen die drei Monarchen zusammen. Vielmehr, genauer: Die eigentlichen Verhandlungspartner sind der französische Kaiser und der russische Zar; der König von Preußen bleibt eine Randfigur, die kaum noch zählt. Entsprechend behandelt Napoleon ihn mit Herablassung, um nicht zu sagen mit Verachtung. Auf der Memel, russisch Njemen, die die Waffenstillstandslinie bildet, lässt er ein Floß erbauen, mit einem Holzhaus darauf und mit den Initialen N und A geschmückt. Da führen Napoleon und Alexander ihr erstes Gespräch, während Friedrich Wilhelm, bei strömendem Regen in einen russischen Soldatenmantel gehüllt, vom Ufer aus zuschauen darf. Bei anderer Gelegenheit, aus Anlass einer Truppenbesichtigung, reiten der Kaiser und der Zar im gestreckten Galopp, während der König – ein guter Spaziergänger, aber ein schlechter Reiter – mühsam hinterher zockelt.

Einmal kommt es zu einem heftigen persönlichen Zusammenstoß. Um an das Urteil von Marwitz über Friedrich Wilhelm zu erinnern: »Es fehlte ihm nicht am Gefühl seiner persönlichen Ehre – seiner Person hat er nie das mindeste bieten lassen.« So explodiert er schließlich, höchst undiplomatisch; nach dem Urteil von Augenzeugen färbt sich sein Gesicht puterrot und das von Napoleon gelb, nach einem anderen Bericht grün vor Wut; nur das Eingreifen des Zaren rettet halbwegs die Situation. Aber die preußische Position wird natürlich nicht verbessert.

Es ist nicht genau auszumachen, wer eigentlich auf den Gedanken verfiel, Königin Luise ins Spiel zu bringen, um durch ihren weiblichen Zauber zu retten, was noch zu retten war. Etwa Hardenberg, der hintergründig Regie führte? Auf jeden Fall schrieb der Unterhändler Graf Kalckreuth dem König, »daß es von guter Wirkung sein würde, wenn Ihre Majestät die Königin hier sein könnten, und zwar je eher je lieber«. Denn: »Die bewundernswürdige Affabilität Ihrer Majestät der Königin würde gewiß mehr vermitteln als alle Künsteleien der diplomatischen Formen.« Für Friedrich Wilhelm ist Napoleon inzwischen »das Tier«. Oder Schlimmeres: »Ich habe ihn gesehen«, schreibt er am 26. Juni an Luise, »ich habe mit diesem von der Hölle ausgespienen Ungeheuer, das von Beelzebub gebildet wurde, um die Plage der Erde zu werden, gesprochen! Es ist mir unmöglich, den Eindruck zu beschreiben, den sein Anblick auf mich gemacht hat. Nein, niemals habe ich eine härtere Prüfung erfahren; mein ganzes Inneres empörte sich während dieser entsetzlichen Zusammenkunft.« Selbst das Lächeln des Korsen ist »satanisch«. Doch nicht ohne Scharfsicht stellt der König fest: »Man braucht ihn nur einmal reiten zu sehen, dann erkennt man den ganzen Mann. Er geht immer in Karriere, unbekümmert um das, was hinter ihm fällt und stürzt. Er hat ein Pferd, worauf er sich verlassen kann, und so ist er sicher, wenigstens sich durchzubringen. Denn das ist die Hauptsache.«

Sollte der König diesem Ungeheuer nun seine Frau gewissermaßen in den Rachen werfen? In jedem Fall würde es sich für sie um eine schreckensvolle Zumutung handeln. Gleichwohl leitet er Kalckreuths Vorschlag nach Memel weiter, und nach allem, was Luise von ihrem Mann gehört hat, fürchtet sie sich sehr. Am liebsten möchte sie sich krank stellen, ins Bett legen, die Türen und Fenster verriegeln. Doch das Pflichtgefühl siegt, und sie antwortet. »Ihr Brief mit der Beilage von K. erreichte mich gestern abend spät. Sein Inhalt hatte die Wirkung, die Sie vorausgesehen haben. Dennoch hat mein Entschluß im selben Augenblick festgestanden. Ich eile, ich fliege nach Tilsit, wenn Sie es wünschen.« Aber die Ängste bleiben. »Es ist mir, als wenn ich in den Tod ginge«, sagt sie, »als wenn dieser Mensch mich würde umbringen lassen.«

Die Begegnung mit Napoleon findet am 6. Juli in dem bescheidenen Bürgerhaus von Tilsit statt, das Friedrich Wilhelm als Tagesquartier dient. (Die Nächte verbringt er östlich der Memel im nahe gelegenen Piktupönen.) Hardenberg hat die Königin in einer Art von Rollenspiel auf das Gespräch vorbereitet, und sogar die Aufmachung – ein weißes, silberdurchwirktes Kreppkleid, »dessen Falten anmutig an den schlanken Gliedern herabflossen« – wird sorgfältig bedacht. Der Kaiser hat später ironisch gesagt, er habe »Hardenbergs Papagei« gehört. Doch das sollte wohl nur die Tatsache überdecken, dass ihm das weibliche Flehen um männliche Großmut gehörig zusetzte.

Luise erlebt eine Überraschung. Friedrich Wilhelm hatte von dem gemeinen Gesichtsausdruck des Korsen geredet, sie aber entdeckt den Cäsarenkopf, das gewinnende Lächeln, die Intelligenz des Ausdrucks, die Intensität des Sprechens und Zuhörens, kurz einen Mann, der sie beeindruckt. Doch eben damit löst sich ihre Befangenheit; sie gewinnt ihre Selbstsicherheit zurück, die Festigkeit als Frau, die sie braucht, um in diesem Schicksalsgespräch zu bestehen. Als Napoleon Komplimente drechselt und von Stoffen, Kleidern, Modefragen plaudert, unterbricht sie ihn: »Sire, sind wir hierher gekommen, um von nichtigen Dingen zu reden?« Das wiederum imponiert dem Kaiser. Die Begegnung unter vier Augen dauert etwa eine Stunde, dann platzt der König herein, der seine Anspannung, seine Ängste, womöglich sogar einen Anfall von Eifersucht nicht länger bezähmen kann. Angeblich verdirbt er damit alles, doch das ist sehr unwahrscheinlich. Napoleon wusste viel zu genau, was er wollte, um sich von seinen Zielen durch weibliche Zauberkünste abbringen zu lassen. Die indessen lässt Luise noch einmal spielen, als sie beim abendlichen Festessen zwischen dem Zaren und Napoleon sitzt, vom »Hauptmann Voß« abgesehen das einzig weibliche Wesen unter lauter Männern und darum im Mittelpunkt der Aufmerksamkeit.

An seine Gemahlin Josephine in Paris schreibt der Kaiser »Gestern hat die Königin von Preußen mit mir diniert. Ich mußte mich tüchtig wehren, da sie mich zwingen wollte, ihrem Mann noch einige Zugeständnisse zu machen. Aber ich war nur höflich und habe mich an meine Politik gehalten. Sie ist sehr reizvoll.« Etwas später heißt es: »Die Königin von Preußen ist wirklich bezaubernd, sie ist voller Koketterie zu mir. Aber sei ja nicht eifersüchtig, ich bin eine Wachsleinwand, an der alles nur abgleiten kann. Es käme mir teuer zu stehen, den Galanten zu spielen.«

Das bringt bündig zum Ausdruck, worum es sich handelte: um unerbittliche Härte hinter einer Fassade von Höflichkeit. Im Friedensschluss von Tilsit am 9. Juli 1807 werden Preußen drückende Bedingungen auferlegt. Es verliert die Hälfte seines Staatsgebiets und seiner Bevölkerung; die Zahlungsverpflichtungen übersteigen bei weitem, was der Staat zu leisten vermag; auf unbestimmte Zeit bleiben französische Besatzungstruppen in einigen Landesteilen und halten die wichtigsten Festungen besetzt. Dass es nicht noch schlimmer kam, war schwerlich den Bitten Luises, wohl aber der Fürsprache des Zaren zu verdanken, der einen Pufferstaat zwischen sich und Napoleon haben wollte.

Ob es allerdings staatsmännische Klugheit und Voraussicht waren, die dem Kaiser der Franzosen die Feder führten, lässt sich bezweifeln. Den Besiegten muss man entweder vernichten oder ihn durch Großmut gewinnen. Aber Napoleon hatte aus seinen Erfahrungen von 1806 und 1807 nur gelernt, alles Preußische zu verachten: »Eine feige und eingebildete Nation, schwach, charakterlos, immer besiegt und immer aufsässig.« Oder: »Was für Menschen, was für ein Land und was für eine Regierung! Ich habe Friedrich den Großen stets bewundert. Ich bewundere ihn nun doppelt, weil ich die Männer gesehen habe, mit denen er den Österreichern, Franzosen und Russen entgegentreten mußte.«

Wie man mit wirklicher Weisheit zu Werke geht, haben 1815 die Diplomaten des Wiener Kongresses demonstriert, Männer wie Metternich, Talleyrand, Castlereagh und Hardenberg, die noch im vornationalen Europa zu Hause waren. Sie schufen das Jahrhundertfundament einer europäischen Friedensordnung, das bis zum Beginn des Ersten Weltkriegs überdauerte. Die Kombination von sei es noch so dürftigen Überlebensmöglichkeiten mit der Demütigung aber weckt – wie auch das Friedensdiktat von Versailles nach dem Ersten Weltkrieg – abgründig die Gier nach

Rache. Und die braucht ihre Symbole: Als Blücher, der preußische »Marschall Vorwärts«, nach dem endgültigen Sieg über Napoleon in der Schlacht bei Waterloo Paris erreichte und dort die weißen Fahnen der Kapitulation erblickte, rief er »Jetzt endlich ist Luise gerächt!« (Unwillkürlich erinnert man sich ans Jahr 1940 und an Hitler, der die französische Kapitulation in dem eigens herbeigeschafften alten Salonwagen und genau an dem Ort im Wald von Compiègne entgegennahm, an dem 1918 der Waffenstillstand unterzeichnet wurde, der die deutsche Niederlage besiegelte.)

Für den König und seine Familie ist die Rückkehr nach Berlin vorerst ausgeschlossen, weil dort noch die Franzosen regieren. Man residiert in Königsberg, und es beginnt die Zeit der Reformen, zunächst unter der Führung des Freiherrn vom Stein. Noch im Jahre 1807 ergeht das Edikt zur Bauernbefreiung, dem ein Jahr später die Städtereform folgt. Scharnhorst leitet die Heeresreform, unterstützt von Gneisenau und Boyen. Luise versteht von der Sacharbeit wenig und wird in die Einzelheiten kaum eingeweiht. Mit dem höchst ungalanten Hartschädel und Brausekopf Stein kommt sie nur schwer aus. »Er hält mich ohnehin nur für ein Weibchen, das sehr oberflächlich ist«, notiert sie. Stein seinerseits schrieb im Rückblick über die Königin: »Als Gattin opferte sie ihre Zeit und Neigungen dem Gemahl auf, der, durch Gewohnheit an sie gefesselt, ihr alles anvertraut, ohne übrigens auf ihre Meinung besonders zu achten.«

Luises Hauptaufgabe besteht darin, ihren oft verzweifelten, manchmal von Abdankung redenden, mehr denn je von Minderwertigkeitsgefühlen heimgesuchten, von Zukunftsängsten geplagten Mann aufzurichten und ihm das private Glück zu bieten, das er braucht. Sie selbst schwankt zwischen Depression und Hoffnung, wie ihr Brief an den Vater vom April 1808 dokumentiert:

»Liebster Vater! Mit uns ist es aus, wenn auch nicht für immer, doch für jetzt. Für mein Leben hoffe ich nichts mehr ... Die göttliche Vorsehung leitet unverkennbar neue Weltzustände ein und es soll eine andere Ordnung der Dinge werden, da die alte sich überlebt hat und in sich selbst als abgestorben zusammenstürzt.

Wir sind eingeschlafen auf den Lorbeeren Friedrichs des Großen ... Auch das Beste mißlingt, und der französische Kaiser ist wenigstens schlauer und listiger ... Es wäre Lästerung zu sagen, Gott sei mit ihm; aber offenbar ist er ein Werkzeug in des Allmächtigen Hand, um das Alte zu begraben ... Es kann nur gut werden in der Welt durch die Guten. Deshalb glaube ich auch nicht, daß der Kaiser Napoleon Bonaparte fest und sicher auf seinem jetzt freilich glänzenden Thron ist. Fest und ruhig ist nur allein Wahrheit und Gerechtigkeit, und er ist nur politisch, das heißt klug, und er richtet sich nicht nach ewigen Gesetzen, sondern nach Umständen, wie sie nun eben sind ... Dabei ist er ohne alle Mäßigung, und wer nicht Maß halten kann, verliert das Gleichgewicht und fällt. Ich glaube fest an Gott, also auch an eine sittliche Weltordnung. Diese sehe ich in der Gewalt nicht; deshalb bin ich der Hoffnung, daß auf die jetzige böse Zeit eine bessere folgen wird ... Ich finde Trost, Kraft, Mut und Heiterkeit in dieser Hoffnung, die tief in meiner Seele liegt. Ist doch alles in der Welt nur Übergang ... Hier lieber Vater haben Sie mein politisches Glaubensbekenntnis, so gut ich als Frau es formen und zusammensetzen kann.«

Ein anrührendes Dokument, aus Einsicht und Traum eigentümlich gemischt. Doch der Brief geht noch weiter und wendet sich dem persönlichen Glück zu, das als ungebrochen erscheint. »Oft glaube ich in ihm den Bräutigam, den Liebhaber zu sehen«, heißt es vom König. Von den Kindern: »Sie sind unsere Schätze.« Und »uns ist am wohlsten, wenn wir zusammen sind«. Im Übrigen ist Luise nach einer Pause von vier Jahren wieder einmal an Schwanger- und Mutterschaften gebunden; 1808 wird die Tochter Luise, 1809 der Sohn Albrecht geboren. Als Anmerkung am Rande: Luise, die später den Prinzen Friedrich der Niederlande heiraten wird, kommt am 1. Februar zur Welt; ihre Mutter war also schon in Tilsit schwanger.

So sehr aber ringsum die europäischen Erschütterungen weitergehen und das Schicksal Preußens oft auf des Messers Schneide steht oder wie heftig auch immer Reformer und Reformgegner einander bekämpfen: In Luises Alltag herrscht die Langweile. Sie vermisst die Geselligkeit von Berlin und die Idylle von Paretz. Mit Königsberg wird sie niemals recht warm. Das gilt im buchstäblichen Sinne. Die Winter dehnen sich endlos und eisig, Stürme toben; mit der Heimat im südhessischen Darmstadt verglichen, verspätet sich der Frühling um viele Wochen. »Die Blätter sprießen hier erst im Juni, und die Früchte reifen nie.« Oder wie es in einem Brief an den Bruder heißt: »Das Klima Preußens ist ... abscheulicher, als es sich ausdrücken läßt.« Es setzt ihr zu; sie leidet unter fiebrigen Erkältungen, Kopfschmerzen, Brustkrämpfen, Atemnot: »Meine Gesundheit ist völlig zerstört, da ich das feuchte und kalte nordische Klima nicht vertragen kann.« Sehr preußisch klingt das nicht, sofern zu den preußischen Tugenden gehört, um keinen Preis wehleidig zu sein. Dazu noch findet man Anbiederung und Klagen in einem Brief an Napoleon, unterzeichnet als »Eurer Kaiserlichen Majestät gute Schwester« – für Luises patriotische Parteigänger peinlich zu lesen.

Und es fehlt eben die Hofgesellschaft und ihre Geselligkeit; Königsberg hat wenig zu bieten. Die Stadt, von der Immanuel Kant gesagt hat, dass sie »für einen schicklichen Platz zur Erweiterung sowohl der Menschenkenntnis als auch der Weltkenntnis« gelten könne, ist so bitter verarmt wie das ganze Ostpreußen. Die Bürgerschaft muss die unerhörte Summe von 12 Millionen Francs aufbringen, um sich von der französischen Besatzung loszukaufen; die Abzahlung dieser Schuldsumme dauert bis zum 1. Januar 1901. Erst recht ist das Land verarmt, das in den letzten Kriegsmonaten der Hauptkriegsschauplatz war und unter dem Verbündeten womöglich noch mehr gelitten hat als unter dem Feind. »Preußen ist gänzlich verheert von unseren russischen Alliierten«, stellt Gneisenau fest. Die Viehbestände sind in manchen Gebieten auf zwei bis fünf Prozent der Vorkriegszahlen gesunken. Eine Besserung der Wirtschaftslage scheint unmöglich, weil die von Napoleon verhängte Kontinentalsperre die gewohnte Ausfuhr von Holz und Getreide nach England zum Stillstand bringt; die ostpreußischen Getreidepreise stürzen bis 1810 um 60 bis 80 Prozent. Luise sieht das kaum, doch umso mehr beklagt sie sich.

Was für Ihre Majestät bleibt, ist ein weitläufiges, doch eher düsteres und aufs Bewohnen nicht eingerichtetes Stadtschloss oder im Sommer, als Ersatz für Paretz, ein gemietetes Landhaus. Es ist so klein, dass man im Vorgarten ein Zelt aufbauen muss, wenn man Gäste empfangen und bewirten will. Und nicht einmal ordentlich einkaufen kann man in Königsberg. Der Bruder Georg, der sich gerade in Paris aufhält, wird darum gebeten, der Schwester zu schicken, was sie entbehrt. »Ich kriege hier nichts, und das infame Zeug kostet hier Friedrichsd'ors, was in Berlin und Paris Taler kostet.« (Ein Friedrichsd'or entspricht fünf Talern.) Zum Hintergrund gehört, dass Stein, der das eigene Gehalt und das der Beamten um die Hälfte kürzt, auch dem königlichen Haushalt einen radikalen Sparzwang auferlegt; mit Ausnahme des Schmucks der Königin wird alles Überflüssige verkauft.

In den Herbst des Jahres 1808 fallen wichtige Ereignisse. Auf seinem Weg zum Kaiser- und Fürstentreffen in Erfurt kommt Zar Alexander nach Königsberg, und Stein präpariert Luise für das, was sie ihm sagen soll, um für Preußen eine Milderung der Friedensbedingungen zu erreichen. Aber die Zeit ist kurz, und die alte Unbefangenheit stellt sich nicht wieder her. Gleich darauf folgt ein Schmetterschlag: Die Franzosen haben einen ebenso leichtfertigen wie törichten Brief Steins abgefangen, in dem von der Vorbereitung einer Erhebung gegen die Fremdherrschaft die Rede ist. Stein muss entlassen werden, und Hardenberg steht nicht zur Verfügung, weil Napoleon auch ihn für einen gefährlichen Feind hält. Für mehr als zwei Jahre regiert nun das eher schwache Kabinett Dohna-Altenstein. Luise spürt, dass es den Anforderungen nicht genügt, und entwirft schließlich eine Denkschrift, in der sie die Minister beschuldigt, sie handelten nach dem Motto »Preußen ist doch verloren«. Sie schreibt:

»Dieser Gedanke wird nicht nur alle großen Maßregeln hemmen, sondern er macht den Menschen, der davon ausgeht, ganz unbrauchbar, weil er immer in sein Nichts zurückfällt, da er sich immerhin sagt, die Mühe ist doch umsonst ... Ein wahrer Staatsdiener muß von dem Geist beseelt sein, erstlich alle Mittel aufzufinden und zweitens in Gang zu setzen, um den Forderungen, die dem Staat gemacht werden und obliegen, Genüge zu leisten ... Er muß von dem großen und einzig wahren Gesichtspunkt ausgehen, daß vor allen Dingen die Nationalität gerettet werden muß, daß der Nation vor allem darin liege, unter dem Szepter eines tugendhaften Königs vereinigt zu bleiben, daß, um diesen Vorzug und dieses Glück zu genießen, sie gewiß bereit sei, große Opfer zu bringen.«

Das ist nun ein preußisches Dokument von Rang, denn natürlich sind mit der »Nation« nicht die Deutschen, sondern die Preußen gemeint. Als der wahre Staatsdiener aber gilt für Luise nur einer: Hardenberg. »Über den Verlust von Hardenberg heule ich Tag und Nacht«, schrieb sie schon bald nach Tilsit. Warum eigentlich?

Karl August Freiherr, seit 1814 Fürst von Hardenberg, 1750 geboren, war in vieler Hinsicht noch ein Mann des Ancien Régime, ein Kavalier der alten Schule. Sein Erzfeind Marwitz hat ihn verlästert: »So wie er sein lebelang mit den Weibern unredlich war, eine nach der andern heiratete, entführte, sitzen ließ, und noch zehn andere neben ihr frequentierte, so war er auch als Minister, nach allem greifend, sich mit allem beschäftigend, aber nichts vollendend und behauptend.« Doch ließe sich das, was Marwitz empört, durchaus ins Positive wenden. Dann könnte es heißen: Hardenberg wusste mit den Frauen umzugehen, also auch mit Luise. Im Übrigen war er zwar ein Diplomat, der keinen Umweg scheute, um an sein Ziel zu gelangen, aber durchaus ein Mann von Prinzipien, in der Aufklärung verwurzelt, mit einem klaren Blick für die Zukunft. »Demokratische Grundsätze in einer monarchischen Regierung, dieses scheint mir die angemessene Formel für den gegenwärtigen Zeitgeist«, schrieb er. Er setzte die Gewerbefreiheit durch, die jedenfalls für die wirtschaftliche Entwicklung weitaus mehr bedeutete als Steins berühmte Städtereform, und das Edikt zur Judenemanzipation vom Jahre 1812 war sein sehr persönliches Werk.

Es spricht für Luise, dass sie Hardenbergs Rang entdeckte und alles tat, was in ihrer Macht stand, um seine Berufung zu ermöglichen. Schließlich gab sogar Napoleon nach, weil er erkannte, dass niemand sonst die preußische Zahlungsfähigkeit wiederherstellen und erhalten konnte. Am 4. Juni 1810 wurde der ersehnte Mann mit umfassenden Vollmachten zum Staatskanzler ernannt. Wenn die Königin jemals politisch etwas bewirkt hat, dann dies, und es war wichtig genug.

Doch wir sind vorausgeeilt und kehren in die Königsberger Zeit zurück. Gegen Ende des Jahres 1808, wieder einmal im kältesten Winter, unternehmen Friedrich Wilhelm und Luise auf Einladung des Zaren eine Reise nach St. Petersburg, ein wenig freilich als die verarmten Verwandten, die der Anblick eines kaum fassbaren Reichtums überwältigt, der – eben darum – umso aufdringlicher, um nicht zu sagen protziger dargeboten wird. In Luises Worten: »Es regnete Diamanten ... Die Pracht jeder Art übersteigt alle Begriffe. Was es hier an Silberzeug, Bronzen, Spiegeln, Kristallen, Gemälden und Marmorstatuen gibt, ist enorm. Und alle Größenverhältnisse dem Kaiserreich entsprechend, das heißt kolossal, enorm. Wilhelm [Luises Schwager, der jüngste Bruder des Königs] sagt, Paris und seine Pracht seien nichts, aber gar nichts dagegen!« Die Rückkehr nach Königsberg macht dann die eigenen Beschränkungen umso bitterer bewusst.

Zu Luises Enttäuschungen gehört, dass Alexander das unaufhörliche Gepränge benutzt, um sich jeder persönlichen Begegnung zu entziehen. Der Biograph Bailleu schreibt: »Seltsam widerspruchsvolle Wirkung dieser Petersburger Reise auf das Königspaar! ... Während Friedrich Wilhelm nur noch enger an den russischen Freund sich anlehnt, dessen breite Brust allein Schutz verheißt, wendet sich Luise mißmutig, fast geringschätzig von ihm ab; sie entfernt ihn aus ihrem Innenleben wie einen Fremdkörper.« Das freilich setzt voraus, dass dieser Fremdkörper früher einmal doch sehr tief eingedrungen sein muss.

Am 23. Dezember 1809, nach mehr als drei Jahren der Abwesenheit, kehrte die Königsfamilie nach Berlin zurück. Eine Augenzeugin berichtet: »Wir schauten dem feierlichen Empfange aus den Fenstern des Zeughauses zu. Es war der klarste, sonnenhellste Dezembertag. Die weißen Fahnen, die von allen Türmen und den Zinnen des Schlosses wehten, spielten in der reinen Bläue der Luft. – Endlich, wie durch die wogende Volksmasse getragen, zogen acht reichbeschirrte Pferde den schönen Wagen heran, den die Stadt Berlin der Königin als Geschenk entgegengesandt hatte. – Wir sahen sie wieder die Schwelle des Hauses begrüßen, das sie nicht mehr zu betreten gedachte – das sie nur noch wenige Monate bewohnen sollte! – Auf dem Balkon des Palais erscheinend, sah sie von dort die Truppen und die Bürgergarden vorbeidefilieren. Sie hatte so viel geweint, daß sie in diesem ersten Moment sehr verändert schien; doch fand man bald die lieben Züge wieder, die durch den tiefen, ernsten Eindruck, den die schwere Zeit ihnen eingeprägt, nur veredelt waren.«

Noch am gleichen Abend unternehmen König und Königin eine Fahrt durch die festlich beleuchtete Stadt: überall Begeisterung und Jubel. »Wie süß ist es, so geliebt zu werden«, schreibt Luise ein paar Tage später in einem Brief. Das Jahresende und fast der ganze Januar vergehen mit Empfängen und Festessen, Hofbällen, Theater- und Opernbesuchen, Paraden. Fast scheint es, als müsse Luise sich selbst zur Ordnung rufen und an die unverändert düstere politische Lage erinnern. »Wir sind immer noch höchst unglücklich«, schreibt sie in einem anderen Brief am 27. Januar 1810. »Indessen ist das Leben hier in Berlin erträglicher als in Königsberg. Es ist wenigstens ein glänzendes Elend mit schönen Umgebungen, die einen zerstreuen, während es in Königsberg wirklich ein wirkliches Elend war.«

Nur noch wenige Monate: Im Sommer möchte Luise gern zur Badekur nach Pyrmont reisen, um ihre angegriffene Gesundheit wiederherzustellen. Aber es entsteht die Frage, ob man sich das leisten darf, wenn zugleich die Minister erklären, dass Preußen praktisch bankrott ist. Außerdem heißt es, dass zwei Brüder Napoleons – jetzt als die Könige von Westfalen und von Holland – sich in Pyrmont aufhalten. »Das geht nicht mit mir zusammen.« Allerdings: »Mein Herz blutet, daß ich darauf Verzicht tun muß, da mir diese Zerstreuung und Stärkung an Leib und Seele so wohltätig geworden wäre.«

Zum Ausgleich wird im Familienrat ein Ausflug nach Neustrelitz beschlossen. Dort residiert seit 1794 Luises Vater an der Stelle seines kinderlos verstorbenen Bruders als Herzog, ebenso die geliebte Großmutter aus Darmstadt, die »Prinzessin George«. Am 19. Juni schreibt Luise an den Vater »Bester Päp! Ich bin tull und varucky. Eben diesen Augenblick hat mir der gute, liebevolle König die Erlaubnis gegeben, zu Ihnen zu kommen, bester Vater! Ich bin ganz toll ... Den Montag komme ich, bleibe den Dienstag und Mittwoch allein, dann kommt der König den Donnerstag, bleibt den Freitag, wünscht den Sonnabend nach Rheinsberg zu gehen, bleibt noch den Sonntag bei Ihnen und geht Montag wieder mit mir weg. Halleluja. Mit Gottes Hilfe so wird alles geschehen. Ich habe nur ganz grob ohne Fasson das so dahin geschmiert, weil ich fürchtete, für Glück es in Ordnung zu vergessen ... Ich glühe vor Freude und schwitze wie ein Braten.«

Natürlich ist auch die Gräfin Voß mit von der Partie, inzwischen über achtzig Jahre alt, und Luise schreibt spitzbübisch: »Die Voten geht in einem Strich mit mir neben mir im Wagen mit; bei solchen Gelegenheiten glaube ich immer, wenn die Fahrt schon etwas gedauert hat und sie entkräftigt ist, einen pergamentenen Mann neben mir zu haben, denn sie rutscht gerade dann wie leblos, nachdem der Wagen rüttelt, rechts und links herum.«

Der Besuch beginnt und verläuft zunächst wie vorgesehen. Auf dem Schreibtisch des Vaters kritzelt Luise am 28. Juni auf ein Blatt Papier: »Mon cher Père je suis bien heureuse aujourd'hui comme Votre fille et comme Epouse du meilleur des Epoux.« Zu deutsch: »Mein lieber Vater, ich bin heute so glücklich als Ihre Tochter und Frau des besten aller Gatten.« Man siedelt dann nach Hohenzieritz um, weil Friedrich Wilhelm den Landaufenthalt bevorzugt.

Am 30. Juni muss der Ausflug nach Rheinsberg ausfallen. Die Königin fühlt sich unwohl und hütet mit einem »hitzigen Fieber« das Bett. Hieronymi, der herbeigerufene Arzt, stellt eine Lungenentzündung fest, erklärt aber, dass sie nicht lebensbedrohend sei. Der König kehrt nach Berlin zurück. Doch er ist beunruhigt und schickt seinen Leibarzt, Geheimrat Heim; Luises Leibarzt Hufeland ist nach Holland gereist und nicht erreichbar. Heim kehrt nach drei Tagen zurück und meldet, dass Hieronymis Behandlung angemessen sei. Am 16. Juli wird er erneut nach Hohenzieritz gerufen: Luise leidet unter Atembeschwerden, Brustkrämpfen und Kreislaufstörungen, die sich unaufhaltsam verschlimmern. Heim erkennt nun sofort die Gefahr und schickt einen Eilkurier zum König. Mit seinen beiden ältesten Söhnen kommt Friedrich Wilhelm sehr früh am Morgen des 19. Juli in Hohenzieritz an. »Der Unglücklichste Tag meines Lebens« nennt er die Notizen, die noch unter dem unmittelbaren Eindruck der Ereignisse entstehen. Sie seien hier ausführlich zitiert.

»Allen, denen ich begegnete, war die Bestürzung aus den Augen zu lesen. Der Arzt Geheimer Rat Heim kam mir entgegen und sagte mir, meine Frau wünsche mich ja sogleich zu sehen; ich ging deshalb sogleich nach ihrem Zimmer. Wie erschrak ich, als ich sie bereits durch die heftigen anhaltenden Krämpfe und andern Leiden äußerst verändert aussehend fand. Sie war wach und litt an fortwährenden Brustkrämpfen seit Mitternacht. So bald sie mich gewahr wurde, war ihr die lebhafteste Freude in den Gesichtszügen zu lesen. Lieber Freund, wie freue ich mich Dich zu sehen, gut, daß Du wieder da bist. Und bald darauf: Es ist doch besser, beieinander zu sein, es ist doch mehr Trost. Zugleich küßte sie mich zu verschiedenen Malen, mit der herzlichsten Inbrunst und Lebhaftigkeit mich an ihr Herz drückend. Auch lange nachher noch ab und zu und bis zu ihrem Ende mußte ich ihre Hand halten, die sie öfter mit der zärtlichsten Innigkeit an ihren Mund drückte und küßte. Das Halten der Hände schien sie zugleich wie eine Art Beruhigung zu betrachten ... Wie natürlich, war gleich bei meinem Eintritt meine Fassung dahin, und alle sich im Zimmer bei meiner Ankunft befindlichen Personen teilten sichtbarlich das Rührende dieser Szene.

Der heftige Brustkrampf dauerte bei allem diesem immer fort, das Atemholen war kurz, stöhnend, zuweilen konvulsivisch, und öfter entfuhren ihr hellaute Töne, wo sie dann öfter Luft, Luft rief. Wie ich zu meiner Frau sagte, daß Fritz und Wilhelm da wären, freute sie sich sehr und begehrte sie sogleich zu sehen. So wie sie herein kamen, sagte sie zu dem ältesten: Wie freue ich mich, mein lieber Fritz, Dich wiederzusehen, und ebenso zu dem andern.« Etwas später »sank ich an ihrem Bett auf die Knie, ihre Hand küssend, und sprach zu ihr ungefähr in den folgenden Worten: Es ist nicht möglich, daß es Gottes Wille sein kann, uns zu trennen. Ich bin ja nur durch Dich glücklich, und nur durch Dich hat das Leben nur allein noch einen Reiz für mich. Du bist ja mein einziger Freund, zu dem ich Zutrauen habe. Und Hardenberg, fiel sie ein ...

Dieses Gespräch, wobei mir allerdings öfter die gehörige Fassung mangelte, hatte sie, obgleich es mit aller Sorgfalt behandelt wurde, dennoch sehr gerührt und angegriffen, und bald nachher sagte sie: Mache mir nicht noch so eine Szene, und bedauere mich nicht, sonst sterbe ich. Bald darauf aber wandte sie sich mir zu, mit den Worten: Fürchte Dich nicht, ich sterbe nicht.

Die Totenblässe und der Angstschweiß, so wie alle übrigen unglücklichern Symptome nahmen jedoch merklich zu, die Fingerspitzen wurden schon eiskalt ... Die Lage des Kopfes wurde ihr immer ängstlicher und da man ihr unter anderem riet, die Arme etwas weiter abzuhalten, sie würde dadurch Linderung erhalten, sagte sie: Das bringt mir den Tod. Und bald darauf: Ich sterbe von oben herunter. Auch: Herr Gott, Herr Jesus, verlaß mich nicht, und ganz zuletzt, als die Krämpfe ihr beinah schon den ganzen Atem benahmen: Herr Jesus, mache es kurz, und wenige Augenblicke nachher, nachdem sie einigemale konvulsivisch mit dem Gesicht gezuckt hatte – verschied sie. – Ich drückte ihr die starren gebrochenen Augen zu. – Alles übrige übergehe ich mit Stillschweigen.«

Am 20. Juli 1810 notierte in Berlin eine Augenzeugin: »Menschen aller Klassen, der höchsten und der niedrigsten, sind über diesen Verlust mit unnennhafter Trauer erfüllt. Ein jeder fühlt es schmerzhaft, welch neue unheilbare Wunde mit dem Tod der verehrten Königin das Verhängnis dem Vaterlande schlägt ... Auf den Straßen fand ich den Menschen die Züge des drückenden Kummers aufgeprägt.« Solche Berichte lassen sich beinahe beliebig vermehren. Blücher, der volkstümlich knorrige General, rief: »Ich bin wie vom Blitz getroffen – der Stolz der Weiber ist von der Erde geschieden! Gott im Himmel, sie muß zu gut für uns gewesen sein.«

Der Publizist Friedrich Gentz (1765–1832), früher im preußischen, jetzt im österreichischen Staatsdienst und ein wichtiger Mitarbeiter des Fürsten Metternich, dachte an die politischen Konsequenzen: »Der Tod der Königin von Preußen ist der härteste Schlag, der diesen Staat jetzt noch treffen konnte. Mit ihr verschwindet nicht allein das einzig wahre Lebenselement, das diese absterbende Maschine noch beseelte, sondern auch die einzig große Dekoration, die ihr ein gewisses äußeres Ansehen noch erhielt. Für alles, was Meinung heißt, selbst für den gemeinen Geldkredit der preußischen Monarchie, konnte nichts Empfindlicheres geschehen.«

Ganz so war es denn doch nicht. Das Zeitalter der Reformen erweckte die abgestorbene Maschine zu neuer Kraft, mit geschmeidiger Hand steuerte Hardenberg das Staatsschiff durch die Klippen der Zeit und sicherte den Kredit, 1813 folgte die glorreiche Erhebung, und im Schlachtenruhm von der Katzbach bis Waterloo stieg Preußen wieder in den Rang einer Großmacht auf. Da allerdings, unterm Waffenklirren, waren nicht mehr Frauenfiguren, sondern Helden gefragt, Soldaten wie Yorck, Blücher, Scharnhorst und Gneisenau.

Was aber blieb von Luise? Zunächst einmal das Traumbild von der Schönheit und vom Glück, von Mädchenanmut und Mütterlichkeit. Darüber hinaus entstand ein Denkmal der Courage, der Standhaftigkeit im Unglück, und eines wuchs am anderen empor. Oder noch mehr: Der frühe und unerwartete Tod krönte Luises Leben, weil er sie zum Sinnbild einer an der Schmach ihres Landes leidenden, am gebrochenen Herzen sterbenden Preußin erkor. Darum konnte es nicht ausbleiben, dass sich Legendenerzähler und Dichter des Bildes bemächtigten. »An Luise, Königin von Preußen« wandte sich Heinrich von Kleist:

»Erwäg ich, wie, in jenen Schreckenstagen,
still deine Brust verschlossen, was sie litt,
wie du das Unglück, mit der Grazie Tritt,
auf jungen Schultern herrlich hast getragen,

wie von des Kriegs zerrissnem Schlachtenwagen
selbst oft die Schar der Männer zu dir schritt,
wie trotz der Wunde, die dein Herz durchschnitt,
du stets der Hoffnung Fahn' uns vorgetragen:

O Herrscherin, die Zeit dann möcht ich segnen!
Wir sahn dich Anmut endlos niederregnen,
wie groß du warst, das ahndeten wir nicht!

Dein Haupt scheint wie von Strahlen mir umschimmert;
du bist der Stern, der voller Pracht erst flimmert,
wenn er durch finstre Wetterwolken bricht!«

Luise hat aber nicht verdient, dass man sie zum Racheengel verfälschte, zum Leitgestirn eines Nationalismus, der mit Ernst Moritz Arndt oder mit dem »Turnvater« Friedrich Ludwig Jahn deutschtümelnd den Franzosenhass predigte. Sie war nicht die »Germania«, die – wieder bei Heinrich von Kleist – ihren Kindern den »Erbfeind« zeigt und gebietet:

»Alle Triften, alle Stätten,
färbt mit ihren Knochen weiß;
welchen Rab und Fuchs verschmähten,
gebet ihn den Fischen preis;
dämmt den Rhein mit ihren Leichen;
laßt, gestäuft von ihrem Bein,
schäumend um die Pfalz ihn weichen,
und ihn dann die Grenze sein!
*Chor:*
Eine Lustjagd, wie wenn Schützen
auf die Spur dem Wolfe sitzen!
Schlagt ihn tot! Das Weltgericht
fragt euch nach den Gründen nicht!«

Nein, nein: Luise gehörte zu einer alteuropäischen Oberschicht, der man vieles vorwerfen kann, aber gewiss nicht, dass sie an solchen Wahn sich verlor. Sie schrieb und sie sprach in erster Linie Französisch. Und sie war Preußin, Frau in einem sehr männlich geprägten Staat, dem man wiederum vieles vorwerfen kann, doch schwerlich, dass er von sich aus dazu drängte, national oder gar nationalistisch zu werden. »Morgen ist der unglücklichste Tag meines Lebens«, erklärte Luises Sohn Wilhelm I. am 17. Januar 1871, dem Vorabend der Kaiserproklamation von Versailles, als Bismarck ihm die deutsche Krone aufdrängte. »Da tragen wir das preußische Königtum zu Grabe.«

Den Sarkophag der Preußin hat Christian Daniel Rauch geschaffen; man findet ihn im Schlosspark von Charlottenburg. Wer will, mag die Königin dort besuchen, vielleicht an ihrem Geburtstag, dem 10. März, oder an ihrem Todestag, dem 19. Juli, der sich bald zum zweihundertsten Male jährt. Unfehlbar liegen an solchen Tagen Blumen auf dem Grab, denn noch immer findet Luise ihre Verehrer.

# Rahel Varnhagen

»Sonnabend, den 28. April 1810

Sehr lieber Marwitz! An dreißig Briefe habe ich schon an Sie komponiert, und heute morgen, noch im Bette, einen sehr schönen. Aber jetzt gerade, da ich ganz erschöpft von einem an meinen Bruder bin, schreibe ich Ihnen in größter Eile und Nervenirritation diesen, der ganz schlecht wird, werden muß, ist. Warum hör' ich nichts von Ihnen, da Sie mir's doch von selbst versprachen? Sie sind mir doch sehr gut? Und das muß sein. Noch nicht einmal, habe ich gefühlt, haben Sie mich mißverstanden. Mir träumte vorletzte Nacht sehr schön von Ihnen!«

So beginnt, scheint es, der Brief einer schwärmerischen und noch sehr jungen Frau, eines Mädchens an ihren Geliebten. Am Ende heißt es: »Adieu! Lieber! Antwort! Und das gleich. Rahel.« Der Angesprochene antwortet am 10. Mai und fügt vier Tage später ein Nachwort hinzu: »Den 14. Mai. Dieser Brief, liebe Ralle, hat vier Tage gelegen. Ich habe ihn nicht abschicken wollen, weil ich Ihnen noch so vieles zu sagen habe; das ist aber unsinnig, denn ich habe ohne Ende mit Ihnen zu sprechen, und es muß daher jedes Abbrechen willkürlich sein ... Adieu, liebe Ralle, antworten Sie mir gleich.« Aber diese Ralle wurde am 19. Mai 1771 geboren; sie nähert sich ihrem 40. Lebensjahr. Nur der Briefpartner Alexander von der Marwitz ist wirklich noch jung, 16 Jahre jünger als Rahel.

Drei Jahre später befindet man sich im Krieg; die preußische Erhebung gegen Napoleons Herrschaft hat begonnen. Natürlich zieht Marwitz in den Freiheitskampf, wird verwundet, beinahe getötet, gefangen. Rahel hält sich inzwischen in Prag auf und schreibt von dort aus an ihren späteren Mann, Karl August Varnhagen von Ense, am 16. September 1813: »Als nun gestern nachmittag Tieck mir eben einen jungen Landsmann gebracht hatte …, geht die Tür auf, und Marwitz steht da. Weiter nichts! Den Arm in der Binde, ruppig: kurz, er lebt; ist der Alte; ist gesund. Hat acht Wunden. Sein Pferd fiel auf ihn und quetschte ihn. Polen fielen über ihn, gaben ihm Kolbenstöße, wovon ihm der Degen entsank: ein anderer nahm ihn und gab ihm drei Hiebe in Hand und Arm, einer einen Lanzenstich, ein anderer setzte ihm das Gewehr vor den Kopf, schoß ab, aber es ging nicht: der Obrist der Polen kam und rettete ihm das Leben: gefangen war er aber; und ist nun durch tausend Aventüren [Abenteuer] entkommen: und kommt durch vielerlei Länder *hierher.* (Mit einem Stück Kommißbrot in einem groben Schnupftuch eingewickelt: einen zerrissenen Bauernkittel hatte er an …).« Etwa sechs Wochen später, am 4. November, heißt es wieder in einem Brief an Varnhagen: »Ich weiß nicht, wann Marwitz reist; er ist gesund, mit einer lahmen Hand; und badet sie hier in Kräutern und Blut. Sie bessert sich sehr; wird aber lahm bleiben, glaub' ich. Er lebt *ganz* mit mir; und ich will und sucht auch nichts anderes. Er ist fleißig: und in der gemäßigtesten Stimmung und Denkungsart. Natürlich! mit mir.«

Was mag Varnhagen wohl gedacht, gefühlt haben, als er das las? Über ihn hieß es vier Jahre früher in einem Brief von Marwitz an Rahel: »Er erscheint mir, ungeachtet aller äußeren Bildung, innerlich höchst gemein, kleinlich in der Ansicht und gering die Energie seines Wollens, in der inneren Tat, in der sein Leben gewurzelt ist. Und dabei ist diese Gemeinheit so widerwärtig, so ärgerlich. Mein frühestes Urteil über ihn, als ich ihn zuerst vor drei Jahren in Halle sah, war eben dieses; ich haßte die Dürftigkeit seiner Natur, die durch Gewandtheit und allerlei kleine Künste sich auf eine höhere Stufe gestellt hatte, als ihr gebührte … Aber er ist Ihr Freund, wie ist das? … Ist er edel, denn darauf kommt am Ende doch alles an? Nein, er ist es nicht.«

Es handelt sich also wahrlich nicht um ein einfaches Liebesverhältnis, sondern um ein höchst vielschichtiges, von Widersprüchen durchzogenes Beziehungsgeflecht. Es wird noch dadurch kompliziert, dass Rahel nicht Müller oder von Müller, sondern Levin heißt; sie stammt aus einer jüdischen Familie; sie ist eine

Jüdin. Und Juden sind noch längst keine gleichberechtigten, geschweige denn gleich geachteten Staatsbürger. Die Marwitz dagegen gehören zum ältesten und angesehensten Adel der Mark Brandenburg. Zwar erlässt der Reformkanzler Hardenberg am 11. März 1812 ein Edikt zur Judenemanzipation. Aber es stößt auf heftige Gegenwehr, auf Klagen darüber, dass »das ehrliche, brandenburgische Preußen ein neumodischer Judenstaat werden solle«. So heißt es in einer Eingabe der Stände des Lebus'schen, Storkow- und Beeskow'schen Kreises – und die Speerspitze der Opposition, die den Ständen die Feder führte, war der erzkonservative Friedrich August Ludwig von der Marwitz, Gutsherr auf Friedersdorf und General: der ältere Bruder von Alexander von der Marwitz.

Alexander verlässt Prag im Dezember, zieht wieder in den Krieg und fällt am 11. Februar 1814 bei einem Gefecht in Frankreich. »Die Welt hat ein Aug' verloren ... Der liebe Freund! wir wollen zeitlebens ihn mitleben lassen«, schreibt Rahel an Varnhagen – und heiratet diesen Varnhagen nur wenig später, am 27. September, nachdem sie vier Tage vorher sich hat taufen lassen.

Marwitz sah glänzend aus, war hochbegabt und beherrschte schon in seinen jungen Jahren sieben Sprachen; alle Welt sagte ihm eine große Zukunft voraus. Er selbst brach auf, um »alles Menschliche und Geschichtliche verstehen zu lernen und verstehend daran zu arbeiten« – ein ehrgeiziges Programm. Aber er steckte auch in einer schwierigen Haut, wütete nicht selten gegen sich selbst und andere Menschen, tötete »aus Versehen« einen unverschämten Gastwirt, wusste nicht recht, was er mit seiner Begabung anfangen, ob er Gelehrter oder Schriftsteller werden oder vielleicht doch als preußischer Offizier, als Beamter eine herkömmliche Laufbahn einschlagen sollte. Der Brief, den Rahel Varnhagen 1832 als alte Frau, nur wenige Monate vor ihrem Tod an Leopold Ranke schrieb, den gerade zum Ruhm aufsteigenden Historiker, hätte von ihm handeln können:

»Wie falsch, wie schief sagen wir alles, was wir ausdrücken wollen; nichts kann verstanden werden, wenn es der andre nicht vorher weiß. So können Sie nicht wissen, daß ich meinen verschwundenen Freund nur dann, nur deshalb *liebte,* wenn er etwas recht Kindisches sagte. *Da* liebt' ich ihn; deshalb wiederholte ich es, daß er sagte: er sei so glücklich in Prag der erste zu sein, daß alle oberste Behörden, große Damen und Herren zu *ihm* schicken müßten! etc. mit entzücktem Lächeln und in die Augen sehn! So klug, dies zu verschweigen, ist jedes erzogene, verlogene *Vieh:* aber wer hat die hingebungsvolle Seele, das liebe Kinderherz, es zu *sagen? Seine* Perfidien – er übte sie reichlich *gegen mich* – sind anders, als der andern ihre: er glitt wie auf einem Glückschlitten *fliegend* auf seiner Bahn, auf der er allein war; auf diesem Wege dann, sah er, nicht mehr wie auf der Erde, weder rechts noch links: hatte er Schmerz, litt er Widerspruch, dann *war* er nicht mehr auf dieser Bahn; dann verlangte er Hilfe und Trost, die er nie gab. Keiner *darf* dies wagen, und doch liebenswürdig und liebenswert sein. Ungestraft ließ ich's, solange er lebte, nicht hingehn. Nun aber, beim Fazit, bleibt mir nur reine, lebendige Liebe. Dies sei sein Epitaph! Er reizte mich immer zur Liebe: er war *immer* zu dem aufgelegt, was er als wahr fassen konnte. Er ergriff das Unwahre mit Wahrheitsleidenschaft. Viele Menschen muß man Stück für Stück loben: und sie gehn nicht in unser Herz mit Liebe ein; andre, *wenige,* kann man viel tadeln, aber sie öffnen immer unser Herz, bewegen es zur Liebe ... Nie wird er mir sterben.«

Nein, nicht von Marwitz, sondern von Friedrich Gentz ist hier die Rede, auch auf seine Weise einem Hochbegabten und einem Mann des Widerspruchs: Schwärmer für die Französische Revolution, der durch seine glänzende Übersetzung dem Einspruch des Engländers Edmund Burke gegen die Revolution zum Ruhm verhalf, der Preuße, der in österreichische Dienste wechselte, einer der Ersten, der Vorschläge zur deutschen Einheit entwickelte und im Dienste Metternichs, als Publizist so wirkungsvoll wie kein anderer, die nationalen Bestrebungen bekämpfte. Rahel Varnhagen liebte solche Männer, weil sie ihrer eigenen Kompliziertheit entsprachen und sie sich mit ihnen gegen das Ordinäre, die durchweg herrschende Einfalt verbünden konnte.

Die Berliner stammten gewöhnlich aus Breslau, aus Frankreich oder wer weiß woher; daran gemessen gehörte Rahels Familie zu den Alteingesessenen. Schon ihrem Urgroßvater hatte der Große Kurfürst im Jahre 1650 ein »Geleitprivileg«, das heißt einen

Schutzbrief verliehen. Nur eben: Es handelte sich um Juden, also um Bürger zweiter Klasse, streng genommen vielmehr um überhaupt keine Bürger, sondern bloß um die auf Widerruf Geduldeten. Immerhin hatte es der Vater, Levin Markus, als Kaufmann und Geldhändler – eine Vorform des Bankiers – zu Wohlstand gebracht. Den Grundstock zu seinem Vermögen schuf er im Siebenjährigen Krieg als Gehilfe Veitel Ephraims, dem Münzunternehmer, der auf Geheiß Friedrichs des Großen den drohenden Staatsbankrott dadurch abwendete, dass er den Gold- und Silbergehalt der im Umlauf befindlichen Taler verminderte. Damals entstand der Spruch:

»Außen recht und innen schlimm,
außen Friedrich, innen Ephraim.«

Ja, zu solchem Münzbetrug waren die Juden als Handlanger willkommen, von denen der König sonst wenig hielt. Und wenn das die ohnehin umlaufenden Vorurteile verstärkte, was ging es ihn an? Wer will, kann auch von einem Muster für künftige Weltkriegsfinanzierungen durch die schleichende Inflation sprechen, für die dann am Ende die Bürger mit dem Verlust ihrer Ersparnisse büßen müssen.

Levin Markus stand nach zwei kinderlosen Ehen schon im gereiften Alter, ging auf die Fünfzig zu, als er zum dritten Male heiratete und endlich mit Kindern gesegnet wurde. Doch er war ein Haustyrann, wie er im Buche steht. »Eine gepeinigtere Jugend ... erlebt man nicht, kränker war man nicht, dem Wahnsinn näher auch nicht«, erinnerte sich seine Älteste. »Angeschrien, überschrien, beseitigt, unberücksichtigt, die ganze lange Jugend durch.« Besonders die Mutter Chaie wurde durch das unberechenbare Wüten ihres Mannes vollkommen eingeschüchtert. Nach Rahel gebar sie noch deren Schwester Rose und drei Brüder; außerdem erlitt sie mehrere Fehlgeburten.

Dabei war Rahel das Zierkind ihres Vaters. Mit Stolz wies er sie seinen Besuchern vor, weil sie so aufgeweckt, so drollig und altklug daherplapperte. Aber mit Liebe hatte dieser Stolz wenig zu tun; von der Nestwärme, die sonst als Schutz gegen eine feindselige Umwelt in jüdischen Familien die Regel war, kann nicht die

Rede sein. Später hat Rahel einmal gesagt, dass ihr Herz Heimat suche – »und ich keine habe«.

Das hing auch mit der Übergangssituation zusammen, in der sich die Familie befand. Miteinander sprach man noch in altertümlichem Judendeutsch und schrieb in hebräischer Schrift. Aber vom überlieferten Glauben, den Gebräuchen, dem jüdischen Festtagskalender erfuhr Rahel nichts mehr; bewusst öffnete der Vater seine Lebensart der andersgläubigen Umwelt und sein Haus für nicht jüdische Gäste, etwa für Künstler oder für Adlige, mit denen er als ihr Kreditgeber in Kontakt kam. Außerdem gab es in Berlin den Wegweiser in die Zukunft: den Aufklärer Moses Mendelssohn (1726–1786), der die Selbstbefreiung aus dem geistigen Getto durch die deutsch geprägte, philosophische und literarische Bildung vorlebte; mit seiner Schrift »Jerusalem oder über die religiöse Macht und Judentum« versuchte er einen Brückenschlag zum Vernunftglauben des Zeitalters. Als Rahel 1794, vier Jahre nach dem Tod des Vaters, reiche, aber noch herkömmlich fromme Verwandte in Breslau besuchte, geriet sie in eine für sie vollkommen fremde Welt, auf die sie mit Unverständnis und Bestürzung, mit Ablehnung reagierte. Sie spricht von »Böhmen« und bringt sie in Verbindung mit Gestank und Geschrei, mit Federvieh und Flöhen. Später klagt sie über ihre »infame Geburt«, der sie doch nicht entkommen kann, weil die Verhältnisse, die herrschenden Vorurteile sie darauf festlegen, und irgendwann fällt der schicksalsschwere Satz: »Der Jude muß aus uns ausgerottet werden; das ist heilig wahr, und sollte das Leben mitgehen.« Man hat von einem jüdischen Selbsthass gesprochen, der, aus dem Gift der Umgebung aufgenommen, das Bemühen um Emanzipation vergiftet: Hier scheint er auf. Und es hat eine Spielart von jüdischem Antisemitismus gegeben, die Ablehnung des traditionsbestimmten Andrangs aus dem Osten durch die schon länger ansässigen, materiell etablierten und geistig »assimilierten« Juden: Im Urteil der aufgeklärten Berlinerin über die »böhmischen« Verhältnisse in Breslau wird er sichtbar.

Zu Rahels Jugendfreund wird indessen ein gleichaltriger Jude, David Veit. Der darf schon eine höhere Schule besuchen und jedenfalls Medizin studieren; für Mädchen und zumal für jüdische Mädchen bleibt das vorerst ein unerfüllbarer Traum. »Man muß genügsam sein« und sich in das fügen, »was sich schickt«, predigt die Mutter. Ich »bin wie in einem Walde« aufgewachsen, »mir wurde *nichts* gelehrt«, heißt darum die Klage der Tochter. Doch David nimmt seine Freundin an die Hand; im Briefwechsel entsteht ein intensives Gespräch. Er hilft der Partnerin, schwierig und langwierig genug, zu richtigem Deutsch: »mein gehör Nerffen«? Nein, so schreibt man das nicht. Und mit »in den Wohnzimmer ... auf einen Sopha« gerät man in keinen Salon, sondern in die falsche Grammatik. Auch mit dem Französischen geht es nicht besser: »In Ihren Briefen stehen alle *französischen* Wörter, *alle, alle* falsch geschrieben.« Wichtiger ist, dass man sich über Literatur verständigt, über das, was das Lesen lohnt. Doch bei alledem ist es Rahel, die zu Höhenflügen der Gedanken und Empfindungen ansetzt, denen der erdenschwere David nur mit Mühe folgen kann. Später hat sie über den verstorbenen Jugendfreund gesagt: »Er war nicht reich, seine Natur nicht ergiebig genug, nicht saftig, nicht üppig.« Aber er »wußte, was ihm abging; konnte es oft fühlen, und darum war ich ihm so lieb und notwendig«. Darum schrieb er: »Ich bin *Ihnen* alles schuldig; Sie mir nichts.«

Als ein Beispiel für das, was Rahel wie selbstverständlich produziert, sei ein Brief aus dem Jahre 1794 angeführt. Sie erzählt, im ersten Schritt beinahe banal, wie ihr Bruder Markus seine Kinder in ein »großes Verhör« nahm, »weil er wirklich eine große Unart gefunden hatte, nämlich den Namen Levin oben in meinem Flur auf die Wand geschmiert«. Die Kinder leugnen natürlich: »Ich war es nicht.« – »Ich auch nicht.« – »Ich hab' ja gar kein Bleistift.« Das gehörige Donnerwetter prasselt hernieder, aber nun bringt Rahel die Sache in eine unerwartete Perspektive: »Ich gab mir alle Mühe, dieses unbedachtsame Verhör, so viel als möglich war, in ein *exercice* des Ausredens zu verwandeln, mit öffentlicher Bewilligung: um so mehr wurd' ich fast mißverstanden, aber es ging noch toll genug, Markus *ahndete* so ziemlich.« Nach einer erzwungenen Pause setzt Rahel ihren Brief fort: »Nun komm' ich wieder mit meinen Kindern. Warum lehrt man sie nicht Lügen, Leugnen und Ausreden sagen, als ein notwendiges Übel, und zeigt es ihnen dabei, wie andre schwere Arbeit, die man schon von selbst wegläßt, wenn man's nicht nötig hat, und die zarten Hände schont, – so würde man sein Gewissen schon pflegen.« Das Bestehen auf der unbedingten Wahrheitsliebe ist eine »fürchterliche Moral«. Und »das wäre nicht einmal das Schlimmste; sie hat auch hier das Ansehen von Torheit und Dummheit, denn sie scheint unausführbar«. Wenn also das Lügen notwendig ist, um miteinander auszukommen: Warum sollte man es dann nicht lehren, statt unwahr auf der Wahrheit zu beharren? Ja, warum eigentlich nicht? Darüber könnte man lange nachdenken und im Pro wie im Contra ganze Abhandlungen verfassen.

Männer, wenn sie es halbwegs zu etwas gebracht haben und über Geld oder ein herausgehobenes Amt verfügen, müssen sich über ihr Aussehen wenig Sorgen machen. Anders die Frauen. Über Rahel Varnhagen hat ihre Biographin Hannah Arendt gesagt: »Judenmädchen werden manchmal nicht nur ihrer Mitgift wegen geheiratet. Aber mit Rahel hat die Natur keine großen Umstände gemacht. Sie hat etwas unangenehm Unansehnliches, ohne daß man besonders auffallende Difformitäten im Einzelnen gleich entdeckte. Klein von Gestalt, mit zu kleinen Händen und Füßen, im Gesicht eine Disproportion zwischen Ober- und Unterpartie, unter der klaren Stirn und den schönen durchsichtigen Augen das zu lange Kinn, das nicht durchgebildet ist, als sei es an das Gesichte nur angehängt. In ihm, meint sie, drückt sich ihre ›schlechteste Eigenschaft‹ aus, eine ›zu große Dankbarkeit und zu viel Rücksicht für menschlich Angesicht‹. Das Gleiche erscheint ihrer Umwelt als Niveau- oder Geschmacklosigkeit. Auch dies weiß sie. ›Ich habe keine Grazie, nicht einmal die, einzusehen, woran das liegt: außer dem, daß ich nicht hübsch bin, habe ich auch keine innere Grazie ... Ich bin unansehnlicher als häßlich ... So wie manchmal Menschen keinen hübschen Zug im Gesicht, keine zu lobende Proportion am Körper haben, und doch einen gefälligen Eindruck machen; ... so ist es bei mir umgekehrt.‹«

Zugegeben, in meiner hinterpommerschen Heimat hätte man gesagt: Die Schönheit drückt sie nicht. Doch sonst ist diese Selbstverurteilung höchst ungerecht. Im Lächeln, im Gespräch belebt sich das Gesicht, gewinnt Ausdruckskraft, lässt Hintergründiges vermuten, Vielschichtiges und Widersprüchliches erahnen, das dazu einlädt, es zu erkunden. Wie sonst hätte Rahel die Menschen und besonders jüngere Männer, für die sie eine Vorliebe hat, verzaubern können? Noch über die gereifte, beinahe schon alte Frau urteilt der Theologe Friedrich Schleiermacher – und urteilt für viele –: »Die kleine Levi existiert wieder hier als Frau von Varnhagen und ist noch immer der Gegenstand meiner Bewunderung: ihr Geist ist noch immer so reich und tief, und sie sagt noch immer die göttlichsten Sachen.« Es ist einfach angenehm, mit ihr umzugehen – vorausgesetzt, dass man selbst über genug Geist verfügt, um ihr halbwegs gewachsen zu sein.

Weitaus schwerer wiegt als Behinderung wohl, dass Rahel von Kindheit an und lebenslang von Krankheiten geplagt wird, besonders von rheumatischen Beschwerden und von Migräneanfällen. Jeder Wetterumschwung setzt ihr zu; immerfort klagt sie über Kopf- und Hals-, Rücken- und Gliederschmerzen, Fieberanfälle, Brustkrämpfe, Erbrechen, Atemnot, schlechten Schlaf, Mattigkeit. Immerhin versucht sie, das Beste daraus zu machen: »Wenn ich keine Kranke wäre, so wäre ich eine grobe Trine«, sagt sie. Und sie erkennt, dass man einen Preis dafür bezahlen muss, nicht nur wetterfühlig, sondern hoch sensibel zu sein: »Mein feines Nervenkostüm – ach, wie es mich erhöht und erhellt, kann es mich sehr elend, in gräuelvolle Abgründe stürzen.« Aber im Kontrast zu unserer Zeit, in der man das fehlende Wohlbefinden als Makel, als Beleidigung oder Unrecht versteht und gegen die Forschung, die Ärzte, das Gesundheitssystem den Anspruch auf Heilung einklagt, ist in Rahels Tagen das Kranksein noch gesellschaftsfähig; in gehobenen Kreisen gehört, zugespitzt ausgedrückt, zum Beispiel eine Berührung mit der Schwindsucht, das heißt der Lungentuberkulose, bis in die Anfänge des 20. Jahrhunderts hinein beinahe zu den Kennzeichen einer empfindsamen statt grobschlächtigen Existenz. Man lese Thomas Manns »Zauberberg«; im Grunde stellt er ja eine spezielle – und historisch verspätete – Form von Saloninszenierung dar.

Außerdem liefert die angegriffene Gesundheit einen willkommenen Vorwand dafür, zur Kur zu reisen, dorthin, wo die Heilquellen und die Sommergeselligkeit die vornehme Welt locken, etwa nach Bad Pyrmont. Wer noch nicht zu dieser auserlesenen Welt gehört, nur das Geld hat, um sich die Reise und den Aufenthalt leisten zu können, findet dort Gelegenheit, Menschen kennen zu lernen, die man verehrt. Von David Veit, der in Jena studiert, trifft im Juni 1795 bei Rahel die elektrisierende Mitteilung ein: »Indem ich dies schreibe, ist Goethe entweder in Karlsbad oder kömmt doch bald hin.« Da gibt es kein Halten mehr. Selbst auf dem Wege zur Kur im böhmischen Teplitz scheut sie den Umweg nicht und legt in Karlsbad eine Zwischenstation ein. Tatsächlich gelingt es ihr, mit Goethe bekannt zu werden, und der berühmte Dichter, der nur zu gern sich huldigen lässt, urteilt über die junge Dame sehr günstig: »Sie ist stark in ihren Empfindungen und doch leicht in ihrer Äußerung. Jenes gibt ihr eine hohe Bedeutung, dies macht sie angenehm. Jenes macht, daß wir an ihr die große Originalität bewundern, und dies, daß diese Originalität liebenswürdig wird, daß sie uns gefällt. Es ist nicht zu leugnen, es gibt viele wenigstens original erscheinende Menschen auf der Welt Aber was sichert uns dafür, daß es nicht bloßer Schein ist? ... Nicht so bei ihr. Sie ist, soweit ich sie kenne, in jedem Augenblick sich gleich, immer in einer eignen Art bewegt und doch ruhig – kurz sie ist, was ich eine schöne Seele nennen möchte.« Mit anderen Worten: Rahel erweist sich nicht als törichte junge Gans, die vor lauter Aufregung ins Stottern gerät, sondern sie hat das Herz auf dem rechten Fleck und versteht es, im besten Sinne unterhaltsam zu plaudern.

Das Urteil des Olympiers lässt sich in Teplitz erproben. Das ist das älteste und zugleich ein mondänes Bad im nördlichen Böhmen; da treffen sich während der Sommersaison, ihrer Gesundheit und mehr noch der Geselligkeit zuliebe, hochadlige Damen und Herren, angefangen beim alten Fürsten Charles de Ligne, einem Grandseigneur und Lebemann, von dem Voltaire gesagt hat, dass er der liebenswürdigste Mensch Europas sei, dicht gefolgt vom Grafen Waldheim, einem Nachkommen Wallensteins und in Böhmen reich begütert. Manchmal lädt er zu Teenachmittagen auf sein nahe gelegenes Barockschloss Dux ein, wo ein gewisser Chevalier de Seingalt, der eigentlich Casanova heißt und aus Venedig stammt, sein Gnadenbrot fristet und im Rückblick auf ein Leben als Abenteurer und Frauenverführer Memoiren schreibt.

Rahel, die sich im Einvernehmen mit der Familie neuerdings Mademoiselle Robert nennt, weil das weniger »böhmisch« klingt als Levin, tritt zusammen mit Friederike Unzelmann auf, einer berühmten und schönen Schauspielerin vom Königlichen Theater zu Berlin. Diese Paarung von Grazie und Geist erweist sich als unwiderstehlich, und Teplitz wird für Rahel zur Bühne ihrer Generalprobe der Kunst des geselligen Gesprächs, mit durchschlagendem Erfolg. Der Vormittag gehört dem Frühstück, dem Badbesuch und dem Brunnentrinken, leger gekleidet und noch unfrisiert mit einem Häubchen oder Strohhut auf dem Kopf. Danach folgen die sorgfältige Toilette und das Begegnungsspazieren im Schatten spendenden Schlosspark. Am Nachmittag werden oft Ausflüge in Kutschen unternommen, abends finden entweder Bälle statt, oder man besucht das Schlosstheater, in dem Schauspieltruppen und Orchester aus Prag oder Dresden gastieren. Zu den Herren, die das Damenpaar in seinen Bann zieht, zählen vorab der Rittmeister von Gualtieri und Wilhelm von Burgsdorff, ein galanter und gebildeter Müßiggänger; beide werden auch zu den Besuchern des Berliner Salons gehören.

Carola Stern hat über Rahels Teplitzer Auftritt gesagt: »Ihre Briefe offenbaren, wieviel ihr der Umgang mit Adligen bedeutet hat. Zuweilen wirkt ihr Stolz auf immer neue hochherrschaftliche Freunde und Bekannte geradezu lächerlich. Und was sie alles unternimmt, um solchen Leuten zu gefallen, provoziert den Bürgerstolz noch heute.«

Aber was sich da abspielt, weist über den Einzelfall hinaus; an der Begegnung zwischen dem Adel und den Juden ist etwas Charakteristisches. Beide sind Außenseiter der bürgerlichen Gesellschaft, der die Zukunft gehört. Die einen werden von ihr ausgestoßen; der Kampf gegen den Adel zieht sich seit 1789 wie ein roter Faden durch die neuere europäische Geschichte. Die anderen wollen dem Bürgertum beitreten, ohne dass es wirklich gelingt. Und auch Angehörige des Adels, jedenfalls wenn sie über die engen Horizonte ihrer Herkunft hinausblicken, fühlen sich wie in ein Getto gebannt. Der Geist der Aufklärung spricht zu ihnen, wie Moses Mendelssohn zu den Kindern Israels; sie wollen nicht länger nur die Glieder in einer Geschlechterkette sein, sondern sich von dieser Fessel losreißen. »Freiheit und Gleichheit«:

Warum eigentlich nicht? Kaum von ungefähr ist der erste Anführer der Französischen Revolution – Mirabeau – von Hause aus kein Bürger, sondern ein leibhaftiger Graf. Leider stirbt er schon 1791. Freilich ist es nicht schön, wenn man dann die französischen Standesgenossen aufs Schafott führt und ihnen die Köpfe abschlägt. Doch was besagt das, wenigstens in gefahrloser Ferne, in Teplitz, gegen die Träume vom eigenen Leben, das nicht mehr an der Schicksalsbestimmung durch die Geburt, nicht an irgendwelchen womöglich berühmten, aber längst verblichenen Ahnen, sondern an seiner Gegenwart, an individuellen Verdiensten gemessen sein möchte? Und ebendieses Träumen, diese Auflehnung gegen die Herkunft verbindet mit den Juden.

Für die Frauen gilt das erst recht. Schon 1793 klagt Rahel in einem ihrer Briefe an David Veit: »Kann ein Frauenzimmer dafür, wenn es auch ein Mensch ist? ... Ein *ohnmächtiges* Wesen, dem es *für nichts* gerechnet wird, nun so zu Hause zu sitzen, und das Himmel und Erde, Menschen und Vieh wider sich hätte, wenn es weg wollte (und das Gedanken hat wie ein anderer Mensch), und richtig zu Haus bleiben muß, und das, wenn's *mouvements* macht, Vorwürfe aller verschlucken muß ...«

Um zum Adel und zu den Juden zurückzukehren: Natürlich handelt es sich um Außenseiter mit sehr ungleichen Ausgangspositionen, die sich sozusagen von oben und von unten her begegnen. Dafür braucht man eine Ausnahmesituation in der Zeit und im Raum, einen neutralen Boden außerhalb der gewöhnlichen Gesellschaftsverhältnisse, und den liefert der Kuraufenthalt in einem Bad wie Teplitz – oder, wie noch zu zeigen sein wird, der Salon. Wieder in den Worten Carola Sterns: »Rahel und ihre Freunde kommen aus verschiedenen Welten, und nun, da ihre Kur beendet ist, kehrt jeder in die seinige zurück: Rahel in die Berliner Wohnung, die Herrschaften auf ihre Stammsitze und Güter. Keiner ihrer adligen Freunde kommt je auf den Gedanken, ›die Kleine‹, wie sie mancher zärtlich nennt, in sein Palais zu bitten oder auf sein Schloß zu laden«, es sei denn zu einer Spazierfahrt nach Dux, die noch zur Kurgeselligkeit gehört. »Ein Aristokrat zu sein gestattet absonderliche Launen, Schnurren und auch ein Aus-der-Rolle-Fallen. Der *freiwillige* Außenseiter kann jederzeit zurückkehren in seine angestammte Welt; ein verrückter

Graf bleibt immer noch ein Graf. Rahel Levin bleibt Jüdin, die *geborene* Außenseiterin. ›Ich bin eine Falschgeborene, und sollte eine Hochgeborene sein‹, wird sie später schreiben.«

In Berlin hat die Familie inzwischen ein Haus in der Jägerstraße 54 bezogen, nahe am Gendarmenmarkt. Das ist eine vornehme Gegend in der Friedrichstadt, beinahe die vornehmste, die sich denken lässt; wie Rahel einmal schreibt, wohnt hier »niemand, der unter zweitausend Taler [pro Jahr] zu verzehren hätte«. Und das ist weit mehr, als etwa Schulmeister, Pfarrer oder Staatsbeamte unterhalb der Spitzenränge sich auch nur ausmalen können, um von Handwerkern, Dienstboten und Bauern nicht erst zu reden. Dennoch bleibt die Situation höchst zwiespältig und eher unbehaglich als gemütlich. Zwar imponieren den Brüdern Rahels Erzählungen über die Teplitzer Bekanntschaften und die vornehmen Besucher, die sich zunehmend in der Jägerstraße einfinden. Schließlich gehören sie selbst zu den Aufsteigern, die »oben«, in der etablierten Gesellschaft, ihre Maßstäbe suchen. Aber zugleich bleibt man nüchtern und stellt handfest praktische Fragen: Wohin eigentlich soll das alles führen? Zur Lebensbestimmung einer Frau gehört, dass sie heiratet – und zwar nach dem Urteil der Zeit so früh wie möglich, am besten mit 16 oder 17, spätestens mit 20, 21 Jahren. Die noch ehelose Mittzwanzigerin – also Rahel – gilt als spätes, halb schon verwelktes Mädchen, als »Sitzengebliebene«, die zu ihrer und der Familie Schmach »keinen abbekommen« hat. Die jüngere Schwester Rose wird schließlich achtbar mit dem jüdischen Justizbeamten Carel Asser in Amsterdam verheiratet. Doch Rahel will keinen Mann, es sei denn nach ganz eigener und ausgefallener Wahl, und offenbar will niemand sie.

Andererseits leidet Rahel unter der Abhängigkeit von der Mutter und den Brüdern. Zwar steht ihr ein Anteil am Erbe des Vaters zu, aber der muss nicht ausgezahlt werden und es bleibt ungewiss, wie groß er eigentlich ist und welche Zinsleistungen sich daraus ergeben; jeder Einblick in die Geschäftsbücher wird der Schwester verweigert. Dass damit das Misstrauen wuchert, ist folgerichtig. Später, nach dem preußischen Zusammenbruch von 1806/07, als die französische Besatzungsmacht das Land ausplündert und die wirtschaftlichen Verhältnisse sich drastisch verschlechtern, müssen die Zahlungen von 1200 auf 800 Taler pro Jahr verkürzt werden, und Rahel ist außer sich: »Essen, Domestike, Kleider, Wein, Kaffee, Tee, Anstand, Licht, Öl, Schuh, eau de Cologne, kurz oblique Ausgaben, Ambition, *alles* ... An einen Bedienten, an einen Wagen, an ein Sommerquartier ist nicht zu denken.« So wachsen die Spannungen weiter, obwohl es kein Anzeichen dafür gibt, dass Rahel betrogen worden wäre – von der Frage ganz abgesehen, ob sie überhaupt in der Lage gewesen wäre, ihr Vermögen unter höchst schwierigen Umständen selbst zu verwalten. Doch was helfen alle Sachargumente gegen das bittere Gefühl einer andauernden Abhängigkeit? »Rechtmäßig hab' ich an die Brüder nicht einen Sou zu fordern. Was mir Moritz gibt, ist *reine* Großmut«, schreibt Rahel einmal. Und davon zu leben ist wahrlich nicht leicht. »Ihr häusliches Verhältnis hat mir das Herz zusammengezogen«, sagt ihr Freund Wilhelm von Burgsdorff.

Wir sind vorausgeeilt und blenden in die neunziger Jahre zurück. Was die Geschwister immerhin vereint, ist ihre Begeisterung für Literatur, Theater und Musik. Am Anfang des Jahres 1796 lernt Rahel an einem Opernabend den Grafen Karl Finck von Finckenstein kennen, einen etwas blassgesichtigen, aber blond gelockten und sehr schönen jungen Mann mit tadellosen Umgangsformen, dessen Tenorstimme ihm sogar Zugang zur Singakademie verschafft hat. Eine Leidenschaft entzündet sich, und binnen kurzem sind Rahel und Karl ein Liebespaar. Sehr rasch verkehrt Finckenstein in der Jägerstraße, als sei er dort zu Hause. Die Levins sind hin- und hergerissen. Einerseits missbilligen sie den freizügigen Umgang der Schwester mit diesem Karl. Andererseits ist er ein Finckenstein, der Angehörige und Erbe einer der ältesten, angesehensten, wohlhabendsten Familien des Landes. Und mit der sich zu verschwägern: Welch eine Aussicht! Die Chronisten melden sogar eine Verlobung – allerdings eine von Anfang an gewissermaßen halbseitig gelähmte. Denn Graf Karl scheut hartnäckig davor zurück, die jüdische Braut nach Madlitz ins eigene Schloss einzuladen und sie dort seiner Familie vorzustellen. Sein Vater ist ein streng konservativer Mann, der nach 1807 zusammen mit Friedrich August Ludwig von der Marwitz die ständische Opposition gegen die preußischen Reformen des Freiherrn vom Stein und Hardenbergs anführt. Und nicht einmal das Finckenstein'sche Palais am Berliner Wilhelmplatz darf Rahel betreten, denn dort wohnt noch der Großvater, Karl Wilhelm Graf Finck von Finckenstein, der seit 1749 der vertrauteste Ratgeber und Minister Friedrichs des Großen war. Auf keinen Fall darf der etwas von den Abwegen seines Enkels erfahren.

»Es war mir, als wäre ich nirgends zu Hause als bei Dir«, beschwört Karl die Liebe in Rahels Dachstube. Aus dem Abstand heißt es: »Du liebe, liebe Kleine ... Warum bin ich nicht bei Dir?« Aber im Grunde ist Finckenstein ein schwacher junger Mensch, der sich nicht dazu durchringen kann, den Sprung aus den Familientraditionen heraus in ein eigenständiges Leben zu wagen. Er klagt: »So ein Popanz von Schicksal, was sich zwischen mich und Dich stellt und mich zurückstößt, mich in mein Elend zurückstößt, so allmächtig und doch so lächerlich.« Aber als übermächtig erweist sich die Bindung ans Herkommen am Ende doch. Die Entfernungen wachsen, die Ausflüchte kommen hinzu; mehr schlecht als recht schleppt sich die Beziehung noch für Jahre dahin, bis Rahel es ist, die im Frühjahr 1800 sie abbricht und, um Abstand zu gewinnen, zusammen mit der Gräfin Karoline von Schlabrendorff für fast ein Jahr nach Paris reist. Finckenstein hat dann als Diplomat Karriere gemacht, geheiratet und ist im Herbst 1811 gestorben, noch keine 40 Jahre alt. Wenige Monate vor seinem Tod hat er Rahel noch einmal besucht, und dass die zerbrochene Beziehung eine niemals vernarbte Lebenswunde hinterlassen hatte, zeigt ihre Niederschrift:

»Gestern nachmittag, den 20. Mai 1811, war Finckenstein bei mir. Er frug nach niemand. Auch nicht, wie es mir geht. Er schien mir wie sonst, nur daß alle Anlagen und Meinungen in ihm ganz kompakt geworden sind; er ist auch darüber so gelassen und sanft und befriedigt, als wäre er wirklich in den Tempel der Weisheit und des Glücks eingegangen ... Er sagte mir mit einem Male: ›Ich wünschte sehr, daß Sie meine Frau sähen, wie Sie Ihnen gefällt.‹ Ich blieb sitzen, er blieb sitzen, die Sonne schien sanft. Ich darf mir also nichts Entsetzliches denken, was nicht eintrifft ... Meine ganze Seele war so empört, so in Aufruhr, mein Herz so affiziert, als vor zwölf Jahren; als wäre in der ganzen Zwischenzeit nichts anderes vorgefallen. ›Dein Mörder!‹ dacht ich und blieb sitzen. Tränen kamen mir in den Hals und zu den Augen, ... wie eine ihm zugestandene Kreatur fühlte ich mich, er hat mich verzehren dürfen. Er *mich,* Gott soll es ihm verzeihn, – dies Gelübde halt ich gewiß; rächen will ich mich auch nie! – ich kann es ihm nicht verzeihn! – ... Vielleicht gibt's Menschen, deren Herz sich umwandeln kann: viel ist mit mir vorgegangen, viel hab ich erleben müssen: aus jeder Flamme aber noch bring ich das unversehrte und auch empörte, ganz für sich lebende Herz heraus ... Finck war meinem Sinn ganz entschwunden; ich klagte ihn bloß an, wenn ich den Gang meines Lebens durchdachte; ... und nun da ich ihn sah und besah: fühlt ich, wußt ich, daß ich ihm treu geblieben war; so wie er ist: trotz meiner Kenntnis von ihm. Ich würde ihm treu geblieben sein, hätte er es gewollt, hätte er es erlaubt. Hätte er gestern durch einen Zauberring alles, was in den zwölf Jahren vorgefallen ist, ungeschehen machen können, so hätte er sich mein ganzes Leben wieder anlocken können, wenn er gewollt hätte!«

Keine Rache? Als Finckenstein gestorben ist, heißt es in einem Brief: »Ich habe ihn noch diesen Sommer bei mir gesehen, kalt wie ein Frosch, verlegen wie ein Gauner, den man erwischt hat ... Da ist er nun von dieser Erde ausgestrichen, unter ihr verscharrt; mit samt seinem falschen Ehrgeiz und seinen Treulosigkeiten, Lügen, Niedrigkeiten, all seinem Hochmut! ... Ich verachte ihn, diesen Finckenstein.«

Von deutlich anderer Art ist das Verhältnis zu dem Legationssekretär an der spanischen Gesandtschaft Don Raphael d'Urquijo, das auch zu einer Verlobung und dann zu nichts führt. Es beginnt im Jahre 1801 und endet 1804, doch als Rahel diesem Don Raphael 1813 in Prag noch einmal begegnet, kann sie darüber halbwegs sachlich oder jedenfalls kühl, beinahe sarkastisch von oben herab berichten. Zwar gerät sie zunächst in einer Art von Liebesraserei vollkommen außer sich: »Süßer Liebling! Teurer Liebling! Holder Liebling!« Aber dieser Spanier weiß damit wenig anzufangen und ist nichts als vollendet schön; keine wirkliche Seelenbeziehung stellt sich her: »Mein Herz gehört für das ganze Leben Dir! ... Ewig, ewig, schöner Gegenstand, bezauberst und besitzest Du es.« Doch wie soll die Liebe zu einem *Gegenstand* den Wandel der Zeiten überdauern? Das Herz schlägt seinen eigenen, durchweg kurzfristigen Takt – und die Seele einen ganz anderen. Im Grunde handelt es sich wohl um die kopflose Anbetung eines selbst erschaffenen Idols, ins Moderne übersetzt um einen reichlich verspäteten Teenager-Überschwang.

Wir nähern uns jetzt einem Kernstück von Rahels Lebensgeschichte: der Entstehung und Blüte ihres Salons. Vorweg müsste man eigentlich eine Kulturgeschichte des Salons entwerfen. Er entwickelt sich besonders in Frankreich, hat Vorläufer schon im 17. Jahrhundert und erreicht im 18., am Vorabend der Revolution von 1789, eine besondere Höhe. Immer steht im Mittelpunkt eine Frau von Geist und von Grazie, bei der man einander begegnet. Die Auflösung der Ständeschranken wird hier vorweggenommen und die Ideenwelt der Aufklärung ausgemessen; Angehörige des Hoch- und Hofadels treffen sich zum geselligen Gespräch mit Künstlern, Gelehrten und aufstrebenden jungen Leuten von vielerlei, oft unbestimmter Herkunft. Wichtig ist nur, dass man etwas zu sagen hat, was es auch sei – und dass man es elegant, geistreich und geistesgegenwärtig, witzig zu sagen weiß. Gewissermaßen im Rokoko-Gewand probt man für die weltgeschichtliche Aufführung auf der politischen Bühne. Wie Heinrich Heine gesagt hat:

»Der Gedanke will Tat, das Wort will Fleisch werden. Und wunderbar! der Mensch, wie der Gott der Bibel, braucht nur seinen Gedanken auszusprechen, und es gestaltet sich die Welt, es wird Licht oder es wird Finsternis, die Wasser sondern sich von dem Festland, oder gar wilde Bestien kommen zum Vorschein. Die Welt ist die Signatur des Wortes. – Dies merkt euch, ihr stolzen Männer der Tat. Ihr seid nichts als unbewußte Handlanger der Gedankenmänner, die oft in demütigster Stille euch all eu'r Tun aufs bestimmteste vorgezeichnet haben ... – Der alte Fontenelle hatte vielleicht recht, als er sagte: ›Wenn ich alle Gedanken dieser Welt in meiner Hand trüge, so würde ich mich hüten, sie zu öffnen.‹ Ich meinesteils, ich denke anders. Wenn ich alle Gedanken dieser Welt in meiner Hand hätte – ich würde euch vielleicht bitten, mir die Hand gleich abzuhauen; auf keinen Fall hielte ich sie so lange verschlossen. Ich bin nicht dazu geeignet, ein Kerkermeister der Gedanken zu sein. Bei Gott! ich laß sie los.«

Eben dies taten die Männer und Frauen, die sich in ihren Salons spielerisch zum Gespräch zusammenfanden. Und wie in Frankreich so in Deutschland, in Preußen, in Berlin. Auch Preußen befand sich seit dem Tode Friedrichs des Großen in einem Übergangszustand. Nur äußerlich blieb beinahe alles, wie es gewesen war. Aber für die, die Ohren hatten zu hören, ließ sich das unterirdische Grollen deutlich genug wahrnehmen, das einen Umsturz oder Zusammenbruch, eine veränderte Zukunft ankündigte. Insofern glichen auch die deutschen Salonveranstaltungen dem Tanz auf einem Vulkan – im Vergleich zu Frankreich allerdings mit einem markanten Unterschied: An die Stelle der politischen trat hier die »rein geistige«, die philosophische und literarische Revolution, weil die Machtverhältnisse etwas anderes nicht zuließen. Das Lesen ersetzte die Tat, wie ein zeitgenössischer Beobachter es schon 1795 ausgedrückt hat: »So lange die Welt steht, sind keine Erscheinungen so merkwürdig gewesen als in Deutschland die *Romanleserei* und in Frankreich die *Revolution.* Diese zwei Extreme sind ziemlich zugleich miteinander großgewachsen, und es ist nicht ganz unwahrscheinlich, daß die Romane wohl eben so viel ... Menschen und Familien unglücklich gemacht haben als die so schreckbare französische Revolution.« Bekanntlich hat schon Goethes Briefroman »Die Leiden des jungen Werthers« Leben gekostet, weil der Selbstmord der Titelfigur Nachahmungstäter fand.

Wichtiger war indessen die romantische Entdeckung der Seele und der Natur – und zwar im Entwurf der *Möglichkeiten* ihres Zusammenklangs. In der Wirklichkeit gelingt dieser Zusammenklang kaum; immer treten ihm die widrigen Verhältnisse entgegen; um mit Faust zu klagen: »Entbehren sollst du! sollst entbehren! Das ist der ewige Gesang.« Aber im Gedanken, im Gefühl und Gespräch gibt es keine Beschränkungen; da kann man sich fortträumen aus dem, was ist, und entwerfen, was man möchte. Gerade der Überschwang der Gefühle, die Öffnung der Seelen füreinander – wenn man so will ihre Schamlosigkeit –, gehört darum zu Sache.

Man hat gesagt, dass die Romantik tiefer ins deutsche Wesen

eingedrungen sei als der Geist der Aufklärung und tiefer als in andere Völker. Das lässt sich erklären. Es ist prosaisch, Geschäfte zu machen oder praktische Politik zu betreiben. Immerfort stößt man da auf eine sperrige Wirklichkeit, und wenn man überhaupt etwas erreichen will, muss man Kompromisse schließen. Deutschland aber war am Ende des 18. Jahrhunderts ein wirtschaftlich rückständiges Land. General Yorck – später berühmt durch seine eigenwillige »Konvention von Tauroggen«, die den preußischen Aufbruch in den Befreiungskrieg gegen Napoleon einleitete – hat mit einigem Recht von den Reformen des Freiherrn vom Stein gesagt: »Der Mann ist zu unserm Unglück in England gewesen und hat von dort seine Staatsweisheit hergeholt; und nun sollen die in Jahrhunderten begründeten Institutionen des auf Seemacht, Handel und Fabrikwesen beruhenden reichen Großbritanniens unserm armen, ackerbautreibenden Preußen angewöhnt werden.« Ein selbstbewusstes Unternehmertum gab es noch kaum, und das Geschäftemachen war eher verpönt als willkommen; den Juden warf man vor, dass sie es betrieben. Erst recht gab es keinen Zugang zu praktischer Politik. Man war der Untertan eines Obrigkeitsstaates und hatte hinzunehmen, was der verfügte. Eine Revolution zu veranstalten wie 1789 die in Frankreich, schien ausgeschlossen, und als man sie 1848 schließlich doch versuchte, ging sie auch noch unglücklich aus.

Die Romantik machte aus der deutschen Not eine Gedanken- und Gefühlstugend, die Hinwendung zur seelentief erfassten Naturfrömmigkeit.

»Der Mond ist aufgegangen,
die goldnen Sternlein prangen
am Himmel hell und klar;
der Wald steht schwarz und schweiget,
und aus den Wiesen steiget
der weiße Nebel wunderbar.«

So beginnt das »Abendlied« von Matthias Claudius. Das Ende von Joseph von Eichendorffs »Mondnacht« schließt sich an:

»Und meine Seele spannte
weit ihre Flügel aus,
flog durch die stillen Lande,
als flöge sie nach Haus.«

Eine banale, stets enttäuschende Wirklichkeit ins Erträumte zu verwandeln, die Fülle und Vielfalt der Möglichkeiten zu erkunden: Das ist das Werk der Romantik. Zu diesem Verwandeln und Erkunden bedarf es der Kunst, besonders der Literatur – und des Gesprächs, das der Salon zu einer eigenen Kunstform entwickelt.

Damit das gelingt, müssen einige Voraussetzungen erfüllt sein. Zunächst ist es kein Zufall, dass in Berlin der jüdische Salon eine besondere Rolle spielt. Zeitlich noch vor Rahel Varnhagen ist Henriette Herz zu nennen (1764–1847), Gattin des Arztes und Philosophen Marcus Herz; als er im Jahre 1803 stirbt, zieht sie sich weitgehend zurück. Weil die Juden noch zu den Außenseitern der »normalen« Gesellschaft gehören, befindet man sich – wie beim Kuraufenthalt in Teplitz, Karlsbad oder Pyrmont – sozusagen auf exterritorialem Gebiet und kann im jüdischen Salon desto unbefangener miteinander umgehen. Beinahe demonstrativ lässt man hinter sich zurück, was im Alltag und in der Gesellschaft *wirklich* ist. Mit Recht hat darum Hannah Arendt gesagt: »Sowenig wie die deutsche Bildung in irgendeiner Gesellschaftsschicht verankert war, sowenig waren die jüdischen Salons, obwohl Zentren gebildeter Geselligkeit, ein Zeichen für die gesellschaftliche Verwurzelung der deutschen Juden. Das genaue Gegenteil ist der Fall: gerade weil die Juden außerhalb der Gesellschaft standen, wurden sie für kurze Zeit eine Art neutralen Bodens, auf dem sich die Gebildeten trafen.«

Wichtig war weiterhin, dass das Wissen sich noch nicht so verzweigt hatte, wie das heute der Fall ist, mit dem Ergebnis, dass bloß die Experten eng umzäunter Fachgebiete einander verstehen. Die Gelehrsamkeit des Physikers und des Sprachforschers, des Mediziners und des Historikers, des Philosophen und des Theologen stand noch in einem Verbund, gehalten von einem Bildungskanon, der den Schriftsteller und den Laien einschloss. Goethe war auch ein Naturforscher, und zur Naturforschung

Alexander von Humboldts gehörte der Geist der Klassik. So konnte man miteinander reden und sich wechselseitig beflügeln.

Vielleicht keine zwingende, aber durchaus eine günstige Voraussetzung war außerdem, dass es in Berlin noch keine Universität gab, die das Bildungsangebot professionalisierte; sie wurde erst im Jahre 1810 durch Wilhelm von Humboldt gegründet. Wenn August Wilhelm Schlegel seine groß angelegten »Vorlesungen über schöne Literatur und Kunst« hielt oder Johann Gottlieb Fichte »Die Grundzüge des gegenwärtigen Zeitalters«, das heißt einen Gang der Weltgeschichte vom ursprünglichen »Stand der Unschuld« bis zur »vollendeten Rechtfertigung und Heiligung« vorstellte, dann handelt es sich um Privatveranstaltungen, und so hatte man sich daran gewöhnt, auf die private Initiative zu setzen, statt auf den Staat zu warten.

Schließlich aber nicht zuletzt muss man an die Übergangssituation erinnern, in der sich die soziale Ordnung befindet. Die alteuropäische Hof- und Adelsgesellschaft besteht noch, und sie herrscht sogar, doch gleichsam bloß noch in der Berufung auf ihre einstige Größe. Die Zukunft gehört dem Bürgertum; es greift nach der Macht, die ihm zunächst einmal wirtschaftlich zuwächst. Der Salon aber ist ein Ausdruck des Zwischenstadiums; er verliert – auch geistig und moralisch – seine Zauberkraft, sobald im einen oder im anderen Sinne die Eindeutigkeit hergestellt wird. Übrigens findet die Übergangssituation ihren Ausdruck sogar im Recht, genauer im Preußischen Allgemeinen Landrecht, dem friderizianischen Vermächtnis aus dem Jahre 1794. Einerseits kündet es von der Gleichheit: Ein Bauer kann gegen den Herrn von Adel oder sogar gegen den König klagen und ihn vor Gericht ziehen, wenn er glaubt, dass ihm Unrecht geschieht. Andererseits soll es nach wie vor die Ungleichheit der Stände geben; Bauer, Bürger und Edelmann bleiben voneinander geschieden. Wenn man so will, ist die Salonkultur ein Spiegel dieser widersprüchlichen Rechtslage: Ungleiche finden zusammen, um als Gleiche miteinander zu diskutieren.

Wir sollten uns Rahels Salon wie eine Bühneninszenierung vorstellen, als ein intimes Kammerspiel, nur ohne Zuschauer. Ort der Handlung: die »gute Stube«, der Salon im Levin'schen Hause, Jägerstraße 54. Nur manchmal, zu einem besonders intensiven Gespräch unter vier Augen, steigt man in Rahels eigene Räume im Dachgeschoss hinauf. Nebenher bemerkt kann man die Geduld und Diskretion der so oft gescholtenen Familie kaum genug bewundern; mit Fassung erträgt sie den ständigen Zustrom der Besucher, der doch auch seine lästigen Seiten hat und auf Dauer schwerlich dadurch aufgewogen wird, dass man sich in und mit der Schwester geschmeichelt fühlt. Vielleicht hoffte man auch, in der einen oder anderen Weise zu profitieren; unter dem Namen Robert, den alle Geschwister seit dem Jahre 1809 benutzten, um sich vom jüdischen »Levin« oder »Levi« zu befreien, versuchte sich Rahels Bruder Ludwig als Schriftsteller, freilich mit geringem Erfolg.

Die Aufführungen finden meist am Nachmittag zur Teezeit statt, denn morgens und mittags ist es schwer, geistreich zu sein, und der Abend wird für Theater-, Opern- und Konzertbesuche freigehalten. Die Dauer bleibt unbestimmt; es gibt kein vorgegebenes Textbuch, alles beruht auf der Improvisation, und obwohl die Schauspieler miteinander vertraut sind, ist jede Inszenierung neu und der Ausgang stets offen. Aber zwei Stunden, nicht selten noch mehr, muss man für den Zeitbedarf unbedingt ansetzen. Zu kommen, nur um gesehen zu werden, dann zu gähnen und wieder zu gehen, mag anderswo bei Empfängen erlaubt sein; hier ist es verpönt. Schließlich ist man als Schauspieler engagiert, obwohl ohne Bezahlung, und wenn man sich einfindet, hat man gefälligst auch seinen Beitrag zu leisten. Natürlich gehören zum Ensemble neben einer Stammbesetzung wechselnde Randfiguren. Alles in allem handelt es sich um einen kleinen Kreis, der im Laufe der Jahre ein paar Dutzend, wenn es hochkommt vielleicht hundert Menschen umfasst – doch beinahe jeden, der in der preußischen Hauptstadt zu den wirklich Gebildeten zählt.

Ein Kammerspiel: Es beginnt mit zwei oder drei Figuren, wächst im Fortgang der Handlung zu vier, fünf, sechs oder sieben, selten zehn oder mehr Darstellern an. Eine größere Zahl ist ohnehin problematisch, weil sich dann Untergruppen bilden und das Gespräch seinen Mittelpunkt verliert. In ihm steht, vielmehr sitzt die Regisseurin Rahel. Sie gibt jedem Gast das Gefühl, dass gerade er ganz persönlich willkommen und besonders wichtig ist. Ihre Kunst besteht im Übrigen darin, dass sie durch ihre eigenen temperamentvollen Beiträge und unerwarteten Einfälle, aber auch durch Fragen und intensives Zuhören das Gespräch in Gang bringt und es unmerklich lenkt. Zu den Teilnehmern zählen ältere wie junge Leute und Männer wie Frauen. Und alle sind gleichberechtigt; das Gespräch, das diesen Namen verdient, verträgt keine Rangordnung.

In der Regel sind die jungen Leute sogar deutlich überrepräsentiert. Das entspricht Rahels Neigungen – und erinnert an die Mittagsgesellschaften des Königsberger Philosophen Immanuel Kant, von dem ein zeitgenössischer Biograph erzählt hat, dass für seine Tischfreunde zwei Regeln galten: »Zuerst wählte er sie aus verschiedenen Ständen: Dienstmänner [das heißt Beamte], Professoren, Ärzte, Geistliche, gebildete Kaufleute, auch junge Studierende, um der Unterhaltung Mannigfaltigkeit zu verschaffen. Zweitens waren seine gesamten Tischfreunde jüngere Männer als er, oft sehr viel jünger. Er schien bei letzteren die doppelte Absicht zu haben: durch die Lebhaftigkeit des kraftvollern Alters mehr Jovialität und heitere Laune in die Gesellschaft zu bringen, sodann auch soviel als möglich, sich den Gram über den früheren Tod derer, an die er sich gewöhnt hatte, zu ersparen.«

Bei Kants Tischgesellschaft war es allerdings eine unumstößliche Regel, dass nur Männer eingeladen wurden und Frauen ausgeschlossen blieben, wie übrigens auch bei der berühmten Tafelrunde Friedrichs des Großen in Sanssouci oder im Tabakkollegium seines Vaters, Friedrich Wilhelms I., den man den Soldatenkönig nannte. Mit dieser preußischen Tradition bricht der Salon; die Erotik, das Spannungsverhältnis der Geschlechter – nicht die plumpe Sexualität! –, *soll* ihre belebende, elektrisierende Wirkung entfalten. Sie soll kultivieren und kultiviert werden. Man kann sogar sagen: Unausdrücklich, aber nachhaltig gehört zum romantischen Programm, die schlechte *Wirklichkeit* einer Herrschaft der Männer und Unterwerfung der Frauen in die *Möglichkeit* ihrer Gleichheit zu verwandeln, die beiden Geschlechtern die Ängste nimmt und sie bereichert. Auch dies war eine Bedingung für die kurze Blüte der Salons, und wir werden noch sehen, wie sie nach 1807 schon wieder zurückgenommen wurde.

Rahel selbst macht ihre Begabung zur Gesprächsregisseurin deutlich, wenn sie schreibt: »Ich liebe unendlich Gesellschaft und bin ganz überzeugt, daß ich dazu geboren, von der Natur bestimmt und ausgerüstet bin. Ich habe unendliche Gegenwart und Schnelligkeit des Geistes, um aufzufassen, zu antworten, zu behandeln. Großen Sinn für Naturen und Verhältnisse, verstehe Scherz und Ernst, und kein Gegenstand ist mir bis zur Unschicklichkeit fremd, der dort vorkommen kann.« Doch der Ehrgeiz reicht weiter: »Nichts freut mein Herz so sehr, als wenn sich meine Freunde anerkennen, und ich kann triumphierend sitzen und denken, du bis die Erste, du hast den entdeckt; und nun müssen sie ihn lieben! Oft hab' ich Heterogenscheinendes vereinigt; oft aber wollten die besten Seiten an den Menschen nicht zueinander passen ... Daher fühl' ich mit lebendiger Freude, wenn es mir gelingt, meine Liebe in Liebe füreinander zu entzünden, und wenn sie *meiner* beistimmen und huldigen müssen.«

Rahels magische Wirkung ist vielfach bezeugt. Um nur ein Beispiel zu zitieren, den schwedischen Diplomaten Karl Gustav von Brinckmann, der noch im Alter rückblickend schwärmte: »In meiner Seele las sie, wie in einem offenen Buch *mit breiten Rändern,* wo sie überall etwas hinzuschrieb und verbesserte, und wo irgend die Handschrift meines unruhigen Geistes mir selbst unleserlich schien, entzifferte *sie* solche oft schneller und fertiger als ich selbst.«

Obwohl man seit 1789 in bewegten Zeiten lebt, spielt Politik in den Unterhaltungen kaum eine Rolle, dafür natürlich die immer währende Neugier auf das, was andere Menschen tun und wohin sie sich womöglich verirren, mit einem anderen Wort der Klatsch – sofern er nur geistreich formuliert und mit der gehörigen Prise Bosheit und Selbstironie statt mit dem Pharisäertum des eigenen Edelsinns versehen wird. Aber im Zentrum steht das, was moderne Zeitungen unter dem Sammelbegriff »Feuilleton« zusammenführen: Philosophische Gedanken und Glaubensfragen, wissenschaftliche Erkenntnisse und Auseinandersetzungen, die Rätsel fremder Kulturen und Völker oder des Altertums, das Theater, die Kunst und vor allem anderen die Literatur. Manchmal liest jemand vor, was er gerade entdeckt hat und unbedingt diskutieren möchte. Hintergrund aller Gespräche und ihr Zielpunkt ist die *conditio humana,* die Frage nach der Natur des Menschen, ihren Weiten und Grenzen, nach dem Tagesglanz seines Denkens und Wollens, den Nachtseiten seiner Seele. Sehr zugespitzt könnte man sagen: Der Tag gehört der Aufklärung und die Nacht der Romantik. Doch in die Frühromantik ragt die Aufklärung noch hinein, das Farbenspiel eines Sonnenuntergangs und das Morgenrot des beginnenden Tages mischen sich ineinander, und es kennzeichnet den jüdischen Salon von Henriette Herz und Rahel Varnhagen, dass er sich den Tageserwartungen ebenso öffnet wie den Träumen oder Alpträumen der Nacht.

Das Ensemble von Rahels Salon müssen wir uns nicht einförmig, sondern so vielgestaltig und spannungsreich wir nur möglich vorstellen. Um dies anschaulich zu machen, seien exemplarisch drei Figuren vorgestellt.

Der Theologe *Friedrich Schleiermacher* steht für die gelehrten Salonbesucher. 1768 in Breslau geboren und in Anstalten der Herrnhuter Brüdergemeinde pietistisch erzogen, zeitweise Hauslehrer bei den Grafen Dohna im ostpreußischen Schlobitten, übernahm er 1796 eine Predigerstelle an der Berliner Charité. Zeitweise fiel ihm nur die Rolle eines durchreisenden Gastes zu, weil er seit 1802 im hinterpommerschen Stolp als Pfarrer und seit 1804 in Halle als Professor tätig war. Erst 1807 kehrte er nach Berlin zurück und wurde 1810 auf einen Lehrstuhl an der neu gegründeten Universität berufen. Aber lebenslang war und blieb er Rahel freundschaftlich verbunden. In der Geschichte der neueren evangelischen Theologie nimmt er eine Schlüsselstellung ein; in mancher Hinsicht bestimmt er deren Auseinandersetzungen bis heute.

*Louis Ferdinand,* Prinz von Preußen, war ein leibhaftiger Neffe Friedrichs des Großen, der Sohn von dessen jüngstem Bruder Ferdinand. Groß gewachsen und gut aussehend, ein Feuerkopf, Liebling der Armee und der Frauen, vielseitig und besonders musikalisch begabt, als frühromantischer Komponist sogar von Beethoven geschätzt, immerfort in Affären und Spielschulden verstrickt, verkörperte er das hocharistokratische Element, das für den jüdischen Salon am Ende des 18. und Beginn des 19. Jahrhunderts so charakteristisch ist. Im Krieg gegen Napoleon führte er die preußische Vorhut und fiel am 10. Oktober 1806. In einem patriotischen Gedicht auf seinen Tod von Christian Friedrich Scherenberg heißt es herzergreifend:

»Komm, blasse Braut, an meine Brust! Dir will ich mich ergeben!
Ich liebt manch Kind voll Leideslust, so liebt ich keins im Leben!«
Er stürzt mit wilder Seligkeit in ihr verzehrend Feuer,
und voll hat er die Braut gefreit, der schönste aller Freier.

Und voll hat sie ihn auch empfahn, den Liebling aller Herzen;
tut voll ihm auch die Liebe an mit allen ihren Schmerzen.
Hinab sinkt er von seinem Roß, zerstochen und zerschossen,
sein prachtvoll Leben strömend schoß, daß alle Adern flossen.«

*Pauline Wiesel* kam mit Louis Ferdinand in Rahels Salon, nicht hochgebildet und alles andere als eine blasse Braut, sondern durch ihre Natürlichkeit und hinreißende Schönheit geprägt: im Wortsinne eine Lebedame, die von den Männern lebte, die ihr zu Füßen lagen. Im Rahmen der Salonkultur verkörpert sie das erotische Element. Pauline und Rahel fühlten sich gerade in ihrem Gegensatz zueinander hingezogen. Weil allerdings im armen und seit der Thronbesteigung Friedrich Wilhelms III. eher spröden Berlin die reichen Liebhaber nur spärlich gesät waren, ging die Wiesel später nach Paris. Doch stets war Rahel dieser Pauline, Polle genannt, zärtlich zugetan und hat ihr die Treue gehalten, sogar gegen die ehrpusseligen Bedenken ihres Mannes Varnhagen. Als die alte, dem Tod schon nahe Rahel hört, dass Pauline nach Baden reist, schreibt sie ihr einen bewegenden Abschiedsbrief:

»Freitag, den 29. Juli 1831. Morgens 10 Uhr. Warmes ängstigendes Wetter mit Feuchtigkeit und jetzt Sonne. Ich sage, die Krankheiten kommen rein *daher.* Es ist seit *Jahren,* die ich fühle und *leide,* die größte Wetterrevolution. – Wer gibt Ihnen diesen Brief, teure einzige Polle? Ludwig, Rike. Ja, die kommen nach Baden, die bleiben *dort.* Ich gratuliere Euch allen. Und – unmöglich ist es nicht, daß wir uns diesen Herbst noch sehen. Kommt die Cholera nicht her, so mache ich noch eine Reise. Fragen Sie Robert, Rike aus, die werden Ihnen alles von der armen Rahel sagen. Unglücklich ist sie nicht. *Die Zeit* ist vorbei. Sie glaubt und hofft nicht mehr auf Glück: kennt die Erde, und was sie beut und bieten kann; sie ist aber glücklich, glückselig, wenn sie nicht gerade gequält wird ... Denkt meiner; ich bin bei Euch. So auch noch nach meinem Begräbnis. Ein Traum, ein Schwindel: keine Hand hält die Vergangenheit, sie rinnt durch: keine ergreift die Zukunft; sie ist nicht da. Aber die Ewigkeit ist da: in den wirklichen Lebensmomenten, in Zorn, Liebe, in edler Überzeugung und ihren Wirkungen, haben wir sie ganz; darum handeln und wollen wir auch in solchen Momenten ohne Rücksicht auf Zeit; darum Glück und Leid der Liebe unendlich. Verstanden? Ja. Lesen Sie's Robert ... adieu ma bonne et unique Pauline, mon trésor de bonté et d'amour pour moi. Meine Einverstandene! Naturfreundin. Wahrheitstochter, die auch mich dafür erkannt hat. Adieu. Bei allen Gelegenheiten denke ich an Sie: rufe Sie *laut* in Gärten, bei Blumen und Stauden, Wipfeln, Himmeln und Scheinen. Solche Gebete hört Gott; – sie kommen bis zu ihm. Die Wahrheit und Natur erkennen, sind seine anerkannten Kinder; sind Geschwister: und, ich denke, bleiben zusammen. Adieu! Adieu!«

Am 14. Oktober 1806 wurde die ruhmreiche friderizianische Armee bei Jena und Auerstedt zerschmettert, ein schmählicher Zusammenbruch folgte, und die meisten, die wichtigsten Landesfestungen ergaben sich kampflos. Napoleon, nicht nur ein Schlachtengenie, sondern ein Meister der Verfolgung, hielt schon am 27. Oktober seinen Einzug in Berlin, von den Behörden und den Bürgern untertänig empfangen. Einzig der Freiherr vom Stein verlor nicht den Kopf und rettete die Staatskasse. Der preußische König aber und seine Familie befanden sich auf der Flucht ins ferne Ostpreußen. Mit ihm flohen auch Rahels Salonbesucher oder zerstreuten sich sonst in alle vier Winde; der Ansturm der Wirklichkeit zerstörte die schönen Träume von menschlichen, menschheitlichen Möglichkeiten der Freiheit und Gleichheit.

Ein großmütiger Sieger war der korsische Kaiser freilich nicht; Preußen verlor sein halbes Staatsgebiet, Besatzungstruppen blieben im Lande, und drückende Zahlungsverpflichtungen wurden den Besiegten auferlegt. Im Gegenzug kam unter Gebildeten und Halbgebildeten der Franzosenhass, ein vorher unbekannter Nationalismus in Mode, verständlich genug und zugleich doch höchst problematisch. Der Weltbürger Heinrich Heine hat diesen hassdurchtränkten Nationalismus kritisch geschildert: »Es begann die schäbige, plumpe, ungewaschene Opposition gegen eine Gesinnung, die eben das Herrlichste und Heiligste ist, was Deutschland hervorgebracht hat, nämlich gegen jene Humanität, gegen jene allgemeine Menschenverbrüderung, gegen jenen Kosmopolitismus, dem unsere großen Geister, Lessing, Herder, Schiller, Goethe, Jean Paul, dem alle Gebildeten in Deutschland immer gehuldigt haben.«

Kennzeichnend für den Stimmungswandel auch unter Gebildeten war die Gründung der christlich-deutschen Tischgesellschaft durch den Dichter Achim von Arnim; zu den Mitgliedern gehörte Heinrich von Kleist. In der Nachfolge entstand 1816 die christlich-germanische Tischgesellschaft; in ihrem schroffen Gegensatz zu allen freiheitlichen Bestrebungen bildete sie eine Keimzelle der konserativen Partei. Doch schon zur ursprünglichen Tischgesellschaft gehörte eine Satzung, die Frauen, Franzosen, Juden und den »Philistern« – das heißt allen, die des Kosmopolitismus verdächtig waren – den Zutritt verbot.

»In Adelskreisen also«, hat Hannah Arendt gesagt, »die als erste den Juden eine gewisse gesellschaftliche Gleichberechtigung zugestanden hatten, bricht zuerst ein programmatischer Antisemitismus aus, wurde das gesellschaftliche Vorurteil wieder aufgenommen und bis zum kalten, brutalen Ausstoß verschärft. Die preußischen Juden haben erst sehr viel später sich Rechenschaft über die stille Katastrophe zu geben vermocht, die damit über sie hereingebrochen war. Sie, wie ihre Geschichtsschreiber, lebten damals in einem Taumel der Hoffnung auf politische Reformen, die ja dann auch Emanzipation und bürgerliche Befreiung gebracht haben. Indessen begann bereits der Adel und mehr noch die in seinem Sold und unter seinem Einfluß stehende ›politische Romantik‹ ihre ganze Wut über die Stein-Hardenbergschen Reformen gesellschaftlich auf die Juden zu konzentrieren, deren Emanzipationsedikt gerade vorbereitet wurde.«

Weiter Hannah Arendt: »Als direkter Protest gegen den jüdischen Salon muß der Ausschluß der Frauen verstanden werden, die Wahl der Zeit der Zusammenkünfte, das Mittagessen, im Gegensatz zum Abend- oder Nachmittagstee. Diese temporäre Vereinigung von Romantik und Preußentum findet ihr natürliches Ende in den Freiheitskriegen, was den preußischen Adel anlangt, in den romantischen Konversionen [teils zum protestantischen Pietismus, teils zum Katholizismus], was die Romantiker betrifft.«

Aber der Protest gegen den jüdischen Salon richtet sich mindestens ebensosehr gegen die Frauen- wie gegen die Judenemanzipation. Die Möglichkeit *ihrer* Gleichheit, die in der frühromantischen Salonkultur aufscheint, nimmt sich in der konservativen Gegenbewegung so abgrundtief verdächtig aus wie alle Freiheit und Gleichheit: ein Teufelswerk der Revolution, die 1789 in Frankreich beginnt, gegen die gottgewollte Ordnung gerichtet, die auf der Ungleichheit auch oder vorab der Geschlechter beruht. In dieser Perspektive der Gegenrevolution ist es vollkommen konsequent, wenn im gleichen Atem Franzosen, Juden und Frauen von der patriotischen Besinnung aufs germanisch-deutsche Wesen ausgeschlossen werden.

Was die Juden angeht, übertrafen sie in der preußischen Erhebung von 1813 noch ihre christlichen Mitkämpfer; sie erbrachten große materielle Opfer und meldeten sich scharenweise als Kriegsfreiwillige zum Dienst mit den Waffen. Denn um jeden Preis wollten sie sich des Emanzipationsedikts von 1812 als würdig erweisen. »Gäben doch die Christen so wie die Juden«, notierte Rahel, »dann wäre hier wenigstens keine Not.« Gedankt wurde diese Opferbereitschaft den Juden nicht; denn in dem Maße, in dem nach dem Sieg der alten Mächte über Napoleon die Reaktion triumphierte und der Einfluss der Reformer um den Fürstkanzler Hardenberg schwand, beschränkte man ihre gerade erworbenen Bürgerrechte schon wieder, entließ sie aus der Armee und schob ihrem Neueintritt in die Beamten- und Offizierslaufbahn einen Riegel vor.

Zwischen 1807 und 1813 bemühte sich Rahel sozusagen um eine Privatemanzipation. Sie verließ das Familienhaus und bezog als Siebenunddreißigjährige erstmals eine eigene Wohnung. Doch das kostete Geld, ebenso das eigene Dienstpersonal. Darum machte sich die Abhängigkeit von den Zahlungen der Brüder nur umso deutlicher bemerkbar, und umso bitterer fielen Rahels Klagen aus. Aber der Fortgang aus der Jägerstraße hatte einen handfesten Hintergrund: Ein junger Mann war in ihr Leben getreten, dem sie sich mit Leidenschaft zuwandte. In den Worten von Carola Stern: »Obwohl Rahels Briefe darüber keine Auskunft geben, läßt sich erahnen, wie schockiert die Familie über den in diesen Jahren auftauchenden neuen Liebhaber der Schwester ist. Die Vorgänger hatten immerhin noch etwas dargestellt; dieser hat nichts, ist nichts, heißt Varnhagen und zählt dreiundzwanzig Jahre, vierzehn weniger als die Schwester. Die Nächte verbringt das Liebespaar [zunächst] in einer von Rahel angemieteten Sommerwohnung in Charlottenburg. – Man ist ja einiges gewöhnt von dieser Schwester, aber dies, wird die Familie meinen, geht nun zu weit. Hat man nicht schon genügend Sorgen mit erhöhten Steuern, zusätzlichen Abgaben, unterbrochenen Geschäften! Wäre es nicht an der Zeit, zusammenzurücken, Eskapaden zu unterlassen und sich möglichst einzuschränken? Doch gegenüber solchen Klagen stellt Rahel sich taub. Davon will sie nichts hören. – Die Stimmung bleibt gereizt. Rahel teilt Varnhagen mit: ›Bei denen bleibe ich nicht.‹«

Karl August Varnhagen, 1785 in Düsseldorf geboren, taucht tatsächlich wie aus dem Nichts auf, hat kein Elternhaus mehr, das sich vorweisen ließe, versucht sich als Student, ohne jemals ein Abschlussexamen zu erreichen. Auch seine geistigen Gaben bleiben beschränkt; er ist keine reiche oder künstlerisch produktive Natur – kein Wunder, dass jemand wie Alexander von der Marwitz über ihn die Nase rümpft. Mit einiger Bosheit könnte man feststellen, dass Rahel sich an Varnhagen klammerte, weil etwas Besseres nicht mehr zu haben war. Immerhin vergalt er ihre Zuwendung mit niemals nachlassender Bewunderung und Hingabe. Und später zeigten sich seine Qualitäten; er erwies sich als ein Archivar von Rang, sammelte geduldig, zielstrebig und erfolgreich Rahels Tagebuchblätter und vor allem ihre Briefwechsel; auf ungefähr 6000 Stück belief sich schließlich seine Sammlung. Fast alles, was wir über Rahel wissen, verdanken wir seiner Sammlerleidenschaft – auch seiner Selbstgefälligkeit, um nicht zu sagen Klatschsucht, die sich in biographischen Arbeiten, Denkwürdigkeiten, Tagebüchern und Erinnerungen offenbart.

Seiner Briefsammlung ist übrigens ein eigenes Schicksal zuteil geworden. Nach Varnhagens Tod im Jahre 1858 ging sie in den Besitz der preußischen Staatsbibliothek über. Als aber im Zweiten Weltkrieg die britischen Luftangriffe auf Berlin begannen, wurde sie zusammen mit anderen wertvollen Beständen ins schlesische Benediktinerkloster Grüssau ausgelagert. Dort blieb sie bis 1945 und war dann verschwunden. Die Polen hielten Einzug – und leugneten, von den Grüssauer Schätzen etwas zu wissen. Erst Jahrzehnte später gab man zu, dass sie sich in Krakau befinden: Beutegut als Ausgleich für die im Krieg von den Deutschen geraubten oder vernichteten Kulturgüter. Heute sind die Bestände wieder zugänglich; im Lesesaal der Bibliothek der Universität Jagiellonska kann der Besucher aus Deutschland sich in Rahels Briefe vertiefen. Und was macht es im Zeitalter der europäischen Einigung denn noch aus, ob man sie in Berlin oder in Krakau aufbewahrt, sofern sie nur behütet werden und zugänglich sind?

Im Jahre 1809 führte Österreich einen Krieg gegen Napoleon und verlor ihn nach dem schlecht genutzten Sieg bei Aspern. Weil Preußen stillhielt, zogen viele Freiwillige nach Österreich, unter ihnen der Glücksritter Varnhagen. Er diente als Fähnrich im Regiment des Grafen Bentheim, wurde in der Schlacht bei Wagram durch einen Schuss in den Oberschenkel verwundet und blieb, wieder genesen, auch nach dem Friedensschluss bei Bentheim, jetzt als dessen Privatsekretär. Er reiste mit ihm durch Europa, unter anderem nach Preßburg, Prag und Paris. An Rahel schrieb er fast täglich, wobei seine Briefe reichlich gestelzt klingen: »Ich bin Dir gern untergeordnet, weil ich Dir ergeben bin ... Dich hegen und begleiten, auf Dich alles Leben wenden, Dir dienen ... Ja Rahel, das ist meine Aussicht, meine Hoffnung.« Oder: »Der Segen des Himmels begleite Dein liebes Haupt, und befruchte mit den Tränen meiner Sehnsucht den Boden fröhlicher Lebensblüten.« Nein, zum Dichter taugt dieser Varnhagen wirklich nicht, und sehr wenig von Rahels Frische und Unmittelbarkeit geht auf ihn über. Und offenbar auch nichts von ihrer Ungeduld: »Wen ich liebe, muß mit mir leben wollen; bei mir bleiben«, schreibt sie an Pauline Wiesel. Indessen bringt Varnhagens Herumziehen mit dem »derangierten Grafen«, wie Rahel Bentheim abschätzig nennt, doch etwas ein. Triumphierend meldet der Glücksritter nach Berlin:

»In einem alten Geschichtsbuch Westfalens habe ich Nachrichten von meiner Familie, mein Wappen und die sichere Darlegung gefunden, daß ich von einer uralten ritterlichen Familie, von Ense, genannt Varnhagen, abstamme, wie ich schon aus mündlicher Überlieferung meines Vaters ehemals gehört hatte.« Und: »Was meinen Adel betrifft, so meint Bentheim und Stein, den ich deswegen zu Rate zog, es würde niemand daran zweifeln ... Die Bestätigung vom Kaiser sei jedoch nötig, damit ich gerichtlich auftreten und Recht auf Stiftungen und dergleichen erlangen könne. Bentheim würde sie wohl ohne Schwierigkeiten auswirken.«

Die Bestätigung unterbleibt, und eigentlich ist der Aufsteiger, um nicht zu sagen der Parvenü Varnhagen fast ebenso sehr ein Adelshasser wie ein Hochstapler. Aber das ändert sich natürlich, wenn man selbst einen Adelstitel erwirbt, obwohl von höchst zweifelhafter Qualität – oder damit erst recht, denn mit umso größerem Eifer muss dieser Aufsteiger aus dem Nichts beweisen, wer er ist. Fortan nennt der junge Mann sich Varnhagen von Ense. Nur einmal, Jahre später, gerät er in Schwierigkeiten, als preußische Behörden seinen Namen anzweifeln. Doch da er inzwischen eine Karriere als Diplomat gemacht hat, möchte man den Skandal vermeiden und drückt beide Augen zu.

Im Sommer 1811 sehen Rahel und Herr von Ense sich zu einem gemeinsamen Kuraufenthalt in Teplitz wieder, und im folgenden Jahr beginnt Varnhagen seine Laufbahn als Herausgeber von Rahel-Texten, zunächst unter dem Titel »Über Goethe« mit Auszügen von sechs Briefen bei Johann Friedrich Cotta, der auch Goethes Verleger ist, in dessen »Morgenblatt für gebildete Stände«. Weitere Veröffentlichungen folgen in verschiedenen Zeitschriften; man hat von einer gemeinsamen »Editionswerkstatt« des ungleichen Paares und dann von einer »Arbeitsehe« gesprochen. Die Editionswerkstatt kommt mit Rahels Tod im Jahre 1833 nicht ans Ende, sondern erst richtig in Schwung; schon 1834 gibt Varnhagen unter dem Titel »Rahel – Ein Buch des Andenkens für ihre Freunde« eine dreibändige Sammlung von Briefen und Tagebuchnotizen heraus. Doch zunächst, im Jahre 1813, mischt wieder einmal die Weltgeschichte sich ein. Es beginnt nach dem Untergang von Napoleons »Großer Armee« im russischen Winter die preußisch-deutsche Erhebung. Varnhagen ist dabei, diesmal als kaiserlich-russischer Hauptmann im Regiment des Obersten von Tettenborn, der mit seinen Kosaken kühne Streifzüge durch Norddeutschland unternimmt, militärisch zwar wenig ausrichtet, aber reiche Beute einbringt. Dabei fällt auch für den Herrn Hauptmann etwas ab, und auf dieser Grundlage kann man nach dem glorreich errungenen Sieg über »den Erbfeind« endlich ans Heiraten denken. In Briefen an die Braut bekennt Varnhagen sich als »berauscht vom Jubel, den ich erfahren habe, von der Kraft, die ich vor mir sehe, von dem glücklichen Gelingen, das jetzt unausbleiblich ist«.

Doch wir wollen nicht vorgreifen. Im Jahre 1813 wird Berlin noch von den Franzosen bedroht, und der Ausgang des Kampfes erscheint als höchst ungewiss. Darum weicht Rahel erst einmal nach Prag aus. Die böhmische Hauptstadt wird bereits vor dem Kriegseintritt Österreichs zu einem Sammelplatz von Flüchtlingen und Verwundeten. Bei Rahel könnte man auch von einer Flucht aus den Einsamkeiten und Depressionen der zurückliegenden Jahre, aus dem Zank mit der Familie sprechen. »Nach Hause aber, habe ich beschlossen, gehe ich ohne neue *große* Veranlassung nicht wieder. Dort muß meine letzte Existenz von Brüdern, Freunden, Feinden, Bekannten, Behörden, und jedem Menschen, *ganz* und von mir besonders vergessen werden! *die* war zu ruppig.« In Prag aber erlebt Rahel ein »Aufducken der Elastizität«; zum ersten und einzigen Mal in ihrem Leben ist sie *praktisch* und mit sichtbarem Erfolg tätig, schreibt Bittbriefe nicht in eigener Sache, sammelt Spenden ein und kümmert sich um die Verwundeten und Bedürftigen, keineswegs nur um den unversehens auftauchenden Marwitz. »Er quälte, und erfreute mich und störte mich den ganzen Tag«, schreibt sie nach seiner Rückkehr an die Front einer Freundin – und setzt ihre Hilfstätigkeit unbeirrt fort.

Bemerkenswert ist bei alledem, dass Rahel zwar durchaus Wert darauf legt, eine Preußin zu sein, und ihre Vaterlandsliebe bekennt. Sie bangt mit den Soldaten, die ihr Leben einsetzen, und bejubelt ihre Siege. Aber mit der »Patriotenwut« und dem Franzosenhass will sie nichts zu tun haben; da hält sie es weiterhin lieber mit dem bewunderten Goethe, der auf den Kaiser der Franzosen nichts kommen ließ. Ausdrücklich hofft sie auf eine Zukunft, in der man Frankreich und die Franzosen wieder »lieben darf« –

und schreibt später als leider schlechte Prophetin: »Es wird eine Zeit kommen, wo Nationalstolz eben so angesehen werden wird, wie Eigenliebe und andre Eitelkeit; und Kriege als Schlägerei.«

Im Herbst des Jahres 1814 ist es endlich so weit: Der Krieg gegen Frankreich endet am 30. Mai mit dem Friedensschluss von Paris. Der kaiserlich-russische Hauptmann im Regiment Tettenborn zieht die Uniform aus, kehrt in die Arme seiner Geliebten zurück und bringt auch noch Geld mit, das für gut zwei Jahre reicht. Gemeinsam verbringt man wieder einmal den Sommer im nordböhmischen Teplitz. Da ist beinahe alles noch so, wie es immer gewesen war; die Welteneroberer kommen und gehen, aber die Kurbäder bleiben gottlob bestehen. Man freut sich des Lebens und malt die Zukunft in rosigen Farben.

Im August reist Varnhagen nach Berlin voraus; Rahel folgt ihm wenig später. Am 5. September trifft sie ein und wohnt übergangsweise bei ihrem Bruder Moritz. Am 23. September lässt sie sich christlich taufen. Vier Tage später wird geheiratet. Die Familie kann aufatmen: Endlich, im Alter von 43 Jahren, hat die schwierige Schwester doch noch »unter die Haube« gefunden, jemand anders muss die Verantwortung für sie übernehmen, und kein unmoralisches Liebesverhältnis bedroht mehr den guten Ruf.

Die Taufe ist notwendig, eine Vorbedingung der Heirat, gegen die Rahel, ihrem überkommenen Glauben schon von Kindheit an entfremdet, sich keineswegs sträubt. Varnhagen hofft nach seinen kriegerischen Verdiensten und als frisch gebackener Herr von angeblich uraltem Adel auf eine preußische Diplomatenkarriere, und wenn diese Laufbahn nicht von vornherein zum Scheitern verurteilt sein soll, *muss* er mit einer Christin statt mit einer Jüdin verheiratet sein. (Immerhin befindet man sich noch in einem Zeitalter, in dem die richtige Glaubenszugehörigkeit noch den Geburtsmakel tilgt, wenn schon nicht in den Vorurteilen der Menschen, dann doch formell – anders als in den späteren Finsternissen des Rassenwahns, als nichts mehr, es sei denn die Flucht in die Fremde, gegen den Abtransport zur Vernichtung hilft.)

Die Hochzeit ist gleich mehrfach mit einem Schwindel verbunden. Erstens ist da dieser Bräutigam Karl August Varnhagen *von Ense* mit seiner zweifelhaften Abstammung aus einem westfälischen Geschichtsbuch, von dem keineswegs sicher ist, ob es tatsächlich existiert und nicht der Fantasie eines Kleinbürgersohnes aus Düsseldorf entsprang. Außerdem »vergisst« Varnhagen, das eigentlich erforderliche Zeugnis seines bisherigen Vorgesetzten Tettenborn beizubringen. Zweitens nennt sich die Braut – so durch die Taufe bezeugt – Antonie Friederike Robert Tommow statt Rahel Levin, was nicht verhindert, dass alle Welt sie unter ihrem ursprünglichen Namen kennt und sie fortan Rahel Varnhagen genannt werden wird. Drittens vollzieht sich eine sehr weibliche Hoch- oder Tiefstapelei: Weil es offenbar als anstößig erscheint, dass die Ehefrau um vierzehn Jahre älter ist als ihr Gemahl, lässt sie sich im Kirchenbuch mit »Sechsundzwanzig« eintragen, also mit einem kühnen Sprung um 17 Jahre verjüngt und noch um drei Jahre jünger als ihr Mann. Weil das aber doch wohl als unglaubwürdig erscheint, wird die Zwei der Eintragung als ein »Versehen« getilgt und in eine Drei verwandelt: Ein Alter von 36 statt 43 Jahren verringert zumindest den Abstand zum Ehemann. Welch ein Glück für das holde Paar, dass man es mit dem großherzigen Pfarrer Stegemann von der Jerusalem- und Neuen Kirche zu tun bekommt, der stolz ist auf die von ihm auch vollzogene Taufe und die damit verbundene Seelenrettung – statt mit einem preußisch-peniblen Standesbeamten, vor dem man seit 1875 hätte erscheinen müssen, als im Zuge des »Kulturkampfes« gegen die katholische Kirche die obligatorische Ziviltrauung durchgesetzt wird!

Varnhagens Träume erfüllten sich: Bereits Anfang Oktober reiste er als »künftiger preußischer Staatsdiener« im Gefolge des Staatskanzlers Hardenberg zum großen europäischen Friedenskongress nach Wien, und Rahel traf wenig später dort ein. So ließ sich das Angenehme einer Hochzeitsreise mit dem Nützlichen in Einklang bringen. Natürlich wurden so untergeordnete Leute nicht zu den prunkvollen Hofbällen und den Festen eingeladen, mit denen die zum Kongress versammelten Kaiser, Könige, die Groß- oder Kleinherzöge und Spitzendiplomaten wie Metternich, Talleyrand und der Brite Castlereagh einander zu überbieten suchten. Varnhagen war ohnehin vom Morgen bis in die

Nacht damit beschäftigt, sich durch seinen Arbeitseifer bei Hardenberg einzuschmeicheln und unentbehrlich zu machen. Besonders zeichnete er sich durch seine Öffentlichkeitsarbeit, modern ausgedrückt als ein Pressesprecher des Kanzlers aus. Doch der Glanz der Kaiserstadt bot jedem etwas, ein historisches Schauspiel auch für Beobachter am Rande. Zwar urteilte Rahel zunächst eher kritisch: »Wien ist nicht hübsch.« Aber bald stieß sie auf Bekannte schon aus der Zeit ihres ersten Kuraufenthalts in Teplitz, so auf den alten, inzwischen uralten Fürsten Charles (oder österreichisch Karl Joseph) de Ligne. Noch immer unterhielt der seine Gäste mit unvergleichlichem Charme, umschmeichelte schöne junge Frauen, als zählte er 20 und nicht 89 Jahre (er wurde am 12. Mai 1735 in Brüssel geboren) und behauptete, dass er den Kongress mit einem ganz besonderen Schauspiel in Erstaunen versetzen werde. Er hielt sein Wort, indem er am 14. Dezember 1814 starb und das eigene, von ihm selbst sorgfältig vorbereitete und beinahe bizarr prunkvolle Leichenbegängnis zum Tagesgespräch machte.

Zu den Bekannten aus früheren Berliner Zeiten gehörte Dorothea Schlegel. Sie war die Tochter des legendären Aufklärers Moses Mendelssohn, der sie – Aufklärung her oder hin – ohne viel Federlesen mit dem Bankier Simon Veit verheiratet hatte. Doch dem entlief sie nach einigen Jahren zugunsten von Friedrich Schlegel, der ihr wiederum Anlass zur Eifersucht gab, indem er in den Anfängen von Rahels Salon gern das Haus in der Jägerstraße besuchte. In seinem als skandalös empfundenen Roman »Lucinde« entdeckt man die entsprechende Anspielung: »Einem sehr gebildeten Mädchen gefiel er, weil er ihr seelenvolles Gespräch und ihren schönen Geist mit sichtbarer Innigkeit bewunderte, und ihr, ohne eine Schmeichelei auszusprechen, bloß durch die Art seines Umgangs huldigte, so gut, daß sie ihm nach und nach alles erlaubte, außer das Letzte. Und selbst diese Grenze setzte sie ihm nicht aus Kälte, sondern aus Vorsicht und Grundsatz: denn sie war reizbar genug, sie hatte eine starke Anlage zum Leichtsinn und lebte in den freiesten Verhältnissen.« Das waren nicht unbedingt willkommene Worte gewesen, weder für Dorothea noch für Rahel, aber sie lagen lange zurück und standen einer erneuerten Freundschaft nicht mehr im Wege.

Nach dem Wiener Kongress beginnen Monate des Wartens auf die Ernennung Varnhagens zum Diplomaten. Die Hoffnungen gehen schließlich in Erfüllung: Varnhagen wird zum preußischen Gesandten beim badischen Hof in Karlsruhe berufen. Die Verzögerungen, die es bei der Ernennung gibt, sind nicht zuletzt auf die Einwände Wilhelm von Humboldts bei Hardenberg zurückzuführen. Er, der gemeinhin als ein leuchtendes Vorbild freiheitlicher Anschauungen gilt, stichelt höchst bösartig: »Es ist nichts, was der Jude nicht erreicht.« Denn diese »Dame, der Stamm Levy, die Bundeslade! Wie soll das auf den Großherzog [von Baden] wirken?« Kann man es zulassen, dass »die Kleine« nun »sogar noch eine Gesandtenfrau und Exzellenz« wird? Ähnlich Humboldts Frau Karoline: die Jüdin, selbst getauft, sei ein »reelles Hindernis« und die preußische »Judenliberalität« – Hardenbergs ganz persönliches Werk – einfach lächerlich.

An der jüdischen Frau des preußischen Gesandten nahm der Großherzog Karl von Baden kaum Anstoß, der ohnehin ein menschenscheuer, seelisch stark gestörter Mensch war, wohl aber die Hofgesellschaft, die ihn umgab. Sie reagierte, indem sie es nach Möglichkeit vermied, das Ehepaar Varnhagen zu Festen einzuladen. Zu dieser Ablehnung trug allerdings auch der Herr Gesandte seinen Teil bei. Er suchte Verbindung zu freiheitlichen Kräften und betätigte sich nebenher – oder beinahe hauptsächlich, da es für ihn in Baden nur wenig zu tun gab – als ein politischer Publizist, der seine Hoffnungen auf fortschrittliche Verfassungen setzte und das wenig diplomatisch auch noch wissen ließ.

Rahel beklagt indessen, dass sie in Karlsruhe keinen Freundeskreis findet, der ihren Ansprüchen genügt. Lauter biedere Bürger und nirgendwo ein Gedankenflug! Und dann immer nur: die Gattin des preußischen Geschäftsträgers! »Von mir ist gar nicht mehr die Rede. Das heißt, was aus mir hervorgehen könnte, findet keine Beziehung; alles, was mich berührt, bezieht sich nicht auf mich. Alles nur auf Varnhagen; und dies auf sein Amt, seine Position; ich habe keine und bin auch nicht frei. Sagen darf ich das nicht; nicht einmal merken lassen.«

Mit anderen Worten: Die Ehe erweist sich mehr als ein Käfig denn als Erfüllung. Als der preußische Geschäftsträger in Baden steht auf einmal Varnhagen im Rampenlicht, nicht mehr seine geistig weitaus bedeutendere Frau, der er bisher stets nur bewundernd gedient hat. Wahrscheinlich hängt es hiermit zusammen, dass Rahel Karlsruhe abscheulich findet und erst nachträglich, so als sei sie dort glücklich gewesen, von »meinem Karlsruhe« spricht. Während des Aufenthalts in Baden heißt es in einem Brief an die Schwester Rose:

»Es ist Menschenunkunde, wenn sich die Leute einbilden, unser Geist sei anders, ... und wir könnten ... ganz von des Mannes oder Sohnes Existenz mitzehren. Diese Forderung entsteht nur aus der Voraussetzung, daß ein Weib in ihrer ganzen Seele nicht höheres kennte, als grade die Forderungen und Ansprüche ihres Mannes in der Welt ... Dann wäre *jede* Ehe, schon bloß als solche, der höchste menschliche Zustand; so aber ist es *nicht:* und man liebt, hegt, pflegt wohl die Wünsche der Seinigen; fügt sich ihnen; macht sie zur höchsten Sorge und dringenden Beschäftigung: aber erfüllen, erholen, uns ausruhen zu fernerer Tätigkeit, und tragen können die uns nicht; oder auf unser ganzes Leben hinaus stärken und kräftigen. Dies ist der Grund des vielen Frivolen, was man bei Weibern sieht oder zu sehen glaubt: sie haben der beklatschten Regel nach gar keinen Raum für die eigenen Füße, müssen sie nur immer dahin setzten, wo der Mann eben stand, und stehen will; und sehen mit ihren Augen die ganze bewegte Welt, wie etwa einer, der wie ein Baum mit Wurzeln verzaubert wäre; jeder Versuch, den unnatürlichen Zustand zu lösen, wird Frivolität genannt; oder noch für strafwürdiges Benehmen gehalten.«

Ein höchst modern anmutendes feministisches Bekenntnis! Oder vielleicht müsste man sagen: Rahel will führen, statt geführt zu werden; wenn es schon keine Gleichheit gibt, dann soll sich die Waage gefälligst zu ihren Gunsten neigen. In der Karlsruher Zeit behilft sich die Diplomatengattin, so gut es eben möglich ist, vor allem durch häufiges Verreisen, etwa nach Straßburg, Stuttgart, Mannheim, Frankfurt und besonders gern nach Baden-Baden, dessen große Zeit als Kurort – samt berühmtem oder berüchtigtem Spielkasino – gerade beginnt. Dort erreicht sie am 22. Juli 1819 ein Eilkurier ihres Mannes mit der Nachricht: »Ich bin abberufen.« (Man gäbe etwas darum, zu erfahren, ob Rahel diese Botschaft nicht eher mit Erleichterung statt mit Bestürzung aufnahm.)

Varnhagens liberale Auffassungen passten nicht mehr ins Zeitalter der Restauration. Am 23. März 1819 war der Schriftsteller August von Kotzebue in seiner Mannheimer Wohnung von dem fanatisch deutschtümelnden Studenten Georg Sand erstochen worden, als Strafe dafür, dass Kotzebue die patriotischen Ideen der Burschenschaften ins Lächerliche gezogen hatte. Dieser Mord lieferte den willkommenen Anlass zur Eröffnung einer allgemeinen Hetzjagd; unter der Federführung Metternichs wurden die »Karlsbader Beschlüsse« vorbereitet, die auf die strikte Unterdrückung aller freiheitlichen Bewegungen und auf eine scharfe Zensur für Bücher und Zeitschriften hinausliefen. Am 20. September 1819 wurden die Karlsbader Beschlüsse vom Deutschen Bundestag in Frankfurt einstimmig angenommen, übrigens gab es im Jahre 1819 auch antisemitische Hetzjagden, besonders im Südwesten Deutschlands; mit »Hepp-hepp«-Rufen stürmte der Pöbel durch die Straßen, um jüdische Häuser und Geschäfte zu verwüsten. Dagegen ergingen keine Karlsbader Beschlüsse.

Für die Varnhagens begann wieder einmal eine Zeit des Wartens und der Ungewissheit. Doch schließlich wurde Herr von Ense mit dem Titel eines »Geheimen Legationsrats« in den Ruhestand versetzt und erhielt fortan eine Pensionszahlung von ungefähr 3000 Talern jährlich. Nach nur fünf Jahren im diplomatischen Dienst war das eine durchaus großzügige Regelung. Von dieser Pension konnte man zwar keineswegs üppig, aber sorgenfrei, beinahe behaglich leben und schließlich in der Berliner Mauerstraße 36 eine Sechs-Zimmer-Wohnung beziehen, die gehobenen Ansprüchen genügte. Jetzt war Varnhagen wieder das, wofür er sich wirklich eignete: der Archivar, Sammler und Sachwalter, ein wenig abschätzig ausgedrückt der Türsteher seiner Frau, die ihre Gäste empfing.

Zunächst allerdings, bei ihrer Rückkehr aus Karlsruhe, fühlte sich Rahel nach sechs Jahren Abwesenheit in Berlin höchst unbehaglich; die Stadt erschien ihr als fremd und kalt. Außerdem zerrte die Ungewissheit darüber an den Nerven, ob und in welcher Höhe es für Varnhagen eine Pensionszahlung geben würde; ein

Rechtsanspruch bestand nicht. Beinahe folgerichtig entwickelte sich im Winter 1819/20 ein heftiger Ehestreit, der ums Geld geführt wurde. Rahel wollte sich vom Bruder Markus ihren Erbanteil am Levin'schen Vermögen in Höhe von etwa 20000 Talern auszahlen lassen. Markus war einverstanden unter der Bedingung, dass die Schwester rechtsverbindlich auf jeden weiteren Anspruch verzichtete. Varnhagen griff ein, protestierte: Dieser Markus sei ein Betrüger, der seine Schwester übers Ohr hauen wolle. Schließlich wurde der Auszahlungsvertrag doch unterzeichnet, nur eben erst nach hässlichen Szenen, in denen es hin und her Vorwürfe hagelte.

Rahels Salon, wie er bis 1806 in der Jägerstraße bestand, kehrte nicht wieder, obwohl die Varnhagens ein gastlich-offenes Haus führten. Aber die Besucher waren nun meist gesetzte, zu Ämtern und Würden gelangte Leute, wie der inzwischen berühmte Professor Schleiermacher oder der Historiker Leopold Ranke, dessen Ruhmeslaufbahn gerade begann. Oft ergingen auch förmliche Einladungen zum Abendessen mit genau überdachter Tischordnung. Dabei legte die Hausherrin großen Wert darauf, den Geladenen etwas Erlesenes zu bieten. In den Briefen der jüngeren Rahel ist von der Levin'schen Küche kaum die Rede; die Frau Legationsrätin aber berichtet oft, ausführlich und mit spürbarem Stolz über die leiblichen Genüsse, mit denen sie ihre Gäste verwöhnt.

Dabei bleibt die alternde Rahel ein »Menschenmagnet«, wie sie selbst sich bezeichnet. Ihre Kunst, Gespräche zu führen, Herzen anzurühren und Seelen aufzuschließen, entfaltet sich noch einmal zu herbstlicher Blüte. Um ein Beispiel zu nennen, eines für viele: Im Jahre 1827 hält sich Franz Grillparzer in Berlin auf. Varnhagen trifft ihn und zerrt den empfindsamen und jetzt eher griesgrämigen Dichter aus Wien in sein Haus. Grillparzer weiß nicht recht, warum er die Frau Legationsrätin unbedingt kennen lernen soll und berichtet dann: »Nun fing aber die alternde, vielleicht nie hübsche, von Krankheit zusammengekrümmte, etwa einer Fee, um nicht zu sagen Hexe, ähnliche Frau zu sprechen an, und ich war verzaubert. Meine Müdigkeit verflog, oder machte vielmehr einer Art von Trunkenheit Platz. Sie sprach und sprach bis gegen Mitternacht, und ich weiß nicht mehr, haben sie mich fortgetrieben, oder ging ich von selbst fort. Ich habe nie in meinem Leben interessanter und besser reden gehört.«

Doch natürlich lässt Rahel sich durch den Umgang mit mehr oder minder schon berühmten Leuten nicht von ihrer Vorliebe für junge Männer abbringen, die zwar selten zu Tisch geladen, aber umso lieber empfangen werden, falls sie sich als viel versprechend erweisen. Unter ihnen stellt sich im Jahre 1821 ein junger Jude und Student aus Düsseldorf namens Harry Heine ein; etwas später, nach seinem Übertritt zum Christentum, wird er seinen Vornamen wechseln und sich Heinrich nennen. Ein Jahr zuvor hatte ihn die Universität Göttingen wegen einer Duellaffäre und die dortige Burschenschaft wegen »Vergehens gegen die Keuschheit« ausgestoßen; das wird er der Stadt Göttingen, der Universität und den Burschenschaften später in seinen Schriften noch mit Zins und Zinseszins heimzahlen.

Heine geht mit dem Vorsatz um, nicht nur der erste deutsche Dichter jüdischer Herkunft zu werden, sondern zu beweisen, dass er die Sprache Martin Luthers und Goethes virtuoser beherrscht als irgendjemand unter seinen christlichen Altersgenossen. Doch aller Anfang ist schwer. Zwar veröffentlicht Friedrich Wilhelm Gubitz, der Herausgeber einer Berliner Kulturzeitschrift mit dem schönen Namen »Der Gesellschafter oder Blätter für Geist und Herz«, einige Gedichte, und die Maurersche Buchhandlung druckt einen ersten Lyrikband, aber Anerkennung und Erfolg bleiben vorläufig aus. So schmückt sich der angehende Dichter mit dem bitteren Lorbeer des unverstandenen Genies und schmiedet Verse wie diese:

»Morgens steh ich auf und frage:
Kommt feins Liebchen heut?
Abends sink ich hin und klage:
Aus blieb sie auch heut.«

Davon lässt Rahel sich nicht abschrecken. Nachdem Gubitz den melancholischen Harry Heine bei den Varnhagens eingeführt hat, erkennt sie sehr schnell, was für ein Paradiesvogel ihr da zugeflogen ist. Im kleinen Kreis oder unter vier Augen führte man viele und intensive Gespräche, vom Witz, von der Ironie gewürzt, in Tiefen hinein, an Untiefen vorüber. Der blassgesichtige junge Mann und die alternde Frau verstehen und ergänzen sich, sind voneinander fasziniert. Und wozu eigentlich hat man einen Diplomaten im Hause? Varnhagen wird beauftragt, Empfehlungen zu geben, Verbindungen zu schaffen, Rezensionen zu verfassen, und er tut es mit Eifer. »Er ist ein Mann« schreibt Heine an einen Bekannten, »dessen äußere Stellung, Charakter, Kritik und Loyalität das höchste Vertrauen verdient.« Im Übrigen, heißt es weiter, sei er »der Einzige, ... auf den ich, in diesem falschen Neste, mich verlassen kann«. Rahel aber ist die Einzige, die den Unverstandenen vollkommen versteht, die alles begreift oder vorweg schon weiß, »was ich ihr sagen könnte, ... was ich fühle, ... denke und nicht denke«.

Als Heine im Frühjahr 1823 seinen ersten Berliner Aufenthalt beendet, bittet er Rahel in einem Abschiedsbrief, ihn nicht zu vergessen: »Und wenn ich vielleicht nach einigen Jahrhunderten das Vergnügen habe, Sie als die schönste und herrlichste aller Blumen, im schönsten und herrlichsten aller Himmelstäler, wiederzusehen, so haben Sie wieder die Güte, mich arme Stechpalme (oder werde ich noch was Schlimmeres sein?) mit Ihrem freundlichen Glanze und lieblichen Hauche, wie einen alten Bekannten, zu begrüßen. Sie tun es gewiß; haben Sie ja schon anno 1822 und 1823 Ähnliches getan, als Sie mich kranken, bittern, mürrischen, poetischen und unausstehlichen Menschen mit einer Artigkeit und Güte behandelt, die ich gewiß in *diesem* Leben nicht verdient ... Ich bin, Gnädige Frau, mit Achtung und Ergebenheit H. Heine.«

Es kann bei zwei so eigenwilligen Charakteren freilich nicht ausbleiben, dass auch Gegensätzliches zur Sprache kommt, wofür es keinen Ausgleich gibt. Zum Beispiel bewundert Rahel seit ihrer Jugend Goethe; er ist für sie der Größte unter den deutschen Dichtern, auf den sie nichts kommen lässt. Heine aber, wie andere nachwachsende Autoren, seufzt unter der Last des Olympiers und möchte sie abwerfen. Darum meint Rahel, dass Heine sich überschätzt: »Kann Goethe'n, seinen und dessen Ruhm verwechseln: denkt überhaupt an *Ruhm*!« Doch ist es nicht das Vorrecht junger Leute, davon zu träumen?

Aber die Gemeinsamkeiten bleiben stärker. Zu ihnen gehören

auch, auf den ersten Blick erstaunlich genug, Gespräche über das Judentum, die Rahel mit Heine und noch zwei anderen Männern führt, mit dem Rechtsgelehrten Eduard Gans und dem Schriftsteller Ludwig Börne. Alle drei stammen aus gebildeten und wohlhabenden jüdischen Elternhäusern oder haben doch, wie Heine, einen Millionär zum Onkel, der den Neffen unterstützt. Alle machen Karriere und bringen es zu Ansehen. Doch allen begegnen lebenslang die Vorurteile, die sie bei jedem Höhenflug in die Tiefe, auf ihre Herkunft zurückverweisen. Wie Jean-Paul Sartre viel später in seinen »Réfléxions sur la question juive« (1946) pointiert gesagt hat: »Der Jude ist eine Erfindung der Antisemiten.«

Rahel ist es ähnlich ergangen wie Heine, Gans und Börne – und der Blick auf solche Männer weckt ihren Stolz, schärft ihren Sinn für den gemeinsamen Ursprung. Sie hat manchmal von einem über Jahre wiederkehrenden Alptraum erzählt; man könnte ihn als den Traum von einer Assimilation der Juden deuten, der unerreichbar bleibt. Er beginnt so:

»Ich befand mich immer in einem vornehmen bewohnten Palast, vor dessen Fenstern gleich ein großartiger Garten begann ... Die Zimmer des Gebäudes waren immer erhellt, offen, und die Bewegung einer großen Aufwartung darin; so sah ich immer eine ganze Reihe geöffnet vor mir da, in deren letztem eigentlich die Gesellschaft der vornehmsten Personen war, wovon ich mir jedoch keinen Einzelnen denken konnte, obgleich ich sie alle kannte, zu ihnen gehörte und zu ihnen hin sollte. Dies aber, ungeachtet die Türen offen waren, und ich wohl ihre Rücken an einem großen Spieltische – wie eine Bank – sah, konnte nie geschehen. Mich hinderte ein Unvermögen, eine Lähmung ...« Am Ende eines anderen Traums heißt es: »Man ergriff mich, stürzte mich über den Wall; von Stein fiel ich zu Stein, und als ich nach der letzten Tiefe kommen sollte, erwachte ich.«

Die alte Frau besinnt sich auf ihr Judentum – und weiß von seiner immer währenden Gefährdung. An Heine schreibt sie im September 1830: »Hepp ist mir so wenig unvermutet, als alle andre Unducht. Kein großer Trumeau, kein ›Jungfernkranz‹, kein Elefant über Theaterbrücken; keine Wohltätigkeitsliste, kein Vivat, keine Herablassung; keine gemischte Gesellschaft, kein neues Gesangbuch, kein bürgerlicher Stern, nichts, nichts konnte mich je beschwichtigen. Die Pockenmaterie muß raus; Schminke hilft nichts ...« Eine Art von Vermächtnis schließt sich an: »*Sie* werden dies herrlich, elegisch, fantastisch, einschneidend, äußerst scherzhaft, immer gesangvoll, anreizend, oft hinreißend sagen; nächstens sagen. Aber der Text aus meinem alten beleidigten Herzen wird doch dabei der Ihre bleiben müssen.«

Auf dem Totenbett, so ist es von Varnhagen überliefert worden, hat Rahel gesagt: »Was so lange Zeit meines Lebens mir die größte Schmach, das herbste Leid und Unglück war, als Jüdin geboren zu sein, um keinen Preis möcht' ich das jetzt missen.«

Seit dem Jahre 1829 verwandelte sich Rahels stets schon brüchige Gesundheit in rasch zunehmende Krankheit. Reisen, die ja vor dem Bau der Eisenbahnen in träge auf meist schlechten Straßen dahinrumpelnden Postkutschen höchst beschwerlich blieben, wurden fast unmöglich. Den Plan eines Kuraufenthalts in Baden-Baden durchkreuzte eine Choleraepidemie, die Berlin im Sommer 1831 erreichte und viele Opfer forderte, darunter den Philosophen Georg Friedrich Wilhelm Hegel, der manchmal auch im Hause Varnhagen zu Gast gewesen war. Ängstlich schloss man sich in seinen vier Wänden ein und blieb gnädig verschont.

Rahel Varnhagen starb am 7. März 1833. Ihr Sarg wurde zunächst in einem Gewölbe des Dreifaltigkeitsfriedhofs vor dem Halleschen Tor beigesetzt. Erst 1867 folgte die endgültige Bestattung an der Seite ihres Mannes. »Rahel Friederike Varnhagen von Ense, geb. Robert«, steht da geschrieben, nicht ganz der Wahrheit gemäß. Und in Marmor gemeißelt liest der Besucher den Spruch: »Gute Menschen, wenn etwas Gutes für die Menschheit geschieht, dann gedenkt freundlich in Eurer Freude auch meiner.«

Heinrich Heine hat ihr nachgerufen: »Es ist, als ob Rahel wußte, welch posthume Sendung ihr beschieden war. Sie glaubte freilich, es würde besser werden und wartete; doch als das Warten kein Ende nahm, schüttelte sie ungeduldig den Kopf, sah Varnhagen an und starb schnell – um desto schneller auferstehen zu können.« Das erwies sich als wahr. Rahels zweites, öffentliches

Leben begann, dank Varnhagen, nach ihrem Tod. Die Herausgabe von Sammlungen ihrer Briefe und Tagebuchnotizen machte sie über ihren persönlichen, eng umgrenzten Freundeskreis hinaus bekannt und zeigte, dass sie eine Schriftstellerin von Rang gewesen war, ohne jemals einen Roman oder sonst ein Buch verfasst zu haben.

Ja, eine Schriftstellerin. Zwar sollten wir uns vorab die Gesprächskünstlerin vorstellen. Aber Worte verfliegen, wie sie gesprochen werden, und nur das aufs Papier Gebannte bleibt. Und indem wir lesen, was einst geschrieben wurde, können wir aus der Ferne unseres elektronisch übermittelten, »globalen« Geschwätzes einen Eindruck von der Briefkultur gewinnen, die es hierzulande im 18. und im 19. Jahrhundert gegeben hat. Deutschlands Gelehrte und Gebildete verkehrten miteinander und kannten sich durch ihre Briefwechsel. Es gab auch Romane in Briefform, angefangen mit Sophie La Roches »Geschichte des Fräuleins von Sternheim« und Goethes »Leiden des jungen Werthers«.

Rahels Briefe bedienen sich einer oft eigenwilligen Sprache und springen manchmal holterdiepolter von einem Thema zum anderen. Aber sie leuchten in unverblasst frischen Farben, machen uns sehen, lassen lächeln, mitfühlen, erstaunen; sie ziehen uns in ihren Bann und drängen zu dem Urteil: Diese Varnhagen, geborene Levin, war eine bemerkenswerte Frau und wirklich eine große Schriftstellerin.

Da schon genug Brieftexte zitiert wurden, um einen Eindruck zu vermitteln, seien zum Abschluss noch zwei beinahe zufällig ausgewählte Beispiele aus Rahels Tagebuchnotizen angeführt. Beide stammen aus dem Frühjahr 1825. Im ersten heißt es:

»Doktor Erhard hatte uns von afrikanischen Völkern und Königen erzählt, deren Grausamkeiten ich gar nicht vergessen konnte; von Kinderschlachten, aufgehäuften Menschenköpfen zum Staat bei Audienzen usw. Den anderen Tag fing ich immer wieder davon an; und sagte noch: ›Vieles, was wir noch tun, wird in künftigen Zeiten den dann Lebenden ebenso vorkommen; unglaublich!‹ So sprachen wir hin und her; endlich sagt Varnhagen von deutschen Soldaten, die bei jedem Strafhieb, um sich zu bedanken mit der Hand an den Helm gegriffen hätten. Ich bekam

Tränen in die Augen. – V.: ›Du weinst?! Worüber?‹ – R.: ›Über die Soldaten: *ich kann keine Beleidigungen ertragen.*‹«

Die zweite Notiz: »Wir sind eigentlich, wie wir sein möchten, und nicht so, wie wir sind.«

# BETTINA VON ARNIM

Schloss Wiepersdorf, bis 1945 im Besitz der Familie von Arnim, liegt etwa 60 Kilometer südlich von Berlin. Um Verwechslungen auszuschließen – denn es gibt in der Nähe noch ein zweites Wiepersdorf –: Man erreicht es, wenn man auf der Bundesstraße 102 von Jüterbog nach Luckau fährt und in Nonnendorf nach rechts abbiegt; nach weiteren zwei Kilometern ist man am Ziel.

Vor dem Schloss gibt es zur linken Seite Wirtschaftsgebäude und rechts die Kirche, bei der sich unter alten Bäumen Gräber befinden. Sarah Kirsch hat gedichtet:

»Ich sah in Wiepersdorf alte Frauen
Pfingstrosen über den Kirchhof tragen
Die roten Blätter fielen schon ab
Und blieben auf den Steinplatten liegen.«

Auf einer der Steinplatten steht geschrieben: »Hier ruht Ludwig Achim Freiherr von Arnim, geboren den 26. Januar 1781, gestorben den 21. Januar 1831, deutscher Dichter.« Zu Füßen, nicht zur Seite dieses Grabmals, befindet sich eine zweite Steinplatte, und auf ihr liest man: »Hier ruht Bettina Freifrau von Arnim, geb. Brentano, geboren den 4. April 1788, gestorben den 20. Januar 1859, vermaelt mit Achim von Arnim.« Kein Wort über die Dichterin oder jedenfalls Schriftstellerin von ganz eigenem Rang. Davon abgesehen, dass das Geburtsjahr falsch angegeben ist – es müsste 1785 heißen –, kann man dieser Inschrift eigentlich nur entnehmen, dass die öffentliche, politisch und sozial engagierte Bettina – oder Bettine, wie sie zumeist sich nannte und oft auch angeredet wurde –, der Familie peinlich war. Männer mögen dichten, aber eine Frau soll sich nicht einmischen und besser den Mund halten.

Dabei hat die Ahnherrin Bettina über Wiepersdorf eine schützende Hand gehalten, als nach 1945 in der sowjetischen Besatzungszone und in der DDR so viele Schlösser zerstört wurden oder verfielen. Es ging darum, den Dichtern eine Heimstatt zu schaffen, und ein Beschluss vom November 1946 besagte: »In Wiepersdorf lebten Bettina und Achim von Arnim und liegen dort bestattet. Das Schloss ist durch seine Tradition wie kaum ein anderes in der Mark Brandenburg geeignet, für den gedachten Zweck eingerichtet zu werden.« Da lief manches durcheinander: Bettina hat nur vorübergehend und eher widerwillig in Wiepersdorf gelebt, und Achim von Arnim kann man kaum als einen Wegbereiter des Sozialismus einstufen. Doch gesagt und getan: Es entstand die »*Schaffensstätte* der Deutschen Dichterstiftung e.V. Schloß Wiepersdorf«: ein wundersamer Name. Etwas nüchterner wurde sie später zur »Arbeits- und Erholungsstätte für Schriftsteller und Künstler ›Bettina von Arnim‹« umgetauft. Von Anna Seghers bis Sarah Kirsch haben sich dann viele hier aufgehalten und »Bettines Haus«, das sogar sorgfältig restauriert wurde, in ihr Herz geschlossen.

Elisabetha Chatharina Ludovica Magdalena Brentano, Bettina genannt, wurde in Frankfurt am Main geboren. Ihr Vater, deutsch Peter Anton, italienisch Pietro Antoni oder Pier Antonio Brentano, 1735–1797, stammte aus Tremezzo am Comer See. Aber schon im Jahre 1698 hatte die Familie eine Niederlassung ihres Handelshauses in der Freien Reichsstadt begründet, und 1741 erwarb ein erster Brentano das Frankfurter Bürgerrecht. Mit Fleiß und mit Einfallsreichtum im Umgang mit Gewürzen, Spezereien und Farbwaren, auch mit bankähnlichen Kreditgeschäften, stieg Peter Anton zu Reichtum auf. Dabei half ihm im Übrigen seine erste Ehe mit einer wohlhabenden Cousine, die ihm sechs Kinder gebar, bevor sie 1770 starb, nur 26 Jahre alt.

Von Mauern eingeschnürt, im engen Häuser- und Gassengewirr, zu dem die Judengasse als Getto gehörte, stellte sich Frankfurt, die Krönungsstadt der Kaiser des Heiligen Römischen Reiches, noch beinahe mittelalterlich dar. Andererseits herrschte in der Handelsmetropole ein weltoffener, zur Zukunft gerichteter Geist. Das änderte nichts daran, dass die eingesessenen, durchweg evangelischen Patrizierfamilien dem zugereisten und streng katholischen Brentano mit Vorbehalten begegneten. Doch Peter Anton wusste sich zu helfen. In zweiter Ehe heiratete er 1774 Maximiliane La Roche, Tochter des kurtrierischen Kanzlers Georg Michael La Roche, der seinem Schwiegersohn zum prestigeträchtigen Ehrenamt eines trierischen Gesandten, des »akkreditierten Residenten« in der Reichsstadt verhalf. Eine Frau von ganz eigenem Rang war die Mutter Maximilianes, Sophie La Roche. Man kann sie die erste deutsche Unterhaltungsschriftstellerin nennen, die es mit ihrer »Geschichte des Fräuleins von Sternheim«, 1771, zu literarischem Ruhm brachte. Auch als Herausgeberin der Zeitschrift »Pomona – Für Teutschlands Töchter« erwies sie sich als erfolgreich. Maximiliane starb indessen 1793 nach ihrer zwölften Geburt.

Im Gewimmel der Geschwister scheint Bettina kein näheres Verhältnis zur Mutter gewonnen zu haben. »Sie betrauerte den Hingang der Mutter nicht, aber saß stundenlang auf den Knien ihres Vaters, ohne ein Wort zu sagen oder zu verstehen, was er sagte. Er weinte, und das schien ihn zu beruhigen. Manchmal, wenn sie nachts erwachte, lief sie zum Vater hinein und setzte sich stumm auf sein Bett, wo er sich schlaflos und verzweifelt herumwälzte. Keines ihrer Geschwister hatte so recht den Mut, sich ihm in seinem tiefen Schmerz zu nähern.« Vom besonderen Verhältnis zum Vater zeugt auch ein Brief der Elfjährigen: »Lieber Papa! Nix – die Link durch den Jabot gewitscht auf dem Papa sein Herz, die Recht um den Papa sein Hals. Wenn ich keine Hände hab, kann ich nit schreiben. Ihre liebe Tochter Bettine.«

Bevor der Vater eine dritte Ehe einging, gab er 1794 Bettina fort in eine klösterliche Nonnenschule nach Fritzlar bei Kassel. Der Bruder Clemens hat später behauptet, dass sie dort glücklich gewesen sei. Doch man darf das bezweifeln; dieser Bruder, nachdem er sich zum wundergläubigen Schwärmer entwickelt hatte, der Jahre damit verbrachte, eine stigmatisierte, mit den Wundmalen Christi gezeichnete ehemalige Augustinernonne zu pflegen und ihre Visionen aufzuzeichnen, ist kein zuverlässiger Zeuge. Bettina selbst hat geschrieben: »Was hab ich alles erfahren in jenen Kinderjahren; – Wurzeln und Kräuter, eine Blumendolde, aus der bei leisem Druck der Same aufsprang – die waren mir Unterpfand und Beteurung vom Gegenteil alles Aberglaubens, sie sagten mir immer dasselbe: *Frei sein,* und jeder Glaubensbefehl leugnet mir das ... Und was war dagegen, was man mich lehrte? – Ach, so unfaßlich, daß man eine Maschine sein mußte, um es nachzusprechen.« Die religiöse Erziehung hat Bettina sogar eine »Bestialität« genannt, und zum Freigeist ist sie weit eher geworden als zur Frömmlerin.

Nach 1789 gerieten nicht nur die französischen, sondern bald auch die ehrwürdigen und verzopften deutschen Verhältnisse aus den Fugen. Revolutionsheere drangen ins Land vor; zu ihren ersten Opfern gehörten die »Krummstabslande«, die geistlichen Kurfürstentümer von Trier, Mainz und Köln. 1797 besetzten sie sogar Fritzlar. Peter Anton Brentano, der als gläubiger Katholik zu den Konservativen gehörte, war kurz zuvor gestorben. Franz, sein Sohn aus erster Ehe, 1765 geboren, übernahm die Vormundschaft über seine jüngeren Halbgeschwister und ordnete die Familienverhältnisse neu. Bettina wurde mit zwei Schwestern der Großmutter Sophie La Roche anvertraut. Die lebte in Offenbach, seit dem Untergang von Kurtrier in bedrängten Verhältnissen, und besserte ihr Einkommen mit dem Geld auf, das ihr zur Betreuung der Enkelkinder aus Frankfurt überwiesen wurde.

Von einer systematischen Schulbildung kann man schwerlich sprechen. Aber Bücher aller Art standen nach Herzenslust zur Verfügung, die Großmutter knüpfte als bekannte Schriftstellerin Verbindungen mit dem gebildeten Deutschland, führte ein offenes Haus und empfing viele Besucher. Hätte sie in Berlin, in München oder auch nur in Weimar statt in Offenbach gelebt, so wäre wahrscheinlich ein denkwürdiger Salon entstanden. Zwar blühte die Stadt dank der zugezogenen Hugenotten und Waldenser als ein Ort der Textil- und Schmuckindustrie und bildete eine Residenz der Fürsten von Isenburg-Birstein. Doch immer stand Offenbach im Schatten des nahen und übermächtigen Frankfurt. Aber sogar hier empfing die sensible und quirlige, ihrer selbst ebenso unsichere wie vielseitig interessierte Bettina Eindrücke von einer Kultur der Geselligkeit, die sich als lebensprägend erwiesen – auch wenn die Halbwüchsige oft genug aus der Rolle fiel und sich »unmöglich« benahm, wie ein englischer Besucher notierte: »Sie wurde stets als ein grillenhaft unbehandelbares Geschöpf angesehen. Ich erinnere mich, daß sie auf Apfelbäumen herumkletterte und eine gewaltige Schwätzerin war.«

Besondere Bedeutung gewann die Begegnung mit dem um sieben Jahre älteren Bruder Clemens. Die Geschwister fühlten, erkannten die Übereinstimmung ihrer künstlerischen Begabungen und Neigungen; im sonst ausgeprägt nüchternen Erwerbsgeist des Hauses Brentano sahen sie sich als Außenseiter und Auserwählte zugleich. Clemens schrieb der Schwester: »Ich liebe dich so innig, du bist mir so ähnlich.« In einer Antwort hieß es: »Clemens, weiß Du, was der Mond ist? Er ist der Widerschein unserer Lieb, und die Sterne sind der Widerschein der übrigen Lieb auf Erden ... Unsere Lieb aber ist auserkoren und groß und herrlich vor allen anderen.«

Clemens Brentano war ein unsteter Geist, der in viele Affären mit Frauen, in überstürzte Ehen, in problematische Bindungen geriet. Aber zugleich gehörte er zu den deutschen Romantikern von Rang. Um vorzugreifen: Im Juni 1802 fuhren Brentano und sein Freund Achim von Arnim von Frankfurt aus an den Rhein und wanderten dann stromab bis nach Koblenz, und man kann die deutsche Entdeckung des romantischen Rheins getrost auf diese Wanderung datieren.

Von der Verzauberung, die die Freunde erlebten, spricht ein späterer Brief Brentanos an Arnim: »Da wir miteinander in den Turm von Rüdesheim gestiegen waren, da stelltest Du Dich an das einzige Fenster im Turm und sahest den Rhein sehr ernsthaft hinaus. Ich aber stand im dunklen Turm und spielte Guitarre, sehr einsam fühlte ich mich da, als wärest Du hundert Meilen von mir ... Ich wollte Dir noch ein Lied machen, aber es wird zu spät, ich will den ersten Vers hierher schreiben:

Es setzten zwei Vertraute
zum Rhein den Wanderstab,
der braune trug die Laute,
das Lied der blonde gab –

mit diesen Worten benenne ich das Liebste, Teuerste meines Lebens.«

Arnim hat sich so erinnert: »In einen alten Mantel gehüllt, ohne Plan mit einem Freunde und einem Buch umherirrend, im Gesang der Schiffer von tausend neuen Anklängen der Poesie berauscht, ohne Tag und Nacht zu sondern, frei von Sturm und Ungewitter ..., so möchte ich wohl noch einmal leben; das Leben war frisch angebrochen wie die echte Quelle des rheinischen Weines ... Ich fühle jetzt recht, daß eine gewaltige Dichtung durch die ganze Natur weht, bald als Geschichte, bald als Naturereignis hervortritt, die der Dichter nur in einzelnen schwachen Widerklängen aufzufassen braucht, um ins tiefste Gemüt mit unendlicher Klarheit zu dringen.«

In dieser Erinnerung erkennt man den Kern, das Wesen der Romantik: die Verwandlung von Realität in den Traum, von Natur und Geschichte ins Gefühl, von Leben in die Poesie. Und jedenfalls in der Frühromantik verbindet sich damit ein leidenschaftlicher Aufbruch aus erstarrten Verhältnissen zur Freiheit, modern oder modisch ausgedrückt zur Selbstverwirklichung – Rückfälle freilich nicht ausgeschlossen, wie Clemens den Freund schon im September 1802 in banger Vorahnung fragte: »Wird Dich der Staat und der Stand gefangennehmen? Werden Dich die toten Finger Deiner Ahnen festhalten? Wird Dir Deine Familie, der es wie aller Familie wohl im Ganzen gleichgültig ist, nicht so freundschaftlich die Hand drücken, daß Du Dich in den Sessel von jeher setzest, etwa so poetisch bist, als es geschmackvoll ist, so wirkend, wie man absehen kann?«

Vorerst aber wirkte die Verzauberung, von der Ina Seidel in ihrem Buch »Drei Dichter der Romantik – Clemens Brentano, Bettina, Achim von Arnim« gesagt hat: »Der Juni 1802 war für Arnim und durch ihn für Clemens und Bettine Brentano von einer Bedeutung, die das ganze künftige Leben dieser drei Menschen bestimmte. Arnim hatte einmal Clemens und die ganze Familie auf eine ›Verbindung von Feuer und Magnetismus‹ zurückgeführt; nachdem er Bettinen kennengelernt, erklärte er sie als ›die höhere Vereinigung dieser beiden‹. Durch die enthusiastische Beschreibung des Bruders war er wohl vorbereitet auf etwas Besonderes; die eigentümlich ›sinnlich-unsinnliche‹ Liebschaft zwischen den Geschwistern, die in Bettines ›Frühlingskranz‹ später zur Dichtung wurde, stand auf ihrem Höhepunkt, als durch die persönliche Berührung mit Arnim wie durch einen Katalysator eine Umschaltung und Wandlung der Elemente sich vollzog.«

Das ist freilich mit Vorbehalt aufzunehmen; zumindest die Annäherung zwischen Bettina und Achim von Arnim hat sich nur zögernd und eher nüchtern entwickelt. Indessen wurden Clemens Brentano und Arnim tatsächlich beflügelt; zwischen 1805 und 1808 gaben die Freunde in drei Bänden ihre Sammlung und Nachdichtung von Volksliedern heraus, »Des Knaben Wunderhorn«, die Aufsehen erregte, um nicht zu sagen Epoche machte und zu einer engen Verbindung mit den Brüdern Grimm führte, die dann wenig später mit der Sammlung ihrer »Kinder- und Hausmärchen« nachfolgten. Der Zeitpunkt für solche Sammlungen war genau richtig gewählt, einerseits als ein Bewahren dessen, was im politischen Sturm, bald auch im wirtschaftlichen und gesellschaftlichen Umbruch unwiederruflich verloren zu gehen drohte, andererseits, im Beschwören des Volksgeistes, unbewusst oder bewusst als eine Auflehnung gegen die französische Fremdherrschaft.

Um noch weiter vorauszueilen: Clemens starb im Jahre 1842, und zwei Jahre später gab Bettina den von ihr stark überarbeiteten Briefwechsel der Geschwister unter dem Titel »Clemens Brentano's Frühlingskranz« heraus. Inzwischen hatten sich die Verhältnisse freilich verändert; die Spätromantik war ins Konservative geraten. So schrieb Joseph von Eichendorff 1847 in dem Aufsatz »Brentano und seine Märchen«: »Wir jedoch in unserer Sprache möchten diese verlockende Naturmusik, diesen Veitstanz des freiheitstrunkenen Subjekts kurzweg das Dämonische nennen, womit eine unerhört verschwenderische Fee beide Geschwister, Bettina wie Clemens, an der Wiege fast völlig gleich bedacht hat.« Aber »Bettina jubelt noch bis heute eigensinnig fort in ihrer Eigenmacht, während Clemens, jene Eigenmacht vielmehr als eine falsche Fremdherrschaft erkennend, mit dem Phänomen gerungen hat bis ans Ende«.

Die Kritik fällt also auf Bettina, noch deutlicher Eichendorffs Essay »Die Salonpoesie der Frauen« aus dem gleichen Jahr: »Wo sie in ernsten, und namentlich in religiösen und politischen Dingen, den Männern ins Handwerk pfuscht, ist sie durchaus ungenügend, weil unklar und phantastisch. Die Wurzel auch ihrer Poesie ist doch wieder nur das Gefühl ... Ja, das Anomale und Pikante ihrer Poesie besteht eben darin, daß sie gegen die natürliche weibliche Bestimmung und Beschränkung beständig rebelliert, und doch nimmermehr heraus kann.«

Die Gegenfrage liegt nahe: Ist Eichendorffs Lyrik oder sein »Leben eines Taugenichts« etwa nicht als Gefühlsdichtung anzusehen? Hat sie nicht, so innig wie problematisch, unsere Naturseligkeit gestiftet? Nicht nur die Feministinnen unserer Tage könnten diesen Männertadel zum Lob umdeuten, und es wird noch zu zeigen sein, dass die ältere Bettina ihren frühromantischen Freiheitsdrang mit einem kritischen Realismus verband, als sie sich den sozialen Fragen ihrer Zeit zuwandte. Das Aufsehen und Ärgernis, das sie verursachte, lag gerade darin begründet.

Gegen Ende des Jahres 1802 kehrte die siebzehnjährige Bettina nach Frankfurt, vielmehr man holte sie ins Stammhaus der Familie zurück – teils um sie zur Hausfrau zu erziehen, teils um sie »in die Gesellschaft einzuführen«, das heißt auf dem Heiratsmarkt zu präsentieren. Der Halbbruder Franz war als Familienoberhaupt und Vormund daran interessiert, die Halbschwestern vorteilhaft unter die Haube zu bringen. Bei Kunigunde, genannt Gunda, geboren 1780, und Ludovica, genannt Lulu, geboren 1887, gelang das ohne Schwierigkeiten. Gunda heiratete 1804 den bald berühmten Juristen Friedrich Carl von Savigny, den Begründer der Historischen Rechtsschule, der es schließlich bis zum preußischen Staatsminister brachte, Lulu 1805 Johann Karl Jordis, den Hofbankier des Kurfürsten von Hessen-Kassel, später des Königs Jérôme von Westfalen.

Bei Bettina misslangen solche Vorhaben gründlich. Wie sie notierte, »kam mein Bruder Franz auf einmal zu mir und bat mich, ihm ernstlich zuzuhören, es habe nämlich ein reicher, junger, geehrter Mann um mich angehalten, ich bat ihn, mir seinen Namen zu sagen, er hatte Bedenklichkeiten über meinen Leichtsinn und redete mir sehr scharf zu, mein Glück nicht von mir zu stoßen. Dieser Mann habe über 10000 Gulden jährlicher Einkünfte ...« Es handelte sich um den auch als Schriftsteller dilettierenden

Kaufmann Johann Isaak von Gerning. Wieder Bettina: »Ich war ganz überrascht, daß dieser Mann die Frechheit habe, an mich zu denken, ich schimpfte wie ein Rohrspatz, machte dem Franz die bittersten Vorwürfe, mir so einen Esel als Mann anzutragen, und er war froh, wie er mich verlassen hatte, sagte mir auch niemals mehr ein Wort davon.«

Je länger, desto mehr fühlte Bettina sich in ihrer Frankfurter Umgebung höchst unwohl: »In den Straßen riecht es nach Schacher. Sonntags sind die Läden geschlossen. Was steckt denn hinter diesen eisernen Stäben und Gittern? – Schacher, Geld! – Was machen die Leute mit dem Geld? – Ach, sie geben Diners, putzen sich und fahren mit zwei Bedienten hinten auf.« So ungefähr könnte ein Kritiker Frankfurts wohl auch heute noch reden.

Doch was nur sollte die junge Frau mit ihren Kräften, ihren Begabungen anfangen, von denen sie selbst noch nicht recht wusste, wozu sie taugten? Der Schwager Savigny bekam zu hören: »Daß ich traurig bin, kannst Du Dir wohl leicht erklären. So viel Lebenskraft und Mut zu haben und keine Mittel, ihn anzuwenden! Wie mag es einem großen Krieger zu Mut sein, dem das Herz glühet zu großen Unternehmungen und Taten, und der in der Gefangenschaft ist, mit Ketten beladen, an keine Rettung denken darf. Mir überwältigte diese immerwährende rastlose Begier nach Wirken oft die Seele und bin doch nur ein einfältiges Mädchen, deren Bestimmung ganz anders ist. Wenn ich so denke, daß gestern ein Tag war, wie heute einer ist und morgen einer sein wird und wie schon viele waren und noch viele sein werden, so wird es mir oft ganz dunkel vor den Sinnen und ich kann mir selbst kaum denken, nie in ein Verhältnis zu kommen, worinnen ich meiner Kraft gemäß wirken kann.«

Da werden wie unter einer Lupe die Probleme auch oder gerade der höheren Bürgerstochter sichtbar, die nicht in Armut und Plackerei, sondern in Wohlstand und Müßiggang hineingeboren ist: Sie möchte sich bewähren, etwas leisten, aber die einzige Bestimmung, die die Gesellschaft ihr zugesteht, ist es, zu heiraten und Kinder zu haben. Nur darin soll die Erfüllung zu finden sein, wie der auf seine Weise höchst tüchtige und fürsorgliche Vormund Franz es formuliert, wenn er sagt, Bettina könne »gut werden, wenn sie einfach und natürlich bleibt und nicht eigene Länder entdecken will, wo keine weibliche Glückseligkeit zu entdecken ist«. Oder 1807 in einem Brief an die Halbschwester, als sie den Plan fasst, nach Weimar zu reisen, um Goethe kennen zu lernen: »Du weißt, wie ich das Herumschwärmen von Mägden in der Welt hasse.«

So gut es eben geht, versucht Bettina sich weiterzubilden, unter anderem vom Bruder Clemens und von Savigny beraten, doch mit wenig System. Sie malt auch, spielt Klavier und singt; ans Schreiben allerdings traut sie sich vorerst nicht, noch lange nicht heran. »Dichten kann und mag ich jetzt nicht«, heißt es in ihren eigenen Worten, »ich habe mehrere Rezensionen von Goethe über jetzige Dichter gelesen, und wenn er darin von festem Gehalt, von reinem Ton, von ernster, tiefer Kenntnis spricht, so empfind ich ebenso wohl ernste, tiefe Ehrfurcht für den Dichter, aber wie sollt' ich mich wagen ohne Vorbereitung? Ja, es kommt mir sonderbar kühn vor, wie mancher nur seiner eigenen, durch tausend böse Leidenschaften erhitzten Phantasie folgt, wie Eitelkeit ihn treibt, nach falschem Ruhm zu haschen.« Die Einschüchterung durch den Weimarer Dichterfürsten reicht weit.

Am besten gelingen Beziehungen zu Frauen, so zur alten Frau Rat, der Mutter Goethes, zwischen 1806 und deren Tod im Jahre 1808, gewissermaßen als Zwischenstation einer Annäherung an den Titanen: »Sie hat mir das ganze junge Leben ihres Sohns erzählt und soll es mir erzählen, solange sie lebt.« Da wird dann eine Grundlage für das Goethebuch geschaffen, mit dem Bettina beinahe zwanzig Jahre später ihren Ruf als Schriftstellerin begründet.

Wohl noch wichtiger war die Annäherung an Karoline von Günderode, einer Dichterin von durchaus eigener, lange verkannter Bedeutung; unter dem Decknamen Tian veröffentlichte sie 1804 »Gedichte und Fantasien«, 1805 »Poetische Fragmente«. 1780 in Karlsruhe geboren, lebte sie als Stiftsdame in Frankfurt. Es sieht so aus, als habe Karoline die Annäherungsversuche der um fünf Jahre jüngeren Bettina zunächst abgewehrt: »Diese wird mir immer unangenehmer«, schrieb sie an Gunda. Aber mit der Zeit entwickelte sich doch eine Freundschaft, von Bettina aus gesehen geradezu eine schwärmerische Beziehung, ähnlich wie die zum Bruder Clemens. Gemeinsam erdachte man ein »Reisejournal« der Träume: »Von dem, was sich in der Wirklichkeit ereignete, machten wir uns keine Mitteilungen; das Reich, in dem wir zusammentrafen, senkte sich herab wie eine Wolke, die sich öffnete, um uns in ein verborgenes Paradies aufzunehmen; da war alles neu, überraschend, aber passend für Geist und Herz; und so vergingen die Tage.« Eine Art von Weltflucht kam da gewiss ins Spiel. Aber was blieb ihnen sonst, wenn der Zugang zur Wirklichkeit durch die Vorurteile einer von Männern geprägten Gesellschaft bestimmt war?

Die Beziehung zerbrach, als Karoline ihre Liebe dem Heidelberger Professor, Religionshistoriker und Mythenforscher Friedrich Creuzer zuwandte. Trotzig erklärte Bettina, dass sie sich zum Ersatz die Frau Rätin Goethe gewählt habe, »und so lief ich auch zu dieser und bin nun bei ihr wie ein Kind«. Bald darauf zerbrach die Günderode. Ihre Liebe erwies sich als unglücklich; Creuzer war bereits ein verheirateter Mann, und nach einigem Zögern entschied er sich für die Beibehaltung seiner Ehe. Die empfindsame Dichterin beging am Abend des 26. Juli 1806 einigermaßen theatralisch Selbstmord, indem sie sich am Rheinufer erdolchte.

Nur fort aus den dumpfen, erstickenden Umständen, um beinahe jeden Preis! »Frankfurt ist mir verhaßter denn je, und ich kann mir eine Zeit denken, wo ich mich mit Gewalt aus allen Verhältnissen reiße, wenn mir Gott nicht auf andere Weise Hülfe leistet«, schrieb Bettina im August 1807 an Savigny. Als der Schwager im Jahre 1808 einen Ruf an die Universität Landshut erhielt, schloss sich Bettina ihm und der Schwester an, blieb aber, erstmals selbständig, zunächst für ein Jahr in München. Sie nahm Klavier- und Gesangsunterricht und knüpfte zahlreiche Kontakte mit Intellektuellen, Künstlern, Gelehrten, sogar mit dem bayerischen Kronprinzen, dem späteren König Ludwig I. Es zeigte sich, dass das junge – oder nach damaligen Maßstäben schon nicht mehr ganz junge – Fräulein Brentano höchst begabt dazu war, sich nach eigenen Maßstäben einen geselligen Umgang zu erschließen. Bettinas Neugier, ihre Unbefangenheit und Lebhaftigkeit, ihr Wortschwall und ihre oft drastische Ausdrucksweise mochten Spießbürger abschrecken, doch als umso interessanter erschien sie all denen, die wie sie die »Philister« verachteten.

Ähnlich war es vom Herbst 1809 an in Landshut. Wie selbstverständlich rückte Bettina – an der Schwester Gunda vorüber – das Haus Savigny, vielmehr sich selbst in den Mittelpunkt eines geselligen Kreises von jungen Gelehrten und Studenten. Ob das für längere Zeit ohne Ausbrüche von Eifersucht gut gegangen wäre, lässt sich bezweifeln. Aber es handelte sich bloß um ein paar Monate; im Jahre 1810 erhielt Savigny von Wilhelm von Humboldt eine Berufung an die soeben in Berlin gegründete Universität, die dazu bestimmt war, für mehr als ein Jahrhundert den ersten Rang unter den deutschen Hochschulen einzunehmen. Erwartungsvoll reiste man gemeinsam in die preußische Hauptstadt, auf weiten Umwegen auch über Salzburg und Wien. In der Kaiserstadt ergab sich unter anderem eine Begegnung mit Beethoven. Weitere Stationen waren Bukowan, tschechisch Bukovany, ein von der Familie Brentano neu erworbenes Landgut im nördlichen Böhmen, das der Bruder Christian verwaltete, und der Kurort Teplitz, wo eine Begegnung mit Goethe stattfand.

Übrigens kam für Bettina hinzu, dass sie am 4. April 1810 ihren 25. Geburtstag beging und nach damaligem Recht ihre Volljährigkeit erreichte. »Ich rücke meiner Majorennität und auch dem Ziel, das ich mir im Lernen gesetzt habe, näher«, hieß es schon vorab in einem Brief an Clemens. »Savigny kommt dadurch, daß ich mein wirklich eigner Herr werde, aus aller Verantwortlichkeit, weil ich meiner Freiheit brauchen werde, ich mag sein, wo ich will.«

Auch Achim von Arnim gelangte nach dem Tod seiner Großmutter Caroline von Labes im Jahre 1810 zur Verfügungsgewalt über die Familiengüter in der Uckermark und im Fleming, und es war, wie er notierte, sein »Entschluß nach der Eröffnung des Testaments bald gefaßt, das meinige zu tun, um rechtmäßige Kinder zu haben«. Er warb um Bettina, die er durch die Vermittlung seines Freundes Clemens Brentano ja schon seit längerem kannte – mit Erfolg. Am 11. März 1811 fand die Hochzeit statt.

Die Biographen geraten in Verlegenheit, wenn sie sagen sollen, ob es eine Vernunft- oder eine Liebesehe war; für das eine wie das andere lassen sich Zeugnisse finden. »Warum, wenn Du an mich verlangst, soll ich Dir nicht geben?«, hieß es in der Antwort Bettinas auf Achims ebenfalls eher nüchternen Werbebrief. Aber auch: »Sei von mir geliebt, sei mein, sei getrost. Bettine.« Andererseits ist der Ausspruch überliefert: »Mit Arnim bringe ich vielleicht den größten Teil meines Lebens zu, wenn ich muß.« Varnhagen von Ense hat festgestellt – allerdings erst im Rückblick auf die Spannungen, die sich im Lauf der Ehejahre aufstauten und von denen gleich zu reden sein wird –, dass Bettina »ihren Mann nicht eigentlich geliebt, sondern nur aus Ehrfurcht geheiratet habe«, und er habe »ihr die Ehre angetan, sie zur Mutter seiner Kinder zu machen«.

Wie immer es gewesen sei mag: Zunächst einmal bezog man in Berlin ein idyllisches Gartenhaus hinter dem Vossischen Palais am Wilhelmplatz. Zwei Monate nach der Hochzeitsnacht schrieb Bettina: »Ich wohne hier im Paradies. Die Nachtigallen schmettern in den Kastanienbäumen ... ich weiß nicht, warum ich so glücklich bin. Von morgens früh an gehe ich der Musik nach und Arnim betreibt seine Geschäfte, gegen Abend bearbeiten wir ein kleines Gärtchen hinter unserm Häuslein, das mitten in einem großen Garten steht; und nun! Philemon und Baucis konnten nicht ruhiger leben.« Nichts mehr von quirliger, quälender Unstetigkeit; was wir lesen, zeugt von einer erfüllten und offenbar auch sexuell befriedigten Frau. Arnim wiederum schiebt ihr Zettel wie diesen zu: »Wem ein Hase vors Bette kommt, dem bedeutets Glück, so ist es mir heute geschehen, und ich sende ihn Dir, meinem Glücke.« Bettina antwortet auf ähnliche Weise: »Vielleicht kann ich Dir viel Glück wünschen und wenig geben, aber was ich habe, ist Dein.«

Im Lauf von 15 Ehejahren werden sieben Kinder geboren, zunächst vier Söhne, dann drei Töchter: Johannes Freimund 1812, Siegmund 1813, Friedmund 1815, Kühnemund 1817, Maximiliane 1818, Armgart 1821, Gisela 1827. Und der Kindestod hält sich gnädig fern, für die damalige Zeit eher ungewöhnlich; nur der achtzehnjährige Kühnemund stirbt 1835 nach einem Badeunfall.

Der Idylle im Paradiesgarten war keine Dauer beschieden; bald wurden die Beschränkungen fühlbar, die das Leben zu zweit mit sich brachte. Bettina hat mindestens zeitweilig an eine Karriere als Sängerin gedacht; ob ihre Begabung dafür ausreichte, bleibt offen, weil bereits die Serie der Schwangerschaften und die Mutterpflichten das Vorhaben verriegelten. Arnim stand den preußischen Reformern nahe und gründete – höchst patriotisch, doch nicht frei von reaktionären und auch antisemitischen Beiklängen – mit Adam Müller und Clemens Brentano die »Christlich-Deutsche Tischgesellschaft«. Aber seine Hoffnung auf ein Staatsamt, das ihn materiell abgesichert hätte, zerschlug sich.

In den beiden ersten Ehejahren unternahm das junge Paar noch Reisen an den Rhein, nach Weimar und zum Kuraufenthalt nach Teplitz. Später war das kaum mehr möglich; Geldsorgen machten sich immer drückender bemerkbar. Preußen war ein bitterarmes Land. Napoleon hatte es in der Besatzungszeit von 1807 bis 1812 rücksichtlos ausgeplündert, die Erhebung von 1813 und der anschließende Krieg forderten neue Opfer, die die Kräfte des Landes im Grunde weit überstiegen. Dem Sieg aber folgte nicht etwa ein Aufschwung, sondern die wirtschaftliche Depression, zu der sich eine langfristige Agrarkrise gesellte. Da half, so schien es, einzig eine eherne Sparsamkeit, die jeden Pfennig dreimal umdrehte, bevor sie ihn ausgab. (Die im Rückblick verklärende Erinnerung an die beispielhafte preußische Sparsamkeit, die sich nicht bloß auf das Vorbild der Könige, sondern auf die ganze Gesellschaft bezieht, stammt weniger aus dem 18. Jahrhundert als aus dieser Zeit.)

Auch die Arnim'schen Güter waren hoch verschuldet. Da kam der Zufluss von Geld aus dem Brentano'schen Erbanteil gerade recht; nicht zuletzt gab er Bettina in den Auseinandersetzungen mit ihrem Mann, die sich anbahnten, Rückhalt und Selbständigkeit. Aber zwangsläufig entstand die Frage, ob man den kostspieligen Haushalt in Berlin nicht aufgeben und aufs Land, nach Wiepersdorf, ziehen sollte. Das geschah im April des Jahres 1814. Der romantische Dichter Achim von Arnim fand sich mehr und mehr in das Leben nicht nur als Gutsherr, sondern in die höchst unromantische Aufgabe eines Landwirts hinein, der sich in harter Arbeit darum bemühte, die Güter emporzubringen und den Schuldenberg abzutragen. Und es gehörte zu den oft wiederkehrenden

Vorwürfen, die er seiner Frau machte, dass sie eine Verschwenderin sei.

Ohnehin fiel Bettina die Anpassung weitaus schwerer, und im Grunde gelang sie ihr überhaupt nicht. Wilhelm Grimm hat seinem Bruder Jacob von einem Besuch in Wiepersdorf berichtet: »Bettine führt den Haushalt selbst, hat alles Schwere, z.B. gutes Kochen leicht erlernt, hat aber keine Lust an diesem Wesen, daher wird ihr alles sauer und ist doch in Unordnung. Dabei wird sie betrogen und bestohlen von allen Seiten ... Beiden wär zu wünschen, daß sie aus dieser Lebensart herauskämen.«

Vor allem Bettina war es zu wünschen, und je länger, desto dringender wünschte sie selbst sich fort. In den Sommermonaten mochte das Landleben ja noch halbwegs erträglich und für die Kinder sehr bekömmlich sein; auch Besucher stellten sich dann ein. Aber wie im langen und finsteren Herbst und Winter, in den Monaten von Oktober bis März, wenn es in Berlin am lebhaftesten zuging und dort die Konzert-, Opern-, Theater- und Ballsaison ablief? Sehr wenig drängte Bettina zur wichtigtuerischen Putz- und Prunksucht oder zu Empfängen bei Hofe, doch umso mehr vermisste sie die Geselligkeit, die Anregungen der preußischen Hauptstadt, die sich seit der Gründung der Universität mehr und mehr zu einem Zentrum der Wissenschaft und des deutschen Geisteslebens entwickelte.

Noch etwas trat dunkel, beinahe vorbewusst hinzu: die Enttäuschung an dem Mann, den sie geheiratet hatte. Das war der Freund des Bruders Clemens, der romantische Dichter, sozusagen ein bunter Schmetterling gewesen, der in den Himmel entschwebte, aber nicht dieser erdenschwere Landwirt, der sich ums Wetter für die Frühjahrsbestellung, die Kartoffelernte, um Schweinepreise und Pachtverträge sorgte. Dem prosaischen Denken des Handelshauses Brentano hatte Bettina entkommen wollen und war von ihm wieder eingeholt worden, in der ländlichen Verkleidung. Zwar hat Arnim die Feder durchaus nicht aus der Hand gelegt. Unter anderem erschien 1817 sein Buch »Die Kronenwächter«, das von der Kritik respektvoll aufgenommen wurde, genauer ein erster Teil; der zweite ist erst 1854 aus dem Nachlass veröffentlicht worden. Aber zur Sache gehört ein eigentümlicher Stillstand. Wie es für Arnim kaum noch neue und anregende Freundschaften gibt, so wuchert sein Spätwerk gleichsam nach innen, ins Unheimliche, um nicht zu sagen Surrealistische, in Träume, die zu Alpträumen geraten, ohne indessen noch zur angemessenen Form zu finden. Der Dichter verschließt sich, zieht sich von den Menschen zurück. »Trösteinsamkeit« gehört zu seinen Prägungen – 1827 mit der selbstkritischen Anmerkung versehen: Das »ist freilich ein Wort, das ich erfunden habe, aber Tausende verstehen die Sache besser als ich, der statt ihrer das Wort nur finden konnte. Ich suche die Einsamkeit mit all ihrer Sehnsucht, aber selten finde ich in ihr, was mich trösten kann.« Vielleicht bringt ein Gedicht mit dem Titel »Stolze Einsamkeit« das zwiespältige Lebensgefühl des älteren Arnim am besten zum Ausdruck:

»Im Walde, im Walde, da wird mir so licht,
Wenn es in aller Welt dunkel,
Da liegen die trocknen Blätter so dicht,
Da wälz ich mich rauschend darunter,
Da mein ich zu schwimmen in rauschender Flut,
Das tut mir in allen Adern so gut,
So gut ist's mir nimmer geworden.

Im Walde, im Walde, da wechselt das Wild
Wenn es in aller Welt stille,
Da trag ich ein flammendes Herz mir zum Schild,
Ein Schwert ist mein einsamer Wille,
Da steig ich, als stieß ich die Erde in Grund,
Da sing ich mich recht von Herzen gesund,
So wohl ist mir nimmer geworden.

Im Walde, im Walde, da schrei ich mich aus,
Weil ich vor aller Welt schweige,
Da bin ich so frei, da bin ich zu Haus.
Was schadt's, daß ich töricht mich zeige,
Ich stehe allein, wie ein festes Schloß,
Ich stehe in mir, ich fühle mich groß,
So groß ist noch keiner geworden.

Im Walde, im Walde, da kommt mir die Nacht,
Wenn es in aller Welt funkelt,
Da nahet sie mir so ernst und so sacht,
Daß ich in den Schoß ihr gesunken,
Da löschet sie aller Tage Schuld,
Mit ihrem Atem voll Tod und voll Huld
Da sterb ich und werde geboren.«

Bettina war weder für die leibhaftige noch für die geistige Einsiedelei geschaffen. Zwangsläufig schleichen sich damit ins Verhältnis der Ehepartner die Spannungen und Auseinandersetzungen ein. Doch alle Versuche, entweder ganz in Berlin oder in Wiepersdorf zu leben, enden unentschieden oder vielmehr in einer Trennung, die im Laufe der Jahre sich stets unerbittlicher abzeichnet: Bettina bleibt hauptsächlich in Berlin und fährt allenfalls noch zu Sommerferien nach Wiepersdorf, Arnim besucht die Stadt und seine Frau nur in wenigen Weihnachts- und Winterwochen. Kaum vermeidbar setzt damit zugleich ein Prozess der wechselweisen Entfremdung ein, ohne dass sich dafür ein genaues Datum angeben lässt oder dass es zum förmlichen Bruch kommt. Doch es wetterleuchtet, wenn Bettina schreibt: »Wenn Du in der Stadt bist, so ist immer Dein größtes Vergnügen mir Deinen Ekel und Langweile zu beschreiben, es mag wahr sein, aber dann ist es gewiß eine Krankheit in Deinem Gemüt.« Und: »Du magst es mir zugeben oder nicht, so bleibe ich dabei, daß Du für die menschliche Gemeinschaft gemacht bist und nicht für diese Einsamkeit, wo Dein dummes Weib geplagt durch Langeweile Dich martert.« Besonders bezeichnend ist ein Brief Bettinas vom September 1820, der Arnim aus seiner Einsiedelei losreißen und in die Welt schicken möchte:

»Lieber Freund, hättest Du mich vor meiner Verheiratung gefragt, glaubst Du, daß Arnims Geschick und Glück innerhalb Deiner Kinderstube, Deiner Küche und dem bornierten Kreis Deiner Gedanken begründet ist?, so hätte ich mit einem bestimmten Nein geantwortet; schon in der Zeit in Frankreich sah ich Dich mit einer Art Behagen Abschied nehmen, weil mir deuchte, die weite Welt gehöre jetzt Dein und Deine Lebensbahn gehe weit über die kleinen Beschränkungen der meinigen hinaus, und für

Dich würde die lächerliche Vorurteilskette der Umständlichkeit im Leben nie existieren, ja Du kamst mir vor wie ein rechter Phönix von Lebensfreude, der bei jedem Sonnenstrahl es nicht lassen konnte, mit ausgespannten Flügeln ihm entgegen zu schweben, jetzt mache ich mir Vorwürfe, daß ich die schwersten Gewichte an diese Schwingen gehängt habe. Aber nicht ich, sondern die Vorurteile und die Schwachheit, zu tun und zu lassen, was andere loben und tadeln, und endlich Deine schwankende Meinung über Dein Verhältnis zur Welt, über Dein Verdienst, über die Anerkenntnis desselben (und über das, was Du in der Welt und für sie werden könntest) haben das Blei zu diesen Gewichten geliefert. Die rechten Dichter sind geistiger Weise, was die Kron- und Erbfürsten irdischerweise sind und repräsentieren, sie sind nämlich als das geboren, was sie der Welt einst werden sollen, verzweifeln sie aber an ihrer inneren Macht, so legen sie die Krone nieder, noch ehe sie ihnen öffentlich verliehen ist ... Wenn aber je ein Dichter ein geborener war, dann bist Du es, ich will Dir hier keine Worte machen, Du wirst selber fühlen, wie doppelt wahr diese Wahrheit ist, ja selbst Deine Schwächen (deren Du wirklich hast und die im Zunehmen sind) verleugnen Dich als solchen nicht, sondern sind vielmehr das echte Beglaubigungssiegel; ach, und darum wünsch und will ich Deine Reise, insofern mein Wille etwas durchzusetzen vermag (und der gute Wille soll ja immer alles durchsetzen können), die herrliche Natur, die freundliche Aufnahme und Anhänglichkeit, der jugendliche, ja ich möchte sagen Kindheitsgenuß im vollen Herbst, wird ein Bad sein für Deinen Lichtleib, daß ihm der Schlamm und die Kruste, die durch anteillose, frostige Verhältnisse angesetzt haben, wieder losweichen, die innere Wärme, die entsteht durch das Gefühl der Überlegenheit, die den Schmeichelnden und Verehrenden sich milde ergibt und aufopfert, die wird Dir wieder neu zu Begeisterung werden, und Du wirst neu bekehrt und neu begeistert, neu geboren zurückkehren.«

Ein Traumbild noch immer und eine Hoffnung auf seine Erfüllung. Doch halb schon resigniert fügt Bettina hinzu: »Wenn es nur wahr wäre, was ich jetzt sage: diese Zeit ist eine Probezeit zwischen dem echten und dem falschen Dichter, und Du wirst diese Zeit noch durchbrechen – warum ich nur heute meinem

Gedanken die Zügel schießen lasse, da ich Dir nichts zu sagen weiß, da ich Dir mit meinen Reden doch nur die Faust aufs Aug passen kann! Aber ich will auch gar nicht was gesagt haben, ich hab schon so lange verlernt, mein inneres Interesse öffentlich Dir zu zeigen.«

Dieser Brief kreuzt sich mit einem von Arnim an Bettina, in dem es am Ende heißt: »Ich denke nirgends so oft an Dich wie hier, wo wir miteinander recht schöne Tage lebten, die Du leider vergessen hast. Schimpfe nicht auf mein armes Gut vor den Leuten und verhöhne es nicht, es tut mir wehe, ich habe keine Eitelkeit darauf, aber ich weiß doch, daß Gras und Bäume grün und der Himmel blau ist, und das Gefühl von Eigentum soll niemand kränken, denn es hängt im Menschen mit dem Heiligtum zusammen, mit Treue und Glauben. Darum ist es auch nicht recht, daß Du Bärenhäuterfreuden die großen Ereignisse nennst wie Erntefeste, um die sich das Leben dieser Erde in seinen großen Erscheinungen wendet. Ich küsse Dich und die Kinder. Achim Arnim.«

Viele Äußerungen ließen sich noch anfügen. Aber wenn man solche Briefe liest und vergleicht, dann spürt man bereits, wie mühsam die Verständigung, ja wie undurchdringlich der Vorhang zwischen zwei Menschen geworden ist, die sich einmal ganz gehören wollten und denen nur noch bleibt, die Lasten zu tragen, die sie einander aufbürden.

Im Jahre 1830 war Achim von Arnim im späten November für drei Wochen in Berlin gewesen und kehrte am 15. Dezember nach Wiepersdorf zurück. Das Jahr war nicht gut gewesen, die Ernte schlecht ausgefallen; es hatte manchen Zank gegeben, und beim Fortgehen hatte Arnim sich nicht noch einmal umgesehen, wie Bettina später verzweifelt notierte. Bemüht ruhig schrieb er: »Der Himmel helfe weiter. Das gefährliche Jahr neigt sich zu seinem Ende, und die goldene Zeit soll nun kommen.« Aber zunächst einmal verbrachte man das Weihnachtsfest getrennt voneinander.

Bald nach dem Jahresanfang litt Arnim unter rätselhaften Schmerzen besonders in einem Fuß und im Knie. Besorgt schrieb Bettina: »Mir ist Dein Bleistiftschreiben kein beruhigendes Zeichen und obschon ich in vollem Eifer in der Malerei bin, die mir so ganz über Erwarten gelingt, so kann ich mich nicht vernehmen, ob Du wirklich die Wahrheit sagst.« Sie kündigte ihren Besuch an für den Fall, dass sie keine eindeutig guten Nachrichten erhalte und schloss mit den Worten: »Die Kinder und ich küssen Dich von Herzen und mit der Sehnsucht, bei Dir zu sein.«

Am 21. Januar 1831, fünf Tage vor seinem 50. Geburtstag, starb Arnim; der Diener, der am Abend das Geschirr abräumen wollte, fand ihn tot auf dem Boden liegend. Man sprach von einem »Nervenschlag«, womit nach unseren Begriffen wohl nur ein Herzversagen gemeint sein konnte. Aber vielleicht kam auch Seelisches hinzu, eine Verdunkelung zur Schwermut, die das Leben kaum noch erträgt. »Die Flügel schenk dem abschiedsschweren Geist, daß er sich leicht der schönen Welt entreißt«, hieß es schon 1817 im »Kronenwächter«.

Bettina war verzweifelt und machte sich schwere Vorwürfe. Und doch muss man sagen, dass dieser Tod sie von einer Bürde befreite. Jetzt begann für die gereifte Frau ein zweites, ihr eigentliches und ganz eigenes Leben, ohne das wir sie längst vergessen hätten. Dazu gehörte das soziale Engagement, eine Wohltätigkeit, endlich vom Vorwurf des Gatten befreit, eine Verschwenderin zu sein; in der Choleraepidemie, die Berlin im Sommer 1831 heimsuchte, entwickelte Bettina eine höchst energische, die Gefahr für sich selbst nicht scheuende Hilfstätigkeit.

Freiheit auch zu neuen und rückhaltlosen Begegnungen, auf jedes Risiko hin: Eine führte zum Fürsten Hermann von Pückler-Muskau (1785–1871), dem wir die berühmten Parkanlagen von Muskau und Branitz bei Cottbus verdanken und dessen »Andeutungen über Landschaftsgärtnerei« noch heute lesenswert sind. Pückler war ein Dandy, ein Exzentriker von Format, der ständig mehr Geld ausgab, als er hatte. Um sich vor den Schulden zu retten, verabredete er mit seiner Frau die formelle Scheidung und reiste nach England, um dort eine reiche Erbin zu finden und heimzuführen. Daraus wurde nichts, vielleicht weil er an seiner »lieben Schnucke« durchaus noch hing und ihr in Briefen schilderte, was er erlebte. Doch aus diesem Abenteuer entstand ein Erfolgsbuch, ein Bestseller, die »Briefe eines Verstorbenen«, die von 1830 bis 1832 in vier Bänden erschienen. Später brachte er von einer Reise nach Ägypten eine fünfzehnjährige Sklavin mit, offenbar in der Absicht, mit ihr und der geduldigen Schnucke ein Leben zu dritt zu führen; nur die Tatsache, dass das Mädchen nach wenigen Monaten an der Tuberkulose starb, minderte den Skandal.

Bettina ist von Pücklers Briefberichten zu ihrer eigenen Arbeit an »Goethes Briefwechsel mit einem Kinde« angeregt worden. Sie begann selbst einen Briefwechsel mit dem schon berühmten Mann, und es kam zu einer jedenfalls von ihrer Seite leidenschaftlichen Begegnung, die in einer brüsken Zurückweisung endete. Pückler schrieb: »Frau von A., deren gute und glänzende Seiten ich nicht verkenne, und der ich gewiß für ihre unverdiente, zu gütige Gesinnung dankbar bin, hat mich dennoch durch den sonderbaren Einfall, sich in mich auf das passioniertestete verliebt zu glauben, seit langem in wahre Verlegenheit gesetzt. Halb aus Scherz, halb aus Gutmütigkeit habe ich mir schriftlich alles gefallen lassen, nun aber kam sie hierher und affichierte [unterstellte] ein völliges Liebesverhältnis mit mir, auf so tolle Weise, daß sie mich zur Zielscheibe des Spottes der ganzen Gesellschaft machte.« Und nicht gerade als Kavalier fügte Pückler hinzu: »Unter uns gesagt, die Frau leidet an einer sonderbaren Geisteskrankheit. Mit achtzehn Jahren und Schönheit wäre diese Erscheinung sehr verführerisch, aber mit ihren Sechzigern ist es nicht auszuhalten.« Wohlgemerkt: Bettina und Pückler gehörten zum gleichen Jahrgang und hatten ihren 50. Geburtstag noch vor sich.

Bettina wiederum fühlte sich missverstanden und hat sich bitter beklagt: »Sie nennen meine an Sie geschriebenen Blätter ›Raserei, die aus bloßer Gehirnsinnlichkeit‹ hervorgehe, die nur künstlich herangeschraubt sei und noch obendrein jeden Augenblick beseitigt oder irgend einem anderen zugewendet werden könne. Ich habe Ihnen nie etwas zuleid getan, was veranlaßt sie zu solchen Auslegungen? Warum wollen sie mit schauderhaften Ausdrücken eine Geistessituation herabwürdigen, aus welcher Ihnen Lust und Ehre, Heil und Nahrung Ihrer höheren Eigenschaften hervorgegangen wär?« Gleichwohl hat Bettina nicht vergessen, welche Anregungen zur eigenen Arbeit sie Pückler verdankte und ihm ihr Goethebuch zugeeignet.

Die Beziehungen zu Goethe haben eine lange Geschichte. Sie reichen sogar über Bettinas Lebenszeit bis zu Mutter Maximiliane zurück. Der junge Goethe verkehrte im Hause La Roche und schwärmte für »Maxe«, eines seiner Vorbilder für die »Lotte« im »Werther«. Eine wesentliche Quelle bildeten die Gespräche mit Goethes Mutter, von denen schon die Rede war. Zu persönlichen Begegnungen ist es viermal gekommen, zunächst im April und im November 1807 in Weimar, dann im August 1810 im böhmischen Badeort Teplitz. Diese dritte Begegnung kann man als »erotisch aufgeladen« bezeichnen. Die vierte, 1811 wieder in Weimar, endete katastrophal. Goethes Frau Christiane und Bettina gerieten eifersüchtig und handgreiflich aneinander; es heißt, dass Bettina Christiane als »Blutwurst« beschimpfte und dass Bettinas Brille zu Bruch ging. Goethe hielt zu seiner Frau und brach den Verkehr mit Bettina ab; die neun Briefe, die sie ihm nach dem Tod von Christiane im Jahre 1816 zwischen 1817 und 1832 schrieb, blieben ohne Antwort. Doch zwischen 1821 und 1826 war Bettina noch viermal, wenn auch meist nur kurz und eher förmlich empfangen, bei Goethe zu Gast. Zuletzt zeigte sich der Dichterfürst erneut verstimmt und nannte seine hartnäckige Besucherin eine »leidige Bremse«. Aber manche ihrer Anregungen hat er in sein eigenes Werk übernommen. Aus den Jahren von 1807 bis 1811 stammen insgesamt 41, oft sehr lange Briefe Bettinas, von Goethe 17 meist kurze, mitunter geschäftsmäßig dem Sekretär diktierte Antworten.

»Goethes Briefwechsel mit einem Kinde« erschien im Februar 1835 in zwei Bänden; einige Wochen später schloss sich als dritter Band noch ein kommentierendes »Tagebuch« an. Die meisten Zeitgenossen hielten die veröffentlichten Briefe für authentisch; aber spätere Untersuchungen haben gezeigt, dass es sich um ein sorgfältig komponiertes Kunstwerk handelte, dem die ursprünglichen Texte nur als Basis dienten.

Auch das »Kind« war natürlich eine Kunstfigur und Bettina 22 Jahre alt, eine voll entwickelte Frau, als sie den Briefwechsel begann. Doch die besondere Qualität der Kindheit gehört zu den Entdeckungen der Romantik; vorher galten Kinder eigentlich nur als unfertige Erwachsene, die so schnell wie möglich zur praktischen Brauchbarkeit – nicht zuletzt als Arbeitskräfte – dressiert werden mussten. Jetzt erschien das Kindsein als Quelle der ursprünglichen, noch unverdorbenen Sinneserfahrungen, der Phantasie und der Träume; wer sich diesen Ursprung nicht bewahrte, taugte nicht zum Künstler oder zum Dichter. »Wahrlich, ich sage euch: Wenn ihr nicht umkehret und werdet wie die Kinder, so werdet ihr nicht ins Himmelreich kommen« – um es biblisch auszudrücken. »Ich bin ein Kind, und Du bist ein Kind«, so redet Bettina, konsequent genug, den ungefähr sechzigjährigen Goethe an.

Aber unversehens ist die Erotik, ja die Sexualität im Spiel: »Nimm hin, nimm hin meinen Leib! Nimm hin, den heiligsten Reiz der Natur, er drängt sich mit sanfter Gewalt an deinen Busen.« Beinahe möchte man von unsanfter Gewalt sprechen; die herkömmlichen Geschlechterrollen erscheinen als vertauscht; eine Frau ist es, die auf den Mann eindringt und seine Hingabe fordert; manche Kommentatoren haben von Bettina als dem »Liebes-Aggressor« gesprochen.

Man kann verstehen, dass die Familie schockiert war, dass sie den Nachlass Bettinas viele Jahrzehnte hindurch unter Verschluss hielt und die Erinnerungen an die Schriftstellerin am liebsten ausgelöscht hätte; das zeigt ja auch die Grabinschrift in Wiepersdorf. Umso größer, beinahe sensationell, war der Erfolg des Goethebuches im Jahre 1835. In der Stagnation, der dumpfen Gedrücktheit, im biedermeierlichen, vielmehr spießbürgerlichen Moralismus des Vormärz, »wo Teutschland noch im Schatten kühler Sauerkrauttöpfe gemütlich saß« und Unterdrückung die Kehrseite der Idylle bildete, erklang auf einmal ein neuer, tabubrecherischer Ton, und die Autorin gelangte fast über Nacht zu literarischem Ruhm. Ein prominenter Vertreter des »Jungen Deutschland«, Karl Gutzkow (1811–1878), schrieb: »Bettine warf auf das Antlitz zahlloser Frauen den rosigen Abglanz einer freieren Anschauung der Menschen und Dinge, sodass sie wieder etwas Dreistes, Großherziges, Naives zu denken und zu sagen wagten.«

Zu der Zeit nach Goethes Tod im Jahre 1832 gehörte ein Generationenbruch, die Ablösung von dem Weimarer Titanen; junge Schriftsteller, die ihren eigenen Weg finden wollten, mussten sich von ihm wie von einer drückenden Last befreien. Und zumal die

Autoren des »Jungen Deutschland« erklärten, dass er ihnen nichts mehr zu sagen habe. In diesem Sinne wurde Bettinas Buch als der Kampf, als eine Selbstbehauptung des »Kindes« gegen das Alter verstanden oder missverstanden. Ludwig Börne schrieb: »Goethe schlug Mignon tot mit seiner Leier und begrub sie tief, und verherrlichte ihr Andenken mit den schönsten Liedern ... Nach vierzig Jahren kam sie wieder und nannte sich Bettina ... Bettina ist nicht Goethes Engel, sie ist seine Rachefurie.« Das war mit Sicherheit falsch, aber bezeichnend für die Wirkung, die von Bettinas Buch ausging.

Politisches kam hinzu und ganz ohne Missverständnis. Am 14. November 1835 erließ Preußen, am 10. Dezember der Deutsche Bundestag den folgenden Beschluss:

»Nachdem sich in Deutschland in neuerer Zeit, und zuletzt unter der Benennung ›das junge Deutschland‹ oder ›die junge Literatur‹ eine literarische Schule gebildet hat, deren Bemühungen unverhohlen dahin gehen, in belletristischen, für alle Klassen von Lesern zugänglichen Schriften die christliche Religion auf das frechste anzugreifen, die bestehenden sozialen Verhältnisse herabzuwürdigen und alle Zucht und Sittlichkeit zu zerstören: so hat die deutsche Bundesversammlung ... sich zu nachstehenden Bestimmungen vereinigt:

1. Sämtliche deutschen Regierungen übernehmen die Verpflichtung, gegen die Verfasser, Verleger, Drucker und Verbreiter der Schriften aus der unter der Bezeichnung ›das junge Deutschland‹ oder ›die junge Literatur‹ bekannten literarischen Schule, zu welcher namentlich Heinr. Heine, Karl Gutzkow, Heinr. Laube, Ludolf Wienbarg und Theodor Mundt gehören, die Straf- und Polizei-Gesetze ihres Landes ... nach ihrer vollen Strenge in Anwendung zu bringen, auch die Verbreitung dieser Schriften, sei es durch den Buchhandel, durch Leihbibliotheken oder auf sonstige Weise, mit allen ihren gesetzlich zu Gebot stehenden Mitteln zu verhindern.

2. Die Buchhändler werden hinsichtlich des Verlags und Vertriebs der oben erwähnten Schriften durch die Regierungen in angemessener Form verwarnt und es wird ihnen gegenwärtig gehalten werden, wie sehr es in ihrem wohlverstandenen eigenen

Interesse liege, die Maßregeln der Regierung gegen die zerstörende Tendenz jener literarischen Erzeugnisse auch ihrerseits ... wirksam zu unterstützen.

3. Die Regierung der freien Stadt Hamburg wird aufgefordert, in dieser Beziehung insbesondere der Hoffmann- und Campeschen Buchhandlung zu Hamburg [dem Verlag Heinrich Heines], welche vorzugsweise Schriften obiger Art in Verlag und Vertrieb hat, die geeignete Verwarnung zugehen zu lassen.«

In solch einer Situation war eine – noch – unverdächtige Frau von Arnim umso mehr willkommen, und für einige Jahre bildete ihr Haus das geistige Zentrum Berlins. Zwar war die große Zeit der Salons längst schon vorüber. Aber mit ihrer Schlagfertigkeit und ihrem Mutterwitz, ihrer Fähigkeit zum ebenso munteren wie unkonventionellen Plaudern eignete sich Bettina vorzüglich zur »Saloniere«; die Menschen strömten herbei, um sie kennen zu lernen: Und, kein Zweifel: Sie genoss es, im Mittelpunkt der Aufmerksamkeit zu stehen. Zu den Besuchern gehörten Gelehrte wie der Schwager Savigny und der Historiker Leopold von Ranke, aber auch Studenten wie der angehende Dichter Emanuel Geibel (1815–1884), überhaupt junge Leute und vor allem solche, die den politischen Verhältnissen der Reaktionszeit höchst kritisch gegenüberstanden. Die Tochter Maximiliane hat sich erinnert: »Im Hause Arnim gab es zwei Salons, einen demokratischen und einen aristokratischen. Links vom Saal in unseren Räumen empfingen wir unsere Freunde, rechts in ihren Zimmern Bettina ihre ›edlen‹ Weltverbesserer.« Die meisten der Kinder gesellten sich zum konservativen Land- oder Hochadel und hielten vom Umgang der Mutter so wenig wie von ihren literarischen Produkten. Der Sohn Siegmund, der bis 1890 lebte und die Einstellung der Arnims wesentlich prägte, hat ihr einmal höchst rücksichtslos ins Gesicht gesagt, vielmehr geschrieben: »Was Dein Buch betrifft, so glaube mir, daß es die Druckkosten nicht einbringen wird, und ich sehe mit Sehnsucht der Zeit entgegen, wo ich tausende von Exemplaren kreuzweise benutzen werde.« Umso höher ist die Festigkeit zu werten, mit der Bettina ihren eigenen Weg ging.

Von dem Eindruck, den sie außerhalb ihrer Familie machte,

hat Geibel berichtet: Sie »erzählte fort und fort mit ihrer leisen eigentümlichen Stimme. Mir war's, als rausche ein Bach neben mir hin, es schwammen bunte und wunderbare Bilder auf ihren Wellen.« Dabei kam keine Langeweile auf, denn der Witz trat hinzu: »Das waren Geschichten, wie sie den Fürsten Pückler in die falschen Waden gestochen oder den Herrn Gutzkow ausgescholten hatte.« Max Ring hat in seinen Erinnerungen geschildert, wie die Hausherrin durch ihre »freisinnigen Anschauungen und durch ihren sonderbaren vorurteilslosen Verkehr« die jungen Leute anzog und verzauberte. Politisch durfte gesagt werden, was wollte, und Bettina hatte »ihre Freude daran, je schärfer die Geister aufeinander platzten«. Eher schon überforderte sie manchen, der aus moralisch engen Verhältnissen stammte, mit ihrer erotischen Freigeisterei. Aber mit Selbstbewusstsein erklärte sie: »Es ist die Zeit, daß die Jünglinge mit Lust auf meinem Geiste aufblühen, denn ich bin ein Baum, der trägt Jünglingsblüten.«

Wie ein Donnerschlag fuhr 1837 in die noch halbwegs idyllischen Verhältnisse der Meinungskampf um die »Göttinger Sieben«, der ganz Deutschland erregte. Der König von Hannover hatte in einem einseitigen Willkürakt das bestehende Staatsgrundgesetz zerrissen. Dagegen protestierten sieben Professoren und wurden dafür aus ihren Lehrämtern entlassen, zum Teil auch unter Polizeibewachung aus dem Lande vertrieben; unter ihnen befanden sich die Brüder Wilhelm und Jacob Grimm. Zur Sache hat Jacob Grimm gesagt: »Die deutschen hohen Schulen, solange ihre bewährte und treffliche Einrichtung stehenbleiben wird, sind nicht bloß der zu- und abströmenden Menge der Jünglinge, sondern auch der genau darauf berechneten Eigenheiten der Lehre wegen, höchst reizbar und empfindlich für alles, was im Lande Gutes und Böses geschieht. Wäre dem anders, sie würden aufhören, ihren Zweck, so wie bisher, zu erfüllen. Der offene, unverdorbene Sinn der Jugend fordert, daß auch die Lehrenden, bei aller Gelegenheit, jede Frage über wichtige Lebens- und Staatsverhältnisse auf ihren reinsten und sittlichsten Gehalt zurückführen und mit redlicher Wahrheit beantworten.«

Mit anderen Worten: In der Verantwortung vor ihrem Lehramt hatten die Sieben eine Gewissensentscheidung getroffen.

Freilich, wieder in Grimms Schilderung: »Unter den Professoren taten sich bald verschiedenartige Gruppen hervor, die Charaktere, wie mein Bruder treffend bemerkte, fingen an, sich zu entblättern gleich den Bäumen des Herbstes bei einem Nachtfrost; da sah man viele in nackten Reisern, des Laubes beraubt, womit sie sich in dem Umgang des gewöhnlichen Lebens verhüllten.« Es gab also eine Mehrheit der Opportunisten, die allerhand Ausflüchte dafür fanden, dass sie *nicht* protestierten.

Bettina ergriff nun leidenschaftlich die Partei der Grimms: Sie sollten nach Berlin berufen werden. Sie versuchte, die Mitglieder der Akademie der Wissenschaften und die Professoren der Universität zu mobilisieren, und schrieb in Gutzkows Zeitschrift »Telegraph für Deutschland« erstmals einen politischen Aufsatz, der Aufsehen erregte. Sie notierte: »Ich halte es für die größte Ehre, die mir widerfahren konnte, daß dieser Brief veröffentlicht wurde … Man legt Wert auf meine Ansicht, man stimmt ihr gern bei, man läßt sie für sich sprechen und die gute Sache vertreten, und das ist mir eine große Gunst des Schicksals.«

Das wird nicht ohne Eitelkeit gesagt, aber man muss bedenken, was es damals bedeutete, dass eine Frau sich politisch zu Wort meldete und beachtet wurde. Indessen zeigten sich viele der angesprochenen Gelehrten in nackten Reisern; sie wanden sich und schwiegen, als sie feststellten, dass sie bei der Regierung auf Widerstand stießen und ihre eigene Karriere gefährdeten, wenn sie weiterhin für die Grimms eintraten. Auch der Schwager Savigny stellte sich taub, obwohl er die Brüder gut genug kannte und zu ihrem Freundeskreis gehörte. Wie denn sonst? Savigny war seit 1817 Mitglied der Justizabteilung des preußischen Staatsrats und hoffte auf ein Ministeramt, das ihm 1842 auch zuteil wurde. Davon abgesehen hatte der preußische Innenminister Gustav Adolf Rochus von Rochow aus dem gegebenen Anlass protestierenden Bürgern ins Stammbuch geschrieben: »Es ziemt dem Untertanen, seinem König und Landesherrn schuldigen Gehorsam zu leisten …, aber es ziemt ihm nicht, die Handlungen des Staatsoberhaupts an den Maßstab seiner beschränkten Einsicht anzulegen und sich in dünkelhaftem Übermute ein öffentliches Urteil über die Rechtmäßigkeit derselben anzumaßen.« (Daraus ist schnell das geflügelte Wort vom »beschränkten Untertanenverstand« geworden.)

Savigny und anderen Hasenfüßen widmete Bettina einen geharnischten Brief – und sorgte durch zahlreiche Kopien dafür, dass er in Umlauf kam und zum Gesprächsthema der Berliner Gesellschaft wurde. Es hieß darin: »Die [künftigen] Jahrhunderte aber, wo die Throne ohne Wanken bestehen sollen, die müssen in der Volksliebe, in dem Begriff der Wahrhaftigkeit, die allein Religion ist, ihr Bestehen begründen. Ich weiß wohl, daß Du so nicht würdest zu dem König reden; denn einem Fürsten die Fehler mitzuteilen, die in seiner Regierung vorfallen, oder ihm einen höheren Standpunkt zuweisen, das wäre wider die Politik der Ehrfurcht, mit der Ihr die Fürsten behandelt wie Automaten, ja Ihr getraut Euch selbst nicht zu denken und verbergt Euch vor der Wahrheit wie vor einem Gläubiger, den man nicht zahlen kann. Ihr haltet den Fürsten nur die Reden, auf die sie eingerichtet sind ohne aufzuwachen; denn die Wahrheit würde sie wecken, und sie wären dann keine Automaten mehr, sondern selbständige Herrscher ... Ich würde dem König ein Licht anzünden eines idealistischen Staates, weil dies der einzige wahre ist, ich würde bei dieser Erleuchtung ihm dienen mit allen Kräften meines Geistes und mit denen meiner Liebe.« Da wetterleuchtet schon das spätere Königsbuch.

Es scherte die Autorin kaum, dass sie sich in konservativen Kreisen »unmöglich« machte. Am Ende wurde ihr sogar eine Genugtuung zuteil: Sie hatte neben vielen anderen den Kronprinzen angesprochen, und der hatte Hilfe zugesagt. Als er dann 1840, nach dem Tode seines Vaters, Friedrich Wilhelms III., als Friedrich Wilhelm IV. den Thron bestieg, hielt er sein Versprechen: Er berief wenig später Jacob und Wilhelm Grimm nach Berlin, wo die Brüder bis zu ihrem Tode (1863 und 1859) lebten und noch auf ihre alten Tage mit dem Riesenwerk des »Deutschen Wörterbuchs« begannen, das erst mehr als ein Jahrhundert später in der Zusammenarbeit zweier Akademien der Wissenschaften zum Abschluss gebracht worden ist. Inzwischen notierte Varnhagen: »Bettine ist entzückt, die Brüder Grimm sind ihre Leidenschaft, das Hierherkommen derselben ist ihr um der Sache willen wichtig, um Grimms willen, aber auch eine Ehrensache der eigenen Persönlichkeit, eine gewonnene Schlacht gegen den Schwager Savigny, ein Sieg über Lachmann und Ranke.« (Lachmann war ein berühmter Altphilologe und Altgermanist.)

In den letzten Monaten des Jahres 1839 zog sich Bettina von der Stadt aufs Land, aus Berlin in das Schlösschen Bärwalde zurück, das zum Arnim'schen Güterbesitz gehört; über Wiepersdorf lagen wohl allzu dunkle Schatten der Erinnerungen, und es war inzwischen verpachtet worden. Vorher war jedoch der Briefwechsel, auf den es ankam, »von Arnim sorgfältig verpackt und eingesiegelt«, in einem Wiepersdorfer Schrank gefunden worden, wie Bettina im April 1839 an ihren Bruder Clemens schrieb. Sie arbeitete nun – nach dem Vorlesen von Entwürfen und intensiven Diskussionen im geselligen Kreis – an der Endfassung ihres zweiten Buches, und das war, wie jeder Autor weiß, nach dem überragenden Erfolg des Erstlingswerkes und den großen Erwartungen, die sich daran für die Zukunft knüpften, schwierig genug. »Die Günderode« erschien in zwei Teilen im Mai und Ende Juni 1840.

Es handelte sich um Bettinas literarisch anspruchsvollstes und ein höchst vielschichtiges Werk, der Form nach wieder um eine Brieferzählung, in dem 37 Beiträge Bettinas und 23 von Karoline verarbeitet wurden, aber mit vielen und ganz und gar eigenwilligen Einschüben.

Zunächst ging es um eine Art von Spurensuche, eine Erinnerung an die inzwischen fast vergessene Dichterfreundin; daher gehörten zur Sache auch Texte, darunter bisher unbekannte Gedichte der Günderode (übrigens eigentlich Günderrode). Zugleich entwarf Bettina, stärker noch als im Goethebuch, ein Stück ihrer eigenen Biographie, »wie denn überhaupt mein Briefwechsel mit der Günderode mein ganzes Innere viel gründlicher betätigt, als der mit Goethe es vor den Augen der Welt tun kann«. Denn die Annäherung an Karoline von Günderode war zugleich eine entscheidende Phase der Selbstfindung gewesen, die »erste Epoche, in der ich mich gewahr ward«. Vielleicht versuchte sie auch, sich durch das Schreiben von Erinnerungen womöglich von Schuldgefühlen zu befreien, die seit dem

Selbstmord der Freundin sie belasteten. »Ich werde den Schmerz in meinem Leben mit mir führen, und er wird in viele Dinge mit einwirken«, hatte sie im August 1806 an Achim von Arnim geschrieben.

Der Selbstmord war mit Goethes »Leiden des jungen Werthers« – ebenfalls einer Brieferzählung – zum literarischen Thema, um nicht zu sagen zum Modethema geworden, und nicht wenige junge Leute, die unglücklich waren oder sich dafür hielten, hatten den Roman als eine Art von Freibrief fürs eigene Handeln angesehen. Bettina ließ keinen Zweifel daran, dass sie dies ablehnte und auch den Weg ihrer Freundin in den Freitod verurteilte. Aber sie gab dem Sachverhalt eine neue, durchaus unerwartete Wendung: Die Günderode war nicht an einer unglücklichen und womöglich überspannten Liebe gescheitert – dies bildete nur den vordergründigen Anlass –, sondern als Dichterin, in ihrem weiblichen Wesen an einer Welt, die einseitig und unerbittlich vom männlichen Geist und seinem Machtanspruch bestimmt wird, etwa in der neueren philosophischen Entwicklung durch »unmögliche Kerle« wie Kant, Fichte und Schelling, die – wie es schon in einem Brief an Goethe vom August 1809 heißt – »mit unbegreiflicher Unverschämtheit immer die Welt durch ihr System drehen wollen«. Für eine Anschauung, deren poetisch verdichtete Wahrheit aus Gefühlsgründen stammt, ist da kein Platz mehr, sie wird verdrängt und vernichtet. Zumindest im Ansatz entwickelt Bettinas Buch damit eine feministische Ästhetik, sozusagen als Gegenstück zu Kants »Kritik der Urteilskraft«; entsprechend ist es in der männlichen Kritik als ein Beleg für die weibliche Unfähigkeit zum abstrakten und systematischen Denken verspottet worden.

Aber Bettina weist über den Geschlechterstreit zugleich auch hinaus. Sozusagen als männlichen Kronzeugen des Scheiterns an den herrschenden Verhältnissen bezieht sie Friedrich Hölderlin ein, der nicht in den Tod, sondern in den Wahnsinn flüchtet.

»Weh mir, wo nehm' ich, wenn
es Winter ist, die Blumen, und wo
den Sonnenschein
und den Schatten der Erde?

Die Mauern stehn
sprachlos und kalt, und im Winde
klirren die Fahnen.«

So heißt es bei dem Dichter in der »Hälfte des Lebens«. Bettina sagt: »Ach, einem solchen wie Hölderlin, der im labyrinthischen Suchen leidenschaftlich hingerissen ist, dem müssen wir irgendwie begegnen, wenn auch wir das Göttliche verfolgen mit so reinem Heroismus wie er.«

Und: »Er muß die Sprache geküßt haben.« Natürlich ist auch diese Hinwendung zu Hölderlin als abwegig abgetan oder belächelt worden; noch in der Bettine-Biographie von Ingeborg Drewitz liest man: »Es muß an dieser Stelle gesagt werden, wie hemmend die verbalen Räusche Bettines auf das Hölderlin-Verständnis des Bildungsbürgertums eingewirkt haben.« War das wirklich so? Bleiben keine gegenkritischen, selbstkritischen Fragen? Eines dürfte sicher sein: Weil »Die Günderode« Bettinas persönlichstes und eben darum zugleich vielschichtigstes Buch darstellt, ist es aktueller geblieben als alle anderen Schriften. Es lohnt sich noch immer, es zu lesen und darüber ins Grübeln zu geraten.

Nachzutragen bleibt, dass das Buch keiner einzelnen, hochgestellten Persönlichkeit, sondern als Aufruf zur Zukunft den vorurteilslosen jungen Menschen gewidmet war, die mit ihr diskutierten: »Wenn der Philister Torengeschlecht den Stab Euch bricht, so gedenket, Musensöhne, daß ihr Lärmtrommeln des leuchtenden Pythiers Geist nicht betäubt« und »daß, unberührt von des Gesetzes Zwang, schnellen, feurigen Wachstums, das Göttliche erblühe und in der Zeiten Wechsel ein milder Gestirn über Euch hinleuchte.« Ein Ruf zur Freiheit, wie hintergründig das Buch überhaupt, und die Angesprochenen dankten ihn Bettina mit einem Fackelzug. Max Ring notierte: »Angeregt durch diese Widmung, welche ihre begeisterten Freunde und jugendlichen Verehrer wohl zunächst auf sich beziehen durften, beschlossen wir durch Überreichung eines prachtvollen Albums unsern Dank im Namen der studierenden Jugend auszusprechen. Ein talentvoller Maler zeichnete das Titelblatt, worauf Bettina selbst mit der Günderode dargestellt war ... Poetische Gaben, Lieder und Gesänge feierten die beiden Dichterinnen und beklagten den frühen Tod der schönen, geistvollen Freundin Bettinas. Eine Deputation aus unserer Mitte überreichte der Letzteren das sinnreiche Geschenk als Zeichen unserer schwärmerischen Verehrung, worüber sie offen ihre große Freude zu erkennen gab.«

Große Erwartungen begleiteten den Thronwechsel vom 7. Juni 1840. Die bleierne Zeit des Stillstands schien zu Ende zu sein. Im Gegensatz zu seinem menschenscheuen und wortkargen, in den späteren Jahren fast völlig in sich verschlossenen Vater hörte Friedrich Wilhelm IV. zu und sprach selbst noch lieber; er förderte die Künste und berief nicht nur die Brüder Grimm, sondern begnadigte viele »Demagogen«, die vorher zu oft langjährigen Freiheitsstrafen verurteilt worden waren. Freilich umgab er sich zugleich mit ebenso frommen wie hochkonservativen Beratern und erwies sich politisch bald als ein Zauderer. Seine romantischen Neigungen hatten wenig mit dem Aufbruch zur Freiheit zu tun, umso mehr dagegen mit rückwärts gewandter Verklärung. Darum setzte er sich für die Vollendung des Kölner Dombaus und die Rekonstruktion anderer mittelalterlicher Bauten ein. Heinrich Heine hat ihm die passende Widmung geschrieben:

»Ich habe ein Faible für diesen König;
ich glaube, wir sind uns ähnlich ein wenig.
Ein vornehmer Geist, hat viel Talent.
Auch ich, ich wäre ein schlechter Regent.«

Bei Bettina gab es mehr als bloß ein Faible. Sie war dem Kronprinzen, wenn auch flüchtig, begegnet, und sie gewöhnte sich daran – und nach der Thronbesteigung erst recht –, dem König Briefe zu schreiben, in denen sie freimütig sagte, was er ihrer Meinung nach tun sollte. Sie ließ es sich nicht nehmen, mit ihren Töchtern an den Huldigungsfeiern teilzunehmen, kritisierte aber scharf den Plan des Berliner Bürgermeisters, ein »turmartiges Gerüst« aufzubauen, »auf welchem die 40 Ahnen des königlichen Hauses« gemalt sein sollten. Es sei, so schrieb sie, »der größte Mißgriff im Interesse der Bürger, auf den Huldigungstag jener Ahnenreihe einer Zeit, die auf keine Weise den heutigen Ansprüchen und Bürgersinne entspricht, auf eine so beziehungslose und eklatante Weise hervorzuheben, so zwar, daß es der König nicht nur mißverstehen, sondern mißbilligen müßte«. Es sei abzulehnen, »daß wir nichts besseres können, als totes Vergangenes aufzuputzen, zu illuminieren, während andere Nationen stark sind das Neue als das Bessere anzusprechen, das doch vor anderen uns, in unserm König, so hoch und teuer zugesagt ist ... Warum malen sie nicht alle Hoffnungen alle Wünsche in ihrer [vom König zu erwartenden] Gewährung symbolisch dahin?«

Genau das tat Bettina in ihrer Schrift »Dies Buch gehört dem König«, die im Jahre 1843 erschien. Zur Vorgeschichte gehört, dass sie sich immer leidenschaftlicher politischen Fragen zuwandte. Zu ihren Gästen zählten inzwischen Leute, die der politischen Polizei höchst verdächtig waren und sie selbst ins Visier der Beobachtungen brachten, darunter junge Russen wie Michail Bakunin (1814–1876), nach der Schilderung eines Anwesenden »etwa 27–28 Jahre alt, früher Kapitän in der Gardeartillerie, hoch und kühn aufgeschossen von rabenschwarzen Locken umschattet, eine wilde Natur« und »Republikaner vom Scheitel bis zur Sohle«. Er sollte sich später als Dresdener Barrikadenkämpfer und als Anarchist einen Namen machen. Von einem anderen Gast erzählte Bettina selbst: »Ich habe auch in dieser Zeit einen jungen Mann kennengelernt, der mir seinem Wesen nach ungemein lieb geworden, ja ich kann wohl sagen, daß sich selten, vielleicht nie eine so freie Sittlichkeit mit Bescheidenheit vermählte: es ist Bruno Bauer, der die Evangelienkritik geschrieben, ein Gräuel dem Eichhorn und den Pietisten. Ich fühl immer mehr, die alten Notabilitäten sind wie alte Schläuche, faßt man sie an und wollt man sie gar mir Wein auffüllen, so würden sie wie Zunder reißen.« Eichhorn war seit 1840 preußischer Kultusminister und Bruno Bauer (1809–1882) ein Dozent der Theologie, dem 1842 wegen seiner radikalen Religionskritik die Lehrbefugnis entzogen wurde.

Aber wie sollte man eine Streitschrift, die den herrschenden politischen Verhältnissen den Kampf ansagte, überhaupt durch die Zensur bringen? Bettina ging höchst listenreich vor, zunächst einmal damit, dass sie ihr Buch dem König widmete. Dafür brauchte sie allerdings seine Einwilligung und spannte Alexander von Humboldt ein. Er hat sich später erinnert: »Es sind bereits zwei Jahre, als Frau von Arnim mich schriftlich bat, ihr die Erlaubnis zu verschaffen, ein Buch, dessen Inhalt und Titel sich nicht bezeichnete, Seiner Majestät dem König zueignen zu dürfen. Seine Majestät geruhte mir zu sagen, daß Sie allerdings die Zueignung annehmen, aber doch wissen wollten, wovon das Buch handeln würde. Frau von Arnim erwiderte schriftlich ... ›sie wünsche das Geheimnis des Inhalts zu bewahren‹. Der König befahl mir scherzhaft zu antworten: ›es bliebe bei der Annahme der Zueignung, aber Er werde in der Leipziger Zeitung gegen sie schreiben, wenn er sich über die geistreiche Schriftstellerin zu beklagen habe.‹«

Offenbar wurde Bettina von der Zusage überrascht, denn sie schrieb einem Bekannten: »Guter Professor Stahr, ich freue mich, Ihnen das Buch zu geben, obschon ich gar nicht weiß, was ich hineinschreiben soll, aber ich muß in diesen Tagen den Druck beginnen, und daher muß auch etwas drinstehen. Beten Sie zu den Sternen, daß sie mich nicht sitzen lassen.«

Nachdem das Buch erschienen und durch Humboldt überreicht worden war, schrieb der König am 14. Juli 1843 launig: »Meine liebe, gnädige RebenGeländerEntsprossene, SonnenstrahlenGetaufte Gebieterin von Bärwalde, dem Sande-satten! ... Ich habe Ihr Buch empfangen. – Ich danke Ihnen für Ihr Buch. – Ich fühle mich durch Ihr Buch geehrt ... Ich habe Ihr Buch nicht allein erhalten, sondern es auch noch nicht gelesen ...«

Die gute Laune verging, wie Varnhagen am 13. November 1843 notierte, nachdem der König wenigstens probeweise einige Passagen gelesen hatte: »Über Bettinens Verhältnis zum König kommen nun doch ganz andre Dinge an den Tag, als sie vermuten ließ. Er scherzt bisweilen über sie in gar nicht schonender Art ... Nachdem der König weitergelesen und über das Gelesene gesprochen hat, ist seine Stimmung wahrer Unwille geworden.« Aber das Buch war nun einmal in der Welt, und einzig in Bayern wurde es verboten.

In der Anlage ihres Buches geht Bettine wieder höchst listenreich vor. Als Hauptperson tritt Frau Aja oder die »Frau Rat« auf, Goethes Mutter. Im ersten, eher harmlosen Teil handelt es sich um eine von Anekdoten geschmückte Einführung. Unter anderem spricht die Frau Rat mit der Königin Luise, der Mutter Friedrich Wilhelms IV. Ein solches Gespräch hat es tatsächlich einmal gegeben, aber natürlich wird sein Inhalt hier frei erfunden.

Zur Sache geht es im Hauptteil, der »Sokratie der Frau Rat«. Der Titel erinnert an den platonischen Dialog, der von Irrtümern und Vorurteilen Schritt um Schritt zur Wahrheit führt. Hier aber sieht man die Frau Rat im Salongespräch vor sich. Sie – und durch ihren Mund Bettina – plaudert drauflos, entschieden und deftig, schlagfertig, mit Mutterwitz und gesundem Menschenverstand, nicht selten in der Frankfurter Mundart – was übrigens auch von der längst in Berlin lebenden Bettina überliefert ist: Zu ihrer Besonderheit, ihrem Charme oder wenn man so will zu ihren Kunstgriffen gehörte ja, sich noch als reife Frau Züge des Kindseins zu bewahren, und ein Urelement ihres Kindseins war nun einmal das südhessische Babbeln. Im Buch handelte es sich sogar um einen doppelten Kunstgriff. Einerseits klingt es gemütlicher, wenn die unangenehmen Wahrheiten, die man jemandem sagen will, sich in den Dialekt statt ins klirrende Hochdeutsch kleiden. Andererseits will die Autorin nach dem Vorbild Martin Luthers dem Volk aufs Maul schauen und bewusst so daherreden, wie ihr der Schnabel gewachsen ist; sie will nicht nur eine Auslese der Gebildeten oder gar der Gelehrten ansprechen, sondern schlichte Bürger, Handwerker, Hausfrauen, junge Leute, ein möglichst großes Publikum erreichen.

Die Sachthemen, die erörtert werden, reichen von Missständen im Gefängniswesen bis zu religiösen Fragen. Einen besonderen Akzent erhielt das Buch noch durch seinen Anhang, eine Sozialreportage über Armut und Elend in einer Berliner Vorstadt. Sie stammte nicht von Bettina, sondern von Heinrich Grunholzer, einem Studenten aus der Schweiz, der eigene Untersuchungen angestellt hatte; den Bericht, den er schrieb, kaufte ihm Bettina für 50 Taler ab. Aber bezeichnend ist, dass sie das tat, weil es ihr wichtig war, die Anklage herrschender Missstände mit Material zu untermauern.

Im Abstand von mehr als anderthalb Jahrhunderten fällt es leicht, die Schwächen des Königsbuches aufzudecken und von Oberflächlichkeit, Sprunghaftigkeit, Dilettantismus zu sprechen. Eine halbwegs geschlossene gesellschaftliche oder politische

Konzeption lässt sich nicht einmal im Ansatz erkennen, und sogar der Stil ist uns fremd geworden. Aber wie sollte man von Bettina erwarten, was selbst die Fachgelehrten ihrer Zeit kaum zu leisten vermochten? In einer Zeit des wirtschaftlichen Umbruchs, der beginnenden industriellen Revolution und fast schon am Vorabend der politischen Revolution kam es auf die Warnung vor dem Kommenden, einen Weckruf an, und der wurde durchaus gehört. Die, die sich von der Kritik getroffen fühlten, heulten auf. So schrieb der als Theologe leidenschaftliche Traditionalist Ernst Wilhelm Hengstenberg in der »Evangelischen Kirchenzeitung«: »Dilettantismus, eitle Zweifel, müßige Grübeleien, eine Art von Amateurtrieb nach Wahrheit, Tändeln und Kokettieren mit der Wahrheit – das ist die schwerste Sünde, das ist die Wurzel aller denkbaren Sünde.« Er beklagte, »daß ein gewisser Teil unserer gebildeten Zeitgenossen allen festen sittlichen Boden verloren hat«.

Umso begeisterter erklang auf der Gegenseite das Lob, wie bei Karl Gutzkow im »Telegraph für Deutschland«: Das Buch »ist ein Ereignis, eine Tat, die weit über den Begriff eines Buches hinausfliegt. Dies Buch gehört dem König, es gehört der Welt. Es gehört der Geschichte an ... Es sagt Dinge, die noch niemand gesagt hat, die aber, weil sie von Millionen gefühlt werden, gesagt werden mußten.« Besonderes Aufsehen erregte die Broschüre von Adolf Stahr »Bettina und ihr Königsbuch«, die in Hamburg verlegt wurde. In Preußen wurde sie gleich nach Erscheinen beschlagnahmt, weil sie, wie das Oberzensurgericht erklärte, die »unverständliche, poetische, visionäre Sprache« des Originals zu einem »scharf ausgeprägten und allgemein verständlichen Bilde« verwandelte – ein unfreiwilliges Lob für Bettinas listenreiche Form der Darstellung. Einer Art von Kriegslist bediente sich wiederum eine Veröffentlichung in der Schweiz: »Ruchlosigkeit der Schrift ›Dies Buch gehört dem König‹, ein untertäniger Fingerzeig, gewagt von Leberecht Fromm.« Denn im Mantel der Entrüstung verbarg sich die Zustimmung.

Unter dem Titel »Gespräche mit Dämonen« hat Bettina im Jahre 1852 ihrem Königsbuch eine Fortsetzung folgen lassen. In der Hauptsache handelt es sich um ein Zwiegespräch zwischen dem »Dämon«, der zur Wachheit und Wahrheit ruft, und dem

»schlafenden König«. Ein fast beliebiger Ausschnitt mag zur Anschauung helfen:

*Dämon:* »Der Gott im Menschen enthebe deine Seele verdumpfter Frommheitstyrannei, die mit Wolfsgruben Nationen einfängt und Fuchsfallen legt den Schutzflehenden und in der Öde die fliehende Todesangst mit der Fangschere ereilt. Und an jedem Baum Marterstätten und in jedem Felsloch Grablöcher ihm bereitet, und Totenfeuer zündet dem gejagten Seelenschmerz, den das Heer der Hinrichtungen in langen Trauerzügen nachschleppt dem Siegesheld, der stolzgekrönt nicht ahnt ein Gesetz der ewigen Liebe, die im Sonnenäther der Barmherzigkeit das glühende Schiff der Gnade lenkt, allein und ohne Beistand! Es ist das Schiff der Absolutheit!«

*Schlafender König:* »Glaube, daß auch mir der frohe Reigen beglückter Menschen wollustvoll im Busen widerhallt, und daß ich's schmerzlich fühle, wenn ich das Flehen an der Hoffnung Schwelle zurück muß weisen. – Heimlich verfügt mein Herz anders, und anders öffentlich der Königswille.«

*Dämon:* »Und da vertraut er lieber als dem Gott der Philisterwut, die den Unschuldigen, dem zu helfen die Welt sich aus den Angeln dreht, verschüttet; und sein bibelfestes Gewissen mahnt ihn nicht, daß um des einen Gerechten willen alle sollen verschont bleiben.«

Es folgen, hier wie an anderen Stellen, drei Leerzeilen, bloß mit Strichen gefüllt und mit der ironischen Anmerkung versehen: »Lücke eigener Zensur.«

Das Dämonenbuch, obwohl genauer und härter formuliert als das Königsbuch aus dem Jahre 1843, hat kaum noch ein Echo gefunden; nur im Jahre 1919 ist es, einigermaßen kurios, unter dem Obertitel »Bettina von Arnims Aufruf zur Revolution und zum Völkerbunde« neu aufgelegt worden. Zu groß war inzwischen die Enttäuschung über einen König, der vor der Märzrevolution von 1848 zunächst ängstlich zurückwich, sich beinahe als Demokrat gebärdete und dann, als die Machtverhältnisse sich wendeten, der Reaktion zum Sieg verhalf. Niemand erwartete mehr etwas von ihm – und auch kaum noch etwas von Bettina, die den Zenit ihres Ansehens überschritten hatte und ihrem ganzen Wesen nach als eine Figur des Vormärz erschien.

Müssen wir im Rückblick etwa ähnlich urteilen wie die Zeitgenossen? War es nicht illusionär, der Kinderglaube einer Kindsfrau, auf den König zu setzen, so als entstammte er jenen Traumwelten oder Märchen, in denen das Wünschen noch half? Im 18. Jahrhundert mochten der »Soldatenkönig« Friedrich Wilhelm I. und Friedrich der Große tatsächlich selbst regiert haben. Doch das lag weit zurück und war längst nicht mehr möglich, auch für einen willensstarken und urteilskräftigen Regenten nicht; gerade in Preußen hatte sich, weil es noch keine Parteien und Parlamente gab, eine beispielhafte Beamtenherrschaft entwickelt, und die wichtigste, zukunftsweisende Leistung der Epoche, der Deutsche Zollverein, ging aus der Arbeit sachkundiger Beamter hervor.

Aber ganz so einfach liegen die Dinge denn doch nicht. 1842, ein Jahr vor Bettinas Königsbuch, erschien Lorenz von Steins dreibändiges Werk »Der Sozialismus und Kommunismus des heutigen Frankreich«, später zur »Geschichte der sozialen Bewegung in Frankreich von 1789 bis auf unsere Tage« umbenannt. Stein zeigt die Wechselwirkung von wirtschaftlichen und gesellschaftlichen Entwicklungen auf der einen, Ideen und politischen Bewegungen auf der anderen Seite. Dabei läuft alles auf die Klassengesellschaft zu, wie sie wenig später Karl Marx dargestellt hat. Aber im Gegensatz zu Marx – und in seinem Gefolge zu der von August Bebel geführten deutschen Sozialdemokratie – hält Stein den »großen Kladderadatsch« der proletarischen Revolution nicht für vorbestimmt. Reformen können sie abwenden. Dafür braucht man eine Staatsgewalt, die über den Klassen oder Parteien steht und die in der Entwicklung eines Sozialstaats den Interessenausgleich durchsetzt. In diesem Zusammenhang entwickelt Stein den Begriff des *sozialen Königtums.* Eine Generation später haben die so genannten »Kathedersozialisten«, seit 1872 im »Verein für Socialpolitik« zusammengeschlossen – unter ihnen Bettinas Neffe, Lujo Brentano –, in der Nachfolge Steins die Bauskizzen des modernen Sozialstaats entworfen.

Genau das, was Stein mit dem sozialen Königtum meinte, wollte Bettina in ihrem Königsbuch und in ihren »Gesprächen mit Dämonen« anstoßen, wachrütteln, in Bewegung bringen, wie unklar im Einzelnen auch immer. Darum verbietet es sich, sie als eine überspannte Salondame, als bloße Phantastin oder ehrgeizige Schriftstellerin zweifelhaften Ranges abzutun. Sie fürchtete den Spott nicht, der ihr entgegenschlug, sie engagierte sich gegen das Unrecht, und sie wies, zurückbleibend, einen Weg in die Zukunft, den dann andere gingen.

»Meine alte Puppe vor zwei Jahren! Heut hat's mich geplagt, ich mußte sie wieder einmal betrachten, mit der ich mich zum letztenmal unterhalten hatte, als Du zum erstenmal hierherkamst, Clemente! Du weißt noch, wie ich sie geschwind unter den Tisch warf, als Du hereintratst, und ich sah Dich an und kannte Dich nicht und hielt Dich für einen fremden Mann, der mir aber zu wohlgefiel mit seiner blendenden Stimme und Dein schwarzes Haar so dicht und so weich, und Du setztest Dich auf den Stuhl und nahmst mich auf einmal in Deine zwei Arme und sagtest: ›Weißt Du, wer ich bin? Ich bin der Clemens!‹ Und da klammerte ich mich an Dich, aber gleich darauf hattest Du die Puppe unter dem Tisch hervorgeholt und mir in den Arm gelegt, ich wollte aber die nicht mehr, ich wollte nur Dich. Ach, das war eine große Wendung in meinem Schicksal, gleich denselben Augenblick, wie ich statt der Puppe Dich umhalste.«

Erinnerungen an die Kindheit, ans Frühlingserwachen einer Zwölfjährigen, an den Bruder Clemens. Der aber war am 28. Juli 1842 in Aschaffenburg gestorben, im Hause seines Bruders Christian. Die Familie dachte daran, seine »Gesammelten Schriften« herauszugeben, was dann von 1852 bis 1855 auch geschah. Aber es sollte sich um eine »gereinigte« Ausgabe handeln, streng katholisch ausgerichtet, verkürzt um den »verwilderten« Roman »Godwi« und andere Schriften aus der Zeit seines »unsittlichen« und »glaubenslosen« Lebens. Das mochte Bettina nicht hinnehmen. Hatte Clemens ihr nicht den zweiten Teil des »Godwi« gewidmet? War sie selbst nicht schon am Ende des ersten Teils als »Rabenschwarze« mit ihren »schönen Augen« und den »Locken der Nacht« porträtiert worden? Gehörten für den Dichter Clemens Brentano nicht gerade die frühen, angeblich unsittlichen Jahre zur fruchtbarsten Schaffensperiode? Und bildete sich damals nicht eine gemeinsame Frontlinie, die Außenseiterstellung gegen die übrigen Geschwister, die bloß ans Geldverdienen und vorteilhafte Eheschließungen dachten? Kurzum, Bettina beschloss, die ehrpusselige Verlogenheit nicht hinzunehmen und ihr eigenes Erinnerungsbuch herauszugeben.

Dies beunruhigte nun wieder die Familie. Franz Brentano, inzwischen ein alter Mann, der selbst im Jahre 1844 starb, schrieb als Familienoberhaupt und ehemaliger Vormund der Halbschwester: »Ich bitte Dich mit Tränen in den Augen, und im Namen sämtlicher Geschwister hier, verschone die Asche und das Andenken Deines frommen Bruders.« Aber es ging Bettina ja gerade nicht um die Herabsetzung, sondern im Gegenteil um die in ihren Augen gerechte Würdigung des Bruders, der einst nicht fromm, sondern ein Dichter gewesen war.

Ihr Buch »Clemens Brentano's Frühlingskranz, aus Jugendbriefen ihm geflochten, wie er selbst schriftlich verlangte« erschien im Jahre 1844. Im Kern ging es um einen Briefwechsel der Geschwister, angereichert mit Gedichten des Bruders, von denen »nicht weniger als 17« erstmals veröffentlicht wurden, und mit den eigenen Betrachtungen der Herausgeberin. Der Zeitzeuge und Gesprächspartner Varnhagen von Ense hat von ihrer Arbeitsweise berichtet: »Bettine fand die Briefe ungeordnet und ließ sie ungeordnet, bald ist der Leser im Jahre 1801, bald im Jahre 1804, ohne daß dies bestimmt angedeutet wäre; um die Verwirrung zu vollenden, schaltete Bettine beim Abschreiben mancherlei ein, wieder ohne Rücksicht auf die Zeitfolge, und so wird das Spätere in das Frühere gesetzt, das Frühere in das Spätere! Sie sagte mir selbst, daß sie beim Abschreiben manches hinzufüge, ausbilde, näher bestimme.«

Wie weit die Überarbeitung geht, lässt sich nicht mehr feststellen, weil fast alle Originalbriefe verloren sind. Von »Verfälschung« muss man jedenfalls reden, zumindest nach den Maßstäben einer philologischen Genauigkeit, wie sie inzwischen sich durchsetzten, nicht zuletzt dank der Arbeit von Gelehrten wie den Brüdern Grimm. Aber trotzig beharrte Bettina bei den Idealen der Frühromantik. Hatten nicht auch Clemens Brentano und Achim von Arnim in »Des Knaben Wunderhorn« die Volkslieder frei bearbeitet, die sie vorfanden? Der Unterschied schon im Ansatz wird im Vergleich zu den – übrigens Bettina von Arnim gewidmeten – Grimm'schen Kinder- und Hausmärchen deutlich. Da wird in der Vorrede betont, dass man sich so genau wie möglich an die Vorlagen gehalten habe. Und es heißt zum Ruhme der Frau Viehmännin, einer Hauptquelle der Sammlung: »Wer an leichte Verfälschung der Überlieferung, Nachlässigkeit bei Aufbewahrung und daher Unmöglichkeit langer Dauer als Regel glaubt, der hätte hören müssen, wie genau sie immer bei der Erzählung blieb und auf ihre Richtigkeit eifrig war; sie änderte niemals bei einer Wiederholung etwas in der Sache ab und verbesserte ein Versehen, sobald sie es bemerkte, mitten in der Rede gleich selber. Die Anhänglichkeit an das Überlieferte ist bei Menschen, die in gleicher Lebensart unabänderlich fortfahren, stärker, als wir, zur Veränderung geneigt, begreifen.« Oder womöglich ist es gerade umgekehrt: Die moderne Philologie, die Geschichtswissenschaften und die Einrichtung von Museen sind Kinder der industriellen Revolution. Denn je schneller und unwiderruflicher der Strom des Veränderns uns vom Vergangenen fortreißt, desto stärker der Drang, bis aufs I-Tüpfelchen genau zu bewahren, was einmal war.

Bettina hat die Ideale der Frühromantik gegen die konservativen Strömungen auch in dem Sinne bewahrt, dass sie den Aufbruch zur Freiheit betonte. Dabei brachte sie neben dem Persönlichen zugleich das Politische ins Spiel: Erinnerungen an die Französische Revolution, die Begeisterung für Freiheit, Gleichheit und Brüderlichkeit, gewiss zum Missfallen der Familien Brentano und Arnim wie der Zensurbehörden, die aber keine Handhabe zum Eingreifen fanden, weil der »Frühlingskranz« doch zum Andenken an einen Dichter geflochten war.

»Clemens Brentano's Frühlingskranz« fand ein wohlwollendes Echo und seine Leser. Adolf Stahr schrieb dazu über Bettine, ihr Buch sei unzweifelhaft »das reinste, einfach-schönste und lieblichste von allem, was sie geschaffen hat; mein Genuß war um so reiner und die Empfindung um so wohltuender, je einfacher und reiner hier die Verhältnisse und Bedingungen der Entstehung uns entgegentreten und je ferner alles Unruhige, peinlich Beklemmende, Gespannte, Seilschwebende gehalten bleibt, was denn doch hier und bei anderen Mitteilungen der herrlichen Frau wohl das ruhige Genußbehagen beeinträchtigt.«

Aber Bettina selbst fühlt nur zu sehr die Unruhe der Gegenwart, der sie sich nicht entziehen konnte. Zur Kehrseite des wirtschaftlichen Umbruchs und Fortschritts, die sich anbahnten, gehörte das Elend, und davor durfte man nicht die Augen verschließen, sondern musste sie denen öffnen, die sich blind und taub stellten. Es entstand das Projekt eines Armenbuches. Am 15. Mai 1844 veröffentlichte sie unter anderem in der Magdeburger und der Cölner Zeitung einen Aufruf; weitere Blätter druckten ihn nach. Darin wurde das Projekt vorgestellt und um die Zusendung von Material gebeten. Schon vorher hatte Bettina von einem Gewährsmann, Friedrich Wilhelm Schloeffel, Einzelheiten über die Zustände in Schlesien erfahren. Wenig später, im Sommer 1844, brach dort in Peterswaldau und Langenbielau der Aufstand der Weber los, die im aussichtslosen Kampf gegen die moderne Textilindustrie und die von England aus herandrängende Konkurrenz in eine Existenzkrise geraten waren. Die Dichter nahmen sich des Themas an, so Heinrich Heine; das wichtigste literarische Dokument hat später der Schlesier Gerhart Hauptmann mit seinem Drama »Die Weber« (1892) geschaffen. Auf den Tag hin schrieb Georg Weerth sein »Hungerlied«:

»Verehrter Herr und König,
weißt du die schlimme Geschicht?
Am Montag aßen wir wenig,
und am Dienstag aßen wir nicht.

Und am Mittwoch mußten wir darben,
und am Donnerstag litten wir Not;
und ach, am Freitag starben,
wir fast den Hungertod!

Drum laß am Samstag backen
das Brot, fein säuberlich
sonst werden wir sonntags packen
und fressen, o König, dich!«

Aber es waren die königlich-preußischen Truppen, die den Aufstand blutig niederschlugen.

Bettina hat ihr schon fortgeschrittenes Projekt schließlich aufgegeben; das »Armenbuch« ist niemals erschienen, sodass wir zwar Materialien und Entwürfe besitzen, aber nicht wissen, wie das fertige Werk ausgesehen hätte. Warum der Abbruch der Arbeit? Kam etwa Einschüchterung ins Spiel? »Den Hungrigen helfen heißt jetzt Aufruhr predigen, hat mir jemand geschrieben und den Rat verbunden, den Druck hier nicht fortzuführen«, notierte die Autorin. Und offenbar grenzte es in der angespannten Situation an Hochverrat, das Panorama des Elends zu enthüllen; der Gewährsmann Schloeffel wurde im Jahre 1845 mehrfach verhaftet.

Aber Bettina war kaum die Frau, die sich einschüchtern ließ. Nicht nur im Falle Schloeffel, sondern auch bei anderen Gelegenheiten trat sie mutig für Verfolgte und Verurteilte ein. Eigentlich nichtige Auseinandersetzungen mit den Berliner Behörden um Steuerfragen und das Stadtbürgerrecht trieb sie fast mit Mutwillen auf die Spitze, sodass es im Jahre 1846 zum »Magistratsprozeß« kam, in dem sie wegen Beleidigung der Behörden zu zwei Monaten Gefängnis verurteilt wurde. Bettina verstand sich auf die Öffentlichkeitswirkung, wollte das Aufsehen nutzen und »war an sich bereit, die Strafe anzutreten, ihr Sohn Friedmund bestärkte sie darin, indem er ihr schrieb, das Gefängnis werde den Magistrat mehr entwürdigen, als alle Briefe der Frau Bettina an ihn wieder gut machen könnten, und ihre französische Übersetzerin Hortense Comu schickte ihr im gleichen Sinne ein Glückwunschschreiben zu dem Urteil. Bettina wollte die Dokumente zum Prozeß als Buch veröffentlichen lassen ...« Es war wohl der angesehene Jurist und Schwager Savigny, der schließlich den Vergleich in einem Revisionsverfahren durchsetzte.

Doch um zum Abbruch des Armenbuchprojektes zurückzukehren: Vielleicht wollte sie an die Dokumentation des Elends Besserungsvorschläge anschließen – und fand keine, die sie befriedigten. Wie sollte sie? Auch der hochentwickelte preußische Verwaltungsstaat zeigte sich ratlos. Oder vielleicht ergab sich keine angemessene Form der Darstellung; die bewährte Brieferzählung passte hier schwerlich. Wahrscheinlich handelte es sich um eine Mischung der verschiedenen Motive.

Für die Öffentlichkeit blieben nur einzelne Äußerungen, wie die nach dem Zeugnis Varnhagens »viel gehörte und gelobte«: Der König möge statt des einzigen Kölner Doms tausend Hütten in Schlesien bauen. Indessen gab es Bettinas durchaus handfeste Hilfstätigkeit. In einem Rückblick hat Varnhagen geschrieben: »Ich las in diesen Tagen viele Zeugnisse von Bettines vielfacher, eifriger und segenvoller Wirksamkeit für die Armen; was sie alles erstrebt und vollbracht, ist zum Erstaunen; aus eigenen Mitteln hat sie viel geleistet und fremde Mittel zu solchen Zwecken geleitet, ohne in die lästige Unart des Aufforderns und Zusammenbettelns zu verfallen.« Aus den vierziger Jahren stammt eine Notiz in den »Berliner Pfennigblättern«: »Nicht nur hat sie 400 Familien in den Familienhäusern besucht und unterstützt, sondern in dem verflossenen Winter 1100 Schuhmachern Arbeit gegeben, welche sie an die armen Bewohner des Vogtlandes [einer Berliner Vorstadt] verschenkte. Sie hat ferner zweimal an den Geldfürsten Rothschild geschrieben und Unterstützung für die armen Juden Berlins von ihm erbeten, so daß diesen 700 Taler zuteil wurden.«

Inzwischen trieben die Verhältnisse auf die Revolution zu. An ihrem Vorabend notierte Bettina: »Der Boden ist wie Zunder, jedermann sieht und fühlt die Gefahr. Nur scheint es durchaus nicht möglich, daß dort sich Licht verbreite über diese Verhältnisse, wo die größte Dunkelheit herrscht und wo man das Prinzip als ein revolutionäres verpönt, die Wahrheit zu sagen.« Offenbar zielte das auf den König und seine Berater.

Nach dem Ausbruch der Revolution schrieb Bettina ihrem Sohn Siegmund einen farbigen Bericht: »Am 19ten [März 1848] um 6 Uhr. In diesem Augenblick ist alles still, aber eine erhabene schauerliche Demonstration ist vom Volk dem König gemacht worden. Ich will Dir alles nach der Reihe erzählen, was wir seit heute 8 Uhr, wo erst das Schießen aufhörte, erlebt und erfahren haben. Um 10 Uhr ging ich mit Jenatz und Giesel in die Stadt. An dem Tor begegneten uns die Truppen, die, um das Volk zu beschwichtigen, aus der Stadt entfernt wurden, und auch, weil die Offiziere erklärt hatten, das Volk nicht bezwingen zu können. Dies hat ungeheure Taten getan, und nichts wird den Glanz seines Ruhmes und seiner Milde und Gutmütigkeit verdunkeln, den es in dieser einen Nacht ohne Waffen erworben. – Also: Auf dem Schloßplatz versammelte sich das Volk, verlangte die gestern Gefangenen, die im Schloß in den Kellern stecken. Der König mußte sie herausgeben ... Unter den Linden begegneten wir einem Leichenzug von der imposanten Art: Ein großer, offner Möbelwagen mit 17 Leichen, hinter diesen 9 Leichen, welche einzeln mit offnen Wunden je von 4 Leuten getragen wurden und mit Blumen geziert waren, eine ungeheure Masse von Volk, welches alles barhaupt ging, und an allen Fenstern Leute, viele vom Volk weinten, wahrscheinlich waren's Freunde der Gefallenen! – Es kam eine Kompanie Soldaten zu Pferd, sie mußten das Gewehr präsentieren, so ging's bis zum Palais des Prinzen von Preußen. Dort wurde Halt kommandiert, das Volk trat auseinander, bildete einen Kreis, der nach der Seite des Palais offen war, die Leichen in der Mitte, und so in der tiefsten Stille vor *jedem* Fenster Halt machten, dann wie sie vorbei waren einen Kirchengesang anstimmten, an der Wache hielten sie wieder an. Die Soldaten präsentierten das Gewehr, die Offiziere salutierten. Nachdem die Leichen vorüber waren, brachte die ungeheure Volksmasse dem Militär ein dumpfes Hurra, sie zogen nach dem Schloß; zufällig stürzte dort der Vater, der nach dem Sohn suchte, nach dem Wagen und fand ihn dort. Das Volk schrie, der König solle herauskommen und die Leichen ansehen; es hörte nicht auf zu schreien bis er herauskam. Nun fragten sie ihn, ob er noch ferner wolle die Bürger unbewaffnet lassen, die sich als Schutzkommission hatten müssen totschießen lassen. Kurz, sie drangen in ihn, daß er die Bewaffnung gewähren mußte! – Heute bis gegen 6 sollen alle bewaffnet sein. Den Prinzen von Preußen [den späteren König und Kaiser Wilhelm I.] will das Volk nicht mehr hier dulden ...«

Es ist deutlich, wie sich Bettinas Sympathien verteilen. Die aber beschränken sich nicht aufs eigene Volk. Noch im Laufe des Jahres 1848 schreibt sie ihre Polenbroschüre, die – nachdem die Machtverhältnisse wieder zugunsten der Reaktion umgeschlagen sind – unter einem Pseudonym in Paris erscheint, zur Tarnung »Der Frau Bettina von Arnim gewidmet«. »Wißt ihr, was ihr tut«, heißt es darin, »wenn ihr einer Nation flucht und geschehen laßt, wovor den Menschen greult? – Tot sei diese Nation und deswegen schleppt man sie vor den Richterstuhl, weil sie diesem Tyrannenausspruch sich nicht fügt? – Es wird ihr zum Verbrechen an ihren Raubrittern, daß sie noch Lebenszeichen von sich gibt ... Und verfehlt nicht, was die öffentliche Stimme behauptet zu bemerken, daß der Verrat an Polen Hand in Hand gehe mit der Absicht, das Volk wieder in die alte Sklaverei zu zwängen ... Herrschsüchtige Leidenschaft, die, um sich zu sättigen, nur ein Volk in nichts auflösen will! Das Volk sträubt sich – das ist sein Verbrechen!« Im Blick auf das, was noch in der Zukunft verborgen lag und im Zweiten Weltkrieg geschah, klingt das beinahe prophetisch. Aber »beide Völker, statt der Mordwege, auf denen sie einander verbluten, könnte der Weg der Eintracht zum Paradiese führen«.

Noch einmal appelliert Bettina: »Der König, der sich nicht abwendet von seinem verwaisten Volk, der, wenn die Orkane verstummt sind, mit abgelegtem Stolz sich niederbeugt zu dem zerrütteten Land und ihm wieder Leben und reine Gestalt gibt, dem wird ein begeistertes Echo des Herrlichen ertönen aus der Zeit, die ihm gehört, weil sie sein Werk, in dem neu erstandenen Geschlecht wieder hervorblüht! – Polen wiedererstehen lassen – Wie königlich! Wie heldenreich! ... Zur Freiheit sich zusammenscharen, das ist eines Königs; – nicht teilen und zermalmen!« Vergebliche Hoffnung: Die Epoche des nationalistischen Eifers, des abgründigen Hasses, des Wahns, der zermalmen wollte und eine Rache aufbranden ließ, die Millionen von Menschen wenn nicht ihr Leben, dann ihre Heimat kostete: diese Epoche stand noch bevor.

In den Jahren nach 1848 wuchs Einsamkeit um die gesellige, nun alternde Bettina. Der König wies ihre Annäherungen jetzt schroff zurück. Den Konservativen, die wieder obenauf waren, galt sie als Verräterin. Ihre jungen, demokratischen Freunde, die sie verehrten, hatten sich in alle Winde zerstreut. Die »Gespräche über Dämonen« wurden kaum noch beachtet oder mit einem Achselzucken abgetan. Varnhagen notierte: »Übrigens ist das Buch das verworrenste, gestaltloseste, verstimmendste, das Bettina geschrieben hat. Sie hat die Widersprüche, aus denen es besteht, nicht zu bezwingen vermocht.«

Manches wäre noch zu nennen: Märchenentwürfe, Zeichnungen, Kompositionen. Doch es handelte sich um Beschäftigungen am Rande ohne nachhaltige Bedeutung.

Im Herbst des Jahres 1854 erlitt Bettina einen Schlaganfall, der sie halbseitig lähmte und ihr zeitweilig auch die Sprache und das Gehör raubte. Sie erholte sich noch einmal. Aber weitere Schläge folgten, und am 20. Januar 1859 starb sie, nicht ganz 74 Jahre alt.

Was bleibt, ist bei allen offenkundigen Schwächen, Eitelkeiten und manchmal auch Überspanntheiten das Bild einer mutigen Frau, die nicht nur für die eigene Freiheit, sondern für alle Unterdrückten kämpfte. Junge Leute, wenn sie denn von ihr etwas wüssten, könnten sie zum Vorbild nehmen.

# Hedwig Courths-Mahler

Das 19. Jahrhundert ist ein Zeitalter des Fortschritts wie noch keines zuvor. Wir sprechen von der industriellen Revolution: In neuen Ballungszentren wachsen die Fabriken empor, über denen die Schlote rauchen; die Eisenbahnen, die Dampfschiffe treten ihren Siegeszug an. Mit der industriellen Revolution entwickelt sich das Bürgertum zur beherrschenden Gesellschaftsschicht. Freilich gibt es zugleich eine Verelendung; zwischen Bourgeoisie und Proletariat entsteht eine Bruchlinie, von der Karl Marx behauptet, dass an ihr sich die Revolution der Zukunft entzünden wird.

Doch nicht davon soll jetzt die Rede sein, sondern von einer anderen, schicksalsbestimmenden Bruchlinie *innerhalb* der bürgerlichen Gesellschaft, von der man weit weniger spricht: der zwischen Männern und Frauen. Um es schlagwortartig auszudrücken: Die Männer rücken auf, aber die Frauen verlieren.

In der älteren, »vormodernen« Gesellschaft bilden Beruf und Familie eine Einheit; die Gutsherrin, die Bäuerin und die Frau Meisterin treten verantwortlich neben ihre Männer, regieren mit ihnen Kinder und Gesinde, Gesellen und Lehrlinge; ohne ihre Mitwirkung ist an ein erfolgreiches Wirtschaften nicht zu denken. Um an ein berühmtes Beispiel zu erinnern: Als der ehemalige Mönch Martin Luther die ehemalige Nonne Katharina von Bora heiratet, bringt die mit energischer Hand Ordnung ins Lotterleben des vielbeschäftigten Reformators, regelt die finanziellen Angelegenheiten und führt schließlich einen ausgedehnten, vielköpfigen Betrieb. Das mag ein Extremfall sein, aber nicht dem Prinzip nach. An solche vormodernen Verhältnisse erinnert noch der alte Abzählvers für Kinder:

»Sechs mal sechs ist sechsunddreißig,
ist der Mann auch noch so fleißig,
und die Frau ist liederlich,
geht die Wirtschaft hinter sich.«

Die bürgerliche Gesellschaft trennt die bisher zusammengehörigen Bereiche. Hier die Privatheit, die Wohnung und Familie, dort die Öffentlichkeit, der Beruf in Büro oder Fabrik, und das eine gehört der Frau, das andere dem Mann. Der »muß hinaus ins feindliche Leben, muß wirken und streben und pflanzen und schaffen, erlisten, erraffen, muß wetten und wagen, das Glück zu erjagen ... Und drinnen waltet die züchtige Hausfrau, die Mutter der Kinder, und herrschet weise im häuslichen Kreise ...« So steht es in Schillers »Lied von der Glocke«, das Generationen von Schulkindern auswendig lernten, und fast sind daraus geflügelte Worte geworden.

Aber was blieb der Frau im bürgerlichen Zeitalter eigentlich noch? Dass seine Gemahlin es nicht nötig habe zu arbeiten, verkündete der arrivierte Bürger voller Stolz, und er nahm das als ein Zeichen dafür, dass er glücklich erreicht hatte, was er wollte. Aber die Frau fiel ins Leere, sozusagen in ein finsteres Loch hinein. Mit dem städtischen Bürgertum vorweg sank von Generation zu Generation die Kinderzahl. Küchen-, Stuben- und Kindermädchen übernahmen den Hauptteil der häuslichen Tätigkeit. Gelegentlich repräsentierte die Gattin an der Seite ihres Gemahls. Im Übrigen las sie, langweilte sich, verfertigte Stickereien und pflegte ihre Migräne. Die höhere Tochter erhielt Gesangs- oder Klavierunterricht, malte oder zeichnete ein wenig und wartete darauf, möglichst vorteilhaft »unter die Haube« gebracht zu werden. Unterdessen blieben alle materiellen und finanziellen Verfügungsrechte dem Manne vorbehalten, und selbstverständlich galt das auch fürs Wahlrecht. Das »allgemeine und gleiche« Wahlrecht, das Bismarck für den Reichstag einführte, hielt nicht, was es versprach; es war ausschließlich Männersache, und erst mit der Gründung der Weimarer Republik trat eine Änderung ein.

Natürlich stellten die wohl situierten Bürgerfrauen nur eine Minderheit dar, doch allen anderen erging es noch schlechter. Die

Proletarierfrauen sahen sich in lichtlosen Hinterhöfen zu einem entbehrungsreichen Dasein verurteilt, wussten kaum, wie sie die Mäuler ihrer Kinder stopfen sollten, und verbrauchten sich schnell. Noch schneller verbrauchten sie sich, wenn sie durch Putzen in fremden Häusern, in Heimarbeit oder in der Fabrik ein Zubrot verdienten. Unter den Dienstmädchen, die vom Lande in die Stadt strömten, reiften manche zur »Perle« heran, die lebenslang bei »ihrer« Familie blieben – freilich im Verzicht auf ein eigenes Leben. Viele verheirateten sich mit Dienstmännern oder Arbeitern, nicht wenige gerieten in die Prostitution.

Zur materiellen Bruchlinie gesellte sich die moralische. Kein anderes Zeitalter stellte sich so moralisch aufgeladen dar. Die weibliche Leitfigur der Epoche war die britische Königin Victoria, und noch heute sprechen wir vom viktorianischen Zeitalter. Aber geblieben ist von ihm die kopfschüttelnde Erinnerung an eine alles überschattende Prüderie. Dabei handelte es sich um eine Moral mit doppeltem Boden. Dem Manne billigte man zu, ja man erwartete von ihm, dass er sich gehörig »die Hörner« abstieß; den passenden Kontrast zur ehrbaren Gesellschaft bildeten eine schillernde Boheme und das Bordell. Die bürgerliche Frau dagegen sollte unberührt, praktisch asexuell bleiben bis zu ihrer Hochzeit und danach dem Gatten absolut treu sein bis in den Tod. »Ein junges Mädchen aus guter Familie durfte keinerlei Vorstellungen haben, wie der männliche Körper geformt sei, nicht wissen, wie die Kinder auf die Welt kommen, denn der Engel sollte ja nicht nur körperlich unberührt, sondern auch seelisch vollkommen ›rein‹ in die Ehe treten. ›Gut erzogen‹ galt damals bei einem jungen Mädchen für vollkommen identisch mit lebensfremd; und diese Lebensfremdheit ist den Frauen jener Zeit manchmal für ihr ganzes Leben geblieben … Aber so wollte die Gesellschaft von damals das junge Mädchen, töricht und unbelehrt, wohlerzogen und ahnungslos, neugierig und schamhaft, unsicher und unpraktisch, und durch diese lebensfremde Erziehung von vornherein bestimmt, in der Ehe dann willenlos vom Manne geformt und geführt zu werden.« So Stefan Zweig in seinem Erinnerungsbuch »Die Welt von Gestern«.

Man könnte mit der Schilderung noch lange fortfahren, und je genauer sie ausfiele, desto eindrucksvoller, vielmehr bedrückender müsste sie sein. Indessen lässt sich der Sachverhalt vielleicht noch in einer Art von Gemälde anschaulich machen.

Es gibt farbenfrohe und farbenscheue Gesellschaften. Im Europa des Ancien Régime, in der höfisch-aristokratischen Welt war Farbigkeit selbstverständlich. Das galt auch oder gerade für die Männer und zumal für die herrschenden Schichten, für Fürsten, Adlige, Hofbeamte, Offiziere und überhaupt für das Militär. Nach Papageienart stolzierte man bunt gefiedert umher; darüber kann jeder Blick auf zeitgenössische Bilder belehren, übrigens bei starker Betonung der Körperformen und der Geschlechtsmerkmale. Doch im 19. Jahrhundert treten gegen die Papageien die Pinguine an, die Bürger im dunklen Gehrock mit dem unvermeidbaren Zylinder. Man gerät in Versuchung, von einer Klassenfront der Farben und der Farblosigkeit zu sprechen, um nicht zu sagen von einem Aufstand der farblosen Gesellschaft gegen die farbige. Denn es gibt sie ja noch, die Repräsentanten der alten, vorrevolutionären Ordnung: Könige, Hofgesellschaften, Diplomaten und die Soldaten, die sie beschützen. Erst in den Schützengräben des Ersten Weltkriegs erlischt aller Glanz.

Mit den bürgerlichen Dunkelmännern steigen 1848 auch schon Proletarier auf die Barrikaden und betreten damit den Schauplatz der Geschichte. Wenn wir Karl Marx glauben wollen, musste dieser gemeinsame Kampf eine bloße Episode bleiben, weil die eigentliche, die epochale Klassenfront vom Proletariat her gegen die Bourgeoisie zu ziehen war. Zwar haben auch seither in allen Kriegen Bürger und Arbeiter weit eher mit- als gegeneinander gefochten. Aber was besagen schon Tatsachen gegen die Prophetie? Doch die Farbanalyse legt eine abweichende Betrachtung ebenfalls nahe. Denn die Bürger der Bürgergesellschaft und die Anführer der Arbeiterbewegung unterscheiden sich kaum, und weder Karl Marx noch August Bebel kann man sich als schillernde Papageien vorstellen.

Wieder reden die Bilder. Man sehe Menzels Gemälde von Hofgesellschaften, vergleiche damit Bilder oder Fotos feierlicher Familienversammlungen von Bürgern oder Arbeitern, betrachte Unternehmer und Bankiers, daneben Gewerkschaftsführer und Sozialistenkongresse. Die Grenzlinien sind dann unmissverständlich: dort die höfische Welt, hier – gemeinsam – Bourgeoisie und Proletariat. Marx, in ein Gruppenbild ohne Dame der Rothschilds eingeschmuggelt, er würde nicht auffallen. August Bebel und Wilhelm Liebknecht neben Friedrich Krupp und Emil Rathenau: kein Unterschied.

Ein Gegensatz bleibt indessen, markant genug: Frauen, auch oder gerade arrivierte Bürgerfrauen, solange sie keine »Matronen« sind, dürfen und sollen sich weiterhin buntfarbig darstellen, dazu dank allerhand Verschnürungen und Versteifungen noch mit stark betontem Busen und Hinterteil. Aber was besagt das? Wird damit etwa eine Rangerhöhung signalisiert? Nein, durchaus nicht und im Gegenteil; es demonstriert vielmehr, dass die Frau, die zur »guten« Gesellschaft gehört, in der ernsthaften Ordnung, auf die es ankommt, in der Welt der Arbeit und des Erfolges, keinen Platz hat. Sie taugt zu nichts, außer zum Herzeigen. Sie wird dargestellt, stellt sich selbst dar als ein Spielzeug, die Zierpuppe ihres Mannes – und als nichts darüber hinaus.

Welcher Ausweg bleibt der Frau, wenn sie mit der Entwicklung der bürgerlichen Gesellschaft immer hoffnungsloser ins Abseits, ins Leere, in ein Leben ohne Erfüllung gerät? Grundsätzlich bieten sich zwei Möglichkeiten an. Die Erste besteht darin, dass sie den Kampf um Gleichberechtigung, um ihre Emanzipation aufnimmt. Angesichts des massiven Widerstandes, der abgründigen Vorurteile, des Hohns über »Blaustrümpfe« oder missratene »Mannweiber«, der ihr entgegenschlägt, ist dazu allerdings sehr viel Mut und Charakterstärke erforderlich, und von einer Massenbewegung kann im ganzen 19. Jahrhundert nicht die Rede sein.

Immerhin gab es frühe Wegbereiter. Schon 1792 schrieb die Engländerin Mary Wollstonecraft ihre »Vindication of the Rights of Women«, »Verteidigung der Rechte der Frauen«. Im gleichen Jahr veröffentlichte der ostpreußische Schriftsteller Theodor Gottlieb von Hippel, im Hauptberuf Bürgermeister und Polizeipräsident von Königsberg, seine Abhandlung »Über die bürgerliche Verbesserung der Weiber«. Besonderen Einfluss gewann das Buch von John Stuart Mill, »The Subjection of Women«, »Die Hörigkeit der Frau«, das 1869 erschien. Um die Wende vom 19. zum 20. Jahrhundert entwickelte sich in England die höchst widerborstige Bewegung der Suffragetten, die unter der tatkräftigen Führung von Emmeline Pankhurst schließlich das Wahlrecht erkämpfte.

In Deutschland ist als Vorkämpferin der Frauenbewegung vor allem Luise Otto-Peters zu nennen (1819–1895). Sie betätigte sich als Schriftstellerin, trat 1846 mit dem dreibändigen Roman »Schloß und Fabrik«, ein Jahr später mit »Lieder eines deutschen Mädchens« hervor und gründete 1849 sozusagen als Vorläuferin der heutigen EMMA die allerdings nur kurzlebige »Frauenzeitung für höhere weibliche Interessen«. Bedeutsamer war der Allgemeine Deutsche Frauenverein, der 1865 in Leipzig unter der Führung von Luise Otto-Peters und Auguste Schmidt entstand; für Jahrzehnte blieb er der wichtigste Träger der Frauenbewegung. Eine lange Reihe von engagierten Frauen wäre danach zu nennen; sie führt über Helene Lange, Gertrud Bäumer, Marianne Weber, Elly Heuss-Knapp und Marie Elisabeth Lüders bis zu Alice Schwarzer.

Die zweite Möglichkeit sieht ganz anders aus, und sie ist nicht für die wenigen, sondern für die vielen gemacht. Statt der Auflehnung setzt sie insgeheim schon die Ergebung, die Resignation voraus – oder eine Art von Fluchtbewegung: Aus der schalen Gegenwart träumt man sich hinweg in Luftschlösser der Phantasie, in Sehnsüchte und Empfindungen vom wahren Leben, von der Liebe, vom Glück. Um dies zu erreichen, möchte man an die Hand genommen und geführt werden, die Träume ausgemalt bekommen; dazu dient eine besondere Art von Schrifttum, von Frauen für Frauen beinahe ausnahmslos in Romanform verfasst, abseits von der offiziellen Literatur, über die kluge Bücher und Kritiker, Professoren und Gymnasiallehrer sprechen. Allenfalls ist vom »Schund« oder vom »Kitsch« die Rede; tatsächlich haben diese Romane mit der Wirklichkeit wenig zu tun und sind in der Regel so gearbeitet, dass Köchinnen und Ladenmädchen sich in ihnen ebenso verlieren können wie höhere Töchter und Bürgergattinnen. Aber man sollte beachten, dass die Geschichten von Liebe und Leid mit dem beinahe garantierten glücklichen Ausgang eine Funktion haben: Sie bieten Ablenkung, einen Lebensersatz. Sie füllen Leerräume aus, so wie später das Kino und heute viele Fernsehserien. Wer sie darum als verächtlich abtut, müsste eigentlich die Gesellschaft oder die Natur des Menschen anklagen, die so viele Bedürfnisse des Herzens erst schafft und dann ungestillt lässt. Untergründig schwingt in der Abwertung manchmal wohl auch der Neid mit, denn scheinbar schwerelos erreichen die einschlägigen Autorinnen mit den Traumerzählungen nicht selten Auflagengipfel, die ihre ernsthaften Konkurrentinnen und Konkurrenten trotz aller Mühsal niemals erreichen.

Als eine Ahnherrin kann man vielleicht Sophie La Roche nennen, die Großmutter Bettina Brentanos, deren »Geschichte des Fräuleins von Sternheim« im Jahre 1771 erscheint – allerdings nur mit Vorbehalt, denn es handelt sich zwar um einen Unterhaltungsroman, aber noch nicht um ein pures Traumprodukt, sondern mit durchaus kritischer Absicht, dem Geist der Aufklärung verbunden. Dieser Roman wurde daher nicht nur vom breiten Publikum, sondern auch von Männern wie Herder und Goethe geschätzt.

Auf festen Boden oder auf die Herzensbühne gelangen wir dagegen mit E. Marlitt, kurz »der Marlitt«, eigentlich Eugenie John, die von 1825 bis 1887 lebte. Wegen eines Gehörleidens musste sie ihre Laufbahn als Sängerin aufgeben und diente bis 1863 der Fürstin von Schwarzburg-Sondershausen als Vorleserin. Wahrscheinlich hat sie dabei den Sinn für die Trivialliteratur entwickelt, mit dem sie sich schließlich und höchst erfolgreich auf die eigenen Füße stellte. Durchweg erschienen ihre Erzählungen zunächst als Fortsetzungsromane in der 1853 gegründeten »Gartenlaube«, die sich schnell zur führenden deutschen Familienzeitschrift entwickelte, wöchentlich auf den Markt kam und mit den Werken der Marlitt ihre Auflagen steigerte. Auch der weitere Vertrieb erreichte einen großen Leserkreis. Alle Erzählungen sind geschickt und spannungsreich aufgebaut, und manchmal ragt wirklich Gelungenes heraus, wie »Das Geheimnis der alten Mamsell« aus dem Jahre 1867.

Übrigens war die Marlitt keine Vielschreiberin; ingesamt hat sie nur acht Romane verfasst. In ihnen scheint immer wieder das Märchen vom Aschenputtel durch: vom Aufstieg trotz aller Schrecken, aller Armut und Verachtung, die man in der Jugend erfährt. Und bei aller Sentimentalität spürt man stets, dass die Marlitt einen Sinn für Gerechtigkeit und das Herz auf dem rechten Fleck hat. Kein Geringerer als ihr eidgenössischer Kollege Gottfried Keller hat mit Respekt gesagt: »Diese Person besitzt ein tüchtiges Freiheitsgefühl, und sie empfindet wahren Schmerz über die Unvollkommenheit in der Stellung der Weiber.« Von 1886 bis 1890 wurden die gesammelten Romane und Novellen in zehn Bänden herausgegeben.

Neben und nach der Marlitt gab es natürlich noch andere Schreiberinnen, die heute vergessen sind, etwa Nathalie von Eschstrut (1860–1939). Nur eine Kuriosität sei noch erwähnt: »Die Heilige und ihr Narr« von Agnes Günther. Die Erzählung erschien 1913, zwei Jahre nach dem Tod der Autorin; es gehörte sich in diesem Falle offenbar nicht, das Schreiben zum Beruf zu machen, denn Agnes Günther war mit einem wohlbestallten Professor der Theologie verheiratet. In »Die Heilige und ihr Narr« stirbt man buchstäblich am Edelsinn – aber das Buch erwies sich beinahe als unsterblich und erreichte mehr als 100 Auflagen.

Es ist nun das Bühnenbild aufgebaut und hoffentlich sogar ein wenig Verständnis vorbereitet für den Auftritt der Königin unter all denen, bei denen Herz sich so wundersam auf Schmerz und Sonne auf Wonne reimt. Hedwig Courths-Mahler wurde am 18. Februar 1867 in Nebra an der Unstrut geboren, einer unbedeutenden thüringischen Kleinstadt von kaum 2500 Einwohnern ungefähr in der Mitte zwischen Erfurt und Halle. Sie hieß eigentlich Ernestine Friederike Elisabeth Mahler; den Namen Hedwig hat sie selbst durchgesetzt, und zwar nicht erst als ein Autoren-Pseudonym, sonders bereits als Kind: Hartnäckig hörte sie einfach auf keinen anderen Anruf. Ihre Mutter, Henriette Mahler, war knapp 24 Jahre alt und schwanger von dem Unteroffizier Ernst Schmidt, der sie auch heiraten wollte, aber fünf Monate vor der Geburt des Kindes an der Cholera starb. So wurde Hedwig unehelich geboren, für die bürgerliche Ordnung der Moral mit einem Makel behaftet, obwohl der damals unter armen Leuten häufig vorkam.

Die Mutter erwies sich auch in der Folgezeit als »leichtlebige Person«. Sie zog bald nach Weißenfels um und brachte dort 1869 ein zweites uneheliches Kind zur Welt. Zwar heiratete der Kindsvater sie, aber nach etwa drei Jahren folgte schon wieder die Scheidung. Insgesamt hat Henriette Mahler fünfmal geboren, davon nur einmal innerhalb ihrer Ehe. Zwei ihrer Kinder sterben schon früh, und eine engere Bindung hat sich unter den überlebenden Geschwistern nicht entwickelt, obwohl Hedwig zusammen mit ihren Brüdern Oskar und Max aufwächst. Oskar macht später eine Kleinbürgerkarriere, wird Buchhalter und verheiratet sich ordnungsgemäß. Max gleitet ab, gerät ins Zuhältermilieu, wird wegen schweren Diebstahls zu einer Gefängnisstrafe verurteilt und stirbt schließlich elend an den Folgen der Syphilis.

Die kleine Ernestine oder Hedwig Mahler wurde in Pflege gegeben. »Die Hebamme vermittelt ihr eine Familie. Drei Jahre lang wird hier Hedwig bei den fremden Leuten gequält, mißhandelt, geschlagen und vernachlässigt.« Ob diese Quälerei wirklich so lange gedauert hat oder ob es sie überhaupt gegeben hat, ist allerdings zu bezweifeln; nach anderen Angaben wird Hedwig schon früh dem Schusterehepaar Birkner zur Pflege übergeben – als »Kostkind« für 24 Taler im Jahr, die die leibliche Mutter bezahlt. Das ist nicht gerade viel, und oft heißt Schmalhans der Küchenmeister. »Als ich ein armes Kind war, hätte ich gern mal Wurst und Fleisch auf meinen Stullen gehabt«, schrieb die inzwischen wohlhabende und wohlgerundete Erfolgsautorin 1938 in einem Brief, und oft trieben sich die Kostkinder auf dem Wochenmarkt herum, um dort bei gutmütigen Verkäufern oder Verkäuferinnen einen »Bückling ohne Kopf« oder eine Gurke, einen Apfel zu erbetteln, damit sie etwas im Magen hatten.

Hiervon abgesehen handelte es sich bei der Vermittlung zu den Birkners um einen Glücksfall, und Hedwig Courths-Mahler hat stets mit Dankbarkeit von ihren Pflegeeltern gesprochen, ja sie verklärt. Als handelte es sich um die leiblichen Großeltern, übernahm ihre eigene Tochter Margarete zunächst den Namen Birkner und gab ihn dann an die Schwester Frieda weiter, an der er fortan haftete, wohl um sich im Wechsel durch drei Ehen ihre Identität zu bewahren. In Erinnerungen Hedwigs, die aus dem Jahre 1913 stammen, erscheint die Kinderheimat in Weißenfels als Idylle:

»In dem alten Hause gab es viele Winkel und Eckchen. Am traulichsten war es in Muhme Birkners Biedermeierstübchen mit den wunderlichen alten Möbeln und dem Duft von Bratäpfeln, der darüber schwebte. Und einen tiefen eiskalten Keller gab es, in den man durch eine hölzerne Falltür vom Hausflur aus gelangte. In diesem Keller hielt sich die Butter auch im heißesten Sommer steinhart. Da hatte man keinen Eisschrank nötig, um die Speisen frisch zu halten. Die Kartoffeln und Kohlköpfe lagerten dort für den Winterbedarf, und in der Äpfelkammer waren Mutters Einmachetöpfe aufgestapelt, mit herrlichen Sachen, die man damals in unserer kleinen Stadt für einen märchenhaft billigen Preis auf dem Wochenmarkt erstand ... Auch ein hübscher Garten war neben dem lieben alten Hause. Er lag etwas höher als der Hof. Einige Obstbäume standen darin, deren Früchte nie so recht zum Reifen kamen – meine Brüder und ich, wir hatten nämlich eine bedenkliche Vorliebe für halbreifes Obst. Und Blumen in Hülle und Fülle – Blumen, wie man sie jetzt kaum noch sieht, deren Namen meinem Gedächtnis entschwunden sind. Dazwischen Buchsbaumrabatten, in denen uns Muhme Birkner Ostereier versteckte, mit bunten Schnörkeln verziert, die Muhme Birkner kunstvoll draufmalte. Wir suchten sie mit demselben Eifer, als wären sie aus köstlichem Marzipan oder Schokolade gewesen, wie sie jetzt der Osterhase bringt. Auf der Treppe, die vom Hof aus in den Garten führte, da habe ich im Sommer stundenlang gesessen unter einer breitästigen Kastanie und habe die schönsten Märchen ›verschlungen‹. Auf dieser Treppe habe ich auch meinen ersten dichterischen Versuch gewagt, der mir aber weder Lorbeeren noch Anerkennung einbrachte, sondern eine Strafarbeit für versäumte Schularbeiten. Ich mußte hundertmal abschreiben: ›Ich soll fleißig sein.‹ Das habe ich mir seither so fest eingeprägt, daß mir heute kein Mensch mehr solche Strafarbeit aufzugeben braucht.«

Nein, gewiss nicht. Hedwig Courths-Mahler ist in ihrem späteren Leben stets pflichtbewusst bei ihrer Arbeit geblieben, nicht selten für vierzehn Stunden pro Tag. Ganz zu trauen ist ihren Rückblicken freilich niemals; hier hat sie vergoldet, dort – wo es um Unangenehmes oder gar Peinliches ging – geschwiegen oder jedenfalls vertuscht, soweit das nur möglich war. Indessen darf man beinahe beim Wort nehmen, was eine Novelle berichtet: »Vater Birkner ist der Lärm, den die Kleinen verüben, niemals zuviel geworden, und wenn Mutter einmal mit einem Machtwort dazwischen fahren will, begütigt er sie: ›Laß sie, Mutter, es sind doch Kinder.‹ Dann ist sie still und droht nur einmal den Ausgelassensten mit der großen Holzkelle. Ist das Wetter schlecht, drängen sich immer ein paar in der Werkstatt herum, allzuviele haben ja nicht Platz. Sie sitzen auf der schmalen Holzbank am Ofen oder hocken auf dem Boden. ›Vater Birkner, was erzählen.‹ Dann beginnt er in einer geheimnisvollen Art, die für die jugendlichen Gemüter unendlich spannend ist, halb Märchen, halb Sage von Bergen und Burgen und Ländern, die er nie gesehen, und die er schildern kann, als wären sie ihm vertraut.«

Offenbar war dieser arme Flickschuster ein direkter Nachkomme von Hans Sachs und regte die Phantasie der jungen Hedwig zu den ersten eigenen Versuchen an. Darüber heißt es in Erinnerungen aus dem Jahre 1911: »In dem Thüringer Städtchen Weißenfels verbrachte ich meine ersten zwölf Lebensjahre. Damals tollte ich viel lieber mit meinen Brüdern im Freien umher, als daß ich still und fleißig hinter den Büchern gesessen hätte [die es ohnehin wohl in keiner großen Auswahl gab]. Schon in unsere Spiele brachte ich gern einen romantischen Zug. Die Burgen stolz und kühn ›an der Saale hellem Strande‹ befruchteten meine lebhafte Phantasie. Mit Vorliebe spielten wir auf den alten, terrassenförmig abfallenden Friedhöfen mit ihren jahrhundertealten Erbbegräbnissen. Auf der Steinplatte der letzten Ruhestätte des Dichters Novalis unter einem mächtigen Holunderbaum ruhten wir uns aus, wenn wir müde waren. Am hellen Tage dachten wir nicht daran, daß unter uns die Toten ruhten. Aber in der Dämmerstunde war es dann schaurig schön. Vor dem Relief eines in Sandstein gehauenen Ehepaars aus einem alten Adelsgeschlecht, das an der Friedhofmauer sein Erbbegräbnis hatte, blühte ein wilder Rosenstrauch. Dieses Sandsteinbild und der Rosenstrauch begeisterten mich eines Tages so sehr, daß ich meinen ersten literarischen Versuch wagte. Wie er ausgefallen ist, weiß ich nicht, – ich weiß nur, daß ich darüber meine Schularbeiten versäumte. Die Folgen waren nicht ermutigend für meine fernere schriftstellerische Laufbahn – ich übergehe sie mit Stillschweigen. Überhaupt ist mir niemals Förderung zuteil geworden. Meine ferneren Ausflüge in das gelobte Land der Dichtkunst trugen mir manche Strafe, manchen Tadel ein, und meine Brüder waren empört, daß ich nicht mehr mit ihnen herumtollte, sondern in irgendeinem Winkel jedem erreichbaren leeren Stück Papier meine ›Gedanken‹ anvertraute. Kunterbuntes Zeug ist da zustande gekommen. Das Übel aber saß fest.«

Von einer Befruchtung durch den Schulunterricht, der alles in allem wohl nur sechs Jahre dauerte, ist weiter nicht die Rede. Wozu auch? »Alles was ich bin und weiß, habe ich mir selbst erworben«, sagte später die Erfolgsautorin voller Stolz und mit Recht.

Die Kindheitsidylle endete jäh, als im Jahre 1879 die leibliche Mutter das Mädchen zu sich nahm – und zwar nach Leipzig, wohin sie schon 1872 gezogen war. Das war nun kein verträumter, fast noch ländlicher Winkel wie Weißenfels, sondern eine hellwach aufstrebende Großstadt. Blühende Gewerbe und die großen Handelsmessen fanden hier ihren Ort. Leipzig war aber auch eine Stadt des Geistes und der Kunst, der Musik, des Theaters, des Buchdrucks und wichtiger Verlage; eine berühmte Universität hatte hier ihren Sitz und seit kurzem auch das Reichsgericht. Mehr noch sollte man vielleicht von einer Stadt des Zeitgeistes sprechen; Luise Otto-Peters gründete im liberalen Leipzig ihren Deutschen Frauenverein, und schon am 7. Mai 1860 war ein gewisser August Bebel zugezogen, der dann zum Führer der deutschen Arbeiterbewegung aufstieg. »Als wir am nächsten Tag beim herrlichsten Maiwetter die Stadt und die in voller Frühlingspracht stehenden Promenaden besichtigten, gefiel mir Leipzig ungemein«, hat Bebel in seinen Erinnerungen geschrieben.

Für die blutjunge Hedwig Mahler dürfte es sich eher um einen Schock gehandelt haben. Denn nach allem, was wir wissen, verdiente Henriette Brand – wie die Mutter sich seit ihrer kurzen Ehe nannte – ihren Unterhalt als Prostituierte. Und auch dafür war Leipzig mit seinem lebhaften Kommen und Gehen und dem vielen Geld, das hier umgesetzt wurde, der rechte Ort, in der deutschen Rangordnung der dritte nach Berlin und Hamburg. Schon im Jahre 1865 gab es nach einem zeitgenössischen Bericht etwa 2500 Prostituierte, die im Hauptberuf ihrem Gewerbe nachgingen, und 66 Bordelle, nach der Qualität des Angebots und den Preisen, die gefordert wurden, einigermaßen ordentlich für die höheren und die niederen Stände geschieden. Zeitweise versuchten die Behörden, dem zwielichtigen Getriebe durch eine Schließung der Bordelle zu begegnen, doch damit geriet das Übel nur ins Unkontrollierbare, sodass die Lasterstätten schließlich wieder zugelassen werden mussten. Hedwigs Mutter war allerdings »freischaffend« tätig. Sie starb im Jahre 1900, nur 57 Jahre alt, nachdem sie ein Jahr zuvor wegen Kuppelei zu einem Monat Gefängnis verurteilt und unter Polizeiaufsicht gestellt worden war. Aber schon im Jahre 1881 war über Henriette Brand eine Polizeiakte angelegt worden. Um sich den Nachstellungen der Ordnungshüter (oder von Zuhältern) zu entziehen, wechselte sie sehr häufig die Wohnung.

Hedwig Courths-Mahler hat sorgfältig verschwiegen, was ihr in Leipzig widerfuhr, sodass wir auf Vermutungen angewiesen sind. Aber man braucht wenig Phantasie, um sich auszumalen, dass sie vieles miterlebte und vielleicht auch von den Freiern ihrer Mutter bedrängt worden ist. Heimlich schrieb sie, mehr denn jemals zuvor, zunächst natürlich nur für die Schublade. Handelte es sich um Mädchenträume vom besseren Leben, von der wahren Liebe, also um eine Flucht vor der finsteren Wirklichkeit? Oder um eine trotzige Selbstbehauptung, eine Form von Emanzipation? Es bleibt bei den Fragen, weil diese frühen Erzählungen verloren sind. Von ihnen hat die Autorin selbst im Rückblick gesagt: »Sie waren alle sehr, sehr traurig. Ja, alle endeten schlimm. Damals hatte ich ja wenig Grund zu der Hoffnung, daß auch einmal etwas gut ausgehen könnte.«

Es war also eher die Verzweiflung, die dem sensiblen jungen Mädchen die Feder führte – oder eine verzweifelte Sehnsucht nach der Geborgenheit und dem Glück, das sich nirgendwo zeigte. Und wenn später die gereifte Schriftstellerin in ihren Liebesromanen zwar die Leidenschaften stürmen ließ, aber die pure Sexualität sorgfältig aussparte, und wenn sie zielbewusst auf das »Happy End« zusteuerte, dann kann man das fast nach Belieben deuten, sei es als Verdrängung der finsteren Leipziger Jugenderlebnisse, sei es als den Versuch, ihren Leserinnen so etwas wie das »Prinzip Hoffnung« zu vermitteln.

Im gesicherten Abstand, in einer Kurzgeschichte aus dem Jahre 1927, die von der ersten Liebe berichtet, hat sich die Finsternis aufgehellt bis zum strahlenden Licht. Die Liebe gilt einem Sänger, der dem Mädchen einen Fliederstrauß überreicht und es küsst. »Ich rannte davon, als brenne der Boden unter mir, die engen Schuhe brannten viel weniger als die geküßten Lippen. Es war einfach wundervoll!« Die Wiederbegegnung folgt einige Jahre später – und schamhaft oder stolz verschweigt die Ich-Erzählerin ihren Namen: Denn der inzwischen sehr erfolgreiche Sänger »soll auch heute nicht erfahren, daß er die erste Liebe der Courths-Mahler war«. Zum garantiert wahren Hintergrund gehört indessen, dass die Erzählerin seit ihrer Leipziger Zeit, als sie sich die notwendigen Groschen für die billigsten Stehplätze vom Munde absparte, zu den leidenschaftlichen Theater- und Opernbesucherinnen gehörte, von da an lebenslang, auch in den Berliner Jahrzehnten. Immer verkehrte sie gern mit Schauspielern, und auch ihre Schwiegersöhne stammten von den Brettern, die die Welt bedeuten.

Seit sie vierzehn Jahre alt war, arbeitete Hedwig als Kinderbetreuerin, Dienst- oder Ladenmädchen. »Am Tage stand ich hinter dem Ladenpult, bediente die eleganten Welt- oder Halbweltdamen Leipzigs und war von meiner Wichtigkeit restlos überzeugt.« Einmal allerdings will der Neffe des Ladenbesitzers sie vergewaltigen. Sie wehrt sich mit kräftigen Ohrfeigen – und wird prompt entlassen. Eine wichtige Zwischenstation bildete die Betreuung einer alten Dame. Bei ihr las Hedwig zum ersten Mal die »Gartenlaube« und machte damit die Bekanntschaft berühmter Autoren wie Felix Dahn, Gustav Freytag – und vor allem mit der Marlitt.

Im Jahre 1884 verlobte sich Hedwig mit Fritz, eigentlich Julius Emil Friedrich Courths. 1863 geboren, war er aus Elberfeld zugezogen, trug einen Schnurrbart und einen Kneifer und arbeitete als Dekorationsmaler. Doch die Mutter verbot die Hochzeit mit den üblichen Argumenten: »Du bist noch viel zu jung, und dieser Mann kann keine Familie ernähren ...« Man musste bis zur Volljährigkeit warten, damals dem vollendeten 21. Lebensjahr. Erst am 5. Januar 1889 wird geheiratet, und um dem anrüchigen Bannkreis der Mutter zu entgehen, zieht man nach Halle um. Im Oktober 1889 wird die Tochter Margarete, im April 1891 Frieda geboren.

Aber die Vorhersage der Mutter erfüllt sich: Courths verdient nicht genug. Bittere Not stellt sich ein. »Über Kinderkrankheiten und Sorgen des Lebens vergingen mir alle Flüge ins Reich der Phantasie«, hat die junge Hausfrau sich später erinnert. Und wo Frau Sorge regiert, hängt bald auch der Haussegen schief. Hedwig fand Anlass, sich über den Leichtsinn ihres Mannes zu beklagen. Während das Geld kaum zum Überleben reichte, kaufte er als Liebhaber schöner Dinge oft teuren Modekram ein, den seine Frau am nächsten Tag wieder in das Geschäft zurückbringen musste. Umgekehrt hat ein Arbeitskollege des Dekorationsmalers berichtet: »Courths war ein zuverlässiger und talentierter Mitarbeiter. Oft kam er jedoch abgehetzt zur Arbeit und klagte über seine Häuslichkeit, in der er mithelfen mußte, die zwei Mädchen zu versorgen und den Haushalt zu betreuen. Seine Frau beschäftigte sich mit dem Lesen von Unterhaltungsromanen, am liebsten solchen, die aus dem Englischen übersetzt wurden. Außerdem begann sie selbst Romane zu schreiben, was er nicht ernst nahm.« Die bitteren Auseinandersetzungen zwischen den Ehepartnern, die folgten, kann man sich vorstellen wie die Tränen, die bei Hedwig flossen. 1893, nach vier ärmlichen Jahren, wirkte es wie das Eingeständnis einer Niederlage, dass man nach Leipzig zurückkehrte und sogar die Demütigung ertrug, von der Mutter beziehungsweise Schwiegermutter Henriette Brand von Zeit zu Zeit etwas zugesteckt zu bekommen.

Erst nach weiteren vier Jahren, 1897, kündigt sich eine Wendung zum Besseren an. Courths wird bei einer Textilfabrik angestellt, für die er Entwürfe für Möbelstickereien anfertigt. Bald darauf klopft die Firma Cohrs & Michaelis aus Chemnitz an die Tür; man hat die Entwürfe gesehen und möchte den Urheber engagieren, gegen freie Wohnung und 6000 Mark Jahresgehalt – damals ein gutes Einkommen. Auftritt Hedwig bei Herrn Cohrs: Ihr Mann sei ein begnadeter Künstler, er müsse als »künstlerischer Direktor« und für ein Jahresgehalt von 10 000 Mark eingestellt werden. Beeindruckt sagt Herr Cohrs zu: Man zieht nach Chemnitz um, und ein Aufstieg der Familie Courths in die »gute Gesellschaft« der Stadt beginnt; bald schon kann man die Töchter beim vornehmen Tennisklub anmelden.

In Chemnitz beginnt auch der Aufstieg der Schriftstellerin. Zwar hatte schon die Halbwüchsige Leipziger Zeitungen einige Texte eingereicht und damit ein paar Mark verdient. Aber jetzt fängt etwas Neues an. Noch kurz vor ihrem Tod hat Hedwig Courths-Mahler diesen Anfang so geschildert:

»In Chemnitz gehörten wir zur ersten Gesellschaft, unser Bekanntenkreis war sehr ausgedehnt. Zu unseren Freunden gehörten viele Künstler aller Sparten, darunter auch der Redakteur des ›Chemnitzer Tageblatts‹, Paul Hermann Hartwig, ein intimer Freund der Hermine Körner [der seinerzeit sehr bekannten Schauspielerin, 1882 bis 1960, die gerade ihre große Laufbahn begann], ein kluger Mensch, aber mit unerträglicher Spottlust. Gelegentlich einer Gesellschaft war er mein Tischnachbar und überfiel mich mit seiner Spottlust geradezu. – ›Schöne Frau!‹ (Das mir!) ›Wissen Sie, daß Sie Dichteraugen haben?‹ Der Spott reizte mich, ich wurde rot und trotzig und stieß hervor: ›Ich schreibe ja auch!‹ ›Der Tausend? Das muß ich zu lesen bekommen!‹ Natürlich sträubte ich mich, diesem Spötter meine geliebte Arbeit auszuliefern, aber er ließ mir keine Ruhe und ich sagte zu. Am anderen Tag brachte ich ihm meine Arbeit ›Licht und Schatten‹. Am nächsten Tag rief man mich ans Telefon. Mein Herr Spötter war am Apparat: ›Kleine Frau, Sie haben mir eine schlaflose Nacht bereitet. So etwas von Fehlern in einem Manuskript habe ich noch nicht erlebt. Und zweiseitig beschrieben! Sind Sie von allen Göttern verlassen? Aber Spannung und Herz! Wir bringen den Erstdruck! Schrumm!‹ Schon wollte ich beglückt einhängen, da rief er nochmals zurück: ›Halt! Wir brauchen einen schwungvollen Namen. Denn ich habe das Gefühl, eben einen Stern geboren zu haben. Aber auch einen Namen muß das Kind haben!‹ Daraufhin ich, schnippisch: ›Meine Arbeit soll unter meinem Namen erscheinen!‹ ›Prachtvoll! Stolz lieb ich den Spanier! Was sind Sie für eine Geborene?‹ ›Mahler!‹ ›Na also, das klingt gut! Hedwig Courths-Mahler!‹ Und das, meine lieben Leser, war meine Taufe.«

Ungefähr, aber nicht genau so ist es wohl wirklich gewesen. Denn als die erste Folge des Fortsetzungsromans »Licht und Schatten« im »Chemnitzer Tageblatt und Anzeiger – Amtsblatt für die königlichen und städtischen Behörden in Chemnitz« in der Abendausgabe des 26. Februar 1904 erschien, hieß der Name der Autorin noch schlicht Hedwig Mahler. Das Honorar betrug 250 Mark. Der Erfolg ließ die zweite, vielmehr die erste Zeitung am Ort, die »Chemnitzer Allgemeine«, aufhorchen und zugreifen, denn die verfügte mit einer Auflage von 50 000 bis 60 000 Exemplaren über mehr Marktmacht als das »Tageblatt« mit nur 15 000 Abonnenten und zahlte darum auch mehr, etwa 400 bis 500 Mark.

In dem Roman »Unser Weg hinauf« aus dem Jahre 1909 hieß es mit deutlicher Anspielung auf die eigenen Erfahrungen von der Hauptfigur: »Viel lieber saß sie zu Hause in ihrem kleinen Stübchen und erfand zu ihrem eigenen Vergnügen die herrlichsten Geschichten, die sie auch niederschrieb, in alte Schulhefte, auf jedes Stück Papier, was ihr zwischen die Finger kam. Schließlich kaufte sie sich sogar ganze Stöße billigen Konzeptpapiers, um dieser heimlichen Leidenschaft zu frönen.« Das geschah beinahe heimlich, denn »Gitta empfand eine Scheu, über ihre Lieblingsbeschäftigung zu sprechen. Ihre innerlichsten Gedanken und Gefühle bekamen Gestalt in diesen Aufzeichnungen. Nie hätte sie geglaubt, daß das, was sie niederschrieb, für jemand Interesse haben könnte. Immer größer und umfangreicher, immer gedankenvoller und komplizierter wurden diese Arbeiten. Ganze Romane entstanden. Aber wenn sie fertig waren, wenn sie das Schicksal ihrer Helden und Heldinnen zu Ende geführt hatte, dann verschwand das, der Sparsamkeit halber, sehr eng und zierlich beschriebene Manuskript in einem kleinen alten Lederkoffer, den sie in ihrem Kleiderschrank untergebracht hatte.«

Mit diesem Versteckspiel war es nun vorbei und gewiss ein Vorteil, dass die Schatzkammer bereits wohlgefüllt war. Allenfalls mit ein paar Überarbeitungen ließ sich der steigenden Nachfrage begegnen, ohne in Lieferschwierigkeiten zu geraten. Die Veröffentlichung in Zeitschriften, die auf Romane spezialisiert waren, schloss sich bald an. Hedwig Courths-Mahler hat selbst davon berichtet, wie sie den ersten Versuch unternahm und sich an eine Verlagsfirma in Stuttgart wandte, die ihr das Manuskript nach drei Wochen zurückschickte. »›Wieder um eine Enttäuschung reicher‹, dachte sie. Nach einigen Tagen öffnete sie das zurückgesandte Paket, da sie gerade ein Stück Schnur brauchte, und sah den Brief, in dem sie selbstverständlich die Absage vermutete. Kaum traute sie ihren Augen: Der Roman war angenommen und zwar zu den üblichen Bedingungen. Man hätte ihn ihr umgehend nur zurückgeschickt, weil an einer Stelle eine illegitime Frau vorkam und diese sollte – durch eine legitime ersetzt werden. Sie sandte das Paket mit der Verbesserung zurück und die ersten 2500 Mark liefen ein. Vier Wochen später folgten noch 1500 Mark, der Erlös für den Zweitdruck.«

Anzumerken ist, dass Fritz Courths mit dem Weg seiner Frau in die Öffentlichkeit zunächst überhaupt nicht einverstanden war. Er trug all die Vorurteile eines Aufsteigers in die gute Gesellschaft oder überhaupt der bürgerlichen Männergesellschaft in sich. Was sollten denn die Leute von ihm denken? Etwa dass seine Frau es nötig habe zu arbeiten, weil er nicht imstande war, für den Unterhalt der Familie zu sorgen? Das wäre ja noch schöner, wenn er selbst damit in ein schiefes Licht geriete! »Eine Frau, die schreibt, ist keine Hausfrau mehr«, erklärte er kategorisch. Aber was sollte er ausrichten, wenn Leidenschaften und ein brennender Ehrgeiz am Werke waren, die sich nicht mehr löschen ließen, und wenn er unter dem Weihnachtsbaum ein höchst überraschendes Geschenk vorfand, ein Bündel von Hundertmarkscheinen – wenn also die Nicht-Hausfrau doch zusätzlich Geld ins Haus brachte, immer mehr Geld, schließlich weit über die eigenen Möglichkeiten hinaus? Oder wie erst, wenn mit dem Ausbruch des Erstens Weltkriegs und den nachfolgenden Unheilsjahren diese Möglichkeiten dahinschwanden, während der Aufstieg der Gemahlin unaufhaltsam weiterging? Am Ende setzte sich wenn schon nicht die bessere Einsicht, dann doch die nüchterne Erkenntnis durch: Es war nützlich, bequem und nicht einmal ohne Reiz, der Mann einer berühmten Frau zu sein, an ihrer Seite andere Berühmtheiten kennen zu lernen und nicht viel anderes zu tun zu haben, als ihre Bleistifte anzuspitzen und das Tintenfass zu füllen.

Im Jahre 1905 zog die Firma Cohrs & Michaelis nach Berlin um, und natürlich zogen die Courths mit. Denn von den geschäftlichen Notwendigkeiten ganz abgesehen: Was war schon Chemnitz im Vergleich zu Berlin? Der Glanz der Kaiserstadt lockte. Anfangs bezogen sie in der Nähe von Köpenick »eine gräßliche, ungemütliche, weit abgelegene Wohnung, in der wir uns nie wohlfühlten« – so nach dem Zeugnis einer der Töchter. Aber schon ein Jahr später siedelte die Familie in den Vorort Karlshorst um, damals ein gesuchtes und vornehmes Wohnviertel. Ein neuer Lebensabschnitt begann, freilich etwas mühsam zunächst. Denn in der sächsischen Provinzstadt hatte man sich als ein Mitglied der »guten Gesellschaft« etabliert, in Berlin aber war man ein Niemand und kannte niemanden.

Indessen nahm Hedwig Courths-Mahler Verbindung mit Richard Taendler auf. Der leitete eine Verlagsbuchhandlung und zugleich das »Literarische Büro« des Deutschen Schriftstellerverbandes, das er bald in ein eigenes und höchst erfolgreiches Unternehmen verwandelte. Zum Vertrieb von Romanen unterhielt er außerdem zwei »Korrespondenzen«, den »Universal-Redakteur« und die »Feuilleton-Korrespondenz«. Er war damit einer der mächtigsten Männer im deutschen Literaturbetrieb, und viele Autoren standen bei ihm unter Vertrag. Einen solchen Vertrag schloss nun auch Hedwig Courths-Mahler mit ihm ab, indem sie ihm jeweils gegen ein Pauschalhonorar alle Verwertungsrechte an ihren Romanen übertrug und sich fortan um den Vertrieb keine Sorgen mehr machen musste.

Aber nicht sie, sondern nur Richard Taendler hatte damit ein glänzendes Geschäft gemacht. Denn weil ihre Romane sich als durchschlagend erfolgreich erwiesen und das Publikum bald nach immer neuem Lesefutter aus ihrer Feder verlangte, eröffneten sich nach dem Erstabdruck noch viele Möglichkeiten der einträglichen Weiterverwertung. Im Gegensatz zur Lichtgestalt des Chemnitzer Redakteurs Paul Hermann Hartwig stellte sich Taendler in der späteren Familiensaga daher stets als ein Finsterling dar, der die Unwissenheit einer Frau aus der Provinz schamlos ausnutzte, und als Taendler im Jahre 1909 starb – er ertrank bei einem Segelunfall vor Helgoland, nur 41 Jahre alt –, kaufte Hedwig Courths-Mahler von der Witwe für viel Geld ihre Rechte zurück.

Um den komplizierten Sachverhalt zu verstehen, muss man sich vor Augen führen, dass der Literaturvertrieb jedenfalls für die Masse des wenig zahlungskräftigen Lesepublikums damals ganz anders aussah, als wir ihn uns vorstellen oder wie er in der Perspektive eines Thomas Mann erschien. Es gab unzählige Zeitungen, meist mit zwei oder drei Ausgaben pro Tag, und zumindest zur Abendausgabe gehörte als fester Bestandteil ein Fortsetzungsroman. Außerdem hatten sich neben der »Gartenlaube«, in der die Marlitt publizierte, viele Wochenzeitschriften entwickelt, bei denen der Abdruck von Romanen zum Kernbestand gehörte. Sie trugen Titel wie »Das Buch für alle«, »Hausfrau« – samt Ablegern wie die »Rheinische Hausfrau«, »Danziger Hausfrau« oder »Die Kieler Hausfrau« –, »Freya«, »Heimat und Fremde«, »Die Mädchenpost«, »Fürs Haus«, »Nehmt mich hin«, »Abend-Roman«, »Illustrierte Roman-Welt«, »Freude ins Haus«, »Im traulichen Heim«, »Für Herz und Heim«, »Das Familienheim«, »Ich bin dein«. In allen diesen Blättern sind Beiträge von Hedwig Courths-Mahler erschienen. Alternativen boten sich den Menschen kaum an; Rundfunk und Fernsehen gab es noch nicht, und auch das Kino steckte noch in den Kinderschuhen. Der Bedarf war also riesig; man hat errechnet, dass insgesamt pro Jahr etwa 30 000 Romanabdrucke erfolgten – und immer noch bis zu 5000, wenn man die Mehr- oder Vielfachabdrucke der besonders beliebten Autoren oder Autorinnen berücksichtigt. Weiterhin spielten für die Masse der armen Leute, die jeden Pfennig umdrehen mussten, Leihbibliotheken eine große Rolle, und erst an dritter Stelle, für ein wohlhabenderes Publikum mit gehobenen Ansprüchen, standen die normalen Buchhandlungen.

Man kann von einer regelrechten Unterhaltungsindustrie sprechen, längst bevor dieser Begriff sich einbürgerte, und Hedwig Courths-Mahler, nachdem sie einmal in Fahrt gekommen war, produzierte für sie wie am Fließband, mit ständig neuen Versatzstücken nach dem immer gleichen Grundprinzip. In etwas mehr als 30 Autorenjahren sind weit über 200 Romane oder sonstige Werke erschienen, das heißt im Schnitt fast sieben pro Jahr oder eines in knapp zwei Monaten. Es liegt nahe, weit vor Hollywood von einer Traumfabrik zu reden. Später wirkten in ihr auch die beiden Töchter mit. »Meine Schwester war von uns dreien die begabteste; bei den Lesern aber kam sie nie so recht an«, schrieb Friede oder Frieda über Margarete. Das untrügliche Erfolgsrezept gehörte eben der Mutter. Unter den männlichen

Kollegen kann allenfalls Ludwig Ganghofer mit seiner bayerischen Gebirgs- und Liebesseligkeit mithalten – und natürlich der Sachse Karl May mit seiner Abenteurerphantasie, das heißt als Autor besonders für Jungen statt für Mädchen und Frauen. Über ihr Erfolgsrezept hat Hedwig Courths-Mahler gesagt:

»Die modernen Schriftsteller geben dem Volk nicht, was es haben will. Sie öden die Leute mit ihrem eigenen Elend und ihrer Wirklichkeit an, sie wollen das Volk ertüchtigen, ihm jede Poesie, jedes Märchenhafte wegnehmen. Das fühlt das Volk, es will etwas anderes haben, es will keine Realistik, kein Grauen. Ich muß meinen Leuten etwas bringen, wodurch sie aus allem Elend befreit werden, das ist das Geheimnis meines Erfolges. Das gute Ende ist ein so unerhörtes Glück im Leben, daß es so gut wie gar nicht eintrifft, aber weil meine Leute sich an die Hoffnung klammern, lasse ich es immer gut ausgehen. So schlimm, wie das Leben ist, kann man es gar nicht schildern ... Ja, lieber Gott im Himmel, unsere Zeit ist so arm an Idealen, was ist das ganze Leben ohne Poesie und Ideale? Ich lehre die Leute erst lesen; wenn sie das gelesen haben, was ich schreibe, wagen sie sich an ein besseres Buch, an literarische Sachen. Es gibt so viel Literatur und so wenig Leute, die fürs Volk schreiben, gäbe es mehr, hätte ich selbst nicht den großen Erfolg.«

Bei alledem gab es eine fast vollständige Scheidung des Literaturbetriebs in zwei Schichten – und zumindest eine weitgehende Trennung nach den Geschlechtern. In einer Analyse des Sachverhalts aus dem Jahre 1912 hieß es dazu: »Der Zeitungsroman? – Die Männer zucken die Achseln und lachen: ›Ach nein, das können Sie nicht verlangen, daß ich den auch noch lesen soll, den Roman liest meine Frau.‹ Und mit derselben Regelmäßigkeit fahren sich die literarischen Autoren, die es mit ihrer Kunst ernst nehmen, verzweifelt in die Haare, wenn man mit ihnen auf das Thema zu sprechen kommt.« Zur heimlichen Verzweiflung gesellte sich folgerichtig das öffentliche Verschweigen, denn die Literaten, die Kritiker und die Verleger, die sich selbst als ernsthaft ansahen, waren ja in der Hauptsache Männer.

Trotz ihrer unzureichenden Schulbildung hat Hedwig Courths-Mahler sich durch eifriges Lesen die klassische und die zeitgenössische Literatur erschlossen und sich dann auch nicht gescheut, von ihrem Standpunkt aus kritisch zu urteilen. So sagte sie 1925 zu Willy Haas, dem Herausgeber der »Literarischen Welt«, als der sie nach Thomas Mann und anderen fragte: »Ich halte sie für außerordentlich begabt, aber ich finde etwas Krankhaftes in ihrem Wesen. Das ist überhaupt der Zug, der durch die ganze neue Literatur geht. Mit Dostojewski hat das begonnen. Ich habe Thomas Manns ›Tod in Venedig‹ und ›Die Buddenbrooks‹ gelesen, auch Bücher von Heinrich Mann und Jakob Wassermann, bei denen dasselbe zutrifft. Ein Roman soll doch erquicken und stark und frisch machen, aber nicht krank und nervös! Eher gefällt mir schon Arthur Schnitzler, der wenigstens liebenswürdiger schreibt als die vorher Genannten. Den größten Eindruck von all diesen Büchern hat aber doch der ›Tod in Venedig‹ auf mich gemacht, der sicher ein kolossales Können verrät; nur stößt mich auch hier das Schlaffe und Krankhafte ab, insbesondere der Schluß ist sehr niederdrückend. Ganz ähnlich geht es einem mit den ›Buddenbrooks‹ – Verfall, immer wieder Verfall!« Nein, das Gute und Gesunde, das Positive sollte siegen, und das unerreichte Vorbild unserer Autorin war und blieb die Marlitt. Außerdem kam es darauf an, den Lesern und Leserinnen Mut zu machen nach dem Motto: »Was ein tüchtiger Mensch so recht von Herzen will und wofür er alle seine Kraft einsetzt, das kann er auch durchführen.«

Hedwig Courths-Mahler arbeitete – wie Thomas Mann – höchst diszipliniert, aber nicht nur am Vormittag, sondern vom Morgen an oft bis in die Nacht hinein und ließ sich durch nichts ablenken oder gar aufhalten. Sie selbst hat gesagt: »Solange ich an einem Roman arbeite, frißt er mich auf, ich lebe ganz mit den Gestalten, die ich selber erschaffe und die aus meiner Phantasie entspringen. Ich erlebe jedesmal einen schmerzvollen Abschied und empfinde eine traurige Leere, wenn ein Buch von mir fertig ist.« Gutes Essen, das eigene lustvolle Kochen eingeschlossen, und Geselligkeit überbrückten die Leere. Aber bald schon rief das nächste Vorhaben an den Schreibtisch zurück. Zur Disziplin passt, was Friede Birkner in ihren »Erinnerungen an meine Mutter« gesagt hat: »Wer einmal spät abends, nachdem sie das sich selber vorgeschriebene Tagespensum gearbeitet hatte, ihren meist sehr schlichten Schreibtisch betrachtete, konnte annehmen, es wäre der Schreibtisch eines Beamten des Finanzamtes – peinlichst aufgeräumt war er nach Arbeitsschluß. Bleistifte geradeaus gerichtet, welche zu spitzen eine gern ausgeführte Arbeit meines Vaters war, der es darin zur Virtuosität gebracht hatte und ihre immer nadelspitz gespitzten Bleis vorbereitete. Portobuch, Ausgabenheft, Tinte, Federhalter, aufgeschichtetes Papier und abgelegte Manuskriptbogen – alles war in ein System gefügt und ihr unbehaglich, wenn irgend ein Sturmwind eines Tagesereignisses dadurch gefegt war.«

Zur Anschauung seien zunächst ein Gedicht und dann drei Romanfragmente vorgestellt. Das Gedicht heißt »Vergessen« und ist wohl kurz nach der Jahrhundertwende entstanden:

»Eine Blume blühte am Wegessaume
Da jagte der Sturmwind in toller Laune
Und wild und frei
Vorbei.

Er hat die Blume ans Herz gedrückt
Mit spielenden Händen dann abgepflückt
Sie hat an seinen Küssen
Sterben müssen.

Der Sturmwind aber, der böse Wicht
Er achtet ihre Schmerzen nicht
Hat längst sie unterdessen
Vergessen.«

Ja, der Sturmwind der Leidenschaften, er tobt mit allen seinen Schrecken: »›Regina, mache mich nicht wahnsinnig. Ich kann ohne Dich nicht leben. Zu viel der Qual habe ich schon um Dich ertragen. Du mußt mir gehören. Ich gehe nicht von der Stelle, bis Du mir gelobst, mein Weib zu werden.‹ Er umfaßte sie fester und legte seinen Kopf auf ihren Schoß. Sie rang vergebens, loszukommen. Mit aller Kraft ihres jungen, geschmeidigen Körpers wehrte sie ihn von sich ab. Sie stemmte beide Arme gegen seine breiten Schultern, und in höchster Not schrie sie laut um Hilfe. ›Es hört

Dich niemand, Du bist in meiner Gewalt. Treibe mich nicht zum äußersten, Mädchen‹, keuchte er. Und dann flehte er wieder mit heißer Zärtlichkeit um ihre Liebe ... ›Du weißt noch nicht, was Liebe ist, mein Mädchen, sträubst Dich voll holder Schüchternheit gegen ihren süßen Zauber. Fühle, wie mein Herz pocht vor Wonne, daß es an Deinem schlägt. Regina, ich muß Dich küssen, und wenn es mein Tod ist.‹ Wieder zitterte ein Schrei durch den Garten. Regina war der Ohnmacht nahe. Sie bog den Kopf zurück, so weit sie konnte. Stumm rangen sie miteinander. Fester und fester zog er ihren bebenden Körper an sich. Der heiße Hauch seines Mundes glühte über ihrem Gesicht. Ein Gefühl des Ekels und Abscheus überfiel sie und große Tränen der Angst füllten ihre Augen. Schon war sein Mund dem ihren so nahe, daß er ihn streifte ...« (»Das Recht auf Glück«)

Ist da etwa ein Unhold am Werke, wird es gar zur Vergewaltigung kommen? Doch wie auch immer, Dramatik ist geschaffen, eine Spannung aufgebaut, die sich kaum noch überbieten lässt, und wo unser Zitat endet, wäre genau der richtige Ort, um im Zeitungs- oder Zeitschriftenroman die schicksalsschweren Worte anzufügen: »Fortsetzung folgt!«

Liebe braucht Gegenliebe, heißt im Übrigen die banale Botschaft, und daraus ergibt sich ein Hauptteil aller Verwicklungen. Immerhin folgt noch eine andere Botschaft, die sich in der hochbürgerlichen Gesellschaft und gegenüber den Vorurteilen der Männer beinahe aufrührerisch ausnimmt: Frauen sind auch Menschen und haben ein Recht auf ihre eigenen Sehnsüchte. Davon handelt das zweite Fragment, wiederum aus dem »Recht auf Glück«:

»Ihre brennenden Augen ließen nicht von seinem etwas blassen, aber nicht unschönen Gesicht. Glühende Leidenschaft durchtobte ihr ganzes Sein. Sie hätte sich ihm zu Füßen werfen mögen und ihn anflehen: ›Erbarme Dich meiner! Nimm mich in Deine Arme, an Dein Herz! Laß mich nur ein einziges Mal erfahren, was Liebe geben kann!‹ Aber was jedem, selbst dem häßlichsten Mann, als Recht zusteht, das verbietet die Sitte grausam dem Weibe. Es muß harren, bis einer das erlösende Wort spricht, und wenn ihr Herz dabei in Stücke geht.«

Aber nur Mut und Geduld, lieber Leser oder vielmehr liebe Leserin, auf das Toben des Sturms folgen die Stille der Erfüllung und das Wohlbehagen, um nicht zu sagen die Idylle. Davon redet das dritte Beispiel aus »Nach dunklen Schatten das Glück«:

»Später führte Frieder Blandine in sein eigenes Privatkontor, und in dieser Zeit kleidete sich sein Vater um. Sie plauderten dann noch eine Weile, und der alte Herr merkte dabei, daß Blandine nicht nur schön und liebenswürdig, sondern auch klug und warmherzig war. Während die beiden Herren noch abwechselnd die Post unterschrieben, telefonierte Blandine mit Freda und teilte ihr mit, daß sie in einer halben Stunde kommen würden; ob sie auch gut allein fertig werde. Freda gab beruhigende Antwort, und so fuhr dann das Brautpaar in die Carmerstraße.

Freda empfing sie mit ihrer warmherzigen Freundlichkeit. Sie hatte inzwischen noch Zeit gefunden, ein festliches Gewand anzulegen, und sah sehr hübsch und vornehm aus. Sie gefiel dem alten Herrn nicht weniger als Blandine. Und er schnurrte wirklich vor Behagen, als man in das Speisezimmer hinüberblickte. Und die alte Lisa machte in ihrem schwarzen Seidenkleid einen ganz ehrwürdigen Eindruck. Sie legte mit ihrer Kochkunst Ehre ein, und nach dem zweiten Gang sagte der alte Herr schmunzelnd:

›Siehst du, Frieder, ein Haushalt, wo Frauenhände in liebender Sorgfalt schalten und walten, ist doch behaglicher als unser Junggesellenhausstand. Gottlob, daß wir wieder eine Frau ins Haus bekommen. Und das Rezept zu diesem Maronenpüree mußt du unbedingt mit in die Ehe bringen, Dina, es ist köstlich. Du wirst mich in Kauf nehmen müssen, das sage ich dir gleich, Dina, ich lasse mich nicht an die Luft setzen. Wenn ich mich auf mein Altenteil in der ersten Etage zurückziehe und euch jungem Volk nicht viel über den Weg laufen werde, ab und zu mußt du mir schon ein Plätzchen an eurem Herd gönnen. Und dann hoffe ich auch Fräulein Freda bei euch anzutreffen.‹

Dina sprang auf und umfaßte ihn.

›Das hat mir der Frieder schon des öfteren gesagt, daß er sich nie von seinem Vater trennen will. Wäre auch schade, es gefällt mir so gut, wie ihr miteinander steht, und damit hat Frieder zuerst mein Herz gewonnen, daß er so lieb von seinem Vater sprach.

Ich bin froh, daß ich nun auch wieder einen Vater habe. Und Freda – oh, Freda weiß, daß sie allzeit ein warmes Plätzchen bei Frieder und bei mir finden wird.‹

Der alte Herr küßte Dinas Hände, die sie auf seine Schultern gelegt hatte.

›Dazu sage ich ja und amen.‹«

Nein, ganz gewiss geht es hier um keine Meisterschaft der Sprache, um große Literatur schon gar nicht. Und wenn Romane uns die Wirklichkeit der Welt in all ihren Gründen und Abgründen erschließen sollen, dann handelt es sich in den Erzählungen der Hedwig Courths-Mahler eigentlich nicht um Romane, sondern um eine Abart von Märchen: um den Stoff, aus dem die Träume – und nicht nur die Maronenpürees, sondern auch die Erfolgsrezepte gemacht sind. Um nochmals aus einem »Roman« zu zitieren:

»Im letzten Jahre hatte sich aber die alte Haushälterin erbarmt und schmuggelte für Ria einige unterhaltsame Bücher ins Haus. Das waren harmlose Romane und Erzählungen, wie sie das schlichte Gemüt der alten Haushälterin entzückten. Ria las sie mit demselben Entzücken und war der alten Frau sehr dankbar dafür. Die Lektüre hob ihre junge Seele über den grauen Alltag hinweg und erfüllte sie mit phantasievollen Märchenträumen.« (»Der Mut zum Glück«)

Die Herausforderung der Kaiser- und Weltstadt Berlin wurde bestanden, und nach einigen Jahren tauchte sie – natürlich verklärt – auch in den Erzählungen auf, etwa so: »Unter den Linden war reger Verkehr. Die kaiserliche Familie wurde von der Ausfahrt zurückerwartet. Da stauten sich die Menschen. Als die Freunde bis zu Schulte gekommen waren, sahen sie einen dichten Menschenknäuel vor dem Kunstinstitut stehen um ein Automobil vom Hofe. Gleich darauf kam der Kronprinz mit seinen drei Brüdern heraus von Schulte. Nur Prinz Albert fehlte, der zurzeit im Süden weilte. [Es fehlt noch einer, denn der Kronprinz hatte fünf Brüder.] Lachend und freundlich für die Grüße dankend, stiegen die Söhne des Kaisers in das Automobil. Es war sehr klein, sie mußten eng zusammenrücken, fast aufeinander sitzen. Das machte ihnen Spaß und dem angesammelten Volk auch. Endlich fuhr das Automobil davon. Gleich darauf fuhr auch des Kaisers Automobil über die Linden. Die beiden Majestäten und Prinzeß Viktoria saßen darin. Equipagen und Droschken jagten hintereinander her. Dazwischen Automobile und andere Fahrzeuge. Auf dem breiten Gehweg schoben die Menschen auf und ab. Verkäufer von Zeitungen und großen Büscheln Veilchen boten ihre Waren an. Es war ein buntes, bewegtes Bild.« (»Die Testamentsklausel«)

Wie das Zitat demonstriert, war die Autorin so patriotisch und kaisertreu, wie es sich für eine Aufsteigerin in die gehobene Gesellschaft gehörte, und zielbewusst schob sie sich selbst in das bunte Bild hinein. Vor allem genoss sie das reiche Theater- und Musikleben der deutschen Hauptstadt, und wiederum zielbewusst suchte sie den Kontakt mit Künstlern, besonders mit Schauspielern. Fast wie in den Märchenträumen schienen alle Vorstellungen vom Glück sich zu erfüllen, als im Hause Courths am 16. Juni 1915 eine Doppelhochzeit standfand. Margarete heiratete den Schauspieler Karl Elzer, und die stolze Mutter schrieb über diese Ehe, sie sei »die glücklichste und harmonischste« gewesen, »die ich je kennen gelernt habe«. Diese Ehe dauerte bis zum Jahre 1938, als Elzer nach einer schweren, aber nicht zur Heilung führenden Blasenkrebsoperation die Schmerzen nicht mehr ertrug und Selbstmord beging.

Frieda heiratete Arthur Menzel, ebenfalls einen Schauspieler. Mit ihm fand sie allerdings nicht zum erhofften Glück, denn in der Hochzeitsnacht versagte er, und es stellte sich heraus, dass er homosexuell war. Nach der Scheidung heiratete Frieda 1924 ein zweites Mal, jetzt Anton Bock, den Juniorchef des bedeutenden Musikverlages Bote & Bock. Bock war »Halbjude«, und diese Ehe wurde 1934, nach der nationalsozialistischen »Machtergreifung«, geschieden, wie es hieß im freundschaftlichen Einvernehmen. (Bock ging im Januar 1945 in einem deutschen Arbeitslager zugrunde.) 1937 versuchte sich Frieda in einer dritten, auch nicht gerade gelungenen Ehe, diesmal mit Fritz Stein, einem aus der Bahn geworfenen Mann, der vergeblich danach trachtete, mit Hilfe der NSDAP, der SS und der Gestapo Karriere zu machen.

Bald nach der Doppelhochzeit zog man aus dem doch etwas abgelegenen Karlshorst nach Charlottenburg in die Knesebeckstraße um. Das war nun wirklich im Herzen der Stadt, nahe am Zoo, am Tiergarten und am Kurfürstendamm. Von der Einrichtung hat ein Besucher berichtet: »Hier herrscht etwas wie Wohlhabenheit und Gediegenheit. Stil um 1900 herum, mit einigen Anläufen ins Moderne. An der Wand prangt ein riesiges Rokokobild, ein Zwischending zwischen Madame Dubarry und der Madame Pompadour, sehr farbig, sehr rot, sehr teuer.«

Natürlich brachte der Krieg viele Einschränkungen mit sich, doch im Gegensatz zu Abermillionen von Stadtbewohnern, bei denen der Hunger Einzug hielt, herrschte im Hause Courths durchaus keine Not, die diesen Namen verdiente. Als ihr schwedischer Verleger die Autorin besuchte und darüber erschrak, dass sie so mager aussah, schickte er fortan Woche für Woche ein Lebensmittelpaket, und ein Zahnarzt aus Polen, dem sie einmal geholfen hatte, schloss sich an. Damit ließ sich nicht nur die eigene Familie, sondern auch manch einer aus dem Schauspielernachwuchs durchfüttern, zum Beispiel Käthe Haack (1897–1986) und Curt Goetz (1888–1960).

Ohnehin kochte Hedwig Courths-Mahler für ihr Leben gern, wenn sie nur irgendwie Zeit dafür fand oder zur Ablenkung, wenn – ausnahmsweise – der Schreibfluss einmal stockte, und mit Bedacht engagierte sie seit dem Chemnitzer Aufstieg zwar Hausmädchen, aber keine Köchin. Ihre Vorliebe für Kuchen und sonstiges süßes Naschwerk rundete die Figur und das Gesicht; vom eher ausdrucksvoll Kantigen mit den deutlich erkennbaren Backenknochen verwandelte es sich im Laufe der Zeit ins vollmondig Mütterliche, um nicht zu sagen in ein zwar freundliches, aber nichts sagendes Jedermannsgesicht. Als Folge der Vorliebe für Süßigkeiten stellte sich in den dreißiger Jahren ein Diabetes ein, der zeitweilig lebensbedrohend war. Rettung und Heilung brachten die Hungerjahre am Ende des Zweiten Weltkriegs und danach; seitdem konnte sie wieder essen, was ihr schmeckte. »Alles ist für etwas gut«, hieß ihr Kommentar. »Wenn ich nicht wegen der dummen Zuckerkrankheit [vielmehr wegen der schlimmen Zeitumstände] so hätte fasten müssen, würde ich heute nicht derartige Freude an guten Happen haben können.«

Um in den Ersten Weltkrieg zurückzukehren: Natürlich hoffte sie als Patriotin auf den deutschen Sieg. Aber in die hemmungslose Begeisterung, den Taumel des Kriegsbeginns, die Hassgesänge und in all den Chauvinismus, der noch folgte, stimmte sie niemals ein. Ihr ganzes Wesen zielte auf die Überwindung des Bösen, auf Übereinstimmung, Frieden, das Glück, nicht auf Gewalt, Zerstörung, den Tod. Das wird auch in den Romanen deutlich: Am Ende von »Griseldis« (1916) wird das persönliche Geschehen überschattet, denn es bricht »der fürchterliche Krieg aus, der fast alle europäischen Länder in Mitleidenschaft zog«. Folgerichtig hieß es zehn Jahre später, als so viele Deutsche noch immer oder bereits wieder Rache für den verlorenen Krieg erbrüteten, in der Antwort auf eine Zeitungsumfrage, ob man einen Weltfriedenstag einrichten solle: »Alles, was getan werden kann, diesem Weltfrieden, dieser Völkerverständigung näherzukommen, soll und muß getan werden. Wie der Tag, der diesen Gedanken feiert, auch heißen möge – Locarnotag, Weltfriedenstag –, ich würde ihn mit Andacht feiern, wie den Weihnachtstag.«

Hedwig Courths-Mahler war in ihrem Wesen gewiss ein vollkommen unpolitischer Mensch; ihre Bücher handeln weitab vom wirklichen Geschehen vom privaten Unheil und Glück. Aber hier wird ein Engagement sichtbar. Kaum zufällig war diese weltvergessene Schriftstellerin auch eine Anhängerin Gustav Stresemanns und seiner Verständigungspolitik, die im Herbst 1925 zum Vertrag von Locarno führte und dem deutschen Außenminister zusammen mit seinen Kollegen Aristide Briand und Austen Chamberlain den Friedensnobelpreis einbrachte. Es berührte sie tief, als sie bei einem Musikabend im Hause Siemens diesem Staatsmann – und dem päpstlichen Nuntius Pacelli, dem späteren Papst Pius XII. – persönlich vorgestellt wurde.

Nebenher belegt dieser Vorgang, dass die Aufsteigerin, die unehelich geborene Tochter einer Prostituierten, die von den Umständen ihrer Jugend so leicht ins Rotlichtmilieu hätte geführt werden können, in der Zeit der Weimarer Republik zur Berliner Prominenz gehörte. Wie selbstverständlich, dabei mit einer Bescheidenheit, die ihr Achtung eintrug, bewegte sie sich in der Welt der Künstler und besonders der Schauspieler. Ihr Schwiegersohn Anton Bock machte sie außerdem mit den Großen der Musikwelt bekannt, mit Max Reger, Franz Lehár, Wilhelm Furtwängler, Erich Kleiber. Als Beispiel für die Bescheidenheit: Im

Jahre 1925 wird ihr der neunjährige Wunderknabe der Violine, Yehudi Menuhin, vorgestellt. Befragt, welchen Eindruck er auf sie gemacht habe, heißt ihre Antwort: »Selbst wenn ich englisch sprechen könnte, ich wüßte nicht, was ich diesem Kinde sagen sollte. Der Knabe ist ja viel klüger als ich.« Angeleitet von ihrem Schwiegersohn Bock unternimmt sie mit ihren Töchtern sogar Ausflüge nach Paris; sie sieht die berühmte Varietékünstlerin und Chansonsängerin Mistinguett und die ebenso berühmte Tänzerin Josephine Baker, die später mit ihrem sensationellen »Bananentanz« – das heißt nur mit einem Gürtel aus Bananen »bekleidet« – auch in Berlin gastiert. Dabei erweist sich die Besucherin aus Deutschland keineswegs als prüde; die vollendete Schönheit, in welcher Gestalt auch immer, reißt sie zur Bewunderung hin: »Diese Frau war ja so unfaßbar schön in ihrer Echtheit, das werde ich nie in meinem Leben vergessen.«

Die Autorin selbst tritt auf dem Berliner Presseball auf, und mit Freude nimmt sie die Huldigungen von Schriftstellerkollegen entgegen. Dabei überhört sie die Untertöne von Ironie, sei es souverän oder naiv. Natürlich bleibt sie von schneidender Kritik, vom Gelächter, vom Hohn nicht verschont. Damit tut sich besonders Hans Reimann (1889–1969) hervor, der seit 1924 die satirische Zeitschrift »Das Stachelschwein« herausgibt. Reimann versteigt sich zu persönlichen Verunglimpfungen, spricht von »Kotz-Mahler« oder »Furz-Maleur« und nennt sie »gemeingefährlich«. Doch sie antwortet nicht mit einer Beleidigungsklage, sondern mit einem Brief, in dem es heißt: »Seit Sie mir die Ehre erweisen, mich in verschiedenen Intervallen wegen meiner harmlosen Märchen, mit denen ich meinem Publikum einige sorglose Stunden bereite, anzupöbeln, werden diese noch mehr gekauft als bisher ... Gott lohne es Ihnen, edler Mann.«

Wie so viele Menschen verlor Hedwig Courths-Mahler in der Inflation, die 1923 ihren bizarren Höhepunkt erreichte und im November dieses Jahres mit der Abwertung der Mark im Verhältnis von einer Billion zu eins zum Abschluss kam, ihr Vermögen. Aber sie erschrieb es sich neu – und erfolgreicher denn je. Nach wie vor stand der Abdruck der Romane in Zeitungen oder Zeitschriften im Vordergrund, und die Bücher folgten durchweg erst im gemessenen Abstand, in der Regel von drei bis vier Jahren, weil erst die Verwertung in den Presseorganen abgewartet werden musste. Im Übrigen wurden die Bücher sehr preiswert und für die Autorin wenig ertragreich vermarktet. Seit 1912 erschienen sie mit wenigen Ausnahmen entweder bei Enßlin & Laiblin in Reutlingen oder – in der Mehrzahl – im Leipziger Rothbarth Verlag. Zunächst wurden sie pauschal honoriert, so bei Rothbarth für eine Erstauflage von immerhin 3000 Stück mit nur 345 Mark; für jedes weitere Tausend wurden 150 Mark gezahlt. Manchmal waren es auch nur 150 Mark für die ersten dreitausend Exemplare und 60 Mark für jedes weiter Tausend – bloß ein paar Pfennige für jedes verkaufte Buch! Allerdings kam bei der Vielzahl der Bücher und Auflagen, die durchweg in die Hunderttausende gingen, in mehreren Fällen sich der Millionengrenze näherten oder sie sogar überschritten, am Ende doch einiges zusammen. Vom Beginn der zwanziger Jahre an wurden dann sechs schließlich stolze zehn Prozent vom Ladenpreis bezahlt, der zwei Mark für kartonierte Ausgaben und fünf Mark für den Luxus von Leinenbänden betrug: immerhin 20 beziehungsweise 50 Pfennige pro Buch. Bei einem Vergleich mit der Gegenwart ist außerdem zu bedenken, dass nicht nur die Durchschnittseinkommen, sondern auch die meisten Warenpreise und insgesamt die Kosten der Lebenshaltung um ein Vielfaches niedriger waren als heute.

Damit nicht genug: In wachsendem Maße wurden ihre Bücher auch übersetzt, und die Autorin erhielt seit 1915 stolze 75 Prozent der Einnahmen. Auch das Theater bemächtigte sich der Romanstoffe; seit dem Jahre 1909 gab es oft zweimal im Jahr einschlägige Uraufführungen. Die Premiere erfolgte meist im Berliner Luisentheater mit seinen über tausend Plätzen. Anschließend folgten Tourneen durch die Provinz, bis hin ins hinterpommersche Seebad Stolpmünde, bisweilen freilich von zweifelhaftem Charakter; einmal leitete der Magistrat von Aschaffenburg ein Verfahren wegen Betrugs gegen die gastierende Theatertruppe ein: Die Leistungen seien »unzureichend« gewesen.

Bald kam auch das Kino hinzu; zwischen 1917 und 1925 sind 21 Filme nach Courths-Mahler-Vorlagen entstanden, und praktisch genug übernahm der Schwiegersohn Karl Elzer neben Stars wie Henny Porten in mehreren von ihnen wichtige Rollen. Die Autorin selbst hat sich zu einer leidenschaftlichen Kinogängerin entwickelt und die Verwandtschaft der »Traumfabriken« erkannt: »Ich habe nichts anderes getan als später der Film. Ich habe schwer arbeitenden Menschen jenes Leben gezeigt, nach dem immer ihre Sehnsucht ging, das sie jedoch nie kennenlernen würden.«

Das Schicksalsjahr 1933 brachte die nationalsozialistische Machtergreifung, und vieles änderte sich. Der Glanz der internationalen Kulturhauptstadt Berlin schwand dahin; zahlreiche, besonders die jüdischen Künstler, Schauspieler, Regisseure, Musiker wurden verdrängt und emigrierten; der Freundeskreis der Familie Courths lichtete sich, denn viele Juden gehörten zu ihm. Die umlaufenden antisemitischen Vorurteile, die sonst auch oder gerade in der populären Unterhaltungsliteratur häufig zu finden waren, hatte Hedwig ohnehin nicht geteilt. Niemals stößt man in ihren Romanen auf einschlägige Anspielungen, geschweige denn Hetzjagden, im Gegenteil: In der Erzählung »Das Gänsemädchen von Dohrma« (aus dem Jahre 1910) treten der jüdische Händler Veitel Samuel und sein Sohn Isaak auf – und zwar im positiven Kontrast zu einem übellaunigen Grafen und seinem verzärtelten Sohn. Statt sich für erlittenes Unrecht zu rächen, üben die Juden Verzeihung und nehmen zum Ende hin, als sich wieder einmal alles zum Guten und der Grafenspross das Gänsemädchen heiratet, den Ehrenplatz ein, der ihnen gebührt.

Ob die Verfinsterung der Atmosphäre in der Reichshauptstadt etwas mit dem Entschluss zu tun hatte, selbst Berlin zu verlassen, steht dahin. Wie schon gesagt, war die Courths-Mahler kein politischer Mensch. Aber vielleicht fröstelte es sie auf einmal; vielleicht gab es bei ihr beinahe vorbewusst eine Ahnung kommenden Unheils. Im Rückblick jedenfalls nimmt sich die Entscheidung überlebensklug aus, im abgelegenen Tegernsee eine idyllische Villa im oberbayerischen Stil zu erwerben. Dort konnte man geruhsam leben und die Tür hinter sich schließen. Die Villa verfügte über zwei Etagen mit jeweils fünf Zimmern; da wohnten dann nach gründlicher Renovierung in jeweils einer

Etage die Ehepaare Courths und Elzer; im März 1935 zog man ein. Im selben Jahr erhielt die Tochter Frieda von der Mutter im benachbarten Rottach-Egern ein eigenes Acht-Zimmer-Haus zum Geschenk. In der Perspektive von Rottach-Egern erschien die Villa in Tegernsee dann als der »Mutterhof«, und dieser Name bürgerte sich ein. Schon 1937 wurde er der Tochter Margarete überschrieben.

Dachte die Mutter womöglich auch schon an kommende Notzeiten, daran, sich wenn nötig aus dem eigenen Garten mit Obst und Gemüse zu versorgen? Das setzt wohl mehr Weitsicht voraus, als unterstellt werden kann. Doch wie auch immer: Bereits in den Vorkriegsjahren widmete sich die Familie mit Eifer der Gartenarbeit; einschlägige Bücher wurden angeschafft und durchstudiert. Im Jahre 1938 schrieb Hedwig Courths-Mahler in einer Auseinandersetzung mit der Reichsschrifttumskammer in Berlin: »Auf meinem kleinen Landhaus baue ich meinen Kohl selber und bin wieder geworden, was meine Vorfahren waren – Bauern.« Vorerst griff freilich der Tod in das beschauliche Leben ein. Nach 37 Jahren einer gewiss nicht immer glücklichen, aber insgesamt harmonischen Ehe starb Fritz Courths am 12. April 1936 an einem Krebsleiden, und der Schwiegersohn Karl Elzer folgte ihm zwei Jahre später. Mutter und Tochter lebten fortan allein auf dem »Mutterhof« – und fast möchte man das folgerichtig nennen. Schließlich war das Unternehmen Courths-Mahler von jeher eine Sache nur der Frauen und nicht der Männer gewesen.

Im Krieg, 1942, hat ein Besucher geschildert, was er bei der alten Dame zu sehen bekam: »Noch vor dem Tor ihres Grundstückes, das sich, gelegen am Tegernsee, in beträchtlicher Ausdehnung hangwärts zog, zögerte ich, aber hier war meine neuerliche Unentschlossenheit identisch mit einer gewissen Feigheit, denn ein Schild warnte vor dem bissigen Hund, und vom Tor bis zum Haus war es recht weit. Schließlich besann ich mich auf meinen Stock und trat ein. Niemand zeigte sich, weder Mensch noch Tier, langsam umschritt ich das geräumige Haus, und dann sah ich den Hund, vor dem die Tafel am Zaune unten gewarnt hatte. Es war eine niedliche, fünf Wochen alte Bulldogge, die an einer fingerdicken Kette angehängt war. Freudig japste sie mir entgegen, ich streichelte sie und sah mit Scham auf meinen Stock. Daneben saß die Besitzerin des Hauses auf einem niedrigen Holzschemel, in einem abgetragenen Bauernkittel und mit einem breiten Strohhut auf dem Kopf. Sie sortierte Kartoffeln, von denen sie die Triebe fortnahm und jede nach ihrer Qualität in den einen oder anderen Kübel warf. Als sie aufschaute, sah ich ein schönes Gesicht, alt, mild und gütig, und die Augen, die ruhig und klar dreinblickten. Sie zeigte sich vom Besuche keineswegs überrascht, insgesamt bot sie das Bild einer erfahrenen Frau, die von der Höhe des Alters mit gelassenem Gleichmut auf das Leben blickt.«

Die Auseinandersetzung mit dem Nationalsozialismus gestaltete sich höchst kompliziert und zeigt sich voll von Widersprüchen. Um es noch einmal zu sagen: Hedwig Courths-Mahler war ihrem Wesen nach ein vollkommen unpolitischer Mensch, und eine Widerstandskämpferin war sie schon gar nicht. Wie es sich für Autoren gehörte, trat sie zusammen mit ihren Töchtern der Reichsschrifttumskammer und etwas später sogar als »förderndes Mitglied« der SS bei. Um Missverständnisse auszuschließen: Das bedeutete nicht eine wirkliche Mitgliedschaft in der SS, sondern eben nur den Beitritt zu einem Förderverein, der zu monatlichen Spenden in unbestimmter Höhe aufgerufen war. Dieser Verein hat sehr viele Mitglieder gehabt, besonders aus Wirtschaftskreisen, unter anderem Männer, die bald nach 1945 wieder in untadeligem Ansehen standen. Viele glaubten wohl an das berühmte oder berüchtigte »kleine Übel«: daran, einen gewissen Schutz zu genießen und sich über ihre (zudem steuerlich absetzbaren) Spenden hinaus nicht weiter engagieren, zum Beispiel nicht in die Partei eintreten zu müssen. Als Vorteil wirkte gerade, dass man außer in einer diskret geführten Buchhaltung nirgendwo in Erscheinung trat.

Andererseits spricht alles dafür, dass der Künderin vom privaten Glück und von der Liebe die offenkundige Gewaltbereitschaft der neuen Machthaber, die Aufrüstung und die Kriegsvorbereitung, die Hasspredigten Hitlers höchst zuwider waren, um von der Judenverfolgung nicht erst zu reden. Oder was sollte sie mit den jetzt geforderten Tugenden wie Gehorsam, Pflichterfüllung und Opferbereitschaft anfangen, wenn sie sich nicht mehr auf den Einzelnen, sondern auf die »Volksgemeinschaft« bezogen?

Das Regime wiederum, mit Propagandaminister Dr. Joseph Goebbels vorweg, verwarf ausdrücklich den »Schund« oder »Kitsch« einer »Gesellschafts- und Unterhaltungsliteratur, in der das Leben und die Lebensziele auf dem Grunde einer bürgerlichen oder feudalen Lebensauffassung in oberflächlicher, unwahrer und süßlicher Weise dargestellt« wurden. Das zielte direkt auf die Marlitt- und Courths-Mahler-Welten, und Behinderungen, die praktisch auf Verbote hinausliefen, folgten sehr bald. Schon 1935 sah sich der Rothbarth Verlag veranlasst, alle noch bestehenden Verträge zu kündigen. »Also war ich gezwungen, meinen Beruf aufzugeben«, hat die Autorin nach 1945 in dem allfälligen Fragebogen zur Entnazifizierung erklärt. Und weiter: »Seit Anfang 1935 nicht mehr geschrieben ... Wieder Hausfrau, da ich meinen Beruf als Schriftstellerin aufgeben mußte.« Immerhin ließen die Machthaber die alte Frau in Ruhe, während es der Tochter Frieda einige Jahre später schlimmer erging: Sie wurde 1941 von einem Münchener Gericht »wegen forgesetzten Vergehens gegen das Heimtückegesetz« zu einer Gefängnisstrafe von einem Jahr und zwei Monaten verurteilt. Frieda hatte ihren Mund nicht halten können, sich kritisch, das heißt »zersetzend« geäußert und war von einer Nachbarin denunziert worden.

Aber damit gelangte die Geschichte noch längst nicht ans Ende. An die Stelle dessen, was das Regime bekämpfte, trat die Bauernromantik, ein »Blut und Boden«-Kitsch oder der heroische Schund, nur mit keinem vergleichbaren Erfolg, und kein Erwin Guido Kolbenheyer, Hans Blunck, Will Vesper, Werner Beumelburg oder Erwin Erich Dwinger konnte den Menschen ersetzen, was ihnen Hedwig Courths-Mahler so gefühlsbetont geboten hatte. Und je stärker die »Volksgenossen und Volksgenossinnen« politisch gefordert wurden, je größere Leistungen man ihnen im Dienste des Führers, der Aufrüstung und Kriegsvorbereitung abverlangte, desto dringender wünschten sie sich zugleich die unpolitische Entspannung und Ablenkung. Das Regime gab klug genug diesem Bedürfnis nach. Davon zeugt unter anderem und ganz besonders die Traumfabrik des Kinos. Die weitaus meisten Filme des »Dritten Reiches« sind nicht Propagandastreifen, sondern Schmachtfetzen der Liebe; im Fernsehen können sie noch heute ohne Überarbeitungen gezeigt werden, weil in ihnen keine braunen, schwarzen oder auch nur feldgrauen Uniformen, keine Parteiabzeichen, Hakenkreuzfahnen oder Hitlergrüße vorkommen, sondern einzig eine zivile Bürgergesellschaft, meist gehobenen Ranges in Frack und Abendkleid. Falls man diesen Filmen glauben wollte, hat es das »Dritte Reich« überhaupt nicht gegeben, sondern nur das Traumpaar Lilian Harvey und Willy Fritsch, umrahmt von Marika Rökk, Zarah Leander, Hans Albers und Heinz Rühmann. »Quax den Bruchpiloten« mochten die Leute lieber als den »Hitlerjungen Quex«, und in der »Feuerzangenbowle« sehen wir keine vormilitärisch durchtrainierten jungen Leute, »zäh wie Leder, flink wie die Windhunde und hart wie Kruppstahl«, wie Hitler sie haben wollte, sondern ein vollkommen unsportliches und unpolitisches, bis zur Karikatur altmodisches Gymnasium, das seinem Wesen nach in die besonnte Zeit vor 1914 gehört.

Im Krieg spitzte sich der offenkundige Widerspruch noch mehr zu, besonders seit an den Fronten die Verluste, die Rückschläge sich häuften und deutsche Städte im Feuersturm der Bombenangriffe loderten. Nur für Stunden ins Vergessen der schreckensvollen Wirklichkeit finden, sich fortträumen in eine bessere und friedliche Welt! Davon sprachen die Schlager, die Darbietungen im Rundfunk. Die größten Kinoerfolge hießen: »Es war eine rauschende Ballnacht« (1939), »Mutterliebe« (1940), »Wunschkonzert« (1941), Frauen sind doch bessere Diplomaten« (1942), »Die große Liebe« (1943), »Der weiße Traum« (1944). Da schlug auf einmal und einmal mehr auch die Stunde der Courths-Mahler. Schon vor dem Krieg waren ihre Bücher durchaus noch verkauft worden, jetzt aber wurden sie trotz der herrschenden Papierknappheit in hohen Auflagen neu gedruckt, sogar in besonderen, besonders preiswerten »Feldausgaben«. So hat auf ihre Weise die Autorin, ungewollt und ungefragt, ihren Beitrag zum »Endsieg« geleistet. Auf dem »Mutterhof« im idyllischen Tegernsee kümmerte man sich indessen um den eigenen Garten, blickte auf die majestätische Bergwelt der Alpen hinaus – und keine einzige Zeile mit Durchhalteparolen ist hier geschrieben worden.

Nach dem Krieg, 1948, hat es unter dem Titel »Die Flucht in

den Frieden« nur noch eine Neuerscheinung gegeben. Im Vorwort formuliert Hedwig Courths-Mahler ein persönliches Bekenntnis, und man darf ihr glauben, dass sie meinte, was sie sagte: »In diesem Buche versuche ich ein Friedensasyl zu beschreiben, wie es wohl in unseren Wunschträumen zuweilen lebendig wird, wenn wir an all die Jahre des Jammers und der Not zurückdenken, die hinter uns liegen und die auch jetzt noch zu überwinden sind. All die Jahre, in die uns ein wahnwitziger Despotismus gestürzt hat, in denen es nur Not und Tod, Grausamkeit und Leid, Konzentrationslager, Denunziantentum, Machtgier, Hunger, Frost, Tyrannei und Bosheit gab, in denen einer im andern nur seinen Feind, seinen Unterdrücker sehen mußte, in denen unser liebes Vaterland zum Spielball gewissenloser sadistischer Menschen geworden war. In all der Zeit sehnten wir uns nach Ruhe und Frieden, nach ungestörter Arbeit, nach Liebe und Güte, Vertrauen und Verständnis. Diese Sehnsucht hat auch mich getrieben, als ich dieses Buch schrieb, das mich im Innern von schlimmem Leid befreien sollte.« Träume also noch immer, aber Träume vom besseren, vom guten Leben, aus dem die Gewalt verbannt ist.

Das Schicksal oder die eigene Weitsicht hat Hedwig Courths-Mahler vor Schlimmem bewahrt. Sie musste nicht in Luftschutzkellern, im Bombenhagel, in Feuerstürmen um ihr Leben fürchten, nicht vor der Rache der Sieger fliehen oder sie erdulden wie Millionen von Menschen im Osten des zerbrechenden Reiches, sie büßte weder Heimat noch Habe ein, sofern man vom Geldverlust in der Währungsreform von 1948 absieht, der alle traf. Zwar wurden gegen Kriegsende die meisten Räume im »Mutterhof« für die Unterbringung von Ausgebombten oder Flüchtlingen beschlagnahmt, aber schon im Mai 1945 wendete sich das Blatt. Die Amerikaner hielten im friedlichen Tegernsee ihren Einzug, und bald darauf stand ein Colonel Stern vor der Tür, dessen Eltern aus Deutschland stammten und der erklärte: »Mit Ihren Büchern habe ich Deutsch gelernt.« Er stellte die alte Frau unter seinen persönlichen Schutz, ließ am Eingang ein Schild mit den Segensworten »Off limits!« anbringen und sorgte dafür, dass sie Pakete mit Lebensmitteln erhielt.

1947 geht der 80. Geburtstag still vorüber, doch den 83. kann man im Freundeskreis wieder festlich begehen. Am 26. November 1950, in ihrem 84. Jahr, stirbt Hedwig Courths-Mahler. Über die Umstände ihres Todes haben die Töchter unterschiedlich berichtet. Sie sei im Gespräch mit den Töchtern plötzlich verschieden, heißt es bei Margarete Elzer. Friede Birkner dagegen vermerkt in ihren Erinnerungen an die Mutter: »Sie plauderte noch über irgend etwas Politisches ... Dann setzte sie sich in ihren Lehnstuhl und begann zu lesen. Ein Buch der Marlitt, wenn ich nicht irre. Und als meine Schwester in das Zimmer kam, vielleicht eine Stunde später, saß sie noch immer in ihrem Sessel, das Buch in der Hand, und war hinübergeschlafen.«

Ein gutes, ein friedfertiges Sterben ohne Ängste, ohne Krankheit und Schmerzen, beinahe ein Happy End, so als habe es die Produzentin der Traumerzählungen in einem ihrer Bücher für sich selbst erfunden. Dass bald darauf die Töchter in bitteren Zank um das Erbe verfielen und miteinander dafür sorgten, dass der Nachlass der Mutter in heillose Unordnung und Auflösung geriet, zum Teil sogar vorsätzlich zerstört wurde, gehört zwar zu den Tatsachen, aber nicht mehr in unsere Geschichte. (Margarete Elzer lebte noch bis 1966, Friede Birkner starb, 94 Jahre alt, 1985.)

»Ich glaub's jetzt selber, ich sterbe nie aus!«, hat Hedwig Courths-Mahler kurz vor ihrem Tod gesagt, als eine Schar junger Mädchen die Gelegenheit eines Schulausflugs nutzte, um ihre Lieblingsautorin zu besuchen. Und das erwies sich als wahr. Sie ist zwar leiblich begraben worden, aber in ihren Büchern lebt sie weiter, und sie scheint unsterblich zu sein. In den fünfziger Jahren schlug noch einmal eine große Stunde der Leihbibliotheken; um 1960, bevor das Fernsehen ihnen den Rang ablief, soll es an die 28 000 gegeben haben. »Leihbuchromane waren in dieser Zeit die Literatur schlechthin«, heißt es bei Andreas Graf. Das mag überspitzt sein. »rowohlts rotations romane« zum Beispiel, preiswert auf den Markt geworfen und von 1950 bis 1968 in mehr als 80 Millionen Exemplaren verbreitet, machten die Leser mit Werken der Weltliteratur bekannt. Junge Leute lasen begierig, was ihnen vorenthalten worden war: Thomas Mann und Hermann Hesse, Ernest Hemingway und Thornton Wilder. Und schon

1950 trat »Der kleine Prinz« von Saint-Exupéry seinen unaufhaltsamen Siegeszug an. Aber bei den Massen, die sich aus den Leihbibliotheken bedienten, nahmen die Bücher der Courths-Mahler tatsächlich einen herausragenden Platz ein, und mehr als hundert ihrer Romane sollen im Angebot gewesen sein.

Die siebziger Jahre brachten einen Einschnitt und neuen Aufschwung. Denn seit dieser Zeit liegen die Weltrechte beim Bastei Lübbe Verlag in Bergisch Gladbach, der auf die virtuose Vermarktung für ein Massenpublikum eingerichtet ist. Die gesammelten Romane werden dort von der Cheflektorin Anja Kleinlein betreut, einer Pflegetochter und Erbin von Friede Birkner, also gewissermaßen der Enkelin von Hedwig Courths-Mahler. Im Jahre 1939 hat der Rothbarth Verlag angegeben, dass mehr als 24 Millionen Bücher unter die Leute gebracht seien. Im Krieg und bis 1950 dürfte noch Einiges dazugekommen sein. Inzwischen heißt es aus Bergisch Gladbach, dass man die 80-Millionen-Grenze überschritten habe – nur mit deutschsprachigen Ausgaben, also Übersetzungen nicht gerechnet. Da jeder Verlag für sich zählt, dürfte tatsächlich das magische Maß von 100 Millionen längst erreicht sein. Ein Ende ist nicht abzusehen. Man möchte es kaum glauben, weil der Absatz praktisch unter Ausschluss der Öffentlichkeit erfolgt und keine Buchkritik, kein »Literarisches Quartett« von ihm spricht. Aber die Tatsachen reden ihre eigene und unmissverständliche Sprache. In den siebziger Jahren hat es auch eine Serie von fünf Fernsehfilmen gegeben, mit Einschaltquoten von über 40 bis zu 63 Prozent. Und warum eigentlich, wenn schon die jungen Leute sich für »Big Brother« begeistern, soll nicht eines Tages eine Endlosserie von Courths-Mahler-Verfilmungen für die Senioren beginnen?

Der Verlag hat eine Umfrage unter der Leserschaft veranstaltet, um herauszufinden, wie eigentlich die Konsumenten aussehen. Dabei stellte sich heraus, dass es zu 90 Prozent Frauen sind, die die Bücher oder Hefte lesen, überwiegend älteren Jahrgangs, meist nicht oder nicht mehr berufstätig, oft allein stehend und zu 64 Prozent ohne höhere Ausbildung über den Volks- oder Hauptschulabschluss hinaus. Dass diese Kundschaft demnächst aussterben wird, ist kaum zu erwarten. Eher trifft das Gegenteil zu: Die Menschen werden immer älter, sie vereinsamen, und die Frauen triumphieren mit ihrer Zählebigkeit über die Männer. Oft genug hat das Leben sie enttäuscht, und auch dabei wird es wohl bleiben. Dafür allerdings, daß sie dann sich in Traumwelten flüchten, sollte niemand sie schmähen.

Zum Versuch einer Bilanz gehört die Feststellung, dass Hedwig Courths-Mahler auf ihre Weise immer redlich geblieben ist. Nie hat sie den Anschein erweckt, als rede sie von einer Wirklichkeit, die uns als Zukunft ins Haus steht, womöglich noch portofrei geliefert. Immer war offenkundig, dass es sich um eine Wunscherfüllung aus Herzensgespinsten, um eine Abart von Märchen handelte, und die Autorin selbst hat das stets betont. Das unterscheidet sie von all den falschen Propheten, die das Paradies auf Erden versprechen und die Hölle bereiten, wenn sie dafür die Gewaltmittel einsetzen, mit denen eine gläubig opferbereite Gefolgschaft sie ausstattet. Aber weil die Natur des Menschen nun einmal so ist, wie sie ist, weil christlich gesprochen die Sündhaftigkeit des »alten Adam« sich fort und fort erbt bis ans Ende der Welt im Gottesgericht, sind alle Propheten falsch und des Teufels, die uns das irdische Heil verheißen, in welcher Gestalt auch immer. Der Philosoph Ernst Bloch hat in seiner großen Untersuchung über »Das Prinzip Hoffnung« dem »Happy End« ein besonderes Kapitel gewidmet und darin gesagt: »Der Sozialismus, der seinen Weg zum happy-end als eigenen besitzt und hält, ist gerade auch als Kulturerbe eines aus eigener Schöpferkraft, eigenem Fülle-Ziel, ohne Plüsch, ohne geistige Schüchternheit.« Doch leider hat sogar das sich als falsch erwiesen.

Über den literarischen Wert der Werke von Hedwig Courths-Mahler muss man keinen Streit entfachen. Es gibt ihn nicht, weil wir nichts von der Wirklichkeit erfahren, in der die Menschen in der Geschichte gelebt haben, in der Gegenwart leben oder in der Zukunft einmal leben werden. Nur von Träumen, von den uralten, immer neuen Bedürfnissen des Herzens ist die Rede. Aber soll man das leichthin abtun? Schützt es uns womöglich sogar vor Gefahren, zum Beispiel vor den falschen Propheten, die stets auf der Lauer liegen? Über solche Fragen wäre zu reden.

Wenn man davon absieht und auf den Lebensweg der Hedwig Courths-Mahler zurückblickt, dann imponiert, was sie erreicht hat. Fast aus dem Nichts ist sie aufgestiegen, hat sich emporgeschrieben aus dem Dunkel in Licht, ist zur berühmten Erfolgsautorin geworden, unbeirrt vom Neid und vom Hohn, von allen Widerständen, die ihr entgegenschlugen, ist niemals einer Selbsttäuschung über die eigene Bedeutung verfallen, ist stets bescheiden geblieben. Sie war unpolitisch, aber der Wahn von der Gewaltherrschaft hat sie abgestoßen, dem die Mehrheit der Deutschen erlag. Sie war auch keine Vorkämpferin der Frauenemanzipation, aber auf ihre Weise hat sie den Vorurteilen des Mannes ein Schnippchen geschlagen. Sie hat vielen Menschen Freude bereitet, manchem geholfen und, soweit wir es absehen können, niemandem geschadet. Was eigentlich lässt sich Besseres über ein Leben sagen? Vielleicht das, was ein Gedicht aus dem Nachlass unter dem Titel »Pflicht« zum Ausdruck bringt:

»Wie oft wirst Du gescholten
Wenn Du ein Werk vollbracht
Es wird Dir schlecht vergolten
Auch wenn Du's gut gemacht.

Und wenn Du was geschaffen
Von minder großem Wert
Dann wirst du oft von Laffen
Gerühmt und festgeehrt.

Hast Du in beiden Fällen
Nur Deine Pflicht getan
Laß sie Dir nicht vergällen
Dann bist Du wohl daran.«

# RICARDA HUCH

Im Jahre 1585 wurde im Schlosse zu Düsseldorf die Hochzeit des jungen Herzogs Jan Wilhelm mit Jakobe von Baden so pomphaft und majestätisch gefeiert, wie es dem Ansehen des reichen Jülicher Fürstenhauses entsprach. Nachdem die Festlichkeiten abgelaufen waren, verabschiedete sich der Kurfürst von Köln, Ernst von Wittelsbach, der Bruder des Herzogs von Bayern, von der Braut, die seine Nichte war, und sagte zu ihr, er scheide leichteren Mutes, als er gekommen sei; denn es habe oftmals an seinem Gewissen genagt, ob die Heirat, zu der er sie in wohlwollender Meinung und in der Absicht auf ihr Glück überredet hatte, sie auch zufriedenstellen werde. Nun habe er sich aber, da er während der Hochzeit ihr lächelndes Antlitz und auch die vielfache Pracht ihrer neuen Umgebung und die Höflichkeitsbezeigungen der Familie gesehen habe, darüber zur Ruhe begeben.«

Mit diesen Sätzen beginnt Ricarda Huchs Darstellung »Der große Krieg in Deutschland«, die zwischen 1912 und 1914, also am Vorabend des Ersten Weltkriegs erschien. In späteren Auflagen erfolgte eine Umbenennung zu »Der Dreißigjährige Krieg«. Auch diesen Titel könnte man für prophetisch halten. Denn der Zweite Weltkrieg wurde von Hitler als eine Wiederaufnahme des Ersten geplant und begonnen. Und muss man im Rückblick die Zwischenzeit von 1918 bis 1939 nicht als eine besondere Form von bloßem Waffenstillstand ansehen, das heißt eigentlich von einem zweiten dreißigjährigen Krieg sprechen, der Deutschland ähnlich in die Katastrophe führte wie der erste, der von 1618 bis 1648?

Ricarda Huchs »Vorspiel« entfaltet denn auch keineswegs das Bild einer glücklichen Ehe, sondern beziehungsreich kommendes

Unheil. Der Herzog Jan Wilhelm erweist sich als ein kindischer, kranker, seelisch gestörter Mensch; andere regieren an seiner Stelle. Bald blicken wir in ein Rattennest der Intrigen, in die sich die geistigen Konflikte zwischen Reformierten und Katholiken ebenso einmischen wie brutale persönliche Machtkämpfe. Jakobe sieht sich um ihre Hoffnungen auf eine prunkvolle Hofhaltung betrogen und ist kaum mehr als eine Gefangene. Schließlich wird sie umgebracht – und kein reinigendes Gewitter folgt, kein Blitzschlag der Gerechtigkeit trifft den Schuldigen: »Zweifelte nun auch niemand daran, daß es bei diesem Todesfall etwas gewaltsam zugegangen sei, so hütete sich doch ein jeder, den Verdacht öffentlich zu äußern oder gar den mutmaßlichen Mörder zur Rechenschaft zu ziehen; denn ohne Beweise hätte man sich damit eine dornige Sache eingehandelt.«

Nach diesem unaufgelösten Kriminalfall folgen mehr als tausend Seiten, und die dramatische Geschichtserzählung wird ebenso farben- wie figurenreich entfaltet. Aber am Ende steht wieder ein Mord, der ungesühnt bleibt, freilich auf andere Weise als der von Düsseldorf, und damit leuchtet im Horizont der Verzweiflung doch ein Ausblick auf Hoffnung:

»Es war inzwischen Abend geworden, und der weiche Himmel bog sich über das Hügelland, wie ein Strauch voll weißer Rosen über ein Grab. Der Tisch wurde wieder hergerichtet, und für den verschütteten Wein wurde Wasser gebracht. Dergleichen Abendmahl habe er noch nicht gesehen, fuhr es dem Obersten heraus, der den Vorbereitungen staunend zusah; es scheine mehr für Vieh als für Christenmenschen zu passen.

›Als Christus auferstanden war‹, sagte der Pfarrer, während er das Brot sorgsam von Erde reinigte, ›hatte er ein fremdes Antlitz, und seine Jünger erkannten ihn nicht.‹

Der Oberst verstand nicht, schwieg aber, und als alle versammelt waren, nahm er seinen Federhut ab, richtete einen befehlenden Blick auf seine Soldaten und kniete nieder, worauf alle seinem Beispiel folgten. Das Stückchen Brot, das der Pfarrer ihm, als dem ersten, reichte, würgte er folgsam, wenn auch nicht ohne Widerwillen hinunter.

Als die stille Zeremonie beendet war, brach die Nacht herein. Wie wenn Chorknaben die Meßgefäße schwingen und duftendes

Gewölk die Pfeiler des Domes verhüllt, wogte es weit um die verschwimmenden Trümmer der zerstörten Kirche, um die Grabkreuze und die knienden Menschen. ›Siehe, es ist alles neu geworden‹, sagte der Pfarrer, nachdem er den Segen gesprochen hatte. Alle blieben noch eine Weile mit gesenktem Kopfe, dann standen sie von der feuchten Erde auf, die Soldaten blickten wartend auf den Obersten. ›Aufsitzen!‹ kommandierte der, ›weiter!‹, worauf sie zu ihren Pferden eilten und in schnellem Trabe aus dem Dorf ritten. Der Pfarrer lud sein totes Kind auf den Arm und verließ an der Spitze seiner Gemeinde festen Schrittes den Totenacker.«

Friedrich Sieburg, einer der bedeutendsten Literaten und Literaturkritiker des 20. Jahrhunderts (und bei der »Frankfurter Zeitung« beziehungsweise FAZ ein Vorgänger Marcel Reich-Ranickis), hat von Ricarda Huchs Geschichtserzählung gesagt: »Wie sich der religiöse Gesinnungskrieg mit dem Ringen um die politische Macht mischt, wie Europa und seine Menschen sich umgestalten und wie hinter allem das eingeborene politische Unglück der Deutschen sichtbar wird, das alles wird mit einer Freiheit in der Auswahl der Details wiedergegeben, wie sie nur dem dichterischen Genius erlaubt ist ... Wer dieses herrliche Buch zu lesen versteht, der liest es mit ergriffener Spannung und wird sich bewußt, daß er es mit einer der größten Leistungen der deutschen Literatur zu tun hat.«

So etwas lässt sich leicht nachplappern oder abwandeln, und stets ist von Ricarda Huch mit dem beinahe demütigen Respekt die Rede, der einem berühmten Namen und noch dazu einem im Sturm der Zeit erprobten Charakter gebührt. Aber wer begeistert sich wirklich für diese Autorin, wer widmet heute seine Zeit und Aufmerksamkeit dem »Dreißigjährigen Krieg«? Die Sprache ist kaum mehr auf dem »neuesten Stand«, und ein langer Atem, ausdauernde Konzentration ist für die tausend Seiten gefordert, um in der Vielzahl der Figuren und Ereignisse nicht die Übersicht zu verlieren.

Und wer eigentlich interessiert sich noch für geschichtliche Vorgänge, die um bald vier Jahrhunderte zurückliegen? Haben wir nicht genug mit dem *zweiten* dreißigjährigen Krieg, mit Hitler und mit Auschwitz zu tun? Zwar hat der Historiker Michael Stürmer diesen Krieg des 17. Jahrhunderts »die existentielle Katastrophe des neuzeitlichen Deutschland« genannt, »ohne deren Begreifen die ganze nachfolgende deutsche Geschichte keinen Sinn ergibt«. Aber wer kümmert sich denn um den Sinn – oder, bescheidener, um ein Verstehen der Geschichte? Die Zukunft ist wichtig und beinahe nichts außerdem. Hinzu kommt, dass das *Erzählen* von Geschichte in literarisch anspruchsvoll aufbereiteten Geschichten aus der Mode geraten ist. Fachleute verwalten aktenkundig die Vergangenheit und schreiben für Fachleute. Um wieder Friedrich Sieburg das Wort zu geben: »Ricarda Huchs Schilderung, die schlechthin alles umfaßt, was das Wesen dieses Krieges ausmacht, hat keinen Vorgänger gehabt und keinen Nacheiferer gefunden.«

Das Gesamtwerk von Ricarda Huch stellt sich ungewöhnlich weit gespannt dar. Man findet in ihm Erzählungen, Romane und mit dem »Fall Deruga« sogar eine Spielart von Kriminalroman, Dramen und Gedichte, Schriften zur Literaturgeschichte wie »Die Romantik« und zu religiösen Fragen wie »Luthers Glaube« oder »Der Sinn der Heiligen Schrift«, biographische Skizzen und noch manches mehr. Aber die Romanautorin steht doch im Schatten von Theodor Fontane oder Thomas Mann, die Lyrikerin hinter Georg Trakl oder Rainer Maria Rilke, die Biographin hinter Stefan Zweig oder Lion Feuchtwanger; die religiösen Versuche sind von Theologen ebenso kritisiert wie gewürdigt worden. Nur die Geschichtserzählerin nimmt sich einzig aus, trotz Theodor Mommsens »Römischer Geschichte« oder Golo Manns »Wallenstein«; sie hat ganz für sich selbst eine eigene literarische Gattung begründet.

Übrigens ist »Der dreißigjährige Krieg« bei weitem nicht die alleinige Geschichtserzählung geblieben. Neben noch anderem entsteht eine Trilogie zur deutschen Geschichte; sie umfasst das »Römische Reich deutscher Nation«, »Das Zeitalter der Glaubensspaltung« und »Das Ende des Römischen Reiches deutscher Nation«. Zur neueren Geschichte gehört »Alte und neue Götter«, 1948 in einer Lizenzausgabe mit dem eher prosaischen Titel: »1848 – Die Revolution des 19. Jahrhunderts in Deutschland« neu aufgelegt. Dort heißt es im Vorwort:

»Es war nicht meine Absicht, die Geschichte der revolutionären Bewegungen zu schreiben, die in der ersten Hälfte des neunzehnten Jahrhunderts stattfanden und mit den Ausbrüchen des Jahres 1848 endeten, sondern ich wollte ihren Zusammenhang mit der umfassenderen allmählichen Umwälzung beleuchten, die das wesentlich agrarische Deutschland in ein wesentlich industrielles verwandelte, was zugleich eine Verwandlung der Weltanschauung bedeutet. Ich beschränkte mich dabei nicht nur insofern ich die Geschichte der übrigen europäischen Staaten soviel wie möglich außer Betracht ließ, sondern auch dadurch, daß ich hauptsächlich die Menschen zu begreifen und darzustellen suchte, die diese Umwälzung teils herbeiführten, teils ihr widerstrebten oder von ihr mitgerissen wurden. In der Geschichte, dem Werk der handelnden Menschen und göttlich-natürlicher Kräfte, die durch Menschen wirken, scheint mir der Mensch in seinem persönlichen Denken und Verhalten das Wichtigste und Interessanteste zu sein, das was unvergänglich lebendig und Leben erzeugend bleibt, wenn die Verhältnisse, in denen er sich bewegte, gleichgültig oder unverständlich geworden sind.«

Ja, gewiss: Menschen interessieren sich für Menschen und gewinnen durch sie den Zugang zu dem, was einmal war. Doch wen schert das noch? Inzwischen spricht man von der Gesellschafts- oder Strukturgeschichte, in der Menschen kaum mehr vorkommen – und Gott oder Götter erst recht nicht. Am Ende ihres Buches sagt die Autorin: »Ob es möglich ist, daß die Menschheit ohne jenseitige Götter lebt und eine Geschichte hat, kann niemand wissen; notwendig ist es vielleicht, daß fremd und unkenntlich gewordene einmal völlig ausgerottet werden; nur was ganz ausgelebt hat, kann auferstehen.«

Bei den Geschichtserzählungen sieht es nicht nach solcher Auferstehung aus. Zwar hat ein Rezensent des »Dreißigjährigen Krieges«, Fritz Reck, in der »Süddeutschen Zeitung« noch vor dem Ersten Weltkrieg geschrieben: »Ich glaube, daß mit diesem Werk das größte epische Kunstwerk uns erstanden ist, größer als alle, die in den letzten neun Jahrzehnten deutsche Leser sahen. Damit ist ja wohl die Hauptvoraussetzung erfüllt, daß das deutsche Publikum es zunächst vergißt, damit sich nach einem Menschenalter vielleicht unsere Enkel auf den Wert des Buches besinnen.« Aber inzwischen handelt es sich um die Urenkel, und sie verhalten sich noch spröder als die vorangegangenen Generationen.

Was sie persönlich betraf, kannte Ricarda Huch sich besser aus als ihre postumen Ruhmredner; in dem Gedichtband »Herbstfeuer«, der 1944 erschien, findet man:

»Ich dachte, nie endet mein Tag,
Sang jubelnd ins Leben hinein;
Nun stockt meines Herzens Schlag,
Bald werd ich versunken, vergessen sein.«

Ricarda Huch wurde am 18. Juli 1864 in Braunschweig geboren. Man hat von ihrer »großbürgerlichen« Familie gesprochen, doch eher treffen wir auf unstete Abenteurer am Rande der eingesessenen »guten« Gesellschaft. Der Großvater Heinrich Huch betrieb eine Schänke, nur anfangs mit Erfolg. Er starb verarmt und in geistiger Verwirrung bei seinen Söhnen im brasilianischen Porto Alegre. Der Sohn William brachte es zum Anwalt, machte ein Vermögen, verlor es wieder und erschoss sich im Jahre 1888. Seine drei Brüder Eduard, Ferdinand und Richard versuchten sich als Kaufleute, handelten mit Tuchen und gründeten Niederlassungen in Hamburg und in Porto Alegre. Sie wurden reich, aber nicht für die Dauer. Eduard führte ein aufwändiges Leben und ließ sich auf waghalsige Spekulationen ein. Sein Tod im Jahre 1875 war möglicherweise ein versteckter Selbstmord. Auch sein Bruder Ferdinand nahm sich 1899 das Leben. Alleiniger Geschäftsführer der Firma Huch & Co. war seit 1878 Richard Huch, Ricardas Vater. Er starb 1887, und über die Hintergründe seines Todes hat es zum mindesten ein Geraune gegeben; bald darauf ging die Firma in Konkurs. Erfolg und Misserfolg, Wagemut und Depressionen lagen also immer dicht beieinander.

Im Jahre 1858 heiratete Richard Huch die Braunschweigerin Emilie Hahn; die Tochter Lilly und der Sohn Rudolf wurden 1859 und 1862 in Brasilien geboren, nur Ricarda in Braunschweig, und diese dritte Geburt kostete die Mutter fast das Leben. Sie blieb seither ruhe- und pflegebedürftig, am Ende ein Kind unter Kindern, »unsere jüngste Schwester«, wie die Tochter gesagt hat. Der Vater war meist abwesend; wenn nicht in Übersee, leitete er seine Geschäfte von Hamburg aus. Die Haushaltsführung fiel der Großmutter Emilie Hahn zu: klug, herrschsüchtig und sehr fromm, »eine beeindruckende und drückende Persönlichkeit«. Außerdem erwies sie sich als zählebig; sie wurde 1811 geboren und starb erst 1901, im damals ungewöhnlich hohen Alter von 90 Jahren. Für die Enkelin wurde sie die eigentliche Bezugsperson. »Das Gefühl, das man zu einer Mutter hat, gehörte, wenigstens was mich betrifft, meiner Großmutter.« Sie ist es, »die alles leitet, für alles sorgt und, ohne daß man sich dessen bewußt [wird] ..., durch ihren Geist und ihre Liebe alles beherrscht«.

Das Wichtigste, was die Enkelin von dieser Großmutter und auch vom Großvater Johann Justus Hahn übernimmt – einem Polizeirat, der 1876 stirbt –, ist wohl die Verwurzelung im Christentum. Wie Ricarda in ihren Jugenderinnerungen sagt: »Die Haltung meiner Großeltern bewirkte, daß die Tatsache des christlichen Glaubens immer wie ein unverrückbares Sternbild über mir stand, auch wenn ich nicht hinblickte oder wenn es mir von ganz entgegengesetzten Anschauungen verdunkelt war, wie ich denn mit sechzehn oder siebzehn Jahren ganz von dem naturwissenschaftlichen Weltbild, das Haeckel verkündete, eingenommen war. Diese flotten Lösungen unergründlicher Welträtsel leuchteten mir zwar ein, hinderten aber nicht, daß ich jederzeit gern in der Bibel las. Allerdings suchte ich wohl die Stellen heraus, die mich durch ihre poetische Schönheit verzauberten; aber das Gefühl war doch immer in mir, daß das Wort Gottes, dies unmittelbar erschütternde Wort, die Wahrheit sei, wenn ich mir dessen auch nicht klar bewußt wurde.« Wahrscheinlich hat die spätere Beschäftigung mit dem Glauben Martin Luthers in der von Kindheit an geübten Gewohnheit des Bibellesens einen Ursprung, in der Faszination der künftigen Dichterin durch die Übersetzung des Reformators, das heißt durch eine Sprache, die fremd und vertraut zugleich wie Musik erklingt.

Damit man etwas von Eltern oder Großeltern übernimmt, muss es allerdings überzeugend sein; oft genug bewirkt ja das, was den Kindern hartnäckig gepredigt wird, einen Umschlag ins Gegenteil: den Überdruss und die Abkehr. Auch das hat es hier gegeben, besonders politisch. In den Erinnerungen heißt es: »Überseer pflegen national und konservativ zu sein, für meinen Vater war Bismarck als Reichsgründer der Inbegriff dieser Richtung, ein unantastbarer Heros ... Es ist nicht unmöglich, daß die in meiner Generation so seltene Abneigung, mehr noch Gleichgültigkeit gegen Bismarck mit der Popanzstellung zusammenhing, die er in unserem Hause einnahm.«

Bereits die Sechsjährige führte ein Tagebuch, und die Ereignisse des glorreichen Jahres 1870 finden darin ihren Niederschlag: »Gestern abend war ein großer Sieg heute Morgen auch schon wieder.« Doch man befindet sich in der Sommerfrische, bei der es aufs gute Wetter statt auf ferne Schlachtensiege ankommt, und damit steht es nicht zum Besten: »Da fink es furchtbar an zu regenen.« Immerhin, bei der Rückkehr nach Braunschweig, am Bahnhof, »haben wir franzosen gesen.« Zu ihnen, den unglücklich Kriegsgefangenen, wurde dann das kleine Mädchen an der Hand ihrer um fünf Jahre älteren Schwester von der Großmutter geschickt, um Schokolade und Zigarren zu überbringen.

Die preußisch-deutsche Volksschul- und Berufsausbildung galt in Europa, in der Welt als ebenso vorbildlich wie die Gymnasien, die Hochschulen und die Universitäten. Doch dabei waren nur die Jungen oder jungen Männer gemeint; niemand, außer ein paar sonderbaren Frauenrechtlerinnen, dachte an eine qualifizierte Ausbildung für Mädchen. Ricarda wurde zunächst von einer Erzieherin betreut und besuchte dann die Volksschule, die mit dem vierzehnten Lebensjahr endete. Warum weiter? »Du heiratest ja doch«, hieß die Antwort auf vorlaute Fragen, und wozu denn sollte man sein gutes Geld unnütz ausgeben? Weitaus besser legte man es in der Aussteuer samt Wäschetruhe an. Lesen, musizieren, vielleicht zeichnen und malen: Ja, gewiss. Doch das blieb den Zufällen des Elternhauses oder der Anregung durch Freunde überlassen.

Hier heißt der Zufall Anna Klie, ursprünglich eine Freundin der Schwester Lilly und entsprechend um einige Jahre älter. Mit ihr gemeinsam entdeckt der Teenager, vielmehr, wie man damals sagte, der Backfisch Ricarda die weiten Gefilde und alle Verlockungen der Literatur. »Anna Klie«, heißt es im Rückblick, »war der Reiz und der Duft meines Lebens hauptsächlich von meinem sechzehnten bis zu meinem einundzwanzigsten Lebensjahre«, und »der Umgang mit ihr wurde zugelassen, wenn auch nicht gerade gern gesehen«. Das erhöhte natürlich noch den Reiz der Begegnung. Durch die Häuser, in denen man lebte und die auf verschiedene Gesellschaftsschichten hinwiesen, entstand der romantische Eindruck der Hingabe an etwas Unbekanntes: »Der Umstand, daß Klies vor dem Frankfurter Tor wohnten, in einem hohen, geschwärzten, lauten, reizlosen Quartier, trug dazu bei, mir Anna wie eine Blume erscheinen zu lassen, die märchenhaft zwischen Schutt und Küchenpflanzen wächst.« Entsprechend die Familie Klie: »Alle hatten Witz, Humor und Verstand mit einer eigenartig volkstümlichen Färbung.«

Umgekehrt erscheint Anna Klie das Haus der Huchs »als eine Region, wo die Begrenzungen des gewöhnlichen Menschenlebens wegfallen, eine Art jenseits von Gut und Böse, wo das Leben nicht durch kleine Pflichten peinlich geregelt ist, wo überhaupt die Pflicht weniger maßgebend ist als das Schöne und Angemessene, was allerdings mit der Pflicht zusammenfallen kann«. Miteinander träumt man und schreibt Gedichte. »Zu dichten war mir selbstverständlich«, heißt es in Ricardas Rückblick. »Ich hatte es getan, seit ich denken konnte, und daß es einmal mein Lebensberuf sein würde, stand für mich fest.« Aber zunächst einmal geht man gemeinsam zu Werk: »Für uns war die Poesie der Kern des Lebens.« Anna entwirft zum Beispiel einen Vierzeiler, der ihre Freundin begeistert:

»Wenn du wiederkehrst, und währt es sommerlang,
Bis der Schnee liegt, will ich auf dich warten.
Es braust ein Sturm vom Binnenland,
Die Flügel beladen mit Schnee.«

»Ihre Gedichte hatten etwas, das ich bewunderte, um so mehr als ich das Gefühl hatte, daß es mir unzugänglich war. Sie waren wie Blumen, die wild am Berg wachsen«, liest man in den »Erinnerungen an Anna Klie«.

Aus aufgeklärtem Abstand und belehrt durch feministische »Wechselwähler« wie Alice Schwarzer möchte man fragen, ob es sich hier nicht um eine – vorbewusst – lesbische Beziehung handelte. Ricarda Huch hätte das freilich ganz entschieden bestritten; sie liebte doch Männer, wie gleich zu zeigen sein wird. Ihre Vorstellungen vom Verhältnis der Geschlechter blieben vollkommen konventionell, sogar dann, wenn die Verhältnisse höchst unkonventionell gerieten. Und wo immer unter Familienmitgliedern, im Freundes- oder Bekanntenkreis gleichgeschlechtliche Neigungen auftauchten, ob nun bei Frauen oder bei Männern, wurden sie schroff zurückgewiesen. Doch was besagt das schon? Je heftiger die Abwehr, desto stärker der Verdacht, dass es sich um einen Kampf gegen das im eigenen Leben Verdrängte handelt.

Zu Anna Klie ist noch zu sagen, dass sie sich zur Zeichen- und Handarbeitslehrerin an der Städtischen Mädchenschule von Braunschweig hochkämpfte. Daneben betätigte sie sich als Lyrikerin und Jugendschriftstellerin. Recht spät, 1897 im Alter von 39 Jahren, heiratete sie einen Gymnasiallehrer und starb 1913.

Der Backfisch Ricarda schwärmt einen Referendar an, der sich leider als spröde erweist. Daraufhin kommt es zu einer schicksalsschweren Begegnung mit Richard Huch, geboren 1850, dem Sohn des Onkels William, also einem Vettern ersten Grades. Der hat sich in der beruflichen Nachfolge seines Vaters in Braunschweig als Rechtsanwalt und Notar niedergelassen, 1879 die Cousine Lilly, Ricardas Schwester, geheiratet und mit ihr schon zwei Kinder gezeugt.

Man schreibt das Jahr 1883, die Mutter stirbt, und in der Neunzehnjährigen nagt noch die Traurigkeit – oder der verletzte Stolz darüber, von dem Herrn Referendar verschmäht worden zu sein. An einem Sommerabend kommt der Schwager zu Besuch; zusammen schaut man am Gartenzaun auf die drei Bäume – eine Birke, eine Linde, eine Schwarzpappel –, die schon dem Kind zugeflüstert haben. Richard legt seinen Arm um Ricardas Schulter, man sieht sich an, und es ist um sie geschehen. »Es war ein Augenblick reinen, vollkommenen Glücks ... Ich stand in Flammen, die Welt war verändert.«

Eine Reise festigt die Liebe, aber wie soll es in Braunschweig weitergehen? Ricarda findet den Ausweg: Der Vater ist ja immerfort abwesend, sein Zimmer liegt im Erdgeschoss, sie öffnet, wenn es dunkel geworden ist, das Fenster und lässt den Geliebten ein, um mit ihm ein paar Stunden, halbe Nächte zu verbringen. Unversehens gleicht das Leben dem Entwurf eines Trivialromans, aber diese Leidenschaft ist unbesiegbar. »Es gab nichts mehr als diese Leidenschaft. Ihr Recht war ihre Gewalt ... Machte sie andere unglücklich, so waren wir selbst noch unglücklicher. Wir konnten uns nicht besitzen, denn an Scheidung der Ehe meines Schwagers dachten wir nicht. Diesen Verzicht warf ich in die Waagschale. Die flüchtig geraubte Seligkeit mußte uns dafür gewährt werden; denn jedes Gefühl wurde von diesem einzigen unterworfen.«

Auf die Dauer konnte freilich kaum geheim bleiben, was vorging. Die Schwester ahnte, wusste es; allzu dürftig stellte sich die Behauptung ihres Mannes dar, dass er in seiner Anwaltskanzlei immerfort die Nächte hindurch Akten aufzuarbeiten habe. Ein Skandal drohte; die Leute begannen zu tuscheln. Und eines Tages, als er einmal in Braunschweig ist, hält der Vater seiner Tochter ein Zeitungsblatt, einen Romanabdruck mit dem Titel entgegen: *Die Liebe und die Pflicht.* Dazu Ricarda in ihren Erinnerungen: »Es war für mich ein schrecklicher Augenblick, den ich nicht vergessen habe, aber mich schreckte es nicht in dem Sinne, daß mein eigenes Pflichtbewußtsein geweckt und gestärkt worden wäre. Unsere Liebe stand fest wie ein Fels, sie war immer unser Schicksal; und es war sinnlos, die Pflicht gegen sie ins Feld zu führen. Diesem Schicksal mußte sich alles unterwerfen.«

Paradox genug öffnete die ausweglose Situation den Weg ins eigene Leben. Der Gedanke kam auf, in Zürich zu studieren. Während die deutschen Universitäten sich gegen Frauen noch strikt verriegelten, sah es in der Stadt an der Limmat anders aus; die dortige Universität war noch jung und entsprechend fortschrittlich eingestellt. Ein offenbar abartiges Mannsbild oder in diesem Falle ein sozialdemokratischer Student aus Deutschland hat darum mit mehr Begeisterung als Kunstfertigkeit gedichtet:

»Das wird die Ochsen kränken
Im Stall Germania:
Die Mädchen auf den Bänken
Der Wissenschaft: Hurra!«

Unter anderen Umständen hätte der Familienrat wohl niemals sein Einverständnis gegeben; so aber stimmte er zu: Um jeden Preis musste Ricarda aus Braunschweig entfernt werden, um wieder geordnete Verhältnisse zu schaffen. Und was das Liebesverhältnis zu Richard betraf, setzte man auf einen Wandel durch neue Eindrücke, womöglich neue Begegnungen – oder auf die Zauberkraft des Sprichwortes: Aus den Augen, aus dem Sinn. Ricarda und Richard wiederum vertrauten darauf, sich außerhalb von Braunschweig unbeschwerter sehen und gemeinsame Reisen unternehmen zu können. Kurzum: Mit dem Versprechen, an Richard nicht mehr zu rühren, verlässt Ricarda Huch ihre Geburtsstadt am 31. Dezember 1886 und trifft am Neujahrstag 1887 in Zürich ein – wie es sich für ein wohlbehütetes Mädchen aus gutem Hause gehört, in Begleitung einer männlichen Schutzperson, ihres Bruders Rudolf. Schon am nächsten Tag findet man eine passende Unterkunft, und mit dieser beruhigenden Nachricht reist Rudolf nach Braunschweig zurück. Ein halbes Jahr später schreibt der Vater aus Hamburg über die sündige Tochter: »Sie *muß* in Zürich bleiben bis sie zu sich selbst gekommen ist, dann nehme ich sie hierher oder gehe mit ihr nach Porto Alegre. Mir blutet das Herz, wenn ich an sie denke, aber an erster Stelle steht die unschuldige arme Lilly mit ihren Kindern.«

Man darf sich das Zürich von 1887 nicht als die Metropole unserer Tage vorstellen. Im Brockhaus' Conversations-Lexikon, 13. Auflage Leipzig 1887, liest man: »Zürich … zählt [1880] 25 102, mit den neun Vorstädten zusammen 75 956 Einwohner meist deutscher Zunge und reformierter Konfession. Die innere alte Stadt, zu beiden Seiten der Limmat gelegen, hat viele enge, unregelmäßige, oft steile Gassen mit hohen, finstern Häusern; die neuen Quartiere dagegen zeigen breite Straßen mit vielen palastartigen Gebäuden; der schönste Stadtteil ist die Bahnhofstraße, die vom Bahnhof zum See führt … Zürich ist nicht nur die blühendste und gewerbefleißigste Stadt der Eidgenossenschaft, sondern zugleich auch der Mittelpunkt des geistigen Lebens für die ganze deutsche Schweiz. Von jeher bestand hier ein reges wissenschaftliches und literarisches Leben … An der Spitze der Unterrichtsanstalten stehen die Universität (gestiftet 29. April 1833) und das 1855 eröffnete Polytechnikum, welche beide mit ausgezeichneten Lehrkräften versehen sind.«

Die gewerbefleißigste Stadt der deutschen Schweiz und ihr geistiger Mittelpunkt, gar von jeher? Das sollte man in Basel besser nicht laut werden lassen. Ein Jacob Burckhardt begann zwar –

notgedrungen – seine akademische Laufbahn in Zürich, aber er kehrte schleunigst nach Basel zurück, als sich dafür die Möglichkeit bot. Auf jeden Fall zeigen die Einwohnerzahlen von 1880, dass wir es noch längst nicht mit einer Großstadt zu tun haben.

Ein Jahr lang arbeitet Ricarda mit äußerster Konzentration, um sich zunächst einmal aufs Abitur, eidgenössisch die Matura, vorzubereiten. Ihrem Wissen fehlt es an allen Ecken und Enden, sogar im Lieblingsfach Geschichte. Denn: »Für das Tatsächliche habe ich überhaupt nicht viel Sinn. Bei dem mir angeborenen Hang für die Historie hatte ich ziemlich viel Geschichtswerke gelesen; aber ich liebte die Geschichte als den farbigen Strom des Geschehens, aus dem große Persönlichkeiten auftauchten, die ich kämpfen und siegen oder unterliegen sah, als den Stoff, in den meine Phantasie hineingriff, um ihn dramatisch zu gestalten, und merkte mir nur, was mich in bezug darauf interessierte; viel zuverlässige Kenntnisse hatte ich nicht.« Doch in nur einem Jahr holt Ricarda eine ganze Gymnasialbildung nach und besteht Anfang 1888 ihre Maturitätsprüfung mit der besten Note, die es seit Jahren gegeben hat. Zu Ostern 1888 immatrikuliert sie sich an der Universität und beginnt ihr Geschichtsstudium, bald darauf auch die Arbeit an einer Dissertation.

Die Studentin macht eine lange Sache kurz und erledigt in wenig mehr als drei Jahren, wofür man heute mindestens die doppelte Zeit braucht: Am 16. Juli 1891 besteht sie als erste Frau in der Schweiz das Diplomexamen für das höhere Lehramt: »... vorzüglich befähigt zur Bekleidung eines Lehramtes« mit der Gesamtnote Eins. Nur zwei Tage später – an ihrem 27. Geburtstag – folgt mit »Magna cum laude«, großem Lob, die mündliche Doktorprüfung. Das Thema der Arbeit heißt: »Die Neutralität der Eidgenossenschaft, besonders der Orte Zürich und Bern, während des spanischen Erbfolgekrieges.«

Noch fünf Jahre später wird der Althistoriker Professor Georg Busolt von der Universität Kiel in einem selbstverständlich streng »wissenschaftlichen« Gutachten erklären, dass zum Eindringen in die Geschichte Qualitäten nötig sind, die »eine Frau ihrer ganzen Natur nach nicht besitzen kann, so daß auch die fähigste niemals sich zur Historikerin eignen wird«. Unterdessen erscheint schon 1892 in der Berner Tageszeitung »Der Bund«

eine Besprechung der Doktorarbeit, die die weibliche Begabung würdigt: »Wir haben es hier nicht mit einem Kriegszuge oder mit dramatischen Ereignissen zu tun, bei denen der Stoff unser Interesse von vornherein fesselt und die Darstellung verhältnismäßig leicht macht. Es galt vielmehr die verschlungenen Fäden diplomatischer Ränke und geheimer politischer Aktionen zu entwirren, zu deren Lösung ebenso viel Geschick als Geduld gehört.« Dazu sei »nicht nur ein äußerst fleißiges Studium, sondern auch ein scharfer, kritischer Verstand« erforderlich gewesen.

Der Rezensent und zugleich Feuilletonredakteur beim Berner »Bund« heißt Joseph Viktor Widmann; er wird für Ricarda Huch zum fachkundigen Berater, Förderer und väterlichen Freund. Bereits im Jahre 1888 hat Widmann im »Bund« drei Gedichte der angehenden Lyrikerin veröffentlicht, die unter dem Pseudonym R. I. Carda erscheinen, und 1891 folgt hier die erste Erzählung, »Die Goldinsel«, für die die Autorin ein Honorar von 40 Franken erhält. Ebenfalls 1891 bringt der Verlag E. Pinson in Leipzig einen Gedichtband heraus, und auch dazu schreibt Widmann eine Besprechung, in der es heißt: »Und wenn wir uns zum Schlusse Rechenschaft gaben, warum diese Gedichte so außerordentlich stark auf uns gewirkt, fanden wir, daß die Naturfrische des Talents dies zustande gebracht hat ... Andererseits ist sie aber auch keineswegs ein Naturtalent, das auf fleißiges Ausarbeiten verzichten zu dürfen glaubt. Auch in dieser Beziehung unterscheidet sie sich vorteilhaft von so vielen Poeten der jungdeutschen naturalistischen Richtung, denen es schon genügt, ein paar alarmierende Gedanken in der verlottertsten Form in die Welt hinauszuschleudern.«

An Fleiß lässt es die Autorin wirklich nicht fehlen; dem Gedichtband folgt schon 1892 ein Roman, »Die Erinnerungen von Ludolf Ursleu dem Jüngeren«, in dem es um eine »verbotene Liebe« und – knapp ein Jahrzehnt vor Thomas Manns »Buddenbrooks« – um den Verfall einer Kaufmannsfamilie geht. Der Roman wird nicht gerade zum Bestseller, aber doch zu einem Achtungsfolg. Er erregt einiges Aufsehen und wird in Braunschweig sogar zum Skandal, weil man dort »zwischen den Zeilen« liest, so wie es dann auch die braven Bürger von Lübeck im Falle Mann getan haben. (Hier wie dort dauert es bis zum jeweiligen 80. Geburtstag, um sich mit der inzwischen berühmten Tochter beziehungsweise dem berühmten Sohn der Stadt halbwegs auszusöhnen.)

Ricarda vergräbt sich aber durchaus nicht hinter ihrem Schreibtisch. Sie ist von Hause aus ein geselliger Mensch. Während der Studienzeit wählten die Studentinnen der Universität Zürich sie für ein Semester zur Präsidentin ihres Vereins. Eine lebenslange Freundschaft, durch den immer währenden Briefwechsel beglaubigt, entstand mit Marie Baum, »Bäumchen« genannt. Die stammte aus Danzig, aus einer für Frauenfragen aufgeschlossenen Familie, absolvierte am Züricher Polytechnikum ein naturwissenschaftliches Studium und machte sich später als Sozialpolitikerin einen Namen. Der Lehrauftrag an der Universität Heidelberg, den sie seit 1928 ausübte, wurde ihr 1933 entzogen, weil sie als »jüdisch versippt« galt: Ihre Großmutter war eine geborene Mendelssohn-Bartholdy und damit eine Enkelin von Moses Mendelssohn.

Doch es gab auch Misshelligkeiten. Kritisch betrachtet erwies sich Zürich als ein Nest, als Nährboden für Klatsch und Tratsch – ähnlich wie Braunschweig, das im Jahre 1880 – ohne vorgelagerte Orte – immerhin schon 75 038 Einwohner zählte. Sehr häufig wechselte Ricarda Huch in ihren Zürcher Jahren das Quartier, vor allem darum, weil ihre Pensionswirtinnen gar zu ehrpusselig, aufdringlich, neugierig waren und wenn irgend möglich sogar die Post kontrollierten.

Das dramatische, um nicht zu sagen melodramatische Liebesverhältnis von Ricarda und Richard nimmt seinen Fortgang. (Wer sich näher über die Einzelheiten unterrichten will, lese das Buch von Anne Gabrisch: »In den Abgrund werf ich meine Seele. Die Liebesgeschichte von Ricarda und Richard Huch«.) Immer wieder trifft man sich, unternimmt gemeinsame Reisen bis nach London und ins schottische Hochland, immer wie auf der Flucht und in der Furcht davor, Bekannten aus Braunschweig zu begegnen. Von den aufjubelnden, zweifelnden, verzweifelten Stimmungen, in die Ricarda gerät, zeugen ihre Briefe. Nur wenige Beispiele seien hier angeführt:

»Wir lieben uns ja, nicht wahr? Dann muß ja alles gut sein.

Wie könnten wir je vergessen, daß wir Jahre lang durch dick und dünn zusammen gingen.«

»Nun Richard, wenn Du mich nicht liebst wie der Teufel, ist es nicht der Mühe wert. Im anderen Fall aber freut sich sehr Dich zu sehen Deine Dich liebende Ricarda.«

»Ich kann nicht ohne Dich leben.«

»Liebes Herz, laß uns hoffen. Entweder sind wir beide glücklich oder beide unglücklich.«

Ein Gedicht mit dem Titel »Widmung« lautet:

»Deine Geige, lieber Meister,
Bin ich, spiele mich getreu!
Stumm kam ich zu dir und scheu.
Voller klang ich stets und dreister.

Laß sie tönen, liebend fliehen,
Und die Zeit bringt Kraftgewinn
Dir und Deiner Harmonien
Schwärmenden Verkünderin.«

Im Kommentar zu diesem Gedicht heißt es: »Es ist mir das liebste von allen meinen Gedichten, das arme kleine Trümmerchen unseres Glückstempels.«

Wie schon angedeutet, denkt Ricarda bei alledem eigentlich sehr konventionell. Sie möchte sich dem Mann, den sie liebt, unterordnen, unterwerfen, ihm dienen, seine Sklavin, sein Hündchen sein. Sozusagen wider ihren Willen zwingen die Umstände sie dazu, sich zu emanzipieren. Zunächst einmal halbherzige Versuche dazu unternimmt sie in Zürich – und lässt Richard daran teilnehmen:

»Bereit Dich nun auf Überraschendes vor. Also neulich … beschloß ich, ein anderes Leben anzufangen, worin es hoch hergehen sollte. Um dies einzuleiten, schien mir nichts geeigneter, als wenn ich mich verliebte … Der bevorzugte Gegenstand meiner Gefühle wohnte über mir …, ist sehr häßlich, was mich aufs höchste bestärkte und 20 Jahre alt. Auch das schreckte mich nicht ab …, er ist so glücklich, ganz rührend, meine Wonne stieg auf den Gipfel, wenn ich mir ausmalte, wie ich Dir dies Intermezzo ausführlich erzählen d. h. schreiben würde.« Eine raffinierte Anstiftung zur Eifersucht, möchte man meinen. Ricarda fährt fort: »Du wirst nun gespannt sein, wie sich der Gegenstand zu mir verhielt. Nun, er hatte meine Aufmerksamkeit durch liebevolle Blicke seiner träumerischen Augen auf sich zu lenken gewußt, sonst ließ sich ihm nichts Gravierendes nachweisen.«

Bald darauf folgt: »Mit meiner schönen Liebe ist es aus, doch bebt mein Herz noch etwas, wenn er mit fremdländischem Accent (Franzose) hier und da ein deutsches Wort vorbringt.« Eine Erklärung, beinahe Entschuldigung schließt sich an: »Du wirst Dir denken, daß es daher kommt, weil ich mich doch immer einsam fühle und dann macht es so mächtigen Eindruck auf mich, daß jemand mich lieb zu haben scheint. Weißt Du, ich bin so verwöhnt mit Liebe, und nun geht Tag für Tag hin, Jahr aus Jahr ein, ohne daß jemand ein zärtliches Wort oder mir sonst ein Zeichen der Liebe gibt«

Der Berner »Bund«-Redakteur wird zum Beichtvater und spendet Nachsicht: »Wie ist für Sie das Leben noch schön. Selbst wenn Ihnen ein kleiner Herzensirrtum passiert ... Lieber ist mir's freilich, daß Sie's überwunden haben ... der Altersunterschied, – das wäre nicht so schrecklich gewesen; genau der Fall meiner Frau mit mir (der kein Fall war), übrigens bin ich gerührt über Ihre liebe Beichte und auch meine Allernächsten erfahren davon kein Wort.«

Der Affäre mit »dem kleinen Marmier« folgt die mit einem jungen Autor, Emanuel Zaeslin aus Basel, und wieder bekommt der wahre Geliebte zu hören, was vorgeht: »Lieber, lieber Richard, was soll werden? Ich gewinne Zaeslin täglich lieber, ich muß es Dir ja sagen.« Leider ist Zaeslin verheiratet, lebt aber in Scheidung, und es ist von einer Verlobung die Rede. Denn dieser Mann ist »so niedlich«. Schließlich findet sich eine zupackende Freundin, die dem Spuk ein Ende macht, indem sie Ricarda den Kopf wäscht und ihr erklärt: »Man heiratet einen Mann nicht, weil er niedlich ist.«

Eine neue Möglichkeit scheint sich anzubahnen, als die Schwester Lilly sich mit einer Scheidung einverstanden erklärt – unter der Bedingung, dass die Kinder bei ihr bleiben. Aber Richard sagt Ricarda, dass er seine Kinder liebt und auf sie nicht verzichten will. Damit kommt die Beziehung – zunächst einmal – ans Ende. Nach dieser Aussprache schreibt sie so aufgewühlt, dass ihr die Sätze missraten: »O Richard, Richard, wenn Du immer nur Glück wolltest von mir haben wollen und mir gar nichts zum Opfer solltest bringen können, nicht Deine angenehme Stellung und Dein bequemes Auskommen. In Deinem ersten Brief [nach der Aussprache] schriebst Du mir: ›Gott schütze Dich.‹ Es ging mir wie ein Messer durchs Herz. Es kam mir wie eine Redensart vor. War denn alles nur Redensart?« Etwas später heißt ein bitterer Kommentar: »Diese Liebe war seit dreizehn Jahren der Kern meines Lebens gewesen, ich hatte an sie geglaubt ... ich hatte mein Leben einem Trugbild geopfert.« Oder auch: »Ich weiß nicht, wozu ich aufstehe, wozu ich esse, wozu ich arbeite, wozu ich existiere. Ich kann jeden Augenblick in Tränen ausbrechen, und wenn ich mich gehen ließe, würde es nie aufhören; eigentlich habe ich das Gefühl, als ob das das Beste für mich wäre.«

Wahrlich: Ein Liebesdrama wie von Shakespeare erfunden. Oder von Hedwig Courths-Mahler, doch ohne das Happy End, das es bloß in den Traumwelten gibt.

Ricarda Huch lässt sich nicht gehen. Der Zusammenbruch der Firma Huch & Co, der dem Tod des Vaters im Jahre 1887 folgte, hatte sie längst schon gezwungen, auf eigenen Füßen zu stehen, und dazu taugte keine Romantik, sondern einzig die Nüchternheit. Die Einnahmen der angehenden Schriftstellerin reichten bei weitem noch nicht aus, um den Lebensunterhalt zu bestreiten. Also bewarb sie sich um eine Stelle bei der Stadtbibliothek von Zürich, obwohl das einer Revolution gleichkam: Noch nie war da eine Frau tätig gewesen. Aber die beiden Bibliothekare und noch andere setzten sich für sie ein, und tatsächlich erhielt sie im November 1891 die Anstellung mit einem Jahresgehalt von 1500 Franken. Der Gönner Widmann feierte die »Muse der Stadtbibliothek«. Allerdings handelte es sich nur um eine Halbtagsstelle und um eine untergeordnete, außerdem bis 1895 befristete Arbeit für die Katalogerweiterung. Ein paar Monate später bekam Widmann zu hören: »Bei mir dauert die dichtungslose, die schreckliche Zeit noch immer an, so ein Amt ist ein rechter

Dämpfer ...« Ein Augenzeuge, der Schriftsteller Franz Blei, hat sich dagegen an eine »eulenäugige« Ricarda Huch erinnert, »schlank und aufrecht hinter ihrem Pult in der Stadtbibliothek stehend, ein bischen verträumt, ein bischen vage und immer mit großer Delikatesse gekleidet«.

Eine zweite Berufstätigkeit schließt sich an: Seit Ostern 1892 unterrichtet Ricarda, zunächst an einer Privatschule, ein Jahr später erst provisorisch, ab Februar 1895 fest angestellt an der städtischen Großmünsterschule, einer Einrichtung für Höhere Töchter. Die Arbeit für die Stadtbibliothek gibt sie darum 1894 auf. Dabei erweist sich aller Anfang als schwer; von »Didaktik«, die auf die Praxis des Unterrichtens vorbereitete, war noch nirgendwo die Rede. Allenfalls gab es Bücher mit Anweisungen für das Frage- und Antwortspiel: »Wie war die Waschfrau in dem gleichnamigen Gedicht von Chamisso? Sie war arbeitssam, fleißig, fromm, treu. Woran sehen wir das? Sie ernährte, pflegte und begrub ihren Mann.«

Aber genügte das für eine empfindsame Dichterin? Nein, gewiss nicht. Und niemals überwand sie ihre Scheu vor den öffentlichen Auftritten, nicht einmal vor einer Schulklasse. Jetzt und später hat Ricarda Huch auch Vorträge gehalten, schon um damit Geld zu verdienen, doch stets mit Herzklopfen und heimlichem Widerwillen. Ihr Platz war eben nicht am Lehrpult oder auf dem Podium, sondern am Schreibtisch.

Trotz aller Ablenkungen entsteht 1892 das dramatische Spiel »Evoë«, im Rom der Renaissance angesiedelt und mit der Braunschweiger Großmutter als schlagfertiger alter Dame ausgestattet. Sie trifft morgens auf dem Markt einen Kardinal und den Sekretär des Papstes, die, als sie ihre Verblüffung über das Zusammentreffen zu so ungewohnt früher Stunde äußern, zu hören bekommen:

»Faßt Euch, Ihr Herren. Ist es so erstaunlich
Daß Rom nicht so aussieht, wie Eu'r Bett? So ist's
Hier jeden Morgen, grade so, nicht mehr,
Ihr wen'ger. Was hier nicht am Platze ist,
seid Ihr.«

Ein Jahr später folgt das lyrische Spiel »Dornröschen«, von dem die »Neue Zürcher Zeitung« meldet, es sei »gesättigt von dichterischer Schönheit« und erscheine »als die Gabe eines großen poetischen Talents«.

Im April 1896 klopft überraschend Dora Gildemeister bei Ricarda Huch an: Zusammen mit Christiane Rassow will sie in Bremen ein Mädchengymnasium gründen und dafür die Lehrerin aus Zürich gewinnen. Beide Frauen stammen aus dem vornehmen und wohlhabenden Bürgertum der Hansestadt; beide wollen etwas für die Frauenbildung tun, und ihrer Begeisterung gelingt es, Ricarda von der Limmat an die Weser zu locken. Die Enttäuschung folgt freilich sehr bald; für die Kaufherren sind der Import von Tabak, Kaffee, Tee und anderen Importgütern wichtig; für die Werften kommt es auf den Schiffsbau, für die Reeder auf den Schiffsverkehr an; man befindet sich gerade in der großen Zeit, in der die Passagierdampfer des Norddeutschen Lloyd das begehrte »Blaue Band« für die schnellste Überfahrt nach Amerika erringen. Was zum Teufel soll da ein Mädchengymnasium, für das sich einige leider etwas überspannte Damen einsetzen?

Sie habe einen schrecklichen Fehler gemacht, gesteht die Umsiedlerin sich ein; alle Menschen, mit denen sie in Bremen zu tun bekomme, seien ungebildet und so kalt wie das Klima nahe der Nordsee. Als Ersatz für die in eine unbestimmte Zukunft vertagte Mädchenschule entsteht vorerst das »Vortrags-Lyceum Kohlhökerstr. 4«, eine Art von Volkshochschule für die gebildeten Stände. Am 4. Oktober 1896 melden die Bremer Tageszeitungen, dass Fräulein Dr. R. Huch Vortragsreihen über »Die Romantiker« und über »Die Englische Revolution« halten wird, jeweils am Montag und am Freitag zwischen fünf und sechs Uhr nachmittags. »Preis für das einzelne Fach 25 M; werden mehrere belegt, Ermäßigung auf 20 M.« Das ist nun genau das, was Ricarda Huch verabscheut. Der Erfolg bleibt ohnehin mäßig, und nach der Anfangsneugier schrumpft der Hörerkreis auf »fragwürdige Frauenzimmer«, während das ganze Unternehmen in einer »Atmosphäre von Unwissenschaftlichkeit« versinkt.

Was als Ertrag der Monate in Bremen bleibt, sind Vorarbeiten zum Buch über die Romantik, von dem dann Thomas Mann geschrieben hat, es handle sich um »zwei Bände, die das Niveau ihres Gegenstandes besitzen, will sagen: das höchste in Deutschland, ja in der Welt je erreichte«.

Außerdem gibt es noch eine merkwürdige Episode, die Verliebtheit in einen jungen Mann, obwohl er ein Bremer ist, und sogar die Verlobung mit ihm. Im Rückblick heißt es: »Er war so schön gewachsen, daß er den Bildern Degas' und Böcklins ... von griechischen Heroen« glich, dabei ein »romantisch leidender« Mensch. »Mit seinen vielfachen Hemmungen empfand er mich als eine Befreiung und Beglückung; er war so fremdartig und interessant ... Wir machten Ausflüge zu Rad.«

Aber für den Außenstehenden ist deutlich genug zu erkennen, dass es um eine Art von Schutzschild gegen das Zerbrechen an der zerstörten Liebe ging. In einem Brief von Ricarda an Richard Huch vom 10. Juni 1897 heißt es: »Es ist meine feste Überzeugung, daß die Neigung, die ich gefaßt habe, wahr und dauerhaft ist. Sie hat mich nicht mit toller Leidenschaftlichkeit ergriffen. Sie kam, nachdem ich nach den furchtbarsten Kämpfen meines Lebens innerlich auf Dich verzichtet hatte und ich heilig überzeugt war, mit dem Leben abgeschlossen zu haben.«

Zwei Tage, nachdem sie diesen Brief geschrieben hat, verabschiedet sich Ricarda auch von Bremen und lässt zurück, was wahr und dauerhaft sein sollte.

Zwischenstation in Zürich, dann Wien: Das jedenfalls ist eine Weltstadt der Kunst, der Literatur, des Theaters und der Musik, kurz der Kultur und des Geistes. Und in der ehrwürdigen Kaiserstadt gibt es bereits ein Publikum, eine Leserschaft, die weiß, wer die Dichterin Ricarda Huch ist. Die Vorträge, die sie auch hier hält, um Geld zu verdienen, finden großen Zuspruch, und es regnet Einladungen, denen nur ein reichsdeutscher Hochmut die Waage hält: »Da ich glaube, daß die Literaturjünglinge alle im selben Styl sind, habe ich auf die Bekanntschaft der übrigen Jünglinge freiwillig verzichtet.«

Aber Wien ist zugleich leider ein teures Pflaster. Darum wohnt Ricarda zusammen mit Italienern, Rumänen, einem norwegischen Paar und jungen Österreichern in einer halbwegs preiswerten Pension in der Lammgasse, und hier kommt es zur folgenreichen Begegnung mit Ermanno Ceconi. »Wir saßen schon alle an der langen Tafel, ... als er ins Zimmer kam mit dem eigentümlichen, etwas schaukelnden Gang, wie Matrosen gehen, die gewohnt sind, keinen festen Boden unter den Füßen zu haben. Sein Anzug war sehr schäbig; um so mehr fiel die feine Bildung seines Kopfes und seines Gesichts auf, die hohe und breite Stirn, die gebogene Nase, der schöne Mund, ... ein Mund, der weniger für das materielle Geschäft des Essens und Trinkens als zum Sprechen, Lächeln geschaffen schien. Obwohl er von allen Seiten lebhaft begrüßt wurde, war etwas Einsames an ihm; er erinnerte mich, vielleicht nicht sofort, aber sicher bald an den Königssohn des Märchens, der, aus der Heimat vertrieben, in Bettlertracht unter fremden Menschen Dienst tun muß. Schnell erfuhr ich, daß dieser Gast ein Italiener war, der bei einem der ersten Wiener Zahnärzte als Assistent angestellt war, und daß er Ceconi hieß.«

Kurz und gut: ein Mann zum Verlieben. Zahnschmerzen taten ein Übriges; Ceconi übernahm die Behandlung, und Ricarda »war abgelenkt durch die temperamentvolle und originelle Persönlichkeit, die sich so geschickt und mit außerordentlicher Sicherheit« um die Patientin bemühte. Sie richtete es so ein, dass sie am Ende der Sprechstunde an der Reihe war; dann konnte man nach der Behandlung ein Café besuchen und plaudern. Ceconi hatte eine deutsche, aber früh verstorbene Mutter gehabt, aber er war mit all seinen Tugenden und Untugenden durch und durch Italiener, »er konnte vulkanische Heftigkeitsausbrüche haben«; ein Mann der Widersprüche. »Ich liebte den einsamen Jungen mit den mandelförmig geschnittenen, opalig schimmernden Augen, die so überirdisch und so schelmisch blicken konnten ... Diese Augen konnten aber auch gefährlich stechen, so wie dieser Kindermund auch spotten und höhnen konnte und wie in dieser Seele ebenso stark wie der Trieb, anzubeten und bewundern, der Trieb, selbst das Geliebte zu verletzten und zu entheiligen war ... Die Worte Philipps II. gingen mir damals oft durch den Sinn: ›Ich habe solch einen Menschen nie gesehen.‹«

Ricarda zögert; sie weiß nicht, wie sie sich entscheiden soll, sie ahnt, wie schwierig es sein wird, »zwei Menschen zu vereinen, die in so verschiedener Weise aufgewachsen und erzogen sind, dem Leben mit so verschiedenem Anspruch und verschiedner Bereitschaft gegenüberstehen«. Ablenkung bietet die Arbeit, das

Geldverdienen, das ohnehin nötig ist, weil »Manno« noch wenig verdient und von dem Wenigen als guter Sohn seinen Vater in Florenz unterstützt. Ricarda schreibt sogar Gelegenheitsaufsätze: »Denk Dir, für das Feuilleton der ›Neuen Freien Presse‹, das ein so fades Geschwätz ist, daß ich rot werde, wenn ich daran denke.« Doch für einen einzigen Beitrag hat sie »vierzig Gulden bekommen! So kann man Geld machen.«

Aber wieder einmal von der Liebe nur träumen, die für die Dauer gemacht sein soll, und dann keinen Sprung wagen? Nein, nur das nicht. Am 9. Juli 1898 wird geheiratet, am 9. September 1899 die Tochter Marie Antonie geboren: Marie nach der Taufpatin Marie Baum, Antonie nach einer Schwester des Schwiegervaters – und fortan Marietta oder »Busi, das Kätzchen«, genannt. Noch Jahre später, in einem Brief an die Freundin Baum, hat Ricarda von dem unvergleichlichen Tag ihres Lebens gesprochen, »als ich, nachdem Busi ans Licht gekommen war, in Deinen und Mannos Armen erwachte. Wie wundervoll, einen Augenblick erlebt zu haben, an den man sich in jeder Epoche seines Lebens mit der gleichen Innigkeit erinnern kann. Ich wollte, es gäbe die ewige Wiederkehr, sie ist mir überhaupt sympathisch, aber dies wäre jedenfalls das Süßeste vom Süßen, der Magnet, auf den ich zustrebte.«

Leider bietet das Leben nicht bloß Süßigkeiten. Dr. Ceconi hat inzwischen eine Praxis in Triest übernommen, und diese Stadt an der Adria erscheint seiner norddeutschen Frau als so unerträglich heiß wie trostlos ungeistig. Die Bücher, die sie für ihre eigene Arbeit braucht, kann man nirgendwo einsehen und ausleihen; die müssen umständlich und kostenträchtig erst herbeigeschafft werden. Außerdem gehört Triest zwar noch zu Österreich, aber es leben da lauter Italiener, und sie hat schon genug mit dem einen im eigenen Hause zu tun. Als die Freundin Baum von Landschaftseindrücken in der Mark Brandenburg berichtet, heißt die Antwort: »Ich gäbe ganz Italien für einen solchen Fleck Erde.«

Die Erlösung folgt im Sommer 1902: Man zieht nach München. Da gibt es alte Freunde und neue Bekannte im Überfluss. Allerdings bringt die Zahnarztpraxis in der Amalienstraße kaum etwas ein; erst zwei Jahre später, jetzt in der Glückstraße 12, wird es besser. Sogar Thomas Mann und seine Familie gehören hier zu den Patienten. Noch schöner ist es vor den Toren Münchens in Grünwald. Da findet man ein anheimelnd kleines, sehr einfaches Haus, und als es schwer fällt, die Miete aufzubringen, helfen Freunde aus Zürich mit einem Darlehen dazu, dieses Haus zu kaufen. Alles in allem handelt es sich um glückliche Jahre.

Doch ausgerechnet in der Idylle von Grünwald sind schon wieder Sprengsätze angelegt. Ceconi findet sich nur zum Wochenende ein: werktags bleibt er in der Stadt und verbringt die Abende mit seinen italienischen Freunden – oder mit Frauen. Unter ihnen befindet sich schließlich auch Käte Huch, Richard Huchs Tochter, die in München Medizin studiert. Mit einiger Verzögerung erfährt Richard von der Angelegenheit und kommt zu einer »Aussprache« mit Ceconi nach München. Bei dieser Gelegenheit fährt er nach Grünwald, und Ricarda fliegt ihm in die Arme, als könne alles wieder von vorn beginnen. Richard bleibt über Nacht. »Ach, daß ich die Sehnsucht wiederhaben darf!«, schreibt Ricarda an Marie Baum.

Es beginnt nun einmal mehr ein vielschichtiges Melodram, wie es im Buche steht – oder nicht einmal dort. Ceconi tobt und fleht, aber da er keineswegs makellos dasteht, muss er am Ende in die Scheidung einwilligen, die im März 1906 erfolgt. Als Kavalier nimmt er sogar die Schuld auf sich, wobei sich ihm die Schriftstellerin Franziska Gräfin zu Reventlow zur Verfügung stellt, die in Münchener Gesellschaftskreisen einen »Ruf wie Donnerhall« genießt und nur in diesem Falle vollkommen unschuldig ist.

Richard Huch muss auf strikte Verschwiegenheit drängen, denn er hat im Jahre 1897 bei der Braunschweiger Anwaltskammer als Ehrenwort hinterlegt, dass er seine ehebrecherische, die Standesehre schädigende Beziehung zu Ricarda beenden und niemals mehr aufnehmen wird. So etwas vergessen Kollegen nicht, die ja auch Konkurrenten sind; sollte ruchbar werden, dass das Ehrenwort gebrochen ist, könnte das den Beruf kosten.

Dann kommt unerwartet Richards betrogene Gemahlin Lilly ins Spiel, die ihren Gatten mit dem Studienfreund ihres Sohnes Roderich, Friedrich Gaus, betrügt, der als Rechtspraktikant in Richards Kanzlei arbeitet. Noch vor Weihnachten 1905 verlässt sie Braunschweig, um Richard Gelegenheit zu geben, die Scheidung einzureichen und dabei auf »bösliche Verlassung« zu klagen. Sie geht nach Berlin und beginnt zu studieren; spät, aber vielleicht nicht zu spät entschließt sich diese Lilly, die bisher stets passiv alles hinnahm, was geschah, zu einem eigenen Leben. Im Alter von 58 Jahren promoviert sie mit einer Arbeit über Immanuel Kant zum Doktor der Staatswissenschaften. Als alles längst vorüber ist, 1929, treffen sich die Geschwister, und Ricarda beschreibt das Beisammensein als »eigentlich hübsch, bis auf die Familiengespenster, die umgehen, von denen man aber nicht spricht«. Anzumerken ist noch, dass der junge Jurist Friedrich Gaus im Jahre 1910 Lillys Tochter Käte heiratet; so schließt sich der Kreis zur Münchener »Affäre Ceconi«, die den Stein ins Rollen brachte.

Am 6. Juli 1907 geben Dr. Richard Huch und Dr. Ricarda Huch, geborene Huch, ihre Vermählung bekannt. Die typische Reaktion der Braunschweiger Umgebung hat Anne Gabrisch an einem Beispiel geschildert: »Richard Meyer, Professor für Chemie an der Herzoglich Technischen Hochschule in Braunschweig, der Ricarda Huch anläßlich eines Vortrags in Bremen kennengelernt hatte und ihren Ursleu-Roman schätzt, antwortet nicht etwa mit Glückwünschen, sondern mit dem Ausdruck der Empfindungen, die ihn und seine Frau, eine Bekannte von Lilly, ›angesichts der neuen Sachlage‹ bewegen, ›es schmerzt uns wieder einmal zu sehen, wie grausam das Leben ist‹. Die Epistel kündigt an, was ihr Richard schon in seinen Briefen mit einer gewissen sadistischen Lust ausgemalt hatte: die gesellschaftliche Isolation.«

Diese Isolation zerrt an den Nerven und trägt dazu bei, dass die Ehe von Richard und Ricarda nicht zum endlich erreichten Liebesglück, sondern zur Katastrophe wird. Unter anderem erklärt Richard, dass er die Stieftochter Marietta – als Einzelkind wohl ein verzogenes Gör – niemals wird annehmen können. Dieses Kind, sagt er zu der Mutter, werde immer als Trennwand zwischen ihm und ihr stehen. Vielleicht sollte man hinzufügen: Die Beziehung zwischen Richard und Ricarda war von Anfang an auf die »verbotene Liebe« angelegt und taugte nur zu ihr, nicht zu einem durch den Trauschein beglaubigten Alltag. Übrigens hat auch Richard das so gesehen und aus seiner Perspektive geschildert. Er habe erfahren, schreibt er, »daß meine Geliebte und meine Frau zwei ganz verschiedene Wesen sind, die eine die weiche, in ihrem Geliebten aufgehende Frau, die andere die Enkelin ihrer Großmutter, die Frau mit der Wieterschen Härte, der Wieterschen Kälte und dem Wieterschen Trotz«. (Gemeint war die Großmutter Emilie Hahn, geborene Wieter.)

Auch als Hausfrau wurde Ricarda nicht gebraucht; Richards Tochter Agnes besorgte den Haushalt mit der Hilfe von zwei Dienstboten. Umso mehr Zeit blieb jetzt für die schriftstellerische Arbeit, um nicht zu sagen für die Flucht in die Arbeit. Der Roman »Das Leben des Grafen Federigo Confalonieri« entsteht, und in kulturhistorischen Miniaturen kündigen sich die späteren Städtebilder an. Ebenso wird »Der Dreißigjährige Krieg« vorbereitet, und wer will, kann die Geschichte der Jakobe von Baden, die am Anfang dieses Kapitels zitiert wurde, als einen Spiegel der »Braunschweiger Gefangenschaft« verstehen, in der sich die Autorin befand.

1912 wurde die Ehe geschieden, übrigens mehr auf Betreiben Richards als Ricardas, die beinahe passiv hinnahm, was geschah, auch die für sie ungünstigen materiellen Regelungen, die mit der Scheidung verbunden waren. Doch eine wirkliche Ablösung aus dieser zweiten und so bitter misslungenen Ehe brachte wohl erst Richards Tod im Jahre 1914.

Dagegen fand die Beziehung zu Ermanno Ceconi eine eher freundliche Fortsetzung, obwohl auch er eine zweite Ehe einging, die 1916 geschieden wurde (und aus der eine zweite Tochter, Marianna, hervorging). Schon durch die gemeinsame Tochter Marietta blieb diese Beziehung stets lebendig. Zwar kehrte Ceconi 1915 in seine Heimat zurück, als der Eintritt Italiens in den Ersten Weltkrieg bevorstand, und begründete eine Praxis in Padua. Aber nach 1918 knüpften sich die Verbindungen neu. Als Ceconi im Jahre 1927 qualvoll an einem Lungenleiden stirbt, ist Ricarda für Wochen bei ihm, um ihn mit ihrer Liebe in den Tod zu geleiten. Von da an wurde in ihren Briefen aus Ceconi »mein verstorbener Mann« – bis hin zu der Konsequenz, dass die Dichterin später, sogar in Amtspapieren, sich wahrheitswidrig als »verwitwet« statt als »geschieden« bezeichnete.

Der Beginn des Ersten Weltkrieges im August 1914 versetzt nicht nur Deutschland, sondern Europa in einen Taumel der Begeisterung. Zu Hunderttausenden – nein: millionenfach melden sich junge Männer, oft noch halbe Kinder, als Kriegsfreiwillige, um dem Vaterland mit ihrem Blut, ihrem Sterben zu dienen. Um einen zu zitieren, der überlebte, den vielfach verwundeten Frontoffizier Ernst Jünger: »Die Feuertaufe! Da war die Luft so von überströmender Männlichkeit geladen, daß man hätte weinen mögen, ohne zu wissen, warum. O Männerherzen, die das empfinden können!« Jünger spricht von Ekstase: »Dieser Zustand des Heiligen, des großen Dichters und der große Liebe ist auch dem großen Mute vergönnt. Da reißt Begeisterung die Männlichkeit so über sich hinaus, daß das Blut kochend gegen die Adern springt und glühend das Herz durchschäumt. Das ist ein Rausch über allen Räuschen, Entfesselung, die alle Bande sprengt. Es ist eine Raserei ohne Rücksicht und Grenzen, nur den Gewalten der Natur vergleichbar. Da ist der Mensch wie der brausende Sturm, das tosende Meer und der brüllende Donner. Dann ist er verschmolzen ins All, er rast den dunklen Toren des Todes zu wie ein Geschoß dem Ziel. Und schlagen die Wellen purpurn über ihm zusammen, so fehlt ihm längst das Bewußtsein des Überganges. Es ist, als gleite eine Woge ins flutende Meer zurück.«

Uns Nachgeborenen ist so etwas kaum noch verständlich. Aber im August 1914 strömten nicht nur die jungen Männer zur Todesfeier herbei, sondern wie niemals zuvor oder seither auch Deutschlands Dichter und Denker. Unzählige den großen Aufbruch preisende, den Feindeshass schürende, voreilig den Sieg verkündende Gedichte, Aufrufe, Aufsätze und Bücher wurden geschrieben oder entsprechend Reden, Predigten gehalten und als Druckschriften verbreitet.

Von Ricarda Huch kommt nichts dergleichen unter die Leute. An ihren Verleger Anton Kippenberg vom Insel-Verlag schreibt sie am 18. Februar 1915: »Sie wundern sich wahrscheinlich, daß ich die ganze Zeit gearbeitet habe, während so viele Menschen – auch ohne äußere Notwendigkeit – ganz aus ihrer gewohnten Tätigkeit durch den Krieg herausgerissen sind.« Sie sei aber kein Mann, und darum »lebe ich so weiter wie bisher«. Doch das erscheint als eine allzu nüchterne oder bescheidene Darstellung. Hatten denn nicht, anfangs jedenfalls, auch Frauen sich begeistert? Hatten sie etwa nicht die ins Feld rückenden Soldaten mit Blumen überschüttet, ihre Eisenbahnwagen mit Girlanden geschmückt? Nein, man muss tiefer graben. Ricarda Huch kannte die *Katastrophe* des Krieges besser als ihre Zeitgenossen; sie hatte den »Dreißigjährigen Krieg« nicht als etwas Abgetanes beschrieben, sondern sich als *Dichterin* in ihn hineinversetzt, ihn *gegenwärtig* gemacht. Sie *wusste,* was folgt, wenn der Kampf der Waffen sich mit Glaubensenergien vermischt und auflädt.

Bald hielt der Hunger Einzug, und auf Grund eines ärztlichen Gutachtens durfte Ricarda im Sommer 1916 zusammen mit ihrer Tochter Marietta in die Schweiz reisen und dort bis zum Kriegsende bleiben. Der Wechsel aus dem Krieg in den Frieden hinüber wirkte wie eine Befreiung; in einem Brief an die Freundin Marie Baum heißt es: »Von hier aus schreibe ich Dir eigentlich als ein ganz anderer Mensch, beinahe so, wie ich vor 25 Jahren war. Ich war kaum einen Tag in der Schweiz, so fiel alles von mir ab, Wunsch, Sorge, Sehnsucht, so vieles, was mir sonst wichtig war, ohne im Grunde wichtig zu sein.«

Wie noch niemals zuvor kommen Mutter und Tochter sich in ihrer schweizerischen Gemeinsamkeit näher, und miteinander schreiben sie »Kunterbunt – Das Notizbuch zweier Weltbürger«. Kunterbunt geht es da tatsächlich zu, und zwei Beiträge von Marietta über die Mutter, die »Mima« genannt wird, mögen das anschaulich machen:

»Mima sagte, sie sei nicht mehr abergläubisch, und ich erklärte das damit, daß sie jetzt allen Aberglauben und alles auf den lieben Gott geworfen hat. Ach, ich wollte, sie hätte ihren lieben Aberglauben wieder, denn was für eine Plage dieser ewig liebe Gott für einen vernünftigen Menschen wie mich ist, kann man gar nicht beschreiben. Zum Unglück lasen wir zuletzt zu Hause noch ›Das Leben der Freifrau von Bunsen aus ihren Briefen‹, und diese Lektüre hat nämlich Mima in ihrem lieben Gott noch bestärkt und gekräftigt. Was diese Frau Bunsen für ein Talent hat, jeden abgerissenen Knopf und jeden gestopften Strumpf für eine besondere Liebenswürdigkeit Gottes hinzustellen, ist unglaublich.«

»An einem Tischchen alleine saß eine sehr schlanke, immer

weiß gekleidete, sehr elend aussehende Dame. Sie zog unsere Aufmerksamkeit auf sich, weil sie eine prachtvolle, goldene Kette trug, die Mima durchaus haben wollte, und die meiste Zeit bei Tisch machte ich Mima verschiedene Diebstahlvorschläge. Zuerst sahen wir nur die Kette, dann aber auch die Besitzerin, und Mima sah zu ihrem Schrecken gleich, daß das nur eine spinnerte Dichterin sein könnte.«

Die enge, auch geistige Verbindung zwischen Mutter und Tochter blieb seit dem gemeinsamen Aufenthalt lebenslang erhalten. Als Marietta am 26. März 1926 den Juristen Franz Böhm heiratete – wozu sich auch der stolze Vater Ermanno Ceconi einfand –, schließt Ricarda sich eng an das junge Paar an, erst recht, als 1929 der Enkel Alexander geboren wurde. Den Kindern und dem Enkel galt fortan ihre Liebe, und mit der Familie zog sie von Ort zu Ort, zuletzt nach Jena.

Dabei erlebte sie selbst in den zwanziger Jahren ihre große Zeit. Allgemein galt sie jetzt nicht als eine, sondern als *die* große Schriftstellerin deutscher Sprache. Zu ihrem 60. Geburtstag am 18. Juli 1924 verlieh die Stadt München ihr die Ehrenbürgerschaft, und eine Straße wurde nach ihr benannt. Thomas Mann begann seine Hymne mit den Worten: »Dies sollte ein deutscher Frauentag sein, und mehr als ein deutscher. Denn nicht nur die erste Frau Deutschlands ist es, die man zu feiern hat, es ist wahrscheinlich heute die erste Europas.« Doch diese Frau neigte nicht dazu, sich auf ihren Lorbeeren auszuruhen; Hauptwerke wie die Trilogie zur älteren deutschen Geschichte waren noch gar nicht geschrieben.

Anno Domini 1699 stiftete der Pracht liebende brandenburgische Kurfürst, der sich zwei Jahre später zum König in Preußen krönte, in Berlin eine Akademie der Künste. Als es keine Könige mehr gab und die Sozialdemokraten mit ihrem energischen Ministerpräsidenten Otto Braun und dem fortschrittlichen Kultusminister Carl Heinrich Becker regierten, wurde dieser Akademie im Jahre 1926 eine Abteilung für Dichtkunst angefügt. Man wählte sechs Berliner und 18 auswärtige Autoren zu Mitgliedern, und unter ihnen befand sich als einzige Frau Ricarda Huch. Zunächst lehnte sie ab und gab sich als unpolitisch: »Ich bin durchaus für die Republik; wenn ich es aber nun nicht wäre? Meine Bücher würden deshalb wohl nicht besser oder schlechter sein.«

So ganz stimmte das allerdings nicht. Auch wenn das Buch über die Revolution von 1848 erst 1930 erschien, fiel die Haltung, die darin zum Ausdruck kam, doch nicht vom Himmel, sondern hatte sich langfristig vorbereitet. Gegen Ende des Buches heißt es im Rückblick auf die gescheiterte Revolution und die Reichsgründung mit »Blut und Eisen« durch Bismarck: »Als das geeinigte Deutschland dastand, zeigte es sich, wer das Erz zum Gusse geliefert hatte: die neuen Herren, die von der Hochfinanz und von der Großindustrie ... traten nun offen hervor, und die Großgrundbesitzer paktierten mit ihnen. In den Jahren zwischen 1850 und 1870 hatte sich die Umwandlung Deutschlands aus einem agrarischen in einen Industriestaat, die um 1840 sichtbar zu werden begonnen hatte, vollendet ... Die Unternehmer bestiegen ihre Throne, und es war kaum des Aufhebens wert, als fünfzig Jahre später die Inhaber der alten verschwanden. Bismarck, der Junker, war Begründer des Industriestaates; das war deshalb möglich, weil der Industriestaat die Tendenz des Absolutismus zum zentralisierten Großstaat aufnahm und fortsetzte.«

Das jedenfalls klingt keineswegs unpolitisch, sondern, um das Mindeste zu sagen, durch und durch sozialdemokratisch. Daher gelang es Thomas Mann auch ohne größere Schwierigkeiten, Ricarda Huch zum Akademiebeitritt zu bewegen, unter Hinweis darauf, dass ihr Fernbleiben als Ablehnung der Republik missdeutet werden könnte. Im Übrigen fügte es sich günstig, dass sie 1927 im Gefolge von Schwiegersohn und Tochter von München nach Berlin umzog.

1931 erhielt die Schriftstellerin den seit 1927 jährlich verliehenen Goethe-Preis der Stadt Frankfurt; ihr unmittelbarer Vorgänger war Sigmund Freud. Die Urkunde zur Preisverleihung sagte:

»Zur Zweihundertjahrfeier von Goethes Mutter bringt die Stadt Frankfurt am Main dem Genius der Frauen ihre Huldigung dar durch Verleihung des Goethe-Preises an die Dichterin und Geschichtsschreiberin Ricarda Huch aus Braunschweig. Mit der Glut ihres Empfindens und Bekennens bewegte und erbaute die Erzählerin die Leser ihrer bedeutenden Romane. Von einer leidenschaftlichen Kraft und Zartheit des Herzens zeugt die edle und beflügelte Sprache ihrer Lyrik. Hinabgestiegen in das Totenreich der Geschichte, schuf Ricarda Huch durch die Darstellung großer Männer und Epochen ergreifende Denkmäler von strenger Form und weitem Horizont. Anmut und Gedanke, Wissen und echtes Künstlertum halten sich das für eine Frau sonst fast unerreichbar scheinende Gleichgewicht in einem Gesamtwerk, das hohe und vielseitige Gaben umfaßt. Der Dank der einst Freien und Reichsstadt für ihr eigenes farbig altertümliches Bild, das die Reihe der Lebensbilder deutscher Städte von Ricarda Huch eröffnet, ist nur ein Teil der ehrenden Anerkennung, welche die Nation einer Schriftstellerin solchen Ranges schuldig ist.«

Besonders frauenfreundlich klingt das freilich nicht; genau betrachtet wird gesagt: Diese Ricarda Huch hat staunenswert genug ihren hohen Rang in der Dichtkunst erreicht, *obwohl* sie eine Frau ist. Doch wie auch immer: Es wurde mit der Preisverleihung sozusagen amtlich bestätigt, dass der Rang ihr zustand – übrigens auch innerhalb der Akamie: 1931 übernahm Heinrich Mann den Vorsitz in der Abteilung für Dichtkunst, und Ricarda wurde zu seiner Stellvertreterin gewählt.

Die Charakterprobe ließ nicht lange auf sich warten; sie begann am 30. Januar 1933 mit der nationalsozialistischen »Machtergreifung«. Am 27. Februar brannte der Reichstag; dieses angebliche Signal zum kommunistischen Aufstand wurde zur enthemmten Verfolgung benutzt. Am 23. März schloss sich das Ermächtigungsgesetz an, das Hitlers Regierung umfassende Vollmachten und seiner Diktatur wenn schon nicht ein Fundament, dann doch den Anschein des Rechts verlieh. Am 10. Mai loderten, von Studenten an fast allen Universitätsstandorten organisiert, die Scheiterhaufen zur Bücherverbrennung. An der zentralen Kundgebung auf dem Berliner Opernplatz nahm auch der neu ernannte Minister für ›Volksaufklärung und Propaganda‹, Dr. Joseph Goebbels, teil. Er schloss seine Ansprache mit einem Hutten-Zitat: »O Jahrhundert, o Wissenschaften! Es ist eine Lust zu leben!« Danach wurde jeweils beim Namen genannt, wer des Scheiterhaufens würdig war:

*1. Rufer:* »Gegen Klassenkampf und Materialismus, für Volksgemeinschaft und idealistische Lebenshaltung! Ich übergebe dem Feuer die Schriften von Marx und Kautsky.«

*2. Rufer:* »Gegen Dekadenz und moralischen Verfall! Für Zucht und Sitte in Familie und Staat! Ich übergebe dem Feuer die Schriften von Heinrich Mann, Ernst Glaeser und Erich Kästner.«

*3. Rufer:* »Gegen Gesinnungslumperei und politischen Verrat, für Hingabe an Volk und Staat! Ich übergebe dem Feuer die Schriften von Friedrich Wilhelm Foerster.«

*4. Rufer:* »Gegen seelenzerfasernde Überschätzung des Trieblebens, für den Adel der menschlichen Seele! Ich übergebe dem Feuer die Schriften des Sigmund Freud.«

*5. Rufer:* »Gegen Verfälschung unserer Geschichte und Herabwürdigung ihrer großen Gestalten, für Ehrfurcht vor unserer Vergangenheit! Ich übergebe dem Feuer die Schriften von Emil Ludwig und Werner Hegemann.«

*6. Rufer:* »Gegen volksfremden Journalismus demokratisch-jüdischer Prägung, für verantwortungsvolle Mitarbeit am Werk des nationalen Aufbaus! Ich übergebe dem Feuer die Schriften von Theodor Wolff und Georg Bernhard.«

*7. Rufer:* »Gegen literarischen Verrat am Soldaten des Weltkrieges, für Erziehung des Volkes im Geist der Wehrhaftigkeit! Ich übergebe dem Feuer die Schriften von Erich Maria Remarque.«

*8. Rufer:* »Gegen dünkelhafte Verhunzung der deutschen Sprache, für Pflege des kostbarsten Gutes unseres Volkes! Ich übergebe dem Feuer die Schriften von Alfred Kerr.«

*9. Rufer:* »Gegen Frechheit und Anmaßung, für Achtung und Ehrfurcht vor dem unsterblichen deutschen Volksgeist! Verschlinge, Flamme, auch die Schriften der Tucholsky und Ossietzky.«

Viele, hunderte von Dichtern und Denkern, von Künstlern, Gelehrten und Schriftstellern sollten noch folgen, deren Werke verboten oder deren Bilder und Skulpturen aus den Museen verbannt wurden. Es begann eine einzigartige Verfolgung, Verfemung und Vertreibung deutschen Geistes.

In der Akademie wurde Heinrich Mann bereits im Februar zum Rücktritt gezwungen, denn der nationalsozialistische Studienrat Bernard Rust, zunächst komissarisch mit der Leitung des preußischen Kultusministeriums betraut, dann Minister und von 1934 bis 1945 auch Reichsminister für Wissenschaft, Erziehung und Volksbildung, drohte sonst mit der Schließung der Abteilung. Ricarda Huch war bei den entscheidenden Sitzungen abwesend, nicht aus Furcht, sondern weil sie inzwischen mit ihrer Familie nach Heidelberg umgezogen war. Aber sie schrieb an den Sekretär der Abteilung, den Lyriker Oskar Loerke: »Es ist nach meiner Meinung sehr zu beklagen, daß Herr Mann ausgetreten ist; ich finde, man hätte es darauf ankommen lassen müssen, ob der Kultusminister wirklich den Mut hatte, unsere Abteilung aufzulösen.« Sie war indessen die Einzige, die sich so äußerte.

Am 14. März 1933 richtete der Präsident der Akademie, der frühere Intendant der Berliner Staatsoper und Komponist Max von Schillings, einen vertraulichen Brief an die Mitglieder, in dem es hieß: »In Anbetracht der Lage müssen von der Abteilung sofortige Entschlüsse gefaßt werden. Die Abteilung unternimmt den Versuch, sich aus sich selbst heraus neu zu organisieren; sie sieht sich gezwungen, allen Mitgliedern die anliegende Frage vorzulegen, und bittet um umgehende Beantwortung ausschließlich mit ja oder nein und Ihre Unterschrift. Die Antwort muß spätestens bis 14. März bei der Akademie eingetroffen sein.« Die beigefügte Frage lautete: »Sind Sie bereit, unter Anerkennung der veränderten geschichtlichen Lage weiter Ihre Person der Preußischen Akademie der Künste zur Verfügung zu stellen? Eine Bejahung dieser Frage schließt die öffentliche politische Betätigung gegen die Regierung aus und verpflichtet Sie zu einer loyalen Mitarbeit an den satzungsgemäß der Akademie zufallenden nationalen und kulturellen Aufgaben im Sinne der veränderten geschichtlichen Lage. Ja – Nein (Nichtzutreffendes bitte durchstreichen).«

Dieser erpresserische Text ist von Gottfried Benn entworfen worden. Benn war einer von den vielen, die sich für den »nationalen Aufbruch« begeisterten. Der expressionistische Großstaatlyriker schwärmte nun von der Volksverbundenheit und seinem angestammten Platz »bei den Herden«. Dort, sozusagen in der Kuhstallwärme der nationalsozialistischen »Volksgemeinschaft«, hielt er es allerdings nicht lange aus, und als er in die Schusslinie der SS-Zeitung »Schwarzes Korps« geriet, zog er sich als Militärarzt in den Schutz der Wehrmacht zurück – was er dann nicht ohne bösen Seitenhieb gegen die Kolleginnen und Kollegen, die ins

Exil gingen, seine »aristokratische Form der Emigration« nannte. (Alfred Döblin zum Beispiel, als Expressionist ein literarischer Weggefährte Benns, der Autor von »Berlin Alexanderplatz« und von Hause aus auch Arzt, musste, da er als Jude gebrandmarkt war, den unansehnlichen und ungleich beschwerlicheren Weg in die Emigration antreten.)

Ricarda Huch bestritt indessen dem Akademiepräsidenten Schillings das Recht, ihr »eine Frage von so unübersehbaren Konsequenzen vorzulegen«, und lehnte es ab, mit Ja oder Nein zu antworten. Schillings versuchte, dies positiv im Sinne einer weiteren Akademiezugehörigkeit zu deuten, aber er bekam zu hören: »Ich kann dies Ja um so weniger aussprechen, als ich verschiedene der inzwischen vorgenommenen Handlungen der neuen Regierung aufs schärfste mißbillige.«

Darauf Schillings: »Ihr Austritt aus der Abteilung würde eine seltsame, unlogische Parallele zum Fall Heinrich Mann ergeben, die ganz sicher nicht in Ihrem Sinn liegen würde. Daß Sie in Ihren Anschauungen mit diesem Herrn und mit Herr Dr. Döblin im entschiedenen Gegensatz stehen, das ist ... deutlich genug hervorgetreten. Es würde daher in der Öffentlichkeit nur mißverstanden werden, wenn Sie, ebenso wie Heinrich Mann und Dr. Döblin, aus der Akademie ausscheiden wollten. Daß ein solcher Schritt von Ihrer Seite undenkbar ist, das ist allen klar, denen Ihre deutsche Gesinnung und nationale Einstellung aus Ihrer von uns verehrten Persönlichkeit und Ihrem künstlerischen Schaffen bekannt ist.

Wir können Ihnen nur versichern, daß es zu dieser Überzeugung für uns der formalen Erklärung nicht bedarf. Wir erhoffen uns aber von Ihnen ein bestimmtes Wort darüber, daß Sie uns treu bleiben werden, denn wie sollten wir die Möglichkeit gewinnen, die Abteilung für Dichtung im Sinne deutscher nationaler Kunst zu stärken und auszubauen, wenn wir auf die Zugehörigkeit und Mitarbeit von Persönlichkeiten verzichten müßten, die schon längst auf die Gesinnung eingestellt sind, der jetzt die große nationale Bewegung zum Siege verholfen hat? Das Recht der freien Meinungsäußerung verbleibt jedem nach wie vor.«

Im Gegenzug schrieb Ricarda Huch ihrem Akademiepräsidenten am 9. April 1933 einen denkwürdigen Brief: »Lassen Sie mich zuerst danken für das warme Interesse, das Sie an meinem Verbleiben in der Akademie nehmen. Es liegt mir daran, Ihnen verständlich zu machen, warum ich Ihrem Wunsche nicht entsprechen kann. Daß ein Deutscher deutsch empfindet, möchte ich fast für selbstverständlich halten; aber was deutsch ist, und wie Deutschtum sich bestätigen soll, darüber gibt es unterschiedliche Meinungen. Was die jetzige Regierung als nationale Gesinnung vorschreibt, ist nicht mein Deutschtum. Die Zentralisierung, der Zwang, die brutalen Methoden, die Diffamierung Andersdenkender, das prahlerische Selbstlob halte ich für undeutsch und unheilvoll. Bei einer so sehr von der staatlich vorgeschriebenen Meinung abweichenden Auffassung halte ich es für unmöglich, in einer staatlichen Akademie zu bleiben. Sie sagen, die mir von der Akademie vorgelegte Erklärung werde mich nicht an der freien Meinungsäußerung hindern. Abgesehen davon, daß eine ›loyale Mitarbeit an den satzungsgemäß der Akademie zufallenden nationalen und kulturellen Aufgaben im Sinne einer veränderten geschichtlichen Lage‹ eine Übereinstimmung mit dem Programm der Regierung erfordert, die bei mir nicht vorhanden ist, so würde ich keine Zeitung oder Zeitschrift finden, die eine oppositionelle Meinung abdruckte. Da bliebe das Recht der freien Meinungsäußerung in der Theorie stecken ... Es ist wahr, daß ich mit Herrn Heinrich Mann nicht übereinstimmte, mit Herrn Dr. Döblin tat ich es nicht immer, aber doch in manchen Dingen. Jedenfalls möchte ich wünschen, daß alle nichtjüdischen Deutschen so gewissenhaft suchten, das Richtige zu erkennen und zu tun, so offen, ehrlich anständig wären, wie ich ihn immer gefunden habe. Meiner Ansicht nach konnte er angesichts der Judenhetze nicht anders handeln, als er es getan hat ... Hiermit erkläre ich meinen Austritt aus der Akademie. Ricarda Huch.«

Von diesem Brief hat der aus dem Elsass stammende, Deutschland zugewandte französische Literaturwissenschaftler Robert Minder gesagt, dass er in jedem Schullesebuch stehen sollte. Und noch einen zweiten Brief hat es gegeben; weil er in den Lesebüchern ebenfalls nicht zu finden ist, sei er hier nachgetragen. Er stammt von dem bayerischen Volksschriftsteller Oskar Maria Graf und erschien – weil das Saargebiet noch französisch besetzt war – kurz nach der Nacht der Scheiterhaufen in der Saarbrücker »Volksstimme«:

»Während meiner zufälligen Abwesenheit aus München erschien die Polizei in meiner dortigen Wohnung, um mich zu verhaften. Sie beschlagnahmte einen großen Teil unwiederbringlicher Manuskripte, mühsam zusammengetragenes Quellenstudienmaterial, meine sämtlichen Geschäftspapiere und einen großen Teil meiner Bücher. Das alles harrt nun der wahrscheinlichen Verbrennung. Ich habe also mein Heim, meine Arbeit und – was am schlimmsten ist – die heimatliche Erde verlassen müssen, um dem Konzentrationslager zu entgehen. Die schönste Überraschung aber ist mir erst jetzt zuteil geworden. Laut ›Berliner Börsencourier‹ stehe ich auf der weißen Autorenliste des neuen Deutschland, und alle meine Bücher, mit Ausnahme des Hauptwerkes ›Wir sind Gefangene‹, werden empfohlen! Ich bin also dazu berufen, einer der Exponenten des ›neuen‹ deutschen Geistes zu sein. Vergebens frage ich mich, womit ich diese Schmach verdient habe.

Das Dritte Reich hat fast das ganze deutsche Schrifttum von Bedeutung ausgestoßen, hat sich losgesagt von der wirklichen deutschen Dichtung, hat die größte Zahl ihrer wesentlichsten Schriftsteller ins Exil gejagt und das Erscheinen ihrer Werke in Deutschland unmöglich gemacht. Die Ahnungslosigkeit einiger wichtigtuerischer Konjunkturschreiber und der hemmungslose Vandalismus der augenblicklich herrschenden Gewalthaber versuchen all das, was von unserer Dichtung und Kunst Weltgeltung hat, auszurotten und den Begriff ›deutsch‹ durch einen engstirnigen Nationalismus zu ersetzen. Ein Nationalismus, auf dessen Befehl alle meine sozialistischen Genossen verfolgt, eingekerkert, ermordet oder aus Verzweiflung in den Freitod getrieben werden!

Und die Vertreter dieses barbarischen Nationalismus, der mit Deutschsein nichts, aber auch gar nichts zu tun hat, unterstehen sich, mich als einen ihrer ›Geistigen‹ zu beanspruchen, mich auf ihre sogenannte weiße Liste zu setzen, die vor dem Weltgewissen nur eine schwarze Liste sein kann! Diese Unehre habe ich nicht verdient!

Nach meinem ganzen Leben und meinem ganzen Schreiben

habe ich das Recht, zu verlangen, daß meine Bücher der reinen Flamme des Scheiterhaufens überantwortet werden und nicht in die blutigen Hände und die verdorbenen Hirne der braunen Mordbanden gelangen!

Verbrennt die Werke deutschen Geistes! Er selbst wird unauslöschlich sein, wie eure Schmach!«

Um zu Ricarda Huch zurückzukehren: Während Herr von Schillings ihren Akademieaustritt noch zu vertuschen suchte, bis sie sich das energisch verbat, während ihr Bruder Rudolf – wie so viele Konjunkturritter, die jetzt in Hochschulen, Museen, Krankenhäusern, Stadtverwaltungen und Staatsämtern ihre Chance witterten und wahrnahmen – in die neu formierte »Dichter-Akademie« einzog, hielt sie zu denen, die ins Exil getrieben wurden. Am 22. Oktober 1933 schrieb sie an Alfred Döblin: »Ich freue mich, daß Sie mir Ihr neuestes Buch zuschicken ließen; aber da mir der Mensch immer wichtiger ist als sein Buch, möchte ich gern von Ihnen hören, wo Sie sind und wie es Ihnen geht. Im Sommer war ich in Berlin und fragte nach Ihnen, konnte aber Ihre Spur nicht finden. Sollten Sie in Palästina sein? Wenn ich ein Jude wäre und jung, ginge ich hin, vielleicht sogar, wenn ich nur jung wäre, auch ohne Jude zu sein ... Wenn dieser Brief Sie erreicht, schreiben Sie mir auch einmal, ich denke Ihrer immer mit Sympathie.« (Döblin ging zunächst nach Paris und entkam 1940 der deutschen Besetzung nach einer dramatischen Flucht in die Vereinigten Staaten. 1945 kehrte er nach Deutschland zurück, ohne jedoch merkbar willkommen zu sein und noch einmal Fuß zu fassen. Seit 1953 lebte er wieder in Paris und starb 1957.)

Im Jahre 1950 schrieb Döblin an Walter von Molo, von 1928 bis 1930 Vorsitzender der Abteilung Dichtung in der Peußischen Akademie und einer der Vertreter des so genannten »inneren Exils«: »Es kam das Jahr 1933. Wir wurden auseinandergerissen. Ich weiß nicht, wie Ihr Euch fühltet, die Ihr zurückbliebt. Ich weiß, einige von Euch jubelten, sie gingen mit fliegenden Fahnen zum Feind über, der sie dann und wann mit Fußtritten bedachte. Eine einzige Stimme tönte aus ihrem Kreis noch zu mir herüber: die Stimme von Ricarda Huch, einer herrlichen Frau, Sie wissen es selbst, Molo, mit Kraft, Geist und Mut, ›Ihr werdet niemals ihresgleichen sehen‹.«

Die Charakterstärke dieser Frau tritt vom Anfang bis zum Ende des »Dritten Reiches« in immer neuen Proben hervor. Um nur wenige Beispiele zu nennen: 1934 erscheint die historische Erzählung »Römisches Reich deutscher Nation«, der erste Band einer Trilogie zur älteren deutschen Geschichte. Darin liest man beziehungsreiche Sätze wie diesen: »Die Judenverfolgungen des 14. Jahrhunderts wühlten auf, was an bestialischen Trieben in den Untiefen des deutschen Volkes sich verbarg.« So etwas war natürlich nicht im Sinne der Machthaber, und es wurde keineswegs übersehen. Anne Marie Koeppen schrieb in den »Nationalsozialistischen Monatsheften«: »Diese Ricarda Huch hat ... ein Buch herausgegeben, gegen das jeder freiheit- und ehrliebende Deutsche sich zur Wehr setzen muß.« Denn »wahrlich, das ›auserwählte Volk‹ kann sich keinen beredteren Anwalt wünschen, als diese Frau ist. Alle ihre große Kunst bietet sie auf, um die Vorzüge und edlen Eigenschaften der Kinder Israels zu schildern ... Im Deutschland Adolf Hitlers ist für Magierinnen dieser Art heute kein Platz mehr.«

Seit 1936 lebte Ricarda Huch in Jena. Dort besuchte sie zusammen mit ihrem Schwiegersohn Franz Böhm eine Abendgesellschaft und berichtete darüber in einem Brief: »Im Laufe des Gesprächs sagte unser Gastgeber, die Juden könnten nicht organisch denken und wären nicht produktiv. Ich sagte, ich zweifelte, ob man das sagen könnte ... Ein Wort gab das andere, Franz stimmte mir zu, und zwar in der heftigen aggressiven Weise, in die er so leicht verfällt. Herr X wurde schärfer und schärfer und sagte am Schlusse zu mir: ›Ich sehe, Sie sähen lieber das deutsche Volk vernichtet und die Juden herrschen (oder so ähnlich).‹ Ich sagte kalt: ›Ich habe die Deutschen sehr geliebt, bin allerdings sehr davon zurückgekommen, seit ich so viel Gemeinheit mitanzusehen habe.‹ Natürlich hatten Franz und ich uns sehr aufgeregt, ich zitterte noch, als wir zu Hause ankamen.«

Aus diesem Rededuell entwickelte sich eine Denunziation, die Franz Böhm die staatliche Anstellung kostete und seine Schwiegermutter in ein Untersuchungsverfahren verwickelte, weil sie gegen das »Heimtücke«-Gesetz verstoßen haben sollte. Das Verfahren wurde vom Reichsjustizminister Franz Gürtner niedergeschlagen, der sonst fast alles hinnahm, was der SS-Staat an

Rechtsbruch, Willkür und Gewalt verübte. Offenbar wollte man, wie schon beim Austritt aus der Preußischen Akademie, jedes unliebsame Aufsehen vermeiden.

Im Sommer 1941 hielt der Bischof von Münster, Clemens August Graf von Galen, seine Predigten gegen die Tötung Geisteskranker, die Aufsehen erregten. Dass die Post des »Löwen von Münster« überwacht wurde, ließ sich absehen. Aber am 4. November 1941 schrieb Ricarda Huch ihm einen Brief und sagte darin: »Erfahren zu müssen, daß unserm Volk das Rechtsbewußtsein zu fehlen scheint, war wohl das Bitterste, was die letzten Jahre uns gebracht haben. Die dadurch verdüsterte Stimmung erhellte sich, als Sie, hochverehrter Herr Bischof, dem triumphierenden Unrecht sich entgegenstellten, öffentlich, und für die Verunrechteten eintraten. Das Bewußtsein, den Forderungen des Gewissens genuggetan zu haben, ist mehr wert, als Beifall der Menschen.«

1944, also spät im Krieg, als die untergehende Gewaltherrschaft immer blindwütiger um sich schlug und jeden mit dem Tod bedrohte, der sich der »Heimtücke« oder der »Wehrkraftzersetzung« verdächtig machte, erschien ein letzter Lyrikband mit dem Titel »Herbstfeuer«. Darin findet man Gedichte wie das »Den jungen Gefallenen« gewidmete und liest:

»Sie waren fast noch Kinder, als sie schieden,
Zu früh entrissen vom Geschick
Des Vaterhauses zweifellosem Frieden,
Der Mutter mitgebornem Liebesblick.

Dann kam der Krieg, im Anfang für die Kleinen
Ein Zauberwort, ein fabelhaftes Spiel.
Die Zeit vergeht. Sie sehn verhaltnes Weinen,
Wenn einer auszog und ein andrer fiel.

Dann trifft das Los die ältern Kameraden
Sie gehen nicht mit Kränzen und Gesang,
Sie gehen ernst, wie vor Gericht geladen,
Wie Sterbenswillige zum Opfergang.

O Todesschmerz der letzten Abschiedtage!
Das Herz voll Tränen und die Zunge schwer.
Dann kommt ein Brief, ermunternd, ohne Klage,
Noch einer und noch einer, – dann nicht mehr.

O Todesschmerz! Ist denn kein Sohn entronnen?
Der jüngste auch? – Gefallen allesamt.
Sie starben, eh zu leben sie begonnen,
Erloschen spurlos, eh sie noch entflammt.«

Ja, und dann stockt einem der Atem vor dem Lied »An unsere Märtyrer«, in dem geschrieben steht:

»Schmerzen, unsägliche, litt der griechische Heros, bevor er
Sterben durfte und die erlösende Flamme noch schmerzte.
Meine Helden, geliebte, ihr littet schwerer als jene,
Schmachvoll, gemartert, verhöhnt, von keinem Freunde getröstet.
Ihr, die das Leben gabt für des Volkes Freiheit und Ehre,
Nicht erhob sich das Volk, euch Freiheit und Leben zu retten.
Ach, wo seid ihr, daß wir eure Wunden mit Tränen der Reue
Waschen und eure bleichen Stirnen mit Lorbeer krönen?
...

Wir vergessen euch nicht. Oft wird euer tragisches Opfer
Unser Gespräch sein, den Enkeln künftig ehrwürdige Sage.
Über den Trümmern weht die schwarze Fahne der Trauer.
Aber dereinst, wenn eure Male bemoost und verwittert,
Möge Lebendiges neu erwachsen und, wie auch gestaltet,
Unseren heimischen Boden bestreun mit goldenen Früchten.«

Musste das nicht als Hymne an die Männer und Frauen der Erhebung gegen Hitlers Gewaltherrschaft, an die Opfer der Konzentrationslager missverstanden, vielmehr genau genug verstanden werden? Und wie erst nach dem 20. Juli 1944, als hunderte, tausende von Menschen verhaftet, gefoltert, wie Vieh hingeschlachtet wurden?

Den Kriegsbeginn kommentiert Ricarda Huch am 9. September 1939 im Brief an eine Freundin mit den Worten: »Was soll ich weiter sagen? Wir sind unangreifbar und unbesiegbar; was ich dabei fühle, weißt Du. Kander [der Enkel Alexander] weiß sich vor Siegesjubel nicht zu lassen ... Gestern habe ich wieder angefangen zu arbeiten.« Die Arbeit ist eine Art von Schutzschild gegen den Andrang der Gefühle und womöglich der Depressionen, und jetzt erscheint es als wichtiger denn je, die deutsche Trilogie fertig zu stellen, die mit dem Untergang des Reiches – des alten Reiches – ans Ende gelangt.

Das Jahr 1940 bringt die Bekanntschaft mit Antje Lemke-Bultmann, der Tochter des Marburger Theologen Rudolf Bultmann, die bald zur Freundin und neben der Tochter Marietta Böhm zur Hausgefährtin wird. Die alte und die beiden jüngeren Frauen bleiben bis über den Krieg hinaus beieinander.

1942 begeht Ricarda ihr »goldenes« Doktorjubiläum, und die Universität in Zürich plant eine Ehrung. Mit der eidgenössischen Stadt verbinden sich für Ricarda viele und durchaus nicht nur gute Erinnerungen. Aber im Lauf der Jahrzehnte ist doch eine Bindung entstanden. Darum schreibt sie an den Dekan der Philosophischen Fakultät, dass ihre Gefühle sich in dem halben Jahrhundert gewandelt haben. »Jedenfalls aber werden sie wie damals mit Dankbarkeit gegen die Universität Zürich verbunden sein, die uns Frauen das Studium ermöglichte.« Überschwänglich klingt das noch nicht, eher schon der Ausruf vom 25. April: »Das Unglaubliche wird wahr, ich kann in etwa 14 Tagen reisen!« Irgendwo muss es im Getriebe des »Dritten Reiches« noch Gönner gegeben haben, denn dass man mitten im Krieg eine politisch so unzuverlässige Person ins Ausland reisen lässt, um sie ehren zu lassen, ist alles andere als selbstverständlich; wer weiß, was sie dort sagen wird.

Die alte Frau genießt ihren Aufenthalt in der Schweiz, kehrt aber auch bedrückt zurück. Offenbar erfährt sie Einzelheiten über die Judenvernichtung, die man in Deutschland verschweigt. Darum schreibt sie an ihre Freundin Marie Baum: »Daß so Entsetzliches um einen herum vorgeht und man nichts tut, um es zu verhindern oder zu rächen, kommt mir manchmal so unerhört, so unerträglich vor.« Schatten, Gespenster, Albträume ringsum;

die Depressionen lassen sich kaum mehr abweisen. Am 12. Januar 1943 stirbt der Bruder Rudolf. Das Verhältnis zu ihm war seit langem höchst zwiespältig gewesen, doch jetzt heißt es: »Unsere Generation geht dahin – ich hoffe, daß mir noch ein paar Jahre geschenkt werden. Indessen stirbt die Jugend dahin – es ist alles so traurig.«

Am 18. Juli 1944 begeht Ricarda Huch ihren 80. Geburtstag. Ein Kreis von Freunden findet sich ein; Braunschweig lässt ihr den Wilhelm-Raabe-Preis überbringen, auch die Stadt Jena gratuliert, und der Kollege Hans Carossa sendet fünfzehn Eier. Dafür bekommt er zu hören: »Lieber Herr Carossa, Sie hätten mir ein Gedicht machen können und das wäre sehr hübsch gewesen – Sie hätten mich besuchen können – das wäre noch hübscher gewesen – aber nein! Sie haben gefunden, 15 Eier wären doch das schönste! Ich will nicht darüber nachdenken, worüber ich mich am meisten gefreut hätte, sondern anerkennen, daß 15 Eier schwer zu überbieten sind und Ihnen danken … Den Besuch sind Sie mir aber noch schuldig! Ihre Ricarda Huch.«

Schwieriger ist es, mit den widersprüchlichen Signalen des Regimes zurechtzukommen. Joseph Goebbels schickt Glückwünsche – und gleichzeitig verbietet er, dass der Geburtstag in der Presse erwähnt und die Jubilarin gewürdigt wird. Merkwürdig genug geht gleichzeitig ein Glückwunschtelegramm des *Führers* ein, und lange Beratungen im Familienkreis gelten der Frage, wie man antworten soll, wie man es überhaupt tun kann, ohne »Heil Hitler!« zu sagen oder die eigentlich vorgeschriebene Anrede »Mein Führer« zu verwenden.

Zu Weihnachten 1943 hatte Ricarda ihrem Enkel einen selbst gefertigten Wochenkalender für das Jahr 1944 geschenkt. Die Tage vom 17. bis 23. April, also um den Führergeburtstag am 20. April herum, waren mit einem Hitler-Foto geschmückt, versehen mit dem Schiller-Zitat: »Es ist zu verwundern, daß manche Menschen nicht im Gefühl ihrer Nichtswürdigkeit augenblicklich verwesen.« Das mit diesem Kalenderspruch offensichtlich verbundene Wunschdenken hat nicht geholfen; zwei Tage nach Ricardas 80. Geburtstag scheitert Stauffenbergs Attentat ebenso wie alle vorangegangenen Versuche, Hitler zu töten.

Am 9. Februar 1945 wird Jena durch einen Bombenangriff

verwüstet; ein weiterer, der die Innenstadt beinahe auslöscht, folgt am 19. März. Auch das Haus, in dem Ricarda, Marietta und Antje wohnen, wird beschädigt, und die drei Frauen verbringen die restliche Kriegszeit, zu dritt in einem Zimmer, in Tautenburg, einem Dorf nordöstlich von Jena. Dort erleben sie den Einmarsch der Amerikaner. Die kümmern sich nicht um die alte Dame, umso mehr aber die Russen, die im Juli nachrücken. Sie liefern Lebensmittel und Heizmaterial. Nur eines wollen sie nicht erlauben: die Ausreise in den Westen. Denn sie denken, dass sie die berühmte Schriftstellerin noch für ihre Zwecke benutzen können.

Zum 1. Januar 1946 lassen sie eine »Neujahrsbetrachtung« erscheinen, in der Ricarda Huch schreibt: »Wir haben Menschen zur Regierung kommen lassen, denen wir mißtrauen mußten. Wir sahen bald Gewalttaten geschehen, die uns Grauen einflößen mußten. Viele unter uns entsetzten sich über diese Untaten, und manche versuchten, im Stillen zu helfen, ungeachtet der Gefahr, die sie durchliefen; das macht aber die Verbrechen, die geschahen, nicht ungeschehen ... Wohl gab es Tapfere, die gegen das Böse protestierten, Edle, die, das Böse bekämpfend, in den Tod gingen; sie haben dadurch die Ehre des deutschen Volkes gewahrt, es aber nicht von der Schuld befreit, in die die begangenen Verbrechen es verstrickten.« Jetzt kommt es auf die Versöhnung an: »Die Unschuldigen müssen mit dem Schuldigen schuldig sein, die Schuldigen den Unschuldigen ihre Unschuld gönnen. Wie können wir auf Verständnis und Mitgefühl der Fremden hoffen, wenn wir es füreinander nicht haben? ... Betrachten wir uns nicht mehr als Opfer, sondern als solche, die mit der Hölle im Bunde waren und wunderbar gerettet sind.«

Ricarda Huch wurde auch als Alterspräsidentin der Beratenden Landesversammlung von Thüringen in Anspruch genommen. In ihrer Eröffnungsansprache klangen ungewohnte, beinahe feministische Töne an: »Von allen früheren Demokratien unterscheidet sich die moderne dadurch, daß sie die bisher ausgeschlossene Hälfte der Bevölkerung, in manchen Punkten vielleicht wirklich die beste, nämlich die Frauen, mit einbeziehen. Es könnte sein, daß die Gewissenhaftigkeit und das Verantwortungsgefühl der Frauen – und Frauen sind besonders gewissenhaft – ein wichtiger Beitrag ist, den sie zur Demokratie leisten.«

Aber missbrauchen lässt die alte Dame sich durchaus nicht. Sie sieht und sagt, was vorgeht. Zu einer Reise in die Schweiz im Frühjahr 1947 müssen Menschen, Freunde gefunden werden, die für die Rückkehr bürgen. Als sie während der Rückreise noch im Westen gefragt wird, ob sie wiederkäme, heißt ihre Antwort: »Das hängt nicht von uns ab. Du ahnst nicht, wie unendlich schwer alles in diesem Sklavenlande ist. Man ist ebenso gefesselt, wie man die zwölf Jahre vorher war. Das Hoffnungslose und wahrhaft Verzweifelte unserer Lage ist manchmal sehr deprimierend.«

Aber wenn die offene Ausreise verboten bleibt, muss man eben zur Hinterlist greifen und fliehen. Die Gelegenheit dazu bietet sich mit dem Schriftstellerkongress, der vom 4. bis 8. Oktober 1947 in Berlin stattfindet. Johannes R. Becher, aus Moskau zurückgekehrt und bereits im Vorfeld der DDR der wichtigste Kulturfunktionär der sowjetischen Besatzungszone, bittet Ricarda Huch, die Ehrenpräsidentschaft zu übernehmen, und sie sagt zu. Mit einem Auto werden sie und ihre Tochter nach Berlin gebracht, während Antje Lemke-Bultmann heimlich mit einem Lastwagen folgt, auf den man Bücher, Manuskripte und die persönlichen Habseligkeiten gepackt hat.

Auf dem Kongress von etwa 250 Teilnehmern und Teilnehmerinnen geht es trotz aller hochherzigen Bekundungen für Freiheit und Frieden ziemlich turbulent zu. Der amerikanische Publizist Melvin J. Lasky, der ab 1950 als Generalsekretär den westlich orientierten »Congress for Cultural Freedom« leiten und, vom Geheimdienst diskret unterstützt, Zeitschriften wie »Der Monat« und »Encounter« herausgeben wird, sorgt für Aufruhr, indem er die Unfreiheit im sowjetischen Machtbereich anklagt; der Kalte Krieg zwischen Ost und West, der ja auch als ein Kulturkrieg geführt wird, kündigt sich an oder ist bereits entbrannt.

Ricarda Huch bemühte sich in ihrer Schlussansprache nicht nur um Ausgleich, wenn sie sagte: »Waren manche Diskussionen akademisch, so hatte man bei anderen wieder den Eindruck, als befände man sich in einer politischen Versammlung. Dies ist natürlich. Den Dichter und Schriftsteller, nicht zum wenigsten den Journalisten geht alles an, was geschieht. Er nimmt um so lebhafter daran teil, als es in seinem Wesen liegt, wie einer unserer amerikanischen Gäste richtig bemerkte, oppositionell und revolutionär zu sein. Aber das bezieht sich auf ein freies Volk. Wir sind nicht frei. Daß wir nicht frei sind, ist die Schuld Hitlers und seiner Gefolgschaft. Es ist eine Tatsache, die wir in Rechnung ziehen müssen.«

Der persönliche Weg in die Freiheit führt von Westberlin in den Westen. Aber unerwartet setzt er schwierige Verhandlungen mit Amerikanern und Briten voraus. Es erweist sich als unmöglich, ein Flugzeug zu benutzen. Schließlich wird Ricarda Huch am 27. Oktober in einem abgeschlossenen britischen Militärzug nach Hannover gebracht. Dort muss sie vor der Weiterfahrt nach Frankfurt sechs lange Stunden auf einem Stuhl sitzen. Schließlich bringt man sie nach Schönberg im Taunus, wo sich ein Gästehaus der Stadt Frankfurt befindet.

Doch die Vorbereitungen der Flucht, immer in der Furcht vor einem Verrat neidischer oder fanatischer Nachbarn, der Kongress in Berlin, das verzehrende Warten auf die Weiterreise und diese Reise selbst haben die Kräfte der Dreiundachtzigjährigen erschöpft. Sie bekommt eine Lungenentzündung und stirbt am 17. November 1947. Unter großer Anteilnahme findet eine Woche später die Bestattung auf dem Frankfurter Hauptfriedhof statt. Um das Gesicht zu wahren, haben sich auch Abordnungen aus dem Osten eingefunden. Zu den Kollegen, die Abschied nehmen, gehören Erich Kästner, Ernst Pentzoldt, Rudolf Hagelstange und Marie Luise Kaschnitz.

Im »Herbstfeuer« aus dem Jahre 1944 sagt ein Gedicht ohne Überschrift:

»Tief in den Himmel verklingt
Traurig der letzte Stern,
Noch eine Nachtigall singt
Fern, – fern.
Geh schlafen, mein Herz, es ist Zeit.
Kühl weht die Ewigkeit.

Matt im Schoß liegt die Hand,
Einst so tapfer am Schwert,
War, wofür du entbrannt,
Kampfes wert?
Geh schlafen, mein Herz, es ist Zeit.
Kühl weht die Ewigkeit.«

# Anna Seghers

Vor dem unterzeichneten Standesbeamten erschien heute, der Persönlichkeit nach auf Grund der vorgelegten Heiratsbescheinigung anerkannt, der Kaufmann Isidor Reiling, wohnhaft in Mainz, Parcusstraße 5, israelitischer Religion, und zeigte an, daß von der Hedwig Reiling geborenen Fuld, seiner Ehefrau, israelitischer Religion wohnhaft bei ihm zu Mainz in seiner Wohnung, am neunzehnten November des Jahres tausendneunhundert morgens um neun Uhr ein Mädchen geboren worden sei und daß das Kind den Vornamen Netti erhalten habe.«

Netti verwandelte sich bald in Netty, und was aus dem Kind schließlich wurde, hat Christa Wolf so beschrieben: »Anna Seghers: Deutsche, Jüdin, Kommunistin, Schriftstellerin, Frau, Mutter: Jedem dieser Worte denke man nach. So viele einander widersprechende, scheinbar einander ausschließende Identitäten, so viele tiefe, schmerzliche Bindungen, so viele Angriffsflächen, so viele Herausforderungen und Bewährungszwänge, so viele Möglichkeiten, verletzt zu werden, ausgesetzt zu sein, bedroht bis zur Todesgefahr. Ein Mensch wie sie, ihre Überzeugung, ihr Gewissen mußten in diesem Jahrhundert zum Kampffeld scheinbar oder wirklich entgegengesetzter Kräfte werden, die ihr öfter gleich stark vorgekommen sein mögen, so daß jede Wahl eine bittere Entscheidung wurde und ein Stück ihrer selbst mit ausschloß.«

Vorerst allerdings handelte es sich um eine behütete Kindheit. Netty blieb ein Einzelkind – vielleicht charakteristisch; während früher die Frauen schicksalsergeben sich in immer neuen Schwangerschaften erschöpften, begann um die Wende vom 19. zum 20. Jahrhundert und zum Teil schon davor in den gehobenen

Bürger- und Bildungsschichten der Städte eine Geburtenbeschränkung. Im Zeitverzug einiger Generationen setzte sie sich allgemein durch, übrigens zunächst im Gegensatz zu den alten Eliten: Beim Adel, bei Fürsten, im Kaiserhaus blieben Geschwisterscharen von etwa einem halben Dutzend eher noch die Regel als die Ausnahme. Weil die Juden zu den am meisten verstädterten Aufsteigern des 19. Jahrhunderts gehörten, halbierte sich ihr Anteil an der deutschen Bevölkerung zwischen 1820 und 1910 von 1,9 auf 0,95 Prozent. Bis 1933 sank er trotz einer Zuwanderung aus dem Osten weiter auf 0,76 Prozent.

Ein Einzelkind wird besonders umhegt, womöglich auch verzärtelt und im Umgang mehr mit Erwachsenen als mit anderen Kindern altklug gemacht. Aber »ich glaube, es war eine sehr günstige Jugend«, hat Anna Seghers im Rückblick gesagt. Ihr Vater, Isidor Reiling, 1867 geboren, betrieb zusammen mit seinem älteren Bruder Hermann eine Kunst- und Antiquitätenhandlung, doch nicht von gewöhnlichem Format: Wie man gesagt hat, gehörte er zu den prominentesten Kunsthändlern Deutschlands, wenn nicht Europas; seit 1894 durfte er sich »großherzoglich-hessen-darmstädtischer«, seit 1910 auch »kaiserlich-russischer«, seit 1914 »königlich-preußischer« Hoflieferant nennen. Die Mutter Hedwig, 1880 geboren, war die Tochter des wohlhabenden Frankfurter Kaufmanns Salomon Fuld.

Mainz, damals mit rund 84 000 Einwohnern noch überschaubar, stellte sich als katholisch geprägte Bischofsstadt dar, vom Dom überragt, von noch älteren Erinnerungen an Kelten und Römer, aber auch von den neueren an eine revolutionäre Hinwendung zur französischen Freiheit und Gleichheit umsponnen. Die Juden, deutlich in regional Alteingesessene und vor kurzem erst zugereiste Ostjuden geschieden, bildeten mit etwa 3100 Personen eine Minderheit. Die Reilings, obwohl sonst weithin an ihre Umgebung angepasst, hielten am überlieferten Glauben fest, sodass auch Netty mit dem jüdischen Brauchtum vertraut gemacht wurde, Kenntnisse der hebräischen Sprache und des wichtigsten Schrifttums eingeschlossen.

Die Landschaft längs des Rheins um Mainz herum ist für Anna Seghers stets vertraut, etwas wie Heimat geblieben. Zwar hat sie gesagt: »Ich wollte überhaupt nur studieren, weil ich fürchterliche Angst hatte, in dem Nest Mainz hängenzubleiben.« Aber nach dem Studium sagte eine Eintragung ins Tagebuch: »Jetzt fast täglich Gang am Rhein. Liebe zu dieser Landschaft.« Und in einem Brief aus dem mexikanischen Exil hieß es: »Man kann überall herum kutschieren und mit noch so viel Menschen zusammen kommen und noch soviel arbeiten, das Gute und Schlechte, das man daheim als Kind gehabt, sitzt tiefer als alles, was nachher kommt.« Der alten Frau erzählte ihr Sohn von einer Reise an die Westküste Kanadas und von den Lachsen, die nach einem Leben in den Weiten des Ozeans stets in den Heimatfluss zurückkehren und dort sterben. Daraufhin die Mutter: »Ich würde so gern ein Lachs sein.« Von der Verbundenheit mit dem Ursprung zeugt auch »Das siebte Kreuz«, ihr berühmtestes Buch; durchaus mit Recht hat man von einem »Heimatroman aus Hitlerdeutschland« gesprochen. In ihren eigenen Worten:

»In dieser Stadt, in der ich meine Kindheit verbrachte, empfing ich, was Goethe den Originaleindruck nennt; den ersten Eindruck, den ein Mensch von einem Teil der Wirklichkeit in sich aufnimmt, ob es der Fluß ist, oder der Wald, die Sterne, die Menschen. – Ich habe versucht, in vielen meiner Bücher festzuhalten, was ich hier erfuhr und erlebte. Es ist kein Zufall, daß mein Roman ›Das siebte Kreuz‹ in der Gegend von Mainz spielt, kein Zufall, daß der Flüchtling Georg Heisler sich eine Nacht im Mainzer Dom versteckt. Kein Zufall, daß ihm auf einem Rheinschiff die Flucht gelingt.«

Charakteristisch genug handelt es sich freilich um eine Rückwendung aus der Entfernung. Ein Kind weiß noch nicht, was Heimat bedeutet; erst der Verlust macht sie kenntlich. Und jungen Menschen erscheint oft als Enge, was sie umgibt, fast wie ein Käfig: »Fürchterlich! Und das Eingesperrtsein darin war mir so zuwider, daß der Drang in mir immer stärker wurde, so schnell wie möglich auszufliegen, wegzufliegen.«

Die ersten Ausflüge finden in der Phantasie statt. Und wenn es keine Geschwister gibt, mit denen man von früh bis spät beschäftigt ist, wenn man unversehens vom Anhauch des Alleinseins überfallen wird, braucht man diese Ausflüge umso dringender. Dazu helfen die Märchen und Sagen, die Geschichten von Abenteuern, kurzum die Bücher. Netty allerdings genügte das nicht: »Als kleines Kind, als ganz kleines Kind, bevor ich in die Schule ging, war ich oft krank, und dabei lernte ich verhältnismäßig früh lesen und schreiben. Und dann erfand ich, hauptsächlich weil ich allein war und mir eine Umwelt machen wollte, alle möglichen kleinen Geschichten, die ich mir vorerzählte.« Zum Vorerzählen gesellte sich bald auch das Aufschreiben – der Ursprung der Schriftstellerin. Und die hat sich daran erinnert, wie viel sie ihren ersten Begegnungen mit Büchern, etwa der Sprache der Brüder Grimm in den Märchenerzählungen verdankte. Später konnte ein Buch sogar zur Lebenshilfe werden. »Manchmal half es mir, weil es mich nicht allein ließ in einer verwirrenden und scheinbar lichtlosen Wirklichkeit ... Manchmal riß mich ein Buch aus der Wirrnis in eine stürmische, aber klare Welt, die völlig anders als meine war.« Ebenso oder erst recht wirkte das eigene Schreiben wie eine Medizin: »In meiner Arbeit gab es keine Krisenzeiten. Im Gegenteil, die Arbeit half mir über schwere Zeiten hinweg.«

Seit sie sieben Jahre alt war, besuchte Netty eine »sehr feine« Privatschule, die mit täglich »nur zwei bis drei Stunden Unterricht, doch viel Hausarbeiten« auf die »Höhere Mädchenschule«, das heißt ein Gymnasium vorbereitete, das sich im Jahre 1910 anschloss. Das Fräulein Reiling gehörte zu der ersten Generation junger Frauen, für die sich die Ausbildung nicht mehr in Koch- und Strickkünsten – und »Bildung« nicht mehr im Musizieren und Malen oder im Auswendiglernen und Aufsagen patriotischer Gedichte erschöpfte. Das Abitur folgte am 5. Februar 1920 eher spät, doch die Ursachen dieser Verzögerung sind unbekannt.

Kaum drei Monate später begann das Studium in Heidelberg und mit ihm ein Eintauchen in den deutschen Zeitgeist. Er zeigte sich nach der unerwarteten Niederlage im Ersten Weltkrieg fiebrig erregt; der aus Ungarn stammende Soziologe Karl Mannheim, der 1921 nach Heidelberg kam und später nach England emigrierte, hat ihn so beschrieben: »Der eine entdeckt den Rhythmus, der andere den Tanz, der dritte die Erziehung, und wieder andere den Glauben, Gott, die Neger, den Stil, die Einheit und die Theaterkulisse ... Überall gibt es das Warten auf Propheten, die Luft ist voll von kleinen und großen Propheten ... Eine unerhörte – geistige, aber nicht seelische – Bereitschaft der Menschen für irgendeine Erlösung ist vorhanden, eine gewisse Leere, ein Mangelgefühl, das es nicht gelingt auszufüllen.« Einer der Propheten war der Dichter Stefan George und sein Statthalter in Heidelberg Friedrich Gundolf. Ein anderer hieß Karl Marx, und sein Statthalter war der wiederum aus Ungarn stammende Georg Lukács. (Sein Buch »Geschichte und Klassenbewußtsein«, das viele Linksintellektuelle faszinierte, erschien 1923. Später regierte Lukács sozusagen als marxistischer Literaturpapst und als ein Richter darüber, wie man sozialistisch korrekt zu schreiben habe und wie nicht.)

Die fiebrige Erregung geriet nicht zuletzt ins Politische, gegen Ende der Weimarer Republik ebenso wie an ihrem Anfang. Einige Jahre nach Mannheim hat Eduard Spranger gesagt: »Gerade die Abneigung gegen das Rechenhafte in der Politik ist es, die viele Akademiker mit dem Stil unseres gegenwärtigen Staatslebens unzufrieden macht. Man möchte wieder tatbereite und der Augenblickslage gewachsene Köpfe an der Spitze des Staatslebens sehen, nicht Doktrinäre und nicht Parteifunktionäre; vor allem aber Menschen, in denen die überindividuelle Wucht und Würde des Staates zum Lebenselement geworden ist, und die sich in diesem sittlichen Dienst verzehren. In diesem Sinne besteht in ganz Deutschland eine geradezu messianische Erwartung.« Der Erlöser, den sie schließlich auf den Plan rief, hieß dann Adolf Hitler.

In Heidelberg herrschte am Anfang der zwanziger Jahre indessen noch ein liberaler und weltoffener Geist. Das Andenken an den großen Gelehrten und Sozialwissenschaftler Max Weber, der 1920 gestorben war, blieb lebendig, und sein Bruder Alfred Weber lehrte hier ebenso wie Karl Jaspers – seit 1916 als Psychologe und seit 1921 als Philosoph. Heidelberg wurde darum auch zum Anziehungspunkt für junge, gegenüber den bestehenden Zuständen kritische Leute, darunter Ungarn, die wie Mannheim und Lukács aus ihrer Heimat flüchteten, als dort 1919/20 die Gegenrevolution über die rote Rätediktatur Bela Kuns siegte.

Aus dem katholisch-umfriedeten Mainz und ihrem jüdischen, politisch eher national-konservativen Elternhaus geriet Netty Reiling nun unversehens in die Heidelberger Strudel hinein. Sie studierte nicht auf ein genau umrissenes Ziel zu, sondern mit breit gefächertem Interesse, zu dem die russische und die französische Literaturgeschichte ebenso gehörten wie die »Sozialtheorie des Marxismus« bei dem linksgerichteten Nationalökonomen Emil Lederer. Später rückte besonders die Sinologie in den Vordergrund, wobei sich mit chinesischen Sprachkursen Themen wie »Die moderne Lebensführung in China und Japan«, »Literatur Chinas und Japans«, »Geschichte Chinas«, »Religion Chinas« und »Buddhismus« verbanden. Schließlich erfolgte eine Rückwendung zur europäischen Kunstgeschichte und 1924 der ordnungsgemäße Studienabschluss mit einer Dissertation über das Thema »Jude und Judentum im Werke Rembrandts«.

Die Beschäftigung mit niederländischer Kunst verhalf Netty Reiling übrigens zu ihrem späteren Namen als Schriftstellerin. Ein Heidelberger Kunsthistoriker, Wilhelm Fraenger, beschäftigte sich mit dem Maler Hercules Seghers, nachdem der berühmte Berliner Museumsleiter Wilhelm von Bode ihn entdeckt hatte. Seghers wurde 1589 oder 1590 wahrscheinlich in Haarlem geboren und starb vor 1639 in Den Haag. 1922 veröffentlichte Fraenger ein Buch mit dem Titel »Die Radierungen des Hercules Seghers«. Und noch vor diesem Hercules hatte es in Antwerpen eine Miniaturmalerin Anna Seghers gegeben. Warum nicht ihren Namen adoptieren, der verlockend genug klang und von dem außer ein paar kunstgeschichtlichen Spezialisten niemand wusste, woher er stammte?

Zur Emanzipation vom Elternhaus gehörte nicht nur das Studium, sondern auch der Umgang mit Menschen von ganz anderem Zuschnitt, als die behütete Bürgertochter aus Mainz sie bisher gewohnt war. »Als ich von den vielen jungen Studenten, die aus ihren Vaterländern in die Emigration gegangen waren, das, was ich empfand, auch erklärt bekam, da wurde mir erst bewußt, was ich vorher nur gefühlt hatte ... Sie öffneten mir die Augen für viele politische Vorgänge, für den Klassenkampf.« Das klingt ein wenig nach nachträglicher Stilisierung. Doch unzweifelhaft gab es Begegnungen mit Tiefenwirkung, besonders mit Männern. Einer war der Sinologe Philipp Schaeffer, Jahrgang 1894. Er stammte aus dem Baltikum und verbrachte den Ersten Weltkrieg in russischer Internierung. Manche vermuten, dass er Nettys erste große Liebe gewesen ist. Genaues lässt sich indessen nicht ausmachen; Anna Seghers hat zwar in ihre Erzählungen viele persönliche Eindrücke und Erfahrungen eingeflochten, aber gehörig verfremdet. Und ihr Intimleben hat sie stets sorgfältig abgeschirmt: Was denn ging es die Leute an? Schaeffer ist dann Kommunist geworden und hat sich nach 1933 dem Widerstand angeschlossen. 1935 wurde er verhaftet und zu fünf Jahren Zuchthaus verurteilt. Nach seiner Entlassung arbeitete er unbeirrt weiter, wurde 1942 erneut verhaftet und 1943 wegen Hochverrats hingerichtet.

Als wichtig, ja lebensbestimmend erwies sich die Bekanntschaft mit László Radványi, einem der jungen Ungarn, die im Jahre 1920 nach Heidelberg kamen. Am 13. Dezember 1900 in Budapest geboren und jüdischer Abkunft, war er ein schon marxistisch geprägter Sozialwissenschaftler, im Übrigen ein begabter Pädagoge und Organisator. Mit Erfolg widmete er sich ein paar Jahre später in Berlin unter dem Decknamen Johann Schmidt der Entwicklung der »Marxistischen Arbeiterschule« (kurz MASCH), einer Art von Volkshochschule und Bewusstseinsschmiede für den kommunistischen Nachwuchs. Schon 1927 übernahm er die Leitung dieser Schule, und später, im mexikanischen Exil, hat er es bis zum Universitätsprofessor gebracht. Schließlich, nach seiner Rückkehr in die DDR, war er Mitglied der Akademie der Wissenschaften und lehrte an der Humboldt-Universität. Freilich neigte er auch zum Dogmatismus, auf den jeweiligen Parteikurs eingeschworen – und war bisweilen überfordert, wenn der wieder einmal wechselte. Die Vermutung liegt nahe, dass er als »das ideologische Gewissen« seiner Frau amtierte; in Anspielung auf den berühmten Roman »Das siebte Kreuz« haben ihn manche »das achte Kreuz« von Anna Seghers genannt.

Die jungen Leute verliebten und verlobten sich; sie beschlossen zu heiraten. Den Eltern in Mainz war das zunächst einmal gar nicht recht; was hatte dieser mittellos Zugereiste einer Frau überhaupt zu bieten? Wovon wollte man leben? Gewiss, gegen den Juden war nichts einzuwenden – oder doch, da er vom Glauben der Väter abgefallen war. »Es hätt mich gefreut, sie hätt einen anständigen Goi [Christen] geheiratet und kein ungläubigen Jid«, soll der Vater gesagt haben. Die Tochter wiederum spürte, was sie ihrer Familie zumutete und dass es sich um eine schmerzhafte Ablösung handelte, bei der sie selbst vieles hinter sich ließ, was ihr ans Herz gewachsen war. »Ich muß fort. Ich muß wahr leben, sonst geht alles zu Grund. Niemals ist das Rechte leicht. Ich will nicht verzweifeln. Gott soll mir helfen«, notierte sie. Und auch: »Ich bin mit mir unzufrieden. In allem, was ich tue und schreibe, ist eine vergiftende, falsche Traurigkeit.«

Immerhin fügten sich Hedwig und Isidor Reiling schließlich in das Unabwendbare; am 10. August 1925 fand die Hochzeit statt. Als dann die beiden Kinder geboren wurden, 1926 der Sohn Peter und 1928 die Tochter Ruth, siegten der Stolz der Großeltern und die Liebe zu den Enkeln über alle früheren Bedenken, und als nach 1933 die junge Familie im Pariser Exil lebte, wurde sie von Mainz aus nach Kräften unterstützt, solange das möglich war.

Kurz nach der Hochzeit zog das Ehepaar Radványi nach Berlin. Denn dort wurde nicht nur über politische Entwicklungen entschieden, sondern die deutsche Hauptstadt stellte sich in den »goldenen« zwanziger Jahren, die gerade begonnen hatten, weltoffen dar, als eine Werkstatt, ein Experimentierfeld des Zeitgeistes und der Kunst. Mit Carl Zuckmayer zu reden: »Berlin schmeckte nach Zukunft, und dafür nahm man den Dreck und die Kälte gern in Kauf.« Oder wie Willy Haas noch im wehmütigen Rückblick geschwärmt hat: »Berlin war das Glück meines Lebens. Ich liebte die schnelle, schlagfertige Antwort der Berlinerin über alles, die scharfe, klare Reaktion des Berliner Publikums im Theater, im Kabarett, auf der Straße, im Kaffeehaus, das Nichts-feierlich-Nehmen und doch Ernstnehmen von Dingen, die schöne, trockene, kühle und doch nicht kalte Atmosphäre, die unbeschreibliche Dynamik, die Arbeitslust, die Unternehmungslust, die Bereitschaft, schwere Schläge einzustecken – und weiterzuleben. In Berlin konnte man von allem leben, was man wirklich konnte. Wie oft habe ich gesagt: Wenn einer in Berlin von der Gedächtniskirche bis Halensee auf seinen zwei Händen spazierenginge, so fände er sofort einen, der dazu die Idee hätte, wie man das verwerten könnte, der es auch gleich finanzierte, und: man konnte dann auch davon leben. In Berlin, und fast nur in Berlin, gab es einen wirklichen Aufstieg, eine wirkliche Entfaltung der Begabung – sei sie nun klein oder groß.«

Anna Seghers oder Netty Radvanyi – der Akzent über dem a fiel der Eindeutschung zum Opfer – hat von 1925 bis 1933 und wieder von 1947 bis zu ihrem Tod im Jahre 1983 in Berlin gewohnt, zusammen über 43 Jahre oder mehr als die Hälfte ihres Lebens. Aber anders als Willy Haas hat sie die Stadt durchaus nicht geliebt; kein Wort der Zuneigung ist von ihr überliefert. Freilich war die Hauptstadt der DDR auch nicht mehr von Weltoffenheit, sondern bloß noch provinziell geprägt, nach außen abgeriegelt und im Innern einer bürokratisch-engstirnigen Parteiherrschaft unterworfen. In den zwanziger Jahren allerdings fand hier der Aufstieg zur anerkannten Schriftstellerin statt.

Schon 1924 hatte es in der »Frankfurter Zeitung« und im »Handelsblatt« die erste Veröffentlichung gegeben: »Die Toten auf der Insel Djal. Eine Sage aus dem Holländischen, nacherzählt von Antje Seghers« – eine fantastische und gruselige Geschichte unter Toten, die nicht zur Ruhe kommen. Ertrunkene Seeleute werden auf der Insel Djal an Land gespült, und der Pfarrer begräbt sie, der selber längst tot ist.

Eine Wendung ins Politische kündigt dagegen die Erzählung »Grubetsch« an, die 1927 wiederum in der »Frankfurter Zeitung« und im »Handelsblatt« erscheint. Ins Elend einer proletarischen Hinterhofwelt bricht die Titelfigur ein und bringt die Leute, besonders die Mädchen und Frauen dazu, dass sie aufbegehren. Allerdings ist Grubetsch kein zielbewusster Agitator, der eine Parteilinie zur Geltung bringt, sondern ein Anarchist, der einfach seinen eigenen, unbändigen Trieben folgt. Am Ende wird er erschlagen, weil die Menschen das Elend eher ertragen als das Durcheinander, in das sie geraten. Abgründiges wird im Wortsinne offenbar, wie die Autorin selbst gesagt hat: »Ein böser Hof, und in dem Hof ein Mann, der es versteht, die geheimen Wünsche der Menschen nach Zugrundegehen zu erraten und jeden in seiner Weise zu erfüllen.« Dass kommunistische Funktionäre mit solch einem sinnesprallen, aber ganz und gar nicht »linientreuen« Erzählen nichts anfangen konnten, bedarf keiner Worte, und für die Zukunft waren damit Konflikte vorprogrammiert, die selten offen, verdeckt jedoch umso verbissener ausgetragen wurden. Anna Seghers aber war und blieb eine Schriftstellerin von Rang, weil und solange sie sich bei all ihrem politischen Engagement gerade nicht in einer bornierten Dogmatik einschnüren ließ.

Der »Aufstand der Fischer von St. Barbara« folgte 1928. Wieder wird eine harte, armselige Lebenswelt sehr eindringlich und anschaulich dargestellt; wieder ist es ein Fremder, der die Menschen dazu bringt, den Aufstand zu proben, der dann niedergeschlagen wird. »Aber«, so heißt es in einer mit Recht berühmten Eingangspassage, in der noch in der Niederlage eine Zukunft aufscheint, »längst nachdem die Soldaten zurückgezogen, die Fischer auf der See waren, saß der Aufstand noch auf dem leeren, weißen, sommerlich kahlen Marktplatz und dachte ruhig an die Seinigen, die er geboren, aufgezogen, gepflegt und behütet hatte für das, was für sie am besten war.«

Übrigens ist der »Aufstand« unter der Regie von Erwin Piscator bereits am Anfang der dreißiger Jahre in der Sowjetunion (und dann noch einmal 1988 vom Fernsehen der DDR unter der Regie von Thomas Langhoff) verfilmt worden. Seghers' Erzähltechnik kam dieser Umsetzung in das andere Medium entgegen. Denn in der Regel bildete sie keinen eindimensional fließenden Strom, sondern beruhte auf »Schnitten«: auf der Beleuchtung meist kurzer Szenen aus unterschiedlichen Perspektiven.

Am Ende des Jahres 1928 wurde Anna Seghers für »Grubetsch« und den »Aufstand der Fischer von St. Barbara« mit dem angesehenen Kleist-Preis ausgezeichnet, den vor ihr unter anderem Bertolt Brecht, Alfred Döblin, Robert Musil, Carl Zuckmayer und Arnold Zweig erhalten hatten. Eine Eigenart der Verleihung bestand darin, dass jeweils ein früherer Preisträger den neuen auswählte. In diesem Falle war es Hans Henny Jahnn, der die Entscheidung traf. In seiner Begründung hieß es: »Ich habe den Preis der jetzt achtundzwanzigjährigen Anna Seghers zuerkannt, weil ich eine starke Begabung im Formalen gespürt habe. Bei großer Klarheit und Einfachheit der Satz- und Wortprägung ein mitschwingender Unterton sinnlicher Vieldeutigkeit, der den Ablauf des Geschehens zu einer spannenden Handlung macht ... Die Gestalten sind nicht so sehr Träger einer Handlung, als Äußerung in ihnen wirksamer Kräfte. Darum verbrennt alles, was als Tendenz erscheinen könnte, in einer leuchtenden Flamme der Menschlichkeit.«

Der Kleist-Preis brachte den Durchbruch zur Bekanntheit. Aber noch eine lebensbestimmende Entscheidung fiel 1928: Netty Radvanyi, vielmehr jetzt Anna Seghers, trat der Kommunistischen Partei bei, und die Mitgliedschaft im Bund Proletarisch-Revolutionärer Schriftsteller, kurz BPRS, folgte bald darauf. Dieser Bund erklärte alle Kunst zur »Waffe der Agitation und Propaganda im Klassenkampf« und verfuhr grobschlächtig genug nach dem Motto: Wer nicht für uns ist, ist gegen uns und muss als Feind behandelt werden.

Warum dieser Schritt, wohlgemerkt zu einem Zeitpunkt, als die Bedrohung durch den Nationalsozialismus noch weit entfernt schien? (Bei den Reichstagswahlen von 1928 war die NSDAP mit ihrem Stimmenanteil von 2,6 Prozent eine Splitterpartei geblieben, während die KPD schon 10,6 Prozent erreichte.) Wie geriet die Frau gutbürgerlicher Herkunft in das von Gedankenverhauen umzäunte Parteilager, das, nach einem Wort Helmuth Plessners, »die unbestreitbaren Vorzüge eines Katechismus und einer Felddienstordnung auf bestrickende Weise in sich vereinte«? Handelte es sich um den Einfluss des Ehemannes? Um das Bedürfnis der Zugehörigkeit zu einer verschworenen Gemeinschaft? »Es war die revolutionäre Gemeinschaft, die ganze Atmosphäre, die mich im Bund heimisch werden ließ«, heißt es in einem Rückblick.

Oder soll man gar von Verschwiegenem sprechen, etwa von jüdischer Heimatlosigkeit, die nach Zugehörigkeit verlangte? 1991 hat Stephan Hermlin in einem Gespräch über Anna Seghers gesagt: »Juden in ihrer langen Geschichte haben erfahren, daß die Umwelt feindlich ist. Sie ist selbst dann feindlich, wenn sie sich anscheinend freundlich zeigt. Die Lage der Juden ist nie normal; die Alternative ist stets das Pogrom. Davor ist man nicht geschützt.« Dagegen verhieß die marxistische Vision, die kommunistische Utopie die endlich verwirklichte Gleichheit aller Menschen – und damit, so mochte man hoffen, auch die Aufhebung der jüdischen Schutzlosigkeit. Dass es einen stalinistischen Antisemitismus geben würde, war in den zwanziger Jahren noch nicht abzusehen.

In eine andere Tiefe oder Untiefe mag das heimliche Ungenügen, um nicht zu sagen eine Selbstverachtung des Geistes führen, dem zwar Gedankenflüge, aber keine Taten gelingen. »Denn wir schreiben ja nicht, um zu beschreiben, sondern um beschreibend zu verändern«, hat die Kommunistin Seghers gesagt. Alles in allem floss gewiss vieles ineinander, im Einzelnen kaum zu trennen. Als entscheidend erwies sich wohl der Zeitgeist, von dem schon die Rede war, seine Aufladung mit einer »geradezu messianischen Erwartung«. Was einmal die jüdische oder die christliche Heilsbotschaft gewesen war, zertrümmerte die eigenen, ehrwürdigen Glaubensgehäuse und sprang ins Innerweltliche, in eine ganz und gar diesseitige Form von Frömmigkeit um, mit der Tat- und Opferbereitschaft im Dienste der guten Sache verbunden.

Eine Polarisierung zeichnete sich dabei ab, die das Schicksal der Weimarer Republik besiegelte, weil sie für Skepsis, Liberalität, Toleranz und Kompromissbereitschaft immer weniger Raum ließ: Auf der einen Seite gab es den gewaltbereiten, Rache für das angebliche »Novemberverbrechen« von 1918 erbrütenden Nationalismus. Einer seiner Propheten, Ernst Jünger, hat schon 1922 verkündet: »Der Geist der Materialschlacht und des Grabenkampfes, der rücksichtsloser, brutaler, wilder ausgefochten wurde als je ein anderer, erzeugte Männer, wie sie die Welt bisher nie gesehen ... Wenn ich [sie] beobachte, erstrahlt mir die Erkenntnis: Das ist der neue Mensch ... Über ihren großen Städten wird tausendfach brausende Tat sich wölben, wenn sie über die Asphalte schreiten, geschmeidige Raubtiere, von Kräften überspannt. Baumeister werden sie sein auf den zertrümmerten Fundamenten der Welt. Denn dieser Krieg ist nicht, wie viele meinen, Ende, sondern Auftakt der Gewalt. Er ist die Hammerschmiede, die die Welt in neue Grenzen und neue Gemeinschaften zerschlägt. Er ist das glühende Abendrot einer versinkenden Zeit und zugleich Morgenrot, in dem man zu neuem, größeren Kampfe rüstet.« Ja, davon träumten viele, Dichter und Denker eingeschlossen. Und der Mann, der die Träume verwirklichte, die sich am Ende als Alpträume erwiesen, war Adolf Hitler.

Im Gegenlager träumte man zwar auch von einer Zertrümmerung des Bestehenden, aber von der Zukunft als einer Verwirklichung der Gleichheit, der Gerechtigkeit und des Weltfriedens, den die große proletarische Revolution herbeizwingen würde.

Als Morgenrot schien diese Zukunft bereits im sowjetischen »Vaterland der Werktätigen« erkennbar zu sein. Wovon kündeten denn die Aufrufe, die Lieder, wovon Filme wie der »Panzerkreuzer Potemkin« von Sergej Eisenstein? In Seghers' hymnischen Worten: »So etwas hatte ich noch nie gesehen und gehört ... Das Leben war dichter als meins, die Menschen waren mehr Menschen, ihre Freiheit war mehr Freiheit, der Schnee war auch mehr Schnee, das Korn mehr Korn.« Konnte da eigentlich noch zweifelhaft bleiben, wo man mit Anstand sich einzuordnen hatte, wenn schon das Entweder-Oder gefordert war, nämlich an der Seite der vorerst noch Armen und Elenden gegen die vordergründig Mächtigen?

Der Ursprung in den religiösen Erlösungshoffnungen, die ins Innerweltliche umspringen, scheint dabei immer wieder durch. Als Vorspiel zu seinem großen Werk über »Das Prinzip Hoffnung« veröffentlichte Ernst Bloch schon 1918 ein Buch mit dem Titel »Geist der Utopie«; daran schloss sich 1920 »Thomas Münzer als Theologe der Revolution« an. Und die Doktorarbeit, die László Radványi bei Karl Jaspers schrieb, hieß: »Der Chiliasmus. Ein Versuch zur Erkenntnis der chiliastischen Idee und des chiliastischen Handelns«. (Chiliasmus meint die Erwartung des Tausendjährigen Reiches Jesu Christi auf Erden nach seiner Wiederkunft vor dem Weltende.) Bei Anna Seghers begegnet man den religiösen Bezügen auf Schritt und Tritt. Wie soll man zum Beispiel »Das siebte Kreuz« ohne eine Erinnerung an den Kreuzestod Christi verstehen? Dass die Wirklichkeit nicht den Erwartungen entsprach, je länger desto weniger, ist freilich ein Thema, das uns noch beschäftigen wird.

Die Berliner Jahre waren für die junge Frau randvoll und gleich dreifach mit Arbeit gefüllt. Erstens schrieb sie; unter anderem erschien 1932 ihr Roman »Die Gefährten«, eine Hymne an den revolutionären Kampf der Arbeiterklasse unter kommunistischer Führung. Die epischen Mittel, die dabei eingesetzt werden, imponieren durchaus, aber fast möchte man von einer Selbstrechtfertigung der Entscheidung sprechen, in die Partei einzutreten. Das Positive rückte in den Vordergrund, und schon 1931 hieß es in einem Vorbericht. »Wenn man schreibt, muß man so schreiben, daß man hinter der Verzweiflung die Möglichkeit und hinter dem Untergang den Ausweg spürt. Ich hoffe, daß es mir gelingen wird, in dem Roman, an dem ich jetzt arbeite, diesen Ausweg klar aufzuzeigen.«

Zweitens rückte Anna Seghers unter lauter Männern schnell in die Rolle einer politischen Vorzeigefrau auf, die entsprechend beansprucht wurde und sich auch beanspruchen ließ. Nur als Beispiel: 1930 nahm sie am II. Kongress proletarischer und revolutionärer Schriftsteller teil, der vom 6. bis zum 15. November im sowjetischen Charkow stattfand. Eine Reise durch die Sowjetunion schloss sich an, natürlich an Vorzeigeobjekten entlang und mit entsprechender Wirkung auf die Besucher aus dem Westen – die Reaktion auf Schauprozesse gegen »Verräter« oder »Saboteure« eingeschlossen: »Was heute in Moskau vorgeht, was sechs Stunden lang nahezu eine Million Menschen, Arbeiter, Soldaten, Frauen mit Kinderbündeln, Bauern und Schulkinder durch die Straßen treibt, das ist keine Demonstration, sondern eine organische Bewegung, ein Naturereignis. Geht man in dem Zug, so vergißt man seinen Körper, treibt im Schnee mit den roten Segeln der Transparente. Man fühlt sich als Schiff und Meer zugleich.«

Wohlgemerkt: Es ging um Schauprozesse, und die Biographin Zehl Romero hat zu solchen Passagen gesagt: »Wußte oder ahnte Seghers aber, daß es ... sich um fingierte Anklagen und erpreßte Geständnisse handelte? Es ist nicht anzunehmen. Wie so viele andere aus aller Welt war sie nicht nur naiv, sondern wollte es sein und ließ sich benutzen.« Bei einer späteren Gelegenheit, beim Ersten Internationalen Schriftstellerkongress zur Verteidigung der Kultur, der 1935 in Paris stattfand, brachte jemand die Verfolgung des ehemaligen Kominternmitgliedes Victor Serge zur Sprache – und die engagierte Humanistin erklärte: »Der Fall Serge gehört nicht hierher. In einem Hause, in dem es brennt, kann man nicht einem Menschen helfen, der sich in den Finger geschnitten hat.« Man mag das als barbarisch verurteilen, aber man muss die Umstände bedenken: Das europäische Haus brannte ja wirklich; Hitler herrschte in Deutschland und rüstete zum Krieg. Auch in Italien regierten die Faschisten, und in Spanien stand ein blutiger Bürgerkrieg bevor. Um es so nüchtern wie möglich zu sagen: Gerade die Idealisten des Entweder-Oder, die den Splitter aus ihres Bruders Auge ziehen wollen, neigen dazu, den Balken im eigenen Auge zu übersehen.

Aber zurück nach Berlin: Die Schriftstellerin und Kommunistin ist drittens ja auch noch Hausfrau und Mutter von zwei kleinen Kindern. Doch wie immer die Männer, den eigenen eingeschlossen, von der revolutionären Umgestaltung aller gesellschaftlichen Verhältnisse schwärmten: Die Herstellung von Gleichheit beschäftigte sie im weltgeschichtlich Großen und Ganzen, nicht im Naheliegenden und Alltäglichen des Familienhaushalts und der Kinderbetreuung. Da lagen die Lasten wie je auf den Frauen, und Anna Seghers hat das offenbar als selbstverständlich hingenommen.

Immerhin wohnte man nicht proletarisch unter Proletariern, sondern gutbürgerlich erst in Charlottenburg, dann in Wilmersdorf, und es fand sich eine »Perle« als Hilfe im Haushalt wie zum Behüten der Kinder: Katharina Schulz aus Lindelbach bei Wertheim am Main, Gaya genannt. Nur zur Erntezeit musste man sie entbehren, weil sie dann in ihrem Heimatdorf noch dringender gebraucht wurde als in Berlin. Gaya folgte der Familie bis 1937 oder 1938 sogar nach Paris. Für die Autorin im Exil wurde sie zu einer wichtigen Quelle, um aus erster Hand etwas vom Leben der kleinen Leute unter der nationalsozialistischen Herrschaft zu erfahren, und man darf vermuten, dass die Darstellung in »Das Siebte Kreuz« davon profitiert hat.

Die nationalsozialistische »Machtergreifung« vom 30. Januar 1933 zwang Anna Seghers und ihren Mann zur Flucht ins Ausland; als Juden und namhafte Kommunisten waren sie doppelt gefährdet. Nach einer Zwischenstation in der Schweiz kamen sie bereits im April in Paris an und richteten sich dort ein. Seit dem Herbst wohnten sie in Bellevue, Meudon, einem Vorort von Paris. Natürlich waren Einschränkungen nötig, aber von wirklicher Not kann kaum die Rede sein; aus Mainz kam Unterstützung samt Möbeln, Hausrat und Büchern. Vom Wiedersehen mit den Kindern, die zunächst bei den Großeltern untergebracht waren, heißt es ergreifend:

»Wir haben die Kinder von der Grenze abgeholt. Wie Verrückte haben sie sich in unsere Arme geworfen, dort verharrten sie dann unbeweglich. Völlige, unendliche Sicherheit bei diesen unsteten Wesen, ihren Eltern ... Das mehrfarbige Kleid der Kleinen, der Geruch ihrer Haare machen mich verrückt vor Heimweh. Franz, unser Gast, beißt sich auf die Lippen, als wir die Hosentaschen des Kleinen ausleeren: ein paar trockene Grashalme, ein Pfennig, eine Fahrkarte, ein Tannenzapfen: ein halbes Deutschland.«

Das Exil kann erdrücken; von den gewohnten Verbindungen abgeschnitten, oft auch mit Verständigungsschwierigkeiten belastet, bleibt man isoliert, wiegt sich in Illusionen, hofft, setzt darauf, dass der Spuk zu Hause bald zu Ende sein wird, und gerät in einen Stillstand hinein, der sich mehr und mehr mit Bitterkeit füllt. Nicht so bei Anna Seghers. Sie sprach fließend Französisch, sie liebte das Land der Verheißung von Freiheit, Gleichheit und Brüderlichkeit. Sie erweiterte ihre Horizonte, lernte neue Menschen kennen, seien es deutsche Brüder und Schwestern im Exil oder Franzosen, betrat politische Bühnen, engagierte sich bei der Neugründung des Schutzverbandes Deutscher Schriftsteller und anderen Vorhaben; es gab kaum eine »antifaschistische Aktion«, an der sie nicht teilnahm. Im Übrigen arbeitete, schrieb sie unermüdlich; insgesamt gehören die Jahre des Exils zu den produktivsten ihres Lebens. Sie selbst hat einmal gesagt: »Viele zur Emigration gezwungene Menschen glauben am ersten Tag, alles verloren zu haben. Später haben sie dann gelernt, daß sie vieles gefunden und vieles gewonnen haben, wovon sie früher nicht einmal wußten, daß es das gab.«

Jedenfalls bei Seghers führt das Exil aber auch dazu, die verlorene Heimat und das Vaterland neu und nicht im Hass, sondern mit Liebe zu sehen. In einer Rede unter dem Titel »Vaterlandsliebe« aus dem Jahre 1935 heißt es: »Fragt erst bei dem gewichtigen Wort ›Vaterlandsliebe‹, was an Eurem Land geliebt wird. Trösten die heiligen Güter der Nation die Besitzlosen? ... Tröstet die ›heilige Heimaterde‹ die Landlosen? Doch wer in unseren Fabriken gearbeitet, auf unseren Straßen demonstriert, in unserer Sprache gekämpft hat, der wäre kein Mensch, wenn er sein Land nicht liebte. Schriftsteller, denen dieses Doppelwesen entgeht, schildern das Trugbild einer scheinbar einheitlichen Gemeinschaft und den Krieg als ihre höchste Erfüllung.«

Der letzte Satz zielt natürlich auf Leute wie Ernst Jünger, auf die nationalsozialistische »Volksgemeinschaft« und auf alle, die jetzt in ihrem Namen in Deutschland das große Wort führen. Aber zugleich geht es um eine Mahnung an die eigenen Genossen: Man darf »Heimat« und »Vaterlandsliebe« und all die Gefühle, die sich mit solchen Worten verbinden, nicht den Feinden überlassen. Man muss wissen, dass Begriffe wie »Proletariat« oder »Klassenkampf«, »Faschismus«, »Dialektischer Materialismus«, »Parteilinie« oder »Volksfront« zwar etwas für den Kopf besagen, aber kaum das Herz erfüllen. In diesem Sinne muss man die eigene Niederlage, den Aufstieg des Nationalsozialismus und seinen vorläufigen Triumph auch selbstkritisch sehen: Hat man nicht allzu abstrakt argumentiert und elementare Gefühle, die Phantasie, die Träume vernachlässigt?

In ihrem Buch »Der Kopflohn. Roman aus einem deutschen Dorf im Spätsommer 1932« gelingt Anna Seghers eine differenzierte Darstellung. In »Die schönsten Sagen vom Räuber Woynok« kommt das Märchenhafte ins Spiel. Vorab heißt es: »Und habt ihr etwa keine Träume, wilde und zarte, im Schlaf zwischen zwei harten Tagen? Und wißt ihr vielleicht, warum zuweilen ein altes Märchen, ein kleines Lied, ja nur der Takt eines Liedes, gar mühelos in die Herzen eindringt, an denen wir unsere Fäuste blutig klopfen? Ja, mühelos dringt der Pfiff eines Vogels an den Grund der Herzen und dadurch auch an die Wurzeln der Handlungen.«

Für Doktrinäre sind das höchst ungewohnte Töne. Davon zeugt auch der Briefwechsel mit dem »Literaturpapst« der Partei, Georg Lukács, der kurz vor dem Krieg 1938/39 geführt wurde. Lukács verkündete, dass eine »realistische« Darstellungsweise, von der Schilderung bürgerlicher Dekadenz etwa bei Thomas Mann ins proletarisch Positive gewendet, die allein angemessene sei; Literatur sollte »widerspiegeln«, was war und die Zukunft bestimmte. Seghers verteidigte den Einschub moderner, etwa expressionistischer Stilelemente, ebenso den Rückgriff in die Welt der Mythen und Märchen. Diese Auseinandersetzung hat noch die Literaturdebatten der DDR bestimmt, und sie endete zumindest mit einem Punktsieg für Georg Lukács.

Die Situation der Emigranten in Frankreich änderte sich drastisch seit dem Kriegsbeginn vom September 1939. Kurz zuvor hatte es schon einen betäubenden Schlag gegeben, als Hitler und Stalin am 23. August einen Pakt abschlossen, der sie praktisch zu Bündnispartnern in der Niederwerfung und Aufteilung Polens machte. Der kommunistische Widerstand gegen den Faschismus verstummte und erlahmte für fast zwei Jahre, bis zum deutschen Überfall auf die Sowjetunion am 22. Juni 1941. In der Zwischenzeit wurden nicht wenige Genossen, die im »Vaterland der Werktätigen« Zuflucht gesucht hatten, an die Gestapo ausgeliefert. In Frankreich aber wurden die meisten deutschen Emigranten, zumindest die männlichen, als Angehörige eines Feindstaates ohne Prüfung des Einzelfalls kurzerhand interniert, das heißt in Lagern zusammengepfercht, in denen man nicht selten hungerte und fror, weil sie nur sehr dürftig versorgt wurden. Ein Bericht von Lion Feuchtwanger heißt darum »Der Teufel in Frankreich«. Auch Lászlo Radványi, obwohl eigentlich Ungar, gehörte zu den Internierten, zunächst im südfranzösischen Le Vernet, dann in Les Milles.

Den Teufelspakt zwischen Hitler und Stalin bekam auch die Autorin zu spüren. In der Zeitschrift »Internationale Literatur«, die Johannes R. Becher in Moskau herausgab, begann im Sommer 1939 die Veröffentlichung des Romans »Das siebte Kreuz«. Aber sie wurde nun abgebrochen, weil sie nicht mehr zur Zusammenarbeit zwischen der Sowjetunion und dem Reich passte. Kein Wunder, dass sich Depressionen einstellten und der Blick sich nach Westen, auf Amerika richtete; am 1. September, dem Tag des deutschen Überfalls auf Polen, schrieb Anna Seghers an Wieland Herzfelde, den Publizisten und Schriftsteller, mit dem sie befreundet war und der sich bereits in den Vereinigten Staaten befand: »Wir sind alle in keiner besonders reizenden Lage, ich schon gar nicht ... Es geht mir furchtbar schlecht. Man merkt es mir nicht so an, denn ich kann nicht in Sack und Asche gehn und jammern, aber es geht mir so, daß jede Beendigung der Arbeit nur mit einem wirklichen Kräfteverlust, mit einem solchen Verbrauch von sog. Lebenssubstanz möglich ist, daß ich immer fürchte, meine ganze Arbeit ist gefährdet. Wenn Du da drüben jemand finden könntest, der mir hilft! Dadurch, daß ich – zum Glück auch – Kinder habe, ist alles doppelt schwer. Aber alle kriegen, alle, aus Amerika geholfen, vielleicht war es doch ein Fehler von mir, daß ich nicht rechtzeitig und nachdrücklich um Hilfe gedrungen habe. Wenn Du auf Menschen stößt, die da helfen können, dann mach was. Ich war ohnehin schon müd. Wie es jetzt weitergeht, wo ich von allen Möglichkeiten ziemlich abgeschnitten bin, ist mir noch ein Rätsel.«

Wirklich dramatisch entwickelte sich die Situation seit dem Beginn des deutschen Angriffs am 10. Mai 1940, der die ruhmgekrönte französische Armee in wenigen Wochen zerschlug und zum Waffenstillstand vom 22. Juni, das heißt praktisch zur französischen Kapitulation führte. Am 10. Juni, nur vier Tage vor dem deutschen Einmarsch in Paris, floh Anna Seghers mit ihren Kindern. Der Massenstrom der Flüchtlinge – man spricht von sieben bis acht Millionen Menschen – verstopfte alle Straßen nach Süden, und es ging nur langsam voran. In einem fast verlassenen Dorf wurde man von der vorrückenden Wehrmacht eingeholt. Der Sohn Peter – oder Pierre – hat sich erinnert: »Da bekam meine Mutter richtig Angst. Ich glaube, sie hat sogar einige Sachen zerrissen. Deutsche Soldaten drangen in das Haus ein. Sie hatten gesiegt, sie waren froh und guckten einfach nach, ob die Häuser bewohnt waren oder nicht. Und sie hat getan, als ob sie eine Französin wäre. Sie sagte, sprecht nur nicht deutsch.«

Nach ein paar Tagen folgte die Rückkehr nach Paris, aber nicht mehr in die eigene Wohnung, aus Furcht, dass sie schon überwacht würde, und immer wieder wechselte man die Quartiere. Im Rückblick hat Anna Seghers gesagt: »In Paris lebte ich praktisch in der ständigen Nähe des Todes, ich schlief jede Nacht woanders.« Diese Vorsicht war kaum übertrieben, denn natürlich kannte die Gestapo die prominente Kommunistin und führte sie auf ihrer Fahndungsliste. Auch die Reise ins unbesetzte Frankreich, die am 20. September begann, brachte keine Sicherheit. Der Artikel 19, Absatz 2 des Waffenstillstandsabkommens hob ausdrücklich das Asylrecht in ganz Frankreich auf und bestimmte, dass alle Personen deutscher Abstammung auszuliefern seien, die die deutschen Behörden benannten. Zunächst nistete sich die Familie in der kleinen Pyrenäenstadt Pamiers ein, weil sich in der Nähe das Lager Le Vernet befand, in dem der Vater noch immer festgehalten wurde. Es begann zwischen Bangen und Hoffen der nervenaufreibende Kampf um die rettende Ausreise nach Übersee, um eine Schiffspassage, um das Visum, die Einreiseerlaubnis eines Staates, der bereit war, die Bedrohten aufzunehmen. Der Roman »Transit« hat davon berichtet, und wir kommen auf ihn zurück.

Am 25. Januar 1940 wandte sich Anna Seghers an Herzfelde in den Vereinigten Staaten: »Ich finde hier keinen Ausweg mehr, und ich habe große Lust, zu Euch zu kommen. Aber wegen dieser Sache werde ich nächste Woche Deinem Schwager [Franz Carl Weiskopf] einen ausführlichen Brief schreiben.« In diesem Brief hieß es dann: »Und nun muß ich Dir etwas sehr Wichtiges sagen. Ich glaube, es ist nicht mehr vernünftig für uns, hier noch lange zu bleiben. Ich sehe nicht die geringste Möglichkeit für uns, unseren Lebensunterhalt zu verdienen und weiterzustudieren. Es gibt für uns nur einen einzigen Ausweg: nach Amerika zu gehen ... Wir wollen auf jeden Fall in die Vereinigten Staaten und nicht in ein anderes amerikanisches Land ... Du weißt ja, daß wir so etwas wie eine Einladung von einem Institut oder einer Schule brauchen. Frage alle in Hollywood oder in der Universität. Aber noch etwas, Franz, wenn ich Dich auch bitte, Dein Möglichstes für die USA zu tun, weil ich nur dort arbeiten will und kann, so bitte ich Dich gleichzeitig auch darum, keine Möglichkeit irgendeiner offiziellen Einladung, z.B. Mexiko, außer acht zu lassen.«

In der Sturmflut der Zeit erwies sich Mexiko schließlich als die Arche Noah. Dort war aus langen Revolutionswirren die »Partei der institutionalisierten Revolution«, kurz PRI, als Sieger hervorgegangen, und Lázaro Cárdenas, der von 1934 bis 1940 regierte und auch danach noch einflussreich blieb, hatte dem Land seinen Stempel aufgedrückt. Er war ein Sozialist, nahm eine Bodenreform in Angriff, und im Jahre 1938 wagte er es sogar, die internationalen, das heißt amerikanischen und britischen Erdölfirmen zu verstaatlichen. Darüber hinaus besaß er ein Herz für die Bedrohten; Mexiko nahm Menschen auf, die nach dem Sieg Francos im Bürgerkrieg aus Spanien flohen oder sonst um ihr Leben fürchteten. So entstand in der Ciudad de México, Englisch Mexico City, während des Zweiten Weltkriegs eine Kolonie deutscher Emigranten, zu denen auch eine kleine, aber sehr aktive Gruppe von Kommunisten unter der Führung von Paul Merker gehörte. Zu denen, die in Mexiko Asyl fanden, gehörten unter anderem der als »rasender Reporter« bekannte Egon Erwin Kisch und der Schriftsteller Ludwig Renn. In ihrer Erzählung »Die Heimkehr des verlorenen Volkes«, die 1957/58 entstand, hat Anna Seghers sich an den Retter Cárdenas erinnert und ihn gewürdigt.

Am 24. März 1941 verließ die Familie Radványi Marseille auf der »Paul Lemerle«. Das war keineswegs ein Passagierdampfer, sondern ein Frachtschiff, in dessen hinterem Laderaum man Holzverschläge für etwa 350 Menschen aufgebaut hatte. Über die Zwischenstation Casablanca führte die Reise nach Martinique. Am 25. April meldete Anna Seghers an ihre Freunde in New York die Ankunft, und sie gab einen Eindruck von den Zuständen während der Überfahrt, wenn sie schrieb: »Was für mich die größte Freude auf Erden wäre: auf einem Laken schlafen, von einem weißen Tischtuch essen, einmal auf ein richtiges WC gehen und in der Nacht die kleinen Kinder nicht mehr weinen hören.«

Eine nächste Station war die Dominikanische Republik. Eintreffen am 23. Mai, Kampf um die Weiterfahrt, verzweifelte Versuche, das dafür benötigte Geld aufzutreiben: »Wie Odysseus glaubt man immer, angekommen zu sein, aber immer wieder gibt es neue Hindernisse«, hieß es in einem Brief an Franz Weiskopf. »Ich weiß sehr genau, daß es auch für Euch schwierig ist, aber wir müssen unseren Weg fortsetzen und mit den Kindern ankommen und dürfen nicht in einem Lager auf den Antillen verkommen.« Und: »In diesem Jahr hatte ich oft den Eindruck, tot und außerhalb der Welt zu sein. Schreiben ist für mich lebensnotwendig, und auch darum muß ich mit Euch sprechen. Sag nicht, daß es ungeheure Schwierigkeiten für uns gibt …«

Am 16. Juni erreichten sie New York, vielmehr das Durchgangslager für Einwanderer auf Ellis Island. Dort stellte der untersuchende Arzt bei der Tochter Ruth ein Augenzwinkern fest, schloss daraus auf eine Nervenkrankheit und untersagte die Einreise. Nichts half dagegen; wahrscheinlich stand hinter dem nichtigen Vorwand der Geheimdienst, der keine Kommunisten ins Land lassen wollte. Immerhin gelang es, mit dem Bostoner Verlag Little, Brown and Company einen Vertrag über »Das Siebte Kreuz« abzuschließen und dafür einen Vorschuss zu erhalten. Endlich verließ man mit der »Monterey« das ungastliche New York und landete nach einer Zwischenstation in Havanna am 30. Juni 1941 in Veracruz, der Hafenstadt am Golf von Mexiko. Pablo Neruda, der chilenische Lyriker und seit kurzem Generalkonsul seines Landes in Mexiko, bewirtete die Ankömmlinge mit einem Festessen.

Man war gerettet – aber wohin eigentlich? »An Mexiko ging mich nichts an«, sagt in »Transit« der Erzähler. »Ich hatte auch über das Land nichts gehört, was mir besonders im Gedächtnis geblieben wäre. Ich wußte – es gab dort Erdöl, Kakteen, riesige Strohhüte. Und was es auch sonst dort geben mochte, es ging mich ebensowenig an.« Diese Fremdheit ist geblieben, merkwürdig genug. Natürlich empfand Anna Seghers Dankbarkeit für das Land, das ihr Zuflucht bot, und 1946 hat sie sogar die mexikanische Staatsbürgerschaft angenommen, gleichsam als Rückversicherung vor der Heimkehr nach Deutschland im Jahre 1947. Aber in ihrem Werk hat der Aufenthalt von immerhin sechs Jahren auffallend wenig Spuren hinterlassen. Es gibt zwar die »Karibischen Geschichten«, aber die spielen gerade nicht in Mexiko. Dabei handelt es sich um ein faszinierendes Land, das jeden nur halbwegs interessierten Besucher in seinen Bann zieht. Die Hauptstadt, heute zu einem Alptraum missraten, in dem sich in stickiger Luft mehr als 20 Millionen Menschen drängen, stellte sich 1941 mit knapp über zwei Millionen Einwohnern noch beinahe idyllisch dar; die Lage zwischen zwei Weltmeeren, die vielgestaltige Landschaft, geduldige, freundliche Menschen, die nicht hasten, sondern genießen, was das Leben ihnen bietet, dazu eine Geschichte, in die rätselhaft die vorkolumbianischen Hochkulturen mit ihren Pyramiden, Tempeln, Kunstschätzen hineinragen: Was mehr soll man sich wünschen?

Wahrscheinlich waren es die Weltereignisse, die den Blick aufs Naheliegende verstellten. Nur wenige Tage vor der Ankunft in Veracruz, am 22. Juni, waren Hitlers Heere in Russland eingefallen, und seitdem kämpfte die Sowjetunion im »großen vaterländischen Krieg« ums Überleben. Die Fronten zwischen Freund und Feind waren nun gottlob wieder klar bezeichnet, und so wenig man von Mexiko aus auch zum Sieg des Guten über das Böse beitragen konnte, der Bann des Politischen erwies sich als übermächtig. Er erzeugte einen abgründigen Zwiespalt. Einerseits hieß es: »Das Leben hier gefällt mir sehr. Das Klima, die Farben, das Ländliche, all das gibt mir die Gewißheit, hier leben und arbeiten zu können.« Andererseits stellten sich Schuldgefühle ein, weil man so weit von den Zonen des Kampfes entfernt war: »In den ersten Monaten und Jahren konnte ich nicht ertragen, in Probleme hineingestellt zu sein, die nicht das geringste zu tun haben mit allem, was uns angeht und was uns glücklich und unglücklich macht.«

Es sich im Abseits, in der Idylle gemütlich zu machen, wäre wie ein Frevel erschienen; um jeden Preis wollten die Emigranten tätig sein. Während ihr Mann bald wieder eine Lehrtätigkeit begann, wurde Anna Seghers vielfältig aktiv. Sie wirkte mit bei der Gründung des Heinrich-Heine-Klubs, dessen Präsidentschaft sie übernahm. Die Zeitschrift »Freies Deutschland«, die »Bewegung Freies Deutschland« und der Buchverlag »El Libro Libre« schlossen sich an. Die Enge des Exils führte freilich auch, wie Seghers 1946 anmerkte, zu »uferlosen und fruchtlosen Diskussionen und Streitigkeiten der Emigrationsatmosphäre«. Man nahm wichtig, was es nicht war, und rieb sich daran wund. Erst im Abstand und Rückblick, Jahre oder Jahrzehnte später, verklärte sich der Aufenthalt im Exil: »Die Zeit, die ich in Mexiko verbrachte, gehört zu den schönsten und wichtigsten Abschnitten meines Lebens. Das Land, seine Menschen und Landschaften werden mir immer nahestehen«, hat die alte Frau gesagt. Doch schon im düsteren Nachkriegsberlin, im beginnenden Kalten Krieg zwischen den Siegermächten des Zweiten Weltkriegs, in der Abgrenzung der Besatzungszonen hat sich die Heimkehrerin ironisch einen »mexikanischen Sektor« gewünscht.

Wenn Mexiko die Lebensrettung bedeutete, dann stellte sich umso dringender die Frage: Wovon sollte man leben? Die ersten anderthalb oder zwei Jahre waren angefüllt mit Alltagssorgen, geprägt vom Geldmangel, vom Schuldenmachen, von Klagen und Hilferufen. Oft war unklar, wie die kärglich eingerichtete Wohnung, eine Arztrechnung, das Schulgeld für die Kinder bezahlt werden sollten, und immer wieder saß man »furchtbar in der Patsche«.

Am 24. Juni 1943 erlitt Anna Seghers auch noch einen schweren Unfall. Im Regen, in der Dunkelheit überquerte sie die vielspurige Paseo de la Reforma und wurde angefahren. Sie erlitt gefährliche Kopfverletzungen, war für Tage bewusstlos, nur mühsam kehrte die Erinnerung zurück, und sie musste jede Bewegung erst wieder erlernen. Die Genesung gelang, aber sie zog sich über Monate hin. Unwillkürlich fragt man sich, ob die Fußgängerin den Unfall nicht selbst verursacht hat, vorbewusst natürlich, von heimlichen Gewissensbeschwerden getrieben. In einem Brief aus dem Jahre 1944, der von dem Unfall berichtete, hieß es: »Ich fühle jetzt, daß es eine Art von Strafe dafür ist, daß ich weg war von den Gefahren des Krieges.«

Inzwischen aber war jedenfalls finanziell schon eine Wendung zum Besseren eingetreten. Im Sommer 1942 erschien »Das siebte Kreuz« in der amerikanischen Ausgabe. Es wurde beachtet, nach einer Empfehlung von Erich Maria Remarque, der schon mit seinem 1929 veröffentlichten pazifistischen Kriegsroman »Im Westen nichts Neues« international bekannt wurde und seit 1939 in den Vereinigten Staaten lebte, zum »Buch des Monats« gewählt und begann seinen Siegeszug, der es schließlich zu einem Welt-Bestseller machte. Schon der »Book of the Month«-Klub zählte an die 300 000 Mitglieder und sorgte für eine hohe Startauflage. Die Auslieferung begann am 23. September 1942, genau zum richtigen Zeitpunkt. Denn der Sieg über Deutschland lag noch in weiter Ferne, und umso größer war die Bereitschaft, etwas vom inneren Widerstand gegen Hitlers Herrschaft zu erfahren. Noch im selben Jahr folgte die Umsetzung in eine Comicstrip-Serie.

Indessen ließ der erhoffte Sterntalerregen auf sich warten. Die Autorin schrieb ungeduldige Mahnbriefe, zürnte, drohte, überwarf sich fast mit ihrem Freund Franz Weiskopf in New York und dem beauftragten Agenten Maxim Lieber. Doch vom Beginn des Jahres 1943 an wurden monatlich 500 Dollar überwiesen, ein Betrag, von dem man in Mexiko sehr gut leben konnte. Umgerechnet handelte es sich um 2500 Pesos; vorher war einmal davon die Rede gewesen, dass die Familie 450 Pesos brauchte, um einen Monat zu überstehen. Weiskopf freilich scheinen die Beschwerden aus Mexiko gehörig auf die Nerven gegangen zu sein, denn er fügte zu seiner Verheißung des Geldsegens den Tadel hinzu:

»Wenn ich an Deiner Stelle wäre, würde ich Lieber dankbar sein oder zumindest, wenn Dir das zu menschlich oder zu weich ist, dann vernünftig.« Denn ohne den Agenten hätte es wahrscheinlich überhaupt keinen Vertrag mit einem Verlag und keine Buchveröffentlichung gegeben.

Die Angesprochene verteidigte sich: »Wie Du arbeite ich von morgens bis abends, wie Du kenne ich den Wert meiner Arbeit und meiner Fähigkeiten. Ich arbeite mit Leidenschaft, für mich und die anderen. Ich lasse mich weder durch Erfolg verrückt machen, genauso wie die dunkle Nacht um mich herum mich nicht hat verrückt machen können. Aber es ist die natürlichste Sache der Welt, daß ich meine Interessen bei meinem Agenten und bei meinem Verlag wahrnehme, ich wäre dumm, wenn ich es nicht täte – und außerdem wäre ich unverantwortlich gegenüber denen, die mir helfen und denen ich viel verdanke.«

Ja, und dann trat wie im Märchen Hollywood auf den Plan. Zu den ersten wieder eigenständigen Handlungen, die Anna Seghers noch auf dem Krankenlager vornahm, gehörte die Unterzeichnung eines Filmvertrages. Er brachte ihr, abzüglich von zehn Prozent für Maxim Lieber, 75 000 Dollar ein, die bis 1946 in sechs Jahresraten überwiesen werden sollten. Der Film von Metro-Goldwyn-Mayer Incorporated kam 1944 in die Kinos; Fred Zinnemann führte Regie und Spencer Tracy spielte die Hauptrolle. Die Umsetzung eines Romans in das andere Medium erweist sich stets als heikel, doch in diesem Falle gelang sie bemerkenswert einfühlsam. Wahrscheinlich war das der Tatsache zu verdanken, dass Zinnemann selbst ein Emigrant war, wie auch sein Kameramann Karl Freund, der in der Stummfilmzeit bei so berühmten Regisseuren wie Friedrich Murnau und Fritz Lang gearbeitet hatte. Die Autorin aber musste sich fortan keine Sorgen mehr machen; an mexikanischen Maßstäben gemessen war sie jetzt eine wohlhabende Frau – und mit der weit überwiegenden Mehrheit anderer Emigranten verglichen erst recht.

»Das siebte Kreuz« spielt in einer Oktoberwoche des Jahres 1937 in der Rhein-Main-Landschaft zwischen Worms, Mainz und Frankfurt. Ausgangspunkt ist das Konzentrationslager »Westhofen«, das es in Osthofen, ein paar Kilometer nördlich von

Worms, wirklich einmal geben hat. Es befand sich in einer ehemaligen Papierfabrik und gehörte zu den reichsweit etwa 45 »wilden« Lagern, die die SA nach der »Machtergreifung« eingerichtet hatte, um mit ihren Gegnern aus der »Kampfzeit« abzurechnen. Allerdings bestand es nur bis zum Juli 1934, denn kurz zuvor war die SA in der so genannten Röhm-Affäre – der ersten großen Mordserie des »Dritten Reiches« – entmachtet worden, und seitdem unterstanden die Konzentrationslager ausschließlich der SS. Insofern ist es ein sachlicher Fehler, wenn der KZ-Kommandant als SA-Führer vorgestellt wird. Sieben Häftlinge brechen aus dem Lager aus; sechs von ihnen werden lebendig oder tot wieder zurückgebracht, und der Kommandant lässt sie an Platanen, denen die Äste abgehauen worden sind und an die in Schulterhöhe Querbretter genagelt werden, vor den Lagerinsassen abschreckend zur Schau stellen. Nur das siebente Kreuz bleibt leer – daher der Name des Romans. Der Häftling Georg Heisler, mehrmals auch beinahe gefasst und an der Grenze seiner Kräfte, wird schließlich in einem holländischen Rheinschiff versteckt und entkommt mit ihm in die Freiheit.

Eine auf den ersten Blick sehr einfache Geschichte, aber was macht Anna Seghers aus ihr! Carl Zuckmayer hat gesagt: »Da lebt unsere alte Stadt, die Gassen, der Dom von Mainz, schon im Sog der Verhältnisse, doch unvergänglich durch das Wort. Da entschleiert sich die Rheinebene, das wellige Land zwischen Worms und Mainz, zu einer geschichtsträchtigen Landschaft von europäischer Weltsicht ... Da steht der Schäfer Ernst am Taunushang, wie von Dürer gezeichnet.«

In Paris hatte die Autorin von ihrem französischen Kollegen Jean-Richard Bloch zu hören bekommen: »Es fehlt eurer deutschen Literatur an den großen gesellschaftlichen Romanen, die das Leben bei uns in Frankreich, in Rußland, in England, in Amerika erklären helfen.« Weithin ist das wahr, und es gehört sozusagen zur Kehrseite eines Reichtums der Vielfalt, der regionalen Zerklüftung, in der noch immer die Grenzlinien einstiger Kleinstaaterei nachwirken. Ein hanseatischer Kaufmann hat wenig gemein mit dem Bauern aus Bayern, ein adliger Gutsherr aus der Mark Brandenburg, Pommern oder Ostpreußen nichts mit dem Bankier aus Köln oder dem Fabrikanten an der Ruhr. Aber Seghers widerlegt das Urteil. Wie Thomas Mann in den »Buddenbrooks«, im scheinbar eng umgrenzten althanseatischen Lübeck, den Stolz und den Niedergang des Bürgertums exemplarisch sichtbar macht, so entwirft Seghers am Beispiel ihrer Heimatregion eine Welt, ein Universum der kleinen Leute, die sich in die Verhältnisse einpassen, so gut oder so schlecht das nur möglich ist. Eben darum spiegelt ihr Werk nicht nur ein Stück Zeitgeschichte, sondern stellt sich als die Ausnahme von der deutschen Regel dar: als ein großer Gesellschaftsroman.

Zur Sache, zur Überzeugungskraft der Erzählung gehört dabei, dass es keine Schwarz-Weiß-Malerei gibt. Die Grenzlinien zwischen Gut und Böse, zwischen Solidarität und Verrat, Stärke und Schwäche sind nicht exakt abgesteckt, sondern sie verwirren sich; sie verlaufen quer durch Gruppen, Familien, Einzelfiguren, alte und junge Leute, Männer und Frauen, die Schichten und Berufe. Übrigens ist in dieser Differenzierung im Blick auf die absehbare Zukunft, in der Hitlers Deutschland zerbrochen und besetzt sein wird, auch eine politische Botschaft angelegt, eine Warnung vor Pauschalurteilen und der Selbstgerechtigkeit der Sieger: Es gibt nicht deutlich geschieden die Kinder des Lichts und die Kinder der Finsternis, die Erbpächter der Schuld und der Unschuld, des Rechts und des Unrechts, sondern weithin die Zwischentöne, die Schattierungen, das zögernde Mitmachen ebenso wie den halbherzigen Widerstand. Wie die Entscheidung des Einzelnen am Ende ausfallen wird, ist kaum vorherzusagen – und gerade darum gerät der Ablauf der Handlung unerhört spannend.

Manchmal bedroht Verwirrung in der Vielfalt der Szenen und Figuren freilich auch den Leser. Ein Verzeichnis, das dem Roman vorangestellt ist, nennt 32 Personen, und noch viel mehr tauchen am Rande auf. Nicht immer haben sie etwas mit dem Fortgang der Handlung zu tun. Vom Schäfer Ernst zum Beispiel, wie von Dürer und dazu noch besonders farbig gezeichnet, erwartet man, dass er früher oder später und dann entscheidend in das Geschehen eingreifen wird. Aber er tut es nicht; er steht am Taunushang nur so da. Nach seiner Funktion befragt, hat die Autorin gesagt: »Den Schäfer Ernst muß man als einen Bestandteil des Landes nehmen, wie das Wasser und wie die Äpfel. Er ist pfiffig und frech. Es gibt viele seiner Art in seiner Gegend. Eine tiefe, geheimnisvolle Bedeutung in ihm zu suchen, wäre ganz falsch. Man muß einfach über ihn lachen oder lächeln.« Mit anderen Worten: Er ist ein Teil des Bildes, das von Land und Leuten im Rahmen der Handlung entsteht. Daher der Seufzer einer Frau, nachdem der Schäfer mit seiner Herde abgezogen ist: »Wie leer jetzt die Wiese ist!« Oder als Kommentar zur herbstlichen Jahreszeit: »Wenn einmal Ernst mit seinen Schafen vorbei ist, dann ist das Land erst kahl.«

Vielleicht soll die Figur des Schäfers andeuten, dass es hinter allen vordergründigen Erregungen die immer währenden Pflichten des Alltags gibt, an die das Leben und Überleben der Generationen gebunden bleibt. In einer charakteristischen Szene streiten eine alte und eine jüngere Frau darum, ob die Wäsche schon bügelfertig oder noch zu nass ist, und es heißt dann:

»In diesem Augenblick trat aus dem Haus ein SA-Mann auf den Hof. Die jüngere sagte: ›Wo kommst du denn auf einmal wieder her, gestiefelt und gespornt. Aus dem Wein doch nicht.‹ – Der Mann schrie: ›Seid ihr denn verrückt, ihr zwei Weiber? Jetzt bei der Wäsche! Man muß sich schämen. Im Dorf hat sich einer versteckt aus Westhofen. Wir suchen alles ab.‹ Die jüngere rief: ›Ach, etwas ist immer. Gestern der Erntedank und vorgestern die Hundertvierundvierziger, und heute für den Flüchtling fangen und morgen, weil der Gauleiter durchfährt. Na, und die Rüben? Na, und der Wein? Na, und die Wäsche?‹«

Doch über aller Vielfalt verliert sich die Hauptsache durchaus nicht aus dem Blick. Die Faszination absoluter Macht, die eigentliche Verheißung des Nationalsozialismus, kommt zur Sprache, wenn es heißt: »Macht haben über Leben und Tod, weniger tut's nicht. Ausgewachsene starke Männer, die man vor sich hinstellen läßt, und man darf sie zerbrechen, rasch oder langsam, ihre eben noch aufrechten Körper werden vierbeinig, eben noch kühn und patzig, werden sie grau und stammeln vor Todesangst. Manche hat man ganz fertiggemacht, manche zu Verrätern, manche hat man freigelassen, mit gebeugtem Genick, mit gebrochenem Willen. Meistens war der Geschmack der Macht schlechthin vollkommen gewesen ...«

In der Perspektive der Lagerhäftlinge nach dem Ausbruch der Sieben sieht das so aus: »Obgleich wir nichts von dem Plan gewußt hatten, kam es uns vor, etwas Seltenes sei gelungen. Vielen von uns war der Feind allmächtig vorgekommen. Während die Starken sich ruhig einmal irren können, ohne etwas zu verlieren, weil selbst die mächtigsten Menschen noch Menschen sind – ja sogar ihre Irrtümer machen sie nur noch menschlicher –, darf sich, wer sich als Allmacht aufspielt, niemals irren, weil es entweder Allmacht ist oder gar nichts. Wenn ein auch noch so winziger Streich gelang gegen die Allmacht des Feindes, dann war schon alles gelungen. Dieses Gefühl schlug in Schrecken um, ja bald in Verzweiflung, als man einen nach dem anderen einbrachte, verhältnismäßig rasch und, wie es uns vorkam, mit einer höhnischen Mühelosigkeit.« Eben darum ist es so wichtig, dass am Ende doch das siebte Kreuz leer bleibt.

Der Roman »Transit« schloss sich an. Er wurde wohl schon vor der Flucht aus Europa in Marseille oder während der Überfahrt nach Amerika entworfen und dann in Mexiko geschrieben. 1944 erschien er in einer amerikanischen und einer spanischen, aber erst 1948 in einer deutschen Ausgabe – und zwar in Konstanz statt in Ostberlin. Offenbar passte eine Erinnerung an die Flucht vor der triumphierenden Gewalt des »Dritten Reiches« nicht mehr in die Zeit. Doch »Transit« steht durchaus gleichrangig neben dem »Siebten Kreuz« und ist zu Unrecht in den zweiten Rang geraten.

Die Handlung spielt im Winter 1940/41 in Marseille. Hier drängen sich die Bedrohten in der Hoffnung auf ein Visum, das die Ausreise ermöglicht, und auf eine Schiffspassage nach Übersee. Die Situation dieser Menschen, die im Grunde niemand haben wollte, ist oft beschrieben worden, so von Alfred Polgar, einem der großen Theaterkritiker der Weimarer Republik: »Ein Mensch fällt in den Strom. Er droht zu ertrinken. Von beiden Seiten springen, eigener Gefahr nicht achtend, Leute ins Wasser, ihn retten. – Ein Mensch wird hinterrücks gepackt und in den Strom geworfen. Er droht zu ertrinken. Die Leute auf beiden Seiten des Stroms sehen mit wachsender Beunruhigung den verzweifelten Schwimmversuchen des ins Wasser Geworfenen zu, denkend: wenn er sich nur nicht an unser Ufer rettet.«

Oder wie erst, wenn der eigene Reisepass abgelaufen ist, mit dem man ja nicht mehr zum eigenen – hier also dem deutschen – Konsulat gehen kann, um ihn verlängern zu lassen. Dazu Klaus

Mann: »Ohne Paß kann der Mensch nicht leben. Das scheinbar unbedeutende Dokument ist in Wahrheit ebenso kostbar wie der Schatten, dessen Wert der arme Schlemihl erst so recht begriff, als er sich seiner leichtfertigerweise entledigt hatte.«

Jetzt allerdings ging es nicht um Leichtfertigkeit, sondern buchstäblich ums Überleben, um den zermürbenden, oft vergeblichen Kampf mit Konsulaten, Behörden, der Polizei, kurz mit Bürokraten. Wenn sie schon nicht böswillig waren – was durchaus auch vorkam –, dann doch schwerfällig, gepanzert mit Paragraphen, eingerichtet weder auf eine politische Fluchtbewegung noch auf bedrohte Juden, Künstler, Gelehrte, Dichter, sondern auf die übliche Abwehr der Mittellosen, gewissermaßen von transnationalen Landstreichern, die als bloße Belastung erschienen. In den Worten des Schriftstellers Walter Mehring: »Oh, gewiß anfangs frischt das Klima des Exils das Blut auf; stärkt den Trotz; kräftigt und rührt das Herz des Flüchtlings durch eine fühlbare mildtätige Hospitalität. Aber wie rasch verscherzt er sich, wenn er sich häuslich niederläßt, die Sympathie des Gastlandes; wie bald fällt er sich und jedem mit seinem Querulantentum gegen das ihm angetane Welt-Unrecht auf die Nerven; wie gründlich verzettelt er sich in Bittgesuchen um eine weitere Verlängerung seiner Aufenthaltserlaubnis, um eine Carte d'Identité bei den ohnehin schon überlasteten Ausländer-Überwachungspolizeien.«

In Marseille ging es nach dem deutschen Sieg über Frankreich um eine ganze Kette von Papieren: das Einreisevisum für ein Land, das bereit war, den Flüchtling aufzunehmen, Transitvisa für die Länder, die man unterwegs zu durchqueren hatte, die Schiffspassage, die Aufenthaltserlaubnis für Marseille, die nur erteilt wurde, wenn man die baldige Ausreise halbwegs glaubhaft nachweisen konnte, schließlich um die Ausreiseerlaubnis, für die die Visa-de-sortie-Abteilung der Präfektur zuständig war. Fehlte nur ein Glied in der Kette, so taugte die ganze Prozedur nichts, und oft ist es vorgekommen, dass das befristet erteilte Transitvisum wieder verfiel, weil man keine Schiffspassage fand – oder umgekehrt.

»Transit« erzählt vom Leben der Flüchtlinge in Marseille, von ihren Hoffnungen und Ängsten; die Wirklichkeit, die in dem Roman abgebildet wird, stellt sich so beklemmend dar, als sei sie den Albträumen eines Franz Kafka entsprungen. Anders als im

»Siebten Kreuz« gibt es eine Zentralperspektive; der Erzähler ist ein Kommunist, der aus deutscher Lagerhaft entkam; unwillkürlich denkt man an Georg Heisler, dem der Ausbruch aus »Westhofen« gelang. Aus Zufall ist der junge Mann an die Papiere und Manuskripte des Schriftstellers Weidel geraten, der beim Einmarsch der Wehrmacht in Paris Selbstmord beging. (Zu denen, die das damals oder wenig später tatsächlich taten, weil sie keinen Ausweg mehr sahen, gehörten Ernst Weiß, Walter Hasenclever und Walter Benjamin.) »Aus lauter Langeweile fing ich zu lesen an. Ich las und las. Vielleicht, weil ich bisher noch nie ein Buch zu Ende gelesen hatte. Ich war verzaubert ... Ich vergaß meine tödliche Langweile. Und hätte ich tödliche Wunden gehabt, ich hätte auch sie im Lesen vergessen. Und wie ich Zeile um Zeile las, da spürte ich auch, daß das meine Sprache war, meine Muttersprache, und sie ging mir ein wie Milch dem Säugling. Sie knarrte und knirschte nicht wie die Sprache, die aus den Kehlen der Nazis kam, in mörderischen Befehlen, in widerwärtigen Gehorsamsbeteuerungen, in ekligen Prahlereien. Sie war ernst und still. Mir war es, als sei ich wieder allein mit den Meinen.«

Der Erzähler übernimmt sozusagen den Überlebensauftrag des toten Dichters und reiht sich unter die Menschen ein, die um die rettende Ausreise kämpfen. Wir erleben diese Menschen in ihren Stärken und Schwächen, in dürftigen Absteigen, auf Plätzen oder Straßen, durch die ein kalter Winterwind weht, in Bistros, vor den Toren der Konsulate, bei den Schifffahrtsagenturen, im Gewirr der Behörden. Es ist eine verkehrte Welt, in die wir geraten: Diejenigen, die schon glauben, alle Hindernisse hinter sich zu haben, stürzen dann doch wieder in Abgründe. Andere, die tatsächlich abreisen, gehen mit dem Schiff unter, das sie ans andere Ufer tragen sollte. Dem Erzähler aber, mit seiner falschen Identität, gelingt beinahe mühelos, was anderen verwehrt bleibt:

»Man setzte mich vor die junge Person, die dazu bestellt war, mein Transit auszufüllen ... Ich staunte über ihre Fragen. Sie trug meine Antworten sorgfältig ein, alle Daten meines verbrachten Lebens, den Zweck der verbrachten Jahre. So dicht, so ausgeklügelt, so unentrinnbar war dieses Netz aus Fragen, daß dem Konsul keine Einzelheit meines Lebens hätte entgehen können, wenn es nur mein Leben gewesen wäre. So weiß, so leer war nie ein Fragebogen gewesen, auf dem sie an diesem Ort versuchten, ein schon entflohenes Leben einzufangen, von dem nicht mehr zu befürchten war, daß es sich in Widersprüche verwickelte. Alle Einzelheiten stimmten. Was machte es aus, daß das Ganze nicht stimmte? Alle Spitzfindigkeiten waren da, um den Mann klarzustellen, dem man erlauben wollte, fortzuziehen ... Vor der Tür untersuchte ich mein Transit, besonders das rote, durch die rechte Ecke gezogene Bändchen. Es schien ein reines Schmuckstück zu sein. Ich erschien jetzt meinerseits auf der Treppe über den Köpfen der Wartenden, die neidisch zu mir heraufsahen.«

Am Ende verzichtet der Erzähler auf die Ausreise nach Übersee, die ihm zusteht, und beschließt, im Lande unterzutauchen, um sich dem französischen Widerstand anzuschließen. Den allerdings gab es damals noch kaum, und dieser Schluss wirkt wenig überzeugend. Wahrscheinlich spiegeln sich in ihm Schuldgefühle der Verfasserin: War es denn erlaubt, sich in ein friedliches Leben weitab von der Gefahr und vom Kampf zu retten? Es zählt indessen zur Sache, dass solche Schuldgefühle nicht etwa die Täter, sondern die Opfer der Gewaltherrschaft überfielen. Doch der problematische Schluss tut der Eindringlichkeit der Erzählung keinen Abbruch. *Exemplarisch* werden wir in Verhältnisse versetzt, die zu Zeitaltern des Verfemens, Verfolgens und Vernichtens, zu den Umständen von Emigration und Exil, von Flucht und Vertreibung gehören – und von denen wir keineswegs sicher sein dürfen, dass sie unter dem einen oder anderen Vorzeichen nicht wiederkehren.

Übrigens hatte Anna Seghers schon 1939 eine kleine Erzählung unter dem Titel »Reise ins Elfte Reich« geschrieben. Auch da handelt es sich um eine verkehrte Welt, nur positiv, im Sinne eines Wunschtraums oder Märchens: In diesem Reich werden nur Menschen ohne gültige Papiere aufgenommen, denen zuvor schon »zehn Länder die Einreise verweigert hatten, trotz aller Bürgschaften und Bürgen und Zeugnisse und Empfehlungen«.

Nach »Transit« hat Anna Seghers im mexikanischen Exil noch andere Texte geschrieben, darunter den umfangreichen Roman »Die Toten bleiben jung«, den sie fast fertig gestellt nach Deutschland mitbrachte; 1949 ist er im Berliner Aufbau-Verlag erschienen. Zu ihren kleineren Erzählungen, aber den eindrucksvollsten überhaupt, aus Schönheit und Schrecken, Traum und Realität gemischt, zählt »Der Ausflug der toten Mädchen«. Der Text entstand 1943, gleich nach der Genesung vom beinahe tödlichen Unfall. Zur Rahmenhandlung gehört ein Ausflug in die Gebirgslandschaft um Mexico City. Irgendwo ein Dorf. Es »war festungsartig von Orgelkakteen umgeben wie von Palisaden. Ich konnte durch eine Ritze in die graubraunen Bergabfälle hineinsehen, die, kahl und wild wie ein Mondgebirge, durch ihren bloßen Anblick jeden Verdacht abwiesen, je etwas mit Leben zu tun gehabt zu haben. Zwei Pfefferbäume glühten am Rande einer völlig öden Schlucht. Auch diese Bäume schienen eher zu brennen als zu blühen. Der Wirt hatte sich auf den Boden gehockt, unter den riesigen Schatten seines Hutes. Er hatte aufgehört, mich zu betrachten, ihn lockten weder das Dorf noch die Berge, er starrte bewegungslos das einzige an, was ihm unermeßliche, unlösbare Rätsel aufgab: das vollkommene Nichts.«

Aber in der flirrenden Hitze, irgendwo zwischen Bewusstsein und Traum, verwandeln sich diese mexikanischen Bilder in die Erinnerung an einen Ausflug der jungen Netty mit den Mädchen ihrer Schulklasse: Erinnerung an die heimatliche Landschaft am Rhein, an einen Dampfer, der den Fluss befährt. Alle außer der Erzählerin, die Lehrerin wie die Mädchen, sind inzwischen tot, Opfer der Bombenangriffe auf Mainz oder der Verfolgung, auch die eigene Mutter: Sie »stand schon auf der kleinen, mit Geranienkästen verzierten Veranda über der Straße. Sie wartete schon auf mich. Wie jung sie doch aussah, die Mutter, viel jünger als ich. Wie dunkel ihr glattes Haar war mit meinem verglichen ... Sie stand vergnügt und aufrecht da, bestimmt zu arbeitsreichem Familienleben, mit den gewöhnlichen Freuden und Lasten des Alltags, nicht zu einem qualvollen, grausamen Ende in einem abgelegenen Dorf, wohin sie von Hitler verbannt worden war ... Ich lief so schnell ich nur konnte ins Treppenhaus. – Ich stutzte vor dem ersten Treppenabsatz. Ich war plötzlich viel zu müde, rasch hochzusteigen ..., die Treppe, vor Dunst unübersehbar, erschien mir unerreichbar hoch, unbezwingbar steil ... Ich stellte mir vor, wie sie umsonst auf mich wartete, nur ein paar Stufen getrennt.«

Zur Nachgeburt jedes Schulausflugs gehört der Aufsatz, den man ein paar Tage später darüber schreiben muss, und gleichsam stellvertretend oder testamentarisch nimmt die Erzählerin wahr, was dabei versäumt wurde: »Nie hat uns jemand, als noch Zeit dazu war, an diese gemeinsame Fahrt erinnert. Wie viele Aufsätze auch noch geschrieben wurden über die Heimat und die Geschichte der Heimat und die Liebe zur Heimat, nie wurde erwähnt, daß vornehmlich unser Schwarm aneinandergelehnter Mädchen, stromaufwärts im schrägen Nachmittagslicht, zur Heimat gehörte.«

Noch im Exil erfuhr Anna Seghers vom Tod der Eltern. Isidor Reiling, der bereits Mitte der dreißiger Jahre einen Schlaganfall erlitten hatte, starb im März 1940, nachdem er zusammen mit seinem Bruder Hermann zur Aufgabe der Kunsthandlung gezwungen worden war. Hedwig Reiling wurde am 20. März 1942 zusammen mit etwa 1000 Juden aus Mainz und aus Hessen in ein Lager im östlichen Polen abtransportiert; die näheren Umstände und das genaue Datum ihres Todes sind unbekannt. Schuldgefühle noch einmal, weil es nicht möglich gewesen war, die Mutter zu retten. Als eine Art von Requiem kann man die »Post ins gelobte Land« ansehen, 1944 bis 1945 geschrieben und 1946 zusammen mit dem »Ausflug der toten Mädchen« veröffentlicht.

Heimkehr ins Land der Mörder? Der Entschluss dazu fiel keineswegs leicht, und wie schon erwähnt hat Anna Seghers vor ihrer Abreise aus dem Gastland als eine Art von Rückversicherung noch die mexikanische Staatsangehörigkeit angenommen. Ihr Mann blieb ohnehin zurück, weil er als akademischer Lehrer Fuß gefasst hatte, ein Institut zur Meinungsforschung gründete und Zeitschriften herausgab. Erst 1952 folgte er nach – zusammen mit einer Freundin. Aber die Ehe hat überdauert, im strikten Verschweigen der näheren Umstände. Eine Alternative hätte vielleicht auch Frankreich sein können; dorthin reisten die Kinder, die in Mexiko wie zuvor in Paris eine französische Schule besuchten, zum Studium. Pierre Radványi wurde Physiker und blieb in Frankreich, Ruth widmete sich der Medizin und ist später als Ärztin in die DDR gekommen.

Den Ausschlag gab wohl das Pflichtgefühl: Jetzt kam es darauf an, beim Aufbau eines besseren Deutschland zu helfen. Übrigens gab es in der ersten Nachkriegszeit noch keine direkten Seeverbindungen, und die Amerikaner waren keineswegs am Rücktransport von Kommunisten interessiert; der prominente Funktionär Paul Merker und einige andere wurden darum von einem sowjetischen Schiff abgeholt. Seghers erhielt als inzwischen anerkannte Autorin immerhin eine Durchreisegenehmigung für die Vereinigten Staaten, hinterlegte in New York noch ein Testament und kam am 27. Januar 1947 mit der »Gripsholm« in Schweden an. Von dort aus fuhr sie über Paris und Mainz nach Berlin, wo sie im April eintraf.

Das literarische Deutschland empfing sie mit Respekt; noch im gleichen Jahr wurde ihr der Darmstädter Büchner-Preis verliehen. Sie selbst allerdings geriet in eine tiefe Verstörung. »Obwohl hier viele oder alle Menschen lieb und gut zu mir sind, habe ich doch manchmal das Gefühl, daß ich vereise. Ich habe das Gefühl, ich bin in eine Eiszeit geraten, so kalt kommt mir alles vor. Nicht weil ich nicht mehr in den Tropen bin, sondern weil viele Sachen ganz beklemmend und ganz unwahrscheinlich frostig für mich sind, ob es um die Arbeit, um Freundschaften, um politische, um menschliche Sachen geht.« So stand es im Sommer 1948 in einem Brief nach Ungarn an Georg Lukács. Und schon im Herbst 1947 bekam eine Freundin in den Niederlanden zu lesen:

»Der Faschismus hat das Land entsetzlich verwüstet, innen wie außen, vor allem innen ... Die paar anständigen Menschen, die ich lebend traf (manche, die ich suchte, fand ich gar nicht oder auf einem Todesurteil), stechen von den übrigen ab, wie vielleicht einmal die ersten Christen von den Zuschauern in einer römischen Arena. – Jetzt habe ich dieses verhexte Land von einem Ende zum anderen durchreist. Überall dasselbe: Angst vor dem Winter, Angst vor noch größerem Hunger, den sie ohne Zweifel überall haben. Und dabei in mir selbst ... daß sie selbst daran schuld sind und um keinen Preis einen Zusammenhang verstehen wollen. Und die Angst und der Hunger machen sie noch deformierter, noch härter und schlechter, wie man es sich gar nicht vorstellen kann, denn schließlich ist einem ja Land und Volk nicht fremd. Ich mag gar nicht über alles schreiben, auch nicht über einige sonderbare persönliche Eindrücke beim Wiedersehen mit alten Freunden.«

Ähnlich klang es auch in anderen Briefen, und Bertolt Brecht hat nach einer Begegnung in Frankreich in seinem Arbeitsjournal am 4. November 1947 notiert: »anna seghers, weißhaarig, aber das schöne gesicht frisch, berlin ein hexensabbat, wo es auch noch an besenstielen fehlt. sie besucht ihre kinder, die in paris studieren, und will sich auch erholen. um ihren mexikanischen paß zu behalten, wohnt sie nicht im russischen sektor, hat so auch nicht die vergünstigungen, ohne die arbeit unmöglich ist. sie möchte ihre bücher auch in den nichtrussischen zonen gelesen haben, sie scheint verängstigt durch die intrigen, verdächte, bespitzelungen.«

Während aber die äußeren Verhältnisse sich allmählich besserten, setzte die politische Eiszeit ein. Der Kalte Krieg zwischen Ost und West begann; unter seinen Vorzeichen wurden die Bundesrepublik und die DDR gegründet, und mit ihren wechselseitigen Feinderklärungen wuchsen sie zu Verbündeten hier der Vereinigten Staaten, dort der Sowjetunion empor. Vor dem Entweder-Oder gab es am Ende kein Ausweichen mehr; 1950 zog Seghers vom westlichen Zehlendorf in die »Hauptstadt der DDR« um, wo sie schließlich in Adlershof in der Volkswohlstraße – heute Anna-Seghers-Straße – wohnte. Damit aber ging zugleich die Hoffnung verloren, eine gesamtdeutsche Schriftstellerin zu sein. Was man im Westen noch wahrnahm, war die Kommunistin, mit der man nichts zu tun haben wollte. Die Machthaber der DDR haben das ihre dazu beigetragen, um diesen Zustand zu zementieren: Die berühmte Schriftstellerin sollte ihnen gehören und niemandem außerdem. Es hat Jahrzehnte gedauert, noch über den Tod der Autorin hinaus, bis in den Untergang des »ersten sozialistischen Staates auf deutschem Boden« hinein, um daran etwas zu ändern. (Heute gibt es mit dem Erscheinungsort München und mit der Jahreszahl 1999 Interpretationen des »Siebten Kreuzes« sogar für den Schulgebrauch.)

Wenn man die beiden Romane liest, die in der DDR entstanden, »Die Entscheidung«, die 1959 erschien, und »Das Vertrauen« aus dem Jahre 1968, kann man die westliche Ablehnung beinahe verstehen. »Die Entscheidung« spielt zwischen 1947 und 1951 in der Vor- und Frühgeschichte der DDR, »Das Vertrauen« 1953 in ein paar Monaten vom Tod Stalins bis zum Arbeiteraufstand des

17. Juni. Hauptort der Handlung ist das erfundene Stahlwerk Kossin und sein Wiederaufbau im Zeichen des Sozialismus – samt der Gegenperspektive: Im Westen sinnen die ehemaligen Besitzer auf Sabotage und Revanche. Einige Exkurse führen außerdem nach Nord- und Südamerika.

Formal erinnert der Aufbau der Romane an »Das Siebte Kreuz«: Es gibt eine verwirrende Zahl von Figuren, die Vielfalt der Perspektiven, die Szenenschnitte. Aber welch ein Unterschied und Absturz zugleich: Kein Schäfer Ernst weit und breit, keine Bäuerin, die ihre Wäsche für wichtiger hält, als alle politische Erregung; Landschaften und Leute leuchten nicht, sondern scheinen hinter Grauschleiern verborgen zu sein. Unwillkürlich erinnert man sich bei »Kossin« an das preußische Küstrin, von dem Theodor Fontane gesagt hat: »Jenseits der Oder, wo zwischen Werft und Weiden die Warthe rechtwinkelig einmündet, liegt Küstrin, ein durch die Jahrhunderte in den Geschichten unseres Landes oft genannter Name. Oft, aber selten freudig. Etwas finster Unheimliches ist um ihn her, und in meiner Erinnerung sehe ich den Ort, der ihn trägt, unter einem ewigen Novemberhimmel.«

Womöglich noch schlimmer ergeht es den Figuren. Sie leben nicht, sondern erstarren zu Schnitzwerken von Freund und Feind. Hier die Guten, dort die Bösen, und zwischen den Fronten einige Verwirrte oder Versprengte, die entweder zum Guten hinfinden oder als Agenten des Bösen, als Verräter entlarvt werden. Unter der Leblosigkeit leidet auch die Sprache. Eine beinahe beliebige Leseprobe aus »Die Entscheidung«:

»Robert ist manchmal froh mit mir. Er hält mich gern im Arm, er hat die Wohnung eingerichtet. Er hat gezimmert und gemalt, so daß wir einziehen könnten. – Ich weiß nicht, ob er mich lieb hat, dachte sie plötzlich ganz scharf in das schmierige Pflaster hinein. Wenn ich auch manchmal nicht verstand, was ihm wichtig und Ernst war, warum erklärte er es mir nicht richtig? – Ihr fiel ein, daß jetzt ihre Gruppe im FDJ-Heim probte, alle würden erstaunt sein, wenn sie trotz ihrer Absage auftauchte. Sie lief durch den Regen, nicht platschend wie vorhin das Liebespaar, sondern in langen Sprüngen über die breitesten Pfützen, durch ein paar Gassen zur Hauptstraße und von dort auf den Olga-Benario-Platz. Sie hatten sich diesen Namen gewählt, als ihr Heim aus einer zertrümmerten Villa neu aufgebaut wurde. Johanna Triebel, die Vorsitzende, hatte ihnen mehrere Biographien junger Männer und Frauen vorgelesen, die im Kampf gegen den Faschismus gefallen waren. Es war zur Wahl dieses Namens gekommen, weil das Schicksal der Olga Benario alle erregte; fremdartig war es und zugleich nah. Schön ist ihr Bild, das ihnen die Triebel zeigte. Sie hatte den Brasilianer Prestes geheiratet. Fuhr mit ihm in seine Heimat. Vor den Schüssen der Polizei hat sie ihn dort mit ihrem Leib geschützt. Später bekam sie ihr Kind in Berlin im Gefängnis. Denn der brasilianische Staat hatte sie dem Hitlerstaat ausgeliefert. Sie kam um im KZ.«

Nein, so etwas, zusammengerechnet in beiden Romanen auf über tausend Seiten gedehnt, ist im Grunde unlesbar. Und scharf ins blutverschmierte Pflaster der Geschichte hineindenkend fallen einem die Antifaschisten ein, die die Sowjetunion nach ihrem Pakt mit Hitler der Gestapo auslieferte. Aber von denen ist natürlich nicht die Rede. Nur am Rande sei angemerkt, dass Anna Seghers 1961 und 1963 zwei ausgedehnte Reisen nach Brasilien unternommen und sich in das Land verliebt hat; ihr Mann wäre am liebsten dorthin ausgewandert.

Über der Kritik sollte man allerdings nicht vergessen, dass Anna Seghers während der Jahrzehnte, die sie in der DDR verbrachte, noch anderes geschrieben und veröffentlicht hat, zum Beispiel die Erzählzyklen »Karibische Geschichten« (1962), »Die Kraft der Schwachen« (1965), »Sonderbare Begegnungen« (1973) und »Drei Frauen aus Haiti« (1980). Fast als Faustregel kann dabei gelten: Je weiter in der Zeit und im Raum vom grauen Alltag des Sozialismus entfernt, desto farbiger die Beschreibungen, die Figuren, die Sprache, auch dann, wenn wieder von Revolutionen oder Aufständen, etwa der Negersklaven, die Rede ist. Denn das Fantastische, das Märchenhafte kommt da ins Spiel. Nicht durchgehend, aber mitunter und keineswegs selten gelingen Bilder, die sich einprägen.

Gewiss sind die wichtigsten Werke in den dreißiger Jahren und im Zweiten Weltkrieg, im Exil und im Schatten der Bedrohung entstanden: Werke, die bleiben werden und Anna Seghers nach Ricarda Huch als die bedeutendste Schriftstellerin deutscher

Sprache im 20. Jahrhundert ausweisen. Aber soll man ihr etwa zum Vorwurf machen, dass sie auf die Herausforderungen der nationalsozialistischen Gewaltherrschaft schöpferisch antwortete, doch dann, als Kommunistin im Kommunismus, in den lähmenden Zwiespalt geriet, von dem gleich zu reden sein wird? Im Übrigen sind die Menschen gottlob verschieden. Manches Wunderkind, manches Jugendgenie entfaltet ein frühes Feuerwerk, an dem es sich ausbrennt, mancher erreicht seine Höhe in der Mitte des Lebens. Nur wenige schreiben ihre großen Romane erst so spät wie Theodor Fontane »Frau Jenny Treibel«, »Effi Briest« und »Der Stechlin« jenseits der biblischen Altersgrenze.

Ähnlich wie Bertolt Brecht erwies sich die berühmte Autorin für die DDR als ein Geschenk des Himmels und als die Vorzeigefrau schlechthin. Sie wurde vielfach ausgezeichnet, so 1951 erstmals mit dem Nationalpreis der DDR, außerdem mit dem Stalin-Friedenspreis. 1959 folgten die Ehrendoktorwürde der Universität Jena und wiederum der Nationalpreis; ein Jahr später schloss sich der Vaterländische Verdienstorden in Gold an. 1971 wurde ihr der Nationalpreis zum dritten Mal verliehen; ins Jahr 1975 gehörten der Kulturpreis des »Weltfriedensrates« und die Ehrenbürgerschaft des östlichen Berlin. (Die Geburtsstadt Mainz zögerte mit diesem Schritt bis 1981.) Von der politischen Prominenz im engeren Sinne abgesehen ist niemand so oft und so hoch geehrt worden, wobei sich zum edlen Blech meist auch noch Geldpreise gesellten.

Ein Regime, das einerseits die Talente engherzig überwacht, um nicht zu sagen knebelt und den bestraft, der sich auflehnt, belohnt andererseits die, die sich als linientreu erweisen, und lässt es an der väterlichen Fürsorge keineswegs fehlen. Ein Beispiel bietet die »Arbeits- und Erholungsstätte für Schriftsteller und Künstler ›Bettina von Arnim‹« im märkischen Schloss Wiepersdorf. Aus den Meldebüchern, die von einem notorischen Überwachungsstaat mit Ernst und Exaktheit geführt wurden und jedenfalls 1991 dort noch vorhanden waren, lässt sich entnehmen, wann hier wer zu Gast war. Eine Stichprobe aus den fünfziger Jahren ergab: Anna Seghers ist oft in Wiepersdorf gewesen, so vom 20. bis 28. Juni 1955 und im selben Jahr wieder vom

24. Dezember bis zum 4. Januar 1956, wie zuvor schon im Dezember 1953 und im Oktober 1954. Daneben findet man Erwin Strittmatter, Ludwig Renn, Alfred Kurella nebst Gattin Elfriede und andere.

Zum Wohlbefinden trägt die umgebende Landschaft abseits der Verkehrswege bei. Zwar gibt es keine größeren Seen, keine Spielart von »Schweiz«, aber zu beiden Seiten ist Wiepersdorf vom Wald umgeben. Märkische Heide, Kiefernbestände im Wechsel junger Schonungen und lichter Altbestände, stets neue Perspektiven und Ausblicke in die Felder: Bilder wie von Fontane beschworen und von Leistikow gemalt. Da kann man für Stunden und Tage wandern, ohne in Wiederholungen zu ermüden. Und unversehens gerät man ans halb überwachsene Waldesgewässer, über dem sich an Frühlingsabenden der Gesang der Kröten wie eine Glocke wölbt. Solch einem Zauber ist auch die Frau erlegen, die in Mainz und am Rhein beheimatet war:

»Liebe Hildegard Rauchfuss!

Wie geht es Dir. Ich habe große Sehnsucht nach Wiepersdorf und war auch schon lange nicht mehr dort. Soll ich Dir eine Karte oder ein Telegramm schicken, wenn wir zufällig hinfahren? Heute kommt es mir vor, ich sei nie so sorglos und froh gewesen, beides ohne besonderen Grund, wie in der Zeit, in der wir dort waren und im Wald herumliefen.

7. April 1969

Viele herzliche Grüße
Deine Anna Seghers.«

Aufs »Laufen« sollte freilich verzichten, wer die Natur und das Wild beobachten will, das es hier zahlreich gibt. Aber man versteht, was gemeint ist.

Im Jahre 1952 hat Seghers den Vorsitz des Schriftstellerverbandes der DDR übernommen und ihn bis 1978 behalten, als sie sich nach dem Tod ihres Mannes fast völlig aus der Öffentlichkeit zurückzog. Das war ein wichtiges und hochpolitisches Amt, denn in einem vormundschaftlichen Staat, der das Leben seiner Bürger reglementiert und ihnen sagt, was sie denken und tun sollen und was nicht, ist beinahe alles politisch, vorab die Kunst und die Literatur. »Eine Zensur findet nicht statt«, heißt es in freiheitlichen Verfassungen; hier aber gehörte sie zum System. Die Vorsitzende des Schriftstellerverbandes erklärte: »Ist die Arbeit schädlich, womöglich gar feindlich? Dann darf sie nicht herauskommen. Ist sie jedoch von einem richtigen Standpunkt aus geschrieben und enthält gleichwohl Stellen, die Kritik nötig machen? Solche Arbeiten sollten veröffentlicht werden und offen diskutiert.«

Diese Stellungnahme ist charakteristisch: Das *Prinzip* des vormundschaftlichen Staates wird bejaht und die Zensur findet statt; sie soll nur nicht engherzig, sondern halbwegs großzügig gehandhabt werden. Ähnlich in der Debatte über »Formalismus, Modernismus und Dekadenz«, die periodisch losbrach, oder im Kampf gegen einen »wurzellosen Kosmopolitismus« – wohinter sich in den stalinistischen Nachkriegsjahren auch ein handfester Antisemitismus verbarg, der nur nicht beim Namen genannt wurde. Die Vorsitzende schwieg entweder oder versuchte eine vorsichtige Milderung: Der »realistische« Klassenstandpunkt sollte beachtet und mit einer positiven Perspektive, sozusagen dem sozialistischen oder DDR-Happy-End verbunden werden, aber das Erbe der Mythen und Märchen darin aufgehoben sein, den Träumen ein Platz bleiben. Und wenn der »erste sozialistische Staat auf deutschem Boden« sich in allen Geschmacks- und Formfragen so klein-, um nicht zu sagen so spießbürgerlich konservativ wie nur möglich darstellte, dann sollte es wenigstens einen Winkel für stilistische Experimente geben. »Gift« sei darum die »scholastische Arbeitsweise«, die den Anweisungen der Partei folge, als seien sie ein Dogma. »Denn sie bewirkt Erstarrung statt Bewegung, sie bewirkt Faulheit statt Initiative. Keine Erregung erschüttert die Leser solcher Bücher.« Ironisch kann man sagen, was Seghers gewiss nicht gemeint hat: Die Leser in der DDR lernten es, zwischen den Zeilen zu lesen. Und Erregung ergriff sie, wenn sie dort entdeckten, was von der Parteilinie abwich.

Die Frage ist freilich, wohin das Prinzip der Vormundschaft statt des Mündigwerdens am Ende führt. Darf jemand sich anmaßen, über das Monopol der Wahrheit zu verfügen? Hat wirklich die herrschende Staatspartei »immer Recht«? Um zu wiederholen, was »Das siebte Kreuz« sagt: »Während die Starken sich ruhig einmal irren können, ohne etwas zu verlieren, weil selbst die mächtigsten Menschen noch Menschen sind – ja sogar ihre Irrtümer machen sie noch menschlicher –, darf sich, wer sich als Allmacht aufspielt, niemals irren, weil es entweder Allmacht ist oder gar nichts.« Damals, in der Sichtweise der Häftlinge im Konzentrationslager, kennzeichnete dieser Allmachtsanspruch den Feind schlechthin – wie jetzt die eigene Partei.

In kritischen Augenblicken hat Anna Seghers unbeirrbar zur Parteilinie gestanden, so beim Arbeiteraufstand des 17. Juni 1953 oder beim ungarischen Aufstand 1956. Zum 17. Juni hat Brecht unter dem Titel »Die Lösung« ein bitterböses Gedicht geschrieben, wenn zunächst auch nur für die Schublade:

»Nach dem Aufstand des 17. Juni
Ließ der Sekretär des Schriftstellerverbands
In der Stalinallee Flugblätter verteilen
Auf denen zu lesen war, daß das Volk
Das Vertrauen der Regierung verscherzt habe
Und es nur durch verdoppelte Arbeit
Zurückerobern könne. Wäre es da
Nicht doch einfacher, die Regierung
Löste das Volk auf und wählte ein anderes?«

In Seghers' Roman »Das Vertrauen« stellen sich die Vorgänge noch einfacher dar. Es handelte sich um Machenschaften des imperialistischen Klassenfeindes, und im fiktiven Stahlwerk Kossin brauchte man keine sowjetischen Panzer, sondern nur den Mut aufrechter Sozialisten, um den Aufstand niederzuschlagen.

1961, nach dem Berliner Mauerbau, hat Günter Grass einen »Offenen Brief an die Vorsitzende des deutschen Schriftstellerverbandes« gerichtet, in dem es hieß: »Es darf nicht sein, daß Sie, die Sie bis heute vielen Menschen der Begriff aller Auflehnung gegen die Gewalt sind, dem Irrationalismus eines Gottfried Benn verfallen und die Gewalttätigkeit einer Diktatur verkennen, die sich mit ihrem Traum vom Sozialismus und Kommunismus, den ich nicht träume, aber wie jeden Traum respektiere, notdürftig und dennoch geschickt verkleidet hat. – Vertrösten Sie mich nicht auf die Zukunft, die, wie Sie als Schriftstellerin wissen, in der Vergangenheit stündlich Auferstehung feiert; bleiben wir beim Heute, beim 14. August 1961. Heute stehen Alpträume als Panzer an der Leipziger Straße, bedrücken jeden Schlaf und bedrohen Bürger, indem sie Bürger schützen wollen. Heute ist es gefährlich, in Ihrem Staat zu leben, ist es unmöglich, Ihren Staat zu verlassen.« Natürlich hat Grass nie eine Antwort erhalten; die Angesprochene befand sich allerdings auch gar nicht in Berlin, sondern als Prominente, für die das Reisen weiterhin möglich war, fernab im besonnten Brasilien.

Heikle Situationen hat es für Anna Seghers in den 26 Jahren, in denen sie die Vorsitzende des Schriftstellerverbandes war, immer wieder gegeben. Die Kommunisten aus dem westlichen Exil waren denen verdächtig, die in Moskau im Schatten Stalins gelebt hatten, und sie scheuten keinen Vorwand, um Schauprozesse zu inszenieren. Zu den betroffenen Gefährten gehörten Otto Katz, der in Prag hingerichtet, und Paul Merker, der zu acht Jahren Zuchthaus verurteilt wurde.

1956/57 folgte der Prozess gegen Walter Janka. Er hatte in Mexiko als Leiter des Verlages El Libro Libre und in Berlin als Leiter des Aufbau-Verlages Seghers' Arbeiten betreut, war ihr besonders verbunden und wurde zu fünf Jahren Zuchthaus verurteilt. Seghers wusste, dass die Anklagen haltlos waren, nahm als Beobachterin am Prozess teil – und schwieg. In seinem späteren Buch »Schwierigkeiten mit der Wahrheit« hat Janka darum bittere Vorwürfe erhoben. Es heißt zwar, dass Seghers bei Walter Ulbricht gewesen sei, um etwas für Janka zur erreichen, aber aus Mangel an Belegen lässt sich das nicht nachprüfen. 1990, also postum und nach der politischen »Wende«, ist ein offenbar unfertiges Manuskript mit dem Titel »Der gerechte Richter« veröffentlicht worden, das man vielleicht als persönliche Reaktion einschätzen kann. Wenn es so ist, kommt es einer Selbstverurteilung gleich. Denn der Untersuchungsrichter Jan Belak weigert sich, bei der Verfolgung des zu Unrecht der Spionage angeklagten Viktor Gasko mitzuwirken, und nimmt dafür in Kauf, dass er selbst ins Gefängnis geworfen wird.

Zu Lebzeiten stößt man immer wieder auf die Mauer des Schweigens: Schweigen, als 1956 Erich Loest zu einer Gefängnisstrafe von sieben Jahren verurteilt wurde, Schweigen bei den Angriffen auf Rainer Kunze und Christa Wolf 1969, Schweigen bei der Ausbürgerung Wolf Biermanns 1976. Was man zu hören bekam, waren die Reden einer Repräsentantin des Systems, Reden von der Gegenwart und der Zukunft des »Lebens auf dem anderen Ufer«, an der guten Seite der Geschichte. Im Mai 1961 hieß es beim V. Schriftstellerkongress der DDR am Ende des Referats: »Auf dem anderen Ufer der Zeit entstehen neue Städte, eine Gesellschaft ohne die alten Leiden und Seuchen und Kriege. Dabei entstehen auch unsere Bücher ... Einige sind schon gediehen, sind schon reif; viele sind noch rauh und ungleichmäßig. Aber etwas haben sie alle gemeinsam: was sie schreiben, das ist die erste Botschaft in deutscher Sprache über unser Leben auf dem anderen Ufer.«

Warum hat Anna Seghers geschwiegen? Warum ist sie Kommunistin, warum in der DDR geblieben? Ihre Prominenz sicherte ihr ja die Bewegungsfreiheit, die Ausreisemöglichkeit, und als Kronzeugin eines im Osten unerträglich gewordenen Lebens wäre sie auf dem wirklich anderen, dem westlichen Ufer gewiss mit offenen Armen aufgenommen worden. Wenn schon nicht in Mainz, dann hätte sie sich in Frankreich oder in Brasilien niederlassen können.

Mit der Antwort darf man es sich nicht zu einfach machen. Klebte diese Frau denn an ihren materiellen Privilegien? Nein, wohl kaum. Als weltberühmter Autorin wären ihr auch im Westen die Honorare und Preise reichlich zugeflossen, dazu noch in besseren Währungen als der DDR-Mark, und stets hat sie sehr bescheiden gelebt. Nein, man muss tiefer graben und viel weiter zurückgehen, bis zu dem Kind Netty Reiling, das in der jüdischen Familientradition aufwuchs. Da schon war wenn nicht ein klares Bewusstsein, dann ein untergründiges Gefühl der Bedrohung angelegt, das sich nie ganz verlor. Auch von gutbürgerlicher Sicherheit blieb für das sensible junge Mädchen in den Erlebnissen des Ersten Weltkriegs und seiner Nachwirkungen nicht viel. Es folgten die geistigen und persönlichen Begegnungen in Heidelberg, die »geradezu messianischen Erwartungen«, die den Zeitgeist der zwanziger Jahre bestimmten. Da leuchteten die Visionen vom innerweltlichen Heil, von der Geborgenheit in einer

Gesellschaft, einer Weltordnung der Freiheit, Gleichheit und Brüderlichkeit. Und wahrlich wählte man die bessere Seite, das Prinzip Hoffnung statt das Prinzip Hass, wenn man sich für die sozialistische Utopie und nicht für den faschistischen Wahn vom Triumph der Gewalt entschied. Diese Entscheidung gab der Suchenden Sicherheit, begründete Zugehörigkeit; sie erwies sich als existenzbestimmend. Und im Kampf gegen den Nationalsozialismus, den Anna Seghers mit den Waffen der Schriftstellerin so wirksam geführt hat wie kaum jemand sonst, wurde sie für immer besiegelt.

Das schloss dann die Verblendung, das Wegsehen oder Schweigen angesichts der Verirrungen und Verbrechen ein, für die nicht nur Stalin verantwortlich war. Mit vielen Intellektuellen teilte Seghers die Illusion, dass es sich nicht ums System, sondern um »Kinderkrankheiten« handelte, die irgendwann einmal überwunden sein würden. Ihre Tragödie war, dass sie noch oder gerade im Abschied von der überlieferten Frömmigkeit *glauben* wollte: glauben an die Verheißung des innerweltlichen Heils. So verriegelte sie sich gegen die Einsicht, dass solch ein Heil in dieser Welt nicht zu haben ist, weil es der Natur des Menschen widerspricht, und dass darum jeder Versuch, es herbeizuzwingen, in die Gewalt entarten muss. Um es mit Erich Loest zu sagen: »Es gab keinen dritten Weg, schon gar nicht für Anna Seghers. Die Flucht in eine westliche Öffentlichkeit hätte den Bruch mit ihrer Vergangenheit, ihrer Partei, ihrer Philosophie, ihrer Erfahrung und all ihren Freunden, mit ihren Büchern und – immer noch – Hoffnungen bedeutet.«

Aber der Ausgangspunkt war eben einmal die Entscheidung zwischen der Hoffnung und dem Hass gewesen, und Anna Seghers hatte die Hoffnung gewählt. Darum ist es schamlos, sie zu verurteilen, wenn man zugleich Leute wie etwa Ernst Jünger oder Gottfried Benn, die in wichtigen Phasen ihres Wirkens dem Hass huldigten, kritiklos in den Himmel hebt.

Kein Zweifel: Der bis in die Tiefe reichende Zwiespalt zwischen Enttäuschung und Hoffnung hat Seghers' späte Jahre verdunkelt. So gilt für sie, was Brecht unter dem Titel »Der Radwechsel« in seinen »Buckower Elegien« beschwor:

»Ich sitze am Straßenrand
Der Fahrer wechselt das Rad.
Ich bin nicht gern, wo ich herkomme.
Ich bin nicht gern, wo ich hinfahre.
Warum sehe ich den Radwechsel
Mit Ungeduld?«

Die alternde Anna Seghers war nicht mehr gesund; seit 1967 häuften sich die Aufenthalte in Krankenhäusern und Sanatorien. Gleichgewichtsstörungen stellten sich ein, wahrscheinlich als Spätfolge des Unfalls, den sie 1943 in Mexiko erlitt. Zeitweilig konnte sie sich nur mühsam und an Krücken bewegen. Die letzten anderthalb Jahre ihres Lebens verbrachte sie in einem Pflegeheim. Sie starb am 1. Juni 1983.

# Leni Riefenstahl

In der Zeit des »Dritten Reiches« sind Millionen von jungen Mädchen und reifen Frauen begeisterte, nicht selten fanatische Nationalsozialistinnen gewesen. Sie haben *dem Führer* inbrünstig zugejubelt, so als sei er der innerweltliche Heiland, der Erlöser von allem Übel, und sie sind ihm gläubig gefolgt.

Eigentlich ist das sehr merkwürdig. Schon in Hitlers »Mein Kampf« klingt eher eine Verachtung des angeblich schwachen Geschlechts an: »Gleich dem Weibe, dessen seelisches Empfinden weniger durch Gründe abstrakter Vernunft bestimmt wird, als durch solche einer undefinierbaren, gefühlsmäßigen Sehnsucht nach ergänzender Kraft, und das sich deshalb lieber dem Starken beugt, als den Schwächling beherrscht, liebt auch die Masse mehr den Herrscher als den Bittenden ...« Der Kern der nationalsozialistischen Weltanschauung war nicht nur einseitig, sondern extrem männlich, heroisch bestimmt: Von der Eroberung der Macht und vom immer währenden »Kampf ums Dasein« war die Rede, von Herrschaft und Unterwerfung; die eingeforderten Tugenden hießen Gehorsam und Opferbereitschaft bis in den Tod. »Denn die Fahne ist mehr als der Tod«, sang die Hitlerjugend. Oder auch:

»Wir werden weitermarschieren,
wenn alles in Scherben fällt,
denn heute gehört uns Deutschland
und morgen die ganze Welt.«

Die Frauen sollten sich nicht emanzipieren, sondern sich im Dienst am Volk durch das Kindergebären hervortun. Wieder »Mein Kampf«: »Das Ziel der weiblichen Erziehung hat unverrückbar die kommende Mutter zu sein.« Und nichts außerdem.

Freilich entfaltete die Uniformierung im »Bund Deutscher Mädchen« und im Arbeitsdienst, die Mobilmachung für die »Volksgemeinschaft« unter der Hand eine paradoxe Wirkung: »Der Totalitätsanspruch, mit dem die Erziehung zur ›rassebewußten‹ und ›erbgesunden‹ deutschen Frau und Mutter bis in den letzten Winkel des Reiches getragen wurde, führte die Mädchen aus der traditionellen Enge ihrer Erfahrungs- und Wertewelt von Haushalt, Familie, Kirche und Schule, deren Bewahrung gegen alle ›zersetzenden Kräfte‹ des Marxismus die Nationalsozialisten propagiert hatten. Nun verbrachten sie ihre Freizeit außer Haus, unter jugendlicher Führung und in Formen, die nicht selten traditionellen Moralvorstellungen widersprachen. In der Provinz kam schon der Mädchensport und das Tragen von Sportkleidung einem revolutionären Anspruch der Moderne gleich.« (Hans-Ulrich Thamer, Verführung und Gewalt. Deutschland 1933–1945.) Ähnlich wirkte die wirtschaftliche Mobilmachung; von 1933 bis 1939 vermehrte sich die Zahl der berufstätigen Frauen um 1,3 Millionen. Und im Krieg, besonders in der Spätzeit des Krieges, übernahmen Frauen notgedrungen erst recht Dienstpflichten aller Art, die sie aus dem Hergebrachten weit und unwiderruflich herausrissen, einer Zukunft entgegen, in der die Mutterrolle nicht mehr im Mittelpunkt stand.

Doch weder an der nationalsozialistischen Weltanschauung noch an den Machtverhältnissen des »Dritten Reiches« änderte sich damit etwas. Hitlers Paladine und Handlanger waren ausschließlich Männer, ebenso die Parteifunktionäre von den Gauleitern bis zu den Blockwarten und die Angehörigen der SA oder der SS. Die züchtig zopfgeschmückte Frauenschaftsführerin Gertrud Scholtz-Klink blieb eine eher belächelte Randfigur ohne Bedeutung und Einfluss. Im Grunde durfte sie nur Mutterkreuze verteilen oder Reden halten und Aufsätze schreiben, die niemand beachtete.

Es gab eine einzige Ausnahme: Leni Riefenstahl. Mit Willensstärke und Können hat sie sich durchgesetzt, mit ihren Filmwerken über Parteitage und die Olympischen Spiele von 1936 ein Bild oder Schauspiel des »Dritten Reiches« entworfen, das bis heute beeindruckt. Gegen ihr Selbstverständnis ist sie damit auch oder gerade nach 1945 zur Symbolfigur geworden, zum Anlass eines immer neu entzündeten Streits um die Rolle der Frau im Banne der Gewaltherrschaft. Dabei ging es nur selten sachgerecht zu. Die Mittäter distanzierten sich, so gut oder so schlecht sie es vermochten, und die Nachgeborenen erwiesen sich als Pharisäser: »Ich danke dir, Gott, daß ich nicht bin wie jene ...« Oft hat man unsinnige Vorwürfe erhoben und darüber die wirklich wichtigen Fragen beinahe vergessen.

Helene Amalia Bertha Riefenstahl wurde am 22. August 1902 in Berlin geboren. Der Vater, Alfred Riefenstahl (1878–1944), stammte aus einer Brandenburger Handwerkerfamilie. Er erwies sich als ein tüchtiger und selbstbewusster, aber auch herrischer und manchmal jähzorniger Mann, als ein Aufsteiger, der die Konjunktur des Kaiserreichs nutzte und eine Firma aufbaute, die moderne Heizungs-, Lüftungs- und Sanitäranlagen installierte. In einer Zeit, in der in der Reichshauptstadt Villenvororte wie Grunewald, Dahlem und Schlachtensee emporblühten, gab es reichlich zu tun und genug zu verdienen. Natürlich musste man aufs Geld sehen, aber Armut war kein Thema mehr. Aus dem Wedding zogen die Riefenstahls bald in bessere Gegenden um und erwarben zum Wochenendaufenthalt ein Grundstück am Zeuthener See, an der Bahnstrecke von Berlin nach Königswusterhausen; zum Ausgleich für harte Arbeit pachtete der Vater ein Revier und leistete sich die Leidenschaft der Jagd, ebenso das Wetten bei Pferderennen.

Die Mutter Bertha Ida Riefenstahl, geborene Scherlach (1880–1965), war die Tochter eines Baumeisters aus Westpreußen – und dessen 18. Kind. Wie es da zugegangen sein mag, können wir uns kaum noch vorstellen, wohl aber, was es für die Frauen bedeutete, wenn sie von den immer währenden Schwangerschaften endlich entlastet wurden. Ein geradezu exemplarischer Epochenbruch wird in der Abfolge der Generationen sichtbar: Leni hatte nur noch einen, den um drei Jahre jüngeren Bruder Heinz, der im Zweiten Weltkrieg fiel. Sie hing sehr an diesem Bruder und viel mehr noch an ihrer Mutter. Zu deren Tod notierte sie, selbst schon 63 Jahre alt, in ihren Memoiren: »Ich brach zusammen. Ein

Leben ohne meine Mutter konnte ich mir nicht vorstellen.« Übrigens sind diese Memoiren aus dem Jahre 1987 dem Andenken der Eltern und des Bruders gewidmet.

Der Erste Weltkrieg scheint an dem heranwachsenden Mädchen beinahe spurlos vorübergegangen zu sein, ebenso der Sturz der Kaiserherrlichkeit in der Novemberrevolution von 1918, als sie immerhin schon 16 Jahre alt ist; davon und überhaupt von politischen Ereignissen ist in den Erinnerungen bis zum Jahre 1932 so gut wie gar nicht die Rede. Leni bleibt ganz in ihrem Ehrgeiz, in ihren Träumen von der eigenen Zukunft eingesponnen.

Zu ihrem Jahre 1914 gehört darum nicht der Mord von Sarajewo, der Jubel der Kriegsfreiwilligen, die Schlacht bei Tannenberg oder der opferreiche Sturm auf Langemarck, sondern der Beginn einer sportlichen Betätigung; sie wird Mitglied im Schwimmclub »Nixe« und gewinnt dort bald schon Preise. Außerdem tritt sie – ohne Wissen und Erlaubnis des Vaters – einem Turnverein bei. Dabei erleidet sie einen schweren Unfall, gleichsam als das Vorspiel für das in einem langen Leben noch Kommende. Ihr Weg durch das 20. Jahrhundert wird von Knochenbrüchen, gefährlichen und folgenreichen Stürzen, einem beinahe tödlichen Autounfall, auch von Krankheiten sozusagen gepflastert. Unter anderem leidet sie für viele Jahre unter sehr schmerzhaften Blasenkoliken, von denen sie erst der Einsatz moderner Antibiotika befreit. Das alles hindert sie nicht daran, stets das Äußerste zu wagen, im Alter von 71 Jahren noch das Tauchen zu erlernen und inzwischen, geistig wie körperlich rege, ihrem 100. Geburtstag entgegenzugehen.

Nach dem Unfall verbietet der Vater seiner Tochter das Turnen; stattdessen widmet sie sich dem Rollschuh- und Schlittschuhlaufen. Doch sehr bald bahnt sich ein weitaus härterer Konflikt an. Leni möchte unbedingt Schauspielerin oder Tänzerin werden, doch der Vater setzt dem ein unerbittliches »Nein!« entgegen: Das sind »halbseidene« Berufe, beinahe schon der Prostitution verwandt; sie schicken sich nicht für eine ehrbare Bürgertochter.

Leni Riefenstahl beweist zum ersten, aber nicht zum letzten Mal ihre Willenshärte. Nachdem sie im Jahre 1918 – nach unseren Begriffen mit der mittleren Reife – ihre Schulausbildung am Kollmorgen'schen Lyzeum beendet hat, besucht sie heimlich eine Tanzschule am Kurfürstendamm. Dort probt auch Anita Berber, die bald darauf mit ihren expressiven Nackttänzen das Berliner Publikum schockieren und begeistern wird. Als die Berber einmal eine Aufführung ausfallen lassen muss, weil sie erkrankt ist, springt Leni für sie ein – und zwar mit Erfolg. Zeitungen berichten darüber, der Vater erfährt vom verbotenen Tun, ein handfester Familienkrach ist unabwendbar. Die unfolgsame Tochter muss sich zunächst für ein paar Monate mit der Malerei an der Staatlichen Kunstgewerbeschule begnügen und wird dann für ein Jahr in die Provinz, nach Thale am Harz, in ein Pensionat verbannt, um dort zu lernen, was für eine künftige Hausfrau wichtig ist.

Auch das hilft nicht, und nach vielen Auseinandersetzungen, zu denen sogar ein vorübergehender Auszug aus dem Elternhaus gehört, gibt der Vater schließlich nach. Seine Tochter beginnt eine klassische Ballettausbildung bei Eugenie Eduardowa, einer ehemaligen Ballerina aus St. Petersburg, und widmet sich außerdem dem modernen Ausdruckstanz; für ein halbes Jahr besucht sie die Schule von Mary Wigman in Dresden.

Gewöhnlich beginnen künftige Ballettratten den Weg auf die Bretter, die ihnen die Welt bedeuten, schon als Kinder, vom Ehrgeiz der Eltern getrieben. So gesehen kommt Leni Riefenstahl eigentlich um zehn oder zwölf Jahre zu spät. Doch umso verbissener trainiert sie und eröffnet im Jahre 1923 ihre Bühnenauftritte mit Ausdruckstänzen, die sie selbst choreographiert. Diese Tänze tragen so schöne Titel wie: Das Feuer, Hingebung, Loslösung, Orientalisches Märchen, Traumblüte, Sommer. Der berühmte Regisseur Max Reinhardt engagiert die viel versprechende junge Dame für Soloauftritte; eine Gastspielreise kreuz und quer durch Deutschland und ins Ausland nach Zürich und Prag mit mehr als 70 Auftritten schließt sich an. Erst eine Knieverletzung zwingt 1924 zur vorläufigen Unterbrechung.

Wenn man den »Memoiren« glauben darf, handelte es sich um einen durchschlagenden Erfolg, und die Berichterstatter überboten einander vor Begeisterung. So hieß es in der »Berliner Zeitung«, kurz »B.Z. am Mittag«: »Es war eine Offenbarung. Neuland! Eine fast völlige Entmaterialisierung der Kunstmittel war hier erreicht, man fühlte sich in die Höhe absoluter Kunst entrückt, die Künstlerin kam dem Ziel ganz nahe, nach dem die berühmtesten Kolleginnen bisher vergeblich strebten: die Erfüllung dessen bringen, was wir vom Tanz der Zukunft erhoffen: den neuen Geist und den großen Stil.« Ähnlich das »Berliner Tageblatt«: »Wenn man dieses Mädchen in der Musik stehen sieht, weht eine Ahnung daher, daß es Herrlichkeiten im Tanz geben könnte ...: die Herrlichkeit der Tänzerin, die alle tausend Jahre wiederkehrt, die der vollkommenen, starken Anmut, der beispiellosen Schönheit ...«

Rainer Rother hat sich allerdings in den Archiven umgesehen und festgestellt, dass sich zu den Lobeshymnen auch die Vorbehalte gesellten. In der »Berliner Zeitung« hieß es gleich nach dem von Leni Riefenstahl zitierten Text: »Aber dann beginnt dieses Mädchen ihren Leib zu entfalten, die Ahnung verweht, der Glanz ergraut, der Klang verrostet; es bewegt sich eine wundervolle Attrappe ...« Was bleibt, ist »eine leise Trauer, daß solche äußere Vollkommenheit nicht gesegnet ist mit der Gnade des Blutes, der Herrlichkeit des Genius, der Fackel des Dämons«. Die schöne Erscheinung wird überall gelobt, ja gefeiert, aber wie es in einer anderer Besprechung heißt: »Es fehlt zum Höchsten das eine, das Wichtigste: die Seele.« Das kehrt in Abwandlungen immer wieder, und falls die Kritiker der frühen zwanziger Jahre halbwegs richtig beobachtet haben, weist es womöglich schon voraus in die Zukunft, auf das hin, was man – viel später, erst im Rückblick – die faschistische Ästhetik genannt hat: den begeisternden Anblick jugendlich schöner, tänzerisch oder sportlich durchtrainierter Körper, doch ohne die Tiefendimension, die das Leibliche erst zum Sprechen bringt, es durchgeistigt oder beseelt.

Zu den sportlichen Betätigungen Leni Riefenstahls gehörte das Tennisspiel. Dadurch lernte sie Otto Froitzheim kennen, einen damals bekannten und sogar international erfolgreichen Tennischampion. Sie verliebte sich in ihn, und im Jahre 1924 gedieh die Beziehung bis zur Verlobung. Was aber hinter der fröhlichen Fassade geschah, sagen die Memoiren mit seltener Offenheit:

»Er legte eine Grammophonplatte auf, eine Tangomelodie. Widerstandslos ließ ich mich aus dem Sessel ziehen, und wie hypnotisiert tanzte ich einige Schritte mit ihm – glücklich an ihn geschmiegt –, meine Träume und Sehnsüchte hatten sich erfüllt. Da hob er mich plötzlich hoch und legte mich behutsam auf die Couch. Wie weggewischt waren meine Glücksgefühle, ich verspürte nur noch Angst, Angst vor etwas Unbekanntem. Er riß mir fast die Kleider vom Leib und versuchte, mit beinahe brutaler Gewalt schnell und ganz von mir Besitz zu ergreifen.

Was ich nun erlebte, war fürchterlich. Das sollte Liebe sein? Ich fühlte nichts als Schmerzen und Enttäuschung. Wie weit war das entfernt von meinen Vorstellungen und Wünschen, die nur nach Zärtlichkeit verlangten ... Ich ließ alles über mich ergehen und bedeckte mein verweintes Gesicht mit einem Kissen. Nach kurzer Zeit warf er mir ein Handtuch zu und sagte, auf die Tür zum Bad zeigend: ›Da kannst du dich waschen.‹

Voller Schamgefühl und gedemütigt ging ich ins Bad, wo ich von einem Weinkrampf geschüttelt wurde. Ein Gefühl von Haß stieg in mir auf.

Als ich ins Zimmer zurückkam, war er schon angezogen. Er sah auf seine Uhr und sagte mit einer Stimme, die mir entsetzlich gleichgültig vorkam: ›Ich habe eine Verabredung.‹

Dann drückte er mir einen Geldschein, eine Zwanzig-Dollar-Note in die Hand – in dieser Zeit ein Vermögen – und sagte: ›Wenn du schwanger werden solltest, kannst du dir es damit wegmachen lassen.‹«

Wie viele junge Frauen haben wohl Ähnliches erlebt – oder erleben es noch immer?

Eine wirkliche Liebesziehung entwickelte sich einige Jahre später zu dem ausgezeichneten Skiläufer, alpinen Kameramann und Schauspieler Hans Schneeberger. Aber diese Beziehung zerbrach, von Schneeberger in einem Brief aufgekündigt: »Ich liebe dich nicht mehr, ich habe eine Frau kennengelernt, die ich liebe und mit der ich zusammenlebe. Bitte, komme nicht. Es würde sich nichts ändern, und ich möchte auch nicht, daß wir uns noch einmal wiedersehen. Dein Schneefloh.« In den Memoiren heißt es dazu: »Mehr als fünf Monate habe ich mit diesem Schmerz gelebt. Langsam habe ich meine Liebe getötet. Aus mir wurde ein anderer Mensch. Nie wieder, das schwor ich mir, nie wieder wollte ich einen Mann so lieben.«

Dieser Vorsatz war freilich nicht durchzuhalten, denn wer kann schon aus seiner Naturhaut heraus? Unter anderem kam es während der Olympischen Spiele von 1936 zu einer ebenso kurzen wie stürmischen Begegnung mit Glenn Morris, einem Mitglied der amerikanischen Mannschaft, der als Zehnkämpfer – also nach dem gängigen Sprachgebrauch als der König der Athleten – die Goldmedaille gewann und einen neuen Weltrekord aufstellte. Nicht einmal die kräftezehrende Hingabe an den Olympiafilm half dagegen: »Ich hatte völlig den Kopf verloren, so daß ich fast alles vergaß, sogar meine Arbeit. Noch nie hatte ich solch eine Leidenschaft erfahren.«

Im Krieg lernte Leni Riefenstahl dann den Gebirgsjäger Peter Jacob kennen, und 1944 heiratete sie ihn, der inzwischen ein ansehnlicher Major und Ritterkreuzträger geworden war. Aus diesem Anlass kam es übrigens zu einer letzten Begegnung mit Hitler. Er hatte von der Trauung erfahren und lud das Paar am 30. März 1944 zu sich auf seinen Berghof bei Berchtesgaden ein.

Er »küßte mir die Hand und begrüßte meinen Mann kurz und ohne ihm Aufmerksamkeit zu schenken. Mir fiel seine zusammengesunkene Gestalt auf, das Zittern seiner Hand und das Flackern seiner Augen – Hitler war seit unserer letzten Begegnung um Jahre gealtert. Aber trotz dieser äußerlichen Verfallserscheinungen ging noch immer die gleiche magische Wirkung von ihm aus, die er seit jeher besessen hatte. Ich spürte, daß die Männer und Frauen, die um ihn waren, blindlings seinen Befehlen folgten.«

Mit all ihren Beziehungen hat Leni Riefenstahl wahrlich kein Glück gehabt. Ihre Kriegsehe wurde schon 1947 wieder geschieden. Sie selbst hat als alte Frau im Rückblick gesagt: »Merkwürdigerweise habe ich mich nie in Männer verliebt, die gesellschaftlich, politisch oder als Künstler einen Namen hatten oder die Frauen mit kostbaren Geschenken verwöhnten.« Richtig oder jedenfalls ergänzend müsste es wohl heißen: Persönlichkeiten von Rang, welchen Vorzeichens auch immer, zogen sie nicht in den Liebesbann; einmal mehr mangelte es an der seelischen Tiefendimension. Ausschlaggebend blieb stets die vordergründige, körperliche Anziehungskraft, und die Männer wiederum, die ihr erlagen, flohen früher oder später, weil sie der Willensübermacht einer Riefenstahl nicht gewachsen waren.

Das Jahr 1924 brachte einen dramatischen, schicksalsbestimmenden Wendepunkt, und Leni Riefenstahl hat ihn anschaulich geschildert. Eigentlich befand sie sich wegen ihrer Knieverletzung auf dem Weg zu einem Arzttermin.

»Müde und zermürbt stand ich auf dem Bahnsteig und wartete. Ich mußte die Zähne zusammenbeißen. Im Knie begann es wieder zu stechen. Meine Augen glitten über die Farben der Plakate der mir gegenüberliegenden Wand, und plötzlich blieb mein Blick auf einem hängen. Ich sah eine Männergestalt, wie sie einen hohen Felskamin überschreitet. Darunter stand ›Berg des Schicksals‹ – ›Ein Film aus den Dolomiten von Dr. Arnold Fanck.‹ Eben noch von traurigen Gedanken über meine Zukunft gepeinigt, starrte ich wie hypnotisiert auf dieses Bild, auf diese steilen Felswände, den Mann, der sich von einer Wand zur anderen schwingt.

Die Bahn fuhr ein und schob sich zwischen das Plakat und mich. Es war die Bahn, auf die ich schon ungeduldig gewartet hatte. Sie fuhr wieder ab und gab mir den Blick auf das Plakat frei. Wie aus einer Trance erwachend, sah ich die Bahn im Tunnel der Kleiststraße verschwinden.

Der ›Berg des Schicksals‹ lief im Mozartsaal, auf der anderen Seite des Platzes. Ich ließ den Besuch bei dem Arzt sausen und ging hinaus auf die Straße. Wenige Minuten später saß ich im Kino ...

Schon von den ersten Bildern war ich fasziniert. Berge und Wolken, Almhänge und Felstürme zogen an mir vorüber – ich erlebte eine mir fremde Welt. Noch nie hatte ich solche Berge gesehen, ich kannte sie nur von Postkarten, auf denen sie leblos und starr aussahen. Aber hier im Film wirkten sie lebendig, geheimnisvoll und faszinierend. Nie hatte ich geahnt, daß Berge so schön sein können. Je länger der Film dauerte, um so stärker fesselte er mich. Er erregte mich so sehr, daß ich, noch ehe er zu Ende war, beschlossen hatte, diese Berge kennenzulernen.

Verwirrt und von einer neuen Sehnsucht erfüllt, verließ ich

das Kino. In der Nacht konnte ich lange Zeit keinen Schlaf finden. Immer wieder überlegte ich, ob es wirklich nur die Natur war, die mich so packte, oder die Kunst, mit der dieser Film gestaltet war. Ich träumte von wilden Felsnadeln, sah mich über Geröllhalden laufen. Wie ein Symbol erschien mir als Hauptdarstellerin des Films ein steiler Felsturm: die Guglia.

Einige Wochen später stand ich zum ersten Mal vor diesen Felswänden. Ich hatte es in Berlin nicht mehr ausgehalten, nachdem ich mir eine Woche lang den Film jeden Abend angesehen hatte.«

Das ist eine sehr charakteristische Schilderung, und charakteristisch war erst recht, was folgte. Sie lernte den männlichen Hauptdarsteller, den bereits namhaften, später berühmten Luis Trenker, und etwas später den Regisseur Arnold Fanck kennen. Sie erlernte das Skilaufen, das Bergsteigen und Klettern in Felswänden. Was scherten da noch die notwendige Knieoperation, Stürze und Knöchelbrüche – fünf in einem Jahr? Mit all ihrer Energie, Leidenschaft, Begeisterung drängte Leni Riefenstahl ins Geschehen hinein; um jeden Preis wollte sie in künftigen Bergfilmen Rollen, wenn möglich Hauptrollen übernehmen, und ihre Willensstärke erwies sich als unwiderstehlich.

Was Luis Trenker angeht, ziehen sich durch Riefenstahls Memoiren fast wie ein roter Faden die Beschwerden über sein wetterwendisches Verhalten, die Anklagen der Treulosigkeit, des Verrats, seiner Lügen und Verleumdungen. Eifersucht, ein wechselweiser Neid um Leistungen und Erfolge, so scheint es, vergiftete schon früh und dann dauerhaft die Beziehungen.

Anders Arnold Fanck: »Meine Hochachtung und Bewunderung für ihn als genialen Filmpionier und geistvolle Persönlichkeit war groß.« Ein Pionier war Fanck tatsächlich, der Begründer des Bergfilms, den es nirgendwo sonst auf der Welt gab. Er drehte an den Originalschauplätzen statt im Studio und brachte in seiner »Freiburger Schule« ein eingeschworenes Team von Darstellern und Kameraleuten zusammen. Er forderte viel und auch Riskantes; Stuntgirls oder Stuntmen, die in gefährlichen Szenen für die Darsteller einspringen, gab es noch nicht. Und falls es sie schon gegeben hätte, wären sie abgewiesen worden: Alles sollte natürlich und echt sein. Wer eine Ahnung von der Mühsal und den Zwischenfällen gewinnen will, die sich daraus ergaben, mag es in Riefenstahls Memoiren nachlesen.

Arnold Fanck und Hans Schneeberger schrieben das Drehbuch zu dem Film »Der Heilige Berg – Ein Heldenlied aus ragender Höhenwelt«, der in den Jahren 1925 und 1926 entstand. Darin übernahm Leni Riefenstahl neben Luis Trenker und anderen die weibliche Hauptrolle. Sie interessierte sich aber auch für die Vorgänge hinter der Kamera. Sie lernte, was zum Handwerk gehört: den Einsatz des Lichts, den Umgang mit Farbfiltern und Brennweiten; bei einigen Aufnahmen übernahm sie bereits selbst die Regie. Vor allem erfuhr sie, dass die wichtigste Arbeit nach den Filmaufnahmen am Schneidetisch beginnt; erst hier entsteht die künstlerische Komposition, die die Teile zum Ganzen fügt.

Aber wie sollte es weitergehen, mit dem Tanz oder dem Film? »Einer der schwersten Entschlüsse, die ich jemals zu treffen hatte. Ich wählte den Film ... Und der Tanz? Der Unfall und die lange Pause hatten mich doch sehr zurückgeworfen, und mit vierundzwanzig Jahren glaubte ich schon zu alt zu sein, um die verlorenen zwei Jahre wirklich einholen zu können. Damals dachte man so über Jugend und Alter.«

1927 folgte »Der große Sprung – eine unwahrscheinliche, aber bewegte Geschichte«, nochmals mit Luis Trenker als dem Hauptpartner. (Die genaueren Angaben zur Filmographie findet man in dem Buch von Rainer Rother: Leni Riefenstahl. Die Verführung eines Talents, S. 262 ff.) 1928 schloss sich »Das Schicksal derer von Habsburg. Die Tragödie eines Kaiserreiches« an, ein »Ausreißer« insofern, als es sich nicht um einen Bergfilm handelte und auch nicht Arnold Fanck, sondern Rudolf Raffé die Regie führte. Doch dann ging es geradlinig weiter: 1929 mit »Die weiße Hölle von Piz Palü«, erstmals einem Tonfilm, 1930 mit »Stürme über dem Montblanc« und 1931 mit »Der weiße Rausch. Neue Wunder des Schneeschuhs«.

Ins Jahr 1932 gehört »Das Blaue Licht. Eine Berglegende aus den Dolomiten«. Hier steht Leni Riefenstahl nicht nur vor der Kamera, sondern sie schreibt mit anderen das Drehbuch, führt Regie und besorgt den Schnitt; es ist *ihr* Werk. Der Unterschied zu den Arbeiten Arnold Fancks ist deutlich. Der war im Grunde ein Dokumentarfilmer; sozusagen unter dem Vorwand einer

Spielgeschichte wollte er die Bergwelt und die alpinen Leistungen zeigen, mit denen sich der Mensch in ihr behauptet. Das »Blaue Licht« aber entfernt sich aus dem Naturalismus; es entwirft eine »innere Landschaft«, eine Traum- und Märchenwelt – übrigens mit Einbrüchen des Schreckens, wie sie ja zu den Träumen und den Märchen gehören. Darum handelt es sich auch nicht um eine Kopie oder Variation von schon vorgegebenen Themen und Bildern, sondern um ein wirklich eigenständiges Werk.

Die Uraufführung fand am 24. März 1932 im Berliner UFA-Palast am Zoo statt. Es gab Verrisse, aber noch weitaus mehr begeisterte Zustimmung und dazu noch einen Erfolg in einem ganz besonderen Sinne. Denn weibliche »Stars« – oder Diven, wie man damals sagte – hatte es schon immer gegeben. Jetzt aber, mit einem Schlag, erkämpfte Leni Riefstahl sich ihren Platz in der Männerdomäne der Regisseure. Es regnete Glückwünsche, sogar aus Amerika von Charlie Chaplin und Douglas Fairbanks, und bei der gerade begründeten Biennale von Venedig wurde das »Blaue Licht« als zweitbester Film mit der Silbermedaille ausgezeichnet.

Schicksalsbestimmend aber mag gewesen sein, dass ein Filmfan der besonderen Art sich begeisterte. Bei der ersten persönlichen Begegnung bekam Leni Riefenstahl von Adolf Hitler zu hören: »Den stärksten Eindruck hat auf mich Ihr Film ›Das blaue Licht‹ gemacht, vor allem auch deshalb, weil es ungewöhnlich ist, daß sich eine junge Frau gegen die Widerstände und den Geschmack der Filmindustrie durchzusetzen vermochte.« Hitler, so heißt es in den Memoiren, war derart fasziniert, »daß er darauf bestand, ich müßte eine Dokumentation über den Parteitag in Nürnberg machen«.

1933 folgte noch ein Spielfilm: »S.O.S. Eisberg«, wieder unter der Regie von Arnold Fanck. Er glich fast einer Polarexpedition und führte in die Gletscherlandschaften Grönlands. Neben Gustav Diessl, Ernst Udet und anderen Männern war Leni Riefenstahl die einzige weibliche Darstellerin. Aber man kann kaum sagen, dass es sich um eine wirklich tragende Hauptrolle handelte; die übernahmen eher einheimische Eskimos und im Übrigen Flugzeuge und Eisbären, die man eigens aus Deutschland mitgebracht hatte. Es gab viele, oft gefährliche Zwischenfälle, und ein Bekannter, Manfred George – damals Redakteur des Berliner Boulevardblattes »Tempo«, später als Emigrant in New York Herausgeber der jüdischen Zeitschrift »Aufbau« –, bat um eine Artikelserie über die Erlebnisse in Grönland. Daraus entstand 1933 das erste Buch der Riefenstahl: »Kampf in Schnee und Eis.«

Versucht man eine Zwischenbilanz, so fällt sie zwiespältig aus. Auf der einen Seite hatte Leni Riefenstahl sich in der Welt des Films durchgesetzt. Millionen von Kinobesuchern kannten sie jetzt, und sie hatte berühmte Männer kennen gelernt. Zu ihnen gehörte der eben erwähnte Ernst Udet, einer der erfolgreichsten Jagdflieger des Ersten Weltkriegs und danach ein für seine Tollkühnheiten berühmter Kunstflieger. Im »Dritten Reich« machte er in Görings Luftwaffe Karriere bis zum Generalobersten und Generalluftzeugmeister. Weil er aber die in ihn gesetzten Erwartungen nicht erfüllen konnte, beging er im Jahre 1941 Selbstmord. Carl Zuckmayer hat ihm in seinem Drama »Des Teufels General« ein Denkmal gesetzt.

Ein anderer, mindestens ebenso berühmter Mann war der amerikanische Filmregisseur Josef von Sternberg, der nach der Buchvorlage von Heinrich Mann 1929/30 in Deutschland den »Blauen Engel« drehte und dafür Marlene Dietrich entdeckte. »Es war keine Liebesromanze«, liest man in Riefenstahls Memoiren, »aber es entwickelte sich mehr und mehr ein freundschaftliches Verhältnis. Sternberg erzählte mir alles, was den ›Blauen Engel‹ betraf, und ich kam mir fast wie eine Mitarbeiterin vor. So erfuhr ich von dem Kampf, den er vor allem gegen Jannings und eine Reihe anderer in diesem Film beschäftigter Schauspieler führen mußte, um die Dietrich« – übrigens beinahe Lenis Altersgenossin – »für die weibliche Hauptrolle durchzusetzen. Er war überzeugt, in Marlene die ideale Besetzung für die Lola gefunden zu haben, und ich bestärkte ihn darin, da sie auch mir sehr gefiel.«

Vertraut man den Memoiren, so wollte Sternberg Leni Riefenstahl nach Amerika mitnehmen. »Er redete mir zu, ihm nach Hollywood zu folgen. ›Und Marlene?‹ fragte ich. ›Sie hat sich noch nicht entschieden‹, sagte er. ›Marlene wird einen großen Erfolg haben, aber die UFA-Leute sind so blöd, sie glauben noch immer nicht an den Erfolg meines Films und schon gar nicht an einen von Marlene. Sie sind so dumm, daß sie nicht einmal die Option genutzt haben, die sie für die Dietrich besaßen.‹ ... Als ich endgültig von Sternberg Abschied nahm – es war im Januar 1930 –, war noch nicht sicher, ob Marlene oder ich ihm nach Hollywood folgen würden.« Es war schließlich Marlene, der damit die Rolle und der Ruhm eines Weltstars zufielen – und die 1933 keinen Zweifel daran ließ, dass sie mit Hitler nichts zu tun haben wollte.

Leni hingegen lehnte wahrscheinlich ab, weil sie sich aus ihrem Berg- und Schneemilieu nicht recht heraustraute, in dem sie sich eingerichtet hatte und für das es in Amerika keinen Platz gab. Damit wird die Gegenbilanz sichtbar. Bei allem Erfolg handelte es sich doch um eine Engführung, nur um die Spezialisierung auf ein Teilgebiet, nicht um die weite Welt des Films überhaupt und im Grunde auch nicht um die Durchsetzung einer Kultfigur, wie sie Marlene Dietrich mit dem »Blauen Engel« gelang. Denn die eigentlichen »Stars« der Bergfilme waren die Berge. In Deutschland mochte das gut genug sein, aber den Maßstäben Hollywoods genügte es schwerlich.

Stand im Hintergrund womöglich schon – sei es vorbewusst – eine politische Entscheidung? Nein, wohl kaum. Es ist glaubhaft, dass Leni Riefenstahl bis nahe an die »Machtergreifung« von 1933 heran ein vollkommen unpolitischer Mensch gewesen ist. Erst im Februar 1932 besuchte sie eine nationalsozialistische Wahlveranstaltung im Berliner Sportpalast, in der Hitler auftrat. »Die Leute sprangen von ihren Sitzen auf, schrien wie von Sinnen: ›Heil. Heil, Heil!‹ – minutenlang ... Nachdem die Rufe verhallten, sprach Hitler: ›Volksgenossen, Volksgenossinnen.‹ – Merkwürdigerweise hatte ich im gleichen Augenblick eine beinahe apokalyptische Vision, die ich nie mehr vergessen konnte. Mir war, als ob sich die Erdoberfläche vor mir ausbreitete – wie eine Halbkugel, die sich plötzlich in der Mitte spaltet und aus der ein ungeheurer Wasserstrahl herausgeschleudert wurde, so gewaltig, daß er den Himmel berührte und die Erde erschütterte. – Ich war wie gelähmt. Obgleich ich vieles in der Rede nicht verstand, wirkte sie auf mich faszinierend. Ein Trommelfeuer prasselte auf die

Zuhörer nieder, und ich spürte, sie waren diesem Mann verfallen.«

Leni Riefenstahl offenbar auch. Zwar lehnte sie seine Rassenlehre und die Judenhetze ab. Aber das war wohl nur »Theorie und nichts als Wahlpropaganda«. Und »die Vorstellung, daß es Hitler gelingen könnte, die ungeheure Arbeitslosigkeit, die schon über sechs Millionen unglücklich und verzweifelt machte, abzubauen, war für mich das Entscheidende«. Ähnlich haben damals viele Menschen gedacht.

Das Fräulein Riefenstahl allerdings ging um einen Schritt weiter. Sie entwarf einen Brief und schickte ihn am 18. Mai 1932 ab: »Sehr geehrter Herr Hitler, vor kurzem habe ich zum ersten Mal in meinem Leben eine politische Versammlung besucht. Sie hielten eine Rede im Sportpalast. Ich muß gestehen, daß Sie und der Enthusiasmus der Zuhörer mich beeindruckt haben. Mein Wunsch wäre, Sie persönlich kennen zu lernen. Leider muß ich in den nächsten Tagen Deutschland für einige Monate verlassen, um in Grönland zu filmen. Deshalb wird ein Zusammentreffen mit Ihnen vor meiner Abreise wohl kaum noch möglich sein. Auch weiß ich nicht, ob dieser Brief jemals in Ihre Hände gelangen wird. Eine Antwort von Ihnen würde mich sehr freuen. Es grüßt Sie vielmals Ihre Leni Riefenstahl.«

Das Treffen fand statt, nur einen Tag vor der geplanten Abfahrt des Expeditionsschiffes aus Hamburg. Hitler ließ anrufen und einladen; er befand sich während einer Wahlkampfreise an der Nordsee, in Horumersiel unweit von Wilhelmshaven. Leni Riefenstahl hatte eigentlich versprochen, mit ihrem Filmteam noch für Interviews zur Verfügung zu stehen, aber sie sagte zu, fast ohne zu wissen warum. »Was war nur mit mir geschehen? Wie konnte ich das tun? Setzte ich nicht sogar meine Laufbahn aufs Spiel? Ich war zutiefst beunruhigt, aber meine Neugier und das Abenteuerliche einer Begegnung mit Hitler waren stärker.« Anders gesagt: Wie Millionen von Deutschen geriet die junge Frau, jetzt 30 Jahre alt, in einen Bann, aus dem sie nicht mehr herausfand.

Begrüßung, ein Spaziergang am Strand, ein langes Gespräch. »Hitler stellte viele Fragen, wobei ich wahrnahm, daß er über die gerade laufenden Filme gut informiert war. Plötzlich sagte er unvermittelt: ›Wenn wir einmal an die Macht kommen, dann müssen Sie meine Filme machen.‹« Leni Riefenstahl lehnte erschrocken ab, und dabei blieb es zunächst.

Aber weitere Begegnungen folgten, in Berlin, in München und wieder in Berlin. Eine fand nach den Reichstagswahlen vom 6. November 1932 statt, die den Nationalsozialisten nach einer Kette von Triumphen unerwartet schwere Verluste bescherten. »Meine Erwartung, einen niedergeschlagenen Hitler zu sehen, war falsch. Ich staunte nur. Hitler redete, als sei er der Wahlsieger. Die Mienen der um ihn versammelten Männer, die vorher deprimiert und verdrossen waren, hellten sich zusehends auf. Und schon nach kurzer Zeit gelang es Hitler, ihnen wieder Mut zu machen und sie zu überzeugen, sie würden trotz dieser momentanen Niederlage bald an die Macht kommen.« Fast möchte man von einer Seelenverwandtschaft sprechen: Der willensstarken Leni Riefenstahl, die sich von ihrem Weg zum Erfolg durch keinen Widerstand oder Rückschlag abbringen ließ, imponierte der Willensmensch Hitler.

Etwas später verließ Gregor Strasser, bisher einer der wichtigsten Gefolgsleute, die NSDAP, und zeitweilig schien eine Spaltung der Partei zu drohen, das heißt das Ende aller Träume von der Machtergreifung. Hitler ließ Leni Riefenstahl rufen, um sich auszusprechen. Allerdings kam sie gar nicht erst zu Wort. »Hitler atmete schwer, verkrampfte die Hände ineinander. Nun verstand ich, warum er mich kommen ließ. Er brauchte einen Menschen in seiner Nähe, dem er sich anvertrauen konnte. Dann verfiel er in einen endlosen Monolog, indem er über die Entwicklung der Partei sprach. Langsam wurde er ruhiger. Dann sah er mich zum ersten Mal an, hielt meine Hand und sagte: ›Ich danke Ihnen, daß Sie gekommen sind.‹«

Die Zuneigung beruhte auf Gegenseitigkeit, und Meinungsverschiedenheiten etwa in der Rassen- und Judenfrage ließ Hitler auf sich beruhen. In einem Gespräch schon nach der »Machtergreifung« sagte er: »Fräulein Riefenstahl, ich kenne Ihre Einstellung, die Sie mir in Horumersiel mitteilten. Ich respektiere sie. Aber ich möchte Sie bitten, mit mir nicht über ein Thema zu sprechen, das mir unangenehm ist. Ich schätze Sie als Künstlerin hoch ein. Sie haben eine seltene Begabung, und ich möchte Sie auch nicht beeinflussen. Aber eine Diskussion über das jüdische Problem kann ich mit Ihnen nicht führen.«

Was folgte, brachte die Gesprächspartnerin gehörig aus der Fassung: »Ich möchte Ihnen ein ehrenvolles Angebot machen, das Ihrem Talent entspricht. Wie Sie wissen, ist Dr. Goebbels als Reichspropagandaminister nicht nur für die Presse verantwortlich, sondern auch für Theater und Film. Da er aber auf dem Gebiet des Films keinerlei Erfahrung hat, habe ich an Sie gedacht. Sie könnten an seiner Seite die künstlerische Leitung des deutschen Filmschaffens übernehmen.«

Goebbels hatte Leni Riefenstahl bereits mit heftigen Liebesanträgen bedrängt und war schroff zurückgewiesen worden. Daraus und aus der Tatsache, dass sie ihm als Rivalin hätte gefährlich werden können, leitet sie in ihren Erinnerungen ab, dass der mächtige Minister sie fortan mit seinem Hass verfolgte. Doch was besagte das schon, solange sie das Vertrauen des *Führers* besaß? Und der wiederum erwies sich als überlegener Taktiker. Womöglich hat er seinen großen, aber niemals konkreten Plan nur darum ins Spiel gebracht, um zu erreichen, was ihm wirklich wichtig war. Er trug seiner Favoritin an, einen Film über den Reichsparteitag herzustellen, der im September 1933 in Nürnberg stattfand. Als sie einwandte, dass sie von der Materie nichts verstehe und nicht einmal die SA von der SS unterscheiden könne, hieß seine Antwort:

»Das ist doch gut so, dann sehen Sie nur das Wesentliche. Ich wünsche keinen langweiligen Parteitagsfilm, keine Wochenschauaufnahmen, sondern ein künstlerisches Bilddokument. Die dafür zuständigen Männer der Partei verstehen das nicht. In Ihrem ›Blauen Licht‹ haben Sie bewiesen, daß Sie das können.«

Diesen Text sollte man zweimal lesen. Er stellt ein Schlüsseldokument zum Verständnis von allem Folgenden dar. Hitler, seit seiner Jugend ein begeisterter Anhänger Richard Wagners, dachte an ein Weihespiel, das die Realität von Parteitagen künstlerisch überhöhte und in dessen Mittelpunkt er selbst als der Hauptdarsteller stand. Dazu brauchte er die Regisseurin, die das Weihespiel inszenierte, und sein Instinkt sagte ihm, dass hierfür niemand so geeignet war wie Leni Riefenstahl. Genau damit traf er tatsächlich den Nerv ihres Ehrgeizes und Talents, und so entstanden die Filme von den Parteitagen der Jahre 1933 und 1934, deren Titel noch mehr sagen als der Anlass ihrer Herstellung: »Sieg des Glaubens« und »Triumph des Willens«.

Dabei handelte es sich sozusagen um das Gesellen- und das Meisterstück. Dem »Sieg des Glaubens« sieht man noch einige Unsicherheiten an – oder, in Riefenstahls Perspektive: dass sie kaum Zeit für die Vorbereitung besaß, über zu wenige und ungenügend geschulte Kameraleute verfügte oder dass Parteifunktionäre sie behinderten, die sich nichts von einer Frau sagen lassen wollten, die zu allem Übel weder eine »alte Kämpferin« noch überhaupt Parteigenossin war. Neben dem *Führer*, so scheint es, gab es nur einen Mann, der Verständnis für die Choreographie eines Weihespiels aufbrachte: Albert Speer, nicht von ungefähr ein Liebling und der Architekt Adolf Hitlers, der auch für die Bauten auf dem Parteitagsgelände von Nürnberg zuständig war und für die Abschlussfeier der Olympischen Spiele von 1936 den »Lichtdom« von Scheinwerfern erfand. Übrigens geriet der zweite Parteitagsfilm mit 114 Minuten auch viel länger als der erste mit 64 Minuten, und man spürt die größere Sorgfalt der Komposition. Entsprechend brauchte Leni Riefenstahl für den Schnitt und die Fertigstellung nicht ein paar Wochen, sondern Monate.

Wir lassen das Gesellenstück beiseite und konzentrieren uns aufs Meisterwerk. Am Anfang sieht man Wolkentürme, dann Nürnberg von oben: Sozusagen vom Himmel hoch schwebt *der Führer* zum Weihespiel, zur symbolischen Vermählung – Liebe um Liebe, Treue um Treue – mit seiner Gefolgschaft ein. Siegfried Krakauer hat in seiner Filmgeschichte »Von Caligari zu Hitler« eine Linie von den früheren Bergfilmen zur Parteitagshymne gezogen und gesagt: »Daß in der Anfangssequenz des Nazi-Dokumentarfilms ›Triumph des Willens‹ von 1935 ähnliche Wolkenmassen« – wie 1930 das Bergmassiv in »Stürme über dem Montblanc« – »Hitlers Flugzeug auf seinem Flug nach Nürnberg umgeben, deckt die schließliche Verschmelzung von Gebirgskult und Hitlerkult auf.«

Das erscheint als ziemlich weit hergeholt. Die Inhalte sind grundverschieden, und eigentlich handelt es sich um den allbekannten Kunstgriff des verzögernden, einstimmenden Vorspiels – wie in der Oper, bevor der Vorhang sich hebt. Viel wichtiger wirkt ohnehin, was folgt und unter dem Stichwort *Begegnung* beschrieben werden könnte: Man sieht glückliche, jubelnde Menschen – manchmal wenige, manchmal viele –, besonders Frauen und Kinder. Durch die Schnitttechnik von Schuss und Gegenschuss sieht es so aus, als blickten sie, durchweg von unten nach oben, in ganz persönlicher Zuwendung Hitler in die Augen – und er ihnen, meist von oben herab. Andererseits gibt es dann die Passagen, in denen der von der Vorsehung gesandte Führer weit und unerreichbar in die Einsamkeit nicht nur des Staatsmannes, sondern des *Propheten* herausgehoben wird: Das weltliche Weihespiel nimmt religiöse Züge an.

Auffällig ist im Übrigen eine Rollenverteilung. Während die Frauen und die Kinder sich in ihrer gefühlsbetonten Liebe dem Führer hingeben, treten die Männer vor allem in militärähnlicher Formierung auf; sie demonstrieren das tatbereite Wechselverhältnis von Befehl und Gehorsam. Zu den zeitgeschichtlichen Hintergründen gehörte, dass die SA im Sommer 1934 handstreichartig entmachtet wurde, eine Mordserie eingeschlossen, der neben anderen der SA-Führer Ernst Röhm zum Opfer fiel, der im Vorjahr, im »Sieg des Glaubens«, noch prominent gezeigt worden war. So gesehen könnte man die Darstellung der Männerformationen im »Triumph des Willens« auch als Unterwerfung zum *bedingungslosen* Gehorsam deuten, und es ist bemerkenswert, wie genau die angeblich ganz unpolitische Leni Riefenstahl erfasste, worauf es ankam. Der Schauspieler Hitler jedenfalls konnte mit seiner Regisseurin mehr als zufrieden sein.

Die arbeitete inzwischen bis zur Erschöpfung, um das Filmwerk termingerecht zum Tag der Uraufführung am 28. März 1935 fertig zu stellen, für die Albert Speer den Eingang zum Berliner UFA-Palast aufwändig und angemessen triumphal umgestaltet hatte. Bis zuletzt aber war Leni Riefenstahl sich ihrer Sache nicht sicher. Die Vorstellung – mit einer Länge von beinahe zwei Stunden – begann. »Während ich die Augen meist geschlossen hatte, hörte ich immer öfter Beifall. Am Ende des Films gab es langanhaltenden, nichtendenwollenden Applaus. In diesem Augenblick war es mit meiner Kraft endgültig zu Ende. Als Hitler sich bei mir bedankte und mir einen Fliederstrauß überreichte, erlitt ich einen Schwächeanfall – ich verlor das Bewußtsein.«

Dem »Triumph des Willens« wurde der Nationale Filmpreis verliehen, und sogar im Ausland fand er Anerkennung. In Venedig zeichnete man ihn als besten Dokumentarfilm aus, und Paris folgte anlässlich der Weltausstellung von 1937 mit einer Goldmedaille und dem Großen Preis von Frankreich. Auf ihre Weise brachten sogar Generale ihre Huldigung dar: Sie protestierten, weil die Wehrmacht 1934 zwar erstmals an einem Parteitag teilgenommen hatte, aber im Film nicht vorkam; die einschlägigen Aufnahmen waren missraten. Zur Beschwichtigung entstand noch 1935 ein eigener Film: »Tag der Freiheit. Unsere Wehrmacht.«

Um noch einmal zurückzublenden und Leni Riefenstahls Memoiren zu zitieren: »Nachdem ich meinen Widerstand [gegen den Parteitagsfilm] aufgegeben hatte, wagte ich zum Schluß [des Gesprächs mit Hitler] noch eine Bitte: ›Ich werde es versuchen, aber ich werde es nur können, wenn ich nach Beendigung dieser Arbeit frei bin und keine Auftragsfilme mehr machen muß. Das wäre eine Belohnung. Verzeihen Sie mir diese Bitte. Aber ich möchte nicht leben, wenn ich meinen Beruf als Schauspielerin aufgeben müßte.‹

Hitler, sichtlich zufrieden, daß ich nachgegeben hatte, nahm meine beiden Hände und sagte: ›Ich danke Ihnen, Fräulein Riefenstahl! Ich werde mein Wort halten. Nach diesem Reichsparteitagsfilm können Sie alle Filme machen, die Sie sich wünschen.‹«

Was sich tatsächlich anschloss, war wieder ein Auftragsfilm ohne eigene Rolle als Schauspielerin – und zwar in ungleich größerem Rahmen als beim »Triumph des Willens«. Leni Riefenstahl war stets stolz darauf, körperlich durchtrainiert zu sein. In Berlin gab es keine Felswände zum Klettern, aber das Stadion im Grunewald. Sie besuchte es mehrmals in der Woche und übte dort als vielseitige Leichtathletin. Dass sie alljährlich das Sportabzeichen errang, verstand sich fast von selbst. Als sie gerade beim Hochsprung war, trat ein Mann auf sie zu und machte sich bekannt: Professor Dr. Carl Diem. »Fräulein Riefenstahl«, sagte er, »ich habe ein Attentat auf Sie vor!« Und dann unterbreitete er ein verlockendes Angebot:

»Es ist meine Aufgabe, die Olympischen Spiele in Berlin vorzubereiten, und ich möchte sie mit einem großen Fackellauf quer durch Europa, vom alten Olympia in Griechenland bis zum neuen Olympia in Berlin, einleiten. Es soll eine schöne Olympiade werden, und es wäre jammerschade, wenn wir das nicht im Film festhalten würden. Sie sind eine große Künstlerin, Sie verstehen viel vom Sport, Sie haben mit Ihrem ›Triumph des Willens‹ ein Meisterwerk geschaffen, als einen Film ohne Handlung – einen solchen Film müssen Sie auch über die Olympiade machen!«

Diem, schon seit 1902 im Vorstand der Deutschen Sportbehörde für Leichtathletik und seit 1913 Generalsekretär des Deutschen Reichsausschusses für Leibesübungen, erwies sich als ein idealer Partner. Er besaß einen Sinn für die Choreographie, um nicht zu sagen für das Kultische; der Fackellauf quer durch Europa zum Entzünden der olympischen Flamme war seine Erfindung.

Anfangs allerdings zierte sich die große Künstlerin, aber weitere Gespräche schlossen sich an, unter anderem mit Otto Mayer, dem Kanzler des Internationalen Olympischen Komitees, und allmählich fing sie Feuer. Hitler versprach seine Unterstützung, bewies sonst jedoch nur wenig Interesse. Zwar forderte er von seinen Hitlerjungen, dass sie »zäh wie Leder, flink wie die Windhunde und hart wie Kruppstahl« sein sollten. Aber er selbst war ein vollkommen unsportlicher Mensch. (Bei Spaziergängen von seinem Berghof aus achtete er stets darauf, dass sie talwärts führten; zurück ließ er sich dann im Auto fahren.) »Ich bin froh«, sagte er, »wenn der ganze Olympia-Rummel vorüber ist, am liebsten würde ich diese Spiele überhaupt nicht besuchen.« Zur Begründung hieß es: »Wir haben keine Chance, Medaillen zu gewinnen, die Amerikaner werden die meisten Siege erringen, und die Schwarzen werden ihre Stars sein. Das anzusehen, macht mir keine Freude. Und dann werden viele Ausländer kommen, die den Nationalsozialismus ablehnen. Das könnte Ärger geben.«

Hitler erwärmte sich erst, als er erkannte, welche Möglichkeiten zur Darstellung des »Dritten Reiches« diese Spiele boten. Als sie dann im Gange waren, besuchte er täglich die Wettkämpfe, und als sich abzeichnete, dass die deutschen Athletinnen und Athleten noch vor den bisher stets übermächtigen Amerikanern den ersten Platz erkämpfen würden, nahm er leidenschaftlichen Anteil. (Die deutsche Mannschaft gewann 33 Gold-, 26 Silber- und 30 Bronzemedaillen: ein Rekord, den sie noch niemals zuvor und niemals wieder erreichte.)

Natürlich beklagt sich Leni Riefenstahl im Rückblick über mangelndes Verständnis für ihre Arbeit, über höchst ärgerliche Behinderungen durch bornierte Funktionäre und Schiedsrichter. Denn umso höher steigt zwangsläufig die Einschätzung ihrer eigenen, gegen alle Widerstände erkämpften Leistung. In Wahrheit konnte sie aus dem Vollen schöpfen; alle nur denkbaren technischen Mittel und die besten, in Probeläufen genau auf ihre Aufgabe vorbereiteten Kameraleute standen ihr zur Verfügung.

Die eigentliche Arbeit begann freilich erst nach dem Ende der Spiele mit der Komposition am Schneidetisch, im Kampf mit der Riesenmasse des Materials. Über 400 000 Filmmeter waren belichtet worden. Um Leni Riefenstahl selbst das Wort zu geben:

»Vier Monate hatten wir für das Anschauen und die Archivierung des Filmmaterials benötigt, bei einer durchschnittlichen Arbeitszeit von täglich zwölf bis vierzehn Stunden. Erst Anfang Februar 1937 konnte ich mit dem eigentlich schöpferischen Arbeitsprozeß, dem Schneiden der beiden Filme, beginnen. Von den ausgewählten 100 000 Metern aus dem Gesamtmaterial waren 6000 Meter für die endgültige Form bestimmt. Ein scheinbar unlösbares Beginnen.

Man fragte mich in dieser Zeit oft, warum lassen Sie nicht andere das Material aussuchen, warum können nicht verschiedene Schnittmeister eigene Komplexe schneiden, warum kann die Vertonung nicht ein anderer Regisseur übernehmen – dann könnte der Film einige Monate früher herauskommen. Für einen Laien, der keine Vorstellung von dieser Arbeit hat, sind solche Fragen verständlich. Aber was für ein stilloser, disharmonischer Film käme dabei heraus! Wie sähe ein Haus aus, dessen Architekten sich die Aufgabe teilen: einer baut eine Fassade, ein anderer gestaltet das Treppenhaus, ein dritter die Innenräume, ein vierter das Dach. Ein Monstrum wäre des Ergebnis solchen Plans.«

Nein, von solch einer Arbeitsteilung hielt Leni Riefenstahl überhaupt nichts, und auch an die Möglichkeiten einer stilistischen Abstimmung unter Partnern glaubte sie nicht. Der Olympiafilm sollte *ihr* ganz persönliches Werk, *ihr* Triumph werden, und so arbeitete sie mehr als anderthalb Jahre wie besessen. Das »Team«, das mehr oder minder demokratisch zusammenwirkt und dessen Kreativität man rühmt, war ohnehin noch nicht erfunden worden; es herrschte das »Führerprinzip«.

Um die Stoffmasse zu bändigen, wurde der Film in zwei Teile gegliedert: »Fest der Völker« mit 126 Minuten und »Fest der Schönheit« mit 100 Minuten Länge. Die Uraufführung fand am 20. April 1938 statt, das heißt am Abend von Hitlers 49. Geburtstag. In den Memorien heißt es dazu:

»Mit meinen Eltern und meinem Bruder fuhr ich zum UFA-Palast am Zoo. Er war festlich geschmückt. Albert Speer hatte eine neue Fassade entworfen, riesige Olympiafahnen mit goldenen Bändern bedeckten die ganze Frontseite. Um das Kino herum war alles abgesperrt. Eine Menschenmenge wartete auf Hitler. Wer Rang und Namen hatte, war zur Premiere eingeladen. Die Reichsminister, das diplomatische Corps, führende Persönlichkeiten der Wirtschaft und des Sports, aber auch Künstler wie Furtwängler, Gründgens, Jannings und viele andere, vor allem aber die deutschen Olympiateilnehmer.

Die erregte Atmosphäre des Publikums übertrug sich auch auf mich. Wie würde der Film aufgenommen werden? Niemand, außer meinen Mitarbeitern, hatte ihn bis zu dieser Stunde gesehen. Kein Mitglied des IOC, nicht einmal der Generalsekretär der Olympischen Spiele, Professor Dr. Diem, der doch der Initiator dieses Films war. Es wäre mir unerträglich gewesen, eine unfertige Arbeit zu zeigen – leider bin ich ein unverbesserlicher Perfektionist ... Als Ouvertüre wurde Herbert Windts Komposition zum Marathonlauf gespielt, er dirigierte selbst. Als sich danach der Vorhang teilte und auf der Leinwand in großen Lettern OLYMPIA erschien, zitterte ich am ganzen Körper.

Der Reigen der Bilder begann, die Tempel, Plastiken, Statuen [am griechischen Ursprung] und der Fackellauf, das Entzünden der Olympischen Flamme im Stadion von Berlin. Ich schloß die Augen und fühlte noch einmal die Mühen, die es gemacht hatte, das alles in eine Form zu gestalten. Ich konnte mich nicht mehr beherrschen – ich heulte, ohne Rücksicht auf Wimperntusche und Schminke.

Schon während des Prologs gab es Applaus, der immer wieder einsetzte. Nun wußte ich, es wird ein Erfolg, aber dies änderte nichts an meinem Gemütszustand. Ich fühlte mich wie ausgelaugt.

Nach dem Ende des ersten Teils steigerte sich der Beifall zu Ovationen. Hitler war der erste, der mich beglückwünschte: ›Sie haben ein Meisterwerk geschaffen, für das Ihnen die Welt danken wird.‹ Der griechische Botschafter überreichte mir im Namen seiner Regierung ein Diplom und einen Ölzweig aus Olympia.

Mitternacht war vorüber, als der zweite Teil endete. Der Applaus und die Ovationen waren noch stärker geworden. Wieder führte man mich zu Hitler, dem man keine Müdigkeit ansah und der mich nochmals beglückwünschte.«

Der Bericht spricht für sich, und man versteht die Gefühle, die Leni Riefenstahl überwältigten. Sie hatte wirklich das Meisterwerk geschaffen, das mit einem Schlag ihren Weltruhm begründete. Man hat vom »besten Sportfilm aller Zeiten« gesprochen, und manchmal tut man es noch heute. Denn er bietet eine künstlerische Komposition und nicht etwa nur eine Abfolge der Wettkämpfe, angefangen beim antiken Ursprung, sozusagen unter den Göttern Griechenlands, und er feiert unter athletisch durchtrainierten Körpern das Fest der Schönheit. Dabei erweist sich die Darstellung im guten Sinne als ausgewogen. Man sieht die Begeisterung, hört die »Heil!«-Rufe, und Hitler tritt auf, aber nicht in den Vordergrund. Amerikaner, Japaner und die Wettkämpfer anderer Nationen treten gleichrangig neben die Deutschen. Der »Star« der Spiele, der Farbige Jesse Owens, der vier Goldmedaillen errang und zwei neue Weltrekorde aufstellte, wird angemessen gewürdigt; von Rassismus keine Spur. (36 Jahre später haben der große Athlet und die große Regisseurin sich bei den Münchener Spielen von 1972 wieder gesehen: »Owens umarmte und küßte mich. Wir hatten beide feuchte Augen.«)

Jeder Wettbewerb forderte und fand seine eigene Form der Darstellung. »Der Kampf Lovelocks ist mir im Gedächtnis haften geblieben. Er war der einzige Athlet, der Neuseeland bei den Spielen vertrat. Wie Lovelock sich den Sieg im 1500-Meter-Lauf und sogar in Weltrekordzeit erkämpfte, war ein sensationelles Ereignis. Ich habe diesen dramatischen Lauf ohne einen

Zwischenschnitt in ganzer Länge in den Film hineingenommen ... Ganz anders mußte ich den 10 000-Meter-Lauf gestalten. Hier konnte ich nur die dramatischen Höhepunkte zeigen, die Zeitabstände mußten durch Bilder aus dem Publikum überbrückt werden.« Zwei Höhepunkte des Films bilden der Marathonlauf und das Turmspringen. Dort erlebt man den Sieg des Willens zum Durchhalten über die Leiden des Körpers, hier die Ästhetik des Schwebens zwischen Himmel und Wasser. Überhaupt wurden die Athleten nach Möglichkeit von unten her aus Gruben oder Laufgräben aufgenommen und damit buchstäblich angehimmelt, so als seien sie die wieder erstandenen Götter Griechenlands.

Dass »Olympia« in Deutschland mit dem Nationalen Filmpreis ausgezeichnet wurde, versteht sich fast von selbst. Aber auch international regnete es Beifall und Auszeichnungen. Leni Riefenstahl begleitete die Aufführungen durch Europa. Überall, gleich ob in Wien, Rom, Oslo oder Stockholm, wurde sie festlich empfangen, und von Paris über Brüssel bis Skandinavien sammelte sie voller Stolz die Hymnen ein, die ihr die Kritiker zahlloser Zeitungen zu Füßen legten. Der Film, so schrieb die »Liberté« in Paris, »ist von solcher Größe, solcher Poesie, daß auch die am schwersten zu Bewegenden unter uns die Vorführung tief beeindruckt verließen«. In Kopenhagen schloss »Berlingske Tidende« sich an: »Es ist schwer, ein sachliches Referat zu schreiben, wenn man im Innersten von dem ergriffen ist, was in dem Referat behandelt werden soll, und wir gestehen offen, daß der Film über die Olympischen Spiele uns tief ergriffen hat – es ist ein Drama von ganz großem Format, ein Film, der auf der Höhe der Kunst steht, ein Gedicht in Bildern.« Mit anderen Worten: Die Spiele von Berlin 1936 waren eine atemlos kurze Realität von gerade einmal zwei Wochen, aber der Film schuf seine eigene Wirklichkeit mit dem Ausblick auf Dauer. Um es mit der Besprechung von »Le Journal« zu sagen: »Die Götter des Stadions haben der Erde ihr zweites Versprechen gegeben – Ewigkeit.«

Anders erging es der Regisseurin in den Vereinigten Staaten, denn dort wurde sie vom Ausblick auf Ewigkeit unerwartet und schmerzhaft wieder ins Zeitgeschehen zurückversetzt. Anfang November 1938 schiffte sie sich in Bremerhaven auf der »Europa« ein. »Zum ersten Mal befand ich mich auf einem Schiff dieser Klasse. Die Überfahrt war ein Traum, ich genoß Wind, Meer und auch den Luxus, den das Schiff bot.« Aber der Traum zerbrach schon in New York. Die Zeitungen meldeten in Schlagzeilen ihre Ankunft – und gleich daneben: »In Deutschland brennen die Synagogen, jüdische Geschäfte werden zerstört und Juden getötet.« Es handelte sich um die so genannte Reichskristallnacht des 9. November, das erste ganz unverhüllte Pogrom, das finster genug schon vom Kommenden kündete. Entsprechend zwiespältig fielen die Reaktionen aus, auf die die Besucherin traf. Zu Würdigungen gesellte sich die Ablehnung; kaum jemand wagte es überhaupt noch, den Olympiafilm zu zeigen. Und eine Anti-Nazi-Liga rief zum Boykott auf: »In Hollywood ist kein Platz für Leni Riefenstahl.« Zu denen, die protestierten, gehörten viele deutsche Emigranten, darunter der Regisseur Fritz Lang, berühmt durch Filme wie »Dr. Mabuse« und »Metropolis«.

Was hat es nun mit der »faschistischen Ästhetik« auf sich? Handelt es sich um ein bloßes Schlagwort, eine Worthülse ohne Gehalt? Oder gibt es etwas, das den »Triumph des Willens« ebenso wie »Olympia« politisch auszeichnet und brandmarkt? Leni Riefenstahl hat das niemals zugegeben und immer darauf bestanden, dass sie als vollkommen unpolitischer Mensch lediglich Dokumentarberichte geliefert habe. Und in gewissem Sinne ist das auch wahr: Nirgendwo findet man Aufrufe zur Gewalt oder die Feuerzeichen von Antisemitismus und Rassenwahn.

Doch zugleich ist es grundfalsch. Dokumentieren hieß hier gerade nicht naturgetreu abbilden, was war – sofern das überhaupt möglich ist –, sondern der Ehrgeiz, das Stilbewusstsein der Künstlerin richtete sich darauf, etwas Eigenes zu schaffen, eine Traumwelt aus Willen und Vorstellung jenseits der Realität. Und das wahrlich ist ihr gelungen – im Übrigen mit den Mitteln des Films weitaus besser als allen anderen Künstlern des »Dritten Reiches«, wie etwa mit seinen muskelstrotzenden Marmorfiguren Arno Breker (dem die Riefenstahl-Film GmbH noch 1944 eine Dokumention widmete) oder den »Meistern des Schamhaares« wie Adolf Ziegler, die ihre Gemälde alljährlich in München zur Schau stellten. Vielleicht sollte man sogar sagen: Nur die Verwandlung der Realität in den Traum mit den Mitteln des Films war der faschistischen, präziser ausgedrückt der nationalsozialistischen Ästhetik wirklich angemessen; eben darin trafen sich der Wagnerianer Adolf Hitler und die Schöpferin des »Blauen Lichts« Leni Riefenstahl zu ihrem Einverständnis. Der schöne Schein der Gewaltherrschaft fand entweder bei Aufmärschen oder im Kino statt – und eigentlich nirgendwo sonst.

Über den politischen Gehalt im »Triumph des Willens« haben wir bereits gesprochen; auf eine knappe Formel gebracht hieß die Botschaft, die dann auch zum politischen Schlagwort geriet: »Führer befiehl, wir folgen!« Oder: »Ein Volk, ein Reich, ein Führer!« Interessanter und vielschichtiger stellt sich »Olympia« dar. Doch beim genauen Hinsehen zeigen sich verblüffende Übereinstimmungen mit dem »Triumph des Willens«; wie dort der Führer aus den Wolken herab nach Nürnberg einschwebt, so beginnt »Olympia« unter dem Götterhimmel Griechenlands, von dort aus wird die heilige Flamme nach Berlin zu den Göttern des modernen Sports getragen. Und wie beim Fest der Partei handelt es sich beim »Fest der Völker« um eine kultische, gewissermaßen religiöse Handlung.

Übrigens war das nicht nur eine Riefenstahl'sche Erfindung, sondern es entsprach durchaus auch den Vorstellungen der Veranstalter. Avery Brundage, der langjährige berufene Hüter des olympischen Feuers und 1936 schon Vorsitzender des Olympischen Komitees der Vereinigten Staaten, hat noch 1964 verkündet: »Die olympische Bewegung ist eine dem 20. Jahrhundert angemessene Religion, eine Religion mit universalem Anspruch, die in sich alle Grundwerte anderer Religionen vereint. Eine moderne, erregende, lebendige, dynamische Religion, attraktiv für die Jugend, und wir vom IOC sind ihre Jünger ... Man suche in der Geschichte, und man wird kein System von Grundsätzen finden, das sich so weit und so schnell ausgebreitet hat wie die brillante Philosophie Coubertins. Er hat eine Fackel entzündet, die die Welt erleuchten wird.«

Um zum Film zurückzukehren: Der Einmarsch der Mannschaften ins Stadion mit ihrem Gruß zur Führerloge empor erinnert an den Vorbeimarsch beim Parteitag, wie überhaupt die durchgehend straffe Massenregie. Man vergleiche mit den spielerisch beschwingten Bildern (und der Musik) bei der Münchener Eröffnungsfeier im Jahre 1972 oder mit den tänzerischen Verträumtheiten von Syndney im Jahre 2000: Nicht nur ein Unterschied, sondern ein Gegensatz der Welten wird dann sichtbar. Der Spannungsgehalt der Wettkämpfe ist geblieben, wie er immer war, aber die Botschaft von Berlin 1936, im Film höchst kunstvoll herausgearbeitet und immer neu zu Körpersymbolen verdichtet, lautet: Einzig der gestählte Wille zur Leistung führt durch den Kampf zum Sieg – und nur dem Athleten, der zum Sieger taugt, wird der Preis der Schönheit zuteil.

Zwei Anmerkungen sind zur faschistischen Ästhetik noch wichtig. Erstens bleibt sie vordergründig. Sie zeigt Oberfläche, keine Tiefendimensionen; unwillkürlich wird man an die kritischen Anmerkungen zu Leni Riefenstahls Tanzdarbietungen in den frühen zwanziger Jahren erinnert. Man sieht und bewundert die Anspannung der Athleten; man erfährt wenig oder nichts von den vielleicht vielschichtigen und widersprüchlichen Menschen, die sie sind. Die Interviews oder Gespräche, die heute ganz selbstverständlich zur Sache gehören, so banal sie in der Regel auch sein mögen, doch mit der Chance zumindest, das Individuelle zu erschließen, kommen gar nicht erst vor. Wie weit aber oder wie kurz ist der Weg von dieser Ausblendung des Menschlichen über seine Missachtung bis zum Unmenschlichen?

Diese Frage führt zur zweiten Feststellung: Faschistische Ästhetik zeigt die schöne, ja verführerische Schauseite der Macht, die den Siegern zufällt; sie verschweigt die schreckensvolle Nachtseite der Ohnmacht, die Ängste der Besiegten, die Verfemung, Verfolgung, Vernichtung der Unerwünschten und angeblich Minderwertigen.

Leni Riefenstahl hat immer wieder beteuert, dass sie von dieser Nachtseite nichts gewusst habe, und man kann es ihr sogar glauben. Die Fähigkeit des Menschen und besonders des Willensmenschen, nur das wahrzunehmen, was er wahrnehmen will, ist beinahe unbegrenzt; sie gehört zu seiner Überlebensstrategie, um sich ein fugenlos gutes Gewissen zu bewahren. Niemand allerdings entkommt der Verantwortung für sein Tun und der Zurechnung von Schuld.

Seit »Olympia« war Leni Riefenstahl eine gemachte Frau. Schon 1935 hatte sie sich in Berlin-Dahlem, nahe am Grunewald, ein Haus erbaut. Jetzt, 1939, gründete sie ihre eigene Filmfirma; für sie war ein günstig gelegenes Gelände vorgesehen. Ankauf und Bebauung waren bereits genehmigt, aber der Krieg machte einen Strich durch die Rechnung.

Ähnlich erging es dem ehrgeizigen Filmvorhaben »Penthesilea«. Im antiken Mythos ist Penthesilea eine Amazonenkönigin, die im Trojanischen Krieg für König Priamos kämpft und viele Griechen erschlägt, bis Achill sie tötet – und sich in die Tote verliebt, nachdem er ihr die Rüstung abgenommen hat. Als Vorlage für den Film sollte vor allem die gleichnamige Tragödie von Heinrich von Kleist (aus dem Jahre 1808) dienen.

Welch eine Aufgabe für die Regisseurin und was für eine Hauptrolle für die Schauspielerin! Dafür nahm Leni Riefenstahl schon Reitunterricht, später auch ohne Sattel. Die Aufnahmen sollten teils auf Sylt oder in Ostpreußen auf der Kurischen Nehrung, teils in Nordafrika, in der Lybischen Wüste, stattfinden. Für Massenszenen hatte der italienische Gouverneur von Lybien, Marschall Italo Balbo, bereits ein Aufgebot von 1000 Schimmeln samt einheimischen Reitern zugesagt. Doch nach dem Ausbruch des Zweiten Weltkriegs war an eine Ausführung des kostspieligen Plans nicht mehr zu denken.

Und wie reagierte die Filmemacherin sonst auf den Kriegsbeginn? Zunächst einmal wollte sie dabei sein; schon wenige Tage nach dem 1. September 1939 reiste sie mit einigen ihrer Kameraleute der kämpfenden Truppe nach. Aber schon am 12. September ereignete sich im polnischen Końskie ein blutiger Zwischenfall: 20 oder möglicherweise noch mehr polnische Zivilisten wurden von der Wehrmacht erschossen, offenbar als Antwort auf die Tötung einiger deutscher Soldaten. Die Einzelheiten bleiben umstritten, und Leni Riefenstahl hat später stets geleugnet, Augenzeugin gewesen zu sein. Aber auf jeden Fall erfuhr sie von dem Massaker, protestierte beim zuständigen Befehlshaber, dem Generalobersten, später Feldmarschall Walter von Reichenau, und fuhr schleunigst wieder nach Deutschland zurück. Sie wollte mit diesem Krieg nichts mehr zu tun haben und hat sich auch nicht dazu gedrängt – was ja nahegelegen hätte –, aus dem Material von Kriegsberichterstattern Siegesfilme über die Feldzüge in Polen oder in Frankreich zu komponieren.

An diesem Verhalten gibt es nichts zu kritisieren. Oder doch? Im April 1952 wandte sich die Illustrierte »Revue« gegen Riefenstahls Versuche, »den Anschein zu erwecken, als habe sie nichts von den ungeheuerlichen Greueltaten und Verbrechen des nationalsozialistischen Regimes gewußt. Leni Riefenstahl ist aber in Wirklichkeit eine der wenigen Frauen, die von den furchtbaren Verbrechen, unter denen das Ansehen Deutschlands noch heute in der ganzen Welt leidet und für die zahllose unschuldige Soldaten heute noch zu Unrecht verantwortlich gemacht werden, nicht nur gewußt, sondern sie mit eigenen Augen angesehen haben.«

Angesichts der Tatsache, dass das Massaker von Wehrmachtsangehörigen verübt wurde, nimmt das Eintreten für die Unschuld der Soldaten sich einigermaßen kurios aus. Im Übrigen handelte es sich um einen Zwischenfall, wie er in jedem Krieg vorkommt, und nicht – noch nicht – um die vorsätzlich und systematisch durchgeführte Vernichtung, die folgte und in die sich die Wehrmacht vor allem seit Beginn des Russlandfeldzuges verwickelte. Richtig bleibt indessen, dass Leni Riefenstahl von dem Unheil, das sich anbahnte, nichts wissen *wollte*. Das zeigt ihr Verhalten, ihre eilige Rückkehr nach Berlin schon nach wenigen Tagen des Aufenthalts in Polen. Insofern trifft zu, was Margarete Mitscherlich in einer Besprechung der »Memoiren« geschrieben hat: »Es gelang ihr bis heute, ohne Ahnung von dem zu bleiben, wovon sie keine Ahnung haben wollte.«

Von 1940 bis zum Kriegsende 1945 widmete sich die Ahnungslose einem Filmprojekt unter dem Titel »Tiefland«, an das sie schon 1934 gedacht hatte, als Variation oder Weiterführung ihrer früheren Arbeit. Durchaus zutreffend hieß es in einem Bericht kurz nach dem Drehbeginn: »Es ist gut, sich Leni Riefenstahls ›Blaues Licht‹ vorzustellen. Der Stil dieses Films wird in ›Tiefland‹ weitergeführt, um die an großen Dokumentarwerken vermehrte Erfahrung der Künstlerin bereichert.« Eine Art von Heimatfilm, zugleich in Traumwelten versetzt, ein Melodram des Kampfes zwischen Gut und Böse, symbolisch gespiegelt in der unverdorbenen, naturnahen Bergwelt und dem verdorbenen Tiefland – und entsprechend von einer Frau zwischen zwei Männern: ein Klischee, wie es zu den Vorstellungen des »Dritten Reiches«, aber durchaus auch noch zu den Heimatfilmen der Nachkriegszeit passte. Ganz und gar nicht passte allerdings, dass die weibliche Hauptfigur eine Zigeunerin sein sollte und dass zu den Komparsen leibhaftige Zigeuner, besonders Zigeunerkinder gehörten.

Daran hat sich nach 1945 ein weiterer und giftiger Streit entzündet: Die Zigeuner, so hieß es, stammten aus einem Konzentrationslager. Das war zwar formal nicht richtig. Das Lager Maxglan, in dem die Komparsen ausgesucht wurden, war kein KZ unter der Schreckensherrschaft der SS. Aber der Lagerleiter, Anton Böhmer, war ein SS-Sturmbannführer, und »der Alltag im Lager bedeutete Zwangsarbeit, mangelhafte Verpflegung, notdürftige Unterbringung und weitestgehende Einschränkung der persönlichen Freiheit. Eine rigide Lagerordnung und die Androhung der jederzeitigen Überstellungsmöglichkeit in Konzentrations- und Vernichtungslager waren wichtige Disziplinierungsinstrumente.« Ein Hintersinn der Zusammenfassung von Zigeunern in solchen Lagern bestand tatsächlich darin, sie für den Abtransport in die Vernichtung verfügbar zu halten.

Leni Riefenstahl hat einmal mehr die Ahnungslose gespielt und betont, wie gut es die Komparsen von »Tiefland« bei ihr sozusagen als Schutzbefohlene gehabt hätten. Sogar das mag man ihr abnehmen. Jedenfalls handelte es sich um eine Schonfrist, solange die Dreharbeiten dauerten. Und wer wusste wirklich etwas von dem, was später mit den Zigeunern geschah? Die »Entfernung« der Juden gehörte zu Hitlers Programm; bereits in seinem Buch »Mein Kampf« wurde sie angekündigt. Ihr Abtransport konnte kaum verborgen bleiben, schon darum nicht, weil es sich um ungleich größere Zahlen handelte; und die Verflechtung der Juden mit ihren »arischen« Mitbürgern war weitaus enger gewesen als die der Zigeuner. Von denen sprach niemand, und kaum jemand interessierte sich für ihr Schicksal, nicht einmal in den Jahren nach 1945.

Hiervon abgesehen bewegt der Film »Tiefland«, der, durch die Kriegs- und Nachkriegsumstände bedingt, erst 1954 zur Uraufführung kam, heute keinen mehr, nicht einmal die Urheberin. Künstlerisch gesehen handelte es sich um Stillstand, um eine Abwandlung von »Das Blaue Licht« aus dem Jahre 1932; bahnbrechend Neues gab es weder inhaltlich noch in der Form, und was einst erregte, wirkte 22 Jahre später eher altbacken. Leni Riefenstahl hat gefühlt, dass es sich schwerlich um ein Werk von Rang handelte, und bekannt, sie habe in den Kriegsjahren »nicht mehr den richtigen Kontakt« zu ihrer Aufgabe gefunden. Im Grunde ging es um eine Ablenkung vom Zeitgeschehen: »Beinahe möchte ich sagen, es war wie eine Flucht vor dem Kriege.« Die Fremdheit galt im Rückblick sogar für die eigene Rolle als Schauspielerin: »Ich kann mich da nicht sehen, in diesem Film, weil es einfach tot ist.«

Viele Künstler und besonders die Filmemacher, die es sich leisten konnten, verließen Berlin, noch bevor die großen Bombenangriffe begannen. Dreharbeiten fanden bevorzugt in Prag statt. Viele suchten ein Unterkommen in Süddeutschland oder in Österreich. So auch Leni Riefenstahl, und so gesehen war sie den Schrecken des Krieges weit weniger ausgesetzt als Millionen von Frauen, die, zum Dienst in Rüstungsbetrieben verpflichtet, zwangsweise in den Feuerstürmen ausharrten – um von den Menschen im Osten nicht erst zu reden, über die die Rache der Roten Armee hinwegbrandete, falls ihnen um den Preis des Verlustes von Habe und Heimat nicht die Flucht gelang.

Das Unheil, so scheint es, begann für die unpolitische Künstlerin erst mit dem Einmarsch der Sieger, in ihrem Falle zunächst der Amerikaner und dann der Franzosen. Was dazu in ihren Memoiren unter dem Titel »Nachkriegszeit« über 120 Seiten ausgebreitet wird, liest sich quälend, und zwar aus doppeltem Grunde.

Einerseits stößt man auf Weinerlichkeit und Wehleidigkeit, auf Schilderungen von Krankheiten, Schmerzen, Hunger und sonstige Entbehrungen, die kein Ende nehmen, vor allem auf das immer währende bittere Klagen über erlittenes Unrecht. Beispielsweise heißt es, dass die Verfolgte im Februar 1948 »nach fast drei Jahren Haft« ihre Freiheit wiedererlangte. Doch wenn man nachmisst, erscheint diese Zeitangabe als stark übertrieben, ganz abgesehen von der Frage, ob längere Perioden des »Hausarrests«, das heißt einer eingeschränkten Bewegungsfreiheit, eigentlich als Haft anzusehen sind. Die Klagen wechseln ab mit Bekundungen der Unschuld aus dem Unwissen, etwa in einem Brief an den jüdischen Emigranten und Chefredakteur der Zeitschrift »Aufbau« in New York, Manfred George:

»Die größte Belastung, die ich mir selbst zuschreiben muß, fällt noch in die Zeit, in der wir uns sahen. Ich habe damals wirklich geglaubt, daß Hitler ein Mann ist, der sich für soziale Gerechtigkeit einsetzt, ein Idealist, der einen Ausgleich zwischen arm und reich schaffen wird, und der die Kraft hat, die Korruption zu beseitigen. Seine Rassentheorie habe ich, wie Sie wissen, niemals bejaht, dies war auch der Grund, warum ich nicht der Partei beigetreten bin. Ich hatte immer gehofft, daß diese falschen Grundlehren nach der Erreichung der Macht verschwinden würden. Nie habe ich bestritten, daß ich der Persönlichkeit Hitlers verfallen war. Daß ich das Dämonische zu spät in ihm erkannt habe, ist zweifellos Schuld und Verblendung. Entscheidend ist ja das innere Erleben, was wir wirklich an Schuld auf uns geladen, was wir gewußt und was wir nicht gewußt haben. Daß viele von den furchtbaren Geschehnissen in den KZs nichts wußten, das wird uns ja nicht geglaubt. Erst nach dem Krieg als Gefangene erfuhr ich von diesen wahnsinnigen Verbrechen.«

Aber hätte man nicht wissen sollen und – wenn man über so viele Verbindungen verfügte, wie Leni Riefenstahl – nicht wissen müssen? Oder einfach in »Mein Kampf« nachlesen können, was da geschrieben stand? Wie ein früheres Kapitel enthüllt, besaß sie das Buch, und kein anderer als Hitler entdeckte es bei ihr, mit Anstreichungen und Randbemerkungen versehen.

Im Jahre 1960, in einer Zeit, als das westdeutsche »Wirtschaftswunder« in voller Blüte stand und es den meisten Menschen besser ging als jemals zuvor, zog Leni Riefenstahl eine bittere Bilanz. Für sie besserte sich nichts, ganz im Gegenteil: »Seit Monaten lebte ich wieder in schwersten Abwehrkämpfen, eine Flutwelle schmutziger Verleumdungen überschüttete mich. Mein Leben wurde von Tag zu Tag unerträglicher ... Meine Mutter und ich fühlten uns wie ein auf Treibjagd eingezingeltes Wild, das in jedem Fall früher oder später erlegt werden würde. Das wußten wir, und darum war unser Leben von unerträglicher Düsterkeit und Schwermut erfüllt. Oft fragte ich mich, wozu das alles? Warum müssen wir leben, um zu vegetieren – ein so ehrloses, quälendes Leben. Die Kräfte verließen mich mehr und mehr, die Aussichten, meinen Beruf je wieder ausüben zu können, wurden immer unwahrscheinlicher, meine Feinde immer mächtiger und ihre Lügen immer niederträchtiger. Seit Kriegsende lebte ich nicht, ich kroch im dreckigen Schlamm menschlicher Gemeinheiten umher.«

Wie viele Menschen gab es wohl, die *vor 1945* im Schmutz krochen, sofern sie überhaupt überlebten? Aber niemand sollte das tun müssen, und ein zweiter Blick auf das Geschehen ist erforderlich, eine Gegenbilanz, die finster genug ausfällt. Denn Leni Riefenstahls Erinnerungen an die Nachkriegszeit zeichnen ein Zerrbild des Menschen, das gleichwohl der Wahrheit entspricht; sie zeigen Opportunisten oder »Wendehälse«, die, um sich selber reinzuwaschen, nichts dringender zu tun haben, als eine Frau zu verleugnen, zu schmähen, anzuklagen, die sie gestern noch rühmten, weil sie eine Symbolfigur des Erfolges war. Um von Luis Trenker zu schweigen: Arnold Fanck, der Pionier des Bergfilms, wollte mit seiner einstigen Meisterschülerin nichts mehr zu tun haben. Hans Albers – dem es vor 1945 ja nicht gerade schlecht ergangen war – rief, als er die Verfemte in einem Studio sah: »Wenn diese Person nicht sofort das Atelier verläßt, drehe ich keine Szene mehr!« Und ähnlich fast überall und immer so fort. Infame Gerüchte wurden verbreitet und bereitwillig weitererzählt; in Anspielung auf die früheren Gebirgsfilme in Schnee und Eis war von der »Reichsgletscherspalte« die Rede, die um ihrer Karriere willen die Geliebte Hitlers oder anderer Machthaber des »Dritten Reiches« gewesen sein sollte.

Vielleicht ließ sich die Bösartigkeit wirklich nicht vermeiden. Die Gewaltherrschaft und ihre Verbrechen waren eine Sache der Männer gewesen, und sofern sie sich ihrer Verantwortung nicht durch den Selbstmord entzogen, wie Adolf Hitler oder Heinrich Himmler, saßen folgerichtig auf den Anklagebänken von Nürnberg und anderswo, bis hin zu Eichmann in Jerusalem, durchweg nur Männer. *Sie* hatten also gebüßt. Doch gab es nicht auch die Millionen von Frauen, die dem Führer inbrünstig zujubelten, waren sie etwa keine getreuen Gefolgsleute gewesen? Und musste man sozusagen stellvertretend für diese Millionen nicht zum mindesten eine Symbolfigur finden oder erfinden, die man verurteilen konnte? Dafür aber bot sich niemand an, außer eben: Leni Riefenstahl.

Sieht man es so, dann kann man es beinahe verstehen, wenn schon nicht entschuldigen, dass sie keine Reue bekundete, sondern sich in der Beteuerung ihrer Unschuld und Ahnungslosigkeit wie in einer Festung verschanzte. Anklagend hat Margarete Mitscherlich das so ausgedrückt: »Sie trägt bis heute einen unsichtbaren seelischen Panzer. Jeder, der versucht, die begabteste Propagandistin des Herrenmenschentums damit zu konfrontieren, daß sie möglicherweise zum Massenwahn des ›heiligen Deutschlands‹ das Ihre beigetragen hat und somit auch das Massenelend, das dieses Reich verursachte, mitzuverantworten hat, erregt nur ihre Wut und Empörung, niemals aber Trauer- und Erinnerungsarbeit, die zu Selbsterkenntnis und Wiedergutmachungswünschen führen könnte.«

Ja, gewiss. Aber ist es wirklich so abwegig, dass Leni Riefenstahl in der Lage, in die sie gedrängt wurde, sich verriegelte, alle Anschuldigungen zurückwies und mit all ihrer Willenskraft für das kämpfte, was sie als ihr Recht ansah? Sie führte zahllose Prozesse, etwa 50 insgesamt oder noch mehr, und sie behauptet, dass sie alle gewonnen habe. Einer der Hauptkriegsschauplätze war der Olympiafilm, und zwar im zweifachen Sinne. Erstens ging es um die Frage, ob es sich bei den Spielen von 1936 und ihrer Darstellung um Propaganda gehandelt habe oder nicht. Dazu wird in den Memoiren mit Genugtuung ein Brief aus dem Jahre 1958 von Carl Diem zitiert (der damit freilich auch seine eigene Verteidigung aufbaute):

»Die Internationalen Olympischen Spiele sind eine Einrichtung des Internationalen Olympischen Komitees, das die Veranstaltung an eine dafür geeignete Stadt übergibt, nicht etwa an eine Regierung. Diese hat zu versichern, daß keine Gesetze die ordnungsgemäße Durchführung der Spiele verhindern ... Daß die Olympischen Spiele in Berlin ohne Verletzung der Olympischen Neutralität durchgeführt worden sind, beweist der *im Juni 1939 in London* gefaßte Beschluß des IOC, die Olympischen Winterspiele von 1940 wieder in Garmisch durchzuführen. Dieser Beschluß wurde ohne deutsches Zutun gefaßt. Er erfolgt in *geheimer schriftlicher Abstimmung und ergab ein einstimmiges Ergebnis* ... Wenn noch drei Jahre nach den Olympischen Spielen in Berlin und nur zwei Monate vor Ausbruch des Zweiten Weltkrieges die heutige, von den Medien verbreitete Ansicht, daß die Spiele in Berlin politisch mißbraucht wurden, zutreffen würde, dann hätte sich doch wenigstens *das eine oder andere Mitglied aus den 52 Nationen der Stimme enthalten oder sogar gegen eine erneute Übertragung der Spiele nach Deutschland gestimmt.* Zu den Aufgaben des Organisations-Komitees gehörte auch die Berichterstattung in jeder Form, die dem Propagandaministerium nicht unterstellt worden war. In dieser Zuständigkeit ist Frau Leni Riefenstahl mit dem Dokumentarfilm beauftragt worden ... Auf Antrag des jetzigen Präsidenten Brundage, USA, und des französischen Ministers a. D. Pietrie, also nicht etwa auf deutsche Anregung, wurde Leni Riefenstahl auf der Sitzung des IOC am 8. Juni 1939 vom Internationalen Olympischen Komitee für die künstlerische Gestaltung der Olympia-Filme die Olympische Goldmedaille verliehen. Dies wäre völlig unmöglich gewesen, wenn in dem Film nur wenige Meter nationalsozialistischer Propaganda enthalten gewesen wären. Die gesamte Auslandspresse hat einmütig 1938/39 trotz des damals noch stark bestehenden Boykotts gegen Deutschland die neutrale und unpolitische Gestaltung des Olympiafilms gerühmt, und in den USA wurde der Film 1956 von einem Gremium bekannter Filmregisseure unter die zehn besten Filme der Weltproduktion eingestuft ...«

Ja, warum denn nicht? Es heißt die faschistische Ästhetik krass unterschätzen, wenn man sie mit den Maßstäben plumper und platter Propaganda misst. Sie ist zunächst und vor allem: Ästhetik, und eben damit entfaltet sie ihre Verführungskraft.

Zweitens ging es um Rechte. Wem gehörte der Olympia-Film eigentlich? Das Internationale Olympische Komitee hatte ihn zwar in Auftrag gegeben, aber weder bezahlt noch gestaltet. Leni Riefenstahl hat hartnäckig darum gekämpft, dass ihr die Urheberrechte zustünden; schließlich ging es auch um die handfest praktische Frage von Tantiemen bei Neuaufführungen oder der Verwendung von Teilen in anderen Filmen. Damit begab sie sich freilich auf brüchigen Boden. Am 9. Dezember 1935 entstand die Olympia-Film GmbH mit folgender Feststellung: »Die Olympia-Film GmbH wird auf Veranlassung des Reiches und mit Mitteln gegründet, die das Reich zur Verfügung stellt. Auch die von der Gesellschaft für die Herstellung des Films benötigten Mittel werden sämtlich im Reichshaushalt zur Verfügung gestellt. Die Gründung der Gesellschaft ist notwendig, weil das Reich nicht offen als Hersteller des Films in Erscheinung treten will.« Mit anderen Worten: Es handelte sich um eine Tarnorganisation des Propagandaministeriums – und um ein Schreiben dieses Ministeriums an das Amtsgericht Berlin vom 30. Januar 1936. Entsprechend hieß es in einem Vertrag zwischen dem Ministerium und Frau Riefenstahl vom Oktober 1941: »Die Olympia Filme sind Eigentum des Reiches. Die Auswertung und Verwaltung der Olympia Filme für das Reich wird der Riefenstahl GmbH, Berlin, übertragen, in deren Verwahrung sich auch die Negative befinden.« Indessen ist die Rechtslage bis heute nicht eindeutig geklärt worden, sondern in einem eigentümlichen Schwebezustand geblieben. Nur über den »Triumph des Willens« fällte der Bundesgerichtshof 1969 ein Urteil in letzter Instanz: Der Film sei nicht von der Produzentin mit Hilfe der UFA, sondern von der NSDAP finanziert worden und gehöre daher zum beschlagnahmten Parteivermögen.

Angesichts der Verurteilungen und der Widerstände, die hier nur knapp skizziert wurden, hätten die meisten Menschen wahrscheinlich resigniert. Nicht so Leni Riefenstahl. Von Rückschlägen unbeirrt hat sie sich ihre Wiederkehr erkämpft, den zweiten Aufstieg zum Ruhm eines Weltstars, um nicht zu sagen zu einer Kultfigur. Angemessen verkehrte sie dann auch mit Kultfiguren wie Andy Warhol oder fotografierte Mick und Bianca Jagger. Dieser Wiederaufstieg stellt wohl nach der Arbeit am Olympiafilm ihre eigentliche und wirklich bemerkenswerte Lebensleistung dar. Das neue Zauberwort aber heißt *Afrika*. 1956, inzwischen 54 Jahre alt, entdeckt sie den schwarzen Kontinent und beschreibt in den Memoiren ihre Verzauberung, die Liebe auf den ersten Blick:

»Mein erster Morgen in Afrika. Als die Sonne aufging, landeten wir in Khartum. Ich spürte noch die feuchte Kälte des grauen Aprils in meinem Körper, und beim Verlassen des Flugzeugs hatte ich das Gefühl, in ein Bad von Wärme zu tauchen. Die Sonne stand, vergrößert durch den Dunst und feinen Sandstaub, riesenhaft über dem Flugfeld. Ich war wie betäubt.

Die Welt, in der ich bisher gelebt hatte, waren die Berge, das Eis von Grönland, die Seen der Mark Brandenburg, die Weltstadt Berlin gewesen. Hier begann, ich fühlte es sofort, etwas völlig anderes – ein neues Leben.

Im Gegenlicht sah ich schwarze Gestalten in hellen Gewändern auf mich zukommen – sie schienen im vibrierenden Licht der Sonne zu schweben, losgelöst von der Erde wie eine Fata Morgana. Afrika hatte mich umarmt – für immer. Es hatte mich hineingesogen in eine Vision von Fremdheit und Freiheit und wirkte in mir wie eine Droge, deren betäubende Wirkung bis heute nicht nachgelassen hat, obwohl ich mit der Zeit die Schattenseiten und die fast unlösbar erscheinenden Probleme Afrikas kennengelernt habe.«

Dabei verliefen die ersten Versuche, hier Fuß zu fassen, durchaus nicht reibungslos. Oder vielmehr: Sie mündeten geradewegs in Katastrophen. Filmprojekte scheiterten am Streit der Beteiligten, am Geldmangel oder an anderen, widrigen Umständen. In Kenia entging sie bei einem schweren Autounfall nur knapp dem Tod und lag sechs Wochen lang in einer Klinik in Nairobi. Der Sudan, dem Leni Riefenstahl sich etwas später zuwandte, war ein unruhiges, von Krisen und Kämpfen geschütteltes Land, in weiten Gebieten eigentlich für Ausländer gesperrt, zudem in den abgelegenen Regionen des Südens kaum zu erreichen. Keine auch nur halbwegs zuverlässigen Landkarten, keine Straßen und keine Telefonverbindung, kein Arzt und keine Polizeistation weit und breit! Was sollte da eine Frau, die dann das 60., das 70. Lebensjahr erreichte und überschritt, eigentlich ausrichten?

Aber Leni Riefenstahl drang zu den Nuba von Kordofan vor, wie von ihrem Stern die Heiligen Drei Könige zum Jesuskind in der Krippe von Bethlehem nur von einem Foto geleitet, das sie zufällig gesehen hatte: »Die Aufnahme zeigt einen schwarzen Athleten, der von einem Freund auf den Schultern getragen wird ... Eine ungewöhnliche Aufnahme. Der Körper des Schwarzen wirkte wie eine Skulptur von Rodin oder Michelangelo.«

Die blonde Besucherin aus Deutschland schlug ihr Quartier unter einem großen Baum auf, blieb für Wochen und kehrte mehrfach zurück. Mit ihrer offensichtlichen Zuneigung gewann sie das Vertrauen, die Freundschaft der Nuba und konnte bald ungehindert fotografieren. Was sie aufnahm, »waren biblische Bilder, wie aus der Urzeit der Menschheit«. Denn die Nuba zeigten sich noch unbefangen so, wie Gott sie erschaffen hatte: nackend, allerdings oft mit »eingeaschtem« oder kunstvoll bemaltem Körper. Zu Festen gestalteten sie Wettkämpfe, denn »Ringkampf bedeutete den Nuba mehr als nur Sport. Es war eine kultische Handlung von zentraler Bedeutung. Schon die kleinen Buben begannen, noch ehe sie richtig laufen konnten, die Tanz- und Ringkampfstellungen der Athleten nachzuahmen. Von frühester Jugend an bereitete sich ein Knabe auf den Ringkampf vor. Untereinander hielten sie Wettkämpfe ab und schmückten sich dazu wie ihre älteren Brüder und Väter.

Ort und Zeit eines Ringkampfes entschied der Priester, der ›Kudjur‹, mit dem Ältestenrat. Danach wurden Boten ausgesandt, um überall die Einladung zu verkünden ... Am frühen Morgen setzte sich, ausgenommen Kinder und alte Leute, die ganze Hügelgemeinschaft von Tadoro in Bewegung, geschmückt mit Perlen, Asche, Fellschmuck und Kalebassen, welche die Ringkämpfer meist rückwärts an ihre Gürtel banden. Dem Zuge wurde die Fahne des Dorfes vorangetragen, das Ende beschlossen die Frauen, auf ihren Köpfen die schweren Töpfe mit Wasser und Marissebier balancierend. An einem großen Ringkampffest nahmen etwa viertausend Nuba teil, wobei sie Strecken bis zu fünfzig Kilometer zurücklegten.

Den Beginn der Kämpfe leiteten kultische Handlungen ein. Die Ringkämpfer stampften auf den Boden, stießen dumpfe Laute aus, mit denen sie die Rufe der Stiere imitierten, und bewegten im Tanz die Hände, besser gesagt die Finger, mit einer Geschwindigkeit, wie große Insekten ihre Flügel ... In diesem Stadium inkarnierten sie sich mit ihren Rindern – ein uraltes Nuba-Ritual.

Je länger die Kämpfe dauerten, um so leidenschaftlicher wurden sie. Manche dauerten nur Sekunden, andere mehrere Minuten. Wenn die Zuschauer zu nahe an die Kämpfenden herankamen, drängten die Schiedsrichter sie mit Rutenzweigen zurück. In solchen Augenblicken war es so gut wie unmöglich zu fotografieren, erst, wenn die Sieger auf den Schultern aus dem Ring getragen wurden, konnte ich mit Glück einige Aufnahmen machen.«

Aus der Begegnung mit den Nuba entstand schließlich, 1973, ein Buch, eine Hymne in Bildern: »Die Nuba. Menschen wie von einem anderen Stern.« Der Untertitel ging auf den Vorschlag eines alten Freundes, Albert Speer, zurück. Dieses Buch wurde zum Welterfolg; nach dem Ruhm der Regisseurin begründete es den Ruf der Fotografin. Es folgten 1976 »Die Nuba von Kau« und 1982 »Mein Afrika«.

Bewunderung lässt freilich die Kritiker nicht ruhen. Man hat von einer »Produktivität durch Eskapismus«, als Fluchthandlung, gesprochen. Oder ging es womöglich um eine Fortsetzung von »Olympia« mit anderen Mitteln? Kam es nicht hier wie dort auf die Feier, den *Kult* schöner Körper an, die in ihrer Anspannung zum Wettkampf sich darstellen? Geraten wir hinterrücks also wieder in die Verführung durch eine faschistische Ästhetik hinein? Besonders das zweite Buch, »Die Nuba von Kau«, legt diesen Verdacht nahe. Denn weitaus stärker als im entdeckungsfrischen ersten Band rücken da die Wettkämpfer in den Mittelpunkt, und wie im Olympiafilm – oder wie im »Triumph des Willens« der »Führer« – werden die afrikanischen Athleten mit Vorliebe von unten her »angehimmelt«. Aber auch wenn man den politischen Verdacht beiseite lässt, drängt sich zumindest der Gedanke an eine Zivilisationsflucht auf, wenn man in den Memoiren liest: »Um meine Gesundheit sah es nicht gut aus. Ich schlief schlecht, war immer müde und verfiel in Depressionen. Ich litt sehr unter der Einsamkeit, die ich selbst suchte. Deshalb zog es mich immer mehr nach dem Sudan, dort sah ich mein ausschließliches Ziel. Ich war überzeugt, daß ich meinen Frieden nur noch bei den Nuba finden würde.«

Indessen musste Leni Riefenstahl erleben, dass ihr Paradies zerstört wurde. Auf einmal schämten sich die Menschen ihrer Nacktheit. »Die früher weiß eingeaschten, ganz unwirklich aussehenden Gestalten trugen jetzt zerlumpte, schmutzige Kleidungsstücke. Ein Anblick zum Erbarmen.« Und mit diesem Einbruch der Zivilisation hielten auch vorher unbekannte Laster Einzug, zum Beispiel der Diebstahl. »Ich hatte das in Ostafrika erlebt. Dort war ich den Massai und Angehörigen anderer Stämme begegnet, zerlumpt und ohne Sonne in den Augen. Sie hatten ihre natürliche, so bezwingende Würde verloren. Sie gehörten nicht mehr zu ihrem Stamm, und in den Städten vermehrten sie die Slum-Bevölkerung ... Wo die Schattenseiten der Zivilisation sich ausbreiten, verschwindet menschliches Glück. Nun erlebte ich das in so trauriger Weise bei meinen Nuba.«

In gewissem Sinne wiederholte sich hier, in einem abgelegenen Teil des Sudan, die Urgeschichte vom Gottesfluch über den Anfang der Zivilisation, von dem die Bibel erzählt: »Und sie hörten die Stimme Gottes, des Herrn, der im Garten ging, da der Tag kühl geworden war. Und Adam versteckte sich mit seinem Weibe vor dem Angesicht Gottes des Herrn unter den Bäumen im Garten. – Und Gott der Herr rief Adam und sprach zu ihm: Wo bist du? – Und Adam sprach: Ich hörte deine Stimme im Garten und fürchtete mich; denn ich bin nackt, darum versteckte ich mich. – Und Gott der Herr sprach: Wer hat dir's gesagt, daß du nackt bist? Hast du nicht gegessen von dem Baum [der Erkenntnis], davon ich dir gebot, du solltest nicht davon essen? ... Und Gott der Herr machte Adam und seinem Weibe Röcke von Fellen und kleidete sie. – Und Gott der Herr sprach: Siehe, Adam ist geworden wie unsereiner und weiß, was gut und böse ist. Nun aber, daß er nicht ausstrecke seine Hand und breche auch von dem Baum des Lebens und esse und lebe ewiglich! – Da wies ihn Gott der Herr aus dem Garten Eden, daß er das Feld baute, davon er genommen ist, – und trieb Adam aus und lagerte vor dem Garten die Cherubim mit dem bloßen, hauenden Schwert, zu bewahren den Baum des Lebens.«

Soll man aber die Sehnsucht nach der Rückkehr zum Ursprünglichen und die Trauer um seinen Verlust faschistisch nennen? Gewiss, die Nationalsozialisten griffen auf, was als Zivilisationsfeindschaft ohnehin in der deutschen Luft lag, und mischten daraus ein ebenso trübes wie gewalttätiges Gemisch aus Anklagen gegen »Asphalt« und »Entartung«, unterlegt von der Vision des guten, bäuerlich einfachen Lebens, gegründet auf »Blut und Boden«.

Doch eigentlich handelt es sich um einen Traum, der den Menschen als Menschen kennzeichnet. Weil es zu seiner Natur gehört, dass er nur künstlich, in Gehäusen existieren kann, die er selbst sich geschaffen hat, sehnt er sich zurück nach der verlorenen Natürlichkeit. »Wie schön!«, sagen wir unwillkürlich, wenn wir unverdorbener Landschaft begegnen, die noch nicht vom Beton zerfressen und vom Lärm überwölbt wird. Und je weiter wir auf der Straße der Triumphe unserer Weltbemächtigung vorankommen, desto stärker plagt uns zugleich das Heimweh nach dem Ursprung. Darum begleitet dieses Heimweh gerade den Glauben der Aufklärung an den Fortschritt der Zivilisation als sein stetiger Schatten. Im 18. Jahrhundert, am Vorabend der Französischen Revolution, nimmt er in der Begeisterung für die Schriften des Jean-Jacques Rousseau und mit der Entdeckung von Südseeparadiesen wie Tahiti zuerst die modernen Formen an, die seither in immer neuen Spielarten wiederkehren und gewiss auch aus der Zukunft nicht verschwinden werden. Dabei gehört zur Dialektik, zu den Paradoxien, wenn man so will zum Fluch der Zivilisation, dass die Entdeckung von Naturparadiesen zugleich ihre Zerstörung einleitet, weil dann alle sie sehen und genießen möchten und darin samt Bierdosen und Fotoapparaten herumtrampeln. Andererseits kann eine Erhaltung des Natürlichen wiederum nur künstlich, als bewusste Leistung und mit den Mitteln der Zivilisation gelingen. Oder wenn das schon nicht möglich ist, kann jedenfalls für die Erinnerung und für die Träume von der Heimkehr ins Paradies aufbewahrt werden, was einmal war – zum Beispiel durch Bilder wie die von den Nuba.

Während die Welt noch deren Darstellung bestaunte, bereitete sich Leni Riefenstahl schon auf den Aufbruch zu neuen Ufern, vielmehr einen Abschied vom festen Boden unter den Füßen vor. Im Alter von 71 Jahren erlernte sie das Tauchen und gründelte seitdem mit ihrer Kamera und mit ihrem Mitarbeiter Horst Kettner überall dort, wo es die Geheimnisse und Schönheiten des Meeres zu sehen gibt. Längst hält sie dabei den Rekord als älteste Sporttaucherin, und wie man lesen kann, schätzt sie besonders den sportlichen Charakter von Tauchgängen im Indischen Ozean, weil dort der Wellengang besonders hoch ist. Zur Ernte der Meereserfahrungen gehören inzwischen die Bücher »Korallengärten« und »Wunder unter Wasser« aus den Jahren 1978 und 1990.

Es ist nicht leicht, Leni Riefenstahl gerecht zu werden. Um den Prolog im »Wallenstein« von Friedrich Schiller abzuwandeln: »Von der Parteien Gunst und Haß verwirrt, schwankt ihr Charakterbild in der Geschichte.«

Ihr Leben überspannt das 20. Jahrhundert und reicht darüber sogar noch hinaus; bei der Frankfurter Buchmesse im Oktober 2000 stellte sie so vital und kämpferisch wie je ihr neuestes Buch- und Bildwerk »Fünf Leben« vor, und falls sie über die sprichwörtlichen sieben Leben einer Katze verfügt, haben wir noch einiges zu erwarten.

Die Laufbahn zunächst der Tänzerin, dann der Schauspielerin begann in der Weimarer Republik. Dabei wurde sie neben dem weithin vergessenen Arnold Fanck und dem noch immer unvergessenen – obwohl ihr verhassten – Luis Trenker zur Exponentin einer besonderen, damals exklusiv deutschen Sparte des Films, der die Kinobesucher in die Träume von einer halb natürlichen, halb heroisch stilisierten Berg- und Seelenlandschaft entführte, wohlgemerkt zu einer Zeit, als die meisten sich die Winterreise in alpine Schneeregionen noch gar nicht leisten konnten.

Bereits am Anfang der dreißiger Jahre übernahm sie für die Berglegende aus den Dolomiten »Das Blaue Licht« selbst die Regie und brach damit in eine Domäne der Männer ein. Äußerungen zum Kampf der Frauen um Gleichberechtigung sind von ihr nicht überliefert, aber wie selbstverständlich hat sie ihn geführt – und gewonnen. Übrigens begann das sozusagen als Probe auf die Zukunft schon in der Auseinandersetzung des Mädchens mit dem starken und starrsinnigen Vater, der vom anrüchigen Beruf einer Tänzerin nichts wissen wollte, und das in einer Bürgerwelt, in der die Väter noch über Autorität verfügten. Willensstärke war also sehr früh und blieb lebenslang ein Kennzeichen der Leni Riefenstahl, und die Vermutung mag nicht ganz abwegig sein, dass manche der Ressentiments, die ihr bis heute entgegenschlagen, etwas mit dieser überlegenen Willensstärke zu tun haben.

Noch vor der »Machtergreifung« von 1933 kam es zu einer schicksalhaften Begegnung mit Adolf Hitler. Leni Riefenstahl hat nicht gesehen, nicht sehen wollen, welche Machtgier, welch ein Hass, welch ein Wille zur Vernichtung in diesem Mann aus dem Nichts gespeichert war und zur Entladung drängte, um den Preis der Zerstörung jeder Freiheit und allen Rechts, am Ende sogar der Selbstzerstörung. Um halbwegs gerecht zu sein, muss man allerdings hinzufügen, dass zur Geschichte Hitlers und zur Bedingung seiner Erfolge weithin gehörte, dass man ihn unterschätzte. Das galt innerhalb Deutschlands von den Sozialdemokraten bis zu den Konservativen, und es galt auch international vom britischen Premierminister Neville Chamberlain bis zum sowjetischen Diktator Josef Stalin.

Um hier noch eine Episode einzufügen, die Leni Riefenstahl in ihren Memoiren überliefert: Im August 1939 nahm sie an einer Filmvorführung in der Reichskanzlei teil. »Verschiedene Wochenschauen wurden gezeigt. Bei einer sah man Stalin, wie er in Moskau eine Truppenparade abnahm. Dabei waren einige leinwandgroße Profilaufnahmen Stalins zu sehen. Ich beobachtete, daß Hitler sich bei den Stalinbildern vorbeugte und sie konzentriert beobachtete. Als die Vorführung zu Ende war, verlangte er überraschend, diese Wochenschau noch einmal zu sehen, ohne zu sagen, warum. Als Stalin wieder im Bild erschien, hörte ich, wie er sagte: ›Dieser Mann hat ein gutes Gesicht – mit ihm müßte man doch verhandeln können.‹« Die Autorin meint, dass Hitlers Entschluss seinen Außenminister nach Moskau zu schicken, um einen Pakt zwischen der Sowjetunion und dem Reich abzuschließen, in diesem Augenblick entstand.

Das mag man glauben oder nicht glauben. Natürlich interessierte die Regisseurin sich für die Wirkung von Filmaufnahmen, aber nicht für die hohe Politik. Was sie an Hitler faszinierte, war der Künstler, der er trotz des Scheiterns bei seiner Jugendbewerbung an der Wiener Kunstakademie durchaus auch war: der Jünger Richard Wagners mit seinem Sinn für die Choreographie von Weihespielen, die im magischen Wechselverhältnis von Führer und Gefolgschaft die Massen in ihren Bann schlagen. In diesem Sinne entstand eine Partnerschaft; mit Werken wie dem »Triumph des Willens« und »Olympia« wurde im Film verwirklicht, was Hitler als der Choreograph und Regisseur seiner Auftritte bei Reden, Parteitagen, Aufmärschen und Paraden zur Vollendung brachte. Kein Propagandafilm des »Dritten Reiches« hat eine auch nur halbwegs vergleichbare Wirkung erzielt, und darum ist es berechtigt, von einer Partnerschaft der Künstler zu sprechen, die sich miteinander fast ohne Worte auf das verstanden, was man im Nachhinein die faschistische Ästhetik genannt hat.

Nicht erst mit dem Kriegsende 1945, sondern im Grunde schon seit dem Kriegsbeginn 1939 war allerdings die Zeit der Theatralik beendet. Hitler verlor sich mehr und mehr in einem Rausch der Eroberung und Vernichtung, das wie sein Feldherrntum in die Katastrophe mündete.

Leni Riefenstahl zog sich mit guten Gründen schon bei der ersten Berührung vom Kriegsfilm zurück. Denn er hätte vom Schrecken statt von der Schönheit reden müssen; der Zwischenfall von Końskie lieferte zu dieser Einsicht nur den Anlass. »Tiefland« indessen, das Arbeitsthema von 1940 bis 1945, blieb ein Notbehelf, genau betrachtet pure Beschäftigungstherapie, um den Leerlauf zu übertäuben. Nichts gelang danach mehr, und das Scheitern aller Nachkriegspläne hatte gewiss viel mit den Widerständen, den Urteilen oder Vorurteilen zu tun, denen die Verfemte fortan begegnete, aber auch damit, dass diese Pläne kaum noch etwas enthielten, was sich als bezwingend erwies.

Umso verblüffender nimmt sich die Tatsache aus, dass Leni Riefenstahl mit ihrer »Flucht« nach Afrika, mit ihren Büchern über die Nuba und die Korallengärten des Meeres dann doch eine Wiederkehr und ein Anschluss an den Zeitgeist gelang, der gerade im Triumph der menschlichen Weltbemächtigung, im Fortschritt der Zivilisation, im Glanz und Elend des Massenwohlstands als eine Sehnsucht nach den Ursprüngen, nach der Heimkehr in den Garten Eden in Erscheinung tritt. Denn die Weltbemächtigung stellt sich weithin als Zerstörung oder jedenfalls als elementare Bedrohung dar, und damit wachsen die Ängste; nicht von ungefähr und nicht nur in einem vordergründig politischen Sinne ist das 20. Jahrhundert zu einer Epoche der Fluchtbewegungen geworden.

Das Fazit lautet, ob wir daran nun Gefallen finden oder nicht: In dieser erstaunlichen, willensstarken und wehleidigen, verblendeten und hellsichtigen Frau Leni Riefenstahl spiegeln sich der Geist und der Ungeist des Zeitalters. Mit ihren Filmen und Bildern hält sie uns im Spiegel vor, wovon wir selbst einmal geträumt haben oder heute noch träumen. Und ebendiese Spiegelung lässt uns als anstößig erscheinen, was wir zu sehen bekommen.

# Marion Gräfin Dönhoff

Die Dönhoffs stammen ursprünglich aus Westfalen. Doch von den Verhältnissen auf dem heimischen »Dunehof« offenbar beengt, vom Glaubenseifer oder von der Lust am Abenteuer beflügelt, verpflichtet sich ein Hermanus Dönhoff dem 1202 gegründeten Schwertritterorden und zieht um das Jahr 1230 über Ostpreußen noch hinaus nach Livland, in das baltische Gebiet, das heute zu Estland und Lettland gehört, und wird dort ansässig. Die Herrschaftsverhältnisse wechseln im Lauf der Jahrhunderte; es entsteht ein polnischer und ein deutscher Familienzweig. Der polnische stirbt im Jahre 1791 aus, der deutsche wächst nach Ostpreußen hinüber und in einen großen Güterbesitz hinein. Im Jahre 1666 erwirbt Friedrich Dönhoff Friedrichstein, etwa 20 Kilometer östlich von Königsberg, und von 1709 bis 1714 entsteht das gleichnamige Schloss, ein Meisterwerk des französischen Baumeisters Jean de Boldt, das neben Schlobitten und Finckenstein – beide im Besitz der Dohnas – im ersten Rang ostpreußischer Schlösser genannt wird. Die historischen Dokumente und die Kunstschätze, die sich im Laufe der Zeit in solchen Schlössern ansammeln und 1945 untergehen, lassen sich kaum ermessen.

18 Generationen haben bis 1945 im Osten gelebt, zuletzt freilich sehr ausgedehnte Generationen: Marion Gräfin Dönhoff wird am 2. Dezember 1909 geboren und lebt höchst aktiv ins 21. Jahrhundert hinein, der Großvater August Heinrich Herrmann Dönhoff aber erblickt 1797 das Licht der Welt. Nur »zwei Handschläge« oder drei Generationen reichen also über mehr als zwei Jahrhunderte hinweg, in denen gewöhnliche Leute sechs bis acht Generationen unterbringen. Doch die Dönhoffs waren eben

keine gewöhnlichen Leute, sondern Magnaten, wie es in Preußen nur wenige gab; in der Zeit vor dem Ersten Weltkrieg, als Marion geboren wurde, umfasste der Grundbesitz von Friedrichstein 6215 Hektar. Hinzu kam noch die Familienstiftung Quittainen, bei Preußisch Holland gelegen, mit 9907 Hektar; zusammen sind das mehr als 160 Quadratkilometer. Der Diplomat Otto von Hentig hat in seinen Jugenderinnerungen einen Besuch in Friedrichstein beschrieben:

»Es war wohl im Sommer 1902, als wir zum zweiten Mal das damals noch im größten Stil geführte Schloß besuchten. In Königsberg holte uns ein Rappen-Viererzug ab und ein ihn begleitender Gepäckwagen. Die Eltern bekamen wieder die Königsstuben, also die Räume, die für die preußischen Könige bestimmt waren, wenn sie Ostpreußen besuchten ... Unmittelbar, nachdem Graf August [Marions Vater] die Morgenandacht mit etwa zwanzig zum Teil sehr anziehenden jungen, sämtlich rosa uniformierten Hausmädchen sowie dem ersten, zweiten und dritten Diener abgehalten hatte, kam auf einer riesigen Silberplatte das exzellente Frühstück. Jeden Abend dann Diners in großer Toilette mit Gästen aus der Umgebung und aus Königsberg, außer den ständigen Besuchern aus Diplomatie, Hoch- und Geistesadel.«

Ein wenig sind dem halbwüchsigen Hentig (geboren 1886) angesichts der rosa Schönheiten offenbar die Augen übergegangen; auf einem zeitgenössischen Foto erkennt man nur sechs dieser Mädchen. Zählt man allerdings die männliche Dienerschaft und das – unsichtbare – Küchenpersonal noch hinzu, so kommt man tatsächlich auf etwa 20 dienstbare Schlossgeister. Anzufügen ist jedoch, dass die Gäste nur eine Schauseite zu sehen bekamen. Sonst ging es im Alltag sehr sparsam zu – und das über Generationen hinweg. Vom Urgroßvater berichtet die Urenkelin: »August Friedrich Philipp Dönhoff hat von 1805 bis zu seinem Tode 1838 regelmäßig Tagebuch geführt ... Auch trug er seit 1809 regelmäßig ... seine Ausgaben ein. Man kann sich die Bescheidenheit, mit der damals der Eigentümer eines großen Besitzes lebte, kaum vorstellen. In seinen schmalen, langen Ausgabebüchern stand in der Rubrik ›Kleidung‹ über viele Jahre als einzige Aufwendung immer nur verzeichnet: Schuhe besohlen, Kragen wenden oder ausbessern und neues Futter für eine Jacke ... Als ihm angeboten wird, Generallandschaftsdirektor zu werden, lehnt er ab – er könne es sich nicht leisten, die Uniform, die dafür obligat sei, anzuschaffen.« Zwei Generationen später wird der Vater von einem Freund gefragt: »Sag mal, wer trägt eigentlich deine Anzüge, wenn sie neu sind?«

Über ein ganzes Jahrhundert hinweg änderte sich also nur wenig; Marion erbte die Kleider ihrer größeren Schwestern und teilte ihr Zimmer mit der um zwei Jahre älteren, geistig behinderten Maria. »Wir Kinder«, erzählt sie, »waren in recht kargen kleinen Stuben untergebracht. Sie verdankten ihren Ursprung der Tatsache, daß man irgendwann im oberen Stockwerk eine Zwischendecke eingezogen hatte. Da die repräsentativen Räume sieben Meter hoch waren, hatten sich auf diese Weise leicht zusätzliche Zimmer gewinnen lassen ... Eingerichtet waren alle gleichermaßen spartanisch, nur mit dem Nötigsten: Bett, Schrank, Waschtisch mit Waschschüssel, Kanne und Eimer – fließendes Wasser gab es nicht ... Die sanitären Einrichtungen ließen sehr zu wünschen übrig. Auf jedem Stockwerk stand der als Schrank verkleidete Ort ... Gut gegessen wurde nur, wenn Gäste kamen. Wein gab es nur für den Vater, wir Kinder tranken Wasser, das täglich in einem großen, von einem Pferd gezogenen Aluminiumkübel zum Kochen herbeigeschafft wurde. Im Winter kam das Wasser von einer Pumpe auf dem Hof, im Sommer – als Konzession an die Hygiene – aus einer Pumpe im alten Dorf, wo das Wasser angeblich sauberer war. Klarer war es in der Tat, aber in der heißen Zeit stank es so, daß man beim Trinken den Atem anhalten mußte; die Nase zuzuhalten wurde unterlassen, es hätte sonst sofort geheißen: ›Stellt euch nicht so an.‹«

Das Miteinander von Großzügigkeit und Knauserei erklärt sich daraus, dass die Bewirtschaftung der Schlösser auf der Selbstversorgung beruhte. Die Arbeit des Personals war mit freier Unterkunft und Verpflegung in der Hauptsache schon abgegolten. Das Holz zum Heizen stammte aus dem eigenen Wald, das Obst und Gemüse aus der Gutsgärtnerei. Die Landwirtschaft lieferte das Fleisch, die Kartoffeln und das Mehl zum Brotbacken; die Jagderträge und die Fische aus dem zum Besitz gehörenden See kamen hinzu, und an Pferden für die Kutschwagen oder zum Reiten herrschte kein Mangel. Im Kontrast dazu erscheint dann beinahe alles, was Geld kostet, als ein unzulässiger Luxus. Standesgemäß fährt man mit Kutscher und Kutschwagen zur Bahn, doch von da an in der Holzklasse. (Diese Gewohnheit behält Marion Dönhoff lebenslang bei; noch die Chefin der ZEIT reist grundsätzlich zweiter statt erster Klasse.)

Der Abstand der Generationen, von dem schon die Rede war, vergrößerte noch die ohnehin übliche Distanz zwischen Eltern und Kindern. Der Vater heiratete spät und stand in seinem 65. Lebensjahr, als die Tochter Marion als jüngste von sieben Geschwistern geboren wurde; er starb, als sie knapp zehn Jahre alt war. »Meinen Vater habe ich kaum gekannt«, heißt es in dem Erinnerungsbuch »Kindheit in Ostpreußen«, das 1988 erschien und bald zum Bestseller wurde. »Am stärksten hat sich mir ein Bild von ihm eingeprägt, das sich an vielen winterlichen Abenden bot. Sein Arbeitszimmer war das letzte einer langen Flucht von Räumen, die die gesamte Länge der zum Park hingewandten Seite des etwa 90 Meter langen Schlosses einnahm. Da die Türen stets offenstanden, konnte ich ihn dort, in großer Entfernung, von seiner Lampe beschienen am Schreibtisch sitzen sehen. Es war, als sähe man einen lichten Punkt am Ende eines langen, dunklen Tunnels.«

Ein symbolträchtiges Bild, und die Autorin fügt hinzu: »Wenn ich ihn tagsüber irgendwo durchs Haus wandern sah, verdrückte ich mich schnell, aus Angst, ihm vorlesen zu müssen.« Denn seine Augen waren im Alter sehr schlecht, aber er blieb stets wissbegierig und hielt viele Zeitungen, die noch durchstudiert sein wollten. »Auch die Großen ließen sich ungern erwischen, weil sie immer weit Interessanteres vorhatten, für mich aber, die ich noch gar nicht ordentlich lesen konnte, war es geradezu eine Qual, wenn es mir einmal nicht gelungen war zu entkommen und ich mich dann durch vollkommen unverständliche Texte hindurchbuchstabieren mußte.«

Die Mutter Ria, geborene von Lepel, nimmt sich im Leben des Kindes erst recht wie eine Randfigur aus. Wir erfahren von ihr kaum mehr, als dass sie eine Hofdame der Kaiserin gewesen war und vom Personal entsprechend ehrfürchtig angeredet wurde: »Untertänigst guten Morgen, Exzellenz.«

Von den älteren Geschwistern wird die kleine Marion gehörig gepiesackt und lernt früh, dass man sich durchboxen muss. Zum alltäglich wichtigen Umgang zählen im Übrigen die Diener und Dienstmädchen, ebenso die Gutshandwerker und Gärtner, die Leute und die Kinder im Dorf. Eine besondere Respektsperson ist der Kutscher Grenda, mit dem man sich gutstellen muss, wenn man Pferde zum Reiten haben will; gottlob kann man ihn mit einer im Herrenzimmer stibitzten Zigarre gnädig stimmen. Als Marion konfirmiert wird, sagt er zur Mutter: »Na, Exzellenz, nun haben wir alle durch. Und ich denke, wir können ganz zufrieden sein.«

Der Unterricht – standesgemäß nicht in der Dorfschule, sondern privat – verläuft eher chaotisch. Zunächst erteilt ihn manchmal ein älterer Bruder, manchmal ein zufällig anwesender Hausgast. Die danach rasch wechselnden Erzieherinnen gewinnen gegenüber dem jungenhaften »Indianerhäuptling«, zu dem das Mädchen Marion sich entwickelt, keinerlei Autorität. Eine gewisse Ordnung tritt erst im Verbund mit dem gleichaltrigen Vetter Heinrich (genannt Heini) Lehndorf und seiner Schwester Sissi ein. Der Vater, Manfred Graf Lehndorff, ist ein berühmter Dressurreiter und auf seinem Gutsbesitz in Preyl, etwas nördlich von Königsberg, dreht sich alles um Pferde. Den Winter über wird das Dreigespann nun in Friedrichstein, während des Sommers in Preyl unterrichtet. Sehr weit führt freilich auch das nicht; wie das Buch über die Kindheit sagt: »Ich versuche, mich an unsere Schulstunden in Preyl zu erinnern, aber mir kommen immer nur Pferde in den Sinn.«

Immer nur Pferde: »Kein Weg und kein Pfad, den wir nicht kannten. Kein Stoppelacker im Herbst, kein sandiger Weg, der uns nicht als Rennstrecke diente. Noch ist mir der Ton der sich dehnenden Gurte und das Knirschen des Sattelzeugs im Ohr, spüre ich das Sausen des Windes und das Scheuern der Finger am nassen, schweißduftenden Pferdehals. Nie schien die Freiheit größer und das Glück gegenwärtiger.« Diese Erinnerung bleibt, und je größer der Abstand, desto mehr verdichtet sie sich zu einem kaum mehr überbietbaren Anspruch: »Erst wenn es Stoppelfelder gibt, Kilometer von Stoppelfeldern, über die man galoppieren kann, dann beginnt die große Zeit des Jahres ... Niemand hat die wirklichen Höhepunkte des Lebens je erlebt, der das nicht kennt, dieses Hochgefühl vollkommener Freiheit und Schwerelosigkeit im Sattel. Die Welt liegt einem zu Füßen, und sie ist schön und jung wie am ersten Tag, mit tausend Farben angetan und von unendlichen Gerüchen erfüllt. Man hört nur das regelmäßige Schnauben und den Hufschlag des Pferdes, das leise Geräusch des Lederzeugs und spürt dann und wann eine kühle Luftströmung, die der Schatten einer alten Eiche am Wegrand verursacht.« Was zählt noch gegen solch ein Glücksgefühl, dass man sich bei Stürzen manchmal den Arm oder ein paar Rippen bricht?

Umso bitterer ist es für Marion, dass sie 1925 zum Besuch eines Lyzeums nach Berlin verbannt wird. Es versteht sich, dass die Schulleistungen bei der Hingabe ans Reiten nicht gerade gediehen waren. »Die Aufnahmeprüfung war daher eine einzige Katastrophe: Im deutschen Aufsatz hatte ich den Großen Kurfürsten mit Friedrich dem Großen verwechselt, im französischen Diktat brachte ich es auf 33 Fehler, und von den fünf Mathematikaufgaben konnte ich vier nicht einmal verstehen und die in Angriff genommene fünfte nicht lösen.« Als noch viel schlimmer erschien die Einsperrung in ein sittsames Mädchenpensionat: »Ich meuterte, wo ich konnte, stachelte die anderen Mädchen auf ... Eine gewisse Befriedigung aber hatte ich wenigstens hinterher, als ich erfuhr, daß Frau von Lindeiner, die Pensionsmutter, nach dem Abgang meines Jahrgangs die Institution geschlossen hat; ich schmeichelte mir, daß dies vielleicht im Zusammenhang mit unserer Aufmüpfigkeit stand.«

Deutlich besser wurde es 1926 nach dem Wechsel auf ein Gymnasium für Jungen nach Potsdam, wo Marion in ihrer Klasse das einzige Mädchen war. Dort sich nicht nur zu behaupten, sondern durchzusetzen, das lag ihr, das forderte all ihre Kräfte heraus; 1928 bestand sie ein glänzendes Abitur. »Eine gute Vorschule für das, was in der größeren Welt noch auf mich zukommen sollte«, heißt es in den Erinnerungen. Tatsächlich erkennt man ein Muster, das in die Zukunft weist: Niemals hat sich die Gräfin Dönhoff mit Fragen der »Emanzipation« beschäftigt, weil sie sich als Frau immer sehr selbstbewusst unter lauter Männern bewegte und gar nicht auf den Gedanken kam, im zweiten Rang Platz zu nehmen.

Noch etwas ereignete sich in der »Vorschule« von Potsdam. Zwei Klassenfreunde, »prächtige Jungen«, waren begeisterte Nationalsozialisten. Sie wollten Marion dazu überreden, mit ihnen in die Partei einzutreten, und was sie sagten, erschien als durchaus einleuchtend. Aber: »Ich hatte Hitler noch nie gesehen und wollte sicher sein, ehe ich irgendwelche Entschlüsse faßte. Also fuhr ich eines Tages mit dem Zug von Potsdam nach Berlin, weil Adolf Hitler dort in irgendeiner Schule eine Rede halten sollte. Er trat auf, tobte, geiferte und redete, wie ich fand, viel Unsinn. Angewidert kam ich zurück und erklärte den beiden Freunden: ›Ohne mich! Mit denen nie!‹« Bei dieser Absage ist es für alle Zukunft geblieben.

Zum Abschluss der »Kindheit in Ostpreußen« sei noch, in Marions eigenen Worten, von einem Ereignis berichtet, das die unbeschwerte Zeit tragisch abschloss. Man kehrte von einem Ausflug an die Ostsee zurück. »Wir fuhren in zwei Autos. Im ersten, das von meinem ältesten Bruder gesteuert wurde, saßen die Erwachsenen, das zweite folgte ihm sozusagen auf dem Fuß, weil der fremde Chauffeur nicht ortskundig war ... In Königsberg ging ein Gewitter nieder, und Regen behinderte die Sicht. Wir Kinder ... sangen und alberten im Wagen, als plötzlich der Fahrer einen schrecklichen Schrei ausstieß. Im selben Moment stürzte das Auto, wie ich meinte, in eine Baugrube, aber dann drangen gewaltige Wassermassen auf uns ein: der Pregel, schoß es mir durch den Kopf ... Es ist unglaublich, wie blitzschnell die Gedanken in Todesangst sich überstürzen. Ich musste denken, wie dumm die Leute sind, die sagen, Ertrinken sei ein rascher Tod: mein Gott, wie lang das dauert. Ich malte mir aus, wie traurig es für die daheim ist, wenn fünf Kinder im Saal nebeneinander aufgebahrt sind. Da plötzlich durchzuckte es mich wie ein letzter Blitz: da war doch ein Spalt zwischen der Karosserie und dem Verdeck: Ich tastete, suchte, schob mich durch und wurde nach oben gerissen. Es verging eine Ewigkeit. – Endlich oben, sah ich die Scheinwerfer eines Autos, das an den Kai geschoben worden war, und hörte meinen Namen rufen. Ohne diesen Anruf meines Bruders wäre ich sofort wieder untergegangen, denn alle Kraft war verbraucht, nur Schwindel beherrschte mich. Nun aber riß ich mich zusammen und paddelte wie ein Hund zur Kaimauer, an der lange Mäntel heruntergelassen wurden. Ein letzter äußerster Kraftaufwand war erforderlich, um sich an dem Mantel festzuklammern, während die oben zogen, bis die drei Meter zur Straße überwunden waren. Ich war die letzte, die lebend herauskam – nach etwa fünf Minuten, wie mein Bruder meinte.« Aber zwei der Kinder wurden nur noch tot geborgen.

Eine bleibende Wasserscheu ist wohl von diesem Erlebnis geblieben: Das Schwimmen hat Marion Dönhoff niemals erlernt. Zum Ausgleich beherrscht sie das gellende Pfeifen auf zwei Fingern, von dem dann die neidischen Geschwister behaupteten, der Kutscher Grenda habe es ihr auf seinem Daumen und Zeigefinger beigebracht.

Die junge Dame will unbedingt studieren, obwohl das noch alles andere als selbstverständlich ist. Doch weil sie darauf beharrt, gesteht der Familienrat es ihr schließlich zu, unter der Bedingung, dass sie zunächst ein hauswirtschaftliches Lehrjahr in der Schweiz absolviert. Die Kochkunst gedeiht indessen nicht weit und das Stricken nur bis zu einem einzigen Handschuh. »Das war ein ganz fabelhafter Handschuh! Den habe ich auf eine Wäscheleine gehängt und fotografiert. Aber den zweiten konnte ich schon nicht mehr, weil ich nicht mehr wußte, wie ich das gemacht hatte.«

Zum Ausgleich gedeiht die Freundschaft mit einer Mitschülerin, Beatrice von Riedemann. Deren Vater ist Direktor der Standard Oil Company und lädt im Jahre 1929 Bea und Marion zu einer Reise kreuz und quer durch die Vereinigten Staaten ein – angemessen im privaten Salonwagen, der an die fahrplanmäßigen Züge angehängt wird. Es folgen drei Monate in Ostafrika, wo der Bruder Christoph weitab von aller Zivilisation unter den Massai lebt, als eine Art von Entwicklungshelfer lange bevor dieser Begriff in Mode kommt. Die Schwester gesellt sich zu ihm und erlegt einen Leoparden.

Wieder erkennt man ein späteres Muster: Lebenslang wird die Gräfin sich als reiselustig erweisen und jede Gelegenheit nutzen, um die Welt in sich aufzunehmen. Oder vielleicht sollte man von einer beinahe genetischen Vorprägung sprechen: Von jeher gehörte es sich für junge Leute von Stand (und genügendem Wohlstand), dass sie ihre »Kavalierstour«, eine große europäische Bildungsreise unternahmen. Sonst gelangte über enge Horizonte nur hinaus, wer musste: Kauf-, Fuhr- und Seeleute, Studenten, Soldaten oder das Diebsgesindel. Der Großvater Dönhoff lernte als Diplomat europäische Hauptstädte kennen, bevor er als preußischer Gesandter am Deutschen Bundestag in Frankfurt zum Vorgänger Bismarcks wurde. Der Vater, wiederum als Diplomat, zog dank der wachsenden Bewegungsmöglichkeiten mit Eisenbahn und Dampfschiff noch weiter in die Ferne, und wie seine Tochter aus den hinterlassenen Dokumenten entnahm, hielt es ihn nicht in den Hauptstädten und bei den Akten; immerfort beantragte er Urlaub vom Dienst, um sich umzusehen, und kehrte keineswegs immer pünktlich zurück. In Amerika ritt er einmal tagelang durch unwegsames Gebiet, um in einem Konflikt mit Indianern zu vermitteln. Die hatten zwei Frauen entführt, und es kam darauf an, sie »unbeschädigt« zurückzubringen; nur so war es möglich, eine blutige Eskalation des Konflikts noch abzuwenden. In gewissem Sinne ist Marion Dönhoff diesen diplomatischen Spuren des Vaters gefolgt, denn viele ihrer Reisen hatten damit zu tun, dass sie als Botschafterin aus eigenem Auftrag versuchte, Versöhnung zu stiften.

Freilich: In der Vergangenheit waren es immer nur Männer gewesen, die reisten, niemals die Frauen. Insofern entsteht etwas Neues. Doch es gehört nun einmal zum Lebensbild der ostpreußischen Gräfin, dass sie sich auf Männerpfaden bewegt, als sei das selbstverständlich.

Marion Dönhoff beginnt in Frankfurt am Main ihr Studium der Wirtschaftswissenschaften. Und Seite an Seite mit kommunistischen Mitstudenten engagiert sie sich gegen die drohende Gewaltherrschaft der Nationalsozialisten: »Da konnte man die lauwarmen Rechten nicht gebrauchen. Nur die Kommunisten stellten etwas auf die Beine. Ich habe mich nie mit deren Lehre identifiziert, aber was sie damals taten, das fand ich wichtig.« Dafür handelt sich die junge Dame aus gutem Hause zum ersten, aber nicht zum letzten Mal das Etikett einer »roten Gräfin« ein. Den Abend der »Machtergreifung« erlebt die Studentin am Straßenrand:

»Der ferne Marschtritt kam näher und näher, wurde immer lauter und lauter, schien ganz unausweichlich, hypnotisierend.

Ich hätte nicht einfach aufsitzen und davonradeln können. Schließlich war die Kolonne auf meiner Höhe, eine Hundertschaft der Braunen zog an mir vorüber: steinerne Gesichter, zu allem entschlossen. In diesem Augenblick stand das Kommende plötzlich deutlich vor mir: diese Stiefel würden alles, was ich liebte und achtete, zertreten.«

Im Sommersemester 1933 weicht Marion Dönhoff nach Basel aus, und ihr wichtigster Lehrer wird Edgar Salin (1892–1974). Irgendwann entsteht die Frage nach dem Thema einer Doktorarbeit. Die »rote« Studentin möchte sich mit Karl Marx beschäftigen, aber der Professor meint: »Darüber wissen andere sicher mehr als Sie. Von Ihnen möchte ich viel lieber eine Untersuchung darüber haben, wie der Großgrundbesitz Ihrer Familie in Ostpreußen eigentlich zustande gekommen ist und wie er in den verschiedenen Jahrhunderten bewirtschaftet wurde.«

Leicht gesagt, doch schwer getan. Zwar häufen sich in Friedrichstein die alten Urkunden und Akten, Briefe, Kassen- und Tagebücher zu Bergen, aber in wüstem Durcheinander. Ein ganzes Jahr angespannter Tätigkeit ist nötig, um Ordnung ins Chaos zu bringen. »Der Professor in Basel, der keine Ahnung hatte von der Kettenreaktion, die sein Einfall ausgelöst hatte, fragte an, wann er endlich die ersten Kapitel zu sehen bekäme! Hätte ich über den jungen Marx gearbeitet, wäre ich jetzt fertig, dachte ich zornig. So aber fing die eigentliche Arbeit nun erst an. Allerdings hatte ich in der zurückliegenden Vorbereitungszeit mehr gelernt über die Geschichte Preußens, meiner Familie und ihres Besitzes, als in allen Jahren zuvor.«

Nicht bloß das: Es entsteht ein wirtschafts- und sozialgeschichtliches Deutungsmuster, das über Friedrichstein weit hinausreicht. Und es entsteht aus Unterlagen, die inzwischen unwiderruflich verloren sind. Im Nachhinein kann man darum den Einfall des Baseler Professor Edgar Salin gar nicht hoch genug einschätzen. Die fertige Arbeit, mit »summa cum laude«, höchstem Lob bewertet, heißt: »Marion Gräfin Dönhoff: Entstehung und Bewirtschaftung eines ostdeutschen Großbetriebes. Die Friedrichsteiner Güter von der Ordenszeit bis zur Bauernbefreiung, Dissertation, Basel 1935.«

Was weiter geschieht, wirkt folgerichtig. Der Bruder überredet seine Schwester dazu, sich nach der Geschichte der Gegenwart, der praktischen Güterbewirtschaftung zu widmen: »›Du denkst doch genauso wie ich, die Nazis werden es zum Krieg treiben, der Krieg wird lange dauern, und wir Brüder werden alle Soldat; du mußt nach Hause kommen und dich in die komplizierte Verwaltung einarbeiten.‹ Erst war ich sehr unglücklich. Aber dann habe ich mich gefügt, weil ich es genauso sah.« Es musste eben jemand da sein, der auch unter schwierigen Umständen zur Leitung der Güter befähigt war. So bedurfte es eigentlich gar keiner Überredung, sondern einzig der Pflichterfüllung, die als selbstverständlich erschien. Im Übrigen galt es die verbleibende Zeit so gut wie möglich zu nutzen; Gebäude wurden ausgebessert oder neue gebaut, moderne Maschinen angeschafft; eine gründliche Renovierung von Schloss Friedrichstein kam kurz vor dem Kriegsbeginn zum Abschluss.

Doch wozu überhaupt noch die Mühe? Dass der Krieg mit der Katastrophe, der deutschen Niederlage und dem Verlust des Besitzes enden würde, galt ebenfalls als ausgemacht. »Die Russen werden sich freuen«, hieß unter den Geschwistern der grimmige Spruch, wenn wieder einmal eine Verbesserung durchgeführt oder neues Gerät angeschafft worden war. Doch es hieß weiterzumachen, solange das möglich blieb; aus dem Anspruch des Erbes gab es kein Desertieren, auch nicht in dem Sinne, dass man Güter verkaufte, um sich weitab im Westen, womöglich am westfälischen Ursprung, neu anzusiedeln. Als der Bruder Heinrich 1938 eine Gräfin Hatzfeldt heiratet, deren Besitz im Westen liegt, entsteht keine Frage nach der künftigen Zweckmäßigkeit, sondern nur die, ob sich solch eine Verbindung gehört. Denn die Hatzfeldts sind katholisch, jeder regierende Dönhoff aber ist seit Menschengedenken der Patronatsherr von protestantischen Kirchen. Nein, es gehört sich offenbar nicht: Weil die Herzensbindung siegt, verzichtet der erstgeborene Heinrich zugunsten des zweitältesten Bruders Dieter schließlich auf das ostpreußische Erbe.

Marion zieht inzwischen, um das junge Paar nicht zu stören, nach Quittainen, das von Friedrichstein 120 Kilometer entfernt ist, und richtet sich dort nicht im vergleichsweise bescheidenen

Schloss, sondern im noch bescheideneren Rentamt gemütlich ein. »Es war eine sonnige Atmosphäre, regelrecht romantisch«, hat ein Besucher sich erinnert. Zum Hin- und Herfahren benutzt sie einen offenen Sportwagen der Marke BMW und im Krieg wegen der Benzinknappheit ein Motorrad. Im Sportwagen fährt oft auch ein Neffe mit, Sohn des Bruders Dieter, der die Cousine Sissi Lehndorff geheiratet hat; diesem Neffen erscheint die Tante noch im Rückblick stets als »der Inbegriff eines preußischen Generals. Immer diszipliniert, nie krank – und wenn, dann war die Medizin, die für Pferde gut war, auch für Menschen richtig.« Warum nicht? Im berühmten Gestüt von Trakehnen, das praktisch genug wiederum ein Graf Lehndorff verwaltet, kann man lernen, dass Pferde »ein dem Menschen ebenbürtiges Geschöpf«, mindestens aber von Adel sind; ihre Stammbäume werden so sorgfältig geführt, wie in den Handbüchern des »Gotha« der uralte oder der neuere, nicht ganz so vornehme Adel. Hiervon abgesehen übernimmt Marion Dönhoff eine Art von Mutterrolle bei den beiden Söhnen ihrer Schwester Christa, die schon 1924 im Kindbett gestorben ist. Wie auch der Bruder Heinrich fallen diese Ziehsöhne auf russischen Schlachtfeldern, 18 und 19 Jahre alt.

Der Inbegriff eines preußischen Generals, nur wesentlich jünger, so muss man sich die Güterverwalterin dieser Vorkriegs- und Kriegsjahre wohl wirklich vorstellen: sehr schlank und sehr straff, kerzengerade gerichtet, nachsichtig wenn möglich und streng wenn nötig, immer entscheidungsfreudig, den Menschen verbunden, für die sie Verantwortung trägt, stets im Dienst.

Aus der Einsicht, dass Hitlers Gewaltherrschaft in den Krieg und in die Katastrophe trieb, wuchs zwangsläufig die Frage, ob und wie man das Unheil abwenden könnte. Es entstand ein Netzwerk der Verschwörung zum Widerstand – und ein wichtiges, prägendes Kapitel der Döhnhoff'schen Biographie. »Ein widerständiges Leben« hat, mit Recht, Alice Schwarzer ihr Buch über Marion Dönhoff im Untertitel genannt. Nach dem Krieg hat die Gräfin von ihrer eigenen Rolle nie viel Aufhebens gemacht – in »hochmütiger Bescheidenheit«, wie Schwarzer meint –, stets aber an die Bedeutung des Widerstandes erinnert. 1994 erschien ihr Buch: »Um der Ehre willen. Erinnerungen an die Freunde vom 20. Juli.« Zu diesen Freunden gehörten, neben anderen, die Grafen Heinrich Lehndorff, Peter Yorck, Helmut Moltke, Fritz-Dietlof Schulenburg, Ulrich Wilhelm Schwerin von Schwanenfeld.

Schon früh, noch vor dem Krieg, knüpft die junge Gräfin Kontakte, so mit dem Schweizer Historiker und Diplomaten Carl Jacob Burckhardt, der von 1937 bis 1939 Hoher Kommissar des Völkerbundes in Danzig ist und seinerseits Verbindungen – etwa mit England – herstellen kann. 1938 schreibt Burckhardt seiner Gesprächspartnerin: »Die opferbereite, kühne Stellung, die Sie einnehmen, den Widerstand, der von Ihren Freunden ausgeht, bewundere ich ... Bitte, was auch geschehen möge, sehen Sie sich vor. Es gibt ein Nachher, und in diesem Nachher wird Ihnen eine große Aufgabe zufallen.« Später wirbt Marion Dönhoff im Auftrag Stauffenbergs den Grafen Heinrich Dohna-Tolksdorf dafür, nach dem Staatsstreich die Verwaltung Ostpreußens zu übernehmen. Weil Dohna damit auf eine Liste gerät, die nach dem gescheiterten Attentat der Gestapo in die Hände fällt, wird er hingerichtet wie alle anderen hier Genannten.

In Quittainen lebte ein Onkel Marion Dönhoffs als »schwarzes Schaf« der Familie, ein gemiedener Außenseiter, der wahrscheinlich darum zum glühenden Nationalsozialisten geworden war und den Posthalter des Dorfes bereits 1943 anwies, zu notieren, mit wem die Nichte Briefe wechselte. Was weiter geschah, hat sie in einem Nachwort zu ihrem Erinnerungsbuch erzählt:

»Als nach dem 20. Juli viele derjenigen, deren Namen das Postamt notiert hatte, in den Nachrichten als Verräter abgestempelt wurden, fuhr der Onkel mit der Liste nach Königsberg und verlangte, man solle mich verhaften. Diese böse Tat zeugte eine Reihe von glücklichen Zufällen, die sich sehr positiv auswirkten: Es begann damit, daß das Auto der beiden Gestapobeamten aus Königsberg, die auf dem Weg nach Quittainen waren, unterwegs zusammenbrach.

Der Forstmeister, mit dem ich spät am Abend eine Verabredung hatte, sagte unsere Besprechung ab, weil er in seiner Eigenschaft als Ortsgruppenleiter die Gestapobeamten abholen müsse. Er fügte hinzu: ›Weiß der Himmel, was die hier wollen.‹

Ich wußte natürlich, was sie wollten, und begann, alles Verfängliche zu vernichten. Glücklicherweise lud der Forstmeister ›die Gäste‹ erst einmal zu einem Bier ein. Es wurde ein langer Abend, an dem viel hin und her schwadroniert worden ist, wobei sich offenbar herausstellte, daß ich, im Gegensatz zu ›dem Grafen‹, als außerordentlich sozial gepriesen wurde. Große Verwunderung – und die beiden Hergereisten beschlossen, am nächsten Morgen zunächst die Angestellten zu vernehmen, um sich ein Urteil zu bilden.

Offenbar haben alle sehr günstig für mich ausgesagt. Als der alte Kutscher an die Reihe kam, sagte er: ›Der Graf hat mir ja gesagt, wenn Sie mir fragen, soll ich sagen, daß ich die Verräter immer zu Gräfin Marion gefahren habe. Aber wie soll ich das wissen? Die Herren stellen sich mir ja nicht vor.‹

Diese Zeugenbeinflussung erschien sogar der Gestapo verwunderlich. Als sie zu mir kamen, waren sie verhältnismäßig höflich, stellten viele Fragen, gewannen aber offenbar kein klares Bild; sie nahmen mich mit nach Königsberg. Dort wurde ich ihrem Chef vorgeführt, und dieser begann ein langes Verhör. Nach etwa zwei Stunden – gerade hatte ich insgeheim festgestellt, daß alles bisher ganz gut gelaufen sei – fragte er mich: ›Wann haben Sie Graf Schulenburg zuletzt gesehen?‹ Ich antwortete (mit Betonung auf Berlin): ›In Berlin habe ich ihn im vorigen Jahre zuletzt gesehen.‹

Kaum war der Satz heraus, sah ich an seinen Augen, daß ich dies offenbar nicht sehr überzeugend herausgebracht hatte. Da gab's also nur noch eins: äußerste Offenheit: ›Ich muß Ihnen sagen, ich habe eben nicht die Wahrheit gesagt. Er war vorige Woche hier, aber ich dachte, wenn ich das erwähne, dann würden Sie Ihre Vermutung für bestätigt halten.‹ Dieses Bekenntnis, das spürte ich, machte ihm Eindruck.

Es ging dann noch zwei Stunden weiter; am Schluß mußte ich meine Aussagen unterschreiben, aber zuvor fragte er mich:

›Wollen Sie noch etwas hinzufügen?‹

›Was meinen Sie?‹

›Zum Beispiel über Ihren Onkel.‹

Da ging mir ein Licht auf. ›Mit diesem Onkel hat meine Familie durch alle Instanzen bis zum Reichsgericht prozessiert. Er hat dabei verloren. Wahrscheinlich ist seine Anzeige ein Akt der persönlichen Rache.‹

Darauf er: ›Nun fahren Sie erst mal wieder nach Hause. Wenn wir Sie brauchen, melden wir uns.‹

Sie meldeten sich nicht mehr, obgleich der Onkel telefonisch noch einmal monierte, daß ich noch immer frei herumlaufe. Froh darüber konnte ich nicht sein, nachdem ich hörte, daß Heinrich Dohna, den ich zur Mitwirkung geworben hatte, hingerichtet worden war, obgleich er doch viel weniger beteiligt war als ich und auch weniger wußte.«

»Nichts konnte schlimmer sein, als alle Freunde zu verlieren und allein übrigzubleiben«, heißt es an anderer Stelle. Besonders den Gefährten aus unbeschwerten Kindertagen, Heinrich Lehndorff, hat Marion Dönhoff tief betrauert und ihm schon in ihrem Buch »Namen, die keiner mehr nennt. Ostpreußen – Menschen und Geschichte« ein sehr persönliches Andenken gewidmet. Dabei hat die junge Gräfin wahrlich Glück gehabt; es gab für sie das von Burckhardt beschworene Nachher. Viele Menschen, Männer wie Frauen, sind für weitaus Geringeres, manchmal auf bloßen Verdacht, verhaftet, gefoltert und hingerichtet worden.

Der Widerstand, dem Marion Dönhoff angehörte, war durch und durch preußisch geprägt, und fast könnte man von einem Grafenmonopol sprechen; kaum zufällig leuchten im Untergang noch einmal so viele Namen aus der preußischen Geschichte auf. »Es ist, als wäre der Geist des Preußischen von Kant bis Kleist, von allen Pervertierungen gereinigt, noch einmal Gestalt geworden«, sagt die Gräfin im Rückblick. »Unter den zehn führenden Männern des Kreises um Hitler war kein einziger Preuße. Aber 75 Prozent des Widerstandes der am 20. Juli Beteiligten waren Preußen.«

Leider erwuchs dem Widerstand aus seiner preußischen Prägung zugleich ein Verhängnis: die strikte Ablehnung, der er in England begegnete. Denn dort galt Preußen inzwischen – anders als im 18. und 19. Jahrhundert – als Inbegriff des Bösen, das vernichtet werden musste, kaum anders als in der kommunistischen Perspektive als ein Hort des kriegslüsternen Militarismus. Marion Döhnhoff hat sich nicht gescheut, dies anzuklagen und von

England »wenigstens ein Bedauern« zu fordern, »Bedauern wegen Verunglimpfung des deutschen Widerstandes und unterlassener Hilfeleistung« – so noch 1995 in der ZEIT.

Im Herbst 1941 unternehmen die Cousinen Marion und Sissi einen Ritt durch Masuren. Er ist durch das Tagebuch, das Marion führt und 1962 veröffentlicht, so berühmt geworden, dass inzwischen polnische Reiterhöfe für Besucher aus Deutschland den »Dönhoff-Trail« anbieten. Damals allerdings, drei Monate nach dem Beginn des Vernichtungskrieges gegen die Sowjetunion, der schließlich als Rache gegen den deutschen Osten zurückbrandet, geht es um ein Aufnehmen von heimatlicher Landschaft, in dem hintergründig schon der Abschied angelegt ist.

»In Reußen erklimmen wir zwischen alten Holzhäusern einen steilen, sandigen Hang, und dann liegt vor uns, in allen Farben leuchtend, der riesige Komplex der südostpreußischen Forsten, in den wir jetzt eintauchen werden. Links ein blauer See, gesäumt von dunklen Fichten, rechts ein paar Kartoffelfeuer, deren Rauchsäule steil zum Himmel ansteigt, wie ein Gott wohlgefälliges Opfer, und davor eine Birke in der letzten Vollkommenheit ihrer herbstlichen Schönheit. – Solche Bilder: das Fallen der Blätter, die blaue Ferne, der Glanz der herbstlichen Sonne über den abgeernteten Feldern, das ist vielleicht das eigentliche Leben. Solche Bilder schaffen mehr Wirklichkeit als alles Tun und Handeln – nicht das Geschehene, sondern das Geschaute verwandelt uns.«

Oder etwas später: »Und dann – vielleicht ist das der Höhepunkt dieser Tage – steht plötzlich ein riesiger goldgelber Ahorn vor uns. Er steht auf einem leicht gewölbten Hügel, vor dem leuchtend verklärten Himmel: Anfang und Ende, Erfüllung und Sehnsucht, Frage und Antwort, alles zugleich. Er steht dort wie der Baum der Erkenntnis.«

Die Sprache der späteren Journalistin Dönhoff ist bei allem Engagement in der Sache durchweg sehr nüchtern, nicht selten sogar spröde: berufliches Handwerkszeug. Hier aber klingt etwas anderes an, ein Kammerton des Herzens; um einen vieldeutigen, oft missbrauchten Begriff zu gebrauchen: Es ist von Heimat die Rede. In einem anderen Text heißt es:

»Kein Autor, auch kein Lyriker, kann poetischer sein als jene herbstlichen Morgen, an denen man noch im Dunklen zum Pirschen aufbricht ... Niemand weit und breit, die ersten Hummeln wachen auf, dann und wann springt ein Reh ab, fliegt ein Vogel auf; aber das Gewehr ist nur ein Vorwand: nur ja kein Schuß jetzt, der die heilige Stille stören könnte. Alle Wahrnehmungen verdichten sich zur Inspiration, plötzlich versteht man alles, das Leben, das Sein, die Welt. Und es gibt nur noch ein Gefühl: tiefe Dankbarkeit dafür, daß dies meine Heimat ist.«

Heimat Ostpreußen: Dabei bleibt es über den Verlust hinweg, lebenslang: »Die Bundesrepublik mit ihrer offenen Gesellschaft und der Möglichkeit, in ihr menschlich und ziemlich frei zu leben, ist ein Staat, an dem mitzuarbeiten und den mitzugestalten sich lohnt – aber Heimat? Heimat kann sie dem, der aus dem Osten stammt, nicht sein.« Daran ändern auch die Jahre, die Jahrzehnte im Westen nichts: »In Hamburg gibt es ganz nah von Blankenese eine fast ostpreußische Landschaft, darum wohne ich so gerne in jener Gegend, aber einen Frosch habe ich dort in den Wiesen noch nie bemerkt. Manchmal wird es Sommer, ehe ich den ersten Schmetterling sehe, und nachts höre ich nur das Geräusch vorbeifahrender Autos oder das Klappern ihrer Türen, wenn jemand ein- oder aussteigt. Es ist eine armselige Welt.«

Am 12. Januar 1945 brach die große russische Winteroffensive los, die in wenigen Wochen Ostpreußen, die brandenburgische Neumark und Schlesien, bald auch das hintere Pommern überrollte. Hitler hatte bis zuletzt alles getan, um das zu ermöglichen. Er beließ eine noch kampfkräftige Armee in Kurland und verschliss seine Panzerdivisionen bei einer sinnlosen Offensive im Westen. Die entblößte Ostfront brach wie ein morsches Mauerwerk zusammen.

Zehn Tage später: Aufbruch in Quittainen bei tiefem Schnee und klirrender Kälte. Marion Dönhoff besteigt ihren Fuchswallach »Alarich«. Doch der Treck der Dorfbewohner gerät schon nach wenigen Kilometern ins Stocken; alle Fluchtwege nach Westen sind hoffnungslos verstopft. Die Menschen beschließen, umzukehren: »Wenn wir schon unter die Russen fallen, dann schon lieber zu Haus.« Nur die Gräfin soll weiterreiten: Sie ist in Gefahr, nicht die einfachen Leute. Die werden nun eben für die Sieger arbeiten. (Aber die Russen freuen sich nicht über das, was ihnen zufällt. Sie vernichten, vergewaltigen, morden, verschleppen, von ihrem Rachegelüst getrieben; viele Dorfbewohner überleben nicht.) Nur der Sohn des Forstmeisters begleitet fortan die einsame Reiterin auf dem mitgeführten Handpferd.

Bilder einer Flucht, unvergesslich eingeprägt: »Vor mir lag die lange Eisenbahnbrücke über die Nogat. Altmodische hohe Eisenverstrebungen, von einer einzigen im Winde schwankenden Hängelampe schwach erleuchtet und zu grotesken Schatten verzerrt. Einen Moment parierte ich mein Pferd, und ehe dessen Schritt auf dem klappernden Bretterbelag alle anderen Geräusche übertönte, hörte ich ein merkwürdig rhythmisches, kurzes Klopfen, so als ginge ein dreibeiniges Wesen schwer auf einen Stock gestützt ganz langsam über den hallenden Bretterboden. Zunächst konnte ich nicht recht ausmachen, um was es sich handelte, aber sehr bald sah ich drei Gestalten in Uniform vor mir, die sich langsam und schweigend über die Brücke schleppten: Einer ging an Krücken, einer am Stock, der dritte hatte einen großen Verband um den Kopf, und der linke Ärmel seines Mantels hing schlaff herunter ... Für mich war dies das Ende Ostpreußens: drei todkranke Soldaten, die sich über die Nogatbrücke nach Westpreußen hineinschleppten. Und eine Reiterin, deren Vorfahren vor 700 Jahren von West nach Ost in die große Wildnis jenseits des Flusses gezogen waren und die nun wieder nach Westen zurückritt – 700 Jahre Geschichte ausgelöscht.«

»Irgendwo unterwegs – ich glaube zwischen Bütow und Berent – war eine Stelle, wo man 3 Kilometer voraus und 3 Kilometer zurück die schnurgerade Chaussee überblicken konnte. Auf diesen 6 Kilometern sah ich keinen Quadratmeter Straße, nur Wagen, Pferde, Menschen, Elend. Niemand sprach.«

»Und einmal, wir kamen gerade ein bißchen besser voran und waren an vielen Wagen vorbeigeritten, sahen wir nur noch französische Gefangene. Es waren Hunderte und aber Hunderte, vielleicht Tausende. Viele hatten unter ihre Pappköfferchen zwei Holzleisten als Kufen genagelt und zogen ihr Gepäck an einem Bindfaden hinter sich her. Sie sprachen kein Wort. Man hörte nur das kratzende, scharrende Geräusch der Kästen und Koffer. Und rundherum endlose Schneeeinsamkeit wie beim Rückzug der Grande Armee vor 130 Jahren.«

Zwischenstation im hinterpommerschen, bismarckschen Varzin, wo noch die Schwiegertochter des Reichsgründers lebte. »Sie war sich ganz klar darüber, daß sie den Einmarsch der Russen nicht überleben würde. Sie wollte ihn auch nicht überleben, und darum hatte sie im Park ein Grab ausheben lassen (weil dazu nachher niemand mehr Zeit haben würde). Sie wollte in Varzin bleiben und sich bis zum letzten Moment an ihrer Heimat erfreuen. Und das tat sie mit großer Grandezza. In ihrer Umgebung war alles wie immer. Der alte Diener, der auch nicht weg wollte, servierte bei Tisch. Es gab einen herrlichen Rotwein nach dem anderen – Jahrgänge, von denen man sonst nur mit Ehrfurcht träumt. Mit keinem Wort wurde das, was draußen geschah und was noch bevorstand, erwähnt. Sie erzählte lebhaft und nuanciert von alten Zeiten, von ihrem Schwiegervater, vom kaiserlichen Hof und von der Zeit, da ihr Mann, Bill Bismarck, Oberpräsident von Ostpreußen gewesen war. – Als ich dann schließlich Abschied nahm und wir weiterritten, sah ich mich auf halbem Weg zum Gartentor noch einmal um. Sie stand gedankenverloren in der Haustür und winkte noch einmal mit einem sehr kleinen Taschentuch. Ich glaube, sie lächelte sogar – genau konnte ich es nicht sehen.«

Weiter, immer weiter, sieben Wochen hindurch. »Im tiefsten Winter war ich zu Haus vom Hof geritten, als ich schließlich bei Metternichs in Vinsebeck in Westfalen ankam, war es Frühling. Die Vögel sangen. Hinter den Drillmaschinen staubte der trockene Acker. Alles rüstete sich zu neuem Beginn. Sollte das Leben wirklich weitergehen – so, als sei nichts passiert?«

Das Leben ging weiter. Der versprengte Familienclan sammelt sich, wie vor der Flucht verabredet, in Brunkensen, einem Dorf im niedersächsischen Landkreis Alfeld, auf dem Hof des Grafen Görtz. (Das Metternich'sche Vinsebeck war darum das erste Ziel des Ritts in den Westen gewesen, weil zunächst für den getreuen »Alarich« im dortigen Gestüt eine Heimstatt geschaffen werden sollte.) Der junge Graf Görtz »galt nach den damaligen Begriffen als ›halbarisch‹, wir hatten ihn während der ganzen Kriegszeit in Ostpreußen versteckt, dort guckte man nicht so genau hin«.

So gut es unter den armseligen und chaotischen Bedingungen

der frühen Nachkriegszeit nur möglich ist, organisiert man den Alltag, und Marion unterrichtet die Kinder. Nebenher verfasst sie »zwei ziemlich lange Memoranden« für die englische Besatzungsmacht, um die neuen Herren, die »viel Blödsinn« machen, darüber aufzuklären, was sie tun und lassen sollen. Ob ein britischer General jemals gelesen hat, was ihn anging, ist fraglich – und praktisch ausgeschlossen, dass er sich danach richtete; das fehlte ja noch, dass man von einer jungen Deutschen Belehrungen entgegennahm. Aber einer der Texte gelangt irgendwie an die Leute, die gerade dabei sind, DIE ZEIT zu gründen, und Anfang 1946 trifft in Brunkensen ein überraschendes Telegramm ein: »Bitte sofort nach Hamburg kommen. Mitarbeit an neu zu gründender Zeitung möglich.« Im Rückblick hat die Gräfin gesagt: »Das war eine unendlich glückliche Fügung, wie ich überhaupt bis auf den heutigen Tag denke: Was hast du für ein Glück gehabt.«

Aber man muss die Chancen, die sich bieten, auch ergreifen. Marion Dönhoff hat sich entschlossen der Zukunft zugewandt und hinter sich gelassen, was dazu nicht mehr passte. Zum Beispiel ist die leidenschaftliche Reiterin nach 1945 niemals mehr in den Sattel gestiegen. Ans Galoppieren über herbstliche Stoppelfelder erinnert später allenfalls noch – sehr von ferne – die Porschefahrerin, die viel zu schnell durch die Straßen »brettert«. Und weil Hamburg nicht Ostpreußen ist, bleibt der Ärger nicht aus. »Gräfin Dönhoff: Führerschein weg!«, titelt im Juli 1994 die »Bildzeitung« genüsslich. Den Führerschein gibt ein verständnisvoller Richter ihr zurück, aber eine Geldstrafe von 14 000 DM wird fällig.

Zeitungsgründungen hingen nach 1945 zunächst einmal von den Lizenzen der Besatzungsmacht ab. Dafür waren unbelastete Personen gefordert, die im Blick auf die nationalsozialistische Zeit eine »weiße Weste« vorweisen konnten. Im Falle der ZEIT handelte es sich um ein Quartett: Richard Tüngel, Ewald Schmidt di Simoni, Gerd Bucerius und Lovis H. Lorenz. Nur Lorenz war ein gelernter Journalist. Was diese Männer zur Zeitungsgründung trieb, hat Bucerius einmal so formuliert: »Vor 1933 hatten wir nur an Geschäft und Beruf gedacht und die Politik und die Presse bequem anderen überlassen. So kam Hitler. Und so etwas sollte uns, dachten wir, nicht noch einmal passieren.« Am 21. Februar 1946 erscheint die erste Ausgabe, und die Herausgeber schreiben programmatisch auf Seite 1: »Wie eine Mauer von Finsternis und Verzweiflung steht die Zukunft vor uns. Wir können nur hoffen, ein kleines Licht anzuzünden ... Wir sprechen zu einem deutschen Leserkreis, der in dieser Zeitung seine Sorgen, Wünsche und Hoffnungen wiedererkennen und sie geklärt sehen soll. Wir werden niemandem nach dem Munde reden, und daß es nicht allen recht zu machen ist, ist eine alte Weisheit. Aber auch eine uns fremde Meinung mag die Gewißheit haben, daß sie von uns geachtet wird.«

Entschiedenheit und Liberalität, miteinander gekoppelt, sollten die ZEIT auszeichnen. In den Worten von Marion Dönhoff: »Nach allem, was gewesen war, nach dieser Infiltration von Demagogie, wollten wir dem Leser Profil bieten, damit er sich eine Meinung bilden kann. Wir wollten ihn also nicht indoktrinieren mit dem Gegenteil von dem, was vorher war, sondern ihm wirklich alles ausbreiten, was an positiven und negativen Argumenten zu einem Problem zu sagen ist.« Diese Beleuchtung von verschiedenen Seiten charakterisierte nicht nur die Anfangsjahre. Oft fand man in einer Ausgabe gleich neben dem engagierten Pro das leidenschaftliche Contra – und manchmal den empörten Einspruch des Verlegers Bucerius gegen das, was sein Chefredakteur oder ein anderer Mitarbeiter gerade geschrieben hatte.

»Laßt uns eine Zeitung machen, die uns selber gefällt«, hieß ein geflügeltes Redaktionswort. Ein halbes Jahrhundert später hat Marion Dönhoff dazu gesagt: »Ein solches Pathos könnte man heute wahrscheinlich gar nicht ertragen. Damals war es ganz anders. Mir hatten meine Kollegen immer von einem ganz besonders kompetenten Mann berichtet: John Jahr (er ist ein erfahrener Zeitungsmacher und Miteigentümer der Illustrierten STERN). Eines Tages treffe ich ihn und frage ihn nach seiner Meinung über die ZEIT. Ich erwartete natürlich, daß er sagen wird, das sei eine fabelhafte Zeitung. Doch was sagt der Mann, wie aus der Pistole geschossen: ›Ach, wissen Sie, da sitzt ein Haufen gescheiter Leute beisammen, diskutiert über Gott und die Welt, interessiert sich weder dafür, was die Leser denken, noch dafür, was die Regierung oder die Industrie oder andere Gruppen wollen; nein, sie streiten einfach miteinander, und zum Schluß schreiben sie auch noch das, was sie denken – manchmal sogar jeder was anderes.‹ Die ZEIT ist eine Zeitung von Laien für Laien. Erst war ich ganz enttäuscht, am nächsten Tag aber sagte ich in der Konferenz: ›Wir haben das größte Lob bekommen, was ein Journalist kriegen kann: Laien, die nicht fragen, wer welche Interessen hat, sondern die wirklich versuchen, nach bestem Wissen und Gewissen zu analysieren.‹«

Es ist freilich schwer, dieses Laienprinzip durch den Wandel der Zeiten zu retten. Wie in der Politik die teils liebenswerten Amateure, teils kantigen Charaktere durch den geschmeidig-erfolgsorientierten Berufspolitiker ersetzt worden sind – oder in der Wirtschaft die eigenwilligen Unternehmer durch den Statthalter der »shareholder-value« –, so setzen sich im Journalismus mehr und mehr die puren Auflagen-Macher durch.

Angesichts der herrschenden Papierknappheit bleibt der Umfang der ZEIT zunächst auf acht Seiten begrenzt, und sie kostet 40 – vor der Währungsreform fast wertlose – Pfennige. Aber es ist schwer, sie zu kaufen, und noch schwerer, ein Abonnement zu ergattern, denn auch die Auflage ist streng begrenzt. In der Nr. 5 vom 21. März 1946 erscheinen die ersten beiden Dönhoff-Beiträge. Der eine, auf S. 1 mit etwas mehr als 100 Zeilen, heißt »Totengedenken 1946« – eine Polemik gegen die Alliierten, die vom traditionellen Totensonntag nichts mehr wissen wollten, weil er im Dritten Reich zum »Heldengedenktag« umfunktioniert worden war. Die Gräfin wirbt für eine Rückkehr zum ursprünglichen Sinn, »im vollen Bewußtsein der Verantwortung, die dieser Krieg ... uns Überlebenden auferlegt. Aus solchem Gedenken muß die Kraft erwachsen, Haß in Liebe zu verwandeln und eine neue Ordnung im Geiste der Brüderlichkeit auf den Trümmern einer zerbrochenen Welt zu errichten.«

Der englische Presseoffizier nimmt Anstoß daran, dass gegen eine Anordnung der Besatzungsmacht polemisiert wird: So dürfe der Artikel nicht erscheinen. Daraufhin behauptet Richard Tüngel – wahrheitswidrig –, dass der Text leider schon gedruckt worden sei. Der Offizier findet sich damit ab, »verbat sich aber, ihm ›weismachen zu wollen, daß dieses junge Mädchen da einen solchen Artikel geschrieben haben soll‹. Die Autorin nahm es als Lob für ihr Erstlingswerk und ist sehr stolz.«

Der zweite Beitrag, noch in derselben Ausgabe, ist nicht, wie der erste, mit dem Kürzel M. D., sondern mit vollem Namen gekennzeichnet. Er steht auf einer hinteren Seite im Feuilleton und heißt »Ritt gen Westen«: eine knappe Urfassung dessen, was 1962 in »Namen, die keiner mehr nennt« ausführlicher erzählt wird. Stellt man beide Aufsätze nebeneinander, so enthalten sie eigentlich schon alles, was künftig und über Jahrzehnte hin die Journalistin Dönhoff kennzeichnet: einerseits die oft unbequeme Meinung, die sich argumentierend entfaltet, andererseits das Unmittelbare des persönlichen Berichts, wie er aus Reiseeindrücken und Gesprächen entsteht. Begründungen liefern und Hintergründe aufhellen, das erscheint als wichtig; einem »investigativen« Journalismus, der das vorsätzlich Verborgene ans Licht zerrt, die Skandale aufdeckt, mögen sich andere widmen, etwa Rudolf Augstein mit seinem SPIEGEL.

Aber warum wurde die junge Dame aus Ostpreußen, die bisher in der Landwirtschaft gearbeitet hatte, mit einem Monatsgehalt von vorläufig 600 Reichsmark überhaupt eingestellt? Karl-Heinz Janßen, der zum 50. Geburtstag der ZEIT eine Dokumentation veröffentlichte, hat dazu gesagt: »Trotz ihrer mangelnden journalistischen Erfahrung hatte die promovierte Volkswirtin Beachtliches einzubringen. Sie war schon vor dem Kriege durch Amerika und Schwarzafrika gereist, sie beherrschte die westlichen Sprachen (Tüngel war entzückt von ihrem Französisch), sie bewegte sich wie selbstverständlich in einem internationalen Netz von Beziehungen zu wichtigen Leuten aus Diplomatie und Presse, Universität und Kirche, auch zu Bankiers, Kaufleuten, Militärs, Künstlern, Beziehungen, die sich für die ZEIT würden nutzen lassen.«

Dieses Beziehungsnetz stammte zum Teil noch aus Traditionen. Die Dönhoffs zählten eben zur preußisch-deutschen Oberschicht, die aus Verwandtschaften und Bekanntschaften geflochten war; dazu noch waren der Großvater und der Vater Diplomaten gewesen. Doch Marion Dönhoff brachte eine ganz besondere Begabung dafür mit, Beziehungen neu zu knüpfen, Vertrauen zu gewinnen und Freundschaften herzustellen, sei es in Deutschland oder in Europa, im Westen oder im Osten, in Amerika oder im südlichen Afrika; im Laufe der Zeit dürfte ein weltweites und fast einzigartiges Netzwerk entstanden sein. Zum Erfolgsgeheimnis gehört ein ganz eigenes Mit- oder Gegeneinander einerseits von Offenheit und Nähe, die das Gespräch ohne Vorbehalt ermöglicht, andererseits von Distanz, die jede Zudringlichkeit ausschließt, auch und gerade dann, wenn man eng verbunden ist. (Sogar in der Redaktion der ZEIT hat es niemals eine Marion gegeben, die man mit »Du« anredet, sondern stets nur »die Gräfin«.) Die Brücke zwischen der Nähe und der Distanz schlägt eine unbeirrbare Selbstsicherheit, in die keine Spur von Minderwertigkeitsgefühlen eindringt. Diese Selbstsicherheit dürfte auch schon die Männer beeindruckt haben, die die Gräfin einstellten. Im Übrigen ist daran zu erinnern, dass ohnehin der Neubeginn nach 1945, wie wohl niemals zuvor oder seither, den Berufswechslern und Seiteneinsteigern statt der ordnungsgemäßen Ausbildung und geradlinigen Karriere eine Chance bot.

Nach ihrem ersten Auftreten hat Marion Dönhoff noch oft wider den Besatzungsstachel gelöckt und auch einer einäugigen Siegerjustiz widersprochen, die nur ihren eigenen Maßstäben folgte, ohne auf deutsches Recht oder Unrecht Rücksicht zu nehmen. Als Beispiel sei der Fall Falkenhausen genannt. General Alexander von Falkenhausen, so konnte man in der ZEIT lesen, »gehörte zu den wenigen Deutschen, die schon zu einer Zeit erbitterte Gegner Hitlers waren, da viele spätere Widerstandskämpfer noch mit feierlicher ›Gänsehaut‹ 1933 dem Tag von Potsdam beiwohnten«. Als Militärberater des Staatschefs Tschiang Kai-schek wich er nach China aus, wurde aber zur Rückkehr gezwungen, als Hitler sich mit Japan verbündete. Von 1940 bis 1944 amtierte er als Militärbefehlshaber in Belgien und Nordfrankreich und versuchte dort Untaten zu verhindern, soweit es ihm möglich war. Nach dem Attentat vom 20. Juli wurde er verhaftet und ins Konzentrationslager eingewiesen. »Dennoch«, schrieb die Gräfin, »wurde er kurz nach der Befreiung als Kriegsverbrecher verhaftet. Seither sind Jahre vergangen, in denen Falkenhausen, diesmal von den Alliierten, durch 51 Gefängnisse und Lager in sechs verschiedenen Ländern geschleppt wurde.

Sein Nachfolger hingegen, der frühere Gauleiter von Köln und Aachen, Grohé, der als Reichskommissar ein unvergleichlich schärferes Regime in Belgien führte, ist dort längst aus der Haft entlassen. Vielleicht wird eines Tages in einem menschlicheren Zeitalter die Geschichte vom Ritter ohne Furcht und Tadel geschrieben werden, der im Gefängnis zugrunde ging, weil die Menschen verlernt hatten, zwischen Gut und Böse zu unterscheiden.«

Das wurde 1949 gesagt, und solch eine unverblümte Sprache hätte, burschikos ausgedrückt, leicht ins Auge gehen können. Doch Marion Dönhoff hat wieder einmal Glück gehabt. Inzwischen hieß der britische Presseoffizier in Hamburg Major Michael Thomas, aber eigentlich war er als Felix Hollaender in Berlin geboren: ein Jude, der sich zu einem »konservativen Patrioten preußischer Prägung« entwickelte. Er führte mit seiner Partnerin im Pressehaus viele Gespräche, und nicht selten gerieten beide in Auseinandersetzungen, aber wenn es darauf ankam, hielt er unverbrüchlich zu ihr.

Millionen von Deutschen hatten im Krieg oder beim Kriegsende all ihre Habe, ihre Heimat verloren, und niemand wusste, wie es weitergehen sollte. Doch mit Recht hat Marion Dönhoff im Rückblick geschrieben: »Ungeachtet jener chaotischen und deprimierenden Umstände erinnern sich die meisten Menschen an jene Jahre 1945/46 mit einer gewissen Wehmut. Viele haben das Gefühl, nie zuvor und auch nie wieder seither so intensiv gelebt zu haben wie damals. Vergessen sind die äußeren Umstände: Ruinenlandschaft, soweit das Auge reichte, keine Verkehrsmittel, kaum etwas zu essen, wenig Heizung – Bücher las man im Bett, einen Schal um den Hals und Handschuhe an den Händen. Geblieben ist die Erinnerung an nächtelange Diskussionen, an unerwartete Begegnungen und die ersten Bücher, die von draußen kamen.«

Die Erinnerung färbt romantisch, was es durchaus nicht war. Auch die Redaktion der ZEIT haust zunächst mehr schlecht als recht zwischen Trümmern und Ratten, bevor sie 1947 ins halbwegs, aber wirklich nur halbwegs wieder hergerichtete Pressehaus umziehen kann, in dem sie noch heute residiert. Marion

Dönhoff findet Unterkunft bei Freunden in einem spartanisch eingerichteten Raum. Wochenlang zehrt sie nur von einem Sack Grütze. Die chronische Unterernährung wächst sich bis zu Halluzinationen aus: »Ich wache mitten in der Nacht auf und sehe im Halbdunkeln da eine Person an meinem Schreibtisch sitzen. Wütend sage ich: ›Was machen Sie denn da?‹ Da höre ich, wie der Person die Schreibfeder aus der Hand fällt – und dann wird sie lang und länger und verschwindet nach oben ... Ich habe mich natürlich kolossal erschreckt.« Als Richard Tüngel von dieser Geschichte erfährt, schickt er seine Mitarbeiterin schleunigst »zum Hochpäppeln« aufs Land. Schwer freilich ist, sie vom Gewohnten loszureißen. »Sie trug immer so einen alten Trenchcoat, völlig verfranst«, hat eine Freundin erzählt. »Eines Tages sagte ich zu ihr: Liebe Marion, so kannst du nicht immer rumlaufen. Da hat sie mich ganz erstaunt und traurig angeguckt und gesagt: Aber der stammt doch aus Ostpreußen ...«

Doch wie soll man auf Äußerlichkeiten achten, wenn man den Kopf voller Ideen und Ideale hat und bis über beide Ohren in Arbeit steckt? »Sie will alles auf einmal machen. Sie verlegt alles, vergißt viel und läßt alles liegen«, gibt noch Jahrzehnte später die Sekretärin Irene Brauer über die Chefin zu Protokoll. Besonders gern wird die Geldbörse vergessen oder liegen gelassen – schließlich kam man ja auch in Ostpreußen ohne Portemonnaie aus. Als die Gräfin sich mit dem Studenten – und späteren Chefredakteur – Theo Sommer in Stuttgart zu einem Einstellungsgespräch trifft, muss der ihr mit Geld für die Weiterfahrt aushelfen. Und als sie den prominenten Besucher aus Amerika, Henry Kissinger, zum Essen einlädt, sieht sich der Gast am Ende zum Zahlen genötigt, weil die Gastgeberin wieder einmal weder Geld noch Kreditkarte bei sich hat. »Den Trick werde ich mir merken«, brummt Kissinger. Die beiden sind dennoch Freunde geworden.

Der Diplomat Berndt von Staden hat erzählt: »Die Nachricht ›Marion kommt‹ löste beim deutschen Botschafter in Washington stets Jubel aus, wobei den Gastgeber auch leise Besorgnis zu beschleichen pflegte. Die galt aber nicht dem geehrten Hausgast, sondern den ihn umgebenden Gegenständen. Diese, Regenschirme, Handtaschen, Pässe, Flugtickets, entfalten unter Marions milde abwesendem Blick ein wundersames Eigenleben, die fatale Neigung, unsichtbar zu werden, sich einfach aufzumachen, zu verschwinden, den Langmut der Herrin mit der Tücke des Objekts zu lohnen.« Eigentlich ist das keine gute Voraussetzung fürs weltweite Reisen, aber irgendwie hat diese Marion noch immer nach Hause gefunden.

In den schwierigen Anfangsjahren waren die Herausgeber und Mitarbeiter der ZEIT eine verschworene Gemeinschaft, beinahe eine Familie. Aber wie es so geht: Wenn die Zeiten sich ändern und bessern, kommt es zum Familienkrach. Tüngel steuert die ZEIT auf Rechtskurs und drängt Ernst Friedlaender, den bis dahin prägenden Leitartikler und Verantwortlichen für das politische Ressort, aus der Redaktion. Marion Dönhoff übernimmt 1952 seine Nachfolge. Auch wirtschaftlich kommt es zu einer Krise; die Auflage sinkt, und für viele Jahre bleibt die große Wochenzeitung ein Zuschussunternehmen. Der erbitterte und lähmende Streit zwischen den ursprünglichen Lizenznehmern und Anteilseignern führt bis zu Gerichtsverfahren; erst 1957 entscheidet Gerd Bucerius den Kampf für sich. Es ist eine Zeit, in der böse Zungen behaupten, das Spannendste an der ZEIT sei das Impressum, weil man daran ablesen könne, wer gerade das Heft in der Hand habe.

Richard Tüngel liebäugelt mit dem ebenso berühmten wie berüchtigten Staatsrechtslehrer Carl Schmitt und veröffentlicht 1954 – während Marion Dönhoff im Urlaub ist – in großer Aufmachung einen Aufsatz von ihm. Daraufhin erhält der »liebe Herr Tüngel« einen Kündigungsbrief, in dem es heißt:

»Wenn ein Mann wie Carl Schmitt, der von 1932 an mit der ganzen Schärfe seines Intellekts gegen die bürgerlich parlamentarische Demokratie und den bürgerlichen Rechtsstaat zu Felde gezogen ist, heute von der ZEIT als Berater in verfassungsrechtlichen Fragen herangezogen wird und bei uns abgedruckt wird, dann hat's geklingelt ... Ich habe nicht jahrelang gegen die Nazis gekämpft und meinen ganzen Freundeskreis am 20. Juli verloren, um nun, nachdem für alle deutlich geworden ist, wohin uns jene geführt haben, ihnen die Spalten der Zeitung zu öffnen, an der ich seit dem Zusammenbruch mitgearbeitet habe. – Ich habe mich immer bemüht, gegen die ungerechte Diskriminierung der kleinen Nazis und die ungerechten Anklagen, auch wenn sie gegen die großen Nazis gerichtet waren, in dieser Zeitung Stellung zu nehmen – ich glaube, niemand hat in den Jahren 1947–1952 so viele Aufsätze zu diesem Thema geschrieben wie ich –, aber ich weigere mich, zuzugeben, daß wir Deutschland einen Dienst erweisen, wenn wir den Verrätern am Geist und den Nihilisten mit Bügelfalten wieder die Möglichkeit geben, politische Betrachtungen anzustellen.

gez. Marion Dönhoff.«

Zur Verdeutlichung sei noch angefügt: Carl Schmitt hat nicht erst ab 1932, sondern schon in den zwanziger Jahre Sprengsätze an die geistigen Grundlagen des demokratischen Verfassungsstaates gelegt. 1934 hat er Hitlers erste unverhohlene Mordserie in der so genannten Rhöm-Affäre unter dem Titel gerechtfertigt: »Der Führer schützt das Recht.« In diesem Aufsatz werden die Prinzipien des Rechtsstaats von einem Staatsrechtslehrer zugunsten der Gewaltherrschaft verabschiedet. Inzwischen sind viele Bücher über Schmitt erschienen, und die meisten dienen im gelehrten Gewand der Beschwichtigung.

Marion Dönhoff reist erst einmal in die Vereinigten Staaten und berichtet in drei groß angelegten Reportagen von ihren amerikanischen Eindrücken. Aber sie erscheinen nicht mehr in der ZEIT, sondern in der WELT. Anschließend arbeitet sie für ein halbes Jahr in London beim »Observer«; der Herausgeber David Astor ist ein alter Freund von ihr. Es ist eine gute Lehrzeit, aber der Wochenlohn der Praktikantin beträgt nur drei Pfund, und damit kann man in der britischen Hauptstadt selbst bei größter Sparsamkeit unmöglich auskommen. Heimlich lässt Gerd Bucerius ihr 600 Mark monatlich überweisen.

1955 kehrt die Gräfin nach Hamburg und zur ZEIT zurück. Richard Tüngel ist inzwischen ausgeschieden, vielmehr, genauer: Er hat Hausverbot erhalten, und im Impressum steht wieder: »Verantwortlich für Politik: Marion Gräfin Dönhoff.« Nicht bloß das: Die ZEIT insgesamt wird von nun an mehr und mehr zu *ihrem* Blatt, das *sie* prägt, auch über das Jahr 1972 hinaus, als sie die Chefredaktion an Theo Sommer abgibt und etwas später als »Herausgeberin« firmiert. Es sind zugleich die Jahrzehnte, in denen die Wochenzeitung zunehmend schwergewichtiger wird –

bis zu etwa 120 Seiten pro Ausgabe – und dennoch die Auflage ständig wächst, bis an die magische Halb-Millionen-Grenze heran.

Spannungsfrei blieb diese Epoche durchaus nicht. Der Verleger Gerd Bucerius ist ein ebenso eigenwilliger wie quecksilbriger Mann, und beim Stabwechsel von 1972, als zugleich die Zeit-Stiftung als neue Rechtsform entsteht, sagt er: »Ja, gekracht haben auch wir uns über die lächerlichsten Sachen. Die politischen Spannungen waren oft so groß, daß ich nicht darüber sprechen konnte. So zankten wir uns also: Ob man in der so ernsthaften ZEIT Tony Armstrongs Bild der jungen hübschen Princess Anne bringen dürfe; um Formfragen bei der Neubesetzung der Magazin-Spitze, über eine Werbeanzeige für die ZEIT, die ich sehr witzig fand, die Sie aber für Boulevard-Qualität hielten. Bei solchen Gelegenheiten haben Sie mir Ihren Rücktritt (›... daß ich am 1. Mai ausscheide ...‹) und ich Ihnen die Zeitung angeboten (›... daß ich unter solchen Umständen nicht mehr Verleger der Zeit sein will ...‹). Nach dem letzten Streit fielen wir uns in die Arme und wußten gar nicht, was da eigentlich passiert war.«

Die schwierige, immer wachsende Schar der Mitarbeiter regiert die Gräfin mit leiser, immer etwas borstig gebrochen klingender Stimme und am langen Zügel, aber wenn nötig auch mit fester Hand und mit der unangefochtenen Autorität einer Prinzipalin – oder noch immer und jetzt erst recht als das Urbild eines preußischen Generals aus der Epoche der hochgebildeten und weltoffenen Scharnhorsts, Gneisenaus und Boyens. Frauen beklagen sich manchmal, dass sie mit Männern viel toleranter umgehe als mit ihnen. Doch sogar der hoch geschätzte Theo Sommer, als er einmal in Amerika ist, erhält ein Telegramm: »Sie sind zum Auslandskorrespondenten ganz und gar untauglich.« Und wehe der Schlamperei: Als der Star des Feuilletons den Frankfurter Hauptbahnhof in die Goethezeit vorverlegt, wird er öffentlich abgestraft. Wehe auch jedem, der schlecht vorbereitet, »ungelesen« in die Redaktionskonferenz kommt. Wehe den Eitlen: »Manche spreizen ein Pfauenrad und denken: Wie schön habe ich das gesagt. Ich finde es wichtig, daß es gelingt, einen Gesichtspunkt überzubringen.«

Fast nahtlos schließt da an, was einmal junge Leute zu hören bekommen: »Ihr denkt immer über Selbstverwirklichung nach und darüber: ›Was tut mir gut.‹ Ich bin noch nie, weder als junger Mensch noch als Erwachsener, darauf gekommen, über Selbstverwirklichung nachzudenken. Es gab immer Aufgaben, und die mußte man machen.«

Im Jahre 1981 veröffentlicht Marion Dönhoff ein Buch unter der Überschrift: »Von Gestern nach Übermorgen. Zur Geschichte der Bundesrepublik Deutschland.« Ergänzend folgt 1985: »Weit ist der Weg noch Osten. Berichte und Betrachtungen aus fünf Jahrzehnten.« Die Geschichte der Bundesrepublik entfaltet sich als Auseinandersetzung mit den Kanzlern vom prägenden Gründervater Konrad Adenauer bis Helmut Schmidt, mit den Schwerpunkten bei Adenauer und Willy Brandt, während Kurt Georg Kiesinger, der von 1966 bis 1969 die Große Koalition moderiert, als ehemaliger Parteigenosse der NSDAP praktisch mit Stillschweigen übergangen wird. (Aber als er zur Wahl stand, erschien natürlich ein Artikel mit der Überschrift: »Kein Parteigenosse als Kanzler!«)

Adenauers Bild bleibt zwiespältig: »Auch im vollen Bewußtsein seiner großen Verdienste kann man nicht umhin, ihn mit einer Mischung aus Bewunderung und Abwehr zu betrachten.« Zu seinen Verdiensten zählt die entschlossene, über alle Schwierigkeiten hinweg durchgesetzte Einbindung der Bundesrepublik in den Westen, in die atlantische Partnerschaft und die europäische Einigung, ebenso – jedenfalls in den Anfangsjahren – die Wirkung nach innen: »Wir sehen, wie er mit unbeirrbarem Sinn den Deutschen das Gefühl für Richtung, Proportion und Maßstab wiedergibt. Den Deutschen, die durch die größte Katastrophe ihrer Geschichte verwirrt, desillusioniert, verzweifelt, nur noch von Angst und Ratlosigkeit beherrscht werden.« Die großväterliche Autorität des Patriarchen mit seinem unerschütterlichen Selbstbewusstsein, seiner Nüchternheit und – nach einer Zeit der Phrasen – seiner schlichten Sprache kommt da gerade recht.

Zum Negativen gehören Adenauers Menschenverachtung, seine vollkommene Fremdheit gegenüber dem Osten und die immer wiederholte Behauptung, man könne, wenn man im Bündnis mit den USA nur beharrlich auf Stärke setze, die Sowjetunion sozusagen aus Mitteleuropa herausrüsten und die deutsche Wiedervereinigung »in Freiheit«, also nach westlichen Maßstäben, herbeizwingen. Das Abwarten ersetzt jede eigene und aktive Ostpolitik, im Zeitalter der Atomwaffen gefährlich genug.

Der Kanzler wird mit den Worten zitiert: »Nur mit Wünschen allein läßt sich keine Politik machen, und aus der Schwäche heraus erst recht nicht. Erst wenn der Westen stark war, konnte sich ein wirklicher Ausgangspunkt für Friedensverhandlungen ergeben mit dem Ziel, nicht nur die Sowjetzone, sondern das ganze versklavte Europa östlich des Eisernen Vorhangs zu befreien, und zwar im Frieden zu befreien.« Marion Dönhoff fügt hinzu: »Es ist merkwürdig, heute diese Sätze aus dem Jahre 1953 zu lesen: ›Erst wenn der Westen stark ist ...‹, das sagt die CDU/CSU ja auch heute – 25 Jahre später – noch immer. Und sie wird auch im Jahr 2000 noch immer glauben, daß, wenn der Westen wirklich ganz stark geworden ist und immer noch stärker wird, der Tag kommt, an dem den Russen der Atem ausgeht und sie einsehen werden: ›Es hat keinen Zweck, das beste ist, wir geben nach.‹«

Inzwischen liest dies wiederum sich eher merkwürdig. Hat Adenauers Vision sich am Ende nicht doch erfüllt? Es ist kaum zu leugnen, dass unter dem Einfluss der Gräfin die führenden Köpfe der ZEIT nicht sahen, nicht sehen wollten, wohin die Entwicklung tatsächlich trieb; sie gingen vom langfristig stabilen Gleichgewicht zwischen Ost und West aus. Alles kam dann darauf an, den Kalten Krieg durch ein geregeltes Miteinander zu ersetzen. Vor der zunehmenden Schwäche, dem wirtschaftlichen Niedergang und dem Austrocknen der marxistischen Heilslehre, kurz dem Morschwerden des Sowjetimperiums und mit ihm der DDR – also der Adenauer-Perspektive –, verschloss man beinahe vorsätzlich die Augen. Unter der Mitwirkung von Marion Dönhoff erschien 1964 ein ZEIT-Buch unter dem Titel: »Reise in ein fernes Land – Bericht über Kultur, Wirtschaft und Politik der DDR«, und 20 Jahre später schloss sich ein Nachfolgebericht an. Wenn man ihn aufschlägt, fasst man sich an den Kopf: Die DDR stellt sich als ein aufstrebender, zukunftsträchtiger Industriestaat dar, etwa vergleichbar mit den »jungen Tigern« in Ostasien wie Südkorea, Taiwan oder Singapur.

Hat man denn von den verfallenden Stadtkernen, den verrottenden Fabrikhallen, Maschinen und Verkehrsnetzen wirklich nichts gesehen oder nichts sehen wollen? Hätte man nicht allein schon von den Automarken »Wartburg« und »Trabant« aufs hoffnungslose Veralten der Industrie schließen müssen? (Samt ihrem ungefähr vergleichbaren, in den 50er Jahren erfolgreichen »Plastikbomber« ging in der Bundesrepublik die Firma Borgward schon 1961 in Konkurs.) Vom grotesken Zurückbleiben der Produktion hinter dem Bedarf ist dabei noch nicht einmal die Rede.

Hier ließen sich tiefgründige Betrachtungen über das oft verkannte und doch wichtige, manchmal schicksalsbestimmende Verhältnis oder Missverhältnis des Politischen und des Persönlichen anschließen. Den rheinisch-katholischen Bürger Konrad Adenauer trennten von der preußisch-protestantischen Gräfin zweifellos Welten. In ihren eigenen Worten: »Adenauer war für mich unheimlich schwierig, weil er so antipreußisch, antiöstlich und nur westlich war.«

Ähnlich ist es ihr wohl auch mit dem »Kanzler der Einheit« ergangen, und die gefühlsmäßige, fast schon leiblich begründete Fremdheit beruhte auf Gegenseitigkeit. Laut Alice Schwarzer »ließ sich der pfälzische Bürger Helmut Kohl noch 1983 auf der Frankfurter Buchmesse in Gegenwart mehrerer Journalisten beim Anblick der preußischen Adligen zu dem Ausruf hinreißen: ›Ich kann dieses Gesicht nicht mehr sehen. Was glaubt diese Frau eigentlich, wo sie lebt …?‹« Das Dönhoff'sche Urteil über Helmut Kohl fällt so zwiespältig aus wie das über Adenauer:

»Zweifellos hat er große Verdienste, aber er hat auch lang fortwirkende Fehler begangen, vor allem bei der Einigung Deutschlands, die in mancher Hinsicht als seine größte Leistung angesehen wird. Falsch war es, den einmaligen, großen Aufbruch, die Hochstimmung, die sich damals aller Deutschen bemächtigte, nicht für eine sinnvolle Transformation ganz Deutschlands zu nutzen, sondern lediglich eine Anpassung des Ostens an den Westen vorzunehmen.« Über die üblichen Klagen hinaus wird hier wieder die tief angelegte, sehr persönliche Auflehnung der

Preußin gegen die rheinländische Überwältigung sichtbar. Darum heißt es weiter: »Es stimmt, der Bundeskanzler hat die Gelegenheit, die sich bei einem Treffen mit Gorbatschow im Kaukasus bot, zielsicher beim Schopf ergriffen, aber ich glaube, daß sich die Interpretation dieses Geschehens mit der Zeit anders darstellen wird.« Als der Staatsmann von wahrhaft geschichtlichem Rang erscheint der Gräfin nicht Helmut Kohl, sondern Michail Gorbatschow.

Wie anders das Verhältnis zu Willy Brandt, dem norddeutschen Grübler und Visionär! Zu ihm stellte sich eine Wechselbeziehung der Hochachtung her, zumal zu seiner Biographie der Widerstand gegen den Nationalsozialismus und die erzwungene Emigration gehörten. Mit Brandts Kanzlerschaft begann im Herbst 1969 die neue Ostpolitik, die zu den Verträgen von Moskau, Warschau und zu Vereinbarungen mit der DDR führte. Marion Dönhoff hat dieser Politik nach Kräften vorgearbeitet. Als Alice Schwarzer sie als »Geburtshelferin« ansprach, hat sie allerdings abgewehrt: »Geburtshelferin ist nicht richtig, weil die Leute in der SPD schon immer die Ostpolitik geplant hatten: Brandt, Bahr und andere. Aber wichtig für das ganze Unternehmen war sicher, daß jemand, der mit der öffentlichen Meinung zu tun hatte, die Ansichten teilte. Willy Brandt hat mir einmal gesagt, für die Akzeptanz seiner Ostpolitik sei die Vorarbeit der ZEIT sehr wichtig gewesen.« In der Tat. Und vielleicht noch wichtiger war die Beteiligung am Kampf um die Durchsetzung. Denn dieser Kampf wurde mit beispielloser Heftigkeit geführt, und zeitweise stand sein Ausgang auf des Messers Schneide. Niemals ist die politische Bedeutung der ZEIT und ihrer Chefredakteurin größer gewesen. Im Übrigen lässt sich im Nachhinein sagen: Ohne die Vorarbeit der neuen Ostpolitik, die auf einen schrittweisen, langfristigen »Wandel durch Annäherung« zielte, wäre die Wiedervereinigung des Jahres 1990 kaum möglich gewesen.

Zur Vertragsunterzeichnung in Moskau am 12. August 1970 begleitete Marion Dönhoff den Kanzler und hat darüber berichtet: »Fünfzehn Jahre waren vergangen, seit Konrad Adenauer auf dem Moskauer Flugplatz zusammen mit Nikita Chruschtschow die angetretene Ehrenkompanie abgeschritten hatte. Ich sehe das

Bild noch deutlich vor mir, erinnere mich noch genau der Gefühle, die mich damals beschlichen: vor allem eine große Beklommenheit. Unsicherheit auch, schließlich war dies der erste offizielle deutsche Besuch nach einem Krieg, den Hitler vom Zaun gebrochen und der 20 Millionen Einwohnern dieses Landes das Leben gekostet hatte ... Diesmal waren die Gefühle weniger gemischt, eindeutiger. Denn Brandt war ja gekommen, um, wie er sagte, ›ein neues Blatt in der Geschichte aufzuschlagen‹. Diesmal war ich nicht beklommen, sondern tief bewegt – vielleicht weil so viel Hoffnung auf beiden Seiten mitschwang. Allen ging es so. Selbst die abgebrühtesten Journalisten hatten das Gefühl, dies sei ein Aufbruch zu neuen Ufern ... Viele Oppositionelle haben später immer wieder – übrigens auch ärgerlich und vorwurfsvoll – behauptet, die Ostverträge seien in einem Zustand permanenter Euphorie abgeschlossen worden. Das ist sicherlich nicht der Fall gewesen, aber dieser spezielle Tag wurde in der Tat von allen als etwas Außergewöhnliches empfunden. Ich möchte aber auch weder zu Freunden noch zu Regierenden Leute haben, die keiner menschlichen Regung mehr fähig sind.«

Zur Vertragsunterzeichnung in Warschau am 7. Dezember 1970 lud der Kanzler persönlich ein: »Brandt wollte vier Leute mitnehmen: Günter Grass, Siegfried Lenz, Henri Nannen und mich. Er fragte mich am Telefon Wochen vorher, und ich war begeistert, weil ich ja für Dialog und für Verständigung war. Ich sagte zu. Doch als der Termin näher rückte, begann ich mir vorzustellen, wie das da vor sich geht. Da wurde mir klar, daß natürlich die Grenzfrage verhandelt wird. Ich hatte ja auch immer vertreten, daß wir keine Gebietsansprüche mehr erheben. Aber in Vertragsform heißt das, daß wir klar verzichten. Ich fand das richtig – aber ich wollte nicht persönlich dabei sein, wenn auf den Verlust der Heimat mit Sekt angestoßen wird ... Ich hatte das Gefühl: Das halte ich nicht aus!« Die Absage erfolgte im letzten Moment: »Es tut mir wahnsinnig leid, aber ich glaube ich kann das nicht.« Brandt hat dies verstanden und respektiert.

Wir stoßen hier auf ein Herzens- und Schicksalsthema, dessen Akkord vielstimmig anklingt: Liebe zur Heimat – Verlust der Heimat – Anerkennung der Grenzziehung an Oder und Neiße –

Versöhnung. Weil sich die vier Stichworte miteinander zur Einheit verbanden, ist Marion Dönhoff – wie andere, die sich an ihre Seite stellten – missverstanden, auch böswillig missdeutet, angeklagt, als Verräterin beschimpft worden. Darum ist es wichtig, noch im Rückblick genau zu sein.

Zunächst die Liebe zur Heimat. Um es persönlich zu sagen: Ich kenne niemanden sonst, bei dem diese Liebe so tief reicht und die Erinnerung ans Verlorene mehr Schmerzen aufrührt. Darum hat Marion Dönhoff sich hartnäckig dem Ansinnen verweigert, bei einem Buchvorhaben über »Schicksalsjahre in Ostpreußen« die Gesprächspartnerin zu sein. Sie ertrug es nicht, und man könnte vieles hinzufügen, was die gleiche Sprache spricht. Nach 1945 jemals wieder zu reiten, war unmöglich, weil schon beim Aufsteigen in einen Sattel Glocken geklungen hätten wie in der Sage aus dem versunkenen Vineta: Ostpreußen, Ostpreußen ...

Im Spätsommer 1990 besucht die Gräfin erstmals wieder Königsberg, das nun Kaliningrad heißt, um eine Kantbüste zu überbringen. Ein weiter Umweg wird nötig, weil der Zugang über Preußisch Eylau noch gesperrt ist. Der russische Schriftsteller Juri Iwanow, der 1945 als Trommelbube der Roten Armee in die zerstörte Stadt kam und blieb, hat von diesem Besuch erzählt:

»Aus einem buckligen Citroën 2 CV, in Deutschland allgemein ›Ente‹ genannt, steigt eine hagere, grauhaarige alte Frau. Eine einfache Jacke, Hosen, einen rosa Schal um den Hals. Ein gutes, von der Fahrt müdes Gesicht, ein freundliches Lächeln, eine kleine, feste Hand – Marion Gräfin Dönhoff. Ihr Neffe Hermann, ein gutaussehender junger Mann, breitschultrig, kräftig, mit der Statur eines Basketballspielers, sitzt hinter dem Steuer. Der Wagen ist so klein, daß Hermann, wenn er sich schon einmal in ihn reingezwängt hat, so lange wie möglich in ihm sitzenzubleiben versucht ... Die Gräfin und ihr Neffe sind in dieser Sardinenbüchse 1600 Kilometer gefahren! Zu dritt, sie auf den Vordersitzen, Immanuel Kant auf dem Rücksitz ...«

Und nach Königsberg dann Friedrichstein: »›Hier ist die Allee. Ihre Vorfahren haben sie gepflanzt‹, sage ich und sehe ihr ins Gesicht. ›Weiter gehen Sie alleine. Bis zu Ihrem Besitz, richtiger bis zu der Stelle, an der das Schloß gestanden hat, sind es höchstens noch zwanzig Minuten.‹ Ich fühle, wie ihre Hand zittert. Ich sehe, wie angestrengt ihr Gesicht ist. Mein Gott, wird ihr Herz das aushalten, wenn sie die Wildnis und die scheußliche Unordnung sieht, wo einmal die weißen Schloßmauern am See sich erhoben, wo unter uralten Bäumen die sauberen goldgelben Sandwege liefen, auf den Rasenflächen die Rosen blühten und auf Postamenten die Skulpturen standen. ›Wie fühlen Sie sich, Gräfin? Geht es? Sehen Sie, da ist das Steinkreuz, das für die im Ersten Weltkrieg Gefallenen aus den Gutsdörfern errichtet wurde‹ ... Ich gehe zu meinem Wagen, dann sehe ich mich noch einmal um: Ich versuche mir vorzustellen, was in dieser Frau vorgeht. Aber kann man sich das überhaupt vorstellen?«

Im Dönhoff'schen Reisebericht heißt es: »Nun war ich also eine halbe Stunde von diesem Ort entfernt – sollte ich ihn besuchen oder lieber so im Herzen bewahren, wie er für mich zum Inbegriff von Heimat geworden war? Ich schwankte. Schließlich war die Anziehungskraft stärker als das Bedenken. Wir fuhren. Als wir nach Löwenhagen kamen und links nach Friedrichstein einbogen, hielt ich den Atem an: ob die Allee noch stand. Ja, sie steht ... Rechts der Waschhausteich ist vollkommen verkrautet, man sieht kein Wasser mehr. Das Waschhaus selbst ist verschwunden, und auf dem Begräbnisplatz sind die Gräber eingeebnet. Weiter nach Friedrichstein den Hohlweg hinunter. Der erste Blick fällt auf den verträumten See, schön wie eh und je, zumal jetzt, da die Baumkulissen, die ihn einrahmen, vom ersten herbstlichen Glanz verklärt sind. Aber was man dann sieht oder vielmehr nicht sieht, ist unfaßlich: Das riesige Schloß ist vom Erdboden verschluckt, nichts davon ist geblieben, nicht einmal ein Trümmerhaufen ... Die alte Mühle – einfach weg, der lange Pferdestall – weg auch er. Alles ist überwuchert von Sträuchern, Brennesseln, heranwachsenden Bäumen. Ein Urwald hat die Zivilisation verschlungen.« Im Rückblick aus dem wiedergewonnenen Abstand heißt es dann noch: »War Friedrichstein bisher eine Realität, unerreichbar zwar, aber doch existent, so ist es jetzt zu einer unwirklichen Traumwelt geworden – und da ist es eigentlich ganz gut aufgehoben.«

Zwei Jahre später, im Vorwort zu einem Buch über ostpreußische Gutshäuser, folgt eine Art von Nachbetrachtung: »Was scheint mir typisch für jenes Ostpreußen, das nur noch in den Träumen existiert? Beispielsweise das Gefühl, daß man in einer Gemeinschaft lebte, in der alle auf die gleiche Aufgabe konzentriert waren; eine Aufgabe, die der Pflege und dem Erhalt des Bestehenden gewidmet war und nicht in erster Linie dem Gewinn. – Ja, und dann trauert jeder, der dort zu Hause war, natürlich der Landschaft nach – den weiten Wiesen und Feldern unter dem großen Himmel des Ostens; den einsamen Wäldern und klaren Seen, dem Zug der Wildgänse und Kraniche im Frühling und Herbst, dem abendlichen Schnepfenstrich und der morgendlichen Pirsch durch taufrisches Gras. – Wer je auf dem Rücken eines edlen Pferdes im Slalom um die aufgestellten Getreidehocken über die herbstlichen Stoppelfelder galoppierte, der wird nie etwas anderes seine Heimat nennen als Ostpreußen.«

Aber der Verzicht, die Anerkennung der Grenze an Oder und Neiße? Marion Dönhoff hat es sich damit wahrlich nicht leicht gemacht. Als de Gaulle 1959 erklärte, dass die Grenzen unabänderlich seien und die Deutschen auf die verlorenen Ostgebiete verzichten müssten, fragte sie, ob dieser Verzicht von den Polen akzeptiert werden würde, und ihre Antwort hieß: nein. Denn »eine Grenzziehung zwischen zwei Völkern, die von dritten Mächten festgelegt und erzwungen wird, zu der werden beide Partner kein Vertrauen haben können«. 1964 heißt es noch schroffer: »Niemand, der aus dem Osten kommt, wird auf Land verzichten ... Das wäre so, als verlangte man von ihnen [den Vertriebenen], ihre Toten zu verraten.« Ein Jahr später schreibt sie Professor Ludwig Raiser, einem der Autoren einer Aufsehen und Anstoß erregenden Evangelischen Denkschrift, die den Verzicht fordert: »Ohne Übertreibung und ganz kühl überlegt: Wenn man mir heute sagte, ich würde in drei Tagen tödlich verunglücken, würde ich damit wesentlich leichter fertig werden als mit dem Verlust meiner ostpreußischen Heimat.«

»Lange Zeit hatte ich wider alle Vernunft gehofft, irgendein Wunder werde geschehen. Denn es gibt neben dem Bewußtsein des Tages eben doch auch die nächtlichen Träume.« Wenn die Gräfin schließlich doch ihre Haltung änderte, dann darum, weil der Wille zur *Versöhnung* in den Vordergrund rückte. Der aber setzt den Verzicht auf Ansprüche voraus, die ohne den Rückfall in die Gewalt nicht erfüllt werden können. Und das heißt im Blick auf die Grenzen: Sie verschließen sich, und Ängste werden aufgerührt, wenn man an ihnen rüttelt. Aber sie können zu Brücken der Verständigung werden, wenn man sie anerkennt.

Im Rückblick ist es auffällig, dass in diesem Sinne nicht wenige Preußen, die aus dem Osten stammten, mit der Preußin Dönhoff in einer Front standen, so etwa Klaus von Bismarck, Rudolf von Thadden und Christian Krockow. Dazu hat wahrscheinlich beigetragen, dass sie alle zu einem besonderen Verständnis des Besitzes erzogen worden waren: Unter Ausschluss der Geschwister übernahm ihn nur ein Erbe, in der Regel der älteste Sohn, und der durfte mit dem Anvertrauten nicht nach Belieben verfahren, sondern nur ein Treuhänder auf Zeit in der Kette der Generationen sein; in der Gestalt des Fideikommisses nahm diese Auffassung eine eigene Rechtsform an. Marion Dönhoff hat in ihrer »Kindheit in Ostpreußen« erläutert, was das bedeutete, und im Anschluss daran hat sie gesagt:

»Wenn ich heute darüber nachdenke, erscheint mir das Verhältnis, das ich zu Friedrichstein hatte, als eine schwer zu definierende ›Mischung‹ von grenzenloser Liebe und seltsam abstrakter Besitzerfreude. Ein bißchen so, wie man heute die bedrohte Natur liebt: man möchte sie behüten, für sie sorgen, fühlt sich auch verantwortlich, aber nicht als individueller Besitzer, sondern in einem höheren Sinne.« Sie hat auch geschrieben: »Vielleicht ist dies der höchste Grad der Liebe: zu lieben ohne zu besitzen.«

Versöhnung erfordert Geduld und Stetigkeit, denn das Vertrauen, das zu ihr gehört, ist ein kostbares Kapital, das nur in langfristiger Arbeit aufgebaut werden kann. Sehr oft ist Marion Dönhoff in den Osten gereist, hat Gespräche geführt, Freundschaften geschlossen, praktische Hilfe geleistet. Um nur zwei Beispiele zu nennen:

Im Sommer 1992 war die Gräfin wieder in Königsberg, wieder mit Immanuel Kant, doch diesmal nicht mit einer Miniatur, sondern mit dem Denkmal in seiner Originalgröße. Sie sorgte dafür, dass der Philosoph auf seinen angestammten Sockel zurückkehrte, von dem man ihn 1944 herabgeholt und zum Schutz vor den Kriegswirren vorsorglich aufs Land, auf den Dönhoff'schen Besitz verschickt hatte, wo er spurlos verschwand. Der Berliner Bildhauer Harald Haacke hatte nach einem noch vorhandenen Modell das Original nachgebildet, das einst Daniel Christian Rauch erschuf. »Es war ein richtiges Volksfest, heiter und beschwingt: Eine bunte Menschenmenge – Alte und Junge, Russen und Deutsche – wogte fröhlich durcheinander«, sagte der Bericht von der Denkmalsenthüllung, und die Gräfin zitierte ihren Königsberger Freund Juri Iwanow mit den Worten: »Kant gehört nicht euch und er gehört nicht uns – er gehört der Welt.« Gerührt schloss der Rektor der Universität »seine« Marion mit den einzigen deutschen Worten in die Arme, die er kannte: »Ich liebe Dich!« Nur halb ironisch hat die so Gefeierte später gesagt: »Das einzige, was ich in meinem Leben als eine wesentliche Tat ansehe, ist die Wiederbeschaffung des Kant-Denkmals in Königsberg.«

Freilich: Vom alten Königsberg ist wenig geblieben, Kaliningrad erinnert die Ostpreußin an Irkutsk, und das Gebiet ringsum gleicht weithin einer Wüstenei. Der Anblick bereitet Schmerzen. Viel lieber fährt sie darum nach Polen. Schon beim ersten Besuch, 1962, geht ihr das Herz auf: »Große, alte Alleen, Kopfsteinpflaster in den Dörfern, Sonnenblumen in den Vorgärten der hellgetünchten Häuser, Pferdeäpfel auf allen Straßen, Scharen von schneeweißen Gänsen auf allen Stoppelfeldern; das ist der Osten ... Das eigentliche ›Vaterland‹ ist doch wohl durch die Landschaft verkörpert und nicht durch die Nation. Jetzt, da ich auf den östlichen Landstraßen reise, von Posen nach Warschau und vom Rand der Masurischen Seen im Norden bis hinunter zu den bewaldeten Hügeln der Karpaten, wirkt dieses polnische Land unendlich vertraut auf mich. Ja, das Land ist vertraut. Aber wie würde es mit den Menschen sein?« Beinahe ein Vierteljahrhundert später zitiert ein polnischer Journalist die Besucherin mit den Worten: »Es ist seltsam, aber immer wieder verspüre ich Lust, nach Polen zu reisen. Im Hinblick auf Atmosphäre und Landschaft ist es wie Heimat für mich. Im Westen, wo ich schon über die Hälfte meines Lebens verbracht habe, fühle ich mich bis zum heutigen Tag wie ein Gast.«

Nur eben: Die Menschen sind zunächst einmal nicht vertraut, und da helfen einzig Begegnungen und die Gespräche, wieder und wieder mit allen politischen Lagern, mit Bürgermeistern und Bauern, Generalen und Intellektuellen, Kommunisten und Katholiken beharrlich geführt. Berührungsängste gibt es nicht; die Chefin der ZEIT unterhält sich mit dem im Westen verfemten und in seinem eigenen Land höchst umstrittenen Mann des Kriegsrechts, General Jaruzelski, ebenso wie mit den Führern der Opposition um Lech Wałesa, und sie ist 1989 dabei, als die Bewegung Solidarność als Gewerkschaft anerkannt wird. Einladungen, nach Hamburg zu kommen und in der ZEIT zu schreiben, ergehen an junge Publizisten wie Janusz Reiter und Adam Krzemiński. Reiter kehrt 1990 als polnischer Botschafter in die Bundesrepublik zurück und schreibt seiner Gönnerin: »Ich wäre nicht hier, wenn ich Sie vor elf Jahren nicht getroffen hätte. Die Erfahrung in Ihrer Redaktion hat mich tief geprägt.«

Krzemiński merkt 1991 in einem Aufsatz an, dass im Dönhoff'schen Buch »Gestalten unserer Zeit« aus dem Jahre 1990 keine Polen vorkommen (aber Russen wie Lew Kopelew, Andrej Sacharow, Valentin Falin). »Die Palme der Exklusivität, wollte die Gräfin niemandem bei uns zuerkennen ... Das Polen, das Gräfin Dönhoff liebt, sind weniger bedeutende Persönlichkeiten, es ist vielmehr ein irritierendes und zugleich vertrautes Klima, es ist unsere Impulsivitität und Umsicht, es ist ein Land, in dem man gegen Windmühlenflügel kämpft, den Mond mit den Zähnen packen will und gleichzeitig beharrlich seinen Willen durchsetzt. Deshalb hält sie uns für ruhiger und harmonischer, als wir selbst uns sehen ... Im Januar 1991 sagte sie mir unter dem Eindruck unserer Präsidentschaftswahlen und des Spiels um die Bildung der Regierung Bielecki: ›Was sich bei euch tut, ist großartig, nur ihr seid es, die seit Jahren so exakt und mit Gespür für das Maß um den Ausstieg aus dem Stalinismus kämpfen. Ich habe meine Texte über Polen aus drei Jahrzehnten durchgesehen, und es ist erstaunlich, wie sich bei euch alles logisch zusammenfügt, alles hat Hand und Fuß. Ich wünsche euch alles Gute.‹ Und wenn man uns mit Abstand betrachtet, wenn man nicht in unserem Parteienstreit und den Kleinkriegen aller gegen alle steckt, dann läßt sich tatsächlich ein roter Faden solider Konsequenz in der polnischen Evolution entdecken. Wir werden sie wohl erst in zwei Generationen zu schätzen wissen und einen Schatten Preußens in uns selbst entdecken, den Aufbruch des aufgeklärten Absolutismus in die Moderne. Aber vielleicht sind das ja nur Wunschträume nach der Lektüre der Bücher der ›roten Gräfin‹.«

Doch ob nun Wunschträume oder Realitäten: Für Marion Dönhoff ging es auch oder vor allem um die Versöhnung, um Brücken über die Abgründe, die Hitlers Schreckensherrschaft und die Vertreibung von Millionen von Menschen aus ihrer Heimat zwischen Polen und Deutschen aufgerissen hatten. Das Echo blieb nicht aus. Im Jahre 1991 wurde der Gräfin die Würde eines Ehrendoktors der Kopernikus-Universität in Thorn verliehen. Professor Jerzy Sercyck sagte bei dieser Gelegenheit: »Versöhnung kann nicht von oben angeordnet werden. Man muß sich zu ihr mühsam durchringen und dabei Hindernisse überwinden, die sich im eigenen Inneren befinden. Es hat fast die Zeitspanne einer Generation gedauert, bis wir uns entschlossen haben, einer deutschen Preußin den Ehrendoktor zu verleihen.«

Wahrscheinlich noch bewegender war ein anderer, eher unscheinbarer Festakt vier Jahre später. In Nikolaiken, Polnisch Mikolaiki, der kleinen Stadt in der Mitte der großen masurischen Seen, erhielt das dortige Gymnasium den Namen »Marion-Dönhoff-Schule«. Eine Deutsche als Patronin eines polnischen Gymnasiums! Im Stillen hatte sie Hilfe geleistet: durch Vermittlung (und Mitfinanzierung) des Deutschlehrers Franz Dombrowski oder des Schüleraustauschs mit der Bundesrepublik. Die Abiturienten bekamen in einer kurzen Ansprache zu hören: »Vielleicht werden Sie mich fragen, was mir als geistige Einstellung für die Zukunft am wichtigsten erscheint. Ich denke, ihr müßt vor allem versuchen, tolerant zu sein – denn wer wirklich tolerant ist, der wird nicht in Haß verfallen und darum auch nicht versucht sein, Gewalt zu üben ... Er wird keine neuen Feindbilder erfinden, mit denen der Gegner verunglimpft wird. Wenn es Ihnen gelingt, wirklich tolerant zu sein, dann haben Sie viel für Ihr Vaterland geleistet.«

Man sollte meinen, dass die Chefredaktion oder Herausgeberschaft der ZEIT und das Engagement für die Versöhnung mit den Nachbarn im Osten mehr als genug waren, um den Tag und ein Leben zu füllen. Ja, ganz gewiss – nur nicht für Marion Dönhoff. Ein kaum minder intensives Engagement und häufiges Reisen galt Südafrika und dort dem Kampf um die Überwindung der Apartheid und die Versöhnung zwischen Farbigen und Weißen. Davon zeugt ein eigenes Buch: »Der südafrikanische Teufelskreis. Reportagen und Analysen aus drei Jahrzehnten.« In einem der vielen Aufsätze zum Thema hieß es: »Die Schwarzen sind viel weniger dogmatisch als die Weißen. Sie sind für glaubhafte, praktische Lösungen auch heute noch zu haben.« Der Bischof Desmond Tutu, der sich darum bemühte, wurde zum persönlichen Freund. Doch auch die Empörung über den weißen Rassismus, die aus der Ferne preiswert zu haben war, sah sich mit dem Appell ans Verstehen konfrontiert: »Wir sollten aber bei aller berechtigten Kritik nicht vergessen, wie schwer es ist, auf etwas zu verzichten, was man besitzt. Wir haben zwanzig Jahre gebraucht, um den Verzicht auf die Ostgebiete auszusprechen, die wir längst verloren hatten.«

Nachdem der Durchbruch gelungen war, schrieb die Gräfin: »Wenn je jemand den Friedensnobelpreis verdient hat, sind es die beiden: Mandela, der Jahrhunderte der Unterdrückung seines Volkes, ohne Rache zu brüten, hingenommen hat, und der Bure de Klerk, der bereit war, die Macht abzugeben, ohne durch Krieg oder blutige Revolutionen dazu gezwungen zu sein. Man möchte wünschen, daß auch in anderen Teilen der Welt wenigstens halb soviel Vernunft regierte.«

Aber vielen Ländern und Kontinenten gehört die Aufmerksamkeit im rastlosen Reisen. Auch davon redet inzwischen ein Buch: »Der Effendi wünscht zu beten. Reisen in die vergangene Fremde.« Und beinahe nebenher werden Manifeste verfasst, Gesprächskreise gegründet, entlassene Strafgefangene betreut. Der Betrachter staunt und fragt sich: Wie kann ein einzelner Mensch das alles leisten?

Zur Antwort gehört: mit einer strengen Selbstdisziplin, die mit dem Älter- und Altwerden nicht etwa nachlässt, sondern sich eher noch steigert. Nur ein anderes Wort für die Selbstdisziplin heißt: Preußentum. Mit dem Alter tritt es wiederum verstärkt in Erscheinung, bis in die Charakterprägung der schlanken und straffen Gestalt, die Gesichtszüge hinein. Man übertreibt kaum, wenn man sagt, dass dieses Gesicht, aus dem die Augen stets größer und heller leuchten, trotz aller Falten und Runzeln, die sich einstellen im Ablauf der Zeit, eigentlich immer schöner oder jedenfalls immer eindrucksvoller geworden ist; unwillkürlich wird man an Altersbilder Friedrichs des Großen erinnert. Oder an die biblische Weisheit aus dem 90. Psalm, die uns sagt, dass ein Leben, wenn es köstlich war, Mühe und Arbeit gewesen ist.

Übrigens hat die Gräfin ihr preußisches Erbe niemals verleugnet. »Abschied von Preußen?« heißt es in einem Aufsatz aus dem Jahre 1970. »Nein, denn das *geistige* Preußen muß in dieser Zeit materieller Begierden weiterwirken – sonst wird dieser Staat, den wir Bundesrepublik nennen, keinen Bestand haben.« Und in einem anderen Aufsatz, 1986: »Von der protzsüchtigen Monarchie über die chaotischen Weimarer Jahre und die verbrecherische Nazizeit bis in unsere zweite Republik – hat es nur einen moralischen Lichtblick gegeben, den 20. Juli 1944. Darum bin ich stolz darauf, Preußin zu sein.«

Die Ehrungen und Preisverleihungen sind nicht ausgeblieben. Um nur eine Auswahl zu nennen: Friedenspreis des Deutschen Buchhandels 1971; Erasmus-Preis 1979; Ehrensenatorin der Universität Hamburg 1982; Heinrich-Heine-Preis 1988; Ehrentitel »Professorin« in Hamburg 1994; Roosevelt-Freiheitspreis 1994; Erich-Kästner-Preis 1996; Pax-Baltica-Preis 1998; Europa-Preis 1999; Schiller-Preis 1999; Ehrenbürgerschaft der Stadt Hamburg 1999. Hinzu kommen noch eine Reihe von Doktorhüten *honoris causa,* neben dem polnischen aus Thorn mehrere amerikanische und ein britischer.

Freilich ist in dieser Welt nichts für die Dauer geschaffen. Als die Gräfin ihrem Freund, dem Nestor der amerikanischen Diplomatie George F. Kennan, einmal vom Erfolg der ZEIT berichtete, sagte er ihr: »Oh, Marion, beware of success« – »hüten Sie sich vor dem Erfolg!« Inzwischen bröckelt die Auflage der stolzen Hamburger Wochenzeitung trotz aller kosmetischen Versuche, sie jünger erscheinen zu lassen, als sie ist, und welch eine Zukunft ihr in einer Ära nach Marion Dönhoff beschieden sein wird, ist durchaus ungewiss.

Skepsis stellt sich auch ein angesichts der moralischen Appelle, die die neunziger Jahre bestimmen, wie das Manifest »Weil das Land sich ändern muß« – zusammen mit Meinhard Miegel, Wilhelm Nölling, Edzard Reuter, Helmut Schmidt, Richard Schröder, Wolfgang Thierse und Ernst Ulrich von Weizsäcker verfasst – oder das Buch »Zähmt den Kapitalismus. Grenzen der Freiheit«. Zwar ist das Unbehagen an den herrschenden Zuständen weit verbreitet; beide Schriften rückten zu Bestsellern auf. Und man kann wohl zustimmen, wenn man liest: »Viel entscheidender als Fakten sind Fiktionen. Viel größer als die Macht der Tatsachen ist die Macht der Vorstellungen.« Erst recht leuchtet dies ein: »Jede Gesellschaft braucht Bindungen; ohne Spielregeln, ohne Tradition, ohne einen ethischen Minimalkonsens, der den Verhaltensnormen zugrunde liegt, wird unser Gemeinwesen eines Tages so zusammenbrechen wie vor kurzem das sozialistische System.«

Aber Bußpredigten, das lehrt die Geschichte des Christentums, sind meist so eindrucksvoll wie wirkungslos. Kann man das Preußentum wieder beleben, das der Gräfin am Herzen liegt? Läuteten dessen Sterbeglocken nicht schon mit der Reichsgründung von 1871? Oder was soll die Neugründung einer ehrenwerten »Mittwochsgesellschaft« bewirken, die an den Berliner Honoratiorenkreis gleichen Namens anknüpft, der von 1863 bis 1944 bestand?

Hinter der lebenslangen Pflichterfüllung und Vielfalt der Ehrungen, die ihr zuteil wurden, verschwindet am Ende fast der Mensch, die Frau Marion Dönhoff. Manchmal möchte man meinen, dass der Drang zum Reisen, die immer währende Hochleistung und die Hingabe an die Forderungen des Tages als ein Schutzschild dienten, um sich jedem Zugriff zu entziehen. Sie scheut ja auch die medienwirksamen Auftritte, den Exhibitionismus der Talkshows wie der Teufel das Weihwasser. »Wir achten ihren Wunsch, das Private privat zu lassen, und zeigen sie, wie sie sich durch ihre Arbeiten und ihr Wirken darstellt«, sagt Haug von Kuenheim in seinem Buch über die Gräfin. Aber darf sich der Biograph damit abfinden?

Eine ganz einfache Frage lautet zum Beispiel: Warum hat Marion Dönhoff niemals geheiratet? Dazu war »im gesamten Material kein Hinweis zu finden«, heißt es in einer Seminararbeit. Alice Schwarzer deutet immerhin an, dass es einmal eine »große Liebe« gegeben habe, aus der offenbar nichts geworden ist. Doch hinter der bloßen Vermutung lässt sich nichts Handfestes erkennen. An Attraktivität fehlte es gewiss nicht. Die Güterverwalterin der dreißiger Jahre, so hat ein Besucher sich erinnert, war »enorm jung, enorm braungebrannt und erregte meine Bewunderung durch ihre vollkommene Lebenssicherheit«. Allerdings hätte der Mann, der den Ansprüchen, dem Eigenwillen, der Klugheit und Lebenssicherheit, der Arbeitsbesessenheit und dem spröde abweisenden Spott der Gräfin gewachsen gewesen wäre, wohl erst noch erfunden werden müssen.

Sie kann ja auch bockig sein wie ein Maulesel. Um eine unscheinbare, aber bezeichnende und noch einmal persönliche Geschichte zu erzählen: Mit vieler Mühe war es gelungen, sie zum Bericht über ihre »Kindheit in Ostpreußen« zu bewegen. Eines Tages erhielt ich ein erstes Teilstück, offenbar während italienischer Ferien mit dem Zwei-Finger-System getippt. (Sonst verfasst sie ihre Texte, falls sie nicht diktiert, gern mit der Hand in kleiner runder Schrift.) Die Frage lautete: Taugt das etwas, soll ich weitermachen?« Natürlich fiel meine Antwort überschwänglich aus und drängte zur Fortsetzung. Nur in Kleinigkeiten wagte ich Hinweise zur Korrektur. Zum Beispiel kam ein Uhu vor, der mit den Augen rollte. Aber Eulenvögel haben starre Augen und rollen mit dem Kopf. Schließlich erhielt ich das fertige Buch mit der schönen Widmung: »Für Christian Krockow, mit dem mich nicht nur der Osten verbindet.« Und siehe: Der Uhu rollte weiterhin seine Augen statt mit dem Kopf.

Doch um nicht weiter abzuschweifen: Marion Dönhoff mag Männer durchaus – besonders wenn sie groß, blond und blauäugig sind –, und immer hat sie ganz selbstverständlich in einer Welt der Männer ihren Platz eingenommen, wie schon gesagt als ein Ebenbild des preußischen Generals unter seinen Offizieren und Soldaten. Jemand hat sogar gesagt: »Sie ist in Krisensituationen der einzige Mann in der ZEIT.« Eine Konsequenz heißt: »Sie hat es sich nie leisten können, Schwäche zu zeigen.«

Oder, anders gewendet: Sie mochte keine Frauen, »die sich so anstellen«, und so genannte Frauenthemen haben sie überhaupt nicht interessiert. Alice Schwarzer berichtet vom folgenden Dialog bei einem Besuch in der EMMA-Redaktion: »Frage: Was wäre, wenn Sie 1970 zwanzig gewesen wären? Dönhoff: Dann wäre ich wohl bei dieser APO [außerparlamentarischen Opposition] gewesen. Frage: Und die Frauenbewegung? Dönhoff: Wie? Frage: Und die Frauenbewegung? Dönhoff: Das kann ich mir gar nicht vorstellen, daß ich in einer Gruppe nur von Frauen gekämpft hätte.« Schwarzer fügt hinzu: »Die Verdrängung ihres Frauseins ist keinesfalls untypisch für ihre Frauengenerationen, die noch allein und individuell aufbrechen mußten in eine von Männern dominierte Welt.«

Ob man wirklich von einer Verdrängung reden soll, steht dahin. Zumindest eine mütterliche Rolle hat Marion Dönhoff durchaus übernommen, zunächst noch in Ostpreußen bei den Söhnen der früh verstorbenen Schwester. Davon war schon die Rede. Nach dem Krieg kamen sozusagen in einem zweiten Schub die Kinder des gefallenen Bruders hinzu, deren Mutter, die geborene Gräfin Hatzfeldt, ebenfalls früh verstarb. Diese Kinder wurden als Hatzfeldts adoptiert, um den Namen nicht aussterben zu lassen, doch das änderte nichts an der Rolle der Ersatzmutter Dönhoff. »Ich war als Kind eher still und zurückgezogen und hatte Sehnsucht nach Anerkennung und Liebe. Marion glaubte an mich«, hat der Neffe Hermann Hatzfeldt gesagt. Daraus entstand eine wechselweise tiefe Bindung, und nicht nur bei der Reise nach Königsberg mit Immanuel Kant war er an ihrer Seite: »Ich hatte sozusagen die Rolle der Ehefrau mit ihr.« Erst spät hat der Neffe sich aus der Mutterbindung an die Tante gelöst und geheiratet.

Inzwischen ist die Jüngste aus der Reihe von sieben Geschwistern zur Ältesten, zur Patronin eines Familienclans geworden, der in ihr und im Hatzfeld'schen Besitz, dem Schloss Crottorf im Siegerland, seine Fluchtpunkte findet. Im Kontrast dazu steht, samt Haushälterin und Hund, ein sehr einfaches und kleines ehemaliges Kapitänshaus in Hamburg-Blankenese.

Nach dem Dröhnen der Ehrungen zum 90. Geburtstag kehrt dort unmerklich die Stille ein, noch immer mit Arbeit und vielleicht mehr noch mit den Erinnerungen gefüllt, mit der niemals verwundenen Trauer um die Freunde, die im Kampf gegen die Gewaltherrschaft ihr Leben einsetzten und verloren – und an die Heimat in Ostpreußen. Einst, in den Kindertagen, im unbeschwerten Umgang mit den Geschwistern und mit dem Vetter, der Cousine Lehndorff, hatte sich ein Bild von der noch fernen Zukunft gemalt: »Unser Ideal – im Scherz formuliert, aber doch irgendwie auch ernst gemeint – lautete: Wenn wir alt sind, stoßen wir die Angeheirateten ab und ziehen alle wieder zusammen.« Womöglich, wer weiß, geschieht das inzwischen, in der Wirklichkeit des Traums, der Friedrichstein heißt.

# Alice Schwarzer

Alice Schwarzer wurde am 3. Dezember 1942 in Wuppertal-Elberfeld geboren, doch nicht gerade unter ordentlichen und glücksverheißenden Vorzeichen. Es herrschte Krieg, und die Umstände verfinsterten sich zusehends. Schon lagen die Städte des Ruhrgebiets im britischen Bombenhagel. Ein paar Tage vor Alices Geburt, am 30. November 1942, fand der erste Tausend-Bomber-Angriff auf Köln statt. Wuppertal blieb zwar vorerst noch verschont, aber nicht mehr lange. Im Übrigen hatte die Mutter Erika das Kind nicht gewollt, verschwieg den Vater und brachte es unehelich zur Welt, entsprechend abgestempelt. »Daß Sie sich gleich nur nicht so anstellen, rein geht leichter als raus«, bekam sie vom zuständigen Arzt im Kreißsaal zu hören. Die Mutter hätte abgetrieben, wenn das nur möglich gewesen wäre. Doch das erwies sich als lebensgefährlich; das »Dritte Reich« brauchte Kinder, so viele wie möglich, um den »Lebensraum« zu füllen, den man erobern wollte. Daher wurden Abtreibungen drakonisch bestraft, und alle Beteiligten konnten sich schnell im Konzentrationslager wiederfinden. Alice Schwarzer hat später von der Mutter gesagt: »Sie hat mir auch erzählt, daß sie abtreiben wollte, und selbstverständlich verstehe ich das. Das hätte jede so gemacht. Mich hat das nie schockiert. Wenn ihr das gelungen wäre, dann gäbe es mich nicht, und dann könnte ich mich auch nicht darüber ärgern.«

Die Großmutter Margarete (oder Margarethe, man findet unterschiedliche Schreibweisen), geborene Büsche, sprach indessen von »Schande« und wollte mit Tochter und Enkelin nichts zu tun haben. Da war es der Großvater Ernst Schwarzer, der eingriff und dafür sorgte, dass die Verstoßenen bei ihm ein Zuhause fanden. Oder mehr noch: Er übernahm die Mutterpflichten, gab dem Kind die Flasche, fütterte es und legte es trocken. In der damals noch selbstverständlichen Rollenverteilung zwischen Männern und Frauen war das bemerkenswert.

Dieser Großvater war ein »Softie«, wie man heute sagen würde, der Sohn eines Lokomotivführers aus Schlesien, der es im Leben nie recht zu etwas brachte, außer zu zwei kleinen Tabak- und Zeitungsläden, die ihm wenig genug eintrugen. Dafür musste er die Enttäuschung, um nicht zu sagen die Verachtung seiner Frau hinnehmen, die aus einer eingesessenen und einst angesehenen, inzwischen aber verarmten Bürgerfamilie stammte. Nie konnte er ihr bieten, was sie eigentlich erwartete: den Wiederaufstieg in halbwegs gesicherte Verhältnisse.

Diese Margarete Schwarzer hätte eigentlich der Mann sein sollen: ein herber, ja autoritärer, aber auch rebellischer Charakter. Mit den Nationalsozialisten wollte sie nichts zu tun haben und brachte es fertig, in den zwölf Jahren des »tausendjährigen« Reiches nicht einmal »Heil Hitler!« zu sagen; wenn es zwingend erforderlich war, täuschte sie einen Hustenanfall vor. Natürlich gehörte sie keiner Widerstandsgruppe an; dafür fand sich nie die Gelegenheit. Aber demonstrativ kaufte sie in jüdischen Geschäften ein, wenn ein Boykott angesagt war, und steckte im Krieg Gefangenen oder Zwangsarbeitern heimlich zu, was sie entbehren konnte. Für die Enkelin war der Umgang mit dieser Großmutter gewiss nicht einfach; erst Jahrzehnte später hat sie aus dem gesicherten Abstand gesagt: »Heute bewundere ich Mamas politisches Bewußtsein, ihren absoluten, alles durchdringenden Gerechtigkeitssinn – der auch vor der Natur und vor Tieren nicht haltmachte.«

»Mama« war die Großmutter, »Papa« der geliebte Großvater, und wer will mag sagen, dass die kleine Alice von beiden geprägt worden ist. Von der Großmutter übernahm sie die entschiedene, kämpferische Haltung (und die Liebe zu Tieren, besonders zu Katzen), vom Verhalten des Großvaters die Einsicht, dass nur der sanfte, zärtliche Mann Anerkennung verdient – und dass die herkömmliche Verteilung von Mutter- und Vaterrollen nicht biologisch vorgegeben, sondern anerzogen ist. In den Worten der Enkelin: »Mein Großvater … hat vorwiegend die Arbeit gemacht mit der Kindererziehung und hiermit gezeigt, daß auch Männer Menschen sein können.« Die leibliche »Mutti« Erika verschwand ziemlich bald aus dem Gesichtskreis ihres Kindes; in Wien ging sie eine Ehe ein, die nicht lange hielt; es blieb davon nur der Name Erika Schilling. Nach dem Krieg arbeitete sie als Handelsreisende. Damit trug sie zwar zum Lebensunterhalt bei, aber ließ sich zu Hause nur selten sehen. Dennoch riss der Kontakt zwischen Mutter und Tochter nie ganz ab, und wir werden von Frau Schilling später noch einmal zu hören bekommen.

Am 30. Mai 1943 wurde Barmen angegriffen, und in der Nacht zum 25. Juni hagelte es Spreng- und Brandbomben auf Elberfeld. Die Wohnung in der Blumenstraße und die Tabakläden der Schwarzers verbrannten zu Asche. Ein Junge aus der Nachbarschaft, der die Schreckensnacht miterlebte und überlebte, hat berichtet: »Nach dem Angriff war die Blumenstraße zunächst für einige Zeit wegen Einsturzgefahr der Häuserruinen gesperrt. Unser Haus war bis auf die Grundmauern niedergebrannt, der Brandschutt hatte die Kellerräume aufgefüllt. Nur der gußeiserne, weiß emaillierte Küchenherd schaute teilweise daraus hervor. Es gab in der ganzen Straße nur rußgeschwärzte Ruinen mit zerborstenen Fassaden und leeren Fensterhöhlen und Berge von Schutt. Immer noch roch es nach Brand.«

Wie für Hunderttausende, die alles verloren hatten, begann für die Schwarzers eine Odyssee. Alice kam zunächst in ein Kinderheim in Pforzheim. Etwas später fanden Großeltern und Enkelin erst in Oberlauringen, dann im benachbarten Stadtlauringen wieder zusammen, etwas östlich von Bad Kissingen und nordöstlich von Schweinfurt. Und wie sich beinahe von selbst versteht, auf Wunsch des Großvaters, der die Enkelin wieder bei sich haben wollte. Trotz seines Namens war Stadtlauringen auch nur ein Kaff, ein ärmliches, abgelegenes Dorf, meist von Kleinbauern bewohnt. Natürlich waren die als Bombenflüchtlinge zugewiesenen »Preußen« hier so wenig willkommen wie überall auf der Welt die Habenichtse den Einheimischen, die noch etwas ihr Eigen nennen. Immerhin musste man weder hungern noch frieren; sogar in der schlimmsten Zeit gab es etwas zu essen und Holz zum Heizen. Alles in allem verbrachte das Dorfkind unter Dorfkindern eine unbeschwerte Zeit. Am 8. April 1945 rückten die Amerikaner ein. Daraufhin beschoss *deutsche* Artillerie das Dorf, Feuer brach aus; fünf Häuser und dreißig Stallgebäude oder Scheunen gingen in Flammen auf. Die Amerikaner dagegen verteilten an die Kinder etwas, was sie nicht kannten: Schokolade.

Im Jahre 1949 kehrten die Schwarzers nach Wuppertal zurück und bezogen Quartier in einem Gartengelände über der Stadt, auf dem Elberfelder Friedrichsberg, heute das Gelände des »Kleingartenvereins Süd e.V.«. Dort wurde ein winziges Holzhaus mit zwei Zimmern aufgestellt, das man im Laufe der Zeit eher schlecht als recht mit Anbauten versah. Die Tabakläden kehrten nicht wieder, das beginnende »Wirtschaftswunder« zog hier unbemerkt vorüber, auch mit all seinen modischen Rundungen, die vom Nierentischchen über die Radios bis zum Motorroller Marke »Vespa« den Zeitgeschmack bestimmten. »Als solle so die böse Zackigkeit von Hakenkreuz, Hitlergruß, und SS-Rune durch die Gnade von Käfer, Muschel, Niere vergeben und vergessen werden«, schrieb ein kritischer Publizist. »In diesen Formen fühlen wir uns wieder versöhnt.«

Die Schwarzers gehörten nun zu den wirklich armen Leuten. Dabei galt die Großmutter mehr und mehr als schrullig, weil sie nicht mit den Nachbarn sprach und sich nur noch um ihre Hunde und Katzen kümmerte. Ihr kritisches Bewusstsein und ihren Gerechtigkeitssinn hat sie sich indessen bewahrt, wie zwei Vorfälle belegen: Die Stadt erwarb eine Figur des englischen Bildhauers Henry Moore, die bei den Spießbürgern Anstoß erregte und von ihnen geteert und gefedert wurde. Als Großvater Schwarzer lachend von dem Vorfall erzählte, ließ Margarete die Zeitung sinken, blickte entrüstet auf und fragte: »Ernst, wo sind wir denn? Wieder bei Adolf? Gibt es etwa wieder entartete Kunst?« Und »einmal kam Mama nach Hause und regte sich wieder mal schrecklich über die Gemeinheiten gegen die ›Spaghettifresser‹ auf, wie die italienischen Gastarbeiter in den 50ern genannt wurden. Und sie verkündete doch tatsächlich, daß sie jetzt ›einen von diesen armen Menschen‹ in unser Haus aufnehmen wolle. Wir,

Papa und ich, guckten uns ratlos an. ›Ja wo soll der denn wohnen?‹, fragten wir schließlich. Sie hatte vergessen, daß wir gar keinen Platz für Gäste hatten.«

Ernst und Margarete Schwarzer sind im Jahre 1970 kurz nacheinander gestorben, wohl als sehr einsame alte Leute, in einer Zeit, als die Enkelin längst flügge geworden und aus dem Haus war. Im Rückblick auf das Leben mit »Papa« und »Mama« hat Alice Schwarzer gesagt: »Es ist nicht einfach für mich, das zu rekonstruieren. Ich habe natürlich die Tendenz, mich selbst zu interpretieren. Aber deutlich steht mir vor Augen, daß Gerechtigkeit ein ganz zentraler Impuls meines Denkens und Handelns war. Und ist. Ungerechtigkeit gegen mich oder andere konnte mich schon damals rasend machen. Das konnte ich einfach nicht hinnehmen! Nun, und dann war klar, daß man in meiner Familie eher ›links‹ dachte. Zwar mit einer gesunden Skepsis auch gegenüber linken Ideologien, wie dem Kommunismus. Aber auf jeden Fall mit einem Ekel vor Rechten und Revanchisten. Die Restauration, der Kalte Krieg, die Wiederaufrüstung – das alles wurde bei uns zu Hause sehr kritisch beredet. Ich habe diese Haltung sozusagen mit der Muttermilch aufgesogen. Und dann war da diese unteilbare Mitleidensfähigkeit. Ich glaube, ich habe von meiner Großmutter diesen Instinkt für Lüge und Unrecht geerbt. Und da ich zwar Schmerz, aber keine Erniedrigung und Gewalt innerhalb meiner Familie erlitten habe, war ich, glaube ich, eine recht stolze, unerschrockene Person.«

Die kleine Person durchlief zunächst einmal die Volksschule. Darüber ist wenig zu berichten, außer, dass sie gern und manchmal auch vorlaut redete. Als zum Beispiel 1954 das »Wunder von Bern«, der Gewinn der Fußballweltmeisterschaft, die Deutschen mit dem Gefühl »Wir sind wieder wer« in einen Taumel der Begeisterung versetzte, der auch in die Schule überschwappte, befand die Zwölfjährige: »So wichtig ist Fußball doch auch wieder nicht. Und von gröhlenden Deutschen haben sie im Ausland die Nase voll.«

An ein Gymnasium, das Abitur und ein anschließendes Studium war nicht zu denken. Darum schloss sich an die Volksschule eine zweijährige Handelsschule an: Vorbereitung auf den Beruf einer Sekretärin. Danach begannen Lehrzeiten und Anstellungen, häufig wechselnd – und keine zum Gefallen des Teenagers, auch bei einer Werbeagentur in Düsseldorf und einem Verlag in München nicht. »Ich fing an, dieses System von Entmündigung und Erniedrigung zu entdecken. Sicher, auch als Kind hatte ich innerhalb der Familie zu kämpfen, aber da hatte ich weniger mich zu schützen, sondern eher meinen Großvater oder meine Mutter – vor dieser rasenden Großmutter. Aber selbst wenn es hoch herhing, war klar, daß das aus dem Schmerz und aus der Leidenschaft kam – und nicht aus der Gleichgültigkeit und Kälte. Und dann war da dieses sinnlose Frauenleben: im Büro sitzen, Dinge tippen, die einen nicht interessierten, Chefs haben, die weniger wissen als man selbst. Diese nicht sachlich begründeten Hierarchien. Und das ganze Angepaßtsein. Das widerte mich an.«

Ein großes Ziel lockte, wahrscheinlich romantisch verklärt: Paris. Es »war für mich das Sinnbild von Freiheit«, hat sie gesagt. Und wer nicht wagt, der gewinnt auch nicht, jedenfalls nicht die Befreiung aus den Verhältnissen, wie sie nun einmal sind. 1963, im Alter von 21 Jahren, packte Alice Schwarzer ihre paar Sachen zusammen und zog an die Seine, mit den 800 Mark in der Tasche, die sie sich zusammengespart hatte. Viele jungen Frauen haben diesen Weg angetreten, als so genannte Au-pair-Mädchen, um bei einer Gastfamilie zu wohnen, hier halbtags im Haushalt zu helfen oder die Kinder zu betreuen und im Übrigen die Sprache zu erlernen. Viele haben allerdings die Erfahrung gemacht, dass sie nur als preiswerte Dienstboten ausgenutzt wurden. Von dieser Erfahrung ist auch Alice nicht verschont worden. Immerhin fand sie nach einiger Zeit eine gutmütige Madam, die kaum mehr verlangte, als die Kinder zur Schule zu bringen und von dort wieder abzuholen, im Tausch gegen ein winziges Apartment samt Küchenecke und Klo im Treppenhaus. Gleich in der Nähe befand sich die Alliance Française für den Sprachunterricht. Doch natürlich waren noch zusätzliche »Jobs« vom Putzen bis zu Schreibarbeiten erforderlich, um zumindest bescheiden leben zu können.

Bemerkenswert schnell, ohne alle Vorkenntnisse, hat Alice Schwarzer sich ins Französische hineingefunden und es schließlich perfekt erlernt, wenn auch mit einem nie ganz überwundenen germanischen Beiklang. Eine deutsche Freundin aus den frühen Pariser Tagen hat sich erinnert: »Schnell, wie sie ist, griff sie auch gleich dieses hastige Tempo auf, das die Franzosen so haben. Ich habe immer erst lange überlegt, ob ich auch alles richtig mache, die Satzkonstruktion. Sie hat einfach drauflosgeredet.« Und das war gewiss die beste Methode: »learning by doing«, um es auf die gehörige pädagogische Formel zu bringen.

Die Freundin, Karin Bolenius, hat auch gesagt, dass es Alice möglich war, »die Männer um die Finger zu drehen, wenn sie wollte. Sie hatte eine sehr weibliche Ausstrahlung, Spaß am Flirten, gefiel sich auch darin, zu gefallen. Sie konnte durchaus signalisieren, wenn sie Interesse hatte. In Paris war sie eine Erscheinung, hochgewachsen, mit glattem blondem Haar, dazu mit einem gewissen Pfiff – sie fiel auf« – attraktiv als eine Deutsche, die dennoch ins Pariser Leben perfekt hineinpasste.

Nach ein paar Monaten lernte Alice den Jura-Studenten Bruno kennen, einen Sohn aus gehobener Bürgerfamilie, gut aussehend, sanft und zärtlich, offenbar das Gegenteil eines »Macho«, eher das verjüngte Ebenbild des Großvaters Ernst Schwarzer. »Le grand amour« entwickelte sich, eine Liebesbeziehung und Partnerschaft wenn schon nicht fürs Leben, dann doch für etliche Jahre. Dank Bruno gewann die aus Deutschland Zugereiste auch einen französischen, bis ins Intellektuelle hineinreichenden Freundeskreis, im Gegensatz zur Mehrzahl der Au-pair-Mädchen und Sprachschülerinnen, die isoliert blieben und so einsam nach Hause reisten, wie sie gekommen waren.

Aber Paris hatte noch mehr zu bieten als Liebe und Freundschaften: die Lebensphilosophie und Lebensbewegung des so genannten Existenzialismus. Ihr Künder war Jean-Paul Sarte; sein philosopisches Hauptwerk, »L'être et le néant« (deutsch: »Das Sein und das Nichts«, 1952) war bereits 1943 erschienen, gelangte aber erst in der Nachkriegszeit zur Wirkung, einem breiteren Publikum mit Theaterstücken zur Anschauung gebracht und in der Zeitschrift »Les Temps modernes« verkündet. Zu den Lehrsätzen, die junge Leute begierig aufgriffen, gehörten: »Du bist *zur Freiheit verurteilt*«, und: »Du mußt Dein Leben *selbst* entwerfen.« Verglichen mit dem eher dumpfen, im Kern aufs Tüchtigsein und den Arbeitserfolg ausgerichteten Biedersinn der Adenauerzeit in der Bundesrepublik Deutschland – um vom angeblich sozialistischen Kleinbürgermief in der Deutschen Demokratischen Republik zu schweigen – war das eine beinahe anarchische Botschaft.

Und neben Sartre stand seine Lebensgefährtin Simone de Beauvoir. Ihr Buch »Le deuxième sexe« erschien 1949 (deutsch: »Das andere Geschlecht«, 1951). Es war sozusagen die Bibel oder jedenfalls das Alte Testament des Feminismus und der Frauenbewegung, die sich seit Beginn der 70er Jahre entwickelte. Das Motto des Buches: »Man wird nicht als Frau geboren, man wird dazu gemacht«, war auch ihr Motto. Alice Schwarzer ist von Simone de Beauvoir entscheidend beeinflusst worden. »In der Nacht, die vor der Existenz der Neuen Frauenbewegung herrschte, war *Das andere Geschlecht* so etwas wie ein Geheimcode, den wir erwachenden Frauen uns weitergaben«, hat sie gesagt. Womöglich könnte man auch von einem persönlichen Vorbild sprechen: keine Ehe, keine Kinder, erotische und sexuelle Erfahrungen mit beiden Geschlechtern: das alles findet man bereits bei der Beauvoir.

Es hat auch persönliche Begegnungen gegeben, zunächst allerdings eine peinlich misslungene. Im Mai 1970 führte die Journalistin Schwarzer ein Interview mit Sartre. »Wir saßen also da, und ich hatte so ein Kleidchen mit kurzen Ärmeln an, das über den Knien ständig hochrutschte. Damals war ich auch noch blonder, ich war ein richtig nordischer Typ. Plötzlich geht der Schlüssel in der Tür, und Beauvoir kommt herein. Schaut streng, guckt herum, und dann fällt ihr Blick auf meine nackten Knie. Ich dachte nur eines: Scheiße, Scheiße, jetzt glaubt die, Sartre hat sich mal wieder von so einer kurzberockten Blondine beschwatzen lassen, seine Zeit zu verlieren.« Ja, so hat die große alte Dame wohl wirklich gedacht und es die Besucherin aus Deutschland fühlen lassen. Schwarzers Kommentar zu der peinlichen Angelegenheit: »Das war das letzte Mal, daß ich mein Minikleid anhatte.«

Bei der Ablehnung ist es gottlob nicht geblieben. Anfang 1972 folgte ein Gespräch, das im »Nouvel Observateur« erschien, der Interviewerin 2000 Franc einbrachte und Schlagzeilen machte, weil darin das Bekenntnis von Simone de Beauvoir zu lesen war: »Ich bin eine Feministin.« Im Laufe von insgesamt zehn Jahren schlossen sich fünf weitere, durchweg lange Gespräche und fast eine Freundschaft an. (Siehe dazu das Buch von Alice Schwarzer: »Simone de Beauvoir heute. Gespräche aus zehn Jahren«, zuerst 1982; Neuausgabe unter dem Titel: »Simone de Beauvoir. Rebellin und Wegbereiterin«, Köln 1999.) Im Jahre 1979 hat Beauvoir zusammen mit ihrer Gefährtin Sylvie le Bon sogar die EMMA-Redaktion in Köln besucht und wurde dort ehrfürchtig empfangen. Selbstverständlich, als Zeichen des Dankes aus Deutschland für die geistige Wegbereiterin und ein persönliches Vorbild, hat Alice Schwarzer auch an der Beerdigung teilgenommen, als Simone de Bevauoir 1986 starb, 78 Jahre alt.

Wir sind ungebührlich vorausgeeilt und kehren in die sechziger Jahre zurück. Ein Plan reifte, nahm Gestalt an: Journalistin zu werden. Im Jahre 1966 bewarb sich Alice Schwarzer um einen Platz in der Münchener Journalistenschule. Dafür waren vorweg eigene Arbeiten einzureichen: eine Reportage vom Standesamt der jeweiligen Heimatstadt, eine Filmkritik, ein politischer Kommentar. Mit etwa 20 von mehreren hundert Bewerbern wurde die Kandidatin zur persönlichen Vorstellung zugelassen – und dann abgewiesen. »Ich sehe noch diese Männerriege in der Mündlichen vor mir sitzen ... Natürlich war ich unsicher, und natürlich wirke ich besonders kühl und arrogant, wenn ich unsicher bin. Im Rückblick glaube ich: es hatte auch etwas mit dem Frauentyp zu tun, den ich verkörpere. Dennoch hat mich das Durchdringen bis zum Mündlichen ermutigt, weiterzumachen. Denn meine Texte konnten ja nicht so schlecht sein.« (Falls es sie noch gibt, wäre es interessant, sie zu lesen – vielleicht einmal in EMMA unter der Überschrift: »Wie alles anfing«.)

Hartnäckigkeit gehört zu den Charaktereigenschaften, die Schwarzer auszeichnen. Also schickte sie ihre Probearbeiten an eine Reihe von Zeitungen und bewarb sich um ein Volontariat. Wie es sich für eine hoffnungsvolle Anfängerin gehört, begann sie ihren Rundgang nicht in den Niederungen ehrenwerter Regionalzeitungen, sondern in den Gipfelregionen, bei Blättern wie der »Süddeutschen« oder »Frankfurter Allgemeinen Zeitung«. Natürlich handelte sie sich damit serienweise Absagen ein, die selten mit einem Ansporn verbunden waren wie im Schreiben des Chefredakteurs vom Berliner »Tagesspiegel«, in dem es nach dem Bedauern, über keinen freien Platz zu verfügen, hieß: »Ich bin überzeugt von Ihrer Begabung. Ich bin sicher, Sie werden eine gute Journalistin. Und ich möchte Sie ermutigen, weiterzumachen.«

Schließlich gab es eine Zusage von den »Düsseldorfer Nachrichten«, immerhin nicht aus der tiefsten Provinz – oder doch, denn der Einsatzort war zunächst einmal die Lokalredaktion in Neuss. Der Ausbildungsvertrag war auf zwei Jahre befristet und das Einkommen mit 180 Mark im Monat knapp genug bemessen. Darum zog die Volontärin wieder nach Wuppertal in eine Wohnung, die sie einige Jahre zuvor zusammen mit ihrer Mutter gemietet hatte, und nahm dafür den Zeitaufwand der täglichen Fahrten in Kauf.

Bevor wir uns den journalistischen Erfahrungen zuwenden, sei Persönliches eingefügt. Die Beziehung zu dem Lebensgefährten zerbrach nicht – noch nicht – an der Entfernung. So oft wie möglich kam Bruno zu Alice, oder sie fuhr nach Paris. Im Jahre 1969 ist sie auch dorthin zurückgekehrt. Aber von Anfang an ließ sie keinen Zweifel daran, dass sie ihren eigenen Weg gehen wollte und das Berufliche über das Private stellte. Am Urteil darüber mag der verehrte Leser sich prüfen. Denn bei Männern, bei Angehörigen der Bundeswehr, Diplomaten, Managern, Monteuren und vielen anderen gilt es als selbstverständlich, dass der Beruf den Vorrang hat, dass sie dort sich einfinden, wo sie gebraucht werden – und dass die Familien ihnen folgen, ohne zu klagen. Aber die Frauen? Ist es nicht »unweiblich«, das zu tun und womöglich gar den Mann zum Umzug zu zwingen? Wer will, mag auch sagen: Hier werden an Alice Schwarzer die »harten«, also »männlichen« Züge sichtbar. Sogar – oder gerade – von feministischer Seite ist dieser Vorwurf erhoben worden, und wir werden darauf zurückkommen, wenn von der EMMA-Chefin die Rede ist.

Am 1. Februar 1966 begann die Arbeit in Neuss. Die beiden hier eingesessenen Redakteure luden dem Neuling auf, was sie selbst nicht interessierte: »Sie können ja mal anschauen und berichten, was jetzt für Karnevalskostüme in Mode sind.« Schwarzer machte sich auf den Weg, fragte in Kaufläden ebenso nach wie bei den Karnevalsvereinen und lieferte am nächsten Tag ihren fertigen Artikel ab. »Wann haben Sie das denn geschrieben?«, hieß die erstaunte Frage. Solch ein Eifer war ungewohnt und erwies sich bald als ein Markenzeichen der angehenden Journalistin. Sie liebte es, Abendveranstaltungen zu besuchen und darüber so rasch zu schreiben, dass noch vor Redaktionsschluss alles druckreif war und man schon am nächsten Tag, sozusagen brühwarm, im Lokalteil seines Blattes lesen konnte, worum es gegangen war. Wo indessen der Zeitdruck wegfiel, ging sie umso gründlicher vor: gründlich bei der Vorbereitung, beim Schreiben und mehrfachen Überarbeiten, gründlich vor allem darin, den Dingen auf den Grund zu gehen und auch dann noch nachzufragen, wenn die Beteiligten das gar nicht mehr so gerne haben. Es konnte nicht ausbleiben, dass die junge Dame manchmal Lob erntete, aber auch getadelt wurde, weil sie wieder einmal in ein Fettnäpfchen getreten war. Am Ende der zweijährigen Ausbildung trennte man sich ohne einen Anstellungsvertrag. Im Zeugnis war von Eifer und Begabung die Rede, andeutungsweise sogar vom Führungstalent: »In der Urlaubszeit übernahm sie die Leitung unserer Lokalredaktion. Die straffe Art, wie sie den Einsatz der Mitarbeiter steuerte, bewies, daß sie ihre Arbeit sehr ernst nahm.«

Oder ging es neben dem persönlichen Ehrgeiz um eine Spielart von Idealismus? »Ich bin Journalistin geworden, um wenigstens ein bißchen die Welt zu verbessern«, hat Alice Schwarzer später einmal bekannt. Und ihr zeitweiser Kollege bei »Pardon« Robert Gernhardt, der als hintersinniger Dichter ins Rampenlicht rückte, hat dazu gesagt: »Sie ist der seltene Fall einer Person, die ihren natürlichen Humor unterdrückt und vorgetäuschten Ernst für ihre Zwecke instrumentalisiert.« Lässt man die Vortäuschung weg, so handelt es sich um den Gerechtigkeitssinn, der sich für die Schwachen und Missachteten engagiert. Darum hat sie sich bereits in der Düsseldorfer Zeit mit ledigen Müttern oder der Lage der Prostituierten beschäftigt, und es konnte kaum ausbleiben, dass schließlich die Frauenfrage ins Visier kam.

Eine Tätigkeit bei der Hamburger Illustrierten »Film und Frau« schloss sich an. Doch die Hochglanzzeitschrift war wohl zu sehr überzuckert, um es länger als drei Monate bei ihr auszuhalten. Außerdem erwies sich die Hansestadt für die Rheinländerin als ein zu kühler Ort, um dort warm zu werden. Nicht ein einziges Mal wurde sie von einem Kollegen oder einer Kollegin eingeladen. Ersatzweise trieb sie sich in den Kneipen von St. Pauli herum, redete mit Prostituierten und fand, das sei »das menschlichste Mileu in dieser kalten Stadt«.

Es folgt eine Anstellung bei »Pardon« in Frankfurt am Main, als Nachfolgerin von Günter Wallraff, der sich dadurch einen Namen gemacht hatte und weiterhin machte, dass er sich mit falschen Angaben in eine Firma einschlich und dann darüber entlarvend berichtete. Man sprach von »Rollenreportagen«, und Alice Schwarzer übernahm sie bei einem Verband der Heimatvertriebenen, bei der katholischen »Bildpost« oder als Arbeiterin an der Stanzmaschine bei den VDO-Tachowerken. Oder, zusammen mit Lützel Jeman (alias Robert Gernhardt) bei einer Reise nach Agadir in den Club Méditerranée, wo es »paradiesisch« zugehen sollte, tatsächlich aber statt der angekündigten Jugendschönheiten überwiegend welkes Fleisch zu besichtigen gab. Ausschnitte aus dieser Reportage, 1968 in »Pardon« veröffentlicht, mögen Anschauung vermitteln:

»Am Bassin auf Familie T. aus Wunsiedel gestoßen. Mit Ts sind wir ein knappes Dutzend Deutsche in Agadir. Was bei mangelnden Französischkenntnissen das Variieren von Gesprächen und Gesprächspartnern ein wenig kompliziert. Ts machen in Textilien, haben daheim einen Swimmingpool vor dem Haus und Afrika-Routine. Letztes Jahr in Johannisburg, erfahre ich, war es noch viel heißer. Ts haben ihren Stammplatz am Bassin. Ts gefällt es im Club. Nur Töchterchen Cornelia mopst sich ein wenig. Mangels Flirt, was allerdings weniger an Cornelia als am beschränkten Kreis Infragekommender liegt … Dreimal am Tag schlemme ich hemmungslos. Hinzu kommt, daß ich, die ewig Suchende in Sachen freier Liebe, grundsätzlich allein ins Restaurant gehe, meist mit Franzosen am runden Tisch sitze und von ihnen unweigerlich in eine längere Diskussion über – das Essen verwickelt werde. Ein Thema, das unsere Nachbarn auch bei vollem Magen zu leidenschaftlichen Ausbrüchen verleiten kann ... Ein Uhr. Im Nightclub ist die Nacht zu Ende. Auf dem Weg zum Bungalow wundere ich mich nachträglich über meine Phantasie. Was, zum Teufel, hab' ich mir nur gedacht, als ich im STERN las: ›Zwischen 500 und 1800 Gäste, die in ihren Strohhütten und Bungalows untergebracht sind. Und in allen geschieht das gleiche.‹ Ja, was nur?«

Bei »Pardon« handelte es sich um eine »linke« Zeitschrift mit satirischem Einschlag. Da hätte sich die neue Mitarbeiterin eigentlich wohl fühlen sollen, zumal Frankfurt genau der richtige Ort war, um dem Zeitgeist nachzuspüren; das Jahr 1968 zog herauf und vorüber. Hier befand sich, neben Berlin, das Zentrum des deutschen Wirbelsturms der Studentenrevolte, und »Pardon« entwickelte sich zu einem Sprachrohr der außerparlamentarischen Opposition, kurz APO.

Welch eine Chance für die engagierte junge Journalistin, das Geschehen aus der Nähe oder sogar – mit Hilfe der Rollenreportage – von innen her zu beobachten! Sie hat es nicht oder nur vom Rande her getan, mit zwiespältigen Gefühlen, und bei allen Sympathien, mit denen sie vieles begleitete, ist sie niemals eine waschechte »Achtundsechzigerin« geworden.

Man kann diesen Zwiespalt verstehen, und wahrscheinlich bezeichnet er die einzig angemessene Haltung. (Ich war damals als Professor für Politikwissenschaft in Frankfurt und teile sie.) Auf der einen Seite gab es Anlässe genug für das Aufbegehren. Um vom amerikanischen Krieg in Vietnam zu schweigen: Nicht nur unter den Talaren barg sich der »Muff von tausend Jahren«, die unausgelüftete Autoritätsgläubigkeit, die Spießermoral, mit einer jedenfalls weitgehenden und hartnäckigen Verweigerung der älteren Generation verbunden, über die jüngste, nationalsozialistische Vergangenheit zu sprechen. Dagegen – und dagegen mit Recht – richtete sich die studentisch angeführte Jugendrevolte, der Aufbruch zur Freiheit, der Anspruch aufs Mündigwerden, auf Selbstbestimmung und Selbstverwirklichung. Man sagt kaum zu viel, wenn man feststellt, dass dieser

Aufbruch die Bundesrepublik verändert und mehr Liberalität geschaffen hat. Auch der politische Wechsel von einer zwanzigjährigen CDU-Herrschaft zur sozial-liberalen Koalition im Herbst 1969, mit dem Kernsatz aus Willy Brandts Regierungserklärung verbunden, mehr Demokratie wagen zu wollen, ist ohne die Vorarbeit der Bewegung von 1968 nur schwer vorstellbar.

Auf der anderen Seite kamen Selbstgerechtigkeit und ein – marxistisch mehr aufgezäumter als ernsthaft erarbeiteter – Dogmatismus ins Spiel, der nun wiederum auf die Gesprächsverweigerung mit dem Andersdenkenden hinauslief. Und die Kehrseite jeder Utopie wie aller idealistischen Träume vom innerweltlichen Heil trat nur zu bald zu Tage: eine Neigung zur Gewalt. Man sprach zunächst von der »Gewalt gegen Sachen«. Aber Polizisten und andere wurden bald kurzweg als »Schweine« abgestempelt, gegen die vieles, wenn nicht alles erlaubt schien. Der Straßenkampf war ein Spaß – und der Ernstfall zugleich. Und beileibe nicht alle haben ihm später so überzeugend abgeschworen wie Joschka Fischer. Der Psychoterror trat hinzu; wie man zum Beispiel in Frankfurt mit Gelehrten vom Range eines Theodor W. Adorno oder Jürgen Habermas umgesprungen ist, war schlechthin infam. Man darf auch nicht vergessen, dass der Terrorismus, der in den siebziger Jahren die Republik erschütterte, sein Wurzelwerk im idealistischen Aufbruch von 1968 gehabt hat.

Für Alice Schwarzer spielte zudem ein Rolle, dass sie weder Studentin noch Akademikerin war; der hochgestochene, mit marxistischen Schlagworten verbrämte Polit-Jargon zog sie nicht an, sondern stieß sie ab. Sie selbst hat im Rückblick gesagt: »Es war in dieser 68er-Bewegung, soweit ich sie am Rande mitbekam, auch sehr viel Attitüde. Die Leute hatten zwar die radikalen Ho-Ho-Tschi-Minh-Parolen auf den Lippen, kamen mir aber oft oberflächlich oder sogar zynisch vor. Ich erinnere mich zum Beispiel mit großem Unbehagen an die Polit-Aktion der »Pardon«-Redaktion vor den Toren von Dachau – wo wir uns, hahaha, demonstrativ Hakenkreuze angeheftet hatten, um irgend so einen rechten Sprüchemacher zu persiflieren. Na, und dann war natürlich ganz klar, daß es hier keineswegs um gleiche Rechte für alle ging. Die

Männer nahmen sich neue Freiheiten, die auf Kosten der Frauen gingen. Ich hatte damals noch keine Worte dafür, aber das deutliche Gefühl, daß hier etwas nicht stimmte.«

Nein, noch kein klares Bewusstsein, doch eine Witterung, eine Art von Instinkt sagte der Frau, dass die Frauen wieder einmal auf der Strecke blieben. Zwar machten hier oder dort schon »Weiberräte« von sich reden, und dem Genossen Krahl (einem Schüler Adornos) flog eine Tomate an den Kopf. Aber der Besuch in einem Wohnheim für Studentinnen in der Bockenheimer Landstraße führte nur wieder in die Welt des abgehobenen Polit-Jargons, samt der Forderung nach Schulung am »Kapital« von Karl Marx.

Zu allem Übel erwies sich auch noch die »Pardon«-Redaktion als der Nährboden einer Spießbürgerei, die nur ihre Fesseln abgeworfen hatte, um desto ungehemmter und bösartiger aufzutrumpfen. »Sexuelle Befreiung« hieß hier, dass die untergeordneten Assistentinnen und Sekretärinnen sich reihum den Männern zur Verfügung zu stellen hatten, gemäß dem schmissigen Szene-Slogan: »Wer zweimal mit derselben pennt, gehört schon zum Establishment.« Alice verweigerte sich, da sie ihren Lebensgefährten in Paris hatte, der sie regelmäßig besuchte oder zu dem sie hinfuhr. Das wusste man in der Redaktion, und doch bekam sie von einem Kollegen zu hören: »Du bist eigentlich ganz nett. Nur schade, daß Du frigide bist.« Dieser Satz ärgert sie bis heute: »Frigide hieß anscheinend, nicht bereit, mit den Männern in der Redaktion zu schlafen.«

Solche Vorgänge ließen den Entschluss zum Abgang reifen. Hinzu kam wohl auch, dass die »Rollenreportage« sich auf die Dauer als Überforderung erwies. Günter Wallraff war ein Talent, um nicht zu sagen ein Genie des Tarnkappenspiels; seine Verwandlung in einen türkischen Gastarbeiter und die Schilderung dessen, was der hinnehmen muss, ist zu Recht berühmt geworden. Alice Schwarzer aber neigte zu Querköpfigkeit und zu Auflehnung, zum Explodieren, wo immer sie einer Ungerechtigkeit begegnete.

Im Jahre 1969 kehrte sie nach Frankreich zurück und lebte wieder mit ihrem Gefährten Bruno, der sich jetzt aufs Examen vorbereitete. Ihr Geld verdiente sie als freie Korrespondentin für verschiedende deutsche Zeitschriften und Zeitungen, außerdem mit Rundfunkreportagen; eine besondere, beinahe väterliche Födererrolle übernahm dabei Ernst Weisenfeld, der Leiter des WDR-Studios in Paris.

Nebenher oder vielmehr eigentlich in der Hauptsache begann Alice Schwarzer ein Studium der Soziologie und der Philosophie in Vincennes, einem ursprünglich selbständigen, inzwischen mit Paris zusammengewachsenen Vorort im Departement Val-de-Marne. Hier befand sich die neue Universität Paris VIII, damals eine entschieden »linke« Institution, die den notorisch Benachteiligten, den Aufsteigern aus den Unterschichten eine Chance bieten wollte; mit Abiturzeugnissen nahm man es hier nicht so genau. Zu den Zeitumständen ist noch zu sagen, dass es in Frankreich und vorab in Paris im Mai 1968 die große Studenten- und Jugendrevolte mit so schönen Parolen wie »Die Phantasie an die Macht!«, aber auch mit landweitem Kampf, Fabrikbesetzungen und Streiks gegeben hatte, weil anders als in Deutschland der Protest gegen die bestehenden Verhältnisse auf die Arbeiterschaft übergriff und die Präsidentschaft des Übervaters der Nation, Charles de Gaulle, bis in die Grundfesten erschütterte.

In Vincennes und in Paris begegnete Alice Schwarzer nun ihrem Schicksal, ihrer Berufung: einer Frauenbewegung, die sich im Gefolge des Aufruhrs 1968 gerade in ihrer Gründungsphase befand. In der Bundesrepublik gab es so etwas noch nicht; die »Weiberräte«, die gegen chauvinistische Genossen rebellierten, hielten sich durchweg an die marxistische Lehre, die schon August Bebel verkündet hatte: Einzig der siegreich erkämpfte Sozialismus konnte auch zur Frauenbefreiung führen. In Frankreich dachte man weniger dogmatisch, dafür umso handfester: »Die Frauen an die Macht« – statt der immerfort gleichen Männerphantasien. Alles an dieser Frauenbewegung schien brandneu zu sein; die schon ehrwürdig alte Frauenbewegung aus dem 19. und den Anfängen des 20. Jahrhunderts, in Deutschland und England mit Namen wie Luise Otto-Peters und Emmeline Pankhurst verbunden, war praktisch vergessen und lag unter den Trümmern der Weltkriege begraben. Einst war es um Sozialpolitik, den Zugang von Mädchen zur höheren Bildung und zum Studium und besonders um das Frauenwahlrecht gegangen. Das gab es seit langem, in Deutschland seit 1919, und es hatte sich als Illusion erwiesen, dass damit grundlegende Änderungen zu erreichen seien. Man musste also ungleich radikaler, wirklich bei den Wurzeln der Männerherrschaft ansetzen.

Anfangs war es nur eine Hand voll Frauen, die erregt, manchmal schrill aufeinander einredeten. Dass Alice aus dem deutschen Wirtschaftswunderland stammte und gar keine Französin war, kümmerte niemanden. (Auch der Deutsch-Franzose Daniel Cohn-Bendit hatte zu den Anführern der Mairevolte gehört, und erst als die Regierung ihn auswies und vorerst nicht wieder einreisen ließ, fand er seine Aufgabe darin, die Genossen in Frankfurt aufzumischen.) Allerdings: »Manchmal lächelte man auch über sie, weil sie so laut auftrat«, hat ihre Freundin Christina von Braun berichtet, und sie bekam den Spitznamen »la große Berta«, in Erinnerung an ein großkalibriges Krupp-Geschütz aus dem Ersten Weltkrieg, das die Dicke Berta genannt wurde. Doch im Beinamen spiegelte sich jetzt eher die Hochachtung: *Diese* Kanone wusste zu treffen und Verheerungen anzurichten, wo ihre Wortgranaten einschlugen. Im Übrigen handelte es sich für die schreibgewohnte Journalistin um eine Hohe Schule eigener Art, wie die Freundin zu hören bekam: »Weißt du, Christina, dafür ist die Frauenbewegung unheimlich gut. Man lernt, öffentlich frei zu sprechen.«

Meist traf man sich im 13. Arrondissement bei der Schriftstellerin Monique Wittig und entwarf da das Gründungsmanifest des »Mouvement de libération des femmes«, kurz MLF. Wie bei allen Aufbrüchen oder Neugründungen handelte es sich um eine turbulente Frühphase, die sich später im Gedächtnis der Veteranen, das heißt hier der VeteranInnen, romantisch verklärt. In Alices eigenen Worten: »Es war die Zeit des Aufbruchs, alles schien uns möglich, die politische Arbeit war wie ein Rausch, der unser ganzes Leben erfaßte.« Und: »Was für ein Elan, was für ein Übermut! Eine wahre Amazonenbewegung! ... Jeden Abend Treffen, Flugblätter, Feste. Ein Strudel, in den auch ich hineingerissen, in dem ich durcheinandergewirbelt wurde. Die MLF veränderte meine Art, zu leben und zu arbeiten, gründlich.« Und noch einmal: »Diese Jahre in Frankreich waren absolut euphorisierend für mich. Es war eine Lebendigkeit, voll gelebter Geschichte. Neue Menschen, neue Erfahrungen – es machte alles nur Spaß.«

Man spürt eine Befreiung aus unvordenklich auferlegten, verinnerlichten Zwängen. Oder vielleicht sollte man auch von nationalen Verhaltensmustern reden, vom Abschied aus deutschem Ordnungssinn und deutscher Disziplin und der Ankunft in französisch-fröhlicher Anarchie. Der Unterschied wurde für Alice Schwarzer schlagend deutlich, als sie in ein Berliner Frauenzentrum geriet. »Da waren zwar interessante Frauen, es passierte eine Menge, aber das Sagen hatten ganz rigide – Funktionärinnen, so will ich sie mal nennen. Verwalterinnen. Das war mir sehr fremd.«

Und bitte kein Durcheinanderschwatzen! »Es gab eine deutsche Redeordnung, man mußte sich melden, bis man dran war.« Doch was bedeutete es, wenn jemand beide Hände hochhielt? Einen Antrag zur Geschäftsordnung, dem Vorrang gebührte. Und wozu die Geschäftsordnung? Sie war offenbar zum Nutzen derer geschaffen, die die Zügel in der Hand hielten. »Das war mir ganz unsympathisch, diese Kaste der Verwalterinnen, die nichts selbst beitragen, die nicht selber kreativ sind, die nichts selber riskieren, die nicht von sich, sondern von ›den Frauen‹ reden, die kein politisches Potential sind, sondern es verwalten und daraus ihre heimliche Macht ziehen.« Die besondere Wirkung, die Alice Schwarzer schließlich in Deutschland entfaltete, hatte wohl damit zu tun, dass sie etwas von französischer Spontaneität in den Gang der Ereignisse einbrachte.

Doch wahrlich ging es nicht nur ums Spaßhaben, sondern zugleich auch um heiligen Ernst, um eine Art von Erweckung und den missionarischen Eifer, der daraus erwächst: *Bisher* hatte Schwarzer sich zwar ihre eigenen und kritischen Gedanken gemacht, doch in aller Regel vom Rande her, als Beobachterin. Aber *dies* und nichts sonst war auf einmal ihre ganz persönliche Sache, die sie nicht mehr losließ. Wieder in ihren eigenen Worten: »Ich war zwar immer politisch engagiert, habe zwar oft mit Sympathie berichtet, aber doch immer danebengestanden. Ich war nur ein einziges Mal in meinem Leben in einem Verein, nämlich als

Kind im ›Bund gegen den Mißbrauch der Tiere‹. Diesmal aber hat sich mir noch nicht einmal die Frage gestellt. Ich wußte: Das ist jetzt meins. Da muß ich jetzt mitmachen.«

Aber warum gerade in der Frauenbewegung, als aktive und bekennende Feministin? »Ich stellte mir ehrlich gesagt gar nicht viele Fragen. Es war so klar für mich, wie recht wir hatten. Gelesen hatte ich damals Simone de Beauvoirs ›Anderes Geschlecht‹ und Betty Friedans ›Weiblichkeitswahn‹. Und dann haben wir in Frankreich sehr schnell amerikanische Texte übersetzt. Alles sehr aufschlußreich, alles sehr anregend. Aber der Kern des Problems war für mich jetzt klar: Es gibt ein Machtverhältnis zwischen den Geschlechtern, das sich durch alles zieht: durch Klassen, Rassen. Diese Ungleichheit zwischen Männern und Frauen scheint mir das Grundraster, auf dem alle anderen Machtverhältnisse ruhen. Wird es erschüttert, stürzen auch die anderen Hierarchien wie ein Kartenhaus zusammen. Aber dieses tiefgreifendste aller Machtverhältnisse war eben von den anderen Weltverbesserern noch nie infrage gestellt worden. Nicht von der Französischen Revolution, die die Frauenrechtlerin Olympe de Gouges köpfte, und nicht von den 68ern, die alles ändern wollten – mit Ausnahme der Verhältnisse zwischen Männern und Frauen. Mit gutem Grund: Sie, die Männer, profitierten ja davon.«

Um nach Paris zurückzukehren und noch ein persönliches Bild zu zeichnen: Alice und Bruno hatten eine Drei-Zimmer-Wohnung bezogen, in die manchmal ein Schwarm von Frauen einfiel. Karin Bolenius, eine alte Freundin aus den Zeiten der Au-pair-Mädchen, hat davon erzählt: »Es war ein wahnsinniger Geräuschpegel, weil die temperamentvollen Französinnen sich ständig gegenseitig ins Wort fielen. Ich konnte nicht alles verstehen, schon von der Geschwindigkeit her. Oft wußte ich gar nicht, worum es sich handelte.« Einem anderen erging es offenbar ähnlich: Bruno. Und so zogen Karin und Bruno sich schließlich in ein anderes Zimmer zurück, schlossen gegen das Getöse die Tür und schauten ins Fernsehen. »Es war schon seltsam: Da nebenan ging es ums Ganze, und wir saßen hier mit einem Kitschfilm.« Ob Bruno in diesem Augenblick wohl schon ahnte, dass ein Teil seines eigenen Lebensfilms sich dem Ende zuneigte – ohne ein Happy End –, weil Alice sich verwandelte und für sie etwas anderes bedeutsamer geworden war als eine Partnerschaft, die womöglich in Ehe und Elternschaft mündete?

Wichtig schien der Gruppe vor allem, dass sie Aufsehen erregte, um dadurch die Frauen, die von einer Frauenbewegung noch gar nichts wussten, neugierig zu machen. Eine der ersten Aktionen bestand darin, dass sie im Nationalheiligtum, vor der ewigen Flamme am Grabmal des Unbekannten Soldaten unter dem Arc de Triomphe, demonstrativ die »unbekannte Frau« des unbekannten Soldaten ehrte – was natürlich zum Eingreifen der Polizei führte und am nächsten Tag in allen Zeitungen nachzulesen war. Der Sache nach weitaus wichtiger entwickelte sich der Kampf um das Recht zur Abtreibung. Am 5. April 1971 bekannten 343 Französinnen in der Wochenzeitung »Nouvel Observateur«: »J'ai avortée« – »Ich habe abgetrieben.« Zu denen, die das »Manifeste des salopes«, das Manifest der Schlampen, unterzeichneten, gehörten neben vielen anderen Prominenten Simone de Beauvoir, die Schauspielerinnen Jeanne Moreau und Cathérine Deneuve, ebenso die Schriftstellerin Marguerite Duras.

Es folgte im Mai 1972 ein Tribunal, das die Gewalt gegen Frauen anprangerte, ein Großereignis, zu dem Besucherinnen aus vielen Ländern anreisten. Am Eröffnungsmorgen war Claudia Pinl bei ihrer Freundin Alice zum Frühstück eingeladen und hat berichtet: »Die Wohnung glich im Augenblick einem Heerlager, überall stand Gepäck von angereisten Frauen herum, auf einem langen Tisch waren Reste von Milchkaffee und Croissants, dauernd ging die Klingel oder das Telefon, die Frankfurterinnen waren da und die Münchnerinnen und ein paar aus Berlin.« Inzwischen suchte Alice auf dem Fußboden des Badezimmers, »verzweifelt mit der Hand tastend, nach ihren Haftschalen«. Während des Tribunals betätigten sich einige Männer, Bruno darunter, als Behüter der Kinder. Ein Zeitungsfoto zeigte ihn mit zwei Babys im Arm: fast das Sinnbild einer Hoffnung oder vielmehr des Abschieds von ihr.

Denn mehr und mehr wandte sich Schwarzer jetzt den deutschen Verhältnissen zu, vorerst noch, indem sie pendelte. »Längst hatte ich angefangen, sogar auf Französisch zu träumen. Aber Deutschland war mein Land – und mein Thema. Nicht einmal in all den Jahren habe ich einen Artikel auf Französisch geschrieben. Deutsch war meine Sprache – und etwas so schwer Benennbares wie ›Heimat‹.« Die Arbeit in Paris »hinderte sie nicht daran«, so das Zeugnis einer Mitstreiterin, »alle paar Wochen wie ein Gewitter in Köln, Frankfurt oder München einzufallen, alles gründlich durcheinander zu wirbeln und die von ihrem Redeschwall leicht betäubten Frauen mal wieder mit 'ner neuen Idee zurückzulassen«.

Zu diesen Ideen gehörte, das demonstrative Bekenntnis zu Abtreibung in der Bundesrepublik zu wiederholen. Der Paragraph 218 des Strafgesetzbuches, der die Abtreibung kriminalisiert, stammte noch aus dem Jahre 1871, aus einer Zeit, in der das junge Deutsche Reich daran ging, sich seine eigenen Gesetze zu schaffen. (Mit dem Strafrecht war man schnell bei der Hand; für das Bürgerliche Gesetzbuch brauchte man viel länger; es trat erst am 1. Januar 1900 in Kraft.) Allerdings hatte die sozialliberale Koalition bereits eine Revision angekündigt. Dennoch war die Aufregung groß, als am 6. Juni 1971 im STERN 374 Frauen, viele Prominente darunter, sich selbst an den Pranger stellten und bekannten: »Ich habe abgetrieben!« Freilich zogen sich einige Frauen, die schon zugestimmt hatten, auf Wunsch ihrer Männer wieder zurück, darunter Frau Beuys und Frau Grass. Schwarzers Kommentar dazu: »Das finde ich bezeichnend, daß ein politisch engagierter Künstler wie Beuys, der eben doch immer Katholik war, und ein Intellektueller wie Grass, für den sonst keine Konventionen galten, ihren Frauen das verboten haben – was immer das Motiv gewesen sein mag, vermutlich doch schon frühes Ahnen, was da auf sie zurollt.« Zu den Unterzeichnerinnen gehörte auch Schwarzer, die in Wahrheit nie abgetrieben hatte. Aber es wäre ihr wie eine Feigheit vorgekommen, auf die Selbstanklage zu verzichten und sich nicht zu solidarisieren.

Übrigens war die Aktion zunächst dadurch in Gang gekommen, dass ein Kollege vom »Nouvel Observateur« bei Schwarzer anrief und ihr berichtete, dass eine deutsche Zeitschrift namens »Jasmin« sich gemeldet habe und etwas Ähnliches wie in Frankreich veranstalten wollte. »Jasmin«? Schwarzer war alarmiert: Das klang viel zu parfümiert. Also nahm sie die Sache in die Hand und fand das Forum, das die größtmögliche Wirkung garantierte, eben den STERN. Bis zum letzten Augenblick saß sie dann in der Hamburger Redaktion und kümmerte sich um die Aufmachung und die Texte. Später, 1978, hat es einen Prozess gegen die Hamburger Wochenzeitschrift gegeben. Zehn prominente Frauen – darunter neben Alice Schwarzer die Schauspielerin Inge Meysel, die Psychoanalytikerin Margarete Mitscherlich und die Filmregisseurin Margarethe von Trotta – verklagten das Magazin und seinen Chefredakteur Henri Nannen wegen »Ehrverletzung«. Es solle künftig unterlassen werden, »die Klägerinnen dadurch zu beleidigen, daß auf der Titelseite des Magazins STERN Frauen als bloßes Sexualobjekt dargestellt werden und dadurch beim männlichen Betrachter der Eindruck erweckt wird, der Mann könne über die Frau beliebig verfügen und sie beherrschen«. Man verlor den Prozess, hatte aber wieder einmal für Aufsehen und Diskussionsstoff gesorgt.

Trotz des konservativen Aufschreis, der dem Abtreibungsbekenntnis folgte, war die Aktion ein Erfolg. 2345 Frauen traten der Erklärung bei, 973 Männer bekannten sich als Mitwirkende, und Menschen beider Geschlechter forderten mit mehr als 86 000 Unterschriften, den Paragraphen 218 ersatzlos zu streichen. Forschungsinstitute wie Infratest und das in Allensbach stellten einen deutlichen Meinungsumschwung zugunsten der Straffreiheit fest. Doch bekanntlich geht trotz aller inzwischen erreichten Abmilderungen der Streit um die Bedingungen und die Fristenregelungen bis heute weiter; zwischen dem Standpunkt der katholischen Kirche und dem der Frauenbewegung liegen noch immer Welten. Wir Männer sollten uns davor hüten, in dieser hochmoralisch geführten Auseinandersetzung Stellung zu beziehen; der beste Rat, den man geben kann, besteht wohl darin, dass sie in einer Sache, die nicht sie, wohl aber die Frauen elementar betrifft, gefälligst den Mund halten.

Unterdessen entwickelte Alice Schwarzer sich zur Buchautorin. Noch 1971 erschien: »Frauen gegen den § 218. 18 Protokolle und Essays.« 1973 folgte: »Frauenarbeit. Frauenbefreiung. Praxisbeispiele und Analysen.« Darin ging es um die unbezahlte Arbeit, die – durchweg im Gegensatz zum Mann – die Frau im Haushalt und bei der Kinderbetreuung leistet, ebenso um die ungleichen Berufschancen und die ungleiche Bezahlung am Arbeitsplatz. Bei solchen Themen ließen sich von den Gewerkschaften bis zu den Sozialausschüssen der CDU sogar Bündnispartner gewinnen. Doch schon kündigte sich wieder etwas Neues an – einer von »Bertas« Kanonenschlägen. Und fast gewinnt man den Eindruck, dass die Autorin nach dem Prinzip handelte: Wenn ich Zustimmung finde, habe ich etwas falsch gemacht. Claudia Pinl hat sich an ein Zusammentreffen in Köln erinnert, bei dem Schwarzer ihren verblüfften Zuhörerinnen vor Augen zu führen versuchte, worum es im Kern wirklich ging: »Fazit war jedenfalls, daß der Knackpunkt der ganzen Frauen-Chose die Sexualität sei, die sexuelle Unterdrückung der Frauen durch die Männer, das sei das tiefste Geheimnis und Herrschaftsmittel des Patriarchats.« Davon war früher nie oder jedenfalls nicht mit vergleichbarer Entschlossenheit die Rede gewesen, als man (oder vielmehr frau) noch um Bildungs- und Berufschancen oder um das Wahlrecht kämpfte. Aber: »So war das immer, sie kam rein, brachte eine neue Idee mit, begeisterte uns alle, und wir fingen dann an, emsig zu arbeiten, während Alice längst wieder in Paris oder anderswo war.«

Oder eben bei einer neuen Idee. Doch diesmal handelt es sich nicht um eine Augenblicksangelegenheit, die man aufnimmt, weil die Aktualität es gebietet, und sie wieder beiseite legt, wenn anderes sich ins Blickfeld drängt, sondern wirklich um den »Knackpunkt Sexualität«, auch in einem sehr persönlichen und schicksalsbestimmenden Sinne. Szenenwechsel nach Berlin und ins Jahr 1975: Alice Schwarzer hat ihren Wohnsitz in Paris und die Partnerschaft mit Bruno aufgegeben und lebt jetzt hier, in einer Wohngemeinschaft mit Frauen – und mit einer Lebensgefährtin, also in einer homosexuellen, lesbischen Beziehung. Dabei wird es fortan bleiben.

Viele Fragen drängen sich auf: Wie erklärt sich der Wandel? Bleibt da die Liebe zu Bruno als ein bloßes Missverständnis, wenn nicht gar als Lüge auf der Strecke? Handelt es sich um eine bisexuelle Veranlagung, deren andere Seite jetzt hervortritt? Folgen die Gefühle mehr oder minder erzwungen dem Verstand? Oder dem missionarischen Eifer? Kommt es darauf an, anderen Frauen ein Vorbild für die Unabhängigkeit von den Männern zu liefern? Unter Feministinnen liefen Sprüche um wie dieser: »Frauen, denkt daran: Weibliche Heterosexualität ist heilbar!« Oder: »Feminismus ist die Theorie, Lesbianismus die Praxis!« Dass das zu heftigen Diskussionen führte, versteht sich. Denn verschreckte »frau« damit nicht eine Mehrheit der Frauen, statt sie als Verbündete zu gewinnen? Im Übrigen war von »Kopf- und Bauchlesben« die Rede. Die letzteren werden von ihrer Veranlagung getrieben, die ersteren treffen eine Verstandeswahl. Eine Mitstreiterin und gute Bekannte hat indessen gesagt: »Bei Alice war das bestimmt keine ideologische Entscheidung.« Sofern das zutrifft, wäre sie also den »Bauchlesben« zuzurechnen.

Von ihr selbst erhalten wir keine Auskunft, bloß allgemeine, allerdings deutliche Hinweise, zum Beispiel diesen: »Nur wenn Frauen den Männern privat nicht mehr ausgeliefert sind, nur wenn das Dogma der Vorrangigkeit der Heterosexualität in Frage gestellt wird, haben Frauen die Chance zu einer eigenständigen, nicht mannfixierten Entwicklung.« Das heißt folgerichtig zugleich: »Den Männern das Monopol aufkündigen und auch Frauen lieben können ist irgendwann die Folge eines konsequenten Feminismus.« Nur eben: Jeder Einblick in die eigene Intimsphäre, in die ganz persönlichen Gefühle, bleibt hinter einem dichten Schleier verborgen. 1992 hieß es hierzu auf die entsprechende Frage in einem Interview so knapp wie entschieden: »Kein Wort über mein Privatleben!«

Nun ja, aber eine Standardformel der Frauenbewegung und auch Schwarzers lautete: »Das Private ist politisch.« Doch was politisch ist, darf auch das Licht der Öffentlichkeit nicht scheuen, wie schon Immanuel Kant – 1795 – in seiner Abhandlung »Zum Ewigen Frieden« kategorisch erklärt hat: »Alle auf das Recht anderer Menschen bezogenen Handlungen, deren Maxime sich nicht mit der Publizität verträgt, sind unrecht. – Dieses Prinzip ist nicht bloß als *ethisch* (zur Tugendlehre gehörig), sondern auch als *juridisch* (das Recht der Menschen angehend) zu betrachten. Denn eine Maxime, die sich nicht darf *laut werden* lassen, ohne dadurch meine eigene Absicht zugleich zu vereiteln, die durchaus *verheimlicht* werden muß, wenn sie gelingen soll, und zu der ich mich nicht öffentlich *bekennen* kann, ohne daß dadurch unausbleiblich der Widerstand aller gegen meinen Vorsatz gereizt werde, kann diese notwendige und allgemeine, mithin a priori einzusehende, Gegenbearbeitung aller gegen mich nirgend wovon anders, als von der Ungerechtigkeit her haben, womit sie jedermann bedroht.«

Wie also lässt sich diesem Vorwurf begegnen? Ist alles Private politisch oder zumindest ein Teil davon doch unpolitisch und wirklich privat? Zur Antwort führt ein weiteres Interview, das aus dem Jahre 1997 stammt: »*Frage:* Sie selbst haben Ihr Privatleben immer hübsch unter Verschluß gehalten. *Antwort:* So soll's auch bleiben. *Frage:* Warum eigentlich? Einer Ihrer Leitsätze war doch immer, daß das Private politisch ist. *Antwort:* Die Schamlosigkeit des heutigen Enthüllungsjournalismus hat mit dieser Erkenntnis nichts zu tun. ›Das Private ist politisch‹ meint, daß das angeblich Persönliche gesellschaftliche Ursachen hat. Es meint aber nicht, dass Menschen sich bis ins Mark der Öffentlichkeit auszuliefern haben.«

Das heißt mit anderen Worten: Einerseits ist von Verhältnissen die Rede, in die hineingeleuchtet werden muss, zum Beispiel von der Tatsache, dass Männer ihre Frauen schlagen und dass Vergewaltigungen oder der Kindesmissbrauch weit mehr als irgendwo sonst in der Familie, im eng umschlossenen Freundeskreis, in der unmittelbaren Nachbarschaft, kurz im privaten Kreis stattfinden. Andererseits geht es um den Schutz der Intimsphäre. Lange genug hat es gedauert, bis die Einsicht sich durchsetzte, dass der Staat und der Staatsanwalt unter der Bettdecke des Bürgers oder der Bürgerin so wenig zu suchen haben wie die allgemeine Klatsch- und Tratschsucht. *Diese* Grenze zwischen Öffentlichkeit und Privatheit gehört zu den Grundelementen unserer Freiheit; sie muss bewahrt und verteidigt werden, und es ist schlimm genug, wenn die Sensationsgier moderner Massenmedien sie mehr und mehr einreißt, so als sei das nur mit anderen Mitteln eine Fortsetzung der Ausspähung, die im Gegensatz zu Demokratien totalitäre Gewaltregime betreiben. Sieht man es so, dann besteht zwischen der These, dass das Private politisch ist, und der Abschirmung der Intimsphäre kein Widerspruch.

Im Jahre 1975 veröffentlichte Alice Schwarzer ein Buch mit dem Titel »Der ›kleine Unterschied‹ und seine großen Folgen. Frauen über sich. Beginn einer Befreiung«. Dieses unscheinbar schmale Buch erregte Aufsehen wie kaum ein anderes, rückte schnell zum Bestseller auf und wurde in elf Sprachen übersetzt; mit ihm gewann die Autorin nach Simone de Beauvoir und Betty Friedans »Der Weiblichkeitswahn oder Die Mystifizierung der Frau« (deutsche Ausgabe 1966) als Vorkämpferin des Feminismus internationale Bekanntheit. In Deutschland polarisierte die Streitschrift; sie löste Begeisterung aus und ermutigte unzählige Frauen dazu, sich ihrer Probleme, auch der sexuellen, bewusst zu werden – und darüber zu sprechen. Noch mehr aber regierten Ablehnung, Empörung, Hohn; für Jahre wurde Schwarzer zur bestgehassten, am meisten verleumdeten Frau des Landes. Einige Kostproben aus der Presse: »Der dressierte Mann ist tot, es lebe die unterdrückte Frau ohne Orgasmus.« (»Stuttgarter Zeitung«) »Hier hat eine ›frustrierte Tucke‹ andere frustrierte Tucken schamlos exploriert, um einen Bestseller zu schreiben.« (»Süddeutsche Zeitung«) »Warum, verflixt noch mal, bringt es diese intelligente Frau nicht fertig, ein einziges Mal durch die Gitterstäbe ihrer Ideologie zu blicken auf jenen Mann etwa, der zärtlich den Arm um seine Frau legt und sagt: ›Ich hab dich lieb.‹« (»Berliner Morgenpost«).

Und wie hässlich diese Frau ist, mit ihrem strähnigen Haar, den bösen Augen, dem viel zu breiten Mund, der wabbeligen Figur! Von einer »Nachteule, mit dem Sex einer Straßenlaterne« ist die Rede, vom »Schreckgespenst« oder von der »neurotischen Kuh«, die »mit stechendem Blick durch die Brille guckt wie eine Hexe im bösen Märchen«. Ähnlich geht es weiter und weiter, in immer neuen Variationen und monoton zugleich.

So etwas lässt niemanden unberührt, selbst wenn es zur Bestätigung dafür dient, dass man ins genau richtige Wespennest gestochen hat. »Manchmal habe ich die Zeitungen auf den Boden geschmissen und getobt und geschrien: ›Diese Schweine!‹« Denn: »Eine solche Häme verletzt trotz allen Wissens um die Motive der Geifernden.« Dabei schlägt Schwarzer zurück, so treffsicher sie kann: »Am meisten überrascht mich, wie diese quallbäuchigen Männer mit ihren grauen Krawatten mir zu sagen wagen, ich sei sexuell frustrierend. Die sollten mal öfters in den eigenen Spiegel kieken.« Wohl wahr. Und noch viel schlimmer ist es, wenn die Herrschaften an südlichen Sonnenstränden oder in sonstigen Badelandschaften nicht nur die Krawatten, sondern alles Übrige ablegen und sich leider nicht so zeigen, wie Gott sie erschuf, sondern wie sie selbst sich durch ungezügeltes Essen und Trinken verunstaltet und verlebt haben. Doch was hilft aller Sarkasmus gegen die Schmutzflut der Häme? »Die Nation ist sich offenbar einig, daß ich sehr häßlich bin.«

Wie weit die Polarisierung und vor allem die empörte Erregung über den »kleinen Unterschied« bis in die Provinz reichte, zeigt der Brief, den die Autorin von einem offenbar fortschrittlichen Lehrer aus Ostfriesland erhielt. Er hatte einen Text aus dem Buch in einer Klasse von Vierzehnjährigen verwendet und berichtete über seine Erfahrungen: »Die Stunden, in denen wir den Text behandelten, waren sehr chaotisch. Schon der Name Alice Schwarzer löste einen ungeheuren Tumult in der Klasse aus. Zunächst mußte ich mich gegen den Vorwurf wehren, überhaupt einen Text von Schwarzer vorzulegen. Besonders die Jungen waren von einer riesigen Aggressivität, die sich auch in weiteren Gesprächen nicht legte. Ganz ähnlich reagierten die Mädchen. Nur eine war begeistert. (Sie wird schon seit langem immer ›Alice‹ genannt, ist aber darüber gar nicht froh, beklagte sich häufig bei mir, sie würde aufgezogen, und hat sich für einige Zeit auch noch einen zweiten Ehrennamen zugezogen: ›lesbische Sau‹, ein gängiges Schimpfwort an unserer Schule.) Keiner der Jungen war in der Lage, seine Aggressivität zu verbalisieren. Als Beobachter fiel mir auf, daß die Stunden, in denen wir den Text besprachen, erstens eine gesteigerte sexuelle Aggressivität der Jungen untereinander brachten (in die Eier treten usw.) und zweitens eine intensive Protzerei mit dem späteren Beruf und dem späteren Geldverdienen einsetzte. Die Mädchen reagierten differenzierter.«

Aber was eigentlich kommt in »Der kleine Unterschied« zur Sprache, was regte die Leute so auf? Im Hauptteil handelt es sich um Gesprächsprotokolle, an die sich Analysen und die aus ihnen abgeleiteten Thesen anschließen. Dieses Verfahren hat Alice Schwarzer in ihren Büchern mehrfach verwendet. Hier werden

18 Frauen, meist im jüngeren oder mittleren Alter, teils verheiratet, teils ledig, mit oder ohne Kinder, nach ihren Erfahrungen mit der Sexualität und mit Männern befragt, und in einer Vorbemerkung heißt es: »Die Skala der Frauenprobleme und Lebenskonstellationen in den Protokollen ist repräsentativ.« Ob das zutrifft, lässt sich schwer entscheiden; statistisch gesehen besagen 18 Fallbeispiele nicht viel. Ausdrücklich wird außerdem hinzugefügt: »Nicht repräsentativ allerdings ist der atypisch hohe Prozentsatz von Frauen, die bereits bewußt versuchen, ihr Leben in die Hand zu nehmen.« Die meisten der anderen, noch unerweckten Frauen hätten sich auf solche Gespräche wohl auch gar nicht eingelassen. Das Ergebnis wird bereits am Anfang der Vorbemerkung benannt:

»Fast immer, wenn ich in den letzten Jahren mit Frauen geredet habe, egal worüber und egal mit wem – ob mit Hausfrauen, Karrierefrauen oder Aktiven aus der Frauenbewegung –, fast immer landeten diese Gespräche bei der Sexualität und bei den Männerbeziehungen dieser Frauen. Auch und gerade Frauen, die sich in anderen Bereichen scheinbar weitgehend ›emanzipiert‹ hatten, blieben in ihrem sogenannten Privatleben rat- und hilflos. Am schlimmsten ist es in der Sexualität: die ›Sexwelle‹, Kolle und Reich brachten den Frauen nicht mehr Freiheit und Befriedigung, sondern mehr Selbstverleugnung und Frigidität. – Nachdem ich mich sehr gründlich mit Problemen wie Abtreibung, Berufsarbeit und Hausarbeit beschäftigt habe, ist mir klar geworden, daß die Sexualität der Angelpunkt der Frauenfrage ist. Sexualität ist zugleich Spiegel und Instrument der Unterdrückung der Frauen in allen Lebensbereichen.«

Am wichtigsten an dem Buch ist dann das im Umfang nur knappe Fazit unter dem Titel »Die Funktion der Sexualität bei der Unterdrückung der Frauen«; im Grunde liefern die Gesprächsprotokolle hierfür bloß das vorbereitende, einstimmende Anschauungsmaterial. Nur ein paar der Kernsätze seien hier zitiert; im Original erscheinen sie durchweg im Fettdruck.

»Biologie ist nicht Schicksal, sondern wird erst dazu gemacht. Männlichkeit und Weiblichkeit sind nicht Natur, sondern Kultur. Sie sind die in jeder Generation neu erzwungene Identifikation mit Herrschaft und Unterwerfung. Nicht Penis und Uterus machen uns zu Männern und Frauen, sondern Macht und Ohnmacht. – Nichts, weder Rasse noch Klasse, bestimmt so sehr ein Menschenleben wie das Geschlecht. – Alle, die von Gleichheit reden, obwohl Ungleichheit die Geschlechterbeziehungen bestimmt, machen sich täglich neu schuldig. Sie sind nicht an einer Veränderung, nicht an der Vermenschlichung von Männern und Frauen interessiert, sondern an der Beibehaltung der herrschenden Zustände, denn sie profitieren davon. – Im Zuge der Demokratisierung des männlichen Besitzes an der Frau steht heute jedem Mann eine Hure, Mutter, Gefährtin und Dienstmagd in Personalunion zu. – Im Namen der Liebe werden Frauen ausgebeutet. Darum ist Sexualität nicht privat, sondern politisch. Und darum ist die ausschließliche Heterosexualität ein entscheidendes Machtmittel der Männer im Geschlechterkampf. – Die herrschenden sexuellen Normen, und damit die Sexualität selbst, sind Instrumente zur Etablierung dieser Machtbeziehungen zwischen Mann und Frau. Nur wenn Frauen Männern privat nicht mehr ausgeliefert sind, nur wenn das Dogma von der Vorrangigkeit der Heterosexualität infrage gestellt wird, haben Frauen die Chance zu einer eigenständigen, nicht mann-fixierten Entwicklung. Erst dann können sie Beziehungen in Freiheit wählen. – Das hieße, daß Menschen in erster Linie Menschen wären und nur in zweiter Linie biologisch männlich und weiblich. Geschlecht wäre nicht mehr Schicksal.«

Dass so etwas die Leute erregt, Frauen beinahe ebenso wie die Männer, und Tumulte verursacht, ist verständlich. Es handelt sich um einen Tabubruch, vielleicht den letzten und radikalsten, der denkbar ist. Aber statt nun den Kopf zu verlieren und unflätig zu schimpfen, wäre es besser, Fragen zu stellen, so nüchtern wie möglich, zum Beispiel diese: Hat nicht die Natur (oder wer auch immer) schon weit vor der Menschwerdung des Menschen die Sexualität als Polarisierung von weiblichen und männlichen Lebewesen eingerichtet? Und zwar zu einem doppelten Zweck: erstens, um das Überleben der Art zu sichern und zweitens, um durch die immer neue Mischung der Erbanlagen Variationen, die Anpassung an wechselnde Umweltbedingungen zu erlauben. Der Mensch aber übertrifft mit seiner Anpassungsfähigkeit alle seine Verwandten im Tierreich bei weitem;

eben darum spielt die Sexualität für ihn eine unvergleichbar wichtige, in alle Lebensbereiche auszweigende Rolle – mit all dem Glück und all den Schrecken, die dazu gehören. In etwas anderem Zusammenhang hat Immanuel Kant gesagt: »Die natürlichen Triebfedern dazu, die Quellen der Ungeselligkeit und des durchgängigen Widerstandes, woraus so viele Übel entspringen, die aber doch auch wieder zur neuen Anspannung der Kräfte, mithin zu mehrerer Entwicklung der Naturanlagen antreiben, verraten also wohl die Anordnung eines weisen Schöpfers; und nicht etwa die Hand eines bösartigen Geistes, der in seine herrliche Anstalt gepfuscht oder sie in neidischer Weise verderbt habe.« Heißt es darum nicht, sich zum Narren oder zur Närrin, zu einem weiblichen, gegen Windmühlenflügel statt gegen wirkliche Feinde anrennenden Don Quichotte zu machen, wenn man das natürliche Spannungsverhältnis der Geschlechter verleugnet?

Weil die Sexualität, genauer die Heterosexualität, so wichtig ist, haben übrigens mit Recht gerade Feministinnen immer wieder darauf hingewiesen, dass es nicht gleichgültig ist, ob nur Männer den Staat, die Wirtschaft oder eine Kirche organisieren, Theologie lehren, Wissenschaft und Forschung betreiben, die Technik entwickeln, die Kultur verwalten – oder ob Frauen an alledem beteiligt werden. Und was eigentlich bliebe von der Kunst und von der Literatur, vom Leben überhaupt, wenn man daraus die auf Dauer gestellte Sexualität entfernte? Eine Welt ohne sie würde so kalt wie bizarr aussehen. (Man male sich nur einmal aus, wie es wäre, wenn es beim Menschen wie bei den meisten wild lebenden Tierarten pro Jahr nur eine kurze Brunftperiode gäbe und in den übrigen elf Monaten die Sexualität sozusagen in einen Tiefschlaf verfiele.)

Alice Schwarzer aber, so scheint es, möchte den »kleinen Unterschied« der Geschlechter am liebsten fortradieren, als gäbe es ihn nicht, und betont immer wieder: »Den Differenzialismus, die Strömung, die sich jetzt wieder auf den Unterschied beruft, halte ich für eine reaktionäre Entwicklung.« Darum ist es »zweifelsfrei das ausschließliche Verdienst des Feminismus, die Ideologie von der ›Natur der Frau‹ ... als zentrales Unterdrückungsinstrument gegen Frauen erkannt zu haben ... Die zentrale Forderung des Feminismus ist das Gleichheitspostulat, da kann es überhaupt kein Abweichen geben.« Nein, auch oder erst recht für Schwarzer nicht. In ihrem Buch »Der große Unterschied. Gegen die Spaltung von Menschen in Männer und Frauen«, das im Jahre 2000 erschien, formuliert sie womöglich noch schroffer als ein Vierteljahrhundert zuvor. Da will sie wieder ins Gedächtnis rufen, dass:

»• Sexualität nicht Natur ist, sondern Kultur; nicht angeboren, sondern Resultat von Prägungen und Lernprozessen;

• menschliche Sexualität keine biologischen, sondern psychosoziale Triebfedern hat:

• alle Menschen von Natur aus bisexuell sind, genauer: multisexuell, und die vorherrschende Heterosexualität das Resultat einer kulturellen ›Zwangsheterosexualität‹ ist.«

Richtig wäre es, von einer durch Kultur *überformten* Natur zu sprechen. Aber das ist etwas anderes als die *Verabschiedung* der Natur. Merkwürdig genug sind übrigens die Thesen zweideutig, um nicht zu sagen widersprüchlich formuliert. Wenn es in der ersten und sinngemäß auch in der zweiten heißt, dass die Sexualität nicht Natur, sondern Kultur sein soll, dann ist in der dritten doch wieder von ihrer bestimmten oder vielmehr unbestimmten *Natur* die Rede.

»Vom Gleichheitspostulat darf es kein Abweichen geben«: allerdings und mit gutem Grund nicht. Doch dieses Gleichheitsprinzip stellt sich unversehens wiederum als zweideutig dar. »Männer und Frauen sind gleichberechtigt«, sagt so knapp wie klar der Absatz zwei im Artikel drei unserer Verfassung. Das ist der rechtliche Hebel für jeden Fortschritt zur Gleichberechtigung, der durch nichts sonst ersetzt werden kann. Aber gleichberechtigt heißt nicht gleich: Im Gegenteil werden die natürlich oder geschichtlich vorgegebenen Ungleichheiten schon vorausgesetzt. Darum sagt die Verfassung in ihrem nächsten Satz: »Niemand darf wegen seines Geschlechtes, seiner Abstammung, seiner Rasse, seiner Sprache, seiner Heimat und Herkunft, seines Glaubens, seiner religiösen oder politischen Anschauungen benachteiligt oder bevorzugt werden.« Es gehört zur Würde des Rechtsprinzips, dass es die Gleichheit über die Ungleichheiten stellt, weil es sich um einen elementaren, schlechthin unverzichtbaren Bestandteil der Menschenwürde handelt. Und es geht darum, dass eben damit die Unterschiede nicht ausgelöscht werden müssen, sondern bewahrt werden können, weil sie nicht länger der Diskriminierung zum Vorwand dienen.

Vom Rechtsprinzip zur Wirklichkeit ist es freilich ein weiter und steiniger Weg. Das gilt für Rasse und Sprache, Heimat und Herkunft ebenso wie für die Freiheit zur Gleichgeschlechtlichkeit. Und die Frauen haben in den letzten Jahren oder Jahrzehnten gewiss große Fortschritte erzielt. Es gibt inzwischen mehr Studentinnen als Studenten, weibliche Abgeordnete und Minister jedenfalls in wachsender Zahl – und Frauenbeauftragte, die dem Fortschritt auf die Sprünge helfen, die Benachteiligungen aufdecken und Übergriffe der Männer abwehren sollen. Alice Schwarzer wäre die Letzte, das zu leugnen. Im Rückblick schreibt sie voller Stolz: »Was Feministinnen nach 4000 Jahren unerschütterlicher Männerherrschaft innerhalb von diesen nur 30 Jahren erreicht haben, ist überwältigend. Und das, obwohl ihnen von Anfang an schärfster Gegenwind ins Gesicht blies. Die Erwartung, mit der eine junge Frau heute in die Welt geht, unterscheidet sich fundamental von dem, was ihre Altersgenossin in den 50ern und 60ern auch nur hoffen konnte. Innerhalb einer einzigen Generation hat es eine Revolution in den Köpfen gegeben. Junge Frauen fühlen sich heute gleich stark mit Männern, das sehen wir nicht nur im Alltag, das zeigen auch alle Umfragen.« Oder Urteile des Bundesverfassungsgerichts: Vor ihm haben kürzlich Frauen eine der letzten Männerbastionen zum Einsturz gebracht, indem sie das Recht erstritten, nicht nur in Musik- oder Sanitätseinheiten der Bundeswehr, sondern auch mit der Waffe in der Hand dem Vaterland zu dienen. Das mögen viele für problematisch halten, aber in jedem Falle ist es konsequent. Und längst gibt es ja auch Polizistinnen, die im Notfall von ihrer Waffe Gebrauch machen.

Doch viel, noch weitaus mehr muss weiterhin getan werden; in den Chefetagen der Politik, der Verwaltungsapparate, der Wirtschaft und der Wissenschaft, der Kulturbetriebe, der Medien sind die Männer immer noch weitgehend unter sich. Die Frauen verdienen durchweg weniger als die Männer, und durchweg müssen sie mehr leisten. Sie »tragen den halben Himmel«, sagt ein chinesisches Sprichwort – aber nicht nur im Reich der Mitte, sondern überall auf der Welt die doppelten Lasten, weil noch immer der Hauptteil der Arbeit im Haushalt, bei der Kinderbetreuung, der Pflege kranker Familienmitglieder auf ihnen ruht. Nein, die Frauenbewegung hat ihr Ziel noch längst nicht erreicht.

Hinzu kommt ein eigentümliches Dilemma gerade bei denen, die Erfolg haben und Karriere machen. Schwarzer hat dieses Dilemma so beschrieben:

»Die Mehrheit der Frauen hält sich an das Schweigegebot. Stolz, bei den Jungs mitmischen zu dürfen, versuchen sie, vergessen zu machen, daß sie ›nur‹ eine Frau sind. Der Preis für die Partizipation ist also nur allzu oft die Selbstverleugnung der Frauen.

Was aus drei Gründen eine ernste Sache ist: Erstens wegen der anderen Frauen, zweitens wegen der arrivierten Frauen selbst und drittens wegen der Sache. Denn auch die leidet extrem darunter, wenn nicht endlich ein frischer, neuer Blick auf die Probleme geworfen wird. Es ist einfach Zeit, daß Menschen ihre Stimme erheben, die nicht nur sehen, daß der Kaiser keine Kleider anhat, sondern die das auch sagen. Das können auch Männer sein. Aber gerade Frauen sind in dieser historischen Phase in besonderer Weise dazu prädestiniert, da sie über Jahrtausende nicht Teil des Systems waren und bestenfalls indirekt davon profitiert haben.

Doch auch für die Frauen selbst, die den Sprung in die Männergesellschaft geschafft haben, ist diese Art von Selbstverleugnung fatal. Denn sie raubt ihnen die eigenen Wurzeln – und das macht sie unauthentisch und damit schwach. Eine Frau, die nichts ist als ein Möchte-gern-Mann, ist allerdings weniger interessant als ein wirklicher Mann, auf allen Ebenen. Eine Frau aber, die ihre Erfahrung und ihren Blick auf die Welt als Frau einbringt und noch dazu so einiges von den Männern gelernt hat, die ist allemal interessanter als die meisten Männer.«

Ja, aber wirklich wegen ihres anderen Blicks auf die Welt oder womöglich wegen ihres vorläufigen Ausnahmecharakters und Neuigkeitswerts? Bereits im Kapitel über Marion Gräfin Dönhoff konnten wir sehen und bestaunen, mit welcher Bewunderung Alice Schwarzer das Porträt einer Frau gezeichnet hat, die sich in ihrem langen und höchst erfolgreichen Berufsleben niemals auch nur von fern mit der feministischen Perspektive beschäftigt, geschweige denn zu ihr bekannt hat.

Schwarzer hat nicht nur die Männer erregt, sondern auch die Frauen polarisiert – und am meisten die, die in der Frauenbewegung aktiv waren. Zum Teil hatte das etwas mit der Ausgangslage zu tun. Sie kam aus Frankreich, aufgeladen mit all der anarchistischen Energie, die das »Mouvement de libération des femmes, MLF« auszeichnete. In Deutschland stieß sie auf ganz andere Verhältnisse, besonders auf die Hinterlassenschaften der Studentenbewegung von 1968. Eine der Aktivistinnen, die aus dem Sozialistischen Deutschen Studentenbund stammte, war Heike Sander. Sie probte den Aufruhr und erklärte: »Warum sprecht ihr denn hier vom Klassenkampf und zu Hause von Orgasmusschwierigkeiten?« Und sie drohte: »Genossen, wenn ihr zu dieser Diskussion nicht bereit seid, dann müssen wir allerdings feststellen, daß der SDS nichts weiter ist als ein aufgeblasener konterrevolutionärer Hefeteig!« Etwas später, bei einem SDS-Kongress in Hannover, formulierte der »Frankfurter Weiberrat« auf seine Weise, worauf es ankam: »Befreit die sozialistischen Eminenzen von ihren bürgerlichen Schwänzen!« Das haben die Eminenzen lieber nicht riskieren wollen; die Auflösung des SDS folgte wenig später.

Aber Sozialismus denn doch: Revolutionierung der Gesellschaft im Zeichen des Klassenkampfes. Vielfach, beinahe zwangsläufig war damit auch ein Rückfall in die reine Lehre des Marxismus-Leninismus verbunden. Wie es in der »Frontstadt« zuging, hat Bascha Mika geschildert:

»Der Berliner Aktionsrat wurde seit Ende 1969 mehr und mehr von linken Dogmatikerinnen dominiert. Niemand redete mehr über den Zusammenhang von Frauenemanzipation und Kinderfrage. Jetzt wurde marxistisch geschult. Frauen sollten sich einmal mehr als ›Brüder‹ ins Proletariat einreihen. Selbst in den Kinderläden hatten längst Männer die Regie übernommen. – Diesen orthodoxen Schub hielt der Aktionsrat nicht aus. Er blähte sich zunächst personell auf, zerfieselte dann in viele kleine Gruppen und brach schließlich auseinander, übrig blieb der ›Sozialistische Frauenbund Westberlin‹, der genau so war, wie sich der Name anhörte – auf Linie. Er verstand sich als eine Art Durchlauferhitzer: Frauen sollten ideologisch auf Zack gebracht werden, um zu ebenbürtigen Partnern der Männer zu avancieren. – Dies war die Zeit, in der sich in der außerparlamentarischen Opposition eine dogmatische Verhärtung breitmachte. Davon blieben auch die seit dem Frankfurter SDS-Kongreß so zahlreich entstandenen Frauengruppen nicht verschont. Je stärker der autoritäre Charakter einer Gruppe war, desto schneller versank sie im Sektierertum oder verschwand in der Versenkung.«

Übrigens hat das Sektierertum noch lange zu den Kinderkrankheiten der Frauenbewegung gehört. Jede kleine Gruppe witterte bei der anderen Verrat oder rief zum Boykott gegen die Andersdenkenden auf; auch Alice Schwarzer ist davon betroffen worden. Es fehlte an einer Streit- und Diskussionskultur, in der die Frauen sich im Austausch der Argumente zusammenrauften. Wahrscheinlich war diese Phase unvermeidbar; angesichts der eigenen Schwäche und der Unsicherheit der ersten Schritte auf einem neuen Weg klammerten sie sich umso fester an die Leitplanken angeblich absoluter Wahrheiten.

Ausgerechnet im Berliner Milieu wollte die Heimkehrerin aus Frankreich Fuß fassen und hat darüber im Rückblick gesagt: »Vom temperament- und phantasievollen Pariser Ambiente geriet ich nun unter die im besten Falle ausgeflippten, sonst aber eher bürokratisch-dogmatischen Berliner/innen. Tages- und Geschäftsordnungen und ein Politjargon, auch im Frauenzentrum, bei dem jeder französischen Feministin sicher die Lachtränen übers Gesicht gelaufen wären ... Das war mir nicht nur fremd, es war mir auch zuwider.« Dennoch gab Alice Schwarzer nicht auf. In Deutschland, immerhin, konnte sie sich vielleicht eine Führungsrolle erkämpfen und Strukturen schaffen, die im französischen Anarchismus schnell wieder zerrannen.

Geradezu exemplarisch entwickelten sich die Konflikte um einen Kalender für Frauen. Alice Schwarzer und Ursula Scheu hatten zu ihm die Idee – einen nahe liegenden Einfall. Schließlich gibt es ja Kalender für jeden Geschmack, sei es nüchtern oder prunkvoll, und für viele Hobbys oder Berufe. Und wie seit dem Jahre 1713 die »Losungen« der Herrnhuter Brüdergemeinde fromme Christen durch das Jahr begleiten – 2001 in der 271. Auflage und mit Übersetzungen in 21 Sprachen –, so sollte es von nun an einen Taschenkalender für die emanzipierte Frau geben. Zu Schwarzer und Scheu gesellten sich drei weitere Frauen als Herausgeberinnen, und 1975 erschien die erste Ausgabe mit einer Anfangsauflage von 20000 Stück im lila Plastikeinband, auf dem Umschlag vom Frauenzeichen geziert, mit einer geballten Faust in der Mitte. Eine Erfolgsidee, wie sich herausstellte; schon ein Jahr später vervierfachte sich die Auflage, und bis heute handelt es sich um einen heimlichen Bestseller. Nur die drohende Faust hat sich verloren, seit die Bewegung in den achtziger Jahren in ein etwas weniger aufgewühltes Fahrwasser kam.

Aber der Erfolg zieht seine Neider an und entfesselt den Streit. Sollte in den Texten etwa der herrschende »Sexismus« angeprangert werden, wie Schwarzer es wollte, oder nicht doch der solidarische Klassenkampf im Mittelpunkt stehen, den Männer und Frauen gemeinsam ausfochten? Sollte es bei den mit Namen bekannten Herausgeberinnen bleiben oder das namenlose »Kollektiv« an ihre Stelle treten, welcher Art und Verantwortlichkeit auch immer? Und wohin eigentlich flossen die Überschüsse, die erwirtschaftet wurden, etwa in private Taschen?

Eine der drei Herausgeberinnen, die neben Schwarzer und Scheu standen, schied bereits 1975 aus, vom Kampf zermürbt. Die beiden anderen wurden nach endlosen Auseinandersetzungen, mit der Hilfe von Anwälten, schließlich ausbezahlt und verzichteten auf ihre Rechte. Aber weil sie entgegen der Vereinbarung Vorwürfe gegen Schwarzer und Scheu in die Öffentlichkeit trugen, zogen diese vor Gericht, klagten auf Unterlassung – und siegten. Das ließ die Wogen der Empörung über den Schwesternverrat und eine autoritäre Haltung erst recht aufschäumen. Von »Männerjustiz« war die Rede; das »Frauenzentrum Berlin« höhnte über eine Rechtsprechung, die »bürgerlich« und »patriarchalisch« sei und von der natürlich nichts anderes erwartet werden könne, als dass sie sich auf die Seite von Personen wie dieser Schwarzer schlüge. Dass es Boykottaufrufe hagelte, versteht sich beinahe von selbst. Ursula Scheu hingegen fand ihr Auto so vor: »Die Reifen waren zerschnitten, auf die weiße Karosserie waren literweise Ölfarbe geschüttet und Frauenzeichen gemalt worden, durch die Lüftungsklappen war Buttersäure gegossen worden. Die Reparaturkosten waren hoch, und der Wagen blieb wochenlang völlig unbenutzbar, da Buttersäure extrem stark nach Erbrochenem riecht (in diesem Fall so stark, daß die Anwohner die Polizei benachrichtigten, da sie einen Gasunfall vermuteten). Die Reparaturwerkstatt weigerte sich über eine Woche lang, den stinkenden Wagen überhaupt anzunehmen.«

Auch der Anwalt von Schwarzer und Scheu wurde das Opfer eines Buttersäureattentats. Anschließend kursierte ein anonymes Flugblatt, in dem »Frauen aus der Frauenbewegung« ihre Tat unter dem Titel »Praktische Denkanstöße für Ursula Scheu, Alice Schwarzer und Rechtsanwalt ... u.a.« rechtfertigten. Verzeihung sollte es nur geben, wenn die vom rechten Weg Abgekommenen »öffentlich Selbstkritik« übten. Das Machtmittel kommunistischer Regime, dazu bestimmt, diejenigen zu zerbrechen, die sich als unbequem erwiesen, jetzt in der Hand von Frauen, die doch auszogen, nicht um das Fürchten zu lehren, sondern um die Härte traditioneller Männerherrschaft durch Sanftheit zu ersetzen?

Nach dem Erfolg des Frauenkalenders lag es geradezu in der Luft, den nächsten Schritt zu wagen und eine Frauenzeitschrift zu gründen; eine seit 1972 existierende »Frauenzeitung« kam nur unregelmäßig auf den Markt und stellte niemanden zufrieden. Im Juni 1976 erschien die Probenummer von »Courage«, und die Herausgeberinnen schrieben programmatisch: »Die Berliner Frauenzeitschrift *Courage* ist aus der autonomen Frauenbewegung entstanden. Ziel der Zeitung ist es, die Frauenbewegung zu erweitern.« Die »Courage I« erschien dann im September 1976; das Titelblatt zeigte die reichlich zwei Dutzend Mitarbeiterinnen und Autorinnen. Neu war, dass es keine Chefredakteurin und keine Hierarchien gab: Gleichheit über alles! Dafür wurde eine monatliche Redaktionskonferenz angekündigt, die öffentlich sein sollte und jede in der Frauenbewegung engagierte Frau zur Teilnahme einlud.

Anfangs schien das Konzept aufzugehen; am Beginn der achtziger Jahre erreichte »Courage« eine Auflage von 70 000 Exemplaren. Doch bald änderte sich der Zeitgeist und blies dem Kollektiv ins Gesicht. Wozu taugte noch die Solidarität im antiimperialistischen Klassenkampf? Der Krieg der Amerikaner in Vietnam, der so viele junge Menschen zum Widerstand solidarisierte, war längst in der Geschichte versunken, und im Verhältnis zwischen Ost und West kündigte sich die Entspannung, ein Ende des Kalten Krieges an. Vor allem hielt das »antiautoritäre« Konzept der Konfrontation mit der Wirklichkeit auf die Dauer nicht stand. Es taugt vielleicht für Augenblicke der Begeisterung, doch kaum für die Alltagsroutine. Innerhalb der Redaktion wuchsen die Spannungen und entluden sich in bitteren Konflikten. Denn, wie überall auf der Welt, unter Frauen nicht anders als unter Männern, gab es energische und schüchterne, kluge und dumme, fleißige und faule Mitarbeiterinnen. Nach »dramatischen Auflagenverlusten und einem schmerzhaften Zerrüttungsprozeß in der Zeitungsgruppe« stellte »Courage« im Mai 1984 ihr Erscheinen ein.

Unterdessen beschäftigte sich Schwarzer längst mit EMMA, ihrem Gegenprojekt zu »Courage«. Am 26. Oktober 1976 wurde die »Alice Schwarzer Verlags-Gesellschaft mit beschränkter Haftung« ins Kölner Handelsregister eingetragen. Zwei Monate später folgte eine Umbenennung zur »Emma Frauenverlags-Gesellschaft«. 1985 schloss sich eine Kapitalerhöhung von anfangs 20 000 auf 50 000 DM an. Doch stets gab es nur eine einzige Gesellschafterin: Alice Schwarzer. In einem Rundbrief an Frauengruppen, der um Unterstützung warb, wurden die Akzente freilich anders gesetzt: »De jure erscheint EMMA in der ›Alice Schwarzer Verlags GmbH‹, de facto handelt es sich um ein kollektives Non-Profit-Unternehmen ... Alle Überschüsse werden in Frauenselbsthilfe-Projekte gehen.« (Daraus ist leider nie etwas geworden.) »Noch aber haben wir kein Geld, sondern brauchen welches. Dringend. Frauen oder Frauengruppen, die uns Kredite geben können und wollen, mögen sich bitte melden.«

Das Echo war geteilt; »Courage« rief natürlich schon aus Konkurrenzgründen zur Gegenwehr auf. Anpassung an die herrschenden Verhältnisse wurde der Herausgeberin unterstellt, denn Schwarzer baue auf ihre »natürliche Begabung zur Geschmeidigkeit«. Darum werde EMMA zum jetzigen Zeitpunkt für die Frauenbewegung »außerordentlich lästig, wo Frau S. sie unbedingt mit ihrer journalistischen Karriere kommerzialisieren will«. Andere Blätter wie »Die Bunte« ordneten diese Frau S. unter »die Leute von gestern ein« und sagten den Misserfolg voraus. Es könne »Alice passieren, daß (bis auf ganz wenige Fans) ihr als einzige Stammleserin nur Alice Schwarzer bleibt«. Die Zeitschrift »Konkret« verstieg sich gar zu der Behauptung: »EMMA ist eine Zeitung von Frauen gegen Frauen.« Da war es bis zu den Boykottaufrufen einmal mehr nicht mehr weit.

Indessen bereitete Alice Schwarzer ihr Blatt sehr sorgfältig vor. Was sie auf den Markt bringen wollte, war eine *professionell* geführte Monatszeitschrift mit ansprechender Aufmachung und gut geschriebenen Beiträgen – im Kontrast zur amateurhaften »Courage«, über die Claudia Pinl gesagt hat: »Die Profis unter uns konnten natürlich nur lachen über die trockenen Insiderinnen-Artikel, über das Bleiwüsten-Layout, über die ganze Aufmachung, die ungefähr so attraktiv war wie die Frauenseite der ›Prawda‹, der sowjetischen Parteizeitung.«

Zur Anfangsbesatzung von EMMA gehörten vier Frauen: neben Alice Schwarzer Sabine Wittlich, vorher Redakteurin beim Westdeutschen Rundfunk, Sabine Schruff vom Kölner »Stadt-Anzeiger« und Christiane Ensslin, die Schwester von Gudrun Ensslin, die zu den »Top-Terroristen« der »Roten-Armee-Fraktion«, kurz RAF gehörte. Christiane einzubeziehen bedeutete etwas, denn, wie sie selbst gesagt hat: »Wer mich damals eingestellt hat, hat nicht nur den Verfassungsschutz hinter sich hergezogen, sondern mußte damit rechnen, daß dies auch in der Öffentlichkeit übel vermerkt wurde.« Oder in den Worten der Journalistin Monika Held: »Dafür hätte ich Alice knutschen können, da hat sie wirklich Zivilcourage bewiesen. Genau so ein Verhalten verstehe ich unter Frauensolidarität.«

Die erste Ausgabe von EMMA, der »Zeitschrift für Frauen von

Frauen«, erschien am 26. Januar 1977. Auf dem Titelbild sieht man vier Frauen, die gerade genannten, die selbstbewusst voranschreiten, in der Mitte und noch ein wenig vor den anderen die Herausgeberin. Als Beiträge werden ebenfalls noch auf dem Titelblatt angekündigt: »Alice Schwarzer über Männerjustiz – Romy Schneider: Ich bin es leid, zu lügen! – Hausfrauen und ihre arbeitslosen Männer ... – Vietnam – Moderne Amazonen.« Beim letztgenannten Artikel handelt es sich um pure Kriegsromantik; die Vietnamesinnen werden verherrlicht, die »zart wie Lilien« und selbst dann noch, wenn sie hochschwanger sind, in den Schützengraben ziehen, wobei sie singen: »Kleine Guerillafrau, deine Waffe ist dein Geliebter.« Ein anderer, durchaus interessanter Beitrag stammt von Erika Schilling und heißt »Mein Beruf«. Der Begleittext sagt von der Autorin: »Sie war kurz verheiratet, ist lange geschieden und hat eine heute erwachsene Tochter.« Ungesagt bleibt, dass diese Tochter Alice Schwarzer heißt. In einer späteren Ausgabe wird Erika Schilling als Betreuerin der Leserbriefe vorgestellt: ein Stück weit ist EMMA auch ein Familienunternehmen.

Mit der Erstauflage von 200 000 Exemplaren spielt man sehr hoch, aber nach drei Tagen ist diese Auflage vergriffen, und auch ein Nachdruck von weiteren 100 000 Exemplaren findet seine Käuferinnen. Natürlich kann diese Anfangshöhe nicht gehalten werden, sie pendelte sich um die 100 000 ein, und seit 1993 erscheint EMMA nur noch im Zwei-Monats-Rhythmus. Aber das Blatt hat den Wandel der Zeiten überdauert, und mit Stolz sagt die Herausgeberin: »Wir sind finanziell ganz und gar unabhängig. Wenn das nicht so wäre, wäre es auch Schluß mit unserer politischen Unabhängigkeit. Dann könnten wir gleich den Mund halten.«

Ein Problem besteht freilich darin, interessant zu bleiben, selbst wenn zur Sache, um die es im Kern geht, eigentlich schon alles und immer wieder gesagt worden ist. Gewöhnliche Zeitungen oder Zeitschriften können immer Neues bringen, weil sie von der Tagesaktualität oder vom wetterwendisch jeweils Modischen sprechen. Bei einem Blatt, das sich mit festen Zielvorstellungen an eine genau umrissene Zielgruppe richtet, ist alles viel schwieriger. Nur zu leicht entsteht eine gewisse Monotonie, und manchmal, gar nicht so selten fragt sich der treue Abonnent, ob er das, was da geschrieben steht, nicht schon einmal oder oftmals gelesen hat.

Die Chefredakteurin arbeitet so hart wie professionell und verlangt von ihren Mitarbeiterinnen, dass sie das ebenso tun. Konflikte sind dabei unvermeidlich. Denn viele glauben, dass bei EMMA alles anders sein kann und anders sein soll als irgendwo sonst, mehr Spaß und »Selbstverwirklichung« als ernsthafte Arbeit. Hinzu kommt das Gefühl, gegenüber dem Rest der Welt, der von Männern beherrscht wird, eine verschworene Gemeinschaft zu sein, wenn nicht gar in einem Paradiesgarten zu leben. Sonia Mikisch, die früher Auslandskorrespondentin in Moskau war, hat das treffend zum Ausdruck gebracht: »Es ist vergleichbar mit dem Auslandsstudio. Dieses Wohngemeinschaftsgefühl, mit allen Konflikten einer Wohngemeinschaft. Jeder weiß alles von den anderen. Du bist auf einer Insel. Jeder weiß: Die ist heute schlecht drauf, weil sie ihre Tage hat; der hat Krach mit seiner Frau und kann deswegen Überstunden machen, weil er nicht nach Hause will. Wenn es funktioniert, funktioniert es irrsinnig gut, weil deine Kollegin auch deine Freundin und Vertraute ist – wenn es nicht funktioniert, wird es sehr schlimm, weil deine Kollegin dann plötzlich deine Intimfeindin ist.«

Und wie dann erst bei einer anspruchsvollen Chefin, von der die Mitarbeiterinnen zugleich das schwesterlich solidarische Verhalten erwarten? Doch auf die treffen sie kaum, sondern in aller Regel auf Überlegenheit, Stärke und Machtbewusstsein. Claudia Pinl: »Ich kam mir immer vor wie der Frosch vor der Dampfwalze.« Christina von Braun: »Ich habe gesehen, wie Alice Leute einfach überrannt hat, wenn sie sich ihr entgegenstellten.« Christiane Ensslin: »Alices starke, körperliche Präsenz, das permanent Laute an ihr und ihre Unfähigkeit, zur Ruhe zu kommen, haben mich in einen Zustand versetzt, in dem ich weder normal denken noch reagieren konnte.« Elke Heidenreich: »Nie wieder EMMA!« Monika Held: »Alice neigte dazu, die Texte so zu verdrehen, daß dabei ihre Wahrheit herauskam – die aber hatte mit meinen Recherchen nichts mehr zu tun. Sie brachte eine völlig andere Tendenz rein. Das hat mir nicht gefallen. Und erst recht hat mir nicht gefallen, daß ich nicht gefragt worden bin.« Zwangsläufig häufen sich die Kräche, und ein lebhafter Personalwechsel setzt ein.

Die internen Konflikte drangen bald auch in die Öffentlichkeit und wurden von den Medien gehörig ausgeschlachtet. Nach einer kritischen Fernsehsendung eröffnete das Gewerkschaftsblatt »Welt der Arbeit« im Oktober 1979 das Gefecht: Bei EMMA herrschten frühkapitalistische Zustände, es gäbe keine schriftlichen Arbeitsverträge, dafür aber fristlose Kündigungen; die allmächtige Chefin tyrannisiere ihr Personal durch überzogene Forderungen und zugleich durch lautstarke und persönliche Angriffe. Das halte kaum jemand aus, und darum hätten seit 1977 schon 20 Frauen die Kölner Redaktion verlassen. »Bei EMMA ist Alice der Haustyrann«, leitete »Bild am Sonntag« hieraus ab. Unter dem Titel »Offene Worte für Alice Schwarzer« folgte Ende März 1980 die »Frankfurter Rundschau« mit einem Anklagebrief von 32 ehemaligen Mitarbeiterinnen:

»Nicht einmal die üblichen demokratischen und moralischen Regeln jeglicher Zusammenarbeit waren garantiert ... Abweichungen von Deinen persönlichen Überzeugungen wurden nicht geduldet. Alles, was sich nicht mit dem von Dir endgültig definierten Feminismus deckte, wurde ›korrigiert‹. Dein Journalismus-Begriff, immer am Erfolg orientiert, galt als verbindlich. Wer sich dem entgegenstellte, wurde als unfähig bis charakterlos angegriffen. In einer Weise, die nur zweierlei übrig ließ: Resignation unter Aufgabe der Selbstachtung oder Rückzug. Autorinnen mußten erleben, daß ihre Artikel von Dir total umgeschrieben und sachliche Fehler hineinredigiert wurden. Angesichts Deiner begrenzten sachlichen Kompetenz und des allgemeinen redaktionellen Chaos und nach vergeblichen Versuchen, diesen Zustand zu ändern, gab eine nach der anderen auf, noch für EMMA zu schreiben.«

Aber wer waren eigentlich die Anklägerinnen? Gehörten sie wirklich zum Stammpersonal der Redaktion? »Einen Großteil habe ich ... in all den Jahren nie bei EMMA gesehen, wohl aber einiges, was den Inhalt des Briefes in einem anderen Licht erscheinen läßt«, schrieb Franziska Becker. »Da verschwanden

Mitarbeiterinnen (Unterzeichnerinnen) von einem Tag auf den anderen, unter Zurücklassung eines Berges unerledigter Akten und ohne jeden Hinweis auf den Verbleib wichtiger Unterlagen und Dokumente (auch dies trug zum gerne bescheinigten redaktionellen Chaos bei!). Da wurde, in geradezu absurder Verkehrung des an Alice Schwarzer gerichteten Vorwurfs der autoritären Herrschsucht, völlig autoritätsfixiert gehandelt, d. h. gearbeitet nur, wenn sie im Haus war, während ihrer Abwesenheit dagegen überhaupt nicht – da mochten die restlichen Redaktionsmitglieder noch so dringend darum bitten.« Später haben Verteidiger nachgerechnet, dass nur fünf der 32 Anklägerinnen bei EMMA wenigstens für ein paar Monate zu Hause waren.

Doch wie immer man über die behaupteten Zahlen und die Zustände in der Redaktion urteilen mag, das eigentliche Problem liegt anderswo. Zweifellos ist Alice Schwarzer eine starke und streitlustige Persönlichkeit, auch mit ihren »harten« oder »männlichen« Zügen. »Ein Macho im Rock« ist sie genannt worden, ob nun gerecht oder ungerecht. Wie sonst hätte sie sich durchsetzen sollen und Erfolg haben können? Viele, wenn nicht die meisten Feministinnen empfanden sich hingegen als das schwache, unterdrückte Geschlecht und neigten dazu, Ohnmacht als Zeichen des Guten, Stärke und Macht als das Böse zu deuten – eine durchaus verständliche Umwertung der Werte, die vom frühen Christentum bis zur marxistischen Gegenüberstellung von Proletariat und Bourgeoisie ihre Vorläufer hat und gerade von der Schwäche her die eigene Auserwähltheit erschließt und auf das künftige Heilsziel hindeutet. »Aber viele, die da sind die Ersten, werden die Letzten und die Letzten werden die Ersten sein«, heißt es in der Bibel.

Schwarzer stellt indessen nüchtern fest: »Macht ist heute noch für Frauen – wie für alle Unterdrückten – etwas schier Obszönes, und wenn sie die haben, entschuldigen sich die meisten (Gott sei Dank nicht alle) von morgens bis abends dafür. Macht ist aber nicht obszön, sie ist unabdinglich, wenn man etwas verändern will.« Vom Neid auf den Erfolg ganz abgesehen erklärt dieser Gegensatz der Auffassungen, warum Schwarzer auch oder gerade in die feministische Kritik geraten und als karrieresüchtige oder profitgierige Verräterin am edlen Auftrag geschmäht worden ist.

Ganz gewiss ist Alice Schwarzer eine schwierige und vielschichtige Persönlichkeit, eine Frau zudem, die keinen Konflikt scheut, wenn es um das geht, was sie für ungerecht und gerecht hält. »Selig sind die Friedfertigen, denn sie werden Gottes Kinder heißen«: Nein, das ist ihre Sache nicht. Denn sie will, dass schon in dieser Welt die Unterdrückung ans Ende kommt. Dabei endet ihre Welt nicht an den Grenzen Deutschlands oder Europas. Die Unterwerfung der Frauen unter die Herrschaft der Männer stellt sich global dar; also muss sie auch global bekämpft werden. Folgerichtig fährt die EMMA-Chefin nach Teheran und klagt die iranischen Gottesstreiter an, weil sie die Frauen rechtlos machen – zu einer Zeit, als hierzulande die Linke noch den Sturz des Schahs durch eine Volksrevolution bejubelt. Dafür nimmt sie den Vorwurf in Kauf, dem westlichen Imperialismus Vorschub zu leisten.

Aber diese Alice kann auch gelassen reagieren, Humor beweisen und Ruhe bewahren, wo andere längst die Fassung verlieren, zum Beispiel bei den unzähligen Auftritten, den Lesungen und Diskussionen, die sie kreuz und quer durchs Land führen. Eine Buchhändlerin erinnert sich an eine Veranstaltung in der Heimatstadt Wuppertal: »Der Andrang war riesig, und der größte Saal, den wir finden konnten, füllte sich bis zum Bersten. Wir waren alle sehr aufgeregt: Wie würde das gehen und enden, womöglich in einem Tumult? Und was tut Alice? Sie kommt, setzt sich – und putzt erst einmal in aller Ruhe die Brille an ihrem Rock. Mir verschlug es fast den Atem ...« Das mag eine Kleinigkeit, eine Beobachtung ganz am Rande sein, aber sie wirft ein Schlaglicht auf den Charakter dieser Frau, der eben nicht nur von der Anspannung zum Kampf geprägt worden ist, sondern auch zur Selbstsicherheit gefunden hat.

Es bleibt nicht aus, dass sich in der Öffentlichkeit allmählich ein anderes Bild durchsetzt als das von der Hexe oder vom Schreckgespenst, etwa nach dem Motto: »Die ist ja gar nicht so.« Das Fernsehen hilft bei der Korrektur; Alice Schwarzer tritt bei Thomas Gottschalk in »Wetten, dass ...«, im Rateteam »Ja oder Nein« von Joachim Fuchsberger, bei Harald Schmidt und Erich

Böhme, im »Boulevard Bio« auf; zeitweilig moderiert sie im Hessischen Rundfunk sogar ihre eigene Sendereihe »Zeil um Zehn«. Sie erhält Preise und 1996 das Bundesverdienstkreuz. Ohne Zögern nimmt sie es an – was »Die Woche« bissig kommentiert: »Orden jetzt auch für Frauen! Prima! Ich vertrete die Frauen! Also sind alle Frauen gemeint! Los, freuen!«

In den neunziger Jahren zeichnet sich übrigens ein Schwerpunktwechsel ab: von der Chefredakteurin zur – wiederum sehr erfolgreichen – Buchautorin. Zwar hatte es schon früher Bücher gegeben, aber in der Regel handelte es sich um die Zusammenfassung und Auswertung von Reportagen, die im Rahmen der journalistischen Arbeit entstanden. Jetzt aber gewinnen die Bücher einen eigenen Rang. Davon zeugen »Eine tödliche Liebe. Petra Kelly und Gert Bastian« (1993) und »Romy Schneider. Mythos und Leben« (1998.)

Am erstaunlichsten wirkt »Marion Dönhoff. Ein widerständiges Leben« aus dem Jahre 1996. Welten trennen die ostpreußische Gräfin von der Aufsteigerin aus Wuppertal, und als Feministin ist Marion Dönhoff wahrlich nie in Erscheinung getreten. Dennoch wird diese Biographie bei mancher Kritik im Einzelnen von Bewunderung, ja Verehrung bestimmt. Die mag bereits aus frühen Jahren stammen: »Schon mit sechzehn habe ich die ZEIT gelesen, mit großer Begeisterung ..., auch weil da weibliche Namen vorkamen. Denn man kann sich doch als Frau nicht denken, wenn Frauen nicht vorkommen.« Und weiter: »Diese fünfziger und sechziger Jahre waren für uns Frauen ein solches Ödland, daß jede einzelne herausragende weibliche Existenz einfach Signalwirkung haben mußte.« Diese Signalwirkung aber ging von Marion Dönhoff aus, *der* überragenden Frau in der ZEIT.

Die Biographie ist einfühlsam, lebendig und mit jenem Zuschuss von Humor geschrieben, der Lust an der Lektüre weckt. Die Eröffnung sieht so aus:

»Es ist kalt an diesem Dezembermorgen, und der Hamburger Hauptbahnhof ist noch zugiger als sonst. Entgegen ihren Gewohnheiten ist Marion Gräfin Dönhoff eine Viertelstunde vor Abfahrt des Zuges auf Gleis 14, wo Friedrich auf sie wartet, derjenige unter den Großneffen und -nichten, der ihr am nächsten ist.

Der Bahnhof ist fast menschenleer, und so fällt es auf, als ein Pulk blumenbewehrter Menschen sich auf Marion und Friedrich Dönhoff zubewegt ... – Marion Dönhoff ist überrascht. Und gerührt. Was sie nicht zeigt, versteht sich. Auch die hanseatische Redaktion scheint leicht außer sich, scheut sie sich doch nicht, auf dem Bahnsteig ein kräftiges ›Happy Birthday dear Gräfin‹ zu schmettern und der lieben Gräfin Berge von Blumen und Paketen in die Arme zu drücken. – Schwerbepackt steigen die beiden Dönhoffs in den Zug, zweiter Klasse, wie üblich. Doch der Zug will nicht abfahren ... Da schiebt ›die Gräfin‹, wie sie in der ZEIT distanziert-liebevoll genannt wird, noch einmal das Abteilfenster runter. ›Und was macht ihr, wenn der Zug nicht abfährt?‹ spottet sie. Und sie weiß auch schon Rat: ›Vielleicht sollte ich mal pfeifen?!‹ Sodann schiebt sie den rechten Daumen plus Zeigefinger zwischen die Zähne – und stößt einen gellenden Pfiff aus. Es hallt durch die ganze Bahnhofshalle. Und tatsächlich fährt der Zug los.«

Das ist einfach gut erzählt, der köstliche Anfang eines lesenswerten Buches.

Natürlich sollte man sich nicht täuschen: Mit aller Härte wird diese Frau stets für die Sache des Feminismus kämpfen; das demonstriert ihr Buch »Der große Unterschied« aus dem Jahre 2000. Sie wird wohl auch weiterhin polarisieren; das zeigen neben anderem die Biographien, die ihr inzwischen gewidmet worden sind: Die von Bascha Mika heißt im Untertitel »Eine *kritische* Biographie«; die von Anna Dünnebier und Gert von Paszensky könnte statt »*Die* Biographie« sich »Eine Verteidigungsschrift« nennen. Aber zugleich scheint Alice Schwarzer zu Wandlungen fähig zu sein; wer weiß, womit sie uns in der Zukunft noch überraschen wird. Doch was immer es sein mag: An ihrer Schlüsselrolle in der neueren deutschen Frauenbewegung führt kein Weg mehr vorüber.

# Angela Merkel

Dieses Kapitel erfordert eine Vorbemerkung, denn es fällt schmaler aus als die vorhergehenden Porträts. Das hat einen einfachen Grund: Es handelt sich um eine Lebensgeschichte, von der heute noch niemand sagen kann, wohin sie am Ende führt. In allen anderen Teilen dieses Buches stellt sie sich abgeschlossen oder doch – wie zuletzt bei Alice Schwarzer – deutlich erkennbar dar. Aber niemand weiß, ob Angela Merkel sich als Parteivorsitzende der CDU behauptet, womöglich sogar Gerhard Schröder erfolgreich herausfordert und zur deutschen Bundeskanzlerin werden wird – oder ob ihre politische Laufbahn abbricht und sie resigniert.

Wenn gleichwohl von ihr die Rede ist, dann hat das wiederum seinen Grund: Sie ist die erste Frau, die den Vorsitz einer der beiden großen Volksparteien übernommen hat und damit in eine politische Spitzenposition gelangt ist, von der wirkliche Macht ausgehen kann. Gewiss gibt es weibliche Abgeordnete (feministisch ausgedrückt wohl AbgeordnetInnen) und Ministerinnen in wachsender Zahl. Doch was bedeuten sie schon? Auch unter den vielen Ministerpräsidenten der Bundesländer oder Regierenden Bürgermeistern der Stadtstaaten ist bisher einzig Heide Simonis für Schleswig-Holstein oder allenfalls noch Louise Schroeder für Westberlin zu nennen. Doch die war im Grunde nur die Statthalterin Ernst Reuters, den von 1947 bis 1949 das sowjetische Veto daran hinderte, die Regierungsgewalt auch formell zu übernehmen, die er tatsächlich ausübte. Die Bundestagspräsidentinnen Annemarie Renger (SPD) und Rita Süssmuth (CDU) bekleideten zwar protokollarisch hohe Ämter, doch abseits der eigentlich politischen Macht und eher als die Alibifrauen ihrer Parteien. Man könnte sogar sagen, dass beide in ein Ehrenamt abgeschoben wurden. Herbert Wehner schätzte Annemarie Renger nicht sehr – und Helmut Kohl Rita Süssmuth noch viel weniger. Als er in der Parteispendenaffäre zum Verfolgten wurde, hat er gesagt: »Es gibt weitere Persönlichkeiten, die ich jahrelang unterstützt und gefördert habe und die ohne mich niemals dort angelangt wären, wohin ihre politische Karriere sie heute geführt hat. Ihr Rachedurst ist im Laufe der Jahre ungemein gewachsen, und jetzt endlich können sie ihn stillen. Rita Süssmuth fällt mir dazu ein.«

Im Vorwort war davon die Rede, dass eine Geschichte deutscher Frauen anders geschrieben werden muss als die der Männer, eben weil die Frauen an der Macht keinen Anteil haben. Mit Angela Merkel *könnte* sich das ändern – obwohl das im Augenblick eher als unwahrscheinlich erscheint. Doch vielleicht gleicht sie ja auch der sprichwörtlichen Schwalbe, die zwar noch keinen Frauensommer macht, aber ihn ankündigt. Menschen, die die manchmal fast schüchtern wirkende Vorsitzende der CDU gut kennen, pflegen zu sagen: »Es ist immer falsch, Angela Merkel zu unterschätzen.« Umso spannender dürfte es sein, ihren weiteren Weg zu verfolgen.

Angela Merkel wurde am 17. Juli 1954 als Tochter von Horst Kasner geboren, einem angehenden evangelischen Pfarrer, der kurz zuvor sein Theologiestudium beendet hatte. Eine gute Voraussetzung, denn evangelische Pfarrhäuser gehören als Pflanzstätten von Dichtern und Denkern zur deutschen Geistesgeschichte. Der Pfarrerssohn Martin Greiffenhagen hat in dem von ihm herausgegebenen Buch über Pfarrerskinder gesagt: »Die geistige und politische Kultur Deutschlands ist in starkem Maße vom evangelischen Pfarrhaus geprägt. Die ›Allgemeine deutsche Biographie‹ weist aus, daß von der Mitte des 17. Jahrhunderts bis in die Mitte unseres [20.] Jahrhunderts hinein über die Hälfte der dort aufgeführten Männer Pfarrerssöhne waren. Um nur die glänzendsten Namen zu nennen: Aus Pfarrershäusern stammen die Dichter Gryphius, Gottsched, Gellert, Claudius, Lessing, Wieland, die Brüder Schlegel, Jean Paul, Gotthelf, Ina Seidel, Hermann Hesse, Gottfried Benn; die Historiker Pufendorf, Droysen, Mommsen,

Jacob Burckhardt, Lamprecht, Haller, Gerhard Ritter; die Philosophen Schelling, Schleiermacher, Nietzsche, Kuno Fischer, Dilthey ... Was Friedrich Nietzsche und Gottfried Benn, Hermann Hesse, C. G. Jung und Albert Schweitzer verbindet, ist das väterliche Thema: Protestantismus als Beruf.« Und natürlich noch viel mehr Namen wären zu nennen. Von Pfarrerstöchtern ist allerdings weniger die Rede; ohnehin war es bis vor kurzem diesen Töchtern versagt, selbst Pfarrer zu werden – wieder einmal eine reine Männergeschichte. In der Regel heirateten sie Pastoren, um nach Gottes Ratschluss für – in der Regel reichlichen – protestantischen Nachwuchs zu sorgen.

Nur wenige Wochen nach Angelas Geburt zog die Familie in die Deutsche Demokratische Republik um: ein idealistischer Weg, den nicht viele, aber manche gegangen sind. Denn in der DDR herrschte ein akuter Pastorenmangel. Außerdem stammte Kasner aus Pankow und wollte seiner berlin-brandenburgischen Landeskirche helfen. Noch mehr Idealismus wurde von der Mutter Herlind, geborene Jentzsch, gefordert, weil sie in Hamburg zu Hause war und auf ihren Beruf als Lehrerin verzichten musste; in der DDR war es für eine Pfarrersfrau ausgeschlossen, im Schuldienst tätig zu sein: Wie abgründig hätten da die Kinder des Sozialismus mit dem falschen Glauben infiziert werden können! Immerhin stand noch eine Hintertür offen: Im schlimmsten Falle mochte man in den Westen zurückkehren. Doch wie es schon in Goethes »Faust« heißt: »Das erste steht uns frei, beim zweiten sind wir Knechte.« Der Berliner Mauerbau vom 13. August 1961 verriegelte solche Möglichkeiten. Zwar hieß es in der Familie: »Wenn die Mauer weg ist, gehen wir alle ins Kempinski, Austern essen.« Aber das blieb für lange und nüchtern betrachtet für unabsehbare Zeit ein bloßer Wunschtraum; zwangsläufig wuchs die Tochter Angela in eine lupenreine DDR-Biographie hinein. An diesem 13. August, einem Sonntag, war sie sieben Jahre alt und verstand natürlich noch nicht, worum es sich handelte. Sie sah nur, dass viele Menschen im Gottesdienst weinten, besonders die Mutter. Für sie war jetzt »die Klappe zu« und der Weg zu den Verwandten in Hamburg abgeschnitten. Erst 23 Jahre später durfte Herlind Kasner wieder in die Bundesrepublik reisen – zur Beerdigung ihrer Mutter.

Den Kommunisten waren die Kirche und ihre Pfarrer natürlich ein Dorn im Auge, doch sie scheuten den Frontalangriff; sogar die sonst überall als Hebel zur Umwälzung eingesetzte Bodenreform. Als einzige Institution bewahrten die Landeskirchen ihren umfangreichen Grund- und besonders Waldbesitz mit eigenen Forstverwaltungen. Dafür setzte das SED-Regime auf eine langfristige Strategie des Aushungerns, eine schleichende Entchristlichung zum Beispiel mit der Ablösung der Konfirmation durch die Jugendweihe. Die Christen wiederum richteten sich nach langem Zögern auf eine »Kirche im Sozialismus«, das heißt auf eine Koexistenz ein; Horst Kasner gehörte zu denen, die diesen Weg schon früh und mit Überzeugung vorschlugen. Das hinderte das Regime natürlich nicht an seiner prinzipiellen, allenfalls taktisch übertünchten Feindschaft.

Für die »Kirche im Sozialismus« war kaum zu vermeiden, dass sie hier oder dort ins Zwielicht geriet. Erst *nach* dem Fall der Mauer und der SED führten die Reinheitsapostel das Wort, und kaum jemand stellte sich dann noch die Frage, ob nicht die Bereitschaft zur Koexistenz es war, die Schutzräume sicherte, als Zuflucht für viele Einzelne und am Ende sogar als Basis für die Bürgerrechtsbewegung. Wen außerdem sein Amt dazu verpflichtete, die hundertfachen Alltagskompromisse auszuhandeln, die zum Überleben notwendig waren, der sah sich von den Wende-Pharisäern zur negativen Symbolfigur erkoren. Wie Werner Leicht, ehemaliger Vorsitzender des evangelischen Kirchenbundes in der DDR, über Manfred Stolpe gesagt hat: »Der Kanal ist verstopft, der Kanalarbeiter steigt runter, bringt alles in Ordnung, alle freuen sich. Als er dann oben unter den anderen steht, sagen die anderen: Du stinkst.«

Seine erste Pfarrstelle übernahm Horst Kasner in Quitzow, einem Dorf in der Priegnitz, nur ein gutes Dutzend Kilometer von der Elbgrenze und dem niedersächsischen Wendland entfernt, doch um Welten von ihm geschieden. Drei Jahre später übernahm er die Leitung des »Waldhofs« bei Templin, einem Fortbildungszentrum für Pfarrer und Prediger und zugleich einem Heim für Behinderte. Hier, in einer urbrandenburgischen Landschaft am Rande der Schorfheide, wo nicht Menschengetümmel und Verkehrsströme, sondern Seen und Forsten die

Eindrücke bestimmen, wuchs Angela zusammen mit ihren Geschwistern auf, einem um drei Jahre jüngeren Bruder und der um zehn Jahre jüngeren Schwester. Der Umgang mit Pflanzen und Tieren war selbstverständlich und der Gärtner des Waldhofs ein väterlicher Freund. Was Altersgenossen anderswo faszinierte, aber hier die Kinder gar nicht erst kannten, entbehrten sie auch nicht. Und was fehlte, trugen Pakete aus Hamburg ins Haus, die echten statt der zweitklassig nachgemachten Jeans eingerechnet: »Ich habe praktisch nie DDR-Klamotten getragen.« Kaum hoch genug einzuschätzen ist auch eine positive Kehrseite der Außenseiterrolle, in die Pfarrersfamilien in der sozialistischen Gesellschaft gedrängt wurden: die Nestwärme einer eng zusammengeschlossenen Gemeinschaft. Kurzum, in Angelas rückblickendem Urteil: »Wir hatten eine sehr glückliche Kindheit.«

Ein gewisser Rückzug in die private Idylle gehörte ja ohnehin zu den Kennzeichen der DDR-Gesellschaft, von der Verfügung über eine »Datsche«, ein Wochenendhaus oder Sommerasyl gekrönt. Als ein wohlwollender Beobachter hat Günter Gaus von der »Nischengesellschaft« gesprochen und auf ihre Entlastungsfunktion hingewiesen: »Der Kummer der gläubigen Genossen der SED ... hat als Kern die für sie traurige, bittere Einsicht, daß ein Nischenbewohner vom neuen (sozialistischen) Menschen weit entfernt ist. In der privaten Höhle wohnt der ... alte Adam mit seiner Sippschaft, der schlau genug ist, gerade soviel von Partei und Staat verlangtes, genehmigtes Engagement zu demonstrieren, daß ihm der Rückzug ins Private offensteht. Das Arrangement zwischen ihm und dem Regime ist, wie könnte es anders sein, ein stillschweigendes. Ich denke, daß sicherheitsbewußte, illusionslose Genossen die allgemeine Druckminderung, die sich vom Nischendasein auf die Öffenlichkeit überträgt, nützlich finden.« Der Pfarrer war nun durchaus keine private, sondern eine öffentliche Figur. Doch die Ausgrenzung, die ihm das Regime zumutete, lief in vieler Hinsicht auch auf eine Nischenexistenz, die Idylle im Abseits hinaus.

Schwieriger war es für die Pfarrerstochter allerdings in der Templiner Goethe-Schule. Zwar trat Angela der FDJ bei, der kommunistischen Jugendorganisation. »Das war ein Schutzprogramm.« Aber zum Ärger der Schulleitung und der Lehrer die »Jugendweihe« auszuschlagen und sich kirchlich konfirmieren zu lassen, erschien als selbstverständlich. Einen gewissen Ausgleich boten eigene Leistungen, zum Beispiel erste Preise für Mathematik und für Russisch bei den »olympischen« Wettbewerben. Wichtig blieb immer der Rückhalt im Elternhaus; was sie erlebte und beschwerte, vertraute die Tochter der Mutter an und verarbeitete es durchs Erzählen; »Absprechen« hieß das in der Familie. Da die Mutter nicht berufstätig sein durfte, hatte sie viel Zeit für die Kinder.

Beinahe zur Katastrophe kam es kurz vor dem Abitur, als, von Angela entworfen, ihre 12. Klasse ein »Kulturprogramm« aufführte. Unter anderem kam darin das Gedicht »Mopsenleben« von Christian Morgenstern vor:

»Es sitzen Möpse gern auf Mauerecken,
die sich ins Straßenbild hinauserstrecken,
um von sotanen vorteilhaften Posten
die bunte Welt gemächlich auszukosten.
O Mensch, lieg vor dir selber auf der Lauer,
sonst bist du auch nur auf der Mauer.«

Ein Gewitter brach los; Ironie vertrugen die großen und kleinen Machthaber der DDR auf den Tod nicht, und hier handelte es sich bei der »Mauer« offenbar um ein geistiges Attentat auf den »antifaschistischen Schutzwall« der DDR. »Die hatten gefühlt, daß wir provozieren wollten. Deren Argumente stimmten nicht, aber die Sacheinschätzung entbehrte nicht völlig jeder Grundlage.« Es bedurfte großer Anstrengungen, um den Anspruch auf einen Studienplatz zu retten. Zum Glück im Unglück gehörte, dass die örtlichen SED-Funktionäre und STASI-Leute sich gründlich blamierten. Im »Kulturprogramm« gab es einen Aufruf zu Spenden für die »Frelimo«: offenbar eine imperialistische Verschwörergruppe des Klassenfeindes. In Wahrheit war die Frelimo eine marxistisch orientierte Partisanenbewegung, die in Mosambik gegen die portugiesische Kolonialherrschaft kämpfte und von den Staaten des Ostblocks diskret unterstützt wurde. Nur bis Templin hatte sich das noch nicht herumgesprochen; erst eine Eingabe, über

Manfred Stolpe weitergeleitet, brachte Aufklärung und Freispruch.

Lehrerin zu werden, war wie für die Pfarrersfrau, so auch für die Pfarrerstochter kaum möglich; immer fürchtete man das Einträufeln falscher Gedanken oder Glaubensgehalte in unschuldige Kinderherzen – und in diesem Falle wohl auch zu Recht. Umgekehrt wäre eine Lehrerin verpflichtet gewesen, die Kinder darüber auszuforschen, ob sie die Christenlehre besuchten und was in den Elternhäusern besprochen wurde. »Das wollte ich nicht.« Also entschloss Angela Kasner sich zu einem Physikstudium. Es begann 1973 in Leipzig, endete 1978 und brachte wenig Probleme. »Politik spielte in unserem Fach keine große Rolle, die Professoren waren auch überhaupt nicht politisiert.« Im Rückblick hieß es: »Ich habe gern Physik gemacht. Aber ich habe nicht so gern Physik gemacht, daß ich auf alle Beigaben des Leben sonst noch verzichtet hätte.« Mit anderen Worten: Um eine Berufung aus Leidenschaft handelte es sich kaum.

Angelas »gesellschaftlicher Einsatz« sah so unpolitisch und erfolgsorientiert aus wie das Studium: »Ich habe zweimal wöchentlich Disko gemacht ... Ich habe die Bardame gemacht. Das brachte pro verkauftes Glas dreißig Pfennig Verdienst, in der Woche kam ich da auf zwanzig bis dreißig Mark zusätzlich, das war fast die Miete für das Wohnheim. Bei einem Stipendium von 250 Mark im Monat war das wichtig. Da ich von meinen Eltern nicht viel erhielt, ist mir heute noch ein Rätsel, wie ich über die Runden kam.« Dafür war der Tag reichlich ausgefüllt: »Morgens um 7 Uhr begannen die Seminare, abends bis 12 ging die Disko.« Zwischendurch füllte sich die Zeit mit Einkäufen: »Unentwegt war ich mit der Straßenbahn unterwegs, um Kisten voller Kirschmost zu besorgen, denn Kirsch-Whisky war ›in‹.« Alles in allem: »Es war eine gute Zeit in Leipzig, aber das Studium war schwer.« Immerhin bestand die junge Frau ihre Diplomprüfung mit Glanz.

Noch etwas gehört in die Leipziger Zeit: die Eheschließung mit Ulrich Merkel, einem Mitstudenten der Physik. 1977 wird geheiratet, und gemeinsam bezieht man eine Einzimmerunterkunft im Studentenwohnheim. Doch die Beziehung hält nicht, was die erste Verliebtheit versprach. 1981 geht man auseinander, und die

Scheidung folgt ein Jahr später. Nur der Name Merkel bleibt für Angela. Im Rückblick hat sie gesagt: »Wir haben geheiratet, weil alle geheiratet haben. Das hört sich heute blödsinnig an, aber ich bin an die Ehe nicht mit der nötigen Ernsthaftigkeit herangegangen. Ich habe mich getäuscht.«

Im Rahmen von DDR-Biographien nimmt sich das beinahe typisch aus. Durchweg wurde sehr früh geheiratet, statt nur eine »Beziehung« zu versuchen, auch mit der Aussicht, dann eine Wohnung und gegebenenfalls ein relativ großzügiges Kindergeld zu erhalten. (Die Merkels blieben jedoch kinderlos.) Aber sehr häufig folgten bald auch die Trennungen; die Scheidungsrate lag deutlich höher als in der Bundesrepublik. Dabei waren es in der Mehrheit die Frauen, die die Scheidung einleiteten. Weil sie über eine qualifizierte Ausbildung verfügten und berufstätig blieben, spielte für sie das Einkommen des Mannes eine geringere Rolle als in der Bundesrepublik; im Wortsinne konnten sie sich die Scheidung leisten. (Eine der Folgen der allgemeinen und langen Berufszeiten ist, dass Rentnerinnen aus der ehemaligen DDR heute über ein durchschnittlich höheres Einkommen verfügen als Rentnerinnen in den alten Bundesländern.)

Nach dem Studienabschluss scheitert die Bewerbung bei der Technischen Hochschule in Ilmenau an einem feindseligen Parteisekretär. Unmittelbar darauf kommt es zur Begegnung mit Stasi-Offizieren, die eine Anwerbung versuchen. »Sie brauchen sich bei mir keine Hoffnungen zu machen!«, erklärt Angela Merkel. Die Offiziere beschwichtigen: »Sie haben einen völlig falschen Eindruck von uns! Wo denken Sie hin, wir arbeiten ganz anders!« Doch die junge Frau weiß, wie man die Zudringlichkeit abwehrt: »Ich habe von meinen Eltern gelernt, Stasi-Leuten immer zu antworten, daß man den Mund nicht halten kann. Also sagte ich damals, daß ich nicht wisse, ob ich schweigen kann, und bestimmt meinem Mann davon erzählen werde.« Die Brauchbarkeit eines »Informellen Mitarbeiters« der Stasi, kurz IM, hing aber von seiner Verschwiegenheit ab. Der Vater Horst Kasner hatte diese Abwehrmethode bereits erprobt: »Ich werde sofort meinem Bischof und meinen Ehepartner von diesem Treffen berichten.« Dazu hieß es dann in der einschlägigen Geheimdienstakte: »Die Zielstellung wurde nicht erreicht, da Kasner über das geführte Gespräch dem Bischof Schönherr berichtete und auch über weitere Konsultationen informiert. Aus diesem Grunde wird in Abstimmung mit der Hauptabteilung XX der Kontakt mit K. nicht fortgesetzt.«

Vor dem Hintergrund solcher Erfahrungen wundert man sich allerdings über die Ausreden vieler »IMs«, die behaupten, dass sie keinen Weg zur Ablehnung ihrer Spitzeltätigkeit gefunden hätten. Freilich musste man Nachteile in Kauf nehmen, zum Beispiel die strikte Ablehnung aller Anträge auf Westreisen. Und Angela Merkel konnte später in ihrer Stasi-Akte nachlesen: »PID-Verbreiter, Kirche.« PID bedeutete »Politische-ideologische Diversion«: ungefähr das, was man im »Dritten Reich« unter »Zersetzung« verstand. Der auf sie angesetzte IM schrieb: »Angela ... steht unserem Staat sehr kritisch gegenüber ... Sie hat auch Kontakt zu Kreisen aus dem Prenzlauer Berg, die wenig mit der Politik unseres Staates im Sinn haben, sowie zu jungen Künstlern und Mitgliedern der evangelischen Kirche ... Seit ihrer Gründung war sie begeistert einverstanden mit den Forderungen und den Aktionen der ›Solidarność‹ in Polen.«

Immerhin findet das junge Ehepaar Merkel seine Plätze in Berlin, Ulrich an der Humboldt-Universität, Angela beim Institut für physikalische Chemie der Akademie der Wissenschaften. Die Akademie residiert am Gendarmenmarkt, Ecke Jägerstraße – damals nach Otto Nuschcke benannt –, nur wenige Schritt von dem Ort entfernt, an dem einst im Levin'schen Hause Rahel Varnhagen ihren Salon betrieb. Das Institut, in dem Angela arbeitete, befand sich jedoch in Adlershof. Hier durfte sie Grundlagenforschung betreiben und in aller Ruhe ihre Doktorarbeit schreiben, die 1986 zur Promotion führte. Mit der zugehörigen List und sehr viel Glück fand das Paar nach einiger Zeit sogar eine annehmbare Wohnung.

Durchaus mit Eifer betrieb Angela Merkel ihre Arbeit, obwohl manchmal mit zwiespältigen Gefühlen: »Wir haben uns als Wissenschaftler gefragt: Sollen wir rackern zum Ruhme eines Staates, den wir ablehnen? Aber wenn wir nicht rackern, verdummen wir – und wenn eines Tages doch die Einheit kommt, dann können wir nicht mithalten. Also haben wir beschlossen: Wir rackern.« Das war schwierig genug, nicht so sehr wegen der politischen Überwachung, die sich in Grenzen hielt, wie einer ihrer Kollegen es ausdrückte: »Wir hatten eine saubere Arbeit. Und wir blieben unter uns.« Doch die technische Ausrüstung fiel immer weiter und hoffnungsloser hinter dem westlichen Standard zurück, wie ja insgesamt die Wirtschaft der DDR hinter die der Bundesrepublik.

1984 unternahm Merkel zusammen mit Freunden eine abenteuerliche, eigentlich gar nicht erlaubte Reise durch den Süden der Sowjetunion. Sonst hießen die Ziele Prag oder Polen; zu den privilegierten »Reisekadern« gehört sie nicht. Erst 1986 wurde ihr eine Westreise genehmigt, aus Anlass einer Familienhochzeit in Hamburg. Doch was sie faszinierte,war nicht in erster Linie die Hansestadt, sondern der Intercity: »Mein stärkster Eindruck war der IC der Bundesbahn! Diese Schienentechnik! Meine Güte! Das war gigantisch!« Und umso schlimmer, dass die jungen Leute im Westen offenbar nicht zu schätzen wussten, was sie hatten, und unbekümmert ihre Füße, ihre Schuhe auf die Sitze legten: »Ungeheuerlich: dieser schöne Zug!«

Privat findet die geschiedene Frau um die Mitte der achtziger Jahre ihren neuen Lebenspartner, den Chemiker Joachim Sauer. Auch er ist schon geschieden, und diesmal lässt sich das Paar eine lange Erprobungszeit; erst am 30. Dezember 1998 wird geheiratet – und das in aller Verschwiegenheit, vielmehr zwischen zwei politischen Gesprächen, die die Generalsekretärin der CDU führt. Doch was geht solch ein Vorgang die Leute an? Wer will, mag in dieser strikten Abschirmung des Privaten und Persönlichen auch noch ein Nachwirken von DDR-Erfahrungen erkennen.

Fasst man die Lebensgeschichte Angela Merkels bis zum Herbst 1989 zusammen, so lässt sich sagen: Sie hat sich so angepasst und unauffällig verhalten, wie die meisten ihrer Mitbürger; ebendies sicherte ihr eine »Nischen«-Existenz. Und nichts deutete auf die spätere politische Karriere hin.

»Die Menschen in Deutschland leiden unter der Trennung. Sie leiden unter einer Mauer, die ihnen buchstäblich im Wege steht und die sie abstößt. Wenn wir abbauen, was die Menschen trennt, tragen wir dem unüberhörbaren Verlangen der Deutschen Rechnung: Sie wollen zueinander kommen, weil sie zusammengehören ... Wir haben keinen Zweifel, daß dies dem Wunsch und Willen, ja der Sehnsucht der Menschen in Deutschland entspricht.«

Diese Worte schlugen dem Staatsratsvorsitzenden der DDR, Erich Honecker, im September 1987 während seines Besuchs in Bonn an die Ohren; sie stammten aus der Tischrede des Bundeskanzlers Helmut Kohl. Honecker mag sie mit einem Achselzucken abgetan haben: Pflichtübungen westlicher Rhetorik. Was bedeuteten sie schon angesichts der Tatsache, dass er, endlich, am Rhein mit all den protokollarischen Ehren empfangen wurde, die ihm als dem Oberhaupt eines unabhängigen Staates zustanden? War er nicht am Ziel, bedeutete sein Besuch nicht den Durchbruch zur endgültigen Anerkennung der DDR im Westen? (Bereits im Januar 1988 folgte ein Staatsbesuch in Frankreich.)

Aber Angela Merkel überhörte nicht, was da gesagt und im Fernsehen übertragen wurde. Es begeisterte sie: Hier lag der entscheidende Vorbehalt gegen die deutsche Zweistaatlichkeit und die Verriegelung der DDR – ein Schlüssel zur besseren Zukunft. Und was sie hörte, prägte ihr Bild von Helmut Kohl.

Zum Verständnis muss man sich in die achtziger Jahre zurückversetzen. Damals drangen aus dem Westen vor allem die linken oder liberalen Stimmen herüber, die auf den »Wandel durch Annäherung« setzten und von der Wiedervereinigung nichts mehr wissen wollten; andeutungsweise war sogar von einer getrennten Staatsbürgerschaft der Bundesrepublik und der DDR die Rede. Und nur wenige Tage vor Honeckers Staatsbesuch in Bonn, am 27. August 1987, unterzeichneten die SPD und die SED ein gemeinsames »Grundsatzdokument«, das den »friedlichen Wettbewerb der Systeme« zur einzig möglichen Form der Auseinandersetzung erklärte. Es hieß in dem Dokument: »Beide Seiten müssen sich auf einen langen Zeitraum einrichten, währenddessen sie nebeneinander bestehen und miteinander auskommen müssen. Keine Seite darf der anderen die Existenzberechtigung absprechen. Unsere Hoffnung kann sich nicht darauf richten, daß ein System das andere abschafft.« So ging das weiter bis zum

Sommer 1989, als Gerhard Schröder, damals als niedersächsischer Ministerpräsident, vermerkte: »Nach vierzig Jahren Bundesrepublik sollte man eine neue Generation in Deutschland nicht über die Chancen einer Wiedervereinigung belügen. Es gibt sie nicht.«

Nein, nein, das sah Angela Merkel anders. Sie ging von menschlichen Lebensperspektiven aus, die begrenzt sind, nicht von Staaten oder »Systemen«, die sich unmenschlich viel Zeit lassen können. Sie hoffte auf den Fall der Mauer, die Wiedervereinigung und die Marktwirtschaft – und auf nichts außerdem. Aus diesem Grunde wusste sie auch wenig mit den Träumen ihrer Freunde auf dem Prenzlauer Berg von einem »dritten Weg«, einem »Sozialismus mit dem menschlichen Antlitz« und von der irgendwie reformierten DDR anzufangen. Ähnlich erging es ihr mit den Friedens- oder Umweltgruppen, die sich im kirchlichen Umfeld ansiedelten und allmählich zu einer Bürgerbewegung entwickelten. »Ich war ja auch oft in Friedensgottesdiensten, in der Zionskirche etwa. Aber ehrlich gesagt, es war nicht meine Art, Radtouren zu machen für den Frieden oder für Basare zu basteln ... Außerdem wurde dort zu ziellos diskutiert, es war verraucht – kurzum, es war eine ganz andere Kultur.« Darum schlug Merkels politische Stunde im Grunde erst, als die kurze, turbulente und heroische Zeit der Bürgerrechtsbewegungen sich nach dem 9. November 1989 schon wieder dem Ende zuneigte.

Am Abend des 9. November hört sie in den Fernsehnachrichten, was Günter Schabowski in seiner legendären Pressekonferenz über die neu beschlossenen Ausreisemöglichkeiten sagt. Spontan ruft sie die Mutter in Templin an: »Du, zähl schon mal dein Westgeld, es könnte bald passieren!« – »Was denn?« – »Austern essen!« Die Pfarrersfrau fällt aus allen Wolken. Anschließend besucht Angela zusammen mit einer Freundin die Sauna, kommt auf dem Rückweg an der Bornholmer Straße vorbei – und wird mit den Tausenden, die vor Glück weinen und »Wahnsinn!« rufen, nach Westberlin gespült.

Zwei Tage später reiste sie zu einem Vortrag nach Thorn. »Meine polnischen Bekannten waren begeistert, daß ich angesichts dieser Entwicklung überhaupt kam und gratulierten mir zur Entwicklung, sie hofften alle auf eine schnelle Wiedervereinigung Deutschlands.« Die war zwar zunächst nicht mehr als eine Hoffnung, aber eine, die von Tag zu Tag sich deutlicher abzeichnete. Inzwischen ging Merkel auf »Parteisuche«, zunächst bei der SPD. »Aber ich bin dort nicht geblieben, weil es mir aus verschiedenen Gründen nicht gefallen hat, vom Genossen-Duzen bis zur Frage der deutschen Einheit.« Aber auch die alte Ost-CDU kam kaum in Frage; viel zu sehr hatten sich jedenfalls ihre Funktionäre als »Blockflöten«-Parteigänger auf das SED-Regime eingelassen. »Ich bin damals bewußt weitergegangen zum ›Demokratischen Aufbruch‹. Dort hat es mir gefallen. Es war chaotisch, und ich hatte das Gefühl, ich werde gebraucht. Vor allem aber gefiel mir die politische Richtung, die auch noch nicht total festgelegt war.« Die wandelt sich tatsächlich schnell, fort vom Vorrang ökologisch-sozialer Fragen, hin zur Wiedervereinigung und zur Marktwirtschaft; jede »Vision einer sozialistischen Gesellschaftsordnung« wird ausdrücklich verworfen. Prominente Gründungsmitglieder wie die Pfarrer Friedrich Schorlemmer und Ehrhardt Neubert verlassen darum den »Demokratischen Aufbruch«, doch der Weg wird frei, der zu Helmut Kohl führt.

Die provisorische Zentrale des DA hat sich in einem Hinterhof des Prenzlauer Bergs angesiedelt. Hier macht sich Angela Merkel nach Feierabend nützlich: »Da standen zum Beispiel eingepackt PCs herum, die habe ich dann installiert.« Irgendwann findet der CSU-Bundesminister Jürgen Warnke den Weg in diesen Hinterhof, um sich mit dem Vorsitzenden Wolfgang Schnur zu unterhalten. Sein Sprecher Hans-Christian Maaß trifft inzwischen auf die Frau am Computer und vermittelt ihr die Einladung zu einem Seminar der Hermann-Ehlers-Akademie in Westberlin. »Es ging um die Grundregeln der Demokratie, ganz interessant für mich damals.« Und eine Starthilfe für die politische Laufbahn, bei der der Zufallsbekannte Maaß noch eine Schicksalsrolle übernehmen wird.

Im Januar 1990 beschließt die Regierung der DDR, dass Funktionäre der neuen Parteien zur Vorbereitung der Volkskammerwahl unter Beibehaltung der Bezahlung von ihren bisherigen Arbeitsplätzen freigestellt werden können; anders hätten Organisationen wie der »Demokratische Aufbruch« gar keine Chance gehabt. Merkel bewirbt sich beim damals noch stellvertretenden Vorsitzenden des DA Ehrhardt Neubert, und der stellt sie ein. »Sie war unscheinbar bis zum Gehtnichtmehr, eine graue Maus«, hat er sich später erinnert. »Doch dann hat sie in kürzester Zeit bewiesen, was in ihr steckt. Sie war zunehmend unentbehrlich und eine unglaublich stabilisierende Größe. Jeder konnte zu ihr gehen und Probleme mit ihr besprechen.« In dem Chaos, das weiterhin in der Parteizentrale herrschte, bildete sie einen ruhenden Pol.

Typisch ist ein Vorfall Anfang Februar: Der Vorsitzende Wolfgang Schnur hat zwei Termine, die er nicht vereinbaren kann. Darum bittet er Merkel, das verabredete Frühstück der Konrad-Adenauer-Stiftung mit West-Journalisten zu übernehmen. »In welcher Eigenschaft? Ich bin doch ein Nobody.« – »In Ihrer Eigenschaft als Pressesprecherin.« – »Aber dazu bin ich doch gar nicht gewählt.« – »Ab heute sind Sie es«, sagt Schnur und entschwindet. Die Journalisten, die eine politische Schlüsselfigur kennen lernen wollten, sind zunächst sehr enttäuscht. »Aber am Ende des Frühstücks hatte sich die Stimmung durchaus verändert«, so Merkel. Denn dieser »Nobody« beantwortete alle Fragen ruhig und sachlich, ohne die glatt geschliffenen politischen Floskeln, an die die Journalisten sonst gewöhnt waren.

Nach langwierigen Verhandlungen, unter sanftem oder unsanftem Druck der West-CDU, entstand am 5. Februar die »Allianz für Deutschland«, zu der sich die Ost-CDU unter Lothar de Maizière, der Demokratische Aufbruch unter Wolfgang Schnur und die Deutsche Soziale Union (DSU) – ein Ziehkind der bayerischen CSU – zusammenschlossen. Zu den Aufgaben, die Merkel zusammen mit Matthias Rößler, dem späteren Kultusminister in Sachsen, übernahm, gehörte die Überarbeitung von Reden für Wolfgang Schnur. »Denn die hatten es nötig, und er hätte selbst eine Speisekarte vorgelesen, ohne zu merken, wie langweilig das ist.« Aber wenige Tage vor der Volkskammerwahl vom 18. März wurde Schnur als Mitarbeiter der Stasi enttarnt, was sich für den Demokratischen Aufbruch natürlich verheerend auswirkte. Rainer Eppelmann, der in die Bresche sprang, konnte kaum noch etwas retten; der Stimmenanteil, den man erreichte, betrug klägliche 0,9 Prozent. Sonst aber errang die Allianz für Deutschland einen glänzenden Sieg, und Lothar de Maizière wurde zum Ministerpräsidenten gewählt.

»Es ging holterdiepolter, es war abenteuerlich«, meinte Hans-Christian Maaß, der von Bonn nach Berlin entsandt worden war, um der neuen Regierung bei der Pressearbeit zu helfen. Maaß protestierte, als er erfuhr, dass es nur einen einzigen Pressesprecher geben sollte: »Alleine geht das doch nicht, ein zweiter Mann muß her!« Der erste war Mathias Gehler, bisher Redakteur der CDU-Zeitung »Neue Zeit«. Doch wer sollte der zweite sein? »Die wußten einfach niemanden, Pressesprecher gab es ja in der Opposition nicht.« Maaß erinnerte sich an Merkel, besuchte sie und ließ ihr kaum Zeit zum Nachdenken: »Komm mit, ich stelle dich dem Ministerpräsidenten vor, du wirst stellvertretende Regierungssprecherin.« Gesagt und getan; nach einer Kurzvorstellung soll de Maizière gesagt haben: »Die ist nett, die nehmen wir.«

Es liegt nahe zu lächeln: So wird über Karrieren entschieden. Aber man muss auch zupacken können – und dann und vor allem: im Amt sich bewähren. Das tat die Physikerin, die eigentlich doch nur gelernt hatte, in der Stille zu arbeiten; im Urteil von Maaß heißt es über sie: »Merkels Position wuchs von Woche zu Woche, weil vom Kabinett eine Vielzahl von Gesetzen und Verordnungen verabschiedet wurden, und Gehler ständig den Ministerpräsidenten auf Reisen begleitete, so daß sie immer öfter vor der Pressekonferenz auftreten mußte. Dort ist sie durch ihre präzise, kurze, unprätentiöse Art, die Dinge zu benennen, gut angekommen.« Ähnlich hat einer, der dabei war, Detlev Ahlers, noch 1991 im Rückblick gesagt: »Als Regierungssprecherin war sie die beste und hilfreichste Quelle in Ost-Berlin, stets ein gegebenes Wort haltend, eher leise, mit Blick fürs Wesentliche die Kabinettssitzungen referierend.« Als Anmerkung am Rande: Bei ihren Pressekonferenzen saß nun Angela Merkel genau an dem Platz, von dem aus Günter Schabowski – schlecht informiert – am Abend des 9. November 1989 die Lawine losgetreten hatte, die das SED-Regime unter sich begrub.

Weil Gehler von Flugangst geplagt wurde, begleitete Merkel

den Ministerpräsidenten andererseits auch bei seinen Reisen nach Moskau, Paris und London. Ohnehin geriet die Regierungssprecherin ins »Küchenkabinett«, in den eher kleinen Kreis, der im täglichen und engen Kontakt mit de Maizière stand. In diesem Kreis rückte Günther Krause zu einer Schlüsselfigur auf, weil er als Parlamentarischer Staatssekretär beim Ministerpräsidenten der DDR mit dem Bundesinnenminister Wolfgang Schäuble den Einigungsvertrag aushandelte. Krause übernahm nach Maaß die Rolle eines Förderers. Merkel selbst hat über ihre Zeit als Regierungssprecherin gesagt:

»Mitte April haben wir angefangen, und Ende September war schon alles vorbei. Wir haben alles mit unglaublichem Elan und Ernsthaftigkeit aufgebaut, gelernt, wie man Vorgänge bearbeitet und wie man Presseerklärungen macht, also das ganze Know-How, als wollten wir zwanzig Jahre regieren ... Und dabei haben wir die ganze Zeit an unserer Abschaffung gearbeitet.« Regierungen arbeiten gemeinhin daran, sich zu erhalten, statt abzuschaffen; eine vergleichbare Situation hat es in der Geschichte wohl nur selten gegeben.

Im Jahre 1990 ist Angela Merkel 36 Jahre alt, kein Springinsfeld mehr, sondern eine ausgereifte Frau, mit gerundetem Gesicht und leicht pummeliger Figur. (Sportliche Leistungen waren ihr schon immer schwer gefallen.) Sie kleidet sich schlicht und verzichtet auf auffälliges Make-up; mit Hüten, wie Heide Simonis oder die niederländische Königin Beatrix sie tragen, ist sie nur schwer vorstellbar. Aber der Schalk in ihren Augen und ihr Lächeln erwecken den Eindruck von Mädchenhaftigkeit; ein bisweilen leichtes Lispeln verstärkt diesen Eindruck noch. »Das Mädchen« hat sie denn auch Helmut Kohl genannt. Was sie auszeichnet, ist nicht nur ihre Präzision, sondern Selbstsicherheit sogar dort, wo sie es mit schwierigen und ungewohnten Aufgaben zu tun hat. Dabei bescheinigen alle, die sie kennen, ihr eine schnelle Auffassungsgabe, um nicht zu sagen eine schier »unglaubliche« Lernfähigkeit. Hinzu tritt die Gabe, klar zu formulieren und ironische Sätze zu finden, die sich einprägen, etwa: »Frauen sind auch Menschen.« Dafür verzeiht man dem in Bonn angekommenen Neuling aus dem Osten sogar Fehlleistungen wie diese: »EMMA? Nö, hab ich nie gelesen, das ist was anderes als »Elle«, oder?«

Günther Krause, 1990 Landesvorsitzender der CDU in Mecklenburg-Vorpommern, verhilft Merkel zu einer Chance, im Wahlkreis Stralsund/Rügen/Grimmen für den Bundestag zu kandidieren. Groß ist diese Chance allerdings nicht; die Kreisverbände von Stralsund und Rügen haben bereits eigene Kandidaten aufgestellt, die aus dem Westen stammen. Mit Glück und knapper Mehrheit setzt Merkel sich schließlich durch; es hilft ihr, dass sie nicht über die Köpfe hinwegredet und zuhören kann. Anschließend erringt sie mit einem Stimmenanteil von 48,6 Prozent das Direktmandat und verteidigt es auch 1994 und 1998. Bei den für die CDU besonders schwierigen Verhältnissen in Mecklenburg-Vorpommern bedeutet das sehr viel.

Und nun erst einmal ein Platz auf den Hinterbänken der Fraktion und des Bundestages? Ja, warum nicht? Da kann man lernen, was es zu lernen gibt. Doch es kommt wieder einmal anders. Auf dem Hamburger Einheitsparteitag vom 1. Oktober 1990 wird Angela Merkel dem Kanzler vorgestellt; im November, noch mitten im Wahlkampf, lädt er sie zu einem Gespräch ein. Anfang Januar 1991 gehen in den »gewöhnlich gut unterrichteten Kreisen« die Gerüchte um. »Da mag wohl ein Posten als Parlamentarische Staatssekretärin in dem neu zu gliedernden Bereich Familie, Gesundheit und Jugend für sie frei sein«, schreibt Detlev Ahlers in der »Welt«. Oder warum nicht noch mehr, wenn zur »Ausgewogenheit« der Kabinettsbildung eine Frau aus dem Osten gehört? »Dir kann es passieren, daß der Bundeskanzler dich anruft, du sollst Ministerin werden«, sagt ihr wenig später Lothar de Maizière, worauf sie »unglaublich erschrocken« reagiert. Aber als der Anruf tatsächlich kommt, sagt sie zu. Sie übernimmt das Ministerium für Frauen und Jugend, die Westdeutsche Hannelore Rönsch das für Familie und Senioren. Eine glückliche Einteilung ist das freilich nicht; es gibt viele Kompetenzüberschneidungen.

Inzwischen verlässt de Maizière die politische Bühne, und Günther Krause ruiniert seine Laufbahn durch undurchsichtige Machenschaften; umso wichtiger wird die Frau, die aus Brandenburg und nicht aus Württemberg oder dem Rheinland stammt.

Von de Maizière erbt sie außerdem das Amt einer stellvertretenden Parteivorsitzenden, von dem die Spötter allerdings sagen: »Was ist der Unterschied zwischen ihm und einer Hundehütte? – Die Hundehütte ist für einen Hund, der Stellvertreterposten für die Katz.«

Viele Fragen stellen sich, und sie alle weisen in unbekanntes, womöglich vermintes Gelände. Wie leitet man eine Behörde, den Beamtenstab eines Ministeriums? Oder wie geht man mit Interessenverbänden um? Der Kanzler empfiehlt seiner neuen Ministerin Peter Hintze als Parlamentarischen Staatssekretär. Ein guter Rat: Der evangelische Pfarrer aus dem Rheinland, von 1983 bis 1990 Bundesbeauftragter für den Zivildienst, später Generalsekretär der CDU, und die Pastorentochter aus Templin verstehen und ergänzen sich. Hintze stellt an seiner Chefin fest, was vor ihm schon andere registrierten: »Ich habe noch keinen Menschen getroffen, der mit einer solchen Geschwindigkeit lernt.«

Wir übergehen die Einzelheiten. Konflikte gibt es genug. Unter anderem geht es um eine Neuregelung der Bestimmungen zur Abtreibung und ein Gesetz zur Gleichberechtigung der Frauen. Da muss man Kompromissformeln finden, die keinen wirklich befriedigen und mit denen jeder leben kann.

Ähnlich schwierig, oder noch schwieriger ist es, als Merkel nach der Bundestagswahl von 1994 das Ministerium für Umwelt, Naturschutz und Reaktorsicherheit von dem populären Klaus Töpfer übernimmt. Aber sie will nicht bloß Nachfolgerin sein und setzt den von Töpfer ererbten Staatssekretär, dessen Kompetenz niemand bestreitet, kurzerhand vor die Tür. Im Frühjahr 1995 organisiert und leitet sie in Berlin das Gipfeltreffen der Vereinten Nationen zum Klimaschutz, an dem etwa 1000 Delegierte aus 130 Staaten teilnehmen. Gegen viele Widerstände und unermüdlich vermittelnd setzt sie das »Berliner Protokoll« zur Reduzierung der Treibhausgase durch. Außerdem geht es um die heftig umkämpften Castor-Transporte nach Gorleben. Und wiederum gilt, fast als ein Motto für die acht Jahre der Bundesministerin: Gegen alle Widerstände setzt sie sich durch. Gerade an den Konflikten gewinnt sie Statur, und niemand sagt jetzt mehr, dass sie nur darum im Kabinett sitze, weil sie aus dem Osten stammt.

Bei der Bundestagswahl vom 27. September 1998 erleidet die CDU eine schwere Niederlage; die Mehrheit der Bundesbürger glaubt einfach nicht mehr, dass die Partei den Herausforderungen der Zukunft gerecht wird. Entsprechend gewinnen die Sozialdemokraten, Helmut Kohl tritt nach den 16 Jahren seiner Kanzlerschaft zurück, und Gerhard Schröder bildet die rot-grüne Koalition. Übrigens handelt es sich um die sehr seltene Gelegenheit, streng genommen um den bisher einzigen Fall in der Geschichte der Bundesrepublik, in dem ein Regierungswechsel durch die Entscheidung der Wähler (statt durch die Koalitionsstrategien der Parteien, besonders der FDP) herbeigeführt worden ist.

Seit den Zeiten Konrad Adenauers ist die CDU/CSU sozusagen die geborene Staatspartei gewesen, und kluge, das heißt zynische Köpfe haben von ihr gesagt, dass sie zwar zum Regieren tauge, weil ihr Programm die Machterhaltung sei, aber umso weniger zur Opposition. Erst recht musste das 1998 gelten; fast zwangsläufig war die Partei in den Schatten von Kohls langer Kanzlerschaft geraten und ihr Eigenleben weitgehend verdorrt. Doch die düsteren Vorhersagen erfüllten sich nicht. Kohl vertauschte den Parteivorsitz mit dem Ehrenvorsitz und übergab die Zügel an Wolfgang Schäuble. Schuldzuweisungen für die Niederlage wurden vermieden, dem Anschein nach kam kein Zank auf, und der Blick richtete sich in die Zukunft. Charakteristisch wirkt, was Helmut Kohl in seinem »Tagebuch« am 12. Oktober 1998 notierte:

»Wolfgang Schäuble besucht mich. Der Vorsitzende der Unionsfraktion im Bundestag und designierte Bundesvorsitzende der CDU erläutert mir noch einmal seine Vorstellungen zur künftigen Parteiarbeit ... Vor allem geht es um die richtige Entscheidung bei der Wahl des neuen CDU-Generalsekretärs. Hierzu hat er einige konkrete Vorschläge, von denen er ganz deutlich die Berufung von Angela Merkel favorisiert – eine Idee, die ich ganz und gar unterstütze. Die Absicht, eine Frau zur CDU-Generalsekretärin zu wählen, die außerdem aus den neuen Bundesländern kommt, ist aus meiner Sicht eine kluge Entscheidung und für die Partei ein deutliches Signal des Aufbruchs in eine neue Ära. Für mich steht außer Zweifel, daß Angela Merkel der Aufgabe gewachsen ist und sich dieser Herausforderung mit großem Engagement stellen wird.«

Tatsächlich schlägt Schäuble zehn Tage später Merkel zur Generalsekretärin vor, und auf dem Bundesparteitag vom 7. November wird sie mit der glorreichen Mehrheit von über 92 Prozent in dieses Amt gewählt, als erste Frau, die es bekleidet. Dabei gewinnt das Generalsekretariat ganz natürlich eine zentrale Bedeutung, seit man nicht mehr über das Kanzleramt als Schaltzentrale der Macht verfügt. Dass dennoch nicht alles eitel Sonnenschein ist und es einen tief sitzenden Groll gibt, der nur auf die Gelegenheit zum Losbrechen wartet, zeigt eine Tagebucheintragung des Patriarchen vom 27. Oktober:

»Ich habe nie auf Dankbarkeit gesetzt. Mein Verstand hat mir immer klar gesagt, daß es keine Dankesschuld gibt. Aber das Umgekehrte gibt es. Meine Mutter pflegte zu sagen, die Hand, die segnet, wird zuerst gebissen. Das ist eine wichtige Erfahrung in meinem Leben, und sie gilt auch für die Politik. Das Verhalten mancher Weggenossen unterstreicht leider den weisen Spruch meiner Mutter.« Als einer der Handbeißer wird hier Richard von Weizsäcker genannt, und später kommen noch manch andere Namen hinzu: Heiner Geißler, Kurt Biedenkopf, Lothar Späth, Norbert Blüm, Rita Süssmuth und vor allem Wolfgang Schäuble.

Zunächst aber stümpert die neue rot-grüne Regierung durch alle Anfängerfehler, die man nur machen kann. Dagegen gerät der große deutsche Staatsmann und Europäer Helmut Kohl international in einen geradezu demonstrativen Platzregen der Ehrungen, und auch national gewinnt er fast über Nacht die verlorene Popularität zurück; überall, wo er auftritt, strömen ihm die Menschenmassen zu und umjubeln ihn. (Das ist kein ganz neuer Vorgang; Ähnliches kann man auch schon am gestürzten Bismarck beobachten.) Unterdessen richtet sich die Union auf eine Serie von Wahlkämpfen ein, die im Jahre 1999 anstehen – und schreitet unter der Regie von Schäuble und Merkel von Sieg zu Sieg.

7. Februar: Für alle Beobachter überraschend gewinnt die CDU die Landtagswahlen in Hessen und bildet zusammen mit der FDP die Regierung. Die rot-grüne Koalition verliert damit

nur wenige Monate nach ihrem Amtsantritt die Mehrheit im Bundesrat.

6 Juni: Erfolg bei den Bürgerschaftswahlen in Bremen. Gestärkt kann die CDU ihre Koalition mit der SPD fortsetzen.

13. Juni: Sieg bei den Europawahlen. Die CDU erreicht einen Stimmenanteil von über 48 Prozent; nur neun Monate zuvor waren es bei der Bundestagswahl 35,2 Prozent gewesen.

5. September: Bei der Landtagswahl im Saarland erreicht die CDU die absolute Mehrheit und übernimmt von der SPD die Regierung. Aus der gleichzeitigen Wahl in Brandenburg geht die Union gestärkt hervor und rückt zum Koalitionspartner der SPD auf.

12. September: Bei den Landtagswahlen in Thüringen erkämpft sich die CDU die absolute Mehrheit, während die SPD fast erdrutschartig verliert und noch hinter der PDS auf den dritten Platz zurückfällt.

19. September: In Sachsen verteidigt die CDU ihre absolute Mehrheit mit einem Stimmenanteil von fast 57 Prozent.

10. Oktober: Bei den Wahlen zum Berliner Abgeordnetenhaus steigert sich die CDU auf 40,8 Prozent; die SPD muss sich mit 22,4 Prozent begnügen.

Fast nebenher gelingt noch ein glänzender Sieg bei den Kommunalwahlen in Nordrhein-Westfalen; viele der »roten Hochburgen«, die bisher als uneinnehmbar galten, werden erstürmt.

Den Höhepunkt des Ansehens erreicht die Union an der Seite ihres Altkanzlers bei Gedenken zum zehnten Jahrestag des Berliner Mauerfalls. Immer steht Helmut Kohl im Mittelpunkt; die einst beteiligten Staatsmänner wie George Bush und Michail Gorbatschow eilen herbei, um ihn zu ehren, und natürlich fällt ein Teil des Glanzes auch auf seine Partei. Eine Erfolgsgeschichte ohne Ende? In Schillers »Ring des Polykrates« heißt es:

›Fürwahr, ich muß dich glücklich schätzen,
doch‹, spricht er, ›zittr' ich für dein Heil;
mir grauet vor der Götter Neide:
Des Lebens ungeteilte Freude
ward keinem Irdischen zuteil.‹

Jäh verfinstert sich der eben noch wolkenlose Himmel; eine Wendung ins Unheil beginnt, ein Absturz, wie eigentlich nur Dramendichter vom Range William Shakespeares oder Experten für Psychothriller wie Alfred Hitchcock ihn sich ausdenken können. Am 4. November 1999 besagt eine Eilmeldung der Nachrichtenagenturen, dass das Amtsgericht Augsburg auf Antrag der Staatsanwaltschaft einen Haftbefehl gegen den ehemaligen Schatzmeister der CDU, Walter Leisler Kiep, erlassen hat. Ein paar Tage noch für die Jubelfeiern und glorreichen Erinnerungen, dann kommt eine Lawine ins Rollen, die die CDU fast unter sich begräbt, jedenfalls in die tiefste Krise ihrer Geschichte treibt. Denn immer neue Einzelheiten eines verzweigten, durch Umgehung der geltenden Rechtsvorschriften gekennzeichneten Spendenskandals treten zu Tage.

Es ist nicht unsere Aufgabe, den Gang dieser Ereignisse nachzuzeichnen, geschweige denn die Frage zu beantworten, wer eigentlich die Lawine losgetreten hat. Wir sprechen von Angela Merkel und der Rolle, die ihr in dem Drama zufällt. Dabei handelt es sich vor allem um das Verhältnis zu dem Parteipatriarchen Helmut Kohl. Denn der übernimmt am 30. November die »politische Verantwortung« für die geheimen Spendenkonten und die Umgehung der Gesetze. Wenig später gibt er ein Fernsehinterview und notiert dazu am 16. Dezember: »Vor einem Millionenpublikum nehme ich zu allen auch heiklen Fragekomplexen Stellung. Dabei räume ich erstmals öffentlich ein, zwischen 1993 und 1998 Spenden in Höhe von 1,5 bis 2 Millionen DM eingenommen zu haben. Ich weigere mich, die Namen der Spender zu nennen, weil sie mich ausdrücklich darum gebeten haben, nicht genannt zu werden. Dafür habe ich mich verbürgt und ihnen mein Ehrenwort gegeben.«

Dabei ist es bis heute geblieben – und hieraus, weit mehr noch als aus dem Spendenskandal selbst, entsteht für die CDU ein abgründiges Problem. Wie soll sie sich verhalten? Was sie auch tut, es schlägt ihr zum Nachteil aus. Denn einerseits muss sie sich von Kohl distanzieren; dass die Parteiführung ihn auffordert, seinen Ehrenvorsitz niederzulegen, ist das Mindeste, was als geboten erscheint. Andererseits ist er ein Übervater, nicht nur der Kanzler der 16 Jahre und der ruhmgekrönten Wiedervereinigung, sondern auch der Vorsitzende eines Vierteljahrhunderts, der die Partei nach seinem Bilde geformt hat, wie sonst vielleicht nur, ein Jahrhundert zuvor, August Bebel die Sozialdemokratie. Kohls Geschichte und die der Union sind bis zur Ununterscheidbarkeit miteinander verwachsen, und man kann ihn nicht fortstoßen, ohne sich selbst zu verstümmeln.

Angela Merkel ist keine alte Weggefährtin, nicht von früh auf ins »System Kohl« hineingeflochten worden. Dennoch geht es auch für sie und in gewissem Sinne gerade für sie um etwas sehr Persönliches: In der ummauerten DDR hatte sie alle ihre Hoffnungen auf den Kanzler Kohl gesetzt. Gleichwohl schreibt sie am 22. Dezember 1999 in der »Frankfurter Allgemeinen Zeitung«: »Die Partei muß laufen lernen, muß sich zutrauen, in Zukunft auch ohne ihr altes Schlachtroß, wie Helmut Kohl sich selbst oft genannt hat, den Kampf mit dem politischen Gegner aufzunehmen. Sie muß sich wie jemand in der Pubertät von zu Hause lösen, eigene Wege gehen und wird trotzdem zu dem stehen, der sie ganz nachhaltig geprägt hat – vielleicht später sogar wieder mehr als heute.«

Das ist ein denkwürdiger Artikel, übrigens ohne das Wissen des Parteivorsitzenden Schäuble geschrieben, dem Merkel den entscheidenden Schritt nach vorn offenbar nicht zutraut. Ein Kommentator fragt indessen: »Hat Angela Merkel zehn Jahre nach ihrer Geburt als Politikerin ihr eigenes politisches Pubertätsproblem gegenüber dem Hausvater unbewußt der Partei aufgedrängt und damit die laufende Finanz- und Glaubwürdigkeitskrise zu einer rational wenig zu steuernden Psychokrise und zum emanzipatorischen Generationenkonflikt gemacht? Es sieht danach aus ...«

Aber geht es wirklich um einen solchen Konflikt? Im Übrigen gehören zu ihm *zwei* Seiten. Darum heißt es in Merkels Aufsatz auch: »Vielleicht ist es nach einem so langen politischen Leben, wie Helmut Kohl es geführt hat, wirklich zu viel verlangt, von heute auf morgen alle Ämter niederzulegen, sich völlig aus der Politik zurückzuziehen und den Nachfolgern, den Jüngeren, das Feld schnell ganz zu überlassen.«

Mit spürbarer Bitterkeit quittiert Kohl das so: »Das ist die knallharte Aufforderung, möglichst bald alle Ämter niederzulegen.« Es folgen Hinweise auf eine besondere Beziehung zu der Aufsteigerin aus dem Osten: »Über Jahre hinweg unterstützte ich sie in ihrer neuen politischen Verantwortung tatkräftig, so daß sogar Kabinettskollegen hinter vorgehaltener Hand und hinter meinem Rücken maulten, Frau Merkel könnte sich bei mir alles erlauben, weil ich an ihr einen Narren gefressen hätte.« Es hätte doch die Stationen eines gemeinsamen politischen Weges gegeben. Aber: »Mit dem heutigen Tag scheint er zu Ende zu sein.«

Dennoch ist es auffällig, wie sehr Kohl in seinem Tagebuch gegen andere wütet – und Angela Merkel nicht nur schont, sondern für sie sogar gute Worte findet. Es scheint tatsächlich eine besondere Beziehung zu sein. In einem Interview, das der Merkel-Biograph Wolfgang Stock mit Kohl am 12. Mai 2000 geführt hat, heißt es unter anderem: »*Was war Ihr erster Eindruck von Angela Merkel?* Ich habe Frau Merkel erstmals nach der Regierungsbildung der Regierung de Maizière im März/April 1990 erlebt. Sie ist mir durch ihre Offenheit und natürliche Frische aufgefallen: Sie war nicht so profihaft abgeschliffen. Das war nicht die abgeleckte Politikerart, wenn ich das mal so ausdrücken darf. Zugleich war klar, daß Angela Merkel eine hochintelligente Frau ist. – *Was ist typisch für Angela Merkel?* Ihre Direktheit und Unkompliziertheit. Sie hat sich nie lange geziert, hat nichts Zickiges an sich, was ja bei manchen Damen oft schwer erträglich ist. Sie war auch sehr kameradschaftlich, das hat ihr sehr geholfen. – *Was war störend?* Sie hat eine große Begabung, richtig bockig zu werden, eine Trotzhaltung an den Tag zu legen ... – *Einmal hat sie geweint im Kabinett ...* Sie war eben nicht so abgebrüht, eben nicht durch hundert Mühlen gedreht, sie war noch unmittelbar.«

Unterdessen nimmt das Drama seinen Lauf, und bald gerät auch Wolfgang Schäuble in die Schusslinie. Verspätet gesteht er ein, dass er eine Spende von 100 000 DM angenommen habe, die nicht ordnungsgemäß verbucht wurde. Im Grunde bedeutet das nicht viel. Nur eben: Es hätte gleich gesagt statt erst einmal vertuscht werden sollen. Am 15. Januar 2000 wird Schäuble bei der Eröffnung des Landtagswahlkampfes in Schleswig-Holstein ausgepfiffen – wohlgemerkt nicht von politischen Gegnern, sondern von Anhängern der CDU. Am nächsten Tag entschließt er sich zum Rücktritt vom Parteivorsitz. Aber seine Generalsekretärin wirft sich ihm entgegen und hält ihn davon ab. Ähnlich das Parteipräsidium am 18. Januar. Doch weder will Schäuble weiter im Amt bleiben, noch lässt er sich gegen den Druck der Öffentlichkeit auf die Dauer halten; auch sein Verhältnis zu Helmut Kohl ist jetzt unheilbar zerrüttet. Am 16. Februar gibt er seinen Rückzug vom Partei- und Fraktionsvorsitz bekannt.

Was nun? Jemand muss die Führung übernehmen, der unverbraucht ist und glaubwürdig wirkt, weil er mit den vergangenen Machenschaften nichts zu tun hat. Und wer eigentlich kann das sein, wenn nicht Angela Merkel? Am 18. Februar beginnt im niedersächsischen Wolfenbüttel eine Serie von insgesamt acht Regionalkonferenzen der Partei, mit denen man die Stimmung »an der Basis« erkunden will. Unter einem Spruchband mit der Inschrift »Verantwortung, Veränderung, Vertrauen« spricht Merkel einfach und eindringlich, für jeden verständlich. Nach der Rede schlägt ihr minutenlanger Beifall der 600 Menschen entgegen, die den Saal füllen. Er wiederholt sich, als jemand sie auffordert, für den Parteivorsitz zu kandidieren. Die Nagelprobe kommt zehn Tage später bei der zweiten Regionalkonferenz in Recklinghausen, im »tiefen Westen«, bei dem mit Abstand mächtigsten Landesverband der CDU. Aber wieder schlagen der Frau aus dem Osten die Ovationen, die »Angie, Angie«-Sprechchöre entgegen, und wieder wird sie aufgefordert, den Vorsitz zu übernehmen. Man hat, so sieht es aus, genug von all den markigen Männern, die den Karren in den Dreck gefahren haben.

Wer wollte, könnte den Sachverhalt sarkastisch kommentieren oder genussvoll die Ironie nachschmecken, die in ihm angelegt ist: Eigentlich hat Angela Merkel von Bürger- und Basisbewegungen nie viel gehalten, im Grunde schon in der DDR nicht und später in ihrer politischen Laufbahn erst recht nicht; ohne Wenn und Aber setzt sie auf die klassische parlamentarische Demokratie. Und nun ist es ausgerechnet eine Basisbewegung, die sie auf den Schild hebt und die mit ihr konkurrierenden Männer im Wortsinne alt aussehen lässt.

Die weiteren Veranstaltungen bringen bloß noch die Bestätigung: Diese Angela und niemand sonst ist die Hoffnungsträgerin der Partei; gegen sie kommen erprobte Ministerpräsidenten wie Kurt Biedenkopf oder Bernhard Vogel so wenig an wie Volker Rühe oder Jürgen Rüttgers; diese beiden »Kronprinzen« verlieren dank des Spendenskandals ohnehin ihre Feldzüge in Schleswig-Holstein und Nordrhein-Westfalen. Am 20. März nominiert der Bundesvorstand Merkel einstimmig zur Kandidatin. Nach ihrer Rede vom 11. April 2000 auf dem Bundesparteitag in Essen springen die Zuhörer zu einem Beifallssturm auf, der mehr als sechs Minuten dauert und erst endet, als die Parteitagsregie den Scheinwerfer auf das Motto dieses Tages richten lässt: »Zur Sache!« steht da geschrieben. Doch es geht jetzt um keine Sache, sondern um eine Person, um Angela Merkel. Mit dem beinahe schon undemokratischen Traumergebnis von 95,94 Prozent aller Delegiertenstimmen wird sie zur Vorsitzenden der Christlich-Demokratischen Union gewählt.

Freilich, am 20. Juli notiert Helmut Kohl in seinem Tagebuch: »Heute zieht die Presse Bilanz der ersten hundert Tage von Angela Merkel in ihrem Amt als Parteivorsitzende. Die Kommentare fallen nicht besonders freundlich aus. Die Kritik an der neuen Parteiführung ist massiv.« Nun ja, aber in diese Feststellung mischt sich natürlich auch Kohls eigenes Urteil – davon ganz abgesehen, dass er selbst in seinen Anfängen als Parteiführer nicht nur mit Kritik, sondern mit Hohn geradezu überschüttet wurde.

Inzwischen ist mehr als ein Jahr vergangen, und die Bilanz nimmt sich noch immer keineswegs strahlend, sondern eher zwiespältig aus. Das hat zum einen natürlich mit der Regierung zu tun. Sie stümpert und stolpert nicht mehr; sie hat Tritt gefasst, besonders seit dem Ausscheiden ihres Finanzministers Oskar Lafontaine. Sein Nachfolger Hans Eichel beweist Statur, und mit ihm hat die rot-grüne Koalition die Steuerreform durchgesetzt. Anderes ist zumindest auf den Weg gebracht worden. Der Mann an der Spitze aber, Bundeskanzler Gerhard Schröder, stellt sich medienwirksam als entscheidungsfreudig und zupackend dar. Jede Opposition hat es da schwer, die laufenden Meinungsumfragen bieten wenig Trost, und auch die letzten Landtagswahlen vom 25. März 2001 liefern nur undeutliche Signale. Zwar erringt die CDU in Baden-Württemberg einen unerwarteten Erfolg, aber dafür bricht sie in Rheinland-Pfalz – dem Stammland Helmut Kohls – umso bitterer ein. Und der Sieg in Baden-Württemberg ist wohl eher dem Stuttgarter Ministerpräsidenten Erwin Teufel als der Parteispitze in Berlin zuzuschreiben. Sogar der einstige Koalitionspartner gerät außer Sicht; die FDP, so scheint es, würde wohl nur zu gern aus der Opposition ausbrechen und die Grünen als Partner der SPD ersetzen.

Doch die Union hat es der Regierung auch leicht gemacht. Sie war und ist vor allem mit sich selbst beschäftigt. Dabei handelt es sich bloß noch am Rande um den leidigen Spendenskandal. Zwar ist er keineswegs abgeschlossen, aber mit seiner Dauer einfach langweilig geworden. Er macht keine Schlagzeilen mehr. Die produzieren indessen die Dissonanzen innerhalb der Partei. Immerfort hört man unterschiedliche Stimmen, zum Beispiel zur Einwanderungsfrage, der bald niemand mehr ausweichen kann, weil Deutschland sich zur Altersgesellschaft entwickelt. Während der Kanzler kurzweg eine »Greencard«-Aktion erfindet, um dem akuten Mangel an Computerfachleuten abzuhelfen, spricht der Fraktionsvorsitzende Friedrich Merz von einer »deutschen Leitkultur«, der die Zuwanderer sich anpassen müssen, während Jürgen Rüttgers von »Kindern statt Indern« träumt und Rita Süssmuth den Vorsitz einer überparteilichen, vom Kanzler eingesetzten Kommission übernommen hat, die Vorschläge unterbreiten soll. Ähnlich bei der Frage, ob man nun stolz darauf sein soll, ein Deutscher zu sein – oder besser doch nicht.

Und Angela Merkel? Von ihr hört man in der Sache sehr wenig, außer, dass man sich im Grunde längst einig sei, sich jetzt dem Kampf mit dem politischen Gegner zuwende und rechtzeitig zum Bundestagswahlkampf des Jahres 2002 über ein schlagkräftiges Programm verfügen werde. Am 6. Oktober 2000 schreibt Hans-Ulrich Jörges in der »Woche«.

»Sechs Monate nach ihrer Wahl ist Angela Merkels Bilanz deprimierend: Sie hat sich eingebunkert, statt die Lauen zu treiben und die Reformer zum Bündnis zu zwingen; sie hat ihren eigenen Text vergessen und spuckt Formeln aus, die von fremden Tellern gelöffelt sind, sie hat versäumt, die grantelnde CSU in die Schranken zu verweisen, und ist in München gerade deswegen als Fehlinvestition abgeschrieben worden. Alle Integrationsversuche sind allein auf ihre Kosten gegangen; politisch war die CDU zu Schäubles Zeiten schon wesentlich weiter. Will sie nicht als Übergangsvorsitzende enden, muß Angela Merkel nun vor allem eines zeigen: stählerne Fäuste.«

Doch man darf nicht ungerecht sein. »Weiter« war die Union zu Schäubles Zeiten nur in dem Sinne, dass ihr Erfolge in den Schoß fielen, die sie kaum der eigenen Stärke, umso mehr dagegen der Schwäche der Regierung verdankte. Inzwischen wurde sie schwer verwundet, und einen Genesenden muss man behutsam pflegen, statt »stählern« auf ihn einzuschlagen. Im Übrigen gibt es auch Lichtblicke. Am 29. September 2000 machte Helmut Kohl sich Notizen zu einer Bundestagsdebatte zur Wiedervereinigung, bei der zunächst Gerhard Schröder sprach: »Angela Merkel antwortet ihm. Ihre wirklich große und klug formulierte Rede drängt die Regierungsfraktionen in die Defensive. Die CDU-Vorsitzende wirkt sehr überzeugend, nicht zuletzt deshalb, weil sie vor zehn Jahren noch Bürgerin der DDR war und das SED-Regime am eigenen Leibe erfahren hat.«

Insgesamt besteht Merkels Stärke wohl darin, dass sie moderiert statt kommandiert, das heißt das Widerstrebende zusammenfügt und zusammenhält. Das mag in einer Öffentlichkeit, die sich aufs zackig Zupackende eingerichtet hat, als Schwäche erscheinen. Aber vielleicht es ist gerade dies, worauf es jetzt ankommt.

In der Tiefe geht es indessen noch um viel mehr als um die Misserfolge oder Erfolge des Augenblicks: Ein Wandel von historischen Ausmaßen wird der CDU zugemutet. Sie war von Konrad Adenauer bis Helmut Kohl *die* Staatspartei der Bundesrepublik, die vorab in uraltem, traditionsmächtigem Kulturboden, im rheinisch-katholischen Bürgermilieu wurzelte. Doch damit allein ist künftig kein Staat mehr zu machen; mit Recht hat man gesagt, dass die Berliner Republik östlicher, protestantischer und preußischer sein werde als die, die wir bisher gekannt haben.

Lassen wir Preußen beiseite. Das Östliche versteht sich von selbst; Berlin liegt näher an der polnischen Grenze als Bonn an der belgischen, und was das bedeutet, wird sich noch stärker bemerkbar machen, wenn Polen der Europäischen Union beitritt.

Der Vorrang der protestantischen Prägung vor der katholischen gehörte zur neueren deutschen Entwicklung, und sie wirkt unsichtbar auch dann noch weiter, wenn die Menschen sich aus den kirchlichen Bindungen entfernen. Die Geschichte hat allemal einen stärkeren Atem, als wir im Getümmel der Gegenwart und in unserer Hinwendung zu einer »globalen« Zukunft ihr zutrauen.

Als protestantische Pastorentochter aus dem brandenburgischen Templin verkörpert Angela Merkel den Wandel, in dem zugleich eine Rückkehr von der Ausnahme des geteilten Deutschland zur Regel der Nation angelegt ist. Das könnte ihre und auch unsere Chance sein, womöglich sogar in dem Sinne, dass die Umrisse und Inhalte unserer politischen Kultur künftig etwas weicher geraten als bisher. Immer haben seit Bismarcks Reichsgründung Freund-Feind-Verhältnisse unser politisches Denken und Handeln, unsere Gefühle bestimmt und eingetrübt, manchmal bis zum Wahn. Und noch die Bonner Bürgerrepublik und die sozialistische DDR sind als Kinder des Kalten Krieges im Zeichen ihrer Feindbilder geboren worden und aufgewachsen. Aber sie taugen zu nichts mehr, es sei denn für einen dummen und dumpfen Fremdenhass. Wenn man es so benennen will, sollte unsere »Leitkultur« nicht mehr nur mit männlich harten Linien, sondern auch weiblich gezeichnet werden.

Wie schon am Anfang dieses Kapitels gesagt wurde, ist Angela Merkels Biographie unabgeschlossen. Und ihre bisherige politische Laufbahn zeigt geradezu exemplarisch, wie viel von den Umständen, ja von Zufällen abhängt. Was wäre denn aus ihr geworden, wenn kein Hans-Christian Maaß sie entdeckt und mit dem Ministerpräsidenten de Maizière bekannt gemacht, kein Günther Krause sie empfohlen, kein Helmut Kohl sie gefördert hätte? Oder wenn kein Spendenskandal die CDU durchgerüttelt und die Laufbahn von Wolfgang Schäuble beendet hätte?

Niemand kann darum wissen, was die Zukunft birgt. Es mag sein und erscheint heute eher als wahrscheinlich denn als unwahrscheinlich, dass dem steilen Aufstieg erst die Stagnation, dann der Absturz folgt und dass Angela Merkel tatsächlich bloß als Übergangsvorsitzende ihrer Partei eine Lückenbüßerin bleibt. Aber wer will darauf wetten? Ist es auszuschließen, dass sie *als*

*Frau* zur ersten deutschen Bundeskanzlerin gewählt wird, wenn der so betont männliche Gerhard Schröder einmal in die Ungunst der Umstände gerät? Doch was sich auch ereignet, wie immer es werden mag: Dass der Auftritt dieser Frau auf der politischen Bühne eine Hoffnung verkörpert – und nicht nur für ihre Partei –, das ist kaum zu bezweifeln.

# Hinweise zur Literatur

*Königin Luise*

Aretz, Gertrude: Königin Luise, Berlin 1928.
Bailleu, Paul (Herausgeber): Aufzeichnungen der Königin Luise, Berlin 1900.
Derselbe: Königin Luise. Ein Lebensbild, Ausgabe Berlin und Leipzig 1926.
Derselbe: Luises letzte Tage. In: Hohenzollern-Jahrbuch, 6. Jahrgang, Berlin und Leipzig 1902.
Bellardi, Paul: Königin Luise, ihr Leben und ihr Andenken in Berlin, Berlin 1893.
Berg, Caroline Friederike von: Luise, Königin von Preußen, zuerst Berlin 1814, 18. Auflage, herausgegeben von F. Adami, Berlin 1906.
Braun, J. W. (Herausgeber): Luise, Königin von Preußen, in ihren Briefen, Berlin 1888.
Bruyn, Günter de: Preußens Luise. Vom Entstehen und Vergehen einer Legende, Berlin 2001.
Gärtner, Paul/Samuleit, Paul (Herausgeber): Luise, Königin von Preußen. Ein Lebensbild in Briefen und Aufzeichnungen, Berlin 1919.
Griewank, Karl (Herausgeber): Briefwechsel der Königin Luise mit ihrem Gemahl, Leipzig (ohne Jahr).
Kircheisen, F. M.: Die Königin Luise in der Geschichte und Literatur. Eine systematische Zusammenstellung der über sie erschienenen Einzelschriften und Zeitschriftenbeiträge, Jena 1906.
Kleßmann, Eckart: Deutschland unter Napoleon in Augenzeugenberichten, München 1976.
Mander, Gertrud: Königin Luise. Buchreihe Preußische Köpfe, 4. Auflage Berlin 1998.
Menzel, Paul: Königin Luise von Preußen, Breslau 1893.

Ohff, Heinz: Ein Stern in Wetterwolken. Königin Luise von Preußen. Eine Biographie, 5. Auflage München 2000.
Stamm-Kuhlmann, Thomas: König in Preußens großer Zeit. Friedrich Wilhelm III., der Melancholiker auf dem Thron, Berlin 1992.
Voß, Sophie Marie Gräfin von: Neunundsechzig Jahre am Preußischen Hofe. Aus den Erinnerungen der Oberhofmeisterin Gräfin S. v. Voß, Leipzig 1876.

## *Rahel Varnhagen*

Arendt, Hannah: Rahel Varnhagen. Lebensgeschichte einer deutschen Jüdin aus der Romantik, München 1959; Taschenbuchausgabe 9. Auflage München und Zürich 1997.
Assing-Grimelli, Ludmilla (Herausgeberin): Briefwechsel zwischen Varnhagen und Rahel, 6 Bände, Leipzig 1874/75.
Dieselbe: Aus Rahels Herzensleben, Leipzig 1877.
Atzenbeck, Carl: Pauline Wiesel, ohne Ort und Jahr.
Brentano, Clemens: Der Philister vor, in und nach der Geschichte, Heidelberg 1811.
Bruyn, Günter de (Herausgeber): Rahels erste Liebe. Briefwechsel zwischen Rahel Levin und Karl Graf von Finckenstein, Frankfurt am Main 1986.
Dohm, Christian Wilhelm: Über die bürgerliche Verbesserung der Juden, Berlin 1781–1783.
Feilchenfeldt, Konrad/Schweikert, Uwe/Steiner, Rahel (Herausgeber): Rahel Varnhagen. Gesammelte Werke in zehn Bänden, München 1983.
Gerhardt, Marlis (Herausgeberin): Rahel Varnhagen: Jeder Wunsch wird Frivolität genannt. Briefe und Tagebücher, Darmstadt und Neuwied 1983.
Hahn, Barbara (Herausgeberin): »Im Schlaf bin ich wacher«. Die Träume der Rahel Levin Varnhagen, Frankfurt am Main 1990.
Isselstein, Ursula: Der Text aus meinem beleidigten Herzen. Studien zu Rahel Levin Varnhagen, Torino 1993.
Kemp, Friedhelm (Herausgeber): Rahel Varnhagen. Briefwechsel, 4 Bände, 2. Auflage München 1979.
Landsberg, Hans (Herausgeber): Henriette Herz, ihr Leben und ihre Zeit, Weimar 1913.

Laschke, Jutta Juliane: Wir sind eigentlich, wie wir sein möchten, und nicht so, wie wir sind. Zum dialogischen Charakter von Frauenbriefen Anfang des 19. Jahrhunderts, gezeigt an den Briefen von Rahel Varnhagen und Fanny Mendelssohn, Frankfurt am Main 1988.

Meisner, Heinrich (Herausgeber): Rahel und Alexander von der Marwitz in ihren Briefen, Gotha 1925.

Schlegel, Friedrich: Lucinde, Berlin 1799.

Scurla, Herbert: Rahel Varnhagen. Die große Frauengestalt der Romantik, Düsseldorf 1978.

Stern, Carola: Der Text meines Herzens. Das Leben der Rahel Varnhagen, Reinbek bei Hamburg 1994; Sonderausgabe als Taschenbuch 1998.

Thomann Tewarson, Heidi: Rahel Varnhagen, Reinbek bei Hamburg 1989.

Varnhagen von Ense, Karl August: Rahel. Ein Buch des Andenkens für ihre Freunde, 3 Bände, Berlin 1834.

Derselbe: Briefwechsel zwischen Rahel und David Veit. Aus dem Nachlaß Varnhagens von Ense, 2 Bände, Leipzig 1861.

Derselbe: Denkwürdigkeiten des eigenen Lebens und Vermischte Schriften, 9 Bände, Leipzig 1843–1859.

Derselbe: Werke in fünf Bänden, herausgegeben von Konrad Feilchenfeldt, Frankfurt am Main 1987 ff.

## *Bettina von Arnim*

### *Werke von Bettina von Arnim*

Goethes Briefwechsel mit einem Kinde. 3 Bände, Berlin 1835. Neuausgabe, herausgegeben von Waldemar Oehlke, Frankfurt am Main 1984 und 1985.

Die Günderode, 2 Teile, Grünberg und Leipzig 1840. Neuausgaben Leipzig 1980 und 1984, mit einem Essay von Christa Wolf, herausgegeben von Elisabeth Bronfen.

Dies Buch gehört dem König, Berlin 1843. Neuausgabe, herausgegeben von Ilse Staff, Frankfurt am Main 1982.

Clemens Brentano's Frühlingskranz aus Jugendbriefen ihm geflochten, wie er selbst schriftlich verlangte, Charlottenburg 1844; Neuausgabe, herausgegeben von Hartwig Schulz, Frankfurt am Main 1985.

Gespräche mit Dämonen. Des Königsbuchs zweiter Band, Berlin 1852.
Sämtliche Schriften, 11 Bände, Berlin 1853, als Ausgabe letzter Hand 1857.
Werke und Briefe, 5 Bände; Band 1–4 herausgegeben von Gustav Konrad, Band 5 von Joachim Müller, Frechen und Köln 1959–1963.
Werke und Briefe, 4 Bände, herausgegeben von Walter Schmitz und Sibylle von Steinsdorff, Frankfurt am Main 1986 ff.
Aus meinem Leben, zusammengestellt von Dieter Kühn, Frankfurt am Main 1982.
»Meine Seele ist eine leidenschaftliche Tänzerin«, Texte zum Nachdenken, ausgewählt von Otto Betz, Freiburg im Breisgau 1983.
Ein Lesebuch, herausgegeben von Christa Bürger und Birgit Diefenbach, Stuttgart 1987.

*Sonstige Literatur*

Arnim, Hans von: Bettina von Arnim, Berlin 1963.
Bäumer, Konstanze/Schultz, Hartwig: Bettina von Arnim, Stuttgart und Weimar 1995.
Böttger, Fritz: Bettina von Arnim. Ein Leben zwischen Tag und Traum, Berlin 1986.
Brentano, Lujo: Clemens Brentanos Liebesleben, Frankfurt am Main 1921, Nachdruck Bern 1969.
Dischner, Gisela: Bettina. Eine Biographie aus dem 19. Jahrhundert, Neuausgabe Bodenheim 1998.
Drewitz, Ingeborg: »darum muß man nichts als leben«. – Bettine von Arnim, Taschenbuchausgabe München 1999.
Grimm, Jacob: Jacob Grimm über seine Entlassung, Basel 1838, Neuausgabe Frankfurt am Main 1964.
Hering, Gerhard F.: Ein großer Herr. Das Leben des Fürsten Pückler. Düsseldorf und Köln 1968.
Huch, Ricarda: Die Romantik, 7. – 9. Auflage Leipzig 1920.
Kantorowicz, Alfred (Herausgeber): Du wunderliches Kind ... Bettine und Goethe, Berlin 1950.
Konrad, G. (Herausgeber): Märchen der Bettine, Armgart und Gisela von Arnim, Frechen 1965.
Kuczynski, Jürgen/Krenn, Ruth: Bettina von Arnim und die Polen, Berlin 1949.

Lazarowicz, Margarete: Karoline von Günderode. Porträt einer Fremden, Frankfurt am Main 1986.
Mander, Gertrud: Bettina von Arnim, Berlin 1982.
Maurer, Michael (Herausgeber): Sophie von La Roche. Ein Lebensbild in Briefen, München 1983.
Meyer-Hepner, Gertrud: Der Magistratsprozeß der Bettina von Arnim, Weimar 1960.
Schultz, Hartwig: Schwarzer Schmetterling. Zwanzig Kapitel aus dem Leben des romantischen Dichters Clemens Brentano, Berlin 2000.
Seidel, Ina: Drei Dichter der Romantik. Clemens Brentano, Bettina, Achim von Arnim, Neuauflage Stuttgart 1956.
Steig, Reinhold: Achim von Arnim und Bettina Brentano, Stuttgart und Berlin 1913.
Derselbe (Herausgeber): Bettinas Briefwechsel mit Goethe, Leipzig 1922.
Stoll, Adolf: Der junge Savigny. Zugleich ein Beitrag zur Geschichte der Romantik 1792–1810, Berlin 1927.
Vordtriede, Werner (Herausgeber): Bettina von Arnims Armenbuch, erweiterte Neuauflage Frankfurt am Main 1981.
Derselbe (Herausgeber): Achim von Arnim und Bettina in ihren Briefen, 2 Bände, Frankfurt am Main 1961.

### *Hedwig Courths-Mahler*

*Die Weltrechte an den Werken von Hedwig Courths-Mahler liegen heute beim Gustav Lübbe Verlag, Bergisch Gladbach. Als Bastei-Lübbe-Taschenbücher sind nach dem Stand vom Jahre 2000 128 Romane erhältlich. Daneben gibt es Heftchenausgaben in gekürzter Fassung mit 192 Titeln.*

Avé, Lia: Das Leben der Hedwig Courths-Mahler, München und Wien 1990.
Birkner, Frieda: Erinnerungen an meine Mutter, Typoskript ohne Jahr.
Eckert, Gerhard: Der Zeitungsroman von heute, Frankfurt am Main 1937.
Graf, Andreas: Hedwig Courths-Mahler, München 2000.
Hienger, Jörg (Herausgeber): Unterhaltungsliteratur. Zu ihrer Theorie und Verteidigung, Göttingen 1976.
Killy, Walther: Deutscher Kitsch. Ein Versuch mit Beispielen, Göttingen 1962.

Krieg, Walter: »Unser Weg ging hinauf.« Hedwig Courths-Mahler und ihre Töchter als literarisches Phänomen. Ein Beitrag zur Theorie über den Erfolgsroman und zur Geschichte und Bibliographie des modernen Volkslesestoffes, Wien, Bad Bocklet und Zürich 1954.

Langenbucher, Wolfgang: Der aktuelle Unterhaltungsroman. Beiträge zur Geschichte und Theorie der massenhaft verbreiteten Literatur, 2. Auflage Bonn 1974.

Merbach, Günther: E. Marlitt. Das Leben einer großen Schriftstellerin. Aus alten Quellen zusammengestellt, Hamburg 1992.

Müller, Ingrid: Untersuchungen zum Bild der Frau in den Romanen von Hedwig Courths-Mahler, Bielefeld 1976 (Bielefelder Hochschulschriften, Band 16).

Nusser, Peter: Trivialliteratur, Stuttgart 1991.

Nutz, Walter: Der Trivialroman, seine Formen und seine Hersteller. Ein Beitrag zur Literatursoziologie, 2. Auflage Köln und Opladen 1966.

Pistorius, Siegfried M.: Hedwig Courths-Mahler. Ihr Leben, Bergisch Gladbach 1992.

Richards, Donald Ray: The German Bestseller in the 20th Century. A Complete Bibliography and Analysis 1915–1940, Bern 1968.

Riess, Curt: Kein Traum blieb ungeträumt. Der märchenhafte Aufstieg der Hedwig Courths-Mahler, München 1974.

Sichelschmidt, Gustav: Hedwig Courths-Mahler. Deutschlands erfolgreichste Schriftstellerin. Eine literatursoziologische Studie, Bonn 1967.

Derselbe: Liebe, Mord und Abenteuer. Eine Geschichte der deutschen Unterhaltungsliteratur, Berlin 1969.

Wittmann, Reinhard: Geschichte des deutschen Buchhandels. Ein Überblick, München 1991.

## *Ricarda Huch*

### *Werke von Ricarda Huch:*

Gesammelte Werke in 11 Bänden, herausgegeben von Wilhelm Emrich, Köln 1966–1974. Inhalt der einzelnen Bände:

Band 1: Erinnerungen von Ludolf Ursleu dem Jüngeren/Aus der Triumphgasse/Michael Unger. 1966.

Band 2: Von den Königen und der Krone/Das Leben des Grafen Federigo Confalonieri/Die Geschichten von Garibaldi. 1966.

Band 3: Der große Krieg in Deutschland. 1967.
Band 4: Der Fall Deruga/Der wiederkehrende Christus/Sämtliche Erzählungen. 1967.
Band 5: Gedichte/Dramen/Aufsätze, Reden und andere Schriften. 1971.
Band 6: Literaturgeschichte und Literaturkritik. (Darin unter anderem: Die Romantik.) 1969.
Band 7: Schriften zur Religion und Weltanschauung. (Darin unter anderem: Luthers Glaube/Der Sinn der Heiligen Schrift.) 1968.
Band 8: Im alten Reich. Lebensbilder deutscher Städte. 1967.
Band 9: Geschichte I. 1968.
Band 10: Geschichte II. (Darin unter anderem: Deutsche Geschichte I: Römisches Reich deutscher Nation/II: Das Zeitalter der Glaubensspaltung/III: Das Ende des Römischen Reiches deutscher Nation.) 1970.
Band 11: Autobiographische Schriften/Nachlese/Register. 1974.

Briefe an die Freunde, herausgegeben von Marie Baum, Tübingen 1960, Neuausgabe Zürich 1986.
Herbstfeuer. Gedichte, Frankfurt am Main 1999.

## *Sonstige Literatur*

Baum, Marie: Leuchtende Spur. Das Leben Ricarda Huchs, Tübingen 1950.
Bäumer, Gertrud: Ricarda Huch, Heidelberg 1950.
Bornkamm, Heinrich: Nachwort zu »Luthers Glaube«, Frankfurt am Main 1983.
Gabrisch, Anne: In den Abgrund werf ich meine Seele. Die Liebesgeschichte von Ricarda und Richard Huch, Zürich 2000.
Hertling, Gunter H.: Wandlung der Werte im dichterischen Werk der Ricarda Huch, Bonn 1966.
Hoeller-Keller, Roswitha: Jugendstilelemente in Ricarda Huchs früher Prosa, Kiel 1966.
Hoppe, Else: Ricarda Huch. Weg, Persönlichkeit, Werk, Stuttgart 1950.
Huch, Marie: Im Treibsand der Erinnerung, Braunschweig 1978.
Katalog der Ausstellung »Ricarda Huch, 1864–1947«, des Deutschen Literaturarchivs im Schiller-Nationalmuseum Marbach am Neckar, 1994; Marbacher Kataloge 47.
Koepcke, Cordula: Ricarda Huch. Ihr Leben und Werk, 2. Auflage Frankfurt am Main und Leipzig 1966.

Minder, Robert: Dichter in der Gesellschaft. Erfahrungen mit deutscher und französischer Literatur, Frankfurt am Main 1966.
Müller, Heidy Margrit (Herausgeberin): Mosaikbild einer Freundschaft. Ricarda Huchs Briefwechsel mit Elisabeth und Heinrich Wölfflin, München 1994.
Peter, Hans-Werner: Ricarda Huch. Studien zu ihrem Leben und Werk, 5 Bände, Braunschweig 1985–1994.
Ricarda Huch: Persönlichkeit und Werk in Darstellungen ihrer Freunde, Berlin 1934.
Viereck, Stefanie: So weit die Welt geht. Ricarda Huch. Geschichte eines Lebens, Reinbek bei Hamburg 1990.

### *Anna Seghers*

#### *Werk- und Einzelausgaben von Anna Seghers, Auswahl*

Gesammelte Werke in Einzelausgaben, 14 Bände, Berlin und Weimar 1977–1980.
Werkausgabe in 21 Bänden, Berlin und Weimar 2000 ff.
Sämtliche Erzählungen 1924–1980, 6 Bände, Berlin 1994.
Aufsätze, Ansprachen, Essays, 2 Bände, Berlin und Weimar 1980.
Über Kunstwerk und Wirklichkeit, 4 Bände, Berlin 1970–1979.
Aufstand der Fischer von St. Barbara, Berlin 1993.
Das siebte Kreuz. Ein Roman aus Hitlerdeutschland, Berlin 1993; Taschenbuchausgabe Frankfurt am Main 1999.
Transit, Taschenbuchausgabe 6. Auflage Berlin 2000.
Der Kopflohn. Roman aus einem deutschen Dorf im Spätsommer 1932, Taschenbuchausgabe Berlin 1995.
Die Rettung, Taschenbuchausgabe Berlin 1995.
Jans muß sterben, Berlin 2000.
Die Heimkehr des verlorenen Volkes. Ein Lesebuch, Taschenbuchausgabe München 1996.

#### *Sonstige Literatur*

Anna Seghers. Eine Biographie in Bildern, herausgegeben von Frank Wagner, Ursula Emmerich, Ruth Radvanyi, Berlin und Weimar 1994.

Argonautenschiff. Jahrbuch der Anna-Seghers Gesellschaft Berlin und Mainz e.V., Berlin und Weimar 1992 ff.

Brandes, Ute: Anna Seghers, Berlin 1992.

Degemann, Christa: Anna Seghers in der westdeutschen Literaturkritik 1946–1983. Eine literatursoziologische Analyse, Köln 1985.

Emmerich, Lothar: Kleine Literaturgeschichte der DDR, erweiterte Neuausgabe Leipzig 1996.

Fabian, Ruth/Coulmas, Corinna: Die deutsche Emigration in Frankreich nach 1933, München und andere Orte 1978.

Fluchtort Mexiko. Ein Asylland für die Literatur, herausgegeben von Martin Hielscher, Hamburg und Zürich 1992.

Haller-Nevermann, Marie: Jude und Judentum im Werk Anna Seghers'. Untersuchungen zur Bedeutung jüdischer Traditionen und zur Thematisierung des Antisemitismus in den Romanen und Erzählungen von Anna Seghers, Frankfurt am Main 1997.

Hilzinger, Sonja: Anna Seghers, Stuttgart 2000.

Janka, Walter: Schwierigkeiten mit der Wahrheit, Reinbek bei Hamburg 1989.

Patka, Marcus G.: Zu nahe der Sonne. Deutsche Schriftsteller im Exil in Mexiko, Berlin 1999.

Protokoll eines Tribunals. Die Ausschlüsse aus dem DDR-Schriftstellerverband 1979, herausgegeben von Joachim Walther und anderen, Reinbek bei Hamburg 1991.

Reich-Ranicki, Marcel: Ohne Rabatt. Über Literatur aus der DDR, Stuttgart 1991.

Roggausch, Werner: Das Exilwerk von Anna Seghers, München 1979.

Schrade, Andreas: Anna Seghers, Stuttgart und Weimar 1993.

Derselbe: Entwurf einer ungeteilten Gesellschaft. Anna Seghers' Weg zum Roman nach 1945, Bielefeld 1994.

Stephan, Alexander: Anna Seghers: Das siebte Kreuz. Welt und Wirkung eines Romans, Berlin 1997.

Walter, Hans-Albert: Anna Seghers' Metamorphosen. »Transit«. Erkundungsversuche in einem Labyrinth, Frankfurt am Main 1984.

Walther, Joachim: Sicherungsbereich Literatur. Schriftsteller und Staatssicherheit in der Deutschen Demokratischen Republik, Berlin 1996.

Wolf, Christa: Essays, Gespräche, Reden, Briefe, 2 Bände, München 1999 und 2000.

Zehl Romero, Christiane: Anna Seghers mit Selbstzeugnissen und Bilddokumenten, 3. Auflage Reinbek bei Hamburg 1999.

Dieselbe: Anna Seghers. Eine Biographie 1900–1947, Berlin 2000.
Zweimal verjagt. Die deutschsprachige Emigration und der Fluchtweg Frankreich–Lateinamerika 1933–1945, herausgegeben von Anne Saint-Sauveur, Berlin 1998.

## *Leni Riefenstahl*

### *Filme von oder mit Leni Riefenstahl*

Der Heilige Berg. Ein Heldenlied aus ragender Höhenwelt, 1925/26.
Der große Sprung. Eine unwahrscheinliche, aber bewegte Geschichte, 1927.
Das Schicksal derer von Habsburg. Die Tragödie eines Kaiserreiches, 1928.
Die weiße Hölle vom Piz Palü, 1929.
Stürme über dem Montblanc, 1930.
Der weiße Rausch. Neue Wunder des Schneeschuhs, 1931.
Das Blaue Licht. Eine Berglegende aus den Dolomiten, 1932.
Sieg des Glaubens. Ein Film vom Reichsparteitag der NSDAP, 1933.
S.O.S. Eisberg, 1933.
Triumph des Willens, 1935.
Tag der Freiheit. Unsere Wehrmacht, 1935.
Olympia. Teil I: Fest der Völker. Teil II: Fest der Schönheit, 1938.
Tiefland, 1954.

### *Bücher von Leni Riefenstahl*

Kampf in Schnee und Eis, Leipzig 1933.
Schönheit im olympischen Kampf, Berlin 1937; Neuausgabe München 1988.
Die Nuba. Menschen wie von einem anderen Stern, New York und München 1973; Neuausgabe als Taschenbuch München 1982.
Die Nuba von Kau, New York und München 1976; Neuausgabe als Taschenbuch München 1982.
Korallengärten, München 1978; Neuausgabe als Taschenbuch München 1982.
Mein Afrika, München 1982.
Memoiren, München und Hamburg 1987; Neuausgabe als Taschenbuch Köln 2000.

Wunder unter Wasser, München 1990.
Olympia, London und New York 1994.

*Sonstige Literatur*

Albrecht, Gerd (Herausgeber): Film im Dritten Reich, Karlsruhe 1979.
Alkemeyer, Thomas: Körper. Kult und Politik. Von der »Muskelreligion« Pierre de Coubertins zur Inszenierung von Macht in den Olympischen Spielen von 1936, Frankfurt am Main und New York 1996.
Berg-Pan, Renata: Leni Riefenstahl, Boston 1980.
Brandt, Hans-Jürgen: NS-Filmtheorie und dokumentarische Praxis, Tübingen 1987.
Filmmuseum Potsdam (Herausgeber): Leni Riefenstahl, Berlin 1999.
Fanck, Arnold: Er führte Regie mit Gletschern, Stürmen und Lawinen, München 1973.
Ford, Charles: Leni Riefenstahl. Schauspielerin, Regisseurin und Fotografin, München 1982.
Graham, Cooper C.: Leni Riefenstahl and Olympia, Metuchen (N.J.) 1986.
Hinton, David B.: The Films of Leni Riefenstahl, Metuchen (N.J.) 1978.
Hoffmann, Hilmar. Mythos Olympia. Autonomie und Unterwerfung von Sport und Kultur: Hitlers Olympiade, olympische Kultur und Riefenstahls Olympia-Film, Berlin 1993.
Horak, Jan Christopher (Herausgeber): Berge, Licht und Traum. Dr. Arnold Fanck und der deutsche Bergfilm, München 1997.
Kracauer, Siegfried: Von Caligari zu Hitler. Eine psychologische Geschichte des deutschen Films, Frankfurt am Main 1979.
Kreimeier, Klaus: Fanck – Trenker – Riefenstahl. Der deutsche Bergfilm und seine Folgen, Berlin 1972.
Loiperdinger, Martin: Rituale der Mobilmachung. Der Parteitagsfilm »Triumph des Willens« von Leni Riefenstahl, Opladen 1987.
Nowotny, Peter: Leni Riefenstahls »Triumph des Willens«. Zur Kritik dokumentarischer Filmarbeit im NS-Faschismus, Dortmund 1981.
Rapp, Christian: Höhenrausch. Der deutsche Bergfilm, Wien 1997.
Rathkolb, Oliver: Führertreu und gottbegnadet. Künstlereliten im Dritten Reich, Wien 1991.
Reichel, Peter: Der schöne Schein des Dritten Reiches. Faszination und Gewalt des Faschismus, München 1991.

Rother, Rainer: Leni Riefenstahl. Die Verführung des Talents, Berlin 2000.
Salkeld, Audrey: A Portrait of Leni Riefenstahl, London 1997.
Sontag, Susan: Faszinierender Faschismus, in: Sontag, Im Zeichen des Saturn, München 1981, S. 95 ff.
Taschen, Angelika (Herausgeberin): Leni Riefenstahl. Fünf Leben, Köln 2000.
Wildmann, Daniel: Begehrte Körper. Konstruktion und Inszenierung des »arischen Männerkörpers« im »Dritten Reich«, Würzburg 1998.

## *Marion Gräfin Dönhoff*

### *Bücher von Marion Dönhoff*

Namen, die keiner mehr nennt. Ostpreußen. Menschen und Geschichte, Düsseldorf 1962; Taschenbuchausgabe 15. Auflage München 1984.
Die Bundesrepublik in der Ära Adenauer. Kritik und Perspektiven, Hamburg 1963.
Als Mitautorin: Reise in ein fernes Land. Bericht über Kultur, Wirtschaft und Politik der DDR, Hamburg 1964.
Deutsche Außenpolitik von Adenauer bis Brandt. 25 Jahre miterlebt und kommentiert, Hamburg 1970.
Menschen, die wissen, worum es geht. Politische Schicksale 1916–1976, Hamburg 1976.
Von Gestern nach Übermorgen. Zur Geschichte der Bundesrepublik, München 1981.
Amerikanische Wechselbäder. Beobachtungen und Kommentare aus vier Jahrzehnten, Stuttgart 1983.
Weit ist der Weg nach Osten. Berichte und Betrachtungen aus fünf Jahrzehnten, Stuttgart 1985.
Preußen. Maß und Maßlosigkeit, Berlin 1987.
Der südafrikanische Teufelskreis. Reportagen und Analysen aus drei Jahrzehnten, Stuttgart 1987.
Kindheit in Ostpreußen, Berlin 1988.
Bilder, die langsam verblassen. Ostpreußische Erinnerungen, mit Fotos von Wladimir Federenko, Berlin 1989.

Gestalten unserer Zeit. Politische Porträts, Stuttgart 1990.
Polen und Deutsche. Die schwierige Versöhnung. Betrachtungen aus drei Jahrzehnten, Frankfurt am Main 1991.
Ritt durch Masuren, mit Fotos von Dietrich Weldt, Leer 1992.
Als Mitautorin: Weil das Land sich ändern muß. Manifest I, Reinbek bei Hamburg 1992.
Als Mitautorin: Weil das Land Versöhnung braucht. Manifest II, Reinbek bei Hamburg 1993.
Um der Ehre willen. Erinnerungen an die Freunde vom 20. Juli, Berlin 1994.
Zivilisiert den Kapitalismus. Grenzen der Freiheit, Stuttgart 1997.
Der Effendi wünscht zu beten. Reisen in die vergangene Fremde, Berlin 1998.
Als Herausgeberin: Die neue Mittwochsgesellschaft. Gespräche über Probleme von Bürger und Staat, Stuttgart 1998.
Als Herausgeberin: Menschenrecht und Bürgersinn. Die neue Mittwochsgesellschaft, Band 2, Stuttgart 1999.
Deutschland Deine Kanzler. Die Geschichte der Bundesrepublik vom Grundgesetz zum Einigungsvertrag, ergänzte Neuauflage des Buches von 1981, München 1999.

## *Sonstige Literatur*

Dahrendorf, Ralf Lord: Liberal und unabängig. Gerd Bucerius und seine Zeit, München 2000.
Janßen, Karl-Heinz: Die Zeit in der ZEIT. 50 Jahre einer Wochenzeitung, Hamburg 1996.
Kuenheim, Haug von: Marion Dönhoff, Reinbek bei Hamburg 1999.
Schwarzer, Alice: Marion Dönhoff. Ein widerständiges Leben, Köln 1996, 17. Auflage 2000.

*Alice Schwarzer*

*Bücher von Alice Schwarzer, Auswahl*

Frauen gegen den Paragraphen 218. 18 Protokolle, Frankfurt am Main 1971.
Frauenarbeit. Frauenbefreiung. Praxisbeispiele und Analysen, Frankfurt am Main 1973.
Der »kleine Unterschied« und seine großen Folgen. Frauen über sich. Beginn einer Befreiung, Frankfurt am Main 1975; Taschenbuchausgabe im 142. – 143. Tausend Frankfurt am Main 1998.
Simone de Beauvoir heute. Gespräche aus 10 Jahren. Interviews und Essays, Reinbek bei Hamburg 1982.
Sexualität. Ein EMMA-Buch, herausgegeben von Alice Schwarzer, Reinbek bei Hamburg 1984.
Eine tödliche Liebe. Petra Kelly und Gert Bastian. Köln 1993.
Marion Dönhoff. Ein widerständiges Leben, Köln 1996. 17. Auflage Köln 2000.
Romy Schneider. Mythos und Leben, Köln 1998.
Der große Unterschied. Gegen die Spaltung von Menschen in Männer und Frauen, Köln 2000.

*Sonstige Literatur*

Beauvoir, Simone de: Das andere Geschlecht. Sitte und Sexus der Frau, Ausgabe Reinbek bei Hamburg 1979.
Cramon-Daiber, Birgit, und andere: Schwesternstreit. Von den heimlichen und unheimlichen Auseinandersetzungen zwischen Frauen, Reinbek bei Hamburg 1983.
Dietze, Gabriele (Herausgeberin): Die Überwindung der Sprachlosigkeit. Texte aus der neuen Frauenbewegung, Darmstadt und Neuwied 1979.
Dünnebier, Anna/Paczensky, Gert von: Das bewegte Leben der Alice Schwarzer. Die Biographie, Köln 1998.
Friedan, Betty: Der Weiblichkeitswahn oder Die Mystifizierung der Frau, Hamburg 1966.
Gerhard, Ute: Unerhört. Die Geschichte der deutschen Frauenbewegung, Reinbek bei Hamburg 1995.
Helwig, Gisela, und andere (Herausgeberinnen): Frauen in Deutschland 1945–1992, Berlin 1993.

Mika, Bascha: Alice Schwarzer. Eine kritische Biographie, Reinbek bei Hamburg 1998.
Mitscherlich, Margarete: Die friedfertige Frau. Eine psychoanalytische Untersuchung zur Aggression der Geschlechter, Frankfurt am Main 1994.
Nave-Herz, Rosemarie: Die Geschichte der Frauenbewegung in Deutschland, Opladen 1994.
Pinl, Claudia: Vom kleinen zum großen Unterschied. Geschlechterdifferenz und konservative Wende im Feminismus, Frankfurt am Main 1995.
Schenk, Herrad: Die feministische Herausforderung. 150 Jahre Frauenbewegung in Deutschland, München und Frankfurt am Main 1992.
Scheu, Ursula: Wir werden nicht als Mädchen geboren – wir werden dazu gemacht. Zur frühkindlichen Erziehung in unserer Gesellschaft, Frankfurt am Main 1995.
Schilling, Erika: Manchmal hasse ich meine Mutter. Gespräche mit Frauen, Frankfurt am Main 1992.
Sichtermann, Barbara: Wer ist wie? Über den Unterschied der Geschlechter, Berlin 1987.
Vilar, Esther: Der dressierte Mann, München 1987.

*Angela Merkel*

Besler, Gerhard: Der SED-Staat und die Kirche 1960–1990. Die Vision vom »dritten Weg«, Berlin und Frankfurt am Main 1995.
Boysen, Jacqueline: Angela Merkel. Eine deutsch-deutsche Biographie, München 2001.
Dürr, Tobias/Soldt, Rüdiger (Herausgeber): Die CDU nach Kohl, Frankfurt am Main 1998.
Eppelmann, Rainer: Fremd im eigenen Haus. Mein Leben im anderen Deutschland, Köln 1993.
Gaus, Günter: Wo Deutschland liegt. Eine Ortsbestimmung, Hamburg 1983.
Greiffenhagen, Martin (Herausgeber): Pfarrerskinder. Autobiographisches zu einem protestantischen Thema, Stuttgart 1982.
Kammradt, Steffen: Der Demokratische Aufbruch. Profil einer jungen Partei am Ende der DDR, Frankfurt am Main 1997.
Kohl, Helmut: Mein Tagebuch 1998–2000, München 2000.

Rein, Gerhard: Die protestantische Revolution 1987–1990. Ein deutsches Lesebuch, Berlin 1990.
Schäuble, Wolfgang: Mitten im Leben, München 2000.
Scheuch, Erwin K. und Ute: Die Spendenkrise. Parteien außer Kontrolle, Hamburg 2000.
Schröder, Richard/Misselwitz, Hans (Herausgeber): Mandat für die Deutsche Einheit. Die 10. Volkskammer zwischen DDR-Verfassung und Grundgesetz, Opladen 2000.
Stock, Wolfgang: Angela Merkel. Eine politische Biographie, München 2000.
Süssmuth, Rita: Wer nicht kämpft, hat schon verloren. Meine Erfahrungen in der Politik, München 2000.

# Urheberrechtliche Hinweise

Um den Charakter eines Lesebuchs zur deutschen Geschichte zu erhalten und den erzählerischen Fluss nicht zu stören, hat der Autor generell auf einzelne Quellennachweise verzichtet.

Aus folgender Literatur wurde zitiert:

## *Zur Königin Luise:*

Gertrud Mander: Königin Luise, Stapp Verlag Wolfgang Stapp, 4. Auflage Berlin 1998.
Heinz Ohff: Ein Stern in Wetterwolken. Königin Luise von Preußen. Eine Biographie, Piper Verlag, München 1989 (Taschenbuchausgabe München und Zürich, 5. Auflage 2000).

## *Zu Rahel Varnhagen:*

Hannah Arendt: Rahel Varnhagen. Lebensgeschichte einer deutschen Jüdin aus der Romantik, Piper Verlag, München 1959 (Taschenbuchausgabe 9. Auflage München und Zürich 1997).
Carola Stern: Der Text meines Herzens. Das Leben der Rahel Varnhagen, Rowohlt Verlag, Reinbek bei Hamburg 1994 (Taschenbuchausgabe im Rowohlt Taschenbuch Verlag 1996).

*Zu Bettina von Arnim:*

Ingeborg Drewitz: »... darum muß man nichts als leben«. Bettine von Arnim, Claassen Verlag, Hildesheim 1992; Econ & List Taschenbuch Verlag 1999.
Gisela Dischner: Bettina. Bettina von Arnim. Eine Biographie aus dem 19. Jahrhundert, Verlag Klaus Wagenbach, Berlin 1977; Gisela Dischner/ Philo Verlagsgesellschaft, Bodenheim 1998.
Konstanze Bäumer/Hartwig Schulz: Bettina von Arnim, Verlag J. B. Metzler, Stuttgart und Weimar 1995 (Sammlung Metzler Band 255).
Helmut Hirsch: Bettine von Arnim, mit Selbstzeugnissen und Bilddokumenten, rowohlts monographien, Rowohlt Taschenbuch Verlag, Reinbek bei Hamburg 1987.

*Zu Hedwig Courths-Mahler:*

Hedwig Courths-Mahler: Pflaumenmus und rote Rosen, herausgegeben von Isolde Grunwald, Bastei-Lübbe-Taschenbuch Band 10153, 3. Auflage Bergisch Gladbach 1992.
Andreas Graf: Hedwig Courths-Mahler, Deutscher Taschenbuch Verlag, München 2000.

*Zu Ricarda Huch:*

Anne Gabrisch: In den Abgrund werf ich meine Seele. Die Liebesgeschichte von Ricarda und Richard Huch, Verlag Nagel und Kimche, Zürich 2000.
Cordula Koepcke: Ricarda Huch. Ihr Leben und ihr Werk, Insel Verlag, Frankfurt am Main und Leipzig 1996.
Ricarda Huch: Der Dreißigjährige Krieg, insel taschenbuch 22, Frankfurt am Main und Leipzig, 1. Auflage 1974.
Ricarda Huch: 1848. Die Revolution des 19. Jahrhunderts in Deutschland, Gustav Kiepenheuer Verlag 1948, Lizenzausgabe des Atlantis Verlages, Zürich 1944.
Ricarda Huch: Herbstfeuer. Gedichte, Suhrkamp Verlag, Frankfurt am Main 1999; Lizenzausgabe des Insel Verlages, Leipzig 1944.

*Zu Anna Seghers:*

Sonja Hilzinger: Anna Seghers, Verlag Philipp Reclam jun., Stuttgart 2000 (Universalbibliothek Nr. 17 623).
Anna Seghers: Das siebte Kreuz. Ein Roman aus Hitlerdeutschland, Aufbau-Verlag, Berlin 1946; Taschenbuchausgabe im Suhrkamp Taschenbuch Verlag, Frankfurt am Main 1999.
Anna Seghers: Transit, Aufbau-Verlag, Berlin 1951; Taschenbuchausgabe im Aufbau Taschenbuch Verlag, 6. Auflage Berlin 2000.
Anna Seghers: Die Entscheidung, Aufbau-Verlag, Berlin und Weimar 1969.
Andreas Schrade: Anna Seghers, Verlag J. B. Metzler, Stuttgart und Weimar 1993.
Christiane Zehl Romero: Anna Seghers. Eine Biographie 1900–1947, Aufbau-Verlag, Berlin 2000.
Christiane Zehl Romero: Anna Seghers mit Selbstzeugnissen und Bilddokumenten, Rowohlt Taschenbuch Verlag, Reinbek bei Hamburg 1993.

*Zu Leni Riefenstahl:*

Rainer Rother: Leni Riefenstahl. Die Verführung des Talents, Henschel Verlag, Berlin 2000.
Leni Riefenstahl: Memoiren, Ausgabe Taschen GmbH, Köln 2000.
Leni Riefenstahl: Fünf Leben, herausgegeben von Angelika Taschen, Taschen GmbH, Köln 2000.

*Zu Marion Gräfin Dönhoff:*

Marion Gräfin Dönhoff: Namen, die keiner mehr nennt. Ostpreußen – Menschen und Geschichte, Eugen Diederichs Verlag, Düsseldorf und Köln 1962; Taschenbuchausgabe Deutscher Taschenbuch Verlag, 15. Auflage München 1984.
Marion Gräfin Dönhoff: Weit ist der Weg nach Osten. Berichte und Betrachtungen aus fünf Jahrzehnten, Deutsche Verlags-Anstalt, Stuttgart 1985.
Marion Gräfin Dönhoff: Kindheit in Ostpreußen, Siedler Verlag, Berlin 1988.

Haug von Kuenheim: Marion Dönhoff, rowohlts monographien, Rowohlt Taschenbuch Verlag, Reinbek bei Hamburg 1999.
Alice Schwarzer: Marion Dönhoff. Ein widerständiges Leben, Kiepenheuer & Witsch Verlag, 17. Auflage Köln 2000.

## *Alice Schwarzer:*

Anna Dünnebier/Gert von Paczensky: Das bewegte Leben der Alice Schwarzer. Die Biographie, Kiepenheuer & Witsch Verlag, Köln 1998.
Bascha Mika: Alice Schwarzer. Eine kritische Biographie, Rowohlt Taschenbuch Verlag, Reinbek bei Hamburg 1998.
Alice Schwarzer: Der »kleine Unterschied« und seine großen Folgen. Frauen über sich. Beginn einer Befreiung, erweiterte und aktualisierte Ausgabe Fischer Taschenbuch Verlag, Frankfurt am Main 1998.
Alice Schwarzer: Der große Unterschied. Gegen die Spaltung von Menschen in Männer und Frauen, Kiepenheuer & Witsch Verlag, Köln 2000.
Alice Schwarzer: Marion Dönhoff. Ein widerständiges Leben, Kiepenheuer & Witsch Verlag, 17. Auflage Köln 2000.

## *Angela Merkel:*

Jacqueline Boysen: Angela Merkel. Eine deutsch-deutsche Biographie, Ullstein Verlag, München 2001.
Günter Gaus: Wo Deutschland liegt. Eine Ortsbestimmung, Verlag Hoffmann und Campe, Hamburg 1983.
Helmut Kohl: Mein Tagebuch 1998–2000, Droemersche Verlagsanstalt Th. Knaur Nachf., München 2000.
Wolfgang Stock: Angela Merkel. Eine politische Biographie. Olzog Verlag, München 2000.

# Bildnachweise

Ullstein Bilderdienst: S. 443
AKG Berlin: S. 11, S. 107, S. 201, S. 249
Interfoto Pressebildagentur: S. 59, S. 157, S. 297, S. 345, S. 395